AKB48とニッポンのロック

秋元康 アイドルビジネス論

田中雄二

スモール出版

「俺は言う、ヘイベイビー」
「ヤバイ道のほうを歩こうぜ」
「そしてカラードの娘たちが歌い踊る」
「♪ドゥルットゥドゥ、ドゥルットゥドゥ」

I Said, Hey baby
Take a walk on the wild side
And the coloured girls go
doo do doo do doo do do doo...
（ルー・リード「ワイルド・サイドを歩け」／著者訳）

まえがき

国民的アイドルＡＫＢ48の登場で、秋元康プロデュースというブランドが平成時代に蘇った。

追撃する新興勢力となった乃木坂46、欅坂46といった新人もまた、秋元康のプロデュース。

そんなＡＫＢ48、乃木坂46らが年間チャート10位の半分を占める、現在の日本の音楽業界。

これをもって「ＣＤビジネスはもう終わった」というが、その原因は果たして彼女らなのか？


家にいながらにして曲を購入できるネット社会が実現し、レコードやＣＤなどの複製品を買う時代は１００年の歴史を終えた。

音楽は再びライヴの時代となり、コンサート会場でのＣＤ物販なども新しい生命線に。

しかし、その道の行く先にも「会いに行けるアイドル」ＡＫＢ48という先行者がいる。

秋葉原の専用劇場から歴史がスタートしたＡＫＢ48も、結成からすでに13年。

その始まりは「テレビに出ないアイドルは成立するか？」という秋元康の実験だった。


ＣＤ不況時代にミリオンセラーを連発するＡＫＢ48は、むしろ音楽産業の救世主だった。

それを支えているファンの中心は、30～50代のかつてのロック世代。

小林よしのり、中森明夫らがこぞって「これは現場で観なきゃダメだ」とフジロックフェスティバル体験のように語るＡＫＢ48の実態は、残念ながらテレビからは見えてこない。

ブラウン管に映っていたスターが、松田聖子からマリオに主役が変わった90年代、ゲームメーカーのセガの社外取締役となり、秋元はテレビ文化に反旗を翻す存在となった。

「音事協」に加入しない、芸能界のカウンターとしてＡＫＢ48が誕生。そんなＡＫＢが13年を経て、なぜ今のテレビ文化を象徴するグループになったのか。

秋元康はラジオの深夜放送の熱心なリスナーであり、70年代のフォーク／ロックの黎明期を過ごした世代。

彼が憧れた吉田拓郎は、最初の「テレビに出ないアイドル」だった。

拓郎と「金沢事件」、モーニング娘。の事務所アップフロントエージェンシー（ヤングジャパングループ）の局との対立劇。

そうした70年代のカウンター勢力と、ＡＫＢ48には知られざるミッシングリンクがあった。

「素人が既得権益を解体する」日本のフォーク／ロック史の延長線上にＡＫＢ48の存在がある。

今まで語られたことがなかった、日本のロック史におけるＡＫＢの誕生の意味とは。

ＣＤからライヴ、物販へと、明日を模索する音楽産業が向かうべき道を、常設劇場での公演をビジネスにしたＡＫＢ48に学ぶ、これはニッポンの音楽業界の預言書である。

田中雄二

C O N T E N T S

AKB48とニッポンのロック

秋元康アイドルビジネス論

C O N T E N T S

C O N T E N T S

第0章

プロローグ

オリコン年間チャートの半分を独占する秋元プロデュース作品

ＣＤが売れなくなったと言われて久しい。日本レコード協会資料によれば、史上最高額を記録したのが20年前の１９９８年。総売り上げが６０７５億円、ＣＤ生産枚数は5億５０００万枚を超えて、日本はアメリカに次ぐ「世界第2位の音楽消費国」と言われた。同年１００万枚を超えるミリオンセラーとなったシングルは20タイトル、アルバムは28タイトルと計48作品に及ぶ。それが２０１７年のデータでは、総売上は１７３９億円とピーク時の3割ほどに落ち込み、ミリオンセラーも一年に数タイトル出るに留まっている状況だ。

90年代半ば、毎年１００万枚以上を売るミリオンセラーが数十タイトル生まれた、「ＣＤバブル」と呼ばれる時代があった。DREAMS COME TRUE『The Swinging Star』（92年）が日本で初の３００万枚超えを記録したのを皮切りに、Mr.Children『Atomic Heart』（94年）が累計３４３万枚、ｇｌｏｂｅ『ｇｌｏｂｅ』（96年）が累計４５５万枚と、続けてトリプルミリオン超えのヒット作を連発する。92年のバブル崩壊で海外渡航客などが減少するのと入れ替わりに、レジャー需要が国内に向けられた成果であろう。これを追ってＧＬＡＹのベストアルバム『REVIEW-BEST OF GLAY』（97年）が出荷枚数５００万枚を突破し、同年度のギネスブックで「日本でもっとも売れたアルバム」として紹介された。このヒットがさらにベストアルバムのリリースラッシュに火を点け、2カ月後に発売されたB'z初のベスト『B'z The Best "Pleasure"』（98年）が累計５９０万枚と、記録はあっという間に塗り替えられる。

翌年には宇多田ヒカルが彗星の如く現れ、アルバム『First Love』（99年）を累計７６５万枚セー

CD売上推移

	2006年	2017年
全出荷枚数	3.0億枚	1.5億枚
市場規模	3500億円	1700億円

その内訳

邦楽	2600億円	1500億円
洋楽	920億円	190億円
新譜タイトル数	18334	13843

日本レコード協会調べ

音楽ソフトの生産金額推移

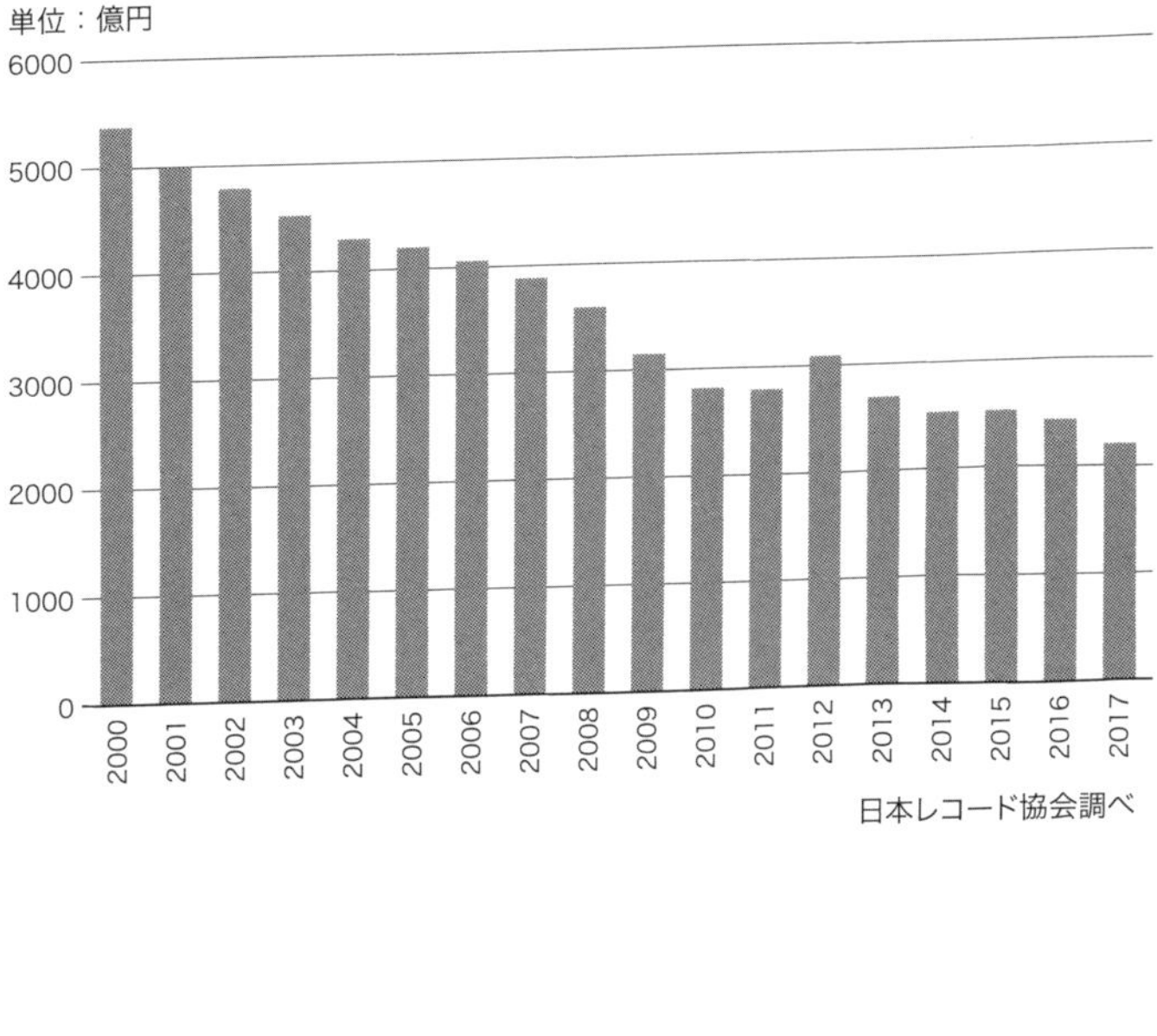

日本レコード協会調べ

ルスし、現在に至る国内アルバムセールス歴代第1位となった。同アルバムは海外ライセンス販売分も含めれば、全世界で累計991万枚という国際アーティスト級のセールスを誇っている。

サザンオールスターズ「TSUNAMI」（2000年）が累計293万枚、SMAP「世界に一つだけの花」（2003年）が累計257万枚と、今世紀に入ってもしばらくはシングルヒットに恵まれたが、その後、長期不況を背景にした消費低迷が音楽業界を襲う。バンダイ・ミュージックエンタテインメント、フォーライフレコードなどのレコード会社が続けて解散（または事業譲渡）。09年にはBMGジャパンがソニー・ミュージックエンタテインメントの傘下となり、13年にはEMIジャパンがユニバーサルミュージックに統合されるなど、大手メーカーの合併劇が続いた。BMGはかつてRCA（ラジオ・コーポレイション・オブ・アメリカ）と呼ばれていた老舗で、ビクター（後のビクターエンタテインメント。現・JVCケンウッド）が配給していた蓄音機を聴くニッパー犬のマークでおなじみ。EMIミュージック・ジャパンもビートルズの発売元である英EMIと東芝との合弁会社として創業した、日本最大手と言われた東芝EMIの後身。両者ともカタログはソニー、ユニバーサルに受け継がれたものの、別資本の下での再建とあっては、往時のブランドを感じさせる機会はめっきり減った。

メーカーの売り上げ減少は当然、小売り業の不振と合わせ鏡の関係にある。90年代初頭の本格上陸以来、日本のCD大型消費を支えていた、アメリカ発祥のタワーレコード、イギリス発のヴァージン・メガストア、HMVなどのショップが立て続けに経営危機に。いずれも本国は事業撤退し、ブランドを継続しているのはフランチャイズを前身にライセンスを取得して再建された日本だけになった（タワーレコードはMBOによる自主再建を経て、セブン＆アイ・ホールディングス傘下に。ヴァージンはツタヤ、HMVはローソンが事業継続）。都内の一等地、駅周辺エリアに店を構えていた、音楽を中心としたカルチャー情報サロンだった外資系大型ＣＤ店の消失は、リスナーの出会いの場をリアル空間からネットへと加速的に移行させることとなった。

売り上げが往時の半分に落ち込んだＣＤメーカーの衰退には、さまざまな理由が考えられた。アイドルなど10代、20代向け商品が中心の日本のレコード産業にとって、若年人口が30年前の約半分に割り込んだ少子化の問題はやはり大きい。かつてはファッション、音楽が流行の先端をリードしてきたが、ゲーム、アニメ観賞などレクリエーションも多様化し、今や音楽鑑賞は娯楽のごく一部。さらに追い打ちをかけたのが、95年のインターネットの商用利用の開始だった。99年にサービスを開始したＮＴＴドコモのフィーチャーフォン（ガラケー）向けサービス「ｉモード」が、安価なメール機能やｉモードサイトと呼ばれる課金情報サービスを開始。２０００年には会員６００万人という日本最大の携帯電話ＩＰサービスに急成長する。若年層はＣＤ代より月々のケータイのパケット料金にご執心で、「音楽業界の最大のライバルはｉモード」と皮肉られた。

ガラパゴス国ニッポンと言われる消費様式の、これも一例と言えるかもしれない。毎年に発表されるオリジナルコンフィデンスの年間売り上げランキングから、過去数年をリストアップしたのが表の通り。毎年ＡＫＢ48とその姉妹およびライバルグループ、ジャニーズ系の嵐などのアイドル数組による、ほぼ占拠状態が続いている。

オリコン年間シングルチャート

2017年度

1　AKB48「願いごとの持ち腐れ」（キングレコード）
2　AKB48「#好きなんだ」（キングレコード）
3　AKB48「11月のアンクレット」（キングレコード）
4　AKB48「シュートサイン」（キングレコード）
5　乃木坂46「逃げ水」（ソニー・ミュージックレコーズ）
6　乃木坂46「インフルエンサー」（ソニー・ミュージックレコーズ）
7　乃木坂46「いつかできるから今日できる」（ソニー・ミュージックレコーズ）
8　欅坂46「不協和音」（ソニー・ミュージックレコーズ）
9　欅坂46「風に吹かれても」（ソニー・ミュージックレコーズ）
10　嵐「Doors〜勇気の軌跡〜」（ジェイ・ストーム）

2016年度

1　AKB48「翼はいらない」（キングレコード）
2　AKB48「君はメロディー」（キングレコード）
3　AKB48「LOVE TRIP／しあわせを分けなさい」（キングレコード）

4　ＡＫＢ48「ハイテンション」（キングレコード）
5　乃木坂46「サヨナラの意味」（ソニー・ミュージックレコーズ）
6　乃木坂46「裸足でSummer」（ソニー・ミュージックレコーズ）
7　嵐「I seek / Daylight」（ジェイ・ストーム）
8　乃木坂46「ハルジオンが咲く頃」（ソニー・ミュージックレコーズ）
9　嵐「復活ＬＯＶＥ」（ジェイ・ストーム）
10　嵐「Power of the Paradise」（ジェイ・ストーム）

２０１５年度

1　ＡＫＢ48「僕たちは戦わない」（キングレコード）
2　ＡＫＢ48「ハロウィン・ナイト」（キングレコード）
3　ＡＫＢ48「Green Flash」（キングレコード）
4　ＡＫＢ48「唇にBe My Baby」（キングレコード）
5　ＳＫＥ48「コケティッシュ渋滞中」（エイベックス）
6　乃木坂46「今、話したい誰かがいる」（ソニー・ミュージックレコーズ）
7　乃木坂46「太陽ノック」（ソニー・ミュージックレコーズ）
8　乃木坂46「命は美しい」（ソニー・ミュージックレコーズ）
9　嵐「青空の下、キミのとなり」（ジェイ・ストーム）
10　ＮＭＢ48「Don't look back!」（よしもとアール・アンド・シー）

2014年度

1　AKB48「ラブラドール・レトリバー」（キングレコード）
2　AKB48「希望的リフレイン」（キングレコード）
3　AKB48「前しか向かねえ」（キングレコード）
4　AKB48「鈴懸の木の道で「君の微笑みを夢に見る」と言ってしまったら僕たちの関係はどう変わってしまうのか、僕なりに何日か考えた上でのやや気恥ずかしい結論のようなもの」（キングレコード）
5　AKB48「心のプラカード」（キングレコード）
6　嵐「GUTS！」（ジェイ・ストーム）
7　嵐「Bittersweet」（ジェイ・ストーム）
8　乃木坂46「何度目の青空か？」（ソニー・ミュージックレコーズ）
9　EXILE TRIBE「THE REVOLUTION」（rhythm zone）
10　乃木坂46「気づいたら片想い」（ソニー・ミュージックレコーズ）

2013年度

1　AKB48「さよならクロール」（キングレコード）
2　AKB48「恋するフォーチュンクッキー」（キングレコード）
3　AKB48「ハート・エレキ」（キングレコード）

4　ＡＫＢ48「So long!」（キングレコード）
5　ＥＸＩＬＥ「EXILE PRIDE ～こんな世界を愛するため～」（rhythm zone）
6　嵐「Calling/Breathless」（ジェイ・ストーム）
7　ＳＫＥ48「チョコの奴隷」（エイベックス）
8　ＳＫＥ48「美しい稲妻」（エイベックス）
9　ＮＭＢ48「僕らのユリイカ」（よしもとアール・アンド・シー）
10　嵐「Endless Game」（ジェイ・ストーム）

（オリコン調べ）

昔は年間売り上げベストテンを見れば、その時代の世相が読めたものだが、現在のチャートにはその風情はない。発売前のキャンペーンで呼びかけるファン組織によるまとめ買いで、ほぼ毎週、常連の人気アーティストで上位が占められている。１位になっても、翌週には別作品に取って代わるの繰り返し。マーケティングを重視するメーカーにとっては、売り上げ記録は次作の注文数に大いに影響を及ぼす。ベストテン圏外に何週か継続して入るより、例え１週だけでも、デイリーであっても１位というセールス実績がほしいのが本音なのだろう。１位を取りながら、ファン以外の一般層は誰も曲を知らないベストセラーが、こうして毎週量産されている。

阿久悠はかつて、ウォークマンの登場で音楽環境は変わったと語った。街の中でたまたま街頭放送で耳にした曲を聴いて、「あ、これいいな」という発見がたくさんあった。しかし現代ではみなヘッドフォンをして、自分の好きな曲だけを聴く。だから国民的ヒット曲が生まれにくい時代になったのだと。

タイアップ商法として定番だったテレビ主題歌も、セールス方法が変わった。かつては第1話を観て気に入ったリスナーが、翌日にレコード店に行けば買えるように、オンエア前にレコードを発売する慣例がメーカー側にあった。それが現在では、最終回終了後の発売がすっかり定着。1クールかけて耳馴染みになった主題歌を、CDで聴きたい渇望感を発売週に結集させて、ランキング1位へと押しあげる。そのCDが新曲として発表されているころにはドラマはすでに終了し、新番組に移り変わってることなどファンは誰も気にしない。タイアップ曲が放送後にリリースされるのは海外の慣習で、レコード会社が外資系ばかりになった現在は、こちらが標準的なものになった。

同一曲をデザインを替えた複数ジャケットでの同発、生写真や握手券封入などの特典商法で、ここ数年ずっと1位の常連となったAKB48。一部アイドルによる年間チャート寡占状況に憤り、「いい音楽が売れなくなった」と悪しきことのように責める人々もいたりする。しかし、果たしてそうだろうか。ヒットチャートの崩壊は日本に限った話ではない。先行するアメリカではすでに、90年代からヒットチャートは崩壊していた。

ヒットチャートの崩壊

1894年にアメリカで創刊された音楽業界誌『ビルボード』が音楽チャートを発表し始めたのは1940年のこと。シングル売り上げなどから毎週の人気曲をランキングし、現在の「Hot100」の原型となるサービスがスタートした。ラジオ番組『American Top 40』で紹介されるヒット速報もビルボードに基づくもの。また放送局御用達の『キャッシュボックス』や、『ベストヒットＵＳＡ』（テレビ朝日系。現在はＢＳ朝日）でおなじみ『ラジオ＆レコーズ』などの競合チャートも現れ、日本の洋楽ブームを支えた。

ビルボード創刊のころはまだアメリカの10代にとってレコードは贅沢品。ヒットの傾向を捉えるために、当時ティーンの間でポピュラーだったジュークボックスの再生数を柱のひとつとし（日本で言うレンタルランキングに相当するというべきか）、アメリカでは人気ラジオ局のプッシュがヒットの雌雄を決めることから、このオンエア数に、調査店でのシングルの売り上げと合わせた３つのデータの合算からチャートを構成した。売り上げ主体のオリコンとの最大の違いはここだ。

しかしビートルズの時代になって、シングルからアルバムが主役に。消費者がティーン中心の日本と違い、経済力のある社会人リスナーが支えているアメリカ市場では、70年代中盤より、ＡＯＲ（アダルト・オリエンテッド・ロック）やフリートウッド・マック、イーグルスを筆頭とする〝産業ロック〟と呼ばれる、アルバム主体で活動し、それを１００万枚セールスするアーティストが力を持ち始める。シングルを切ることでアルバムの売り上げが落ちることを恐れたメーカーは、シングルカットを止めてアルバムからの推薦曲をラジオ局などにプロモーションする方向に。「Hot100」へのエントリーはもちろん、シングルカットされていることが条件。その結果、アルバム主体の白人系ハードロックやＡＯＲがシングルランキングから姿を消し、シングルリリースに重きを置くブラック・ミュージック、クラブ・ミュージックがシングルチャートを占拠する。シングルとアルバムの二極分化はその後も続き、「Hot100」はＲ＆Ｂが今や主役となった。ついにビルボードは98年に、ラジオでパワープレイされるアルバム曲をシングル代わりに集計する「ソングチャート」にルールを変更し、ホワイト・ロックの復権に努めたが、時すでに遅し。こうして長きにわたったシングルチャートの歴史は役目を終えた。

87年まで軍事政権が続いた韓国では、それまで長らく映画、音楽などのカルチャー産業は軍の統制下におかれていた。自由化後に韓流ブーム、K-POPなどが短期間で芽吹いたのは、その反動によるものだろう。いち早くADSL網によるインターネットを整備した韓国では、ヒット曲はインターネットを通して聴くのがスタンダード。日本のようなシングルの歴史というものがそもそも韓国には存在しない（ミニアルバムとアルバムが中心）。隣国にしてもこの状況で、旧来のシングルチャートが正しく機能しているのは実は日本ぐらいなのだ。

シングル文化が日本で生き残ったのには、日本の音楽メディア事情も理由にあった。ソニーとオランダのフィリップスが開発した、70〜80分収録が可能な光学式記録のCD（コンパクト・ディスク）は、82年からタイトル発売を開始し、87年にはCD売り上げ総数がLP（30センチ／ロング・プレイ盤）を超えて逆転する。アルバム用メディアとして長年君臨していたLPの時代が終わり、主役はCDに取って代わられた。

しかしシングルの記録媒体としてCDは大容量過ぎるため、そのままアナログの17cm盤シングルはリリースされ続け、80年代半ばにランキングを構成するのは、アルバムはCD、シングルはアナログ盤という捻れた状態に。前者をCDコンポで聴き、後者をレコードプレーヤーで聴くという不自由な時代が続く。これを解決すべく、8センチの小型CDに20分の音楽収録を可能にした「シングルCD」というニューメディアをソニーが開発し、6年遅れの88年にリリース。8cmディスクを短冊形のプラケースに入れたシングルCDは、90年代末まで15年近く、シングル・メディアの中心であり続けた。

しかしこれが広く普及したのは日本だけ。通常のプレーヤーで再生するには特殊なカートリッジが必要であり、欧米のカーステレオで普及していたフロントローディング式のプレーヤーでは、ディスクを飲み込むと取り出せなくなる悩ましい事情が。アメリカやヨーロッパではほとんど普及することなく、欧米ではこのＬＰからＣＤへの移行期に、シングル文化そのものが衰退していった。

もうひとつ特筆すべきは、シングルＣＤに収録されて好評を得た、オリジナル・カラオケの定着だった。ディスク製造が高価で１枚１０００〜１２００円で売られていたシングルＣＤは、７００円のアナログ盤にはない付加価値を付けるため、かつてカセットシングルで採用されていた表題曲／カップリング曲のオリジナル・カラオケを入れて差別化した。

90年代半ば、タイトー、エクシング（ブラザー工業）、ギガネットワークス、第一興商が通信カラオケ事業に本格参入し、ポピュラー曲をティーンが歌うカラオケブームが到来。従来は演歌が定番だったカラオケのイメージを一新した。カラオケボックスが若者の溜まり場となり、歌自慢の女子高生らの間で、DREAMS COME TRUEのようなハードルの高い難曲に挑む者が数多く現れた。評論家の宇野常寛は当時のカラオケブームを「広義の〝音ゲー〟だった」と振り返り、『太鼓の達人』などのアーケードゲームを難ワザで攻略していくのと同じ性質を持つものと語った。練習のためにカラオケが収録されたシングルＣＤを買い求めるという、新しい消費傾向がこれによって生まれた。

日本で普及したシングルＣＤだが、さらに付加価値を持たせるべくリミックス・ヴァージョンなどを追加し、やがて20分の収録時間を超えると。通常のＣＤサイズへと移行（便宜上、マキシ・シングルと呼んでアルバムと区別する）。現在８㎝ＣＤはほとんど作られなくなり、ショップから８㎝の短冊形ケース用に特注したシングルＣＤコーナーのラックが消えた。『タイムスリップグリコ』のＣＤレプリカオマケのような、ノベルティ向けとして現在は少数生産されるだけになった。

10年以上前にタワーレコードなどの老舗チェーンが姿を消し、ウォルマート、ベスト・バイなどのスーパーや量販店でＣＤを買う姿が日常的になったアメリカでは、深刻な音楽ソフト離れは80年代末から始まっていた。米タワーレコード、英ヴァージン・メガストアが立て続けに倒産し、２０１３年には老舗ＨＭＶが経営破綻。アメリカレコード協会（ＲＩＡＡ）は、その年の売り上げ記録を作ったレコードを「ゴールドディスク」、「プラチナディスク」として毎年表彰していたが、売り上げ減の影響で規定を89年に改め、ゴールドはそれまでの１００万枚から50万枚、プラチナは２００万枚が１００万枚に下げてメンツを保った。人口3億人と日本の倍近くのマーケットがあるアメリカだが、音楽配信への移行も進んでおり、２０１４年のデータによると、売上総数では日本の7割程度しかＣＤは流通していない。

　２００６年、米『ワイアード』編集長だったクリス・アンダーソンが、「ロングテール」

パッケージ売上トップ5（2014年）

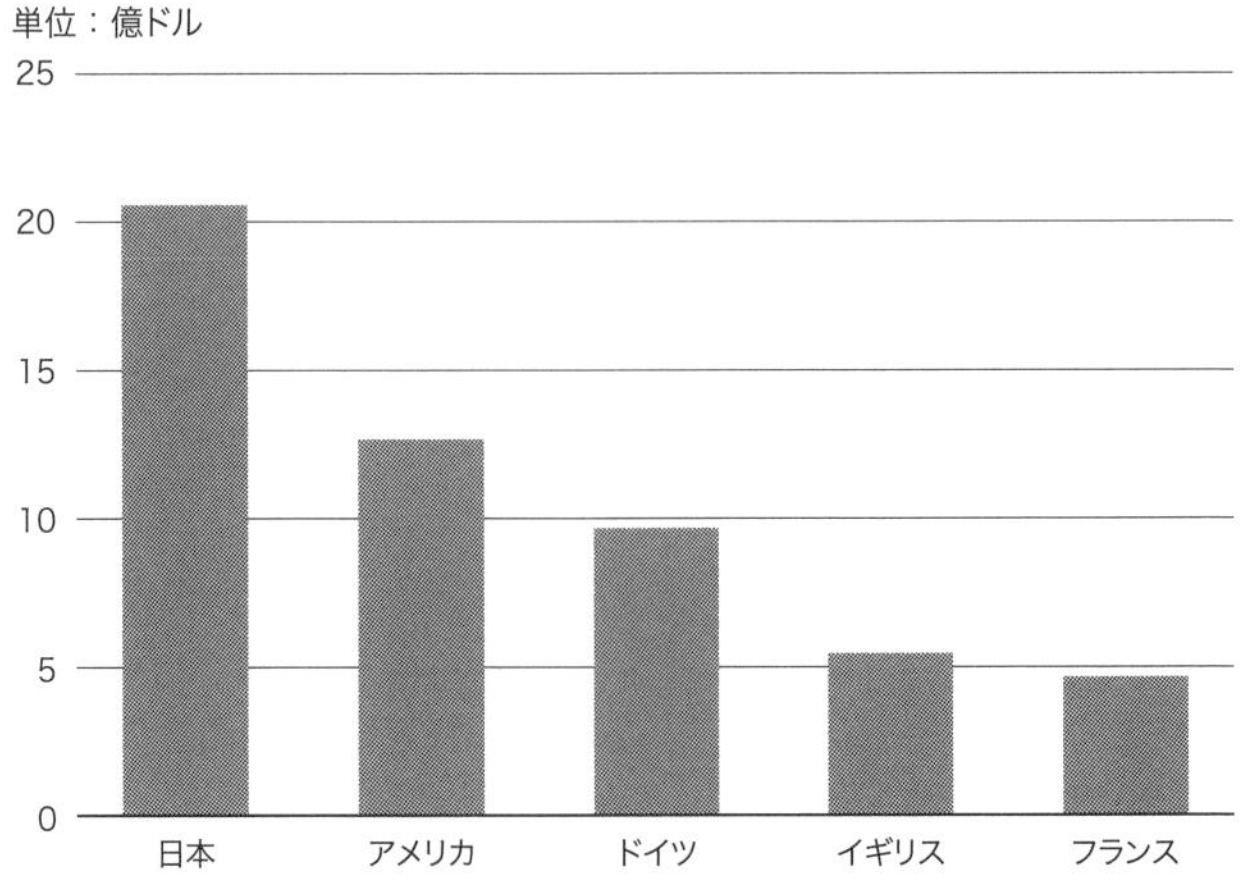

日本レコード協会調べ

という概念を提唱する。通販大手Amazonなどの消費傾向から、これまで流通事情で人気商品の大量出荷のために、そこからこぼれて手にされたこともなかったニッチな商品が、ネットによって注目されると予測した。しかし前後不覚なネットでは、目の前に見えているトップこそすべてであり、リンク先にある2位〜100位までの差異などそれほど価値を持たない。ポータルサイトのトップページの広告枠が、高額で売られているのはそのため。消費の多様化、爛熟が進むというネットの理想主義は打ち砕かれ、大が小を飲み込むブロックバスターを加速化させた。ビヨンセ、カニエ・ウエスト、ジャスティン・ビーバー、テイラー・スウィフトなどの人気アーティストは、以前にも増して巨大な〝モンスターヘッド〟と呼ばれる存在に。インターネット普及がメガセールス偏重を拡大させるという現象は、日本のAKB48に限った話ではないのだ。

レコード文化100年史の終わり。実演の時代へ

もともと日本人は「レコードを買わない人種」と言われてきた。戦後の景気変動の中でも、レコード／CDの価格はずっと変わらず。新卒者の給料が2万円台の時代に1600円で売られていたアルバムは、その後2500〜3000円の価格帯に落ち着いてから30年近く変わっていない。映画のチケット同様、音楽メディアの値段は諸外国に比べると2倍、3倍とずっと高いままだ。

これには日本の特殊事情も理由にあった。第二次世界大戦後のアメリカの統治時代、GHQ（連合国軍最高司令官総司令部）が文化保護政策の一環として、日本ではレコードと書籍を「再販売価格維持商品」に指定し、小売店に定価販売を遵守させるよう取り決めた（その代わり返品が認められる委託商品扱いに）。戦後の焼け野原からスタートした出版社、レコード会社はこのおかげでディ

スカウント競争に巻き込まれることなく、戦後の日本の文化教養を築いていく。しかし後に登場したDVDなどのニューメディアは除外となり、Amazonなどの通販では書籍／CDのみ定価販売、DVDは25％近くの割引販売で売られている。そもそもAmazonは書籍の大量入荷による割引販売でシェアを広げたアメリカの通販会社だが、日本法人のAmazonだけはずっと書籍／CDは定価販売のまま。あたかもカルテルのように、音楽ソフトの価格はずっと高いまま保護されてきた。

レコード／CDが高価な日本で、音楽が聴きたいという庶民の声を反映して生まれたのが、日本発祥のレンタルレコードというビジネスだった。カネのない学生でも音楽が聴けるように、立教大学の学生3人が80年に三鷹で始めた「黎紅堂」が1号店。LP1枚250円、シングル1枚40～50円で貸し出すビジネスは大反響を呼んだ。当時普及し始めていたカセットデッキにダビングすれば、LP1枚の値段で10枚分のアルバムが聴ける。ニュースは瞬く間に広まり、全国に類似商売が乱立。同年8月には800店、年末には1000店を超えていたというから、いかにリスナーが音楽に飢えていたかがわかるだろう。レンタルによる売り上げ減を恐れたレコード会社は、翌年、13社共同で「黎紅堂」、「友&愛」ら大手4社に複製権侵害でレコード貸与差し止めを請求。レンタル店側も商業組合を結成して応戦し、アーティストも巻き込んだ権利侵害訴訟は長きにわたって続いた。

日本では有線放送ができたばかりのころ、レコード会社が著作権侵害だと有線放送業者を訴えながら、音楽を広めることには一定の公共性があると国が判断し、「憲法二十九条（財産権の侵害）には違反しない」と判決を下した「ミュージックサプライ事件」として知られる判例があった。一般リスナーの「音楽を聴く権利」に国は味方をした。レンタルレコード闘争も、レコード会社側がそれを認めざるを得なかった。レンタル業者組合と対話の席を持ち、新譜の売り上げに影響しないよう貸出禁止期限を取り決め、著作権者に正しく売り上げが還元されるしくみが、レコード会社とレンタル商業組合の間で締結したのは、改正著作権法が施行された85年のこと。

かつてオーディオマニアの独占物だった音楽ソフトが、レンタルレコードの登場でライト層にも身近なものとなった。79年登場のウォークマンのヒットが、カセットで音楽を聴くスタイルを普及させる。ハンディなＣＤが普及すると、80年代半ばのプラザ合意を境にした未曾有のバブル景気に背中を押され、日本人にＣＤ購買習慣を根付かせていく。ヒットチャートの崩壊をテーマに扱ったビジネス分析本などが出る度に、「ＣＤが売れなくなった」と嘆くのはお約束だが、ミリオンセラーの時代は日本の音楽業界にとってわずか数年間の出来事に過ぎない。また、音楽ソフトが「再販売価格維持商品」で売られている日本では、ショップで売れ残った商品はメーカー返品が認められており、公表されてきたオリコンデータはあくまで「出荷枚数」に基づくもの。50％近くが返品の憂き目にあうＣＤや書籍はざらで、実際の売り上げ数は出荷数の半分というタイトルも少なくない。

アメリカのビルボードなどを参考に、オリジナルコンフィデンスがチャート集計を開始したのは68年。当初は電話聞き取り、後にファクスなどに調査方法を変えたが、日本ではずっと「出荷枚数」が基準となっていた。汎用コンピュータなどまだなく、第三者機関が売り上げデータを集めるのには、協力店への要請にも限界があったため、出荷枚数をカウントするランキングは80年代まで続けられた。そこに90年、ＰＯＳ開発などを手掛ける流通システム業者、プラネットが新規参入。アンケート調査などに手を煩わされることなしに、契約店のＰＯＳデータから実際の売り上げ枚数を集計する「プラネットチャート」のデータ提供を開始する。『HEY!HEY!HEY!MUSIC CHAMP』（フジテレビ系）などのテレビの音楽番組が、売り上げの正確なこちらの情報に一斉に切り替えたインパクトは大きかった。老舗オリコンも巻き返しを図るべく、ＰＯＳ普及からしばらくして、オリコンも調査店から売り上げデータを預かって集計する現在のかたちに。出荷後1年以上店頭で棚在庫になっていたような不良在庫が省かれ、よりリアルな売り上げチャートが提供される時代になった。

90年に本格上陸したタワーレコード、ＨＭＶ、ヴァージン・メガストアなどの外資系大型ＣＤ店も、オリコンにとっては黒船だった。各社とも本国で使われている商品管理用ＰＯＳシステムを当初から導入。厳密な売り上げ数を元に在庫管理していたが、あくまでそれは自社のための機密情報。オリコンのような調査会社からのデータ提供の要望に応じなかった。各ブランドはテレビ番組やフリーペーパーなどに売り上げランキングのデータを提供して、自社の宣伝に大いに活用した。

90年代初頭の「渋谷系」の時代、外資系大型ＣＤ店のみで売れる〝都市型消費〟の傾向が現れると（一例として雑誌でよく取りあげられていたのが、東京スカパラダイスオーケストラなど）、ラヴ・タンバリンズのようにインディーズでありながら、10万枚をセールスして外資系大型ＣＤ店のチャート1位を飾る現象も起こる。しかし都市型のメガセールス現象は、山野楽器など国内店しか調査店を持たないオリコンのチャートにまったく反映されないという、現実とチャートの乖離現象も起こった。今日では、ＨＭＶ、タワーレコードも日本法人の下で再建され、オリコンにも調査店として協力する関係になったが、わずか20年前にはそのような情報格差があった。過去のランキングとただ比較して、ＣＤが売れなくなったと嘆くのがいかにナンセンスかがわかるはず。

80年代にレンタルビデオ店が普及し出したころは、セルＶＨＳで売られていた映画ソフトは1～2万円近くした。その後メディアはＤＶＤに入れ替わり、90年代にワーナーが先陣を切って、過去作品を３０００円以下のブロックバスター価格でリリース。定価販売の拘束を受けない映像ソフトはディスカウント合戦に進んで参入し、１タイトル１０００円近くまでＤＶＤは廉価になった。しかし一方で同映画のサントラＣＤは、２５００円台と高価なまま。映画本編のほうがサウンドトラックより安くなるという不条理な状況に。バブル時代が終わると、新しい世代はＣＤが高価なためレンタルで済ますのが当たり前という、以前の風景へと戻っていく。プログレやロック名盤の紙ジャケ復刻ＣＤを律儀に発売日に予約して買っているような模範客は、かつてのミリオンセラーを支えてきた40代以上のロック世代だけだろう。実際、ＡＫＢ48のセールスを初期から支えているのが、このＣＤ購買習慣を持つ「ロック世代」だったりするのだ。

ＣＤ不況憎しという音楽愛好家の間から「ＡＫＢ48がなくなってしまえば日本の音楽は正常化する」という否定的な意見も聞く。しかし実際は、ＡＫＢが今解散すれば流通業者のひとつふたつなくなってもおかしくない、アイドル頼みの脆弱な状況がある。最近では販売会社の要請で、ブクロ、B'z、ＥＸＩＬＥなどのロック系アーティストもＡＫＢ48に倣い、新譜発売時に握手会を行ったり、限定盤や特典商売に手を染めている。２０１２年、14年ぶりに音楽ソフトの総売り上げが微増に転じ、業界からも安堵の声が聞かれたが、それも「GIVE ME FIVE!」、「真夏のSounds good!」、「ギンガムチェック」、「ＵＺＡ」、「永遠プレッシャー」などを立て続けに１００万枚ヒットさせた、ＡＫＢ48らのおかげだった。

ＣＤが売れなくなったと言っても、庶民の音楽愛が萎えたわけではない。その渇望をレコードレンタル業者が埋めたように、音楽ソフト売り上げ不振と入れ替わりに、コンサートなどの興行収入は拡大を続けている。『２０１７ライブ・エンタテインメント白書』（ぴあ総研）によると、２０１６年の音楽ライブ・エンタテインメントの市場規模は３３７２億円。〝２０１６年問題〟と呼ばれる、主要コンサート会場建て替えが重なった「ライヴ会場不足」が原因で、前年比をわず

興行本数推移

	2006年	2016年
興行本数	約1.4万興行	約3万興行
入場者数	約2000万人	約4800万人
市場規模	約900億円	約3100億円

コンサートプロモーターズ協会調べ

かに落ち込みはしたが、２０１０年と比較すると倍近くに成長している。10年前の２００６年と比較すると、音楽ソフト市場規模は約半分になったが、それとの入れ替わりに、興行市場は3倍近くに増えている（コンサートプロモーターズ協会調べ）。スタジアム、アリーナでのコンサートは03年の６３０公演から12年は１１００公演に、ホールでは03年の５４４８公演から12年の９４２２公演と倍増している。

アーティストにとっては、今やコンサートなどの実演報酬が収入のベースとなった。ＣＤ依存型と言われた音楽業界の収益構造はかたちを変え、新しい時代を迎えたという印象がある。コンサートからも当然、演奏曲の著作権使用料がJASRAC（日本音楽著作権協会）より回収され、著作者に分配されている。著作権収入のうちこの実演が占める金額も、過去10年間で9億円から35億円と4倍近くに拡大している。また一時の通信カラオケブームに比べれば横ばい状態とはいえ、カラオケからの収益は１２０億円と著作権使用料としては依然トップを占めており、音楽を楽しむスタイルはかたちを変えて生活に根を下ろしている。

いわば「音楽不況」と言われるのはレコード会社、ＣＤ店など一部の複製産業の話。リスナーが音楽を聴きたいとき、ＣＤを買わずにチケットを買ってコンサートに行くことを選ぶ時代なのだ。インターネットによって、自宅にいながらにしてチケットが買えるシステムの実現が、ライヴをより身近なものにした。音楽の楽しみ方が「観賞型」から、「参加型」、「体験型」に。市場規模２２２億円、動員数は２３４万人と拡大を続ける音楽フェスティヴァルが好況なのも、仲間同士が集まって飲食や場内の雰囲気を楽しむ体験共有の中に、彼らを結びつけるものとして音楽があるのだろう。

海外に比べ音楽配信が伸び悩んでいると言われる日本だが、その理由はＣＤビジネスが未だ堅調なことにある。長年ベストセラーを支えてきた流通業者と協力関係にあるメーカーには、やすやすと配信に切り替えることができない事情もあるだろう。配信カタログに占めるＣＤフォロー率が、ビルボード上位50作品をほぼ１００％網羅している欧米に対し、アーティストによって配信しない、または新曲は一定期間配信しないなどの制限を設けているレーベルも日本は多い。音楽関連売り上げのうちパッケージが7割を占めているというのは、日本人が「ＣＤ好き」である証左だ。

国際レコード産業連盟（ＩＦＰＩ）の発表によると、全世界的にはパッケージ：配信の割合は、２０１５年に39％：45％に逆転。内訳を見るとiTunesなどのダウンロード販売が全体の26％で横ばいな中、現在16％を占めるSpotifyなどの定額制配信が伸びており、ダウンロード型から定額制ストリーミング配信への移行が進んでいる。２０１６年9月、Spotifyが権利交渉難航の末、それなりの楽曲数を取りそろえて日本でサービスインして好評を得ているが、新曲のラインナップはまだまだ。海外では違法ダウンロードへの牽制として、新作はＣＤ発売と同時配信がほぼスタンダードになっている。いずれ日本でもフォロー率が１００％近くになっていくのは時間の問題だろう。

かつて日本のＣＤネット通販でいち早くシェアを築いたツタヤは、ＰＣよりガラケー向けに重きを置いてインターネット通販サイトを整備し、売り上げを伸ばした。「このＣＤがほしい」という購買欲は、家にいるときより外出しているときに芽吹くもの。雑談中に友達から教わったオスス

ライヴ・エンタテインメント市場規模推移

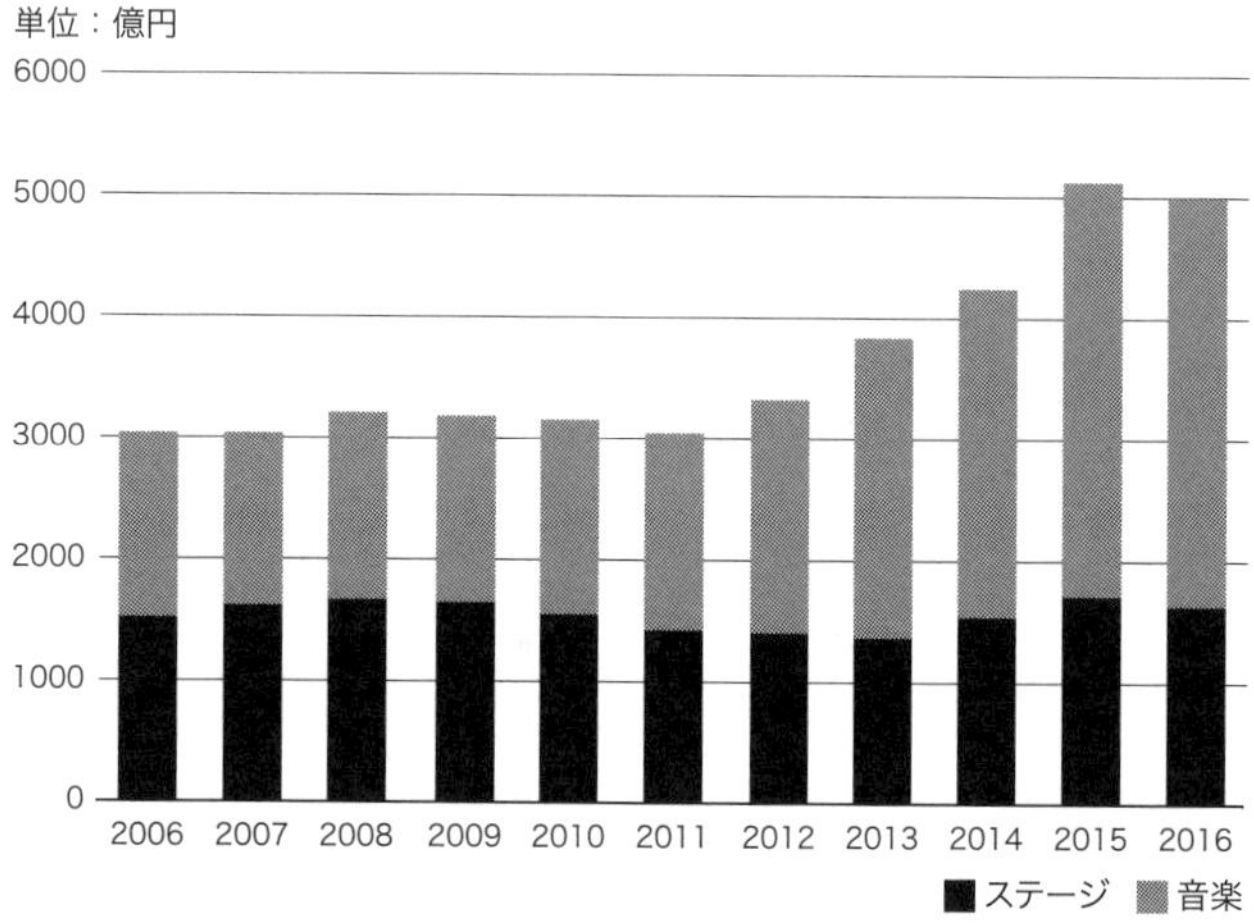

ライブ・エンタテインメント調査委員会調べ

音楽ソフト／有料音楽配信の推移

	フィジカル（CD、レコードほか）	有料音楽配信
2012年	2277億円	543億円
2017年	1739億円	573億円

日本レコード協会調べ

メＣＤも、帰宅したころはすっかりタイトルを忘れている。ほしいと思う瞬間を逃さないため、屋外からのアクセスにツタヤは焦点を絞ってＣＤ通販ビジネスで成功した。同様にチケット販売のぴあも、チケットのオンライン販売をモバイルに重点を置き、会員数を一桁も伸ばす成長を見せた。ノンパッケージ時代が進めば「ほしい時にダウンロードする」、「観たいときにオンラインでチケット購入する」がいずれスタンダードに。エンタテインメント参加の手続きも、より日常の購買欲求をリアルタイムに反映した「体験型」になっていくだろう。

90年代に上陸した外資系大型ＣＤ店が日本人のＣＤ購買力を拡大させた要因のひとつに、ＣＤ試聴機の存在があった。本格導入１号店と言われているのが、新宿丸井(現・新宿マルイ)の中にあったヴァージン・メガストア新宿店。それまで流通関係者には「ＣＤを試聴してしまうと客は満足して買わなくなる」という通説があり、設置には大反対があったと言われているが、しかし実情は真逆。客は音を聴いて安心してＣＤを買い求め、試聴することが売り上げ増につながることが実証された。今やＣＤ試聴機はレコード店には不可欠な営業ツールに。インターネット動画サイトのYouTubeも、いわば巨大な試聴機のようなもので、違法アップロードは後を絶たないが、音楽を実際に聴ける環境は音楽配信や通販での購買欲を促進させる。アップルのｉＰｏｄ、iPhoneなど、一時のウォークマンを凌駕する勢いで普及しており、音楽にそれほど興味のなかった人々も巻き込んで、音楽人口は確実に拡大している。

英語ではレコード、ＣＤなどのメディアを「コピー」と呼ぶ。19世紀までは音楽に触れる手段が、実演などワン&オンリーだったが、レコード の発明がその追体験を可能にした。また複製されることで、音楽は地球の裏側でも聴けるようになった、その歴史はエジソンの蓄音機の発明からわずか１００余年程度のもの。「ＣＤが売れなくなった」は、音楽の長い歴史の中で「複製メディアの時代が終わった」ということに過ぎない。

新作アルバムが発表され、そのプロモーションの一環としてツアーを行い、ステージでそれを再現する今では当たり前のスタイルも、レコードの発明以降の商慣習。一方でフランク・ザッパのように新曲を積極的にコンサートにかけ、それを録音したマルチテープをスタジオに持ち帰って、新作アルバムを作るアーティストもいるのだ。本書の主役ＡＫＢ48も秋葉原の劇場で結成された当初は、チケットを買って入場した観客のみが彼女ら曲を楽しめるライヴオンリーのアイドルだった。家で追体験したいというファンの声に応えて、ブロードウェイミュージカルやシルク・ドゥ・ソレイユのお土産盤のように、ＣＤを提供し始めるのは2年後のことだ。

また２０１７年には、ＣＤ／レコード／ＤＶＤなどのメディア作品を対象に選ばれてきたグラミー賞で、「音源を売らないアーティスト」として有名なチャンス・ザ・ラッパーが3部門を受賞。過去作すべて無料ダウンロード、もしくはSoundCloud、Apple Music、Spotifyなどの配信サービスでのみ作品発表を行ってきた彼は、グラミー賞のルールそのものを変えてしまった。彼にとって録音音源はあくまでプロモーションツールであり、収入はライヴとノベルティだとインタビューであきらかにしている。また、ナイキ、ニューエラといったブランドとＣＭ契約することで、スポンサーとの巨額な契約料を活動の原資に充てている。こうしたアーティストの「Ｂ to Ｂモデル」は日本でもかたちを変えて普及している。出演料が安いことで知られる映画のみで活動するテレビに出ない俳優が、有名企業のコマーシャル出演で、収入の大半を得ているスタイルにも類似している。

レコード／ＣＤの時代が終わり、コンサートには客が戻ってきた。日本でも今や物販スペースはライヴの目玉で、会場限定で販売されるサイン付きＣＤなどの特典を目的に、ショップでの購入を控えているファンまでいる。またツアーごとに作られるＴシャツなどのノベルティグッズも毎年更新され、ファンアイテムとして人気を集めている。ロック系インディーズには、Hi-STANDARDのようにグッズ制作に注力するバンドも多く、それは音楽を表現するのと変わらない彼らのアートフォームのひとつになった。その売り上げが、ＣＤ以上にバンドの収益を支える大きな基盤になっていることを、所属事務所もファンクラブもみな隠していない。

先に紹介したレンタルレコード対策で陣頭指揮を執った音楽制作者連盟が、ロック／フォーク系事務所が集まって結成されたのが86年。歌謡曲の「音事協」、ロック／フォークの「音制連」と呼ばれるように、音事協がタレントの肖像権を巡って闘争した歴史に倣い、こちらもミュージシャン、バンドの肖像権や商標の権利侵害問題を睨み、海賊商品の一掃に取り組んだ。昔はダフ屋と並んでコンサートの名物だった、会場外で売られていたバンドロゴを無断で入れた海賊商品の露天商も、今ではすっかり見られなくなった。

好きなグループに関するものなら、CD、DVDに限らずグッズもすべて手に入れたいのがファン心理。それが活動資金になっていることはファンは承知で、今では積極的に物販で買物する光景が見られる。一種のお布施と言われてもファンは否定しないだろう。そもそも音楽家とファンの間の結びつきは、昔から教祖と信者のような関係があった。遡ればクラシック音楽も、貴族がパトロネージュとなって作曲家の活動を支援してきた。ゴスペル・ミュージックの発展にも教会や信者の金銭的援助があったのだ。

音楽がコピーメディアからライヴ体験へ。そんな道行く先にもAKB48の存在がある。彼女らは秋葉原に専用劇場を設けて、2005年に旗揚げ。旧来のCDリリースやテレビ活動中心のアイドルに異議申し立てを行う、劇場公演主体のグループとして結成されたのだ。

プロデューサー秋元康による、実験としてのAKB48

AKB48のプロデューサーは、80年代に放送作家として活躍した秋元康。小説やマンガ原作、プロデュースなど彼が関わるジャンルは多岐にわたるが、もっともよく知られるのは作詞家としての肩書きだろう。これまで手掛けてきた曲は5000曲以上、チャート1位を記録した曲は100曲を超える。2013年にはシングル総売上が6859万枚に達し、それまで1位だった阿久悠の記録を抜いて、作詞家歴代1位となった。そのうち約4割がAKB関連楽曲と言われており、08年ごろのAKB48のブレイクから怒涛の如きミリオンセラー連発を続け、現在総売上枚数は1億枚を超えた。

本来は裏方だが、80年代にフジテレビの夕方の帯番組として人気を博した『夕やけニャンニャン』(85～87年)の構成作家として画面にも登場。レギュラーのアイドルグループ、おニャン子クラブの作詞家として「セーラー服を脱がさないで」などをヒットさせた。本人も「テレビ文化の申し子」を自称するテレビ育ちだが、AKB48はそんな秋元がテレビメディアの力を借りず、ほぼゼロから作りあげた初めてのグループである。評論家の宇野常寛の言を借りれば、結成時は「テレビに出ないアイドル」。秋葉原に専用劇場を作って、そこで毎日公演を行うグループとして構想されたのがAKB48だった。「テレビに出ないアイドル」と言うのはたやすいが、実行するのは難しい。

アメリカのエンタテインメント業界は未だハリウッド映画が頂点にある。通販番組、宗教番組、企業広報番組などに占拠された地上波の3大ネットワーク(NBC、CBS、ABC)の人気低落の隙を突いて、映画並みの予算をかけるHBOなどのペイチャンネルが力を付けてきた。一方、日本は世界的に希有な民放テレビが発達した国。その収入源となるコマーシャル文化を支えた電通は、取引額で世界でもっとも巨大な広告代理店になった。田中角栄『日本列島改造論』で書かれたように、国策として70年代より、交通インフラ整備とともに放送メディアの拡大を推進。CMによる放送運営が根付いた結果、「情報はタダ」という感覚は日本人共通のものとなった。日本ではアメリカのようにペイチャンネルがなかなか普及せず、民放テレビ局がガラパゴス的に力を持った。

放送局は映画会社以上の巨大な利権を持ち、歌番組は大手芸能事務所で組織される「日本音楽事業者協会（音事協）」の支配下にあると言われる。アイドルはテレビ出演で顔を売り、レコードセールスで収益を得るという構造が当たり前になった。むろん過去にもそうした旧勢力に反発し「脱テレビ」を標榜したアイドルは数多くいたが、ＡＫＢ48ほど成功したアイドルはいなかった。

「次世代の可能性のある女の子たちを発掘し、もっともエネルギーのあふれる街、秋葉原から新たなアイドルを誕生させようという試み」――これが秋元プロデューサーが語る、ＡＫＢ48の最初の構想だった。テレビやコンサートでしか見ることができなかった従来のアイドルの固定観念を覆し、専用劇場に行けばいつでも遭遇できる「会いに行けるアイドル」を標榜した。２００５年の結成と同時に秋葉原のＡＫＢ48劇場での公演を開始し、その歴史はすでに13年に及ぶ。トークを交えた2時間の演目を「劇場公演」と呼んでおり、平均16曲前後の曲が披露される。そのムードは従来のライヴ、コンサートより小劇場の公演に近いもの。収容人数２５０人の劇場で、平日は一日一回、祝祭日は二回、選抜されたメンバー16人が日替わりで歌とダンスを披露する。演目は半年～1年単位で新しいものに変わるという、日本では珍しいロングラン興行を行っている。チケット料金は成人男性で約３０００円。学生女性は１０００円割引で観られるが、チケットがピンク色をしていることから、ファン歴が浅く劇場マナーの徹底していないビギナーを、地下掲示板などでは「ピンチケ」と呼んでいる。

夜な夜な都内某所で上演されている興行スタイルは、ナイトクラブに近いキャンプ感覚があり、楽屋オチや放送禁止ギリギリなトークも展開される。テレビの歌番組で見るＡＫＢ48と、劇場公演で汗して歌い踊るＡＫＢ48の印象はかなり違う。取材で劇場に訪れた政治評論家の田原総一朗は、かつての全共闘やアングラ演劇のような熱狂をそこに感じ、業界最高齢のＡＫＢ48ヲタとして彼女らを支援した。「ド〜なる?!ド〜する?!ＡＫＢ48」（２０１５年10月16日〜２０１７年３月５日）という田原選曲によるオリジナル公演も行われたほど。業界のご意見番となった、中森明夫、宇野常寛、経済評論家の田中秀臣らはまた、アイドルに夢中になったことがない人ほどＡＫＢにハマりやすく、「現場で観れば絶対ヤラれるはず」、「魅力はテレビではわからない」と、まるでフジロックフェスティバル体験のように語っている。その真意は、読者各自で劇場、握手会に足を運んで確かめてみることをオススメする。

「ＡＫＢ」は劇場が所在する東京都千代田区、台東区に広がる電気街を指すエリアの通称、秋葉原から命名。「48」は大人数が所属することから付けられたが、実際は48人に収まらず、ＡＫＢ48だけで研究生も含め１００余名、全国の姉妹グループも合わせれば３００余名に及ぶ。秋葉原の専用劇場では毎日公演が続けられており、そこには海外からの客も多く訪れる。ドン・キホーテ秋葉原店の８階にあるＡＫＢ48劇場は、今では秋葉原の新名所となった。外国語の案内看板が張り巡らされる、世界的に珍しい専門店が密集する国際的電気街、秋葉原を活動拠点に選んだＡＫＢ48の狙いには狂いはなかった。

それはかつてファッションの発信地、原宿にあった和製クラブのはしり、ピテカントロプス・エレクトスの伝説を思い起こさせる。ホンダ、ソニーの海外進出を追うように、ＹＭＯ（イエロー・マジック・オーケストラ）が日本のグループで初めて本格的な海外ツアーを成功させ、80年代初頭のごくわずかな期間、日本の音楽シーンが世界をリードしていた時代があった。それを受け、「ポストＹＭＯ」的存在として注目を集めていた、元プラスチックスの中西俊夫が結成したＭＥＬＯＮ、日本初の本格ダブバンドMUTE BEAT、かの香織を擁するショコラータらが演奏する専用シアターとして、音楽プロデューサーの桑原茂一（現・クラブキング代表）が82年に、原宿ビラ・ビアンカ地下にピテカントロプス・エレクトスをオープンさせる。ＹＭＯのように海外に赴くのではなく「ここに来ればＭＥＬＯＮが観れる」と海外の音楽通にアピール。そこではファッションショーも行われ、欧米の服飾業界、音楽業界の大物や先端客をおもてなしする、来日アーティストが必ず立ち寄るトーキョーの新名所となった。しかしその試みは早すぎて、わずか2年という短命に終わった（84年10月にクラブＤに改装）。

ＡＫＢ48劇場もどうせすぐ終わるだろう。大方の見方はそうだった。しかし劇場は今もスタートしたその場所で、ほとんど変わらないままに公演が続けられている。しかもピテカンが目指したように、外国客も多く訪れる名所として海外雑誌にも紹介される、クールジャパンの重要なハブになった。

日本のニューウェーヴ文化と秋元康は、実はもともと近いところにあった。80年代にフジテレビの深夜番組などを通してお互いを認識していた、ピテカンの常連だったミュージシャンの高木完は、かつて霞町と呼ばれたアパレルやクラブが集まる一帯を歌った曲として、秋元が詞を書いたとんねるず「雨の西麻布」（85年）と、いとうせいこうが詞を書いたやや「夜霧のハウスマヌカン」（86年）には、同時代性や共通する視点があると語っている。事実、彼らの交流点だった西麻布のカフェバー「レッド・シューズ」と、秋元が毎夜溜まっていたイタリア料理店「ラ・ボエム西麻布店」は同じビルの上下階にあった。後期ＹＭＯのスタッフだった奥村靫正、秋山道男が仕掛人となってチェッカーズがデビュー。そのサイドプロジェクト「Cute Beat Club Band」には秋元も詞を提供し、彼らはテレビ文化とサブカルの２つの文化を繋ぐ役割を果たした。

ローカルにはグローバルに通じる回路があり、現在では〝グローカル〟という言葉も生まれた。秋葉原の専用劇場に行かないと観られないＡＫＢ48のチケットはやがて争奪戦となり、マルチカメラで撮影された劇場公演がインターネットを通じて、毎日高画質で有料配信されるようになった。ファンサイト、地下掲示板では、その日の公演の感想戦が全国のファンによって毎日交わされている。ＡＫＢ48は東京ローカルな存在から、ひとっ飛びに全国区にアイドルに。その舞台は専用劇場からネット、いつしかテレビ中心に移って、毎年末に行われる『ＮＨＫ紅白歌合戦』の常連となり、日本の芸能界の中心的存在になった。フロントメンバーの活躍の場は大型ホール、スタジアムに移っているが、それでも収容人数２５０人のＡＫＢ劇場の公演は営々と続けられている。テレビ仕事で選抜メンバーの抜けた公演の欠員は、アンダーと呼ばれるネクスト組が代役として支えている。

昨今では「会いに行けるアイドル」の意味合いは劇場公演ではなく、ＣＤに封入された整理券があれば誰でも参加できる、大型ホールで開催される「握手会」へと移っていった。大会場にメンバーの面会ブースが仕切られ、そこにファンが列をなす握手イベントはＡＫＢ48の発明品。余興でミニライヴなどが行われることはあるが、基本はコンクリート剥き出しの会場で、ただ握手を続けるだけの異様な風景が延々と続く。年４回のＣＤリリースに合わせて、全国各地で毎週土日に続けられており、それは後続のライバルグループや地下アイドルも模倣する、アイドルの新しい活動スタイルとなった。劇場公演の抽選は当たらなくとも、握手券が封入されたＣＤを買えば、わずか10秒でも憧れのアイドルに会って会話したり握手ができる。憧れの芸能人をテレビやコンサートを通して、薄い皮膜越しに見るしかなかった、山口百恵のような時代ではなくなった。

彼らはアイドルをテレビ文化から解放し、さらに芸能界の東京中央集権主義にも反旗を翻すことになる。ＡＫＢ48の劇場フォーマットそのままに、地方都市に専用劇場を作り、名古屋にＳＫＥ48、大阪にＮＭＢ48、福岡にＨＫＴ48、新潟にＮＧＴ48といったクローングループを結成。

秋元康プロデュースのブランド力を武器に、地元企業や放送局、自治体などとタイアップして、ローカルのハンディを感じさせない芸能活動の基盤を整備した。姉妹グループが人気を持ち出すと、「組閣」と銘打って各グループの人気メンバーに移籍やグループ兼任を命じて、人材交流を活発に行った。現在、ＡＫＢ48として歌番組に登場する際に選抜されるフロントメンバーも、指原莉乃、宮脇咲良はＨＫＴ48、山本彩はＮＭＢ48、松井珠理奈はＳＫＥ48にそれぞれ所属している。いわば「ＪＰＮ48」とも言うべき、精鋭によって組織されるスーパーグループとなっている。

その盛況ぶりは、しばしばビジネス誌でも特集されるほど。その成功譚を伝え、曰く「ＡＫＢは現代の宝塚である」とメディアは例える。ここは宝塚音楽学校のように、将来芸能界に羽ばたくための「通過点」であり、「やがて卒業する学び舎」であるとプロデューサーの秋元も理解を示している。

ＡＫＢ結成時に最初に示された目標がメジャーデビュー。それが果たされると、公式ホームページには東京ドーム公演が新しい目標が掲げられ、それは数年後に現実のものとなる。今では国内最大の日産スタジアム（横浜国際総合競技場）に収容人数7万人の客を集めることができる、数少ない存在となった。一回のオーディションには数万人近くの応募があり、そこから研究生としてグループ入りできるのはわずか数百分の一という狭き門。「憧れのＡＫＢ48に加入するのがゴール」、「劇場公演ができるのが目標」と語る新人メンバーが出てきてもおかしくはない。しかし今でも秋元は「ＡＫＢは通過点である」という意識を変えていない。

ビジネスモデルとしてよく比較される宝塚歌劇団は、宝塚大劇場（兵庫県）、東京宝塚劇場（東京都）といずれも２５００人、２０００人を収容する専用劇場を持ち、そこで毎日公演を行っている。阪急電鉄グループの優良部門と呼ばれる宝塚と、比較するまでもない。収容人数２５０人程度のＡＫＢ48劇場では、１日の劇場チケットの売り上げなど80万円程度で、とてもビジネスとして成り立ってはいない。実はそこにＡＫＢ48のカラクリがあるのだ。

ＡＫＢ48とは「ビジネスモデル」である

ＡＫＢ48が一般的な知名度を得たのは、毎年夏に開催される「選抜総選挙」がきっかけと戸賀崎智信（元ＡＫＢ48劇場支配人）は言う。テレビなどのメディアで歌う16人の新曲の選抜メンバーを、ファン投票で決めようということの試みは、２００９年の第1回以来、年1回ペースで続けられている。「ヘビーローテーション」（10年／センター大島優子）、「フライングゲット」（11年／センター前田敦子）、「恋するフォーチュンクッキー」（13年／センター指原莉乃）、「心のプラカード」（14年／センター渡辺麻友）などが、ファン投票で選ばれたメンバーで録音されたシングル。投票したファンには総選挙のドラマとともに記憶される、いずれも愛着の深い曲になった。

当初は裏方スタッフが司会を務めるファン向けの内輪イベントとして始まった「選抜総選挙」だが、現在は徳光和夫がレギュラー司会を務め、地上派のプライムタイムで生中継される国民的行事となった。２０１２年にフジテレビでオンエアされた第4回は、最高視聴率18％を記録。「私のことは嫌いでも、ＡＫＢ48のことは嫌いにならないでください」（前田敦子／第3回）、「票数はみなさんの愛です」（大島優子／第3回）、「潰すつもりで来てください」（篠田麻里子／第4回）など、メンバーが発言するふるった受賞スピーチが、翌日のスポーツ新聞の見出しを飾る。堂々たる選挙演説ぶりだが、それらは秋元や構成作家が書いたものではない。この日のために各人が用意してきたリアルな言葉ゆえに心を打つ。

「選抜総選挙」がなぜあれほど盛りあがったか。それには政治的な時代状況も理由にあった。２００９年、野党第一党だった民主党（現・民進党）が、衆議院選で３０８議席を獲得。自民党が支配した戦後55年体制を倒して、民主党が初めて与党となった政治史の転換年となった。第１回ＡＫＢ選抜総選挙は、まさにその民主旋風と同じ年に初めて行われた。

評論家の宇野常寛は、ＡＫＢ選抜総選挙の白熱ぶりを「政治参加のメタファー」と語った。これまでテレビ業界では、その年に活躍する新人俳優、アイドルは、あらかじめ広告代理店、放送局ぐるみの密室政治で決められてきたと言われていた。ファッション業界でいう、その年の流行色を決めて在庫調整するといわれるアレだ。ＡＫＢ選抜総選挙はそれをすべてガラス張りにし、投票という手段によって民意によるアイドル運営が実現可能であることを証明した。いわばＡＫＢ48は初めて、政治的に開かれたグループであった。そもそもＡＫＢ選抜総選挙そのものの成り立ちが、前田敦子など特定のメンバーばかり選抜に選ぶ運営に対し、ファンから異議申し立てを受けたのをきっかけに、「それなら自分らで投票して決めればいい」という秋元の一言で始まったイベントだった。

そのために彼女たちは毎回、ＳＮＳやYouTubeのオフィシャルチャンネルの政見放送を通して、選挙活動もどきを行う。中には地方議員ばりの選挙対策委員会をファンが組織して、票を集めるメンバーもいる。その結果、スタッフもまったく認知していなかった、思わぬダークホースがランキング上位に浮上することがある。他ならぬ筆者も、２０１４年の第６回選抜総選挙をたまたまテレビで観ていて、ＳＫＥ48の松村香織という異色のキャラクターの存在を知ってＡＫＢ48に興味を持った。ずっと「干され」、「48グループ・ブスランキング第１位」と言われてきた無名の彼女が、その年に17位に選ばれて会場がどよめいた。翌年の総選挙ではさらに得票数を集め、加入７年目にしてシングル選抜メンバーに上り詰める。そこには２００７年の『Ｍ‐１グランプリ』（テレビ朝日系）で、敗者復活戦からグランプリ王者にまで駆けあがった、サンドウィッチマンのようなメイクドラマがあった。

デビューからの育成、マーチャンダイズ、劇場公演から選抜総選挙まで、これらの行事がシステマチックに行われる。ＡＫＢ48の正体は、アイドルというよりビジネスモデルというのが正しかった。それを証明するかのように２０１０年、通産省（現・経済産業省）がデザイン的観点から優れたビジネスを選ぶ「グッドデザイン賞」で、その年の金賞がＡＫＢ48に贈られた。「プロジェクトデザインとして非常に完成度が高い」というのが審査員の佐藤可士和の弁。セブン・イレブン、ユニクロなどのクリエイティブデザインを手掛ける佐藤は、ＡＫＢ48のＣＩ（コーポレイト・アイデンティティ）戦略をこれまでの芸能界にはない新しいアイデアと讃えた。テレビ番組『にほんごであそぼ』（ＮＨＫ／04年）が過去に受賞したケースはあったが、本来プロダクトに対して与えられるＧマークが、人を対象に贈られたのは初めてのことだった。

プロデューサーの秋元康はＡＫＢ48の命名理由を訊かれ、自動車メーカーが試作車を商品開発番号で呼ぶような、無機質なものにしたかったからと語った。育成中の彼女らはまだ名前もなき存在である。そして、厳密なテストによって世に送り出される、国際的に高く評価される日本製品のイメージを重ね合わせた。ファンからの苦情窓口も、ＡＫＢでは「カスタマーセンター」と呼ばれている。かつてユーミン（松任谷由実）がファンのことを「ユーザー」と呼んだような、楽曲をプロダクツとして捉えるというアート感覚が根底にある。

ニュー・オーダーを輩出したイギリスのファクトリー・レコードを興した実業家トニー・ウィルソンは、自身が関わるすべてのプロジェクトを通し番号を付けて管理した（大半がレコード作品に割り与えられるが、ＦＡＣ１はピーター・サヴィルがデザインした公演ポスター、ＦＡＣ51はハシエンダというクラブ、ＦＡＣ５０１が逝去したトニー・ウィルソンの棺）。そのアイデアはアンディ・ウォーホルからの拝借だが、ときおり秋元にテレビ司会者として悪辣なキャラをウリにしていた、トニー・ウィルソンに通じる山っ気を感じることがある。アンディ・ウォーホルは「人は誰でもその生涯で15分だけは有名になれる」という、おニャン子クラブのような存在の出現も予言した。かつて演劇青年だった秋元は、小劇場の劇団がまったくの無名からメジャーに成長していくサクセスストーリーに憧れ、「初日はたった7人しか一般客がいなかった」というＡＫＢデビュー公演のエピソードを誇らしく語った。それはファクトリー・レコードの伝記の最初に登場する、セックス・ピストルズが初ギグを行った有名なマンチェスターの一夜の神話を思わせた（わずか42人の客の中に、ジョイ・ディヴィジョンの2人、シンプリー・レッドのミック・ハックネル、バズコックスのハワード・ディヴォートらがおり、そこからポストパンク史が始まった）。

ＡＫＢ48がシステム、プロダクトと言えば言うほど、そこには涙と汗のドラマが浮き彫りになる。「Ｋ-ＰＯＰや宝塚のようなプロフェッショナルはここにはいない」と秋元は言う。初期メンバーはほとんどレッスンなど受けたことがなく、未完成のまま初舞台を迎えた。拙いダンスやトークを彼女らは時間をかけて克服していく、その成長を見守ることがＡＫＢ48ファンの喜びだと。通常の観念の持ち主なら、プロデビュー前の未完成な姿を公にはしない。だがＡＫＢ48にとっては、そこでのファンとの交感が活動の糧となる。常にメンバーは成長過程におり「一日たりとも同じＡＫＢは存在しない」ということが、毎日劇場に通うというシリアルなファンの原動力になっている。

初期からＡＫＢ48を支援し、現在も中心にいる40代以上のファンがメンバーに抱いているのは、疑似恋愛というよりも父性に近いもの。紫式部『源氏物語』など、中年男性が若い娘を理想の女性像に導いていくストーリーは、『マイ・フェア・レディ』など海外にも類似パターンが数多くある。菊池桃子、本田美奈子、とんねるずらが、まったくの素人からスターダムに駆けあがっていくのを身近で体験した秋元は、その成長過程の実感をスタッフが独占するのはもったいない、ファンとそれを共有したいと考えたのが、AKB48を結成した理由のひとつと言う。秋元はメンバーに試練を与える役回りではあるが、それをどう各人が克服していくかが見たいのであって、できるだけそれをドキュメンタリーとして仕上げ、台本も一切用意しないと語っている。

「AKBは現代の宝塚なのか?」と問われると、秋元はノーとそれを否定する。AKB48は宝塚のようなエリート集団ではない。オーディションに落ち続けた子たちが最後に集まり、スパルタ教育でのしあがってきたグループなのだ。映画『がんばれ!ベアーズ』のように、落ちこぼれたちが努力する様を一生懸命ファンが応援する物語だと。そしてAKB48を「東大合格率No・1の芸能私塾のような存在にする」と、プロデューサーの自らにも高いハードルを課した。

秋元はセガ役員となり、テレビの反逆児になった

その育成プロセスを長い時間をかけて楽しむというアイデアは、RPG(ロール・プレイング・ゲーム)や、「たまごっち」などの「育てゲー」などの時間消費感覚に近い。おそらくそのヒントを秋元は、80年代に歴史が始まったビデオゲーム文化から得たのだろう。87年のおニャン子クラブ解散後、約2年のブランクを過ごしたニューヨーク生活を終えて、秋元が日本に帰国してきたころ、テレビのブラウン管に映っていたのは松田聖子ではなく、スーパーマリオだった。

83年に発売された任天堂のファミリーコンピュータなどの初期の家庭用ビデオゲームは、今のようなカラー液晶が高価なため、各家庭のテレビ受像器につないでプレイする仕様であった。テレビは小学生たちにすっかり飽きられ、ブラウン管はゲーム専用ディスプレイと化していた。85年発売の『スーパーマリオブラザーズ』、86年発売の『ドラゴンクエスト』が大ベストセラーに。一億層ビデオゲームユーザーと呼ばれる時代が訪れた。

『夜のヒットスタジオ』（フジテレビ系）、『ザ・ベストテン』（ＴＢＳ系）など、長年続いていた音楽番組が番組表から消え、90年代は「アイドル冬の時代」と言われた。直接のきっかけはビデオゲームではない。秋元が関わったグループアイドル、おニャン子クラブがブレイクし、アルバイト感覚でテレビに出ていた素人集団が芸能界の覇者になったことが、少なからずアイドル神話の崩壊を手助けしていた。「ポスト松田聖子」と呼ばれた人気のピークにいた岡田有希子の86年の投身自殺も、アイドル冬の時代に追い打ちをかけた。入れ替わりに起こった80年代末のバンドブームが、さらに歌謡曲の歴史に楔を打つ。老舗の『夜のヒットスタジオ』は、ロックとニューミュージックが主な出演者となる『ヒットスタジオＲ＆Ｎ』をメインに据え、歌謡曲と演歌を別時間に追いやった。メンバーが作詞作曲する彼らシンガーソングライターの登場によって、アイドルのみならず、職業作詞作曲家にも失業時代が訪れた。

秋元康はそのころ、セガ（現・セガサミーホールディングス）というゲームメーカーの役員として過ごしていた。業界外から招かれた秋元の肩書は、セガが出資するネット配信事業の映像プロデューサー。ビデオゲームがテレビの視聴習慣を奪ったことに続いて、ドラマなどのエンタテインメント作品をゲーム会社が制作するという試みは、テレビ業界への宣戦布告だった。95年、ウォルト・ディズニー・プロダクションが、ＮＢＣ、ＣＢＳ、ＡＢＣという米三大ネットワークのひとつＡＢＣを買収。収益力の高いコンテンツ会社が、放送局より力を持つことを誇示した。レコード会社の音楽ソフトが「再販売価格維持商品」として守られていたように、日本ではテレビ局も郵政省（現在は総務省に移管）の免許事業として保護され、異業種をずっと排除してきた。ゲーム業界のコンテンツ制作への進出は、放送業界には黒船のように映ったはず。98年、秋元はセガ出資で興した映像制作会社、エイティーワン・エンタテインメント（後のイキナエンタテインメント。現・イキナ）代表取締役に就任。後にＡＫＢ48の映像プロデューサーとなる磯野久美子、ＮＧＴ48劇場支配人となる当時ディレクターの今村悦朗らは、その当時からのスタッフであった。

また秋元はそのころ、ＩＴ文化の寵児だった堀江貴文の会社、ライブドアの子会社サイバーアソシエイツの役員も務めていた。ＡＫＢ48結成時は同社役員時代にあたり、ＡＫＢ48劇場公演デビューのその場に、ホリエモンこと堀江貴文も立ち会っていた。有名なライブドアによるフジテレビ買収騒動が起こったのも、ＡＫＢ48結成と同じ年。ニッポン放送、フジテレビで放送作家修業時代を過ごした秋元が、フジサンケイグループに敵対するライブドア側にいたというのも皮肉な話。ＡＫＢ48はまさに「テレビに出ないアイドル」という宿命を背負って生まれたグループだった。

モーニング娘。のブレイクがＡＫＢ48構想に火を点けた

ＡＫＢ48結成時のエピソードを語るとき、外せないものとしてモーニング娘。（現在はモーニング娘。'18）の存在がある。プロデューサーを務めていたつんく♂は、かつて秋元が育てたおニャン子クラブの大ファンで、モー娘。メンバー選定にはあきらかにその影響があった。

モーニング娘。は、97年に『ＡＳＡＹＡＮ』（テレビ東京系）の番組内で行われた、ロックヴォー

カリストオーディションの落選者５人で結成されたグループだった。つんく♂は彼女らに「メジャーデビューしたければ、自主制作シングル５万枚を手売りで完売させること」と条件を突きつけ、それに見事に応えてモーニング娘。はデビューのチャンスを勝ち取る。以降も毎週、彼女たちには試練が与えられ、それを克服する様に視聴者は熱狂。日本版リアリティショーとして、『ＡＳＡＹＡＮ』はテレビ東京の目玉番組となった。もともとロックヴォーカリスト志望だった彼女らには、ダンスやアイドルとしてのスキルはゼロ。まったくの素人が努力で這いあがった結果、現在につながるアイドルブームを背負って立つ存在となった。敗残者が這いあがっていくプロセスを国民が応援する構図は、花登筐の浪花根性ドラマや、人気ドラマ『家なき子』、『おしん』ブームに重なって見えた。

秋元がＡＫＢ48結成時に集めようとしていた人材も、まさに同じような原石だった。慎ましく配られていた「秋葉原48プロジェクト」のモノクロコピーのチラシを見て、ＡＫＢ48の第一期オーディションを受けた一人が、後にＡＫＢ48総監督となる高橋みなみ。彼女は２００５年にホリプロタレントスカウトキャラバンに出場するも選外となり、落選の報を受けて会場を出るところで、配られていたチラシを見て募集内容を知った。ちなみにスカウトキャラバンの審査員長を務めていたのが秋元康。同じ時期、密かに進めていた一方の自身のプロジェクトが求めていたのは、オーディション落選者で結成されたモーニング娘。のメンバーような、まさに原石のような存在だった。

モーニング娘。が所属するＵＦＡことアップフロントエージェンシーは、もともと知る人ぞ知るフォーク系の老舗事務所、ヤングジャパングループを前身に持つ。秋元も出自は近く、ニッポン放送で放送作家としてデビューしたばかりのころは、長渕剛などのフォーク歌手のラジオ番組の台本を書いていた。長渕剛が所属していたのは、ヤングジャパンのライバル的存在だった２大フォーク事務所のもう一方の雄、ユイ音楽工房である。

かつてフォークが日本の芸能界に楯突く存在だった時代があった。吉田拓郎を巡って起こった、「金沢事件」という騒動を覚えている読者もいるだろう。フォークブームで社会が沸き、吉田拓郎、かぐや姫らが人気を博した70年代。日本初のミリオンセラーをザ・フォーク・クルセダーズ「帰って来たヨッパライ」（67年）が樹立し、井上陽水『氷の世界』（73年）が日本で初めてアルバムとして100万枚をセールスする。自由な気風を好み、芸能界のしきたりに従わない彼らのアイドル的人気は、しかし旧勢力にとって疎ましいものだった。

拓郎人気がピークにあった73年夏、石川県金沢市で行われたコンサートで、打ちあげの席で同席した女子大生から暴力を振るわれたと拓郎が訴えられる事件が起こる。これがフォーク界の黒歴史で有名な「金沢事件」の始まり。拓郎は容疑者として金沢署に勾留され、マスコミは「フォーク界の貴公子」への総攻撃を開始した。ツアーはキャンセル、曲は放送自粛扱いとなり、すべての拓郎関連のテレビCMが消えた。しかしファンの声援は鳴り止まず、拘留中にリリースされたアルバム『伽草子』はオリコン1位に。証拠不十分で拓郎が釈放された後、すべて女子大生の狂言だったことがあかるみになる。狂言はフォーク憎しの芸能事務所が仕掛けたのではという噂もあったほどで、さすがにうがち過ぎかと思う筆者でも、一連のバッシング報道の背後に芸能事務所の後押しがあったことは察しがつく。こうして芸能界やマスコミに嫌気がさした拓郎は、「二度とテレビには出ない」と宣言。多くのミュージシャンも共鳴し、やがてテレビに出ないことが彼らフォークシンガーの勲章になった。

コンサート中、軽妙な話術で客を沸かしていた拓郎らは、70年代にラジオの深夜放送で人気パーソナリティとして活躍。受験生らに支持され、そこから数多くのミリオンセラーが生まれた。しかし彼らの曲がオリコン上位に入っても、拓郎をはじめ、井上陽水、中島みゆき、松山千春らフォークシンガーはテレビ番組には出演せず。芸能界とフォーク界は完全に分断された。「今週もスケジュールの都合で出演していただけませんでした」と頭を下げる、ベストテン番組の司会者の謝罪はすでに名物と化していた。その番組で構成作家をやっていたのが秋元康だった。「１曲だけでは自分の世界は伝わらない」という出演拒否の理由は、あくまでテレビに出たくないための方便に過ぎない。パーソナリティを務める自身のラジオ番組では、毎回曲は普通に流れていた。先の発言が建前でしかないことを、裏の世界でラジオの放送作家をやっていた秋元はよく知っていた。

芸能界とは別世界から登場したフォーク歌手、フォークグループは、ベトナム戦争を背景としたアメリカのスチューデントパワーがニューミュージックの時代を切り開いた。スタッフもみな、学生あがりの素人だった。その素人パワーがニューミュージックの影響で結成され、最初からそこにはプロはいなかった。ＡＫＢ48もかつてのフォーク事務所のように、芸能界の裏方経験がまったくない素人スタッフをかき集めて歴史がスタートした。「そこにプロがいたら、絶対反対されていただろう」と、秋元はＡＫＢ48結成がいかに従来の常識をはみだす試みだったかを語っている。

「ＣＤは握手券か？」ＣＤも握手券も配信もすべて等価である

ＡＫＢ48は放送作家の秋元康プロデュースのグループでありながら、テレビとはまったく関わりを持たず、「観たければＡＫＢ48劇場へ」と喧伝を続けた。初期は３カ月ごとに劇場作品が作られ、16曲前後のまっさらな新曲が並べられた。コスチューム、振り付けもすべて新調。しかも誕生からしばらくは、それら劇場曲は現場でしか聴けなかった。家で追体験したいという客のリクエストを受け、劇場公演が正式にＣＤリリースされるまでには、約２年のブランクがある。ＡＫＢ48

にとって楽曲はあくまで、ダンス、コスチューム、トークと並んで、劇場公演を構成する要素のひとつ。後に舞台公演を収録したＤＶＤもリリースされるが、それらはブロードウェイミュージカルやシルク・ドゥ・ソレイユの会場で売られているお土産ビデオのようなもので、パッケージもそっけなく、劇場の物販スペースでキャラクターグッズやガチャポン玩具と並べて売られていた。２００６年にＡＫＢ48のインディーズデビュー曲「桜の花びらたち」がリリースされるが、これは第1作『ＰＡＲＴＹが始まるよ』の挿入曲のひとつで、ＡＫＢ48の劇場公演を紹介する名刺代わりに過ぎないものだった。

シングルがその役目を終え、現在のように独立したオリジナル曲が書かれるようになるのは、通算12枚目の「大声ダイヤモンド」（２００８年）になってから。以降はその代わりに、シングルにＤＶＤなどのオマケをたくさんつけた。収録映像にはＰＶのロングヴァージョン、メイキングなども収め、秋元は映画1本、ドラマ1本を見るような体験をシングルで味わえる贅沢を施した。当然、制作費の大半は打ち込みの音楽にではなく、機材費、人権費がかかる映像に注がれていたのは同業者から見ればあきらかだった。レンタルレコード組合との取り決めで、ＣＤは出れば必ずレンタル店に並んだが、ＭＶを含むＤＶＤをレンタルできる権限は業者にはない。買わないと体験できないＤＶＤに重きを置く戦術が、彼女らのセールスを後押しした。

ＣＤの総売り上げが落ち込み、シングルが作られても宣伝費はなく、そこから予算を捻出するミュージックビデオを作ることさえはばかられる、そんな時代が続いていた。ＭＶがない曲はテレビ、ネットで話題にされず、発売翌月には人々の記憶から消えていった。一方で海外には、中堅アーティストでもアルバム全曲にＰＶが作られるようなスタイルがある。映像さえ作ればそれが一人歩きして、YouTubeなどのネットサイトで誰かが発見し、ヒットのトリガーになるのを彼らは体験的に知っている。宣伝費がなければ、どこかから予算を引っ張ってきてMVを作ればよい。楽曲ごとにファンドを組むなどの荒技で、それを実現してしまうのがアメリカ流。そのために100万枚売る必要があるならば、ジャケット違いの複数のCDを出して、コレクター客を相手に予算を確保すればよい。秋元もそうやって「ギョーカイのジョーシキ」を覆していく。

握手券、選抜総選挙の投票券などを付けたAKB48のCDは、CD不況のこのご時世にダブルミリオンに届く勢い。冷笑するマスコミはAKB48の荒っぽい販売方法を指して「CDは握手券へと墜ちた」と書いた。しかし秋元なら、CDも音楽配信も握手券も、すべて等価なのだとうそぶくだろう。「会いに行けるアイドル」にとってCDは、劇場公演から切り分けたケーキ片でしかないのだから。

作れば客はやってくる。秋元康の楽天主義

「アイドル冬の時代、再び」。モー娘。ブームが収まり、小室哲哉ブームやビーイングブームが落ち着いた空白の時代、2005年にAKB48は誕生した。おニャン子クラブ時代の秋元は構成作家、作詞家でしかなく、実質プロデューサーとしての成功はこれが初めてになる。ニューヨーク在住期間にブロードウェイで観た劇場公演と、作詞家としてアイドルを通じて見た出待ちファンの気持ちを汲んで、「会いに行けるアイドル」を数人の実業家と組んで始めたのがAKB48である。しかし、旧知の秋元に誘われ、デビューの劇場公演をスタッフ側に混じって観ていたアイドル評論家の中森明夫も、そのときは秋元がこれを始めた狙いがつかめなかったという。その醒めた空気はそこにいたスタッフも同様で、可能性を感じていたのは秋元ただ一人。最初の勝算はゼロだった。

ＡＫＢ48のプロデューサーと名乗る秋元だが、そこから得られるのは作詞家としての著作権収入が基本。プロデューサー報酬、役員報酬はもらってないと語っている（現在は所属事務所ＡＫＳの役員も退任）。誰もが冷ややかな視線を送る中で、3カ月ごとに新作公演を発表する難仕事を実行に移したのは、彼が稀代のギャンブラーだからだろう。「これは絶対成功しない」と言われるからこそ引き受ける。その反骨精神は、幼少期の小児喘息体験、有名中学受験の失敗など通して形成されたものなのだろう。マスコミから守銭奴のように言われ、本人もそのように振る舞うことも多いが、必ず成功するというマーケティング法則には抗い、勝負師の己の勘を信じる。面白いと思うプロジェクトには、いくら私財を投下しても構わないと発言する。また、古くからの知人である作曲家の近田春夫は、秋元を「義理堅い男」と評する。ＡＫＢ48にその後合流するスタッフは、いずれも放送作家時代からのなじみの仲間たち。離反したワケありの仲間から告発されることも多いが、裏切りのいざこざも含め映画『ゴッドファーザー』さながらの、一種の秋元マフィアを形成しているのがわかるだろう。

2005年12月8日のＡＫＢ48劇場のオープン日、250人を収容する劇場には、一般客はたった7人しかいなかった。一部マスコミやアイドルウォッチャーはそれを取り上げて、秋元もこれで終わったと書いた。しかし、秋元は諦めなかった。場所を作ればそこに人はやってくる。映画『フィールド・オブ・ドリームズ』の主人公、レイ・キンセラのような楽天家の物語を始めることにしよう。

第1章

AKB48の何が新しかったのか？

ＡＫＢ48を構成する、チーム編成、専用劇場

ＡＫＢ48の現在の構成員は5つのチーム＋研究生で合わせて１００余名。基本は劇場公演に必要となる16人をひとつのまとまりとし、グループ名「ＡＫＢ48」から頭文字をとったチームA、チームK、チームB、チーム4、チーム8という5チーム（それぞれオリジナルメンバー16人にアンダーと呼ばれる補欠要員含む）と、それらを構成する正規メンバーの予備軍である、研究生チームで構成される。上記のチーム分けは宝塚歌劇団でいう、花組、月組、雪組、星組、宙組に近いもの。結成時からのフロントメンバー、前田敦子が所属していたチームAがフラッグシップチームで、多くの新作公演の初演をこのチームが務めてきた。秋葉原にあるＡＫＢ48劇場をシェアしながら、それぞれが並行して公演を行っている。これら各チームから人気メンバーをピックアップして、テレビの歌番組などに出演するのが「メディア選抜」、「選抜メンバー」と呼ばれているもの。一般の視聴者が知っているＡＫＢ48はこのメンバーだが、リリースされるシングルごとにその顔ぶれは異なる。ＡＫＢ48と名乗りながら、現在は指原莉乃、宮脇咲良（ＨＫＴ48）、山本彩（ＮＭＢ48）、松井珠理奈（ＳＫＥ48）など、姉妹グループのメンバーが起用される機会も多い。

大半のメンバーは、劇場と同じ建物にあるＡＫＳという会社に所属しており、オーディション受賞者はまずここに帰属して、研究生としてレッスンに励んで正規メンバーを目指す。テレビ、コンサートなどで人気を持ち始めると、スカウトされて大手の芸能事務所に移籍する者も多く、『ひるおび！』（ＴＢＳ系）で長らく天気予報のコーナーを担当した柏木由紀（ワタナベエンターテインメント）らのように、単独でタレント活動している在籍メンバーも数多くいる。

さらに、ノースリーブス、渡り廊下走り隊7、フレンチ・キス、Not yet、DiVA、NO NAMEなど、チームをまたいだパーマネントなユニットも存在する。おニャン子クラブにおける、うしろゆびさされ組、ニャンギラス、うしろ髪ひかれ隊のような存在と思えばよいだろう。ほとんどが同じ事務所所属のメンバーでユニットが構成されており、プロダクション尾木（ノースリーブス、渡り廊下走り隊7）、ワタナベエンターテインメント（フレンチ・キス）、太田プロダクション（Not yet）など、各ユニットはメンバーの所属事務所がマネジメントを行い、多くがAKB48が所属するキングレコード以外のメーカーからデビューしている。

これに加え、一回こっきりのユニットも無数に存在している。最初に結成されたのが、2006年にテレビ番組の企画で結成された「ほね組 from AKB48」で、同年ユニバーサルミュージックからデビュー。他テレビアニメ『AKB0048』（12年）で声優に選ばれたメンバーによる「NO NAME」、全国納豆協同組合連合会の要請で企画された「ナットウエンジェル」など、番組や企業とのタイアップごとに新しいユニットが結成されてきた。

その象徴的な存在が、トヨタがスポンサーとなって結成された5チームのウチのひとつ、チーム8だろう。47都道府県より1名ずつオーディションで選ばれた、47名で構成されるもっとも最新のチーム。ここだけは給与面をトヨタがバックアップする代わりに、プリウスPHVなどの自社製品のイメージキャラクターとしてCMやキャンペーンに駆り出される。企業チームという形式はJリーグ、プロ野球などをヒントにしたもので、そこには将来的にAKB48をいくつかの企業チームで構成する、アイドルリーグ構想などの目論見も透けて見える。

彼女らが毎日公演を行うAKB48劇場は、千代田区外神田にあるドン・キホーテ秋葉原店の8階にある。エレベーターでその階に降りると、赤い絨毯がエントランスまで続いている。入り口にはクラシックな趣きのある、アメリカのコンサート劇場の外観を模したサインボードがあり、「JAPAN'S MOST SOPHISTICATED SHOW」、「PRESENTED BY THE AKB48 & 48 GIRLS」と書かれている。赤絨毯の左右の壁面にはメンバーの額縁入り写真が飾られる。劇場の収容人数は250。客席数は145席で、残り105は立ち見スペースとなっている。舞台の左右にはビルの構造上外せない太い柱が2本あり、座る場所によってはステージが見えない難があるが、今では「二本柱の会」というファンクラブの名称になっているように、AKB48ファンにはこれもおなじみの風景。活動一年ごとにその柱にテープを巻く記念行事があり、現在12本の帯が巻かれ、樹木の年輪のようにグループの歴史を物語る。ステージには48個のムービングライト、ステージ後方には10枚の回転扉、可動式のせり（油圧式稼働床）などの装置があり、ミニシアターとしては本格的な構造に。もともとラオックスのアソビットシティ（02～04年）のイベントフロアがあった階を居抜き物件として再利用したもので、2つあったステージのうちひとつぶんのエリアを潰して、ステージ奥には楽屋、練習スペース、衣装部屋が構えられている。

劇場公演は、平日1日1回、夕方6時30分スタートを基本に、約2時間のプログラムが披露される。土日祭日は1日2回公演（現在）。テレビ仕事で忙しい人気メンバーが劇場公演に出る機会はめっきり減ったが、それでも年に数回はステージに立つ。250人収容のライヴハウス空間でトップアイドルが観られる体験は貴重で、チケットは争奪戦になる。応募者は抽選式で選ばれるようになっており、競争率は平日でも70～80倍。人気公演だと150倍にもなり、熟練のコアファンでないとチケット入手も難しい。そのため、現在ではビデオ配信会社のDMM.comと契約して、高画質（HD画質＝Blu-ray Disc相当）でのリアルタイム配信と、標準画質（SD画質＝DVD相当）のアーカイヴ配信が、その日の夜更新で提供されている。リアルタイムにカメラ割りしたマルチカメラによる映像は、テレビの実況中継とクオリティはほとんど変わらない。そのために配信スタッフとしてカメラクルーが劇場に常駐しており、公演メンバーの16人の後ろには、マネジャー、ヘアメイク、音響技師、映像スタッフなど50名近くの裏方が毎日忙しく働いている。２５０人収容規模のライヴハウスとしては、スタッフの人数は他とは桁違い。成人男性約３０００円のチケット料金で２５０席では賄えるわけはなく、最初から採算度外視で立ちあげたプロジェクトだったのがわかる。劇場公演は慢性的赤字の元凶と言われており、テレビにも出る人気グループになった今のＡＫＢ48にとっては悩みの種だろうが、プロデューサー秋元の意向で大劇場に移転することもなく、スタート時そのままのかたちで続けられ、劇場公演はすでに13年目を迎えている。

もちろん普通のアイドルのように大ホールでのコンサートも定期的に行われており、こちらはシングル、アルバム曲などが中心となるラインナップ。ＡＫＢ48全チーム、姉妹グループなども加わるコンサートは、日本武道館（1万４０００席）、横浜アリーナ（1万７０００席）、東京ドーム（5万５０００席）、日産スタジアム（7万２０００席）など、大人数客を集める規模となっている。

姉妹グループ結成による地域活性化

劇場公演の新作が着手されるごとに、平均16曲の新曲がレコーディングされ、数曲ごとに切り替わる新作衣装だけでも16人分で総数１００着。１公演あたりにかかるコストは、３０００万、４０００万円と言われている。これらは一定期間の上演後、姉妹グループにお下がりされるしくみで、ＡＫＢ48の第1回劇場公演『ＰＡＲＴＹが始まるよ』（05年）の衣装は現在、

NGT48の若いメンバーたちに受け継がれている。2008年に結成された名古屋のSKE48をはじめ、稼働してる姉妹グループだけで、NMB48（00年結成）、HKT48（11年結成）、NGT48（15年結成）、STU48（17年結成）と全国で5つあり、楽曲、衣装、小道具などを使い回すことによって、中長期的に制作費をリクープするしくみになっている。

当初は秋葉原という東京ローカルで結成されたAKBだが、メンバーの活動域は今や全国にまたがる。2011年3月の東日本大震災後には、被災地支援プロジェクトとして「誰かのためにプロジェクト」が結成され、福島県、熊本県などの被災地を頻繁に訪問。募金活動やミニライヴ、握手会などがボランティアで行われており、ニュース番組で彼女たちを見る機会も増えた。各地の姉妹グループは地方自治体と連動して観光活性化のために働き、ローカル局では彼女らの出演する冠番組も数多く作られている。

プロデューサーの秋元康は東京生まれ、東京育ちだが、学生時代の盆休みに故郷に帰る友人たちに感じた憧憬のような、都会人ゆえの地方へのロマンがあるという。98年からNHK『おーい、ニッポン』で全国を回り、全都道府県の人といっしょに歌を作るという、創作を通して地域住民とつながる番組企画にも長らく関わってきた。突然の思いつきのように見えた2008年の名古屋のSKE48の結成だが、そうした地方行脚を通して知った地域活性化への想いが、AKB48の姉妹グループ展開のヒントになったのだろう。

熊本県庁から依頼され、後輩の放送作家、小山薫堂（天草市出身）が2010年に誕生させた「くまモン」がご当地キャラクターとして全国的人気を集めた。テレビアニメ『けいおん！』が2009年にアニメ化され、制作会社の京都アニメーションの所在地である京都に舞台を移し替えてヒット。ドラマの舞台になった名所にファンが訪れる「聖地巡礼」ブームも起こった。地方創生の切り札をサブカルチャーが担う現象には、秋元も大いに触発されたはず。

おニャン子ブームをともに仕掛けた元フジテレビディレクターの笠井一二も、ソニー系列のアンティノスレコードに移籍して映像事業を立ちあげた際、47都道府県の地方局と組んだ「エリアコードドラマ」と呼ばれる、1県1作品の地域限定ドラマを94年より2年にわたって制作した。地方自治体にロケ協力を仰ぎ、東京のメジャー俳優と地元スタッフをコラボさせ、アンティノスレコード所属アーティストに主題歌を歌わせる試みは、笠井が同社を離れるまで続けられた。そのとき制作パートナーを務めたのが吉本興業（現・よしもとクリエイティブ・エージェンシー）。吉本もその後に全国展開を狙って、2011年に自社タレントを47都道府県に住まわせて、地域密着型で笑いを届ける「あなたの街に住みますプロジェクト」を発足させた。タレントが密集する都市部以外から新しい笑いが芽吹くよう、1県に数組のタレントを移住させて地方局に売り込み、新人グループや売れない中堅芸人にチャンスを与えた。

秋元は2005年、学長直々に依頼を受け、91年に開校した京都市左京区にある京都造形芸術大学の教授に就任。2007年には同大学の副学長職に就いた（2013年に退任）。京都は今、サブカルチャーの発信地として注目される主要都市。『涼宮ハルヒの憂鬱』（06年）を制作した京都アニメーションへの高い評価など、地方のクリエイティヴパワーが東京に劣らないことを証明してみせた。京都造形大の学生にもAKB48の衣装デザインのアイデア参加を呼びかけ、シングル曲「RIVER」(09年)では実際に学生案を採用。秋葉原と京都をオタクカルチャーで繋いだ。その後、赤字続きだったAKBの衣装制作のために、京都造形芸術大学の学生を制作に参加させるエコシステムを築き、インターン生から優秀な人材をプロとして採用。産学協同モデルを提示してみせた。

最初の姉妹グループとなった名古屋のSKE48や、「唯一のフランチャイズ」である大阪の

ＮＭＢ48などについては改めて後章で触れることにするが、「自宅から通える芸能界」の実現が、経済的事情でアイドルを諦めて地元ＯＬに就くしかなかった、これまでの地方のアイドル予備群に光明を与えた。元気のある地域グループが次々と登場し、今では48グループ全体を引っ張っていく活力となっている。東京在住者で構成されるＡＫＢ48メンバーよりも、現在は宮脇咲良（ＨＫＴ48）、山本彩（ＮＭＢ48）、松井珠理奈（ＳＫＥ48）ら姉妹グループ出身者がフロントに起用されることが多く、いち早くローカル人材に目を向けた秋元の視点が正しかったことを証明している。

「音事協」に入らないアイドル

秋元はＡＫＢ48をアイドルになるための「通過点」と呼んだ。そう答える理由のひとつが、ＡＫＢ48が大手芸能事務所で組織される日本音楽事業者協会の庇護下にいないこと。渡辺プロダクション、ホリプロ、サンミュージック、バーニングなどの主要芸能事務所、テレビ局のほとんどが名を連ねる互助会組織で、ここに所属することが、テレビ局に出入りする一種の通行手形を意味する。ＡＫＢ48が所属するＡＫＳは、売れっ子グループを抱えながら音事協には加盟しておらず、いわば芸能事務所に属する以前のタレントの卵集団という扱いなのだ。テレビの歌番組のキャスティング、日本レコード大賞他の賞取りレースなど、局の音楽行事のすべてに音事協の意向が働くと言われてきた。ＡＫＢ48はそんな業界政治の埒外にいる。もちろん新曲リリースに合わせて歌番組に呼ばれることはあるが、バラエティ番組などにソロで出演しているのは大手事務所に移籍した少数メンバーだけ。グループとしての活動のメインは今でも自社制作の深夜番組。大手事務所を脅かす存在ではないことが、ＡＫＢの特殊性を物語っている。

彼女らが所属するＡＫＳは、劇場曲のＣＤ化ための版権管理会社として結成翌年に作られた。同時に人材派遣業（16条特定労働者派遣事業）として申請し、各メンバーとは個人事業主として契約しており、いわば問い合わせ窓口のような存在であった。渡辺プロダクション、ホリプロのように、準社員として雇用する日本の芸能事務所と違って、それは海外のタレントとエージェンシーの関係に近いもの。欧米式のエージェント契約を結んでいる国内の例で言えば、よしもとクリエイティブ・エージェンシー、宝塚歌劇団、松竹歌舞伎などの雇用形態に近いだろう。メンバーに支払われる月々のギャラは、劇場公演などの実稼働に対して決められた出演料から、大物俳優がパーソナルマネジャーに払うようなかたちで、マネジメント代行費を天引きして、残りが給料のように手渡されるかたちだと思われる。現在は芸能事務所として体裁が整えられたが、ＡＫＳの歴史のスタートはそこから始まった。

「音事協」こと日本音楽事業者協会について触れておく。日本の芸能事務所の祖と言われる渡辺プロダクションの創業者、渡辺晋が中心となって63年に音事協は設立された。参加したサンミュージックの相沢秀禎、ホリプロの堀威夫らはいずれも、渡辺が終戦後、米軍キャンプでジャズミュージシャンをやっていた時代からの旧知の仲。結成のきっかけは、藤木孝を筆頭とする渡辺プロダクションのタレント独立騒動に端を発する。アマチュアをスカウトし、稼げるようになるまでのレッスン、教育はすべて事務所持ち。生活の不安定なミュージシャンを給料制で雇ったのは、渡辺プロが最初と言われている。やがてヒットが出るようになれば、ドル箱スターとして利益をもたらす存在になる。そのために事務所は素人時代から資金援助してきたのだが、ブレイク後のタレントの心変わりを狙って、独立の誘惑を持ちかける輩が後を絶たなかった。

もともと地方の興行は、米軍キャンプを出自に持つ芸能事務所がアメリカ流マネジメントを持ち込むまで、地回りの暴力団の関連組織が仕切ってきた歴史がある。美空ひばりと地方興行会社との密な関係は知られるところ。渡辺プロを筆頭とした東京の芸能事務所は彼らにとって疎ましい存在で、引き抜きを画策する中には地元暴力団のフロント企業もあった。そうしたマナーを欠く歌手の独立を業界総ぐるみで阻止するために、芸能事務所やテレビ局などが手を組んで、ブラックリストに載ったタレントをパージするという、芸能界の均衡維持を目指す組織として生まれた性格を持つ。現在では音事協自体が権威として取りざたされることが多いが、旧勢力へのカウンターとして生まれた存在が、後に巨大化して権威となるのは世の常だろう。

タレントの肖像権侵害を巡る裁判などでも、先頭を切って問題解決に取り組む。タレント全般を扱いながら「音楽事業者」と括っているのは、映画業界の五社協定時代にできた名残り。かつて俳優の大半が準社員として映画会社に帰属していた時代、五社協定の掟で人気スターを映画界から借りられないテレビ各局は、歌手、ミュージシャンを代わりにテレビ時代のスターにした。彼らの大半が組織に属さないフリーランスで、それら「俳優以外」を束ねるところから、日本の芸能事務所の歴史がスタートしたことに由来している。よって歌が下手であっても、新人タレントは歌手デビューからスタートするのが当時の習わし。歌手活動を中心としない新人がアイドル人気を集めるのは、広末涼子のようなCMアイドル時代になってから。今ではグラビアタレントを多く抱えることで知られるホリプロも、昔は歌手専科のプロダクションで、歌わないモデル人材として初めてスカウトしたのが優香（97年デビュー）からと歴史は浅い。

「音事協」には、渡辺プロダクション、ホリプロ、サンミュージック、エイベックス、太田プロダクション、研音、ソニー・ミュージックアーティスツ、第一プロ、バーニングプロダクション、マセキ芸能社、よしもとクリエイティブ・エージェンシーなど、大手芸能事務所が顔を並べ、これに主だったテレビ局、出版社が加わって、メディアスクラムを組んでいる。無法な引き抜きを監視するのが目的だが、事務所間での移籍はあるようで、その場合はデビューからの育成費の代償として、移籍先から旧事務所に「移籍料」が払われると言われている。

ちなみにもうひとつ、フォーク／ロック系事務所が集まってできたのが「音制連」こと日本音楽制作者連盟。こちらはユイ音楽工房、ミュージカルステーション（現・MSエンタテイメント）、アミューズ、ヤマハ音楽振興会、キティアーティスト、マザーエンタープライズ、ビーイング、音楽工房モス・ファミリィなどが歴史を支えてきた。80年代初頭より問題視され始めたレンタルレコード対策をきっかけに発足した勉強会、および集団交渉のための組織が前身で、正式な発足は86年。原盤を巡る権利闘争のために事務所傘下の音楽出版社が集まったのが始まりだが（昔はマネジメント事務所が音楽出版を扱うことは、独占禁止法で禁じられていた）、やがてミュージシャン、バンドの肖像権や商標管理に業務が及び、母体のマネジメント事務所が集まる現在のかたちに。「音事協のフォーク／ロック版」と呼ばれるようになったのはそのため。ニッポン放送の元代表取締役だった石田達郎が設立時の理事長を務めており、こちらはラジオ局との繋がりが強い。

モデル事務所として始まったスターダストプロモーションは、所属タレントの坂井泉水（ZARD）、宇徳敬子らの音楽制作をビーイングに預けていたことから、傘下のスターダスト音楽出版時代から同連盟に名を連ねており、ももいろクローバーZのように「音事協」ではなく「音制連」の庇護下にいるアイドルグループも存在する。一方、代表の細川健が副理事長を務め、連盟の中心的存在だったヤングジャパングループは、アップフロントエージェンシーに改組された後に音制連から脱退。よってモーニング娘。のほうは、こちらの連盟とは関わりがない。

かつて「音事協」の会員だったが独立の道を選んだジャニーズ事務所、「音制連」を離脱したアップフロントエージェンシーのように、現在では協会や連盟に所属していない事務所でも、テレビに普通にレギュラーを持てる時代になった。組織そのものの力が弱体化したのが理由なのだろう。またモデル事務所に出自を持つオスカープロモーションのように、女優やモデルの副業でアイドルグループを結成して音楽業界に進出してきた、最初から2団体と関わりを持たないケースもある。現在では「音事協」、「音制連」のいずれにも加わらない、これら事務所の一群が第三勢力となっている。

アイドルが薄給というエピソードは度々ゴシップ誌で取りあげられてきた。新人は雑誌取材も歌番組出演も大半がノーギャラや寸志なのは昔と変わらない。ノーギャラなら出演を断っても、代わりに出るというタレントは掃いて捨てるほどいるためだ。稼げるようになるのは、クイズ番組などのレギュラーを持てるようになる先の話。その間レッスン料を事務所が払い、月給制でタレントの生活をサポートすることから、タレントは所属事務所に一定の恩義を感じる構図がある。売れずに引退するアイドルが、その引き替えにヘアヌードを雑誌で披露して、高額ギャラで返済する話などは昭和の芸能史の定番ネタだ。

ＡＫＢ48が従来の芸能事務所ともっとも違うのは、主力メンバーであっても「卒業」を引き留めないと言われること。事務所移籍、芸能界引退など理由を問わず、契約解除は本人がタイミングを決める。そのおかげで今や一週間に一人ペースでスポーツ紙がニュースを伝えるように、「卒業ラッシュ」が48グループにおける一種の風物詩となった。芸能事務所は育てた後の回収が肝であり、縛ってでも引退させないのが定石。ところが、ＡＫＢスタッフは育てるところまでしか関与しない。ＡＫＢに在籍したまま大手事務所に移籍するメンバーも多く、その場合は給与面だけを事務所に面倒を見てもらい、マネジメントをＡＫＢ48スタッフが代行するというかたちを取る。メンバーの卒業公演なども盛大に行って見送り、卒業生の移籍先の芸能事務所とも極めて良好な関係を保っている。

ＡＫＢ48のオーディションでは研究生として大量に人材を採る。大人数入れることで、頭数で割ってレッスン料などのコストを抑えているのだろう。モーニング娘。が所属するハロー！プロジェクトをはじめ、大半のライバルグループでは研究生時代のレッスン料は本人の自己負担。安室奈美恵を輩出したことで知られる沖縄アクターズスクールも、無料でレッスンを受けられたのは安室のような事務所が目を付けた特別待遇生のみ。専門学校のように割り切って月謝を取る、自社経営のスクールに入ることを研究生の条件にしている事務所もある。ところがＡＫＢでは、研究生のレッスン料を取っていない。これが実現した背景には、四半期の売り上げをシビアに問われない、ワンオーナー会社として誕生した事情があるのだろう。親が月謝を払って児童劇団に入れるような裕福な家庭の子も多い芸能界にあって、母子家庭育ちなど育成環境に恵まれない子も多く、ひいてはそれがＡＫＢ48ならではの個性、ハングリーさに繋がっている。

同じように音事協非加盟でありながら、テレビの主役となったジャニーズ事務所もお手本となったはず。少人数の精鋭を育てて、売り出し中の新人をメディア内で周知させる音事協的なやり方に対し、ジャニーズはダンスやストレートプレイなどの舞台興行にも収益の軸足を取り、大人数を養成するところからテレビ業界で無視できない勢力を築いた。ＡＫＢ48が音事協に入らず存在感を強めた理由のひとつとして、短期間にオーディションで大人数を抱えたことがある。深夜番組などに呼ばれればちょい役でゲストでも登場し「彼女もＡＫＢなのか」と視聴者がグループ名を認識し始めた末に、リリース実績が追いついたあたりから、プライムタイムの時間帯への本格進出を開始した。

またジャニーズ事務所と同じく、自社タレントの契約先を偏らないよう各レーベルに散らして、

ＡＫＢ48はキングレコード、ＳＫＥ48はエイベックス、ＮＭＢ48はよしもとミュージックエンタテインメント、ＨＫＴはユニバーサル、ＮＧＴ48はアリオラジャパンというように、レコード業界とは全方位的に外交している。かつて秋元が関わったおニャン子クラブの活動期間が2年半。ＡＫＢ48の活動はすでに13年目を迎えており、業界全体と利益関係を結ぶ、シンジケーションのような存在になりつつある。

フランチャイズシステムは海を越えて、現在ではＪＫＴ48（ジャカルタ）、ＳＮＨ48（中国上海）といった海外の姉妹グループも生まれた。ＡＫＢ48の公式ライバルグループ、乃木坂46、欅坂46まで自前で用意して、今や芸能界全体を覆っている。ＡＫＢ48の独走状態だったミリオンセラーも、秋川雅史「千の風になって」以来9年ぶりに記録を破ったのが、乃木坂46「サヨナラの意味」（２０１６年）。ライバル事務所も、入り込む余地はしばらくなさそうだ。

テレビ＝歌番組に出ないという選択

前章で結成時のＡＫＢ48を「テレビに出ないアイドル」と書いた。実際、結成から２００８年にブレイクするまで、ＡＫＢ48は数えるほどしかテレビには出演していない。その時期に秋元康が構成を務めていた『うたばん』（ＴＢＳ系／１９９６〜２０１０年）にも、秋元はＡＫＢ48を出演させていない。各局の歌番組のキャスティングはプロデューサーや放送作家ではなく、大手芸能事務種で組織される「音事協」の意向が関係していると言われているためだ。

筆者が出版社に務めていた時代の話。同社は副業でＣＤレーベルを運営しており、そこに所属する新人ロックグループのムック本の編集に任命され、マネジメント事務所とも深く関わった。90

年代初頭はバンドブームの渦中で、歌番組の出演者もそれまでのアイドルから、バンド、シンガーソングライターに入れ替わるなど、ロック系サウンドが主役に。某局の老舗歌番組はロック／ニューミュージック系の番組に模様替えして、タイトルまでそのように改めた。たまたまその番組への出演交渉を任され、プロモーションのために局に行ったときのこと。番組出演者のうち４バンドのブッキング権を、ある芸能事務所が持っていることを告げられた。結局、担当したグループはその番組に出演することはなかったが、おそらく出演の手続きのための協力費であったり、演奏曲の音楽出版権を同社に譲渡するなどの、芸能界的な駆け引きがその先には控えていたのだろう。実力派アーティストが我が世の春を謳歌しているように見えたバンドブームも、テレビの世界では旧来の芸能事務所が支配力を発揮していた。

ロックバンドだけではない。アニメブームのおかげで人気声優もソロアルバムを20万枚をセールスする、アイドル並みの人気を誇る時代になったが、売り上げランキングに声優のソロ曲やアニソンが入っても、彼女らが歌番組に呼ばれることはない。アニソンがヒットしてもテレビでは無視され続ける。それに最初に異論を唱えたのが、地下掲示板２ちゃんねる（現・5ちゃんねる）の住人たちだった。１位になれば出演させざるを得なくなるだろうと、ネットで同胞に組織買いを働きかけ、『魔法先生ネギま！』（２００５〜２００６年／テレビ東京系）主題歌「ハッピー☆マテリアル」（05年）が、シングルチャート3位入りを果たした。しかし声優の所属事務所は、ほとんどが音事協には非加盟。彼女らがプライムタイムの歌番組に出て歌うことは結局なかった。現在も声優で普通に歌番組に出ているのは、09年から6年連続で『ＮＨＫ紅白歌合戦』に出場経験を持つ水樹奈々ぐらいであろう。

しかし音事協が支配力を持つのは、あくまで歌番組の話。それ以外の時間帯では、スポンサーの意向が最優先される。広告の世界ではいかにフレッシュな人材であるかが問われ、芸能界の序列は関係ない。秋元がＡＫＢ48結成時から大手広告代理店、電通のスタッフをブレインに迎えたのはそのためで、ＣＭや企業キャンペーン枠に彼女らの露出を集中させた。こうして、キャンペーンや深夜のバラエティ番組のみで名前を目にする、タイアップ主導の初期ＡＫＢ48の露出パターンができあがる。実力派歌手、大手事務所が幅を利かせるアウェイな歌番組よりも、ＣＭ業界のクリエイターと組んで、イメージを強化するという手法を選んだ。この手法には、先達の成功者としてビーイングの存在があった。

78年に音楽プロデューサーの長戸大幸が音楽制作会社として興したビーイングは、ＴＵＢＥ、B'z、ＺＡＲＤ、ＷＡＮＤＳ、大黒摩季などのアーティストを輩出し、90年代初頭に「ビーイングブーム」を巻き起こす。同社はインペグというスタジオミュージシャン派遣業から始まった、もともとは小さなプロダクション。レコード会社受注のディスコなどの企画物の音楽制作で実績を積み、80年代からアーティストを抱えてデビューさせる。業界的に政治力を持たないことを逆手に取り、テレビの歌番組とは距離をとって、比較的広告料の安い深夜帯のＣＭスポット枠で曲を流した。通常はスポンサーから予算をもらって発注されるＣＭの音楽制作費をビーイングが負担して、代わりにクレジットを入れさせるタイアップ手法で所属アーティストの知名度をあげた。

ビーイングに所属するグループは、シンガーやミュージシャンをオーディションでかき集めて長戸が結成させた即席バンドがほとんど。あのB'zも結成されるまで、ヴォーカリストの稲葉浩志とギタリストの松本孝弘はほとんど互いの素性を知らなかった。アメリカのモータウンや音楽出版社群が並ぶブリル・ビルディングのように、プロデューサーが完全にサウンドをコントロールする、プロダクション制作のスタイルを取っていた。オールディーズ盤コレクターとしても知られる、長戸の趣味を反映したメロディーには共通する特徴があり、誰でも聴けばビーイングのアーティストの曲なのがわかった。それらは「ビーイングサウンド」と呼ばれ、ブームのピークだった93年、全アーティストトータルで４５０億円を売り上げて、ＣＤ収益全体の７％をビーイング関係のアーティストが占めるという一大勢力を築くことになる。また、ＺＡＲＤ、大黒摩季のように、イメージ写真のみでほとんどテレビ出演、ライヴを行わないビーイング特有のスタイルが、同社のアーティストにミステリアスなイメージを付与させた。

日本人の生活習慣も移り変わり、若者は外でアフターファイヴを楽しみ、プライムタイムの時間帯に肝心の視聴者が家にいなくなったと言われたころ。深夜に帰宅してテレビを付けたときに、数分おきにパワープレイされるＣＭからヒット曲が生まれる現象が起こった。現在は「第二プライムタイム」とも呼ばれ、深夜帯の広告料金も高くなったが、オールナイトで若者向け番組が作られるようになったのは80年代後半から。深夜番組が名作映画や再放送ばかりだった時代の名残りで、当時はまだ安い広告料金でスポットを打つことができた。ほぼ同時期に新興レコード会社だったエイベックスも深夜枠に着目し、この2社がテレビの深夜帯を、歌番組、ラジオ局に続く新しいヒット曲の鉱脈として開拓していった。

ビーイングはその後、深夜帯から夕方にタイアップ先を移し、90年には『ちびまるこちゃん』（フジテレビ系）主題歌、B・B・クィーンズ「おどるポンポコリン」が累計１９０万枚の大ヒットとなった。『スラムダンク』（テレビ朝日系／93年）、『ドラゴンボールＧＴ』（フジテレビ系／96～97年）、『名探偵コナン』（日本テレビ系／96年～現在）など、アニメの制作会社に働きかけ、主題歌、副主題歌をほぼビーイング系アーティストが独占するという、大型アニメタイアップでもその名を轟かせた。

こうしたビーイングのタイアップ手法は、副社長だった音楽プロデューサー、月光恵亮のアイデアと言われている。70年代に活躍したロックバンド、だててんりゅうの元メンバー。音楽マニア集団のビーイングの中でもアート系の知識に長けた月光は、初期ビーイング作品のジャケットも自ら手掛け、映画やCMへのコラボレーションを積極的に仕掛けた。84年に独立し、音楽制作会社パブリック・イメージを立ちあげてからは、音楽プロデューサーとしてZIGGY、LINDBERGらを世に送り出す。

アニメ制作費のうち音楽制作費を自社負担して、主題歌枠のキャスティング権を得る『名探偵コナン』のタイアップも、元は独立した月光が始めた路線をビーイングが引き継いだもの。昔のロックバンドはレコードが売れても数万枚止まりで、なかなか収益を上げることができず、創業時に在籍していた金子マリのバックバンド＝バックスバニー、小林泉美＆フライング・ミミ・バンドや後身のマライア、BOØWYのメンバーらは、80年代から名前を隠してアニメ劇伴などの仕事で糊口をしのいでいた。『太陽の使者　鉄人28号』、『鉄腕アトム』（ともに80年、日本テレビ系）などがビーイング初期のアニメ仕事の一例。前者の主題歌を歌うギミックはマライアの変名、後者では氷室京介が本名をもじって、アトラス寺西の名前で挿入歌を歌っている。クレジット未記載のアニメ作品も多いが、鷺巣詩郎、清水信之、笹路正徳、清水靖晃、西村麻聡、中島正雄ら、当時ビーイングに関係していた編曲者の名前から、参加作品を類推することは可能だろう。『魔法の天使クリィミーマミ』（83年）に始まる「ぴえろ魔法少女シリーズ」になると、音楽制作のみならず、太田貴子、小幡洋子などの自社アーティストを声優、主題歌に起用して、今日に至るアイドル声優路線の先鞭を付けた。実は秋元康とも関係が深く、月光がプロデュースしたTUBE、勇直子などに詞を提供した他、秋元がプロデューサー、月光がサウンドプロデュースを担当した猿岩石「白い雲のように」（作詞は藤井フミヤ）は、お笑い芸人の曲としては異例のミリオンセラーになった。おそらく秋元は月光との仕事を通して、ビーイングのタイアップ手法に学んだのではないかと思われる。

月光が音楽プロデューサーとしてパートナー関係にある氷室京介とは、BOØWYがビーイングに在籍していたころからの古い繋がり。BOØWYも同社のZARD、大黒摩季らと同じく、「テレビに一切出ないバンド」という触れ込みで一般層での知名度を得た。ビーイング独立後のBOØWYが、ユイ音楽工房に身を寄せるのも運命的。吉田拓郎らが設立したユイ音楽工房は、フォーク事務所として誕生したころの反骨精神そのままに、テレビに出ないというBOØWYの方針に理解を示し、ライヴ活動を支援することで、80年代を代表する日本のバンドへと成長させた。

放送作家としてテレビ業界でキャリアを築いてきたそれまでの秋元が、音事協が支配するテレビの外の世界から現れた彼らに、どれぐらい共感を感じていたかはわからない。しかし、インサイダーだからこそ感じるテレビへの不信感を、秋元もまた抱えていた。「テレビは人を育てることをしない」、「テレビに出るのは認知でしかない。視聴者も知ってるというだけで、その人たちを信じて写真集を出しても売れない」。厳密な売り上げが数字として表れる音楽業界に比べ、テレビの視聴率は自己評価の材料にするのには曖昧過ぎた。「テレビ業界では、ヒットのプロセスや実態が見えにくい」と、ヒット番組に関わるときの所在なさを語っている。

秋元が最初に関わったおニャン子クラブは、視聴率低迷を理由に番組が終了したことでグループは解散。番組終了は制作スタッフの意向ではなく、局の編成から決断が下された。元おニャン子クラブのメンバー、高井麻巳子を妻に持つ秋元なら、そのときのメンバーの心情は誰よりもわかるはず。実は大島優子もAKB48加入前、フジテレビの番組がきっかけで誕生した、THE ALFEEの高見沢俊彦がサウンドプロデュースするアイドルユニット「Doll's Vox」でデビューした過去があった。しかし番組の視聴率が伸びないことを理由に、局の都合で番組終了とともに解散させられた。テレビの企画で生まれたグループは、その後ろ盾を失えば、一事務所の力で維持することは難しい。すでに子役として10年のキャリアがあった大島は解散に失望し、事務所を辞めて引退を決意。そんなときAKB48の第2期オーディションがあるのを知って、これを最後のチャンスにと命運を賭けた。結果、大島は第2期オーディションに通過し、フロントメンバーとしてチームKを引っ張っていく存在となる。その後、選抜総選挙（第2回／10年）で得票数1位にまで上り詰め、前田敦子と並ぶAKBの2枚看板となっていく。

テレビ局の都合でアイドルが次々と結成され、視聴率が落ちれば解散させられる。あれだけの人気を誇ったおニャン子クラブも、実稼働期間は番組がオンエアされていたわずか2年半なのだ。

また秋元がTBSで『ザ・ベストテン』の構成作家をやっていた時期、フジテレビの番組で結成されたおニャン子クラブは、ランキング上位にあがっても局同士の対立があって出演するまでにしばらく時間を要した。昔は視聴率を競うチャンネル同士のライバル関係は、視聴者にもわかるほど完全に分断されており、VTRの貸し借りが始まったのも90年代に入ってから。NHKの紅白歌合戦もまた、昔は民放テレビのバラエティ番組の企画から誕生したグループ、楽曲は出場資格を持たなかった。98年に『ASAYAN』（テレビ東京系）から生まれたモーニング娘。と、『ウッチャンナンチャンのウリナリ!!』(日本テレビ系)で人気を博したポケットビスケッツ、ブラックビスケッツらが第49回紅白歌合戦に出場したあたりから、くびきから解かれ民放番組出身組にもチャンスが回ってくるようになる。

その昔、レコードセールス実績もないまま頻繁に起用される、芸能事務所の社長の愛人説も出るような謎のタレントやアシスタントがテレビに出ていた時代があった。90年代に入ってテレビ番組発でヒット曲が生まれる時代になると、系列の音楽出版社からの利益は無視できないものになり、局の編成や事業部が発言力を持つようになる。こうして番組プロデューサーや音事協の意向以上に、視聴率や売り上げといった数字がキャスティングの決定権を握るようになっていく。

視聴者の変遷と「コンテンツが利益を生む時代」

その一方で、ゲーム業界のセガ、ライブドアの子会社の役員などを務め、ＩＴ業界の世界に身を置いていた秋元は、提案から決断、実行に移すベンチャー企業のスピードの速さを肌に感じていた。テレビならいちいち稟議書を出し、会議で説得させなければいけないことも、責任者の一存で瞬時に決まる。それによってベンチャーは、誰よりも先にビジネスに進出することで既得権を得た。

また、ジャスダックなどに上場していた会社が、いずれも市場から資金を集めながらＩＴ事業という新しいビジネスの特殊性を説き、最初の数年は決算赤字で株主に未配当であっても、開発に時間をかけることで大きなリターンが得られるという、中長期的ビジョンで事業展開していた。ＡＫＢ48結成に際して秋元は「最初はまったく利益が出ないだろう」、「10年契約でやるつもりだ」という事業計画を、出資者やパートナー会社に説明したという。こうした中長期的な視点は、視聴率が悪ければ1クールごとに全取っ替えされる、テレビを中心に仕事をしてきたそれまでの秋元には見られないものだ。辛酸をなめた映画興行（後述）やＩＴベンチャーの世界を覗きながら、ロードマップを作って中長期的にものを作ることの重要性に目覚めていったのだろう。

「テレビは浮動票が多い。それに合わせようとすると消耗するだけ」（秋元）。視聴率に左右され、これまで数多くのアイドルを解散させてきたテレビ業界とも関わりを断って、秋元は数人の事業家たちとＡＫＢ48をスタートさせた。ＩＴベンチャー並みの即断主義で、客からもらったアイデアを翌日には実行するような、テレビ局にはできないスピード感でアイドルグループの常識を塗り替えていく。紅白歌合戦に初出場したのを機にチケット争奪戦が起こり、「ＡＫＢ48ブーム」の様相を迎えたときも、一時的なエスカレーションに対しては冷ややかで、劇場の席数を増やそうとしなかったのも同じ理由だ。

また、かつてのフォークのように、テレビに代わって出版業界を味方に付けた。今では音楽雑誌はマニア向けとして、『ミュージック・マガジン』、『ロッキング・オン』など、音楽専門出版社のテリトリーになったが、70年代にフォーク熱で盛りあがったころは、テレビに出ないフォーク歌手の情報が唯一知れる媒体として、『ｇｕｔｓ』（集英社）、『ヤングフォーク』（講談社）、『ザ・ミュージック』（小学館）など、大手出版社はどこも音楽雑誌を刊行していた。中でも『現代用語の基礎知識』で知られる自由国民社の『新譜ジャーナル』は、吉田拓郎のエッセイなどを目玉に公称40万部の「フォーク界の平凡、明星」の異名を取ったことも。

テレビのレギュラーが始まるまでの約2年のブランクは、ＡＫＢ48が見られる媒体として雑誌が貴重な情報源になった。『週刊プレイボーイ』(集英社)のグラビアページに、メンバーの大島麻衣、渡邊志穂、浦野一美が06年2月に初登場。同年3月には、初の写真集『密着！　ＡＫＢ48写真集Vo.1 the・デビュー』（講談社）が発売された。当時話題になっていた、リクルートと電通が立ちあげたフリーペーパー『Ｒ25』は、記事ページを全部買いあげてまるまるＡＫＢ48の別冊を刊行。『ビッグコミックスピリッツ』(小学館)など、マンガ雑誌の巻頭グラビアへの露出も戦略的に行った。ライバルグループのモーニング娘。が雑誌では水着をやらせなかったため、その隙を突いて出版業界を味方につけ、ＡＫＢ48はじり貧だったグラビア雑誌界の救世主となった。現在は『ＡＫＢ48

総選挙公式ガイドブック』や主要メンバーの写真集など、所属するキングレコードの親会社である講談社、光文社の音羽グループがＡＫＢ48関連書籍のメインの著作物の刊行を預かって、ＡＫＳとの協力関係を築いている。

掲載したタレントのプライベート写真の肖像権を巡って、大手芸能事務所数社から訴えられていた『ＢＵＢＫＡ』の白夜書房（コアマガジン）とも友好関係を築いたのには驚かされた。音事協非加盟だったことが、抜け駆けできるＡＫＢ48の強みとなった。肖像権を盾にとった音事協との裁判に負け、賠償責任を問われて存続が危ぶまれた同誌は、ゴシップ誌から１８０度転換して48グループのパブリシティ雑誌のように生まれ変わった。またスポーツ紙では日刊スポーツと早くから連携を深め、全ページＡＫＢ関連ニュースで構成した『月刊ＡＫＢ48グループ新聞』を11年に創刊。かつての『夕やけニャンニャン』のようなテレビに代わって、新聞がメンバーの近況を届けた。

また、テレビ業界にも変革が訪れていた。長寿番組『なるほど！ザ・ワールド』の後継番組として、ほとんどドラマ視聴習慣がなかった時間帯を逆手にとって、海外のカルト連続ドラマの影響色濃い異色の刑事ドラマ『踊る大捜査線』（96年）がスタート。口コミでファンを広げ、スピンアウト作品も作られるヒットシリーズとなる。翌年に東宝系で『踊る大捜査線 THE MOVIE』が公開されると、映画版は観客動員７００万人を記録し、実写映画歴代興行収入４位の大ヒットとなった。テレビ視聴率が低下しスポンサー収入がじり貧な中で、興行収入という新たな鉱脈によって、テレビ局の事業部が花形に。プロデューサーの亀山千広はその功績が評価され、異例の大出世を果たした後にフジテレビの代表取締役社長の座に就いた。テレビシリーズを映画化して興行収入を得る、他局も追随する「THE MOVIE」路線はここから始まった。

これに刺激され、ＴＢＳの金曜ドラマ枠にカルト色を持ち込んだのが『ケイゾク』（99年）。続く『木更津キャッツアイ』（02年）では、後に『あまちゃん』を手掛ける脚本家、宮藤官九郎を起用した新感覚派の青春ドラマを作りあげた。視聴率は1ケタと振るわなかったものの、放映後にＤＶＤ化されて口コミで信者を集め、レンタルチャートの上位を独占したことから後追いファンが大発生。『木更津キャッツアイ 日本シリーズ』（03年）他2作の映画版も作られた。このとき、金曜ドラマのチーフプロデューサーだった貴島誠一郎が「テレビマンにとって重要なのはＤＶＤ売り上げではなく視聴率」と批判して、同番組の若手プロデューサー磯山晶と対立したことが、テレビの在り方を浮き彫りにした。一連の作品のディレクターは、秋元が80年代に興した制作会社、SOLD OUTの元同僚だった堤幸彦。秋元も堤を援護する立場から、ＤＶＤセールスを新しいコンテンツの在り方だと絶賛した。

テレビの世界では、タレントも原作もしょせん全部借り物。自分たちの仕事にはコピーライトがない。いくら視聴率を稼いでも、構成作家やプロデューサーが儲かるしくみになっていない。放送されたら終わりのテレビ業界という「消え物の世界」で、こうした新しい動きに触発され、コンテンツを作ってその権利を保有して利益を出していく、秋元の次のプロジェクトがかたちを結んでいく。

レコード産業とどう付き合うか。ＡＫＢ48の場合

テレビ仕事でのキャリアの一方で、秋元は作詞家としてもすでに35年という長きにわたって仕事をしてきた。美空ひばり「川の流れのように」（88年）という国民的ヒット曲を書いた作詞家としてのほうが、今では有名かもしれない。それでも「放送作家も作詞家も、ずっとアルバイト感覚

で関わってきた」と秋元は言う。テレビ業界の風雲児であったように、音楽業界でも異業種から来たことを強みに、秋元はそれまでの常識を塗り替えていった。初めてプロデュースに本格的に関わったＡＫＢ48では、劇場公演の試み同様、レコードビジネスの面でも新しいやり方をどんどん導入していった。

ここからは少しお勉強になるが、ＡＫＢ48のビジネスを理解する予備知識として、１枚のＣＤの売り上げから得る利益分配グラフを載せておく。

ここから流通業者（問屋、小売店）の利益である１／３強を除いたものが、レコード会社が受け取る収益になる。このうちレーベル分と書かれた１／３が、ＣＤプレス、ブックレット印刷代、宣伝費、広告費などのコストを代償するレコード会社の取り分。残り１／４がクリエイターに支払われる分になる。

CDにおける利益配分内訳

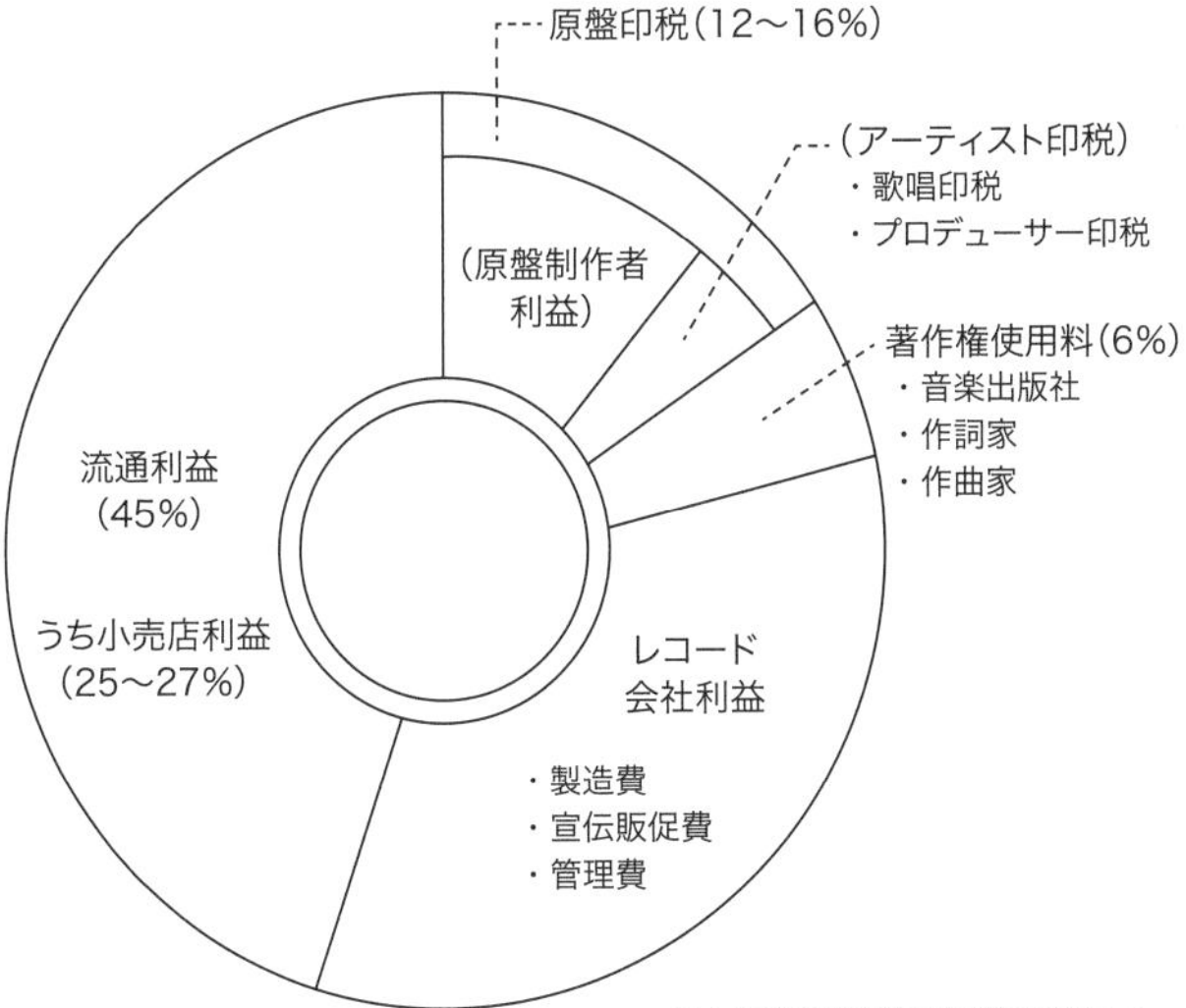

日本音楽制作者連盟発行資料より

内訳を見てみると、作詞家、作曲家らが受け取るのが「著作権使用料」。レコード会社が、売り上げから6％をJASRAC（日本著作権協会）に支払い、ここからJASRACが手数料を抜き、残りの楽曲を管理する音楽出版社に渡して、作詞家、作曲家に分配される。その比率は、音楽出版社が1／2、作詞家、作曲家が1／4ずつというのが一般的（任意）。ベテランの作詞家、作曲家の場合は、三者が三等分するケースもある。ＡＫＢの場合はおそらく、秋元の知名度と、作曲に新人を起用する方針、ＡＫＳの出版実績を考えれば、秋元が1／2近くを受け取る契約になっていたとしても不思議ではない。

残りが「原盤印税」。作詞家、作曲家によって書かれた曲が、編曲家によってアレンジされ、実際にミュージシャンが演奏、歌手が歌ったものを、エンジニアがトラックダウンした音源を「原盤」という。その際のスタジオ代、ゲストミュージシャン、エンジニアらのギャランティを負担し、レコーディングを主導する立場のプロダクション（または個人）を原盤主と呼ぶ。歌手に払われる「歌唱印税」、あるいは著名プロデューサーがパーセント契約を結ぶ場合の「プロデューサー印税」などはここから分配されるもので、印税という名称だがJASRACは関係なく、レコード会社から入る原盤収入から各自に分配される。

昔のレコード会社は社内スタジオを持ち、録音エンジニアも社員として帰属、レコーディングスタジオの使用料、人権費をすべて賄うことで、レコード会社が「原盤」を持つのが一般的だった。しかし近年は音楽出版社（もしくは原盤制作会社）が録音を主導することが増えている。法人向けの『オリジナルコンフィデンス』のベスト200位に併記される楽曲の制作担当者クレジットも、レコード会社の社員ディレクターがズラリと並んでいた時代から、今では音楽出版社のディレクターが記載されることが増えた。これはプロ・ツールスなどのレコーディング機材が廉価になり、事務所主導でレコーディング環境を用意できるようになったため。従来なら自前でスタジオを作るにはプロ機材、防音設備などに数億円かかると言われたが、ＰＣによるホームレコーディングの廉価化によって、簡単な防音設備があれば、事務所の防音ガレージや自宅でも打ち込みでレコーディングできるようになった。アミューズが原盤主となり、ヤマハ音楽振興会が制作を代行するPerfumeの場合、バックトラックの制作、ヴォーカルのレコーディング、マスタリングを含めて完パケまでの全工程が、マンション内にあるプロデューサーの中田ヤスタカのプライベートスタジオで行われている。

諸外国と違って日本の録音スタジオは都市部の一等地に多く、プロ用の貸しスタジオの相場でも平均４〜６万円／１時間かかった。レコード会社内スタジオだと、エンジニア、アシスタントの日当を含めれば1日50万円近くがコストに計上される。80〜90年を通して、アルバム制作にかけられる制作費は１５００万円がひとつの目安と言われている。そのためレコード会社にレコーディング予算を負担してもらう代わり、アーティストは「原盤」をレーベルに差し出してきた。よって原盤権はレコード会社にあり、アーティスト本人であってもそれを勝手に複製して売る権利はない。逆に原盤主はアーティストの許諾なしにＣＤをプレスできる立場にあるため、後年にベストなどの編集盤がリリースされても、必ずしもアーティスト本人が関わるわけではなかった。過去にも松任谷由実、山下達郎らがかつての所属会社に対し、アーティストに打診もなくリリースしたベスト盤を、販売差し止めを求めて訴えたこともある。

ロック／フォークの時代から、レコード会社に代わって音楽出版社が制作を主導し始めたのは、こうした過去のカタログへの権利意識に目覚めたためだろう。松任谷由実は雲母社、山下達郎はスマイルカンパニーと、今では自らのプロダクションがそれぞれ原盤制作を行っている。レコード会社の資金的後ろ盾がなくとも、将来的にカタログが利益を生み出すことを考えて、レコーディング費用の一切を事務所系列の音楽出版社で賄うようになった。

映画会社も昔は、俳優はほぼ映画会社に専属契約し、自社資本で映画を制作していた時代が長く続いた。現在は自社制作など東宝の『シン・ゴジラ』などごくわずかで、大半が独立系会社や制作委員会が作った映画と配給契約し、自社系列の劇場でかけるのが映画会社の役目になった。テレビ局でいう編成局のようなもので、一年の編成表を作るのが映画会社の仕事。先の松任谷由実、山下達郎らとレコード会社の関係もこれと同様で、アーティストとリリース契約を結ぶユニバーサル、ワーナーミュージックは販売元であり、プロダクションから原盤を預かって、プレス、配給、プロモーションを手掛け、最終的な売り上げ回収を行う役回りを担っている。

利益独占時代からレベニューシェアへ

一方、アイドルは一過性のものという性格もあり、ロック／フォーク時代になっても、ほとんどレコード会社主導で作られてきた。芸能事務所はタレントをマネジメントするだけで、音楽的な活動方針はほとんどレコード会社の担当ディレクターに預けていた。それがモーニング娘。のブレイクあたりからプロダクション主導の流れが本格化していく。

彼女らが所属するアップフロントエージェンシーは、谷村新司、堀内孝雄のいたアリスが所属していたフォーク事務所、ヤングジャパングループを前身に持つ。歌謡曲主体の日本のレコード会社へのカウンターとして現れ、いち早く自社で原盤制作を行うなどアーティストの権利主張を推し進めてきた。かつて東芝ＥＭＩのドル箱アーティストだった絶頂期のアリスを独立させて、81年にオランダのポリグラムとヤングジャパンの合弁会社、ポリスターを創業した過去もある。モーニング娘。もデビュー曲「モーニングコーヒー」（98年）が売れるやいなや、ワーナー傘下の自社レーベル、ワンナップ・ミュージックをカタログごと独立させ、zetimaという自社系列のレコード会社を興して、「サマーナイトタウン」（98年）以降の快進撃を開始する。こうして今は、音楽出版、原盤制作から宣伝、リリースまで（配給は除く）、利益を自社系列グループで独占するかたちになった。制作宣伝費一切を自社で出すことになるが、中小のレコード会社より遥かに潤沢な資金を持っているプロダクションも現在は多い。銀行から資金調達しなくとも、ビーイング、アップフロントエージェンシーのように不動産業で安定経営を図るような、TBS、東宝のような事業モデルの事務所まである。バックトラックがシンセサイザーなどの打ち込みで安価に作成できることから、今日ではアイドルのほうが自社原盤制作されるイメージが強いかもしれない。CDプレス代も安価になり利益率も高いため、インディーズでリリースするアイドルのほうが多いと言われる。

同じように打ち込みによるバックトラックを主としながら、AKB48は今でも変わらずメジャーからCDをリリースしている。AKB48では音楽出版社でもあるAKSが、秋元プロデューサーの指揮下で原盤制作を行い、そのレコーディングされた音源を預かったキングレコードが、CDプレス、ジャケット制作、配給するというかたちを取っている。メーカーの担当ディレクターは制作にはタッチせず、主に宣伝販売促進を担当する役回りで、A&Rディレクターとも呼ばれる（詳細は後述）。姉妹グループも同様に、AKSが原盤制作したものを、SKE48はエイベックス、NMB48はよしもとミュージックエンタテインメント、HKTはユニバーサル、NGT48はアリオラジャパンが配給している（姉妹グループは地方都市の専用劇場を拠点としているが、レコード会社の所在地はすべて東京にある）。

48グループの場合、先のモーニング娘。のケースと違って、最終的な原盤所有者は各レコード会社になっている。AKSはメーカーから依頼されて、予算を預かって原盤制作を代行し、マスターを納品する立場になる。キングレコード移籍後にAKB48がブレイクした2010年、ヒットに便乗してデフスターレコーズが『逃した魚たち〜シングル・ビデオコレクション〜』というビデオクリップ集が出せたのも、その時代の原盤をデフスターが持っていたため。打ち込みのバックトラック制作のコストなど知れたものだが、レコード会社が制作費を出して原盤を持つという立場を守り、AKSが預かるのは出版印税のみ。そのスタイルは歌謡曲黄金期を思わせるアナクロなもので、モーニング娘。と比較すれば時代を逆行するやり方なのだが、AKSはこうやってCDからの売り上げをシェアするかたちで、レコード会社の協力体制を取り付けているのだ。

AKB48名物となった、シングルリリースごとに大ホールで行われている握手会に必要なイベント予算は、年間で20億円かかると言われている。それを負担しているのがキングレコードで、宣伝費でこれを負担してもらう代わりに、原盤からの利益をレコード会社に渡しているのだろう。こうしたレベニューシェアの考え方も、小資本でビジネスを興す近年のITベンチャーやコンテンツ制作会社のやり方に倣ったもの。一社が利益を独占するマイクロソフト的な時代を経て、協調路線をとっているAKB48のスタイルは古くて新しいものだ。

レコード会社の宣伝費についても説明しておこう。広義には新譜リリース時の宣伝活動全般にかかるコストのことだが、テレビや紙媒体にCMや雑誌広告を出すための予算には限らない。先ほど、新人タレントはテレビの歌番組も雑誌のインタビューもノーギャラと書いた。そのためにプロモーションとして本人が稼働するときの移動手段や諸経費はタダではなく、レコード会社が持つのが一般的。テレビに出演する際に、歌手のバックバンドのミュージシャンに払うギャランティも、レコード会社の宣伝費から捻出される。つまりタレントが歌番組に出る場合、こちらはギャラを受け取るのではなく出費する立場なのだ。高視聴率の歌番組に出たときの波及効果を考えれば、ノーギャラや多少の出費を負担してでも、広告掲載料に比べれば安いものという考え方なのだろう。さらに番組に単発でスポット広告を打ち、交換条件としてその番組にキャスティングしてもらうような手法も、今では当たり前になっている。

このタイアップという手法は、日本では雑誌が発祥と言われる。音楽雑誌ならレコード会社から広告が入ることを前提に、アーティストのインタビューページが組まれるなどのケースを指す。取りあげられるのはレコード会社の売り出し中のアーティストで、必ずしも編集部の推薦ではないのが読者にはシラケるところだが、実はレコード店の壁面のポスタースペースや、試聴機の一部なども、そうやって広告枠として売られているのが音楽産業の現状なのだ。

こうしたタイアップ手法を定着させたのが、80年代に一世を風靡したマガジンハウスと言われている。広告部の「利益至上主義」と編集部の「クオリティ追求」は、常に対立する関係にあった。編集部の意向を優先させるのがこれまでの雑誌の良心と言われてきたが、近年は広告にこそ情報価値があるという読者の捉え方もあって、『Casa BRUTUS』のような高所得層向けの雑誌のように、従来は編集部が作ってきた台割を広告部が作って、広告と記事の親和性を図るクオリティペーパーも登場している。これはテレビ局の風潮も同様。地上波は制作局と編成局は独立しているが、BS、CSなどの衛星放送では編成局の中に制作局を持つところも多く、オーディオメーカー提供の音楽番組や、食品メーカー提供の食材のドキュメンタリーなど、視聴者のニーズよりもスポンサーありきで作られる番組が増えてきている。

雑誌界のタイアップはもともと、定期刊行物の発送時に定められた、送料割引サービスを受ける

「第三種郵便物」の要件のために編み出されたもの。この認可を受けるには、広告ページ数が雑誌の全ページ数の半分以下というのが条件なのだが、編集部には目一杯広告ページで埋めたい魂胆がある。タイアップは記事扱いとなるために広告ページにカウントされないことから、今日ではこの準広告が雑誌経営にとっての収入基盤となった。スポンサーのレコード会社が1ページ広告入れてくれれば、インタビュー4ページを提供するというようなバーター関係は、今やあらゆるメディアで使われるようになった。

劇場作品×シングル×アルバムのトライアングル

ＡＫＢ48の場合、他のアイドルと異なる点がある。年4枚のペースでリリースされるテレビで歌われる「シングル」、それらヒットシングル数曲と新曲を収めた数年に1枚の「アルバム」と別に、ＡＫＢ48劇場で毎日上演されている2時間相当の「劇場作品」を加えて、この3つのトライアングルからレパートリーが構成される。劇場作品はＡＫＢ48結成時から存在する、48グループ共有のライブラリー。初期にＡＫＢ48の曲と言われていたのはこちらのほうで、ＡＫＢ48が結成されてからしばらくは、基本シングルは劇場作品曲の中からカットされていた。

ＡＫＢ48が最初にＣＤデビューしたのが結成翌年の２００6年2月。デビュー曲「桜の花びらたち」は、前年の12月8日から上演されていたＡＫＢ48劇場の第1回作品『ＰＡＲＴＹが始まるよ』のハイライト曲で、劇場作品からの名刺代わりの1曲として、インディーズのＡＫＳレコードからリリースされた。冒頭のチャイムの音は、48グループ共通で使われている劇場の開幕ベルの音。劇場作品を上演するグループとして構想されたＡＫＢ48にとって、シングルを出すことの意味がどれだけ明確にあったかはわからない。当時は秋元本人が劇場に頻繁に現れ、どの曲をシングルカットすべきか直接客にヒアリングを行っており、劇場作品からシングルを選ぶというのが当初の方針だったのだろう。アルバムからリードトラックをカットする手法は、昔のコンパクト盤（シングルと同じ17cm盤に、33回転で4曲程度収録したもの）のようなもの。アルバムからのダイジェスト曲をミニアルバム化する〝リカット〟という手法は、シングルがないK-POPの世界ではごく普通に行われている。12枚目のシングル「大声ダイヤモンド」（『恋愛禁止条例』公演の劇中曲）まで、この路線は続けられた。テレビやCD店店頭でシングル曲を聴いて気に入ったら「ぜひ劇場を観に来てください」という、AKB48劇場のプロモーションを目的としたものだった。

大手レコード会社のような潤沢な宣伝費が使えない、誕生したばかりのころのAKB48は、曲を知らしめるためのプロモーションとして、テレビの深夜番組をタイアップ先に選んだ。秋元も放送作家として関わりが深かったテレビ朝日の深夜番組『三竹占い』、『三竹天狗』、『すくいず！』などに、実際にエンディングテーマとしてシングル、劇場曲が使われている。このとき局との交換条件として、オンエア曲の楽曲管理権を、放送局系の音楽出版社に譲渡するというやり方が取られた。「Dear my teacher」、「クラスメイト」、「星の温度」、「青空のそばにいて」、「制服が邪魔をする」、「軽蔑していた愛情」などの曲は、テレビ朝日ミュージックが音楽出版社となっており、現在も上演されるごとにテレビ朝日グループに利益が渡るようになっている。通常、音楽出版社が受け取るパーセンテージは1／2、もしくは作詞家、作曲家と同等（1／3ずつ）のケースもあり、曲がヒットさえすればそれは莫大な利益を生む。

こうしたやり方は決して特殊なものではない。テレビ主題歌に使われたシングル曲のみ、放送局側に権利譲渡もしくは共同出版にして、売り上げからの報酬を局とアーティスト側がシェアするやり方は昔から行われてきた。放送局はオンエアの便宜を図り、頻繁に流してヒットさせることで利益を生み出す。アメリカでは独占禁止法で放送局が音楽出版社を持つことを禁じられているが、日本ではほとんどの放送局が系列に音楽出版社を持っており、自社系列の曲を優先的に使うのは局の思うがまま。これが日本が「タイアップ王国」になった背景にある。自社系列の管理楽曲を歌番組でパワープレイし、ドラマの視聴率に乗じて主題歌がヒットすれば、利益はアーティストだけではなく放送局側にも流れるしくみになっている。

ＡＫＢ48が今日のように、劇場作品と完全に独立したシングルをリリースするようになったのは、キングレコード移籍第2弾シングル「10年桜」（２００９年）以降。しかし、最初にメジャー契約したデフスターレコーズ時代にその萌芽があった。劇場作品からカットするのではなく、独自にシングルを作るべきと最初に提案したのは、デフスターレコーズのＡ＆Ｒディレクター。同社はキャンディーズ、山口百恵、松田聖子と数々のアイドルのヒットシングルを世に送った、ＣＢＳ・ソニー（現・ソニー・ミュージックレーベルズ）を母体に持つ。アルバム曲とヒット狙いのシングル曲は本来別モノという考え方は、ヒットメーカーのビートルズが2つを別々と考え、シングルを基本アルバムに入れなかったことでもわかるはず。デビューから劇場公演はずっとＡＫＳが制作し、そこからシングルカットされてきたが、デフスターはシングル向けの曲を作るべきだと提案し、初めてメーカー主導で制作されたのが、通算9枚目のシングル「ロマンス、イラネ」（07年）であった。一応、劇場作品『夢を死なせるわけにいかない』（07年）の一曲として扱われているが、出版権はＡＫＳではなくソニー・ミュージックパブリッシングが持っており、振り付けもこの曲のみ、ＡＫＢ48のほとんどの振り付けを手掛けていた夏まゆみではなく、Ｅｍｍａ、ＭＡＲＩ、ＭＩＨＯ、ＴＯＫＵの4人が手掛けている。

デフスター主導で作られたシングルはこれ１曲のみのようで、チャート６位とまずまずの成績を残したものの、期待した結果が得られなかったためか、翌年レーベルを離れる遠因に。王道のフレンチポップサウンドは、松田聖子らアイドルから谷村有美などのガールポップブームを先導してきたソニークオリティ。デフスター時代のＡＫＢ48が小ヒットに留まり、２万枚の壁を越えられなかったのは「アイドル冬の時代」という時代の不幸だった。秋元と再びコンビネーションを復活させて、高いクリエイティヴ能力が発揮されるのは、後の乃木坂46、欅坂46の登場まで待たなければならない。

その後、キングレコードに移籍してすぐの第１弾シングル「大声ダイヤモンド」（２００８年）がいきなりヒット。これが契機となってＡＫＢ48劇場のチケット争奪戦が展開される、人気グループとなっていく。続くシングル「10年桜」、「涙サプライズ！」、「言い訳Ｍａｙｂｅ」（すべて２００９年）の3曲は、リリース時には『夢を死なせるわけにいかない』公演の劇中曲「大声ダイヤモンド」と差し替えて劇場で披露されたが、これを最後に次作「ＲＩＶＥＲ」（２００９年）から、劇場作品とシングルは完全に別モノ扱いに。この曲がさらなる記録的ヒットを結び、以降はシングル主体のテレビの国民的アイドル、ＡＫＢ48となっていくのだ。

アニメタイアップ史と秋元康の貢献

２００８年のキングレコードへの移籍は、「秋葉原」からグループ名をいただいたＡＫＢ48にとって運命的と言えるかもしれない。同社は『機動戦士ガンダム』(79年)の音楽制作でファンを集め、82年にアニメ特撮専門レーベル「スターチャイルド」を発足させたオタクビジネスの先駆的メーカーだった。アニメ、特撮、声優のアーティスト作品の他、ももいろクローバーZをブレイクさせたことでもわかるように、マニアックな商売に長けたスタッフを擁していた。スターチャイルドのチーフディレクターだった大月俊倫は、出資者としてアニメ制作にも進出し、90年代に『新世紀エヴァンゲリオン』をヒットさせた。

アニメとのタイアップと言えば、秋元もその先駆者の一人だった。秋元の作詞デビュー作品となったのもアニメ『とんでも戦士ムテキング』（80年）の挿入歌「タコローダンシング」。85年に設立されたフジテレビ系列の音楽出版社、フジパシフィック音楽出版（現・フジパシフィックミュージック）の契約作家となり、同年におニャン子クラブ「セーラー服を脱がさないで」を大ヒットさせる。

それまで東映動画、虫プロ、タツノコプロ、日本アニメーションらと契約し、アニソンは日本コロムビアの独壇場という時代が続いていた。そこに『機動戦士ガンダム』でキングレコードが進出し、80年代初頭に転換期が訪れる。『アルプスの少女ハイジ』（74年）でおなじみ、日本コロムビアのドル箱だった「世界名作劇場」の主題歌枠を、『トム・ソーヤーの冒険』（80年）から系列のキャニオン（現・ポニーキャニオン）に移して、フジサンケイグループはアニメのタイアップ姿勢を強化した。ささきいさお、水木一郎、堀江美都子のようなアニメ歌手を持たなかった同社は、映画版『未来少年コナン』（79年）に研ナオコ、映画版『1000年女王』（82年）に喜多郎、『ふたり鷹』（84年）に陣内孝則、『北斗の拳』（84～87年）にクリスタル・キング、TOM☆CAT、『タッチ』（86年）に岩崎良美など、自社アーティストをアニメ主題歌に起用し、いち早くアニメタイアップの絶大な効果を証明して見せた。秋元も担ぎ出され、『ハイスクール!奇面組』（85～87年）の主題歌のために、おニャン子クラブのメンバーだった高井麻巳子、岩井由紀子の2人で、うしろゆびさされ組を結成。デビュー曲「うしろゆびさされ組」（85年）をヒットさせる。後に夫人となる高井のグループの命名者は、秋元と『夕やけニャンニャン』のチーフディレクターだった笠井一二。ヒロインの宇留千絵と河川唯に雰囲気が似ていたことからメンバーから2人が選ばれ、笠井ディレクターが編成の土屋登喜蔵に直談判に行ったというから、タイアップと言ってもまだのんびりした時代だった。

購買力のあるアニメファンは格好のターゲットで、アニメ主題歌なのに歌詞が番組内容とまったく関係ない、荒っぽいタイアップは今や当たり前になった。その先鞭を付けたのは、同時代に映像制作に参入してきたキティ・レコードと言われている。同社は元ポリドールのディレクターで、日本初のミリオンセラーアルバムとなった井上陽水『氷の世界』を手掛けた、多賀英典が独立して興したレコード会社。もともと映画少年だった多賀は、独立早々に映画制作に乗り出し、79年に映画会社キティ・フィルムを設立。山本又一朗プロデューサーの手腕で、名匠ジャック・ドゥミにフランスロケの新作『ベルサイユのばら』を撮らせ、長谷川和彦『太陽を盗んだ男』などを世に送り出し、角川映画と並ぶ新潮流を築いた。だが、村上龍を監督に起用した『限りなく透明に近いブルー』、『だいじょうぶマイフレンド』が立て続けに興行的に大惨敗。その赤字補填のため、同社の落合茂一が小池一夫率いる劇画村塾出身の縁から、卒業生だった高橋留美子原作の人気コミック『うる星やつら』のアニメ化権を獲得。音楽に小林泉美、高中正義、ヴァージンVSなど、アニメとはまったく無縁だったキティ・レコード所属のアーティストを起用して、アニソン業界に新風を注ぎ込んだ。アニメの設定とまったく関係のない歌詞がアニソンで使われるようになるのはここから、と言われている。キティ・レコードはこの後も、『みゆき』の主題歌、H_2O「想い出がいっぱい」（83年）などを同手法でヒットさせた。

それに続けと、エピック・ソニーが『シティーハンター』（87年）とタイアップし、TM NETWORK、小比類巻かほる、大沢誉志幸らを主題歌に起用。ビーイングが『名探偵コナン』に、

B'z、ZARDなど自社アーティストを起用するのはその後のことで、アニメとアーティストのタイアップは、今日のヒットメイクの常道と言われるようになった。

キングレコード移籍で「国民的アイドル」に

キングレコードにAKB48が移籍する以前から、秋元は同社と懇意にしていた。『機動戦士ガンダム』シリーズの第3作、『機動戦士ガンダムZZ』(86年) 主題歌として書いたのが、新井正人「アニメじゃない～夢を忘れた古い地球人よ～」という人を食ったタイトル。デフスターから移籍して早々、いきなりAKB48がブレイクするのも、なんでもありの同社の自由度と合致した結果なのだろう。ライバルのももいろクローバー(現・ももいろクローバーZ)も2009年にユニバーサルからメジャーデビューするが、四半期決算のノルマの厳しい外資系とはたった1枚で契約破棄し、日本の特殊なマーケットを熟知した国産メーカー、キングレコードに移籍してからブレイクを果たすという、同様の軌跡を辿っている。

今やAKB48名物となった握手会も、キングレコード時代から定着したもの。握手会はもともと、AKB48劇場の舞台装置が故障したとき、中止になった劇場公演の代替としてハプニング的に行われたのが最初だった。デフスター時代は臨時で行われるだけだったが、キングレコードのA&Rディレクター湯浅順司が、これを定期化すべきと秋元に自らオリエン。握手券を封入した「劇場盤」(後述) もキングレコードのアイデアで作られるようになったもので、今や握手会は「会いに行けるアイドル」のメインイベントとなった。もともとハロプロの熱心なファンだったという湯浅は、ファン視点でAKB48をブレイクに導いた一人で、選抜総選挙の速報で司会者として順位を読みあげる、ファンにはおなじみの存在となった。

シングルをジャケット違いの複数タイプでリリースする手法も、キングレコードから本格的に始まったもの。ファンのコレクター心理をそそるこうした商売方法は昔からあり、ＡＫＢ48が最初ではない。90年代の写真集ブームのころに書店で始まったアイドル向け商法のひとつで、写真集を3冊、5冊、10冊とまとめ買いすると、アイドルと握手やサイン、写真撮影ができるなどの特典を付けたことから定着した。もちろん買うのは同じもの。これがアイドルＣＤなどに慣用されて、ジャケット違いの複数タイプをリリースするのが今や当たり前になった。しかし秋元康がそれをただ真似るわけはない。ＡＫＢ48ではジャケットを替えるだけじゃなく、カップリングにすべて別曲を用意して、コンプリート買いをするファンの気持ちを満たした。現在、Ａ、Ｂ、Ｃ、Ｄ、Ｅと5種類同発（これに劇場盤が加わる）が定着しており、カップリングと合わせるとシングルリリースの度に10曲以上の新曲が用意されるという、アルバム１枚並みの労力がかけられていることになる。

かつて音楽は、ファッション、歌詞の文学性、不良文化などを内包する総合芸術として、時代の流行を切り開いてきた。それが今や、ゲーム、アニメ、コンサートなどエンタテインメントが多様性化し、音楽はその一部に過ぎない。ＡＫＢ48はそんな流れに反逆するかのように、ダンスパフォーマンス、ゲーム、アニメ、総選挙イベントなどあらゆる要素を内包する、音楽を中心にした総合エンタテインメントを目指した。レコード制作から始まり、『新世紀エヴァンゲリオン』などに出資する総合コンテンツ制作会社となったキングレコードを、ＡＫＢ48が移籍先に選んだのには大きな意味があった。

キングレコードは１９３１年創業の日本でもっとも古いレコード会社のひとつ。老舗出版社の講談社の子会社で、戦前の同社の大衆雑誌『キング』から社名をいただいた。日本初のフィルム撮影による連続テレビ映画『月光仮面』（58〜59年）で、レコード会社が音楽制作費を負担する代わりに自社の歌手を起用させるタイアップ手法で、主題歌が10万枚のヒットに。宣弘社との関係はその後も続き、『豹の眼』（59〜60年）に三船浩、『怪傑ハリマオ』（60〜61年）に三橋美智也、『隠密剣士』（62〜65年）にボニージャックスなど、テレビ主題歌というヒットの鉱脈を開拓した。出版社系のレコード会社という性格から、昔から学芸部が力を持っており、NHK『みんなのうた』のレコードも長らく同社が独占的にリリース。芹洋子「四季の歌」は学芸作品ながら、オリコン最高位8位のヒット曲になった。仕掛人は音楽ジャーナリストとしても知られる、学芸部ディレクターだった長田暁二。こうしたテレビを使ったタイアップは、大手芸能事務所的な人脈を持たない、学芸部だから生まれた手法だった。60年代末、学生運動の高まりとともに、全国各地の歌声喫茶でロシア民謡、童謡などを歌う「うたごえ運動」がブームになると、若者風俗を目ざとく察して、早稲田大学グリークラブを母体とするボニージャックスと契約。「ちいさい秋見つけた」を『みんなのうた』で流してヒットさせた。

日本のフォーク、ロックの発祥もキングレコードと言われている。長田の部下だった三浦光紀（後の徳間ジャパンコミュニケーションズ代表）が、当時若者の間で盛りあがっていたフォーク熱を捉えるべく「フォークは日本の民謡である」と上司を口説き落とし、岐阜県中津川市で行われた和製フェスのはしり、全日本フォークジャンボリー（69〜71年）のドキュメンタリーレコードなどを作って、フォーク世代の支持層を集めていく。これを契機に学芸部内に発足したのが、ベルウッドレーベル。ここから、小室等の六文銭、大滝詠一、細野晴臣、松本隆らを輩出した「日本語ロック」の始祖、はっぴいえんど、高田渡、はちみつぱい、あがた森魚といった、70年代のフォーク／ロックスターが次々傑作アルバムをリリースしていく。

ベルウッドに続いて、学芸部内レーベルとして後のキングレコードを支えたのが、三浦の後輩にあたる藤田純二が82年に興したアニメ特撮専門レーベル、スターチャイルド。専属歌手を持たないため企画力だけが頼みだったが、ファンの声に応えて商品化した『機動戦士ガンダム』のサウンドトラック盤がヒットとなり、同社の切り札に。それまで独占状態だった日本コロムビアのアニメソングの牙城を切り崩し、スターチャイルドはアニメ業界の一大勢力となっていく。

流行歌手を擁する邦楽部、海外アーティストの配給がメインの洋楽部と独立した、第3のセクション「学芸部」から、キングレコードの新時代的動きのすべてが始まった。アニメ主題歌もあればフォーク、ロックと何でもあり。メンバーでありながら、『呼吸するピアノ』（12年）というピアノアルバムを出した松井咲子、山川豊らが所属する長良プロダクションに籍を置く演歌歌手の岩佐美咲を擁する、ＡＫＢ48の雑食性は学芸部の多様性そのもの。合唱曲のカタログに強く、数々の文部大臣賞を取っているキングレコードの社内文化が、「桜の栞」のような合唱曲、音楽の教科書に掲載されたフォーク路線の「３６５日の紙飛行機」の制作動機に、いくらか影響を及ぼしているのかもしれない。ＡＫＢ48の結成目的について訊かれ、アイドルをやりたいわけではないと秋元は度々口にする。ＡＫＢ48でジャンルの境界を広げ、メディア全体を支配したいのだ。

ＡＫＢ48は音楽バブルが崩壊した「ＣＤが売れない時代」に登場した。デフスター時代もベストテン入りは果たすものの、シングルはいずれも2万枚止まり。「３０００枚売れればオリコン30位に入れる」がひとつの目安と言われた時代で、もはやインディーズとメジャーの境界もなくなった。そうしたＣＤ売り上げの落ち込みを鑑み、オリジナルコンフィデンスは２００１年、ジャケット別で違う型番が割り振られていた同一表題曲の複数のシングルを、合算して集計する方針に転換する。同一曲を複数ジャケットでリリースする手法は、80年代にジャニーズの忍者あたりから行われてきたもの。45回転12インチ、7インチとフォーマット違いのシングルもずっと別アイテムとしてカウントされてきたため、別集計の時代は票が割れて、ランク下位となるハンディを負っていた。オリコンの新しい集計方法のおかげで、AKB48、嵐、EXILEらはいずれもミリオンセラーの常連となり、他アーティストを売り上げで大きく引き離した。

もちろん、オリジナルコンフィデンスがチャートを発表する目的は、メーカー寄りの見せかけのミリオンセラーのためでなく、読者に流行観測を正しく伝えることにある。AKBや嵐らが毎年独占する年間チャートへの不信感を問題視する声は業界内外からあがっており、オリコンは2016年、個人の複数買いなどを一定数間引くような、新しい集計方法に改訂すると発表した。現在はレコード店以外の、イベントで購入されたCDも集計に反映されるようになり、より現実に即したものを目指してはいるが、週刊誌報道によれば「一人で1000枚購入しても、上限3枚でカウント」と独自のルールが施されており、現状も正しい集計が行われているとは言い難い。

第2章

秋元康はどこからきたのか？

ＡＫＢ48のルーツ、おニャン子クラブの革新性

現在は視聴率で民放４番手と言われるフジテレビが、かつて視聴率3冠王を独占し、バラエティや月9ドラマのヒットで、テレビ文化の中心にいた時代があった。「MANZAIブーム」を振り出しに、ビートたけし、タモリ、明石家さんま、とんねるず、ダウンタウンらも、同局のバラエティをきっかけに国民的人気を得た。そんなフジテレビがバラエティの覇者だった時代に、秋元康が手掛けた最初のアイドルとして知られるグループ、おニャン子クラブが現れた。

おニャン子クラブは、85年4月から始まった夕方のバラエティ帯番組、『夕やけニャンニャン』の番組アシスタントとして結成されたアイドルグループ。開始時の司会者は片岡鶴太郎、モデルの松本小雪と、まだ若手だったとんねるず。とんねるずはこの番組をきっかけに大人気となり、木曜21時に同スタッフで始まった2人の単独番組は、タイトルを変えながら『とんねるずのみなさんのおかげでした』となって、２０１８年まで続く長寿番組となった。『夕やけニャンニャン』は、それまでアニメやドラマの再放送枠だった月曜日~金曜日の17時からの1時間、当時河田町にあったフジテレビ本社のスタジオから毎日生放送されていたティーンズ向けバラエティで、ピーク時には平日夕方5時台の番組としては異例ともいえる、13%前後の視聴率を誇った。

土曜日深夜に放送していた、素人の女子大生参加番組『オールナイトフジ』（83年開始）の番外編として作られた単発番組「オールナイトフジ女子高生スペシャル」がその前身。司会の斉藤由貴をはじめ出演者の大半が事務所所属の新人アイドルだったが、85年のレギュラー化に際し、番組で視聴者から追加メンバーを募集。「ザ・スカウト アイドルを探せ」というオーディションコーナー

を設け、毎週５人の候補者を一週間かけて視聴者参加で審査して、金曜日に得点１００点以上を獲得した応募者は、翌週からおニャン子クラブのメンバーに採用された。最終的に40人以上を抱える大所帯となり、日本で最初の大人数アイドルグループとなった。

オープニングテーマ「セーラー服を脱がさないで」（85年）でキャニオンからレコードデビューするが、その人気はデビュー前から凄まじく、池袋サンシャインシティで予定されていた発表会に、当初想定していた人数を上回る４０００人のファンが駆けつけてイベントが中止に。以降もリリースする曲はいずれもヒット。番組人気にあやかって結成されたファンクラブ「こニャン子クラブ」は、最盛期に18万人もの会員を擁していた。フロントメンバーだった河合その子を筆頭に、芸能事務所に所属していたメンバーはソロ歌手としても活躍し、86年にはオリコンチャート52週のうち、36週がおニャン子クラブ関連作品で１位が占められる、アイドル界の一大勢力となっていく。秋元康はおニャン子クラブのほとんどの作詞を手掛け、翌年にはその作詞印税で、長者番付「その他部門」16位に入る成功を収めた。

最初の秋元の出世作としてよく紹介されるおニャン子クラブだが、この番組での肩書きは放送作家で、本人曰く「作詞は余技的に関わったもの」。プロデューサーは秋元ではなく、『夕やけニャンニャン』のチーフディレクターだった笠井一二が務めた。教室の放課後が番組のコンセプトで、おニャン子クラブのメンバーも「クラスのアイドル」という身近さで選ばれ、アルバイト感覚で芸能ごっこに関わることが新鮮に映った。子役時代からドラマ撮影で学校を休学するようなプロのタレントと違い、試験や学校の行事があれば局に休暇届けを出してその回の出演はなし。学業を優先させるアイドルなど、それまではいなかった。秋元は番組ＭＣが「今日は新田恵利ちゃんが中間テストのためにお休みです」と視聴者に伝えたとき、すべての価値観がひっくり返るものがあったと

が終わり、やがて専業アイドルは一般女子高生に人気を奪われた時代語っている。堀越学園の芸能コースに通って、学校を休むことが売れっ子のステイタスだった時代

　河合その子（渡辺プロダクション）、新田恵利（ボンド企画）、国生さゆり（エイプリルミュージック。後のソニー・ミュージックアーティスツ）ら主要メンバーには芸能事務所所属組もいたが、大半のメンバーは学校終わりに制服のままフジテレビ入りするような一般人。グループのマネジメントはフジテレビ。マネジャー役の局の女性社員他いずれも有名大学出身で、受験勉強をおそろかにしないようスタッフが勉強を指導するなど、メンバーの学業を第一に考えた。楽屋でノートを開いて勉強しているメンバーはＡＫＢ48にもいるが、こっちの家庭教師役は先輩メンバー。どちらかというと体育会系が多いＡＫＢ48のスタッフと、インテリ局員が支えていたおニャン子クラブとでは、その育成環境は大きく違った。

　前身の『オールナイトフジ』について説明しておこう。81年、ラジオ局の文化放送で、深夜の帯番組『ミスＤＪリクエストパレード』に出演する現役女子大生ＤＪが人気を博したことから、「女子大生ブーム」が起こった。川島なお美（青山学院大学）、長野智子（上智大学外国語学部）、向井亜紀（日本女子大学家政学部）、斉藤慶子（熊本大学教育学部）らは、まだ在学中の素人時代に同番組からブレイク。これをヒントに、素人の現役女子大生ばかりを集めた深夜バラエティとして『オールナイトフジ』はスタートした。ちなみに『ミスＤＪ』は、かつて吉田拓郎、谷村新司らがパーソナリティを務めた、フォークブームを支えた深夜の長寿ラジオ番組『セイ！ヤング』の後身番組。視聴者からの悩み相談に答えるなど、メッセージ色の強かった時間帯が、いきなりミーハーなアイドル路線に転身を遂げたことが、軽佻浮薄な80年代の始まりを象徴していた。

　初代司会はアイドル的人気を誇っていたジャズ歌手の秋本奈緒美、ＪＡＬのキャンペーンガー

ルだった鳥越マリだが、人気を牽引したのはそちらではなく、ガヤ役で起用されたオールナイターズと呼ばれる一般女子大生のほう。このときも「おかわりシスターズ」、「おあずけシスターズ」などの即席グループを結成して、アイドルごっこを仕掛けた。女子大生と言っても有名お嬢様大学からFランク大学までさまざま。一般常識のない現役女子大生をからかうようなノリで、「私たちはバカじゃない」がキャッチコピーだったことでも、その内容がわかるはず。アダルトビデオの紹介コーナーが人気となり、ナレーション原稿を赤面しながら女子大生が読みあげるウブさが視聴者に大ウケした。同世代を視聴者に想定して始まったが、実際は中高校生ファンが多かったことがわかり、それを踏まえて女子高生版として企画されたのが『夕やけニャンニャン』である。

タイトルの「ニャンニャン」の語源は、写真週刊誌『FOCUS』（新潮社）に掲載された、当時わらべのメンバーだった高部知子のスクープ記事から。元カレが持ち込んだと言われる高部の半裸のベッド写真に添えられた、文中の〝ニャンニャン〟という性行為表現から付けられたもの。「夕やけ」も当時ニュースで取りあげられた愛人クラブ「夕暮れ族」のネーミングを連想させた。

『オールナイトフジ』成功の後、土曜深夜帯にライバル番組が乱立。『TV海賊チャンネル』（日本テレビ系）、『ミッドナイトin六本木』（TBS系）など他局としのぎを削り、性感マッサージや野球拳など、ハレンチ度を競って視聴率の取り合いになった。衆議院予算委員会でお色気傾斜が問題視され、ほどなく自粛ムードに。お色気要素をなくした『オールナイトフジII』として番組は再出発するが、それと同時にスタートしたのが『夕やけニャンニャン』だった。こちらも爽やかなお色気を意識したものになっており、エッチな話題などもおかまいなし。後年のブルセラブーム的なノリを先取りしたような内容で、PTAからワースト番組として名指しされた。アイドルと言っても支持層は今のようなオタクよりヤンキー、ツッパリが多く、番組開始早々に週刊誌にプライベートの喫煙写真を撮られて、初期の人気メンバー全員がクビになるという騒動もあった。

ＡＶ以前のアダルト文化の象徴だったにっかつロマンポルノも、プロの脱ぎ女優より演技の未熟な新人が人気を集めるようになる。写真集『隣のお姉さん』シリーズのような、近所の年上の女子大生やＯＬが脱いでしまうような、カジュアルなエロスに時代が傾いていった。ロマンポルノ女優出身の岡本かおり、八神康子らが『夕やけニャンニャン』の初期レギュラーを務めていたことからも、番組の狙いは明白だろう。アイドルとポルノ女優が同じ番組に出演するのも従来はタブーであり、その点でも画期的な番組だった。素人ゆえにアブナイ発言も頻繁に口にするおニャン子クラブは、70年代の「アイドルはトイレに行かない」という神話を崩壊させるインパクトがあった。

とにかくテレビの裏側を徹底的に見せる過激さ。それが構成作家としての秋元康の初期の作風を決定づけた。『オールナイトフジ』時代も、キャストがいる広い収録スタジオの階にディレクターが座るサブ（調整室）を下ろして、指示出しなどの裏側を全部見せた。ゲストの控え室も仕切り壁を外して、スタジオ内にバーを作ってそこに待機させ、飲みながらの参加もすべてＯＫにした。『夕やけニャンニャン』ではキワドイ質問をメンバーにぶつけて、当時の女子高生の性意識などを炙り出し、アイドルの心の裏側を曝いた。正月番組は前年末に撮りためたものであることや、アイドル水泳大会で水着を脱がされるタレントは仕込みのポロリ要員であることなど、テレビには表と裏があることを暴露して、それでもなおお楽しめるか視聴者のリテラシーが試された。

デビュー曲「セーラー服を脱がさないで」は、後に「援助交際」として世間を騒がせるような、10代の奔放な性をイメージさせる歌詞の過激さがウケた。「おっとCHIKAN!」は満員電車で無実の男性客をチカンにでっちあげるという内容で、痴漢冤罪を助長する内容が問題視され、現在は放送自粛曲扱いになっていると言われている。大人や社会をからかうようなエロスによる挑発は、これまで性の対象だったアイドル側が性文化をリードする、女性たちの自立をイメージさせた。いうなればおニャン子クラブは、85年に施行される男女雇用機会均等法を象徴するようなアイドルだった。また、メンバーの永田ルリ子の書いた丸文字書体が写研の商業用フォント「ルリール」として発売されるなど（今でも『めざましテレビ』の「きょうのわんこ」で使われている）、女子高生ブーム時代に商品価値が仮託される存在に。山根一眞のノンフィクション『変体少女文字の研究』（講談社）の時代を生きたアイドルだった。

おニャン子クラブがしばしば「ＡＫＢ48のルーツ」と言われるのは、素人が一夜でスターになるシンデレラストーリーだったから。しかし、番組内オーディションも、審査員にオペラ歌手の田谷力三、オリコン社長の小池聡行、フジテレビ衣装部の保沢紀を起用するなど基本はオフザケで、『スター誕生！』（日本テレビ系）の一種のパロディだった。山本スーザン久美子のように名前が面白いというだけで合格させ、本当におニャン子のメンバーになってしまうような、責任無用の痛快さが番組のウリだった。メンバーのルックスも一様ではなく、その個性のバラツキが、ヤンキー派、カマトト派と言った支持派閥を生み、ファンは好みのメンバーを見つけてそれを応援した。メンバーには加入順に会員番号が割り当てられ（例えば、新田恵利は４番、国生さゆりは８番、工藤静香は38番）、メンバーをカタログ化して見せるやり方にも今のＡＫＢ48の近いノリがあった。

視聴者からかかってきた電話に、とんねるずが本気で喧嘩をふっかける「タイマンテレフォン」のように、各学校のお調子者がテレビに気軽に出てしまう身軽さ。ＣＭが入る度に、観覧席の男子高校生一団がフロアに降りてバカ騒ぎするようなノリを、番組側も歓迎していた。観客とのマッシュアップで番組が面白くなるという狙いは、今日のＳＮＳの炎上商法を先取りしていたと言ってもいい。６時からのニュースの内容を紹介する局アナの逸見政孝が、堅物なキャラクターをいじられて、果てはマルベル堂でブロマイドを発売、レコードデビューまでしてしまう。後に秋元が手掛けた、湯川英一専務をＣＭに引っ張り出してしまうセガのＣＭのアイデアなども、すべてこの番組に源流があった。

『欽ちゃんのドンとやってみよう！』（75〜80年）で素朴な田舎のオジサンを画面に引っ張り出すなど、素人いじりはフジテレビのお家芸のようなもの。四字熟語ひとつも読めないオールナイターズに呆れて、批判記事が週刊誌に掲載された際にも、逆手にとって番組内で学力テストを実施して、そのバカさ加減をネタにして視聴率を稼ぐ。コンプライアンスなき時代のバラエティ番組は、何でもありだった。70年代、民放局3位に甘んじていた予算もなかったフジテレビは、素人参加番組で視聴率を伸ばして民放局のトップを独走。今のＣＧＭ（コンシューマー・ジェネレイテッド・メディア）のように素人パワーを味方につけて、ネット時代の姿を一足先にバラエティの中で実現していた。

後に『とんねるずのみなさんのおかげでした』から登場した、番組の裏方スタッフで結成された男性アイドルグループ「野猿」も同じ。98年にＣＤデビューするやいなや今のＥＸＩＬＥ並みの人気を集め、99年、２０００年とＮＨＫ紅白歌合戦にも連続出場を果たした。実はＡＫＢ48でおなじみの「選抜総選挙」も、もともとは野猿のメンバーを視聴者投票で決めるために、99年、２０００年に行われた「野猿総選挙」の前例があった。それに続いて、モーニング娘。のライバルという設定で、２０００年には妹分のアイドルグループ「女猿」も結成された。

「人は誰でもその生涯で15分だけは有名になれる」と語ったのはアンディ・ウォーホルだが、仕掛けさえあれば誰でもアイドルになれることを、秋元らスタッフは番組を通して証明して見せた。それがＡＫＢ48のフォーマットという、新しいアイドルビジネスへと昇華されていくのだ。

『夕やけニャンニャン』における秋元康の貢献

秋元康は『オールナイトフジ』に参加していた流れから、開始時より『夕やけニャンニャン』に関わり、放送作家の肩書で参加。しかし同番組には裏方も表方も区別はなく、オーディションコーナーには審査員の一人として登場し、お調子者のスタッフのように振る舞っていた。おニャン子クラブへの詞提供も、『オールナイトフジ』時代にオールナイターズやユニットのシングル、アルバムに詞を提供していたことから白羽の矢が立ったもの。新人作詞家がいきなりベテラン作家が書いた楽曲群を追い越して、やがて年間の半数以上の1位がおニャン子関係で占められる。それもすべて素人パワーで番組をブレイクさせた、『夕やけニャンニャン』の内輪ノリが実現させたものだった。

85年、フジサンケイグループ内にあった二つの音楽出版社、フジ音楽出版（フジテレビ系）、パシフィック音楽出版（ニッポン放送系）が合体し、フジパシフィック音楽出版（現・フジパシフィックミュージック）が設立される。代表取締役は音楽評論家としても知られる朝妻一郎で、秋元康をこの世界に引き入れた重要人物。設立初年度におニャン子クラブが大ヒットするという幸運に恵まれ、フジパは80年代に急成長を遂げた。おニャン子クラブはアイドルとして、フジサンケイグループに多大な利益をもたらす存在になったが、最初からスタッフは音楽を活動の柱として考えていたわけではない。そこには『ミュージックフェア』を長年担当していた番組プロデューサー、フジテレビの石田弘の貢献度が大きかった。

石田弘は67年にフジテレビに入社。ニッポン放送、フジテレビ社長を歴任し、ポニー、キャニオンレコード、パシフィック音楽出版などを設立した石田達郎の甥に当たる。エルヴィス・プレスリーを信奉する音楽好きで、新人のＡＤ時代に時代劇『三匹の侍』（63〜69年）の予告編にチャールズ・ミンガスの曲を使ったなどの武勇伝なども。ディレクター就任早々に夕方のバラエティ番組を任され、愛川欽也司会のロック情報番組『リブ・ヤング！』（72〜75年）を企画。矢沢永吉のキャロルを同番組から輩出し、吉田拓郎、荒井由実（松任谷由実）らをテレビに初出演させた。洋楽情報もメーカーのプロモーターが自ら出てくる悪ノリ番組で、金髪に濃いメイクのグラムロック風扮装で登場していたのがビートルズ担当だった石坂敬一（元東芝音楽工業。後のユニバーサル、ワーナーミュージック会長）。雑誌『ミュージック・ライフ』と連動していた縁から、シンコーミュージックの創業者、草野昌一に懇願され、日本初のミュージックビデオと言われるチューリップ「心の旅」の演出を手掛けている。吉田拓郎ファンには、『吉田拓郎かぐや姫 コンサート in つま恋』、『吉田拓郎アイランドコンサート in 篠島』などのドキュメンタリー映画の監督クレジットでも、石田弘の名前はおなじみだろう。この日本版『ウッドストック』を手掛けた功績から、85年に行われたボブ・ゲルドフ発案の世界的チャリティ番組「ライヴエイド」の日本放送側の担当ディレクターに。73年から『ミュージックフェア』のプロデューサーも長らく務めた。筆者世代には土曜7時の音楽番組『アップルハウス』（80〜81年）が印象深いが、レッド・ツェッペリン『フィジカル・グラフィティ』風のグラフィック映像や、スネークマンショーの小林克也、伊武雅刀をナレーターに起用していた、その番組の構成を手掛けていたのも新人時代の秋元康だった。

『オールナイトフジ』が高視聴率で話題になり、スタッフからオールナイターズをアイドルとしてデビューさせる案が浮上する。ところが系列のキャニオン含め各社に打診するも断られたため、拓郎の縁で社長の後藤由多加に懇願し、フォーライフから山崎美貴、松尾羽純、深谷智子３人のユニット、おかわりシスターズが「恋をアンコール」でデビュー。東京ローカル番組にも関わらずオリコン14位入りのヒットとなり、これが視聴率1％＝100万人といわれるテレビの影響力の強さを見せつけた。オールナイターズのアルバムやユニット曲に、放送作家だった秋元康も作詞で参加。同番組からのスピンアウトとして準備していた『夕やけニャンニャン』でも、番組アシスタントだったおニャン子クラブがレコードデビューすることはすでに既定路線だった。

なかにし礼、阿久悠ら職業作詞家が活躍していた歌謡曲黄金期があったが、現在は自作自演のシンガーソングライターが多勢を占めている。それを繋ぐ80年代の数年間、異業種作家が作詞家としてもてはやされた時代があった。阿久悠に代わって、沢田研二「TOKIO」（80年）の作詞を手掛けたのが、当時コピーライターだった糸井重里。他、仲畑貴志、竹花いちこ、新井満といった広告業界出身のクリエイターが、歌謡曲の作詞を手掛ける一種のブームが起こる。専業作家の印象の強い売野雅男も、もともとはエピック・ソニーで広告コピーを書いていたコピーライターからの転身組。秋元もそんな異業種作家ブームの追い風の中で、放送作家兼作詞家としてメディアに登場した。

おニャン子クラブのデビュー曲「セーラー服を脱がさないで」も秋元の作詞だが、本来ならサビにくるべき表題のフレーズが、冒頭のAメロでいきなり「セーラー服を、脱がさないで」と歌われるユニークな構成。「まだ詞の書き方も知らない素人だった」と秋元は昔を振り返るが、そんな無手勝流も当時は新鮮に映った。広告業界、テレビ業界出身者が書く詞には、専業作家のような情念はなかったが、ヴィヴィッドに社会を映し出す映像喚起力や、ソリッドな広告コピー的な訴求力があった。メンバーの中島美春の卒業ソングとして書かれた「じゃあね」など、企画から発想するおニャン子の詞は放送作家出身ならでは。ピンク・レディーの「サウスポー」（王貞治55号）、「UFO」（超常現象ブーム）なども、ブームを歌詞に取り入れる企画性が評価されたが、それは阿久悠が広告代理店、宣弘社のプランナー出身だったことが影響していた。

「おニャン子サウンド」の洋楽傾向

おニャン子クラブのアルバムが、近年になって和モノを回す邦楽ＤＪの間で高く評価されるという、一種のリバイバル現象が起こっている。リリースから30年を経て、打ち込み音楽のクラシックスとして再評価の機運が生まれているのだろう。「セーラー服を脱がさないで」、「恋はくえすちょん」など、一連のシングルは後藤次利、佐藤準らベテラン勢が手掛けた王道のアイドル歌謡だったが、『KICK OFF』、『夢カタログ』といったアルバムはおそらく数あわせで作られたもので、次世代クリエイターの自由に任せ、山川恵津子、見岳章（元・一風堂）、松尾清憲（元・シネマ）らが作編曲家として、ユニークな楽曲を提供していた。

おニャン子クラブの音楽ディレクターは、キャニオンレコードの渡辺有三。加山雄三とザ・ランチャーズのベーシストから裏方となった同社のベテランで、山本リンダなどの歌謡曲や、中島みゆき、谷山浩子、世良公則＆ツイスト、円広志ら、ヤマハポプコン出身組を担当していた。彼の部下には、長岡和弘（甲斐バンド）、平賀和人（ＮＳＰ）らミュージシャン出身ディレクターも多く、現在いきものがかりの事務所、キューブ代表を務める北牧裕幸も渡辺の薫陶を受けたひとり。それまでの歌詞に重きを置く文芸畑出身のディレクターと違って、スコアも読めて音楽制作の現場経験も豊富な、彼らミュージシャン出身ディレクターが、洋楽的フィーリングを持ち込んで80年代のアイドルポップスを変えていくのだ。元甲斐バンドのベーシスト長岡は、秋元夫人の高井麻巳子担当の他、ディレクターとして斉藤由貴をヒットさせたことでも有名。谷山浩子の詞曲をアカペラで編曲した12インチシングル「土曜日のタマネギ」(86年)など、リリース形態も従来のアイドルのイメージを大きく変えた。

キャニオンレコードは、日本初の音楽テープ、ビデオソフト販売会社だったポニーを立ちあげたニッポン放送の石田達郎が、フジサンケイグループ資本で70年に設立したレコード会社。ニッポン放送の番組パーソナリティだったモコ・ビーバー・オリーブ、カレッジフォーク組を担当していた元東芝音楽工業のビートルズ初代ディレクター、高嶋弘之（俳優の高島忠夫の弟。実娘はヴァイオリニストの高嶋ちさ子）が創業時に邦楽部の制作部長に迎えられた。多くの人気バンド／シンガーソングライターを輩出したヤマハ主催「ポピュラーミュージックコンテスト（通称ポプコン）」のグランプリのリリースをほぼ独占するなど、もともとはフォーク／ロック色の強い出自があった。

設立時は業績不振続きだったが、ミノルフォン（現・徳間ジャパンコミュニケーションズ）から移籍してきた山本リンダを作曲家の都倉俊一と組ませ、「どうにもとまらない」、「狙いうち」で大胆なイメチェンを施してヒットさせた。元スモーキー・メディスンの天才少年ギタリスト、Ｃｈａｒも同社と契約するが、阿久悠が詞を書いた「闘牛士」というヴォーカル曲を歌わせるなど、ロックの才能と歌謡曲のテイストをミクスチャーする、〝ロック歌謡〟的なやり方がいかにもキャニオン流。ツイストの世良公則、原田真二、Ｃｈａｒの3人は「ロック御三家」とも呼ばれ、週刊誌やアイドル雑誌にも頻繁に露出していた。博多のめんたいロック系のバンドだったザ・ロッカーズのヴォーカル陣内孝則も、解散後にソロシンガーとなって俳優でブレイクする前は、同社からムード歌謡風のシングルを出していた。

キャニオンレコードは、フジテレビ、ニッポン放送、文化放送（当時はフジサンケイグループ）などメディアと連動できる系列会社の強みを発揮して、タイアップ時代に急成長する。『ひらけ！

ポンキッキ』挿入歌だった「およげ！たいやきくん」（76年）は累計460万枚のヒットとなり、「日本で一番売れたシングル」としてギネスブックにも掲載された。80年デビューの田原俊彦が「哀愁でいと」でヒットしてからは、歌謡曲レーベルのカラーを強め、80年代中盤にはジャニーズ事務所の新人グループ、光GENJIを爆発的にヒットさせた。フォーライフにオールナイターズのヒットを奪われた反省から、おニャン子クラブは系列のキャニオンが音楽制作を預かることになる。

その時代、松田聖子の登場によって、アイドル界は新しい時代を迎えつつあった。「歌謡曲のAOR化」とも言うべき、サウンド志向の新世代アイドルが横並びで現れた。歌詞がきちんと聴き取れることがなにより重要視され、ヴォーカル偏重でなおざりにされてきた従来の歌謡曲のオケ制作から、洋楽ばりの本格レコーディングによって、他ジャンルにひけをとらない新しいアイドルポップスを生み出していた。制作フローも、それまでの作詞家がコンセプトを作る詞先行の作り方から、できあがった曲に歌詞を後から付ける「曲先」が主流に。「曲先」と言っても、楽譜を読んで詞を書くのではない。メロディーができあがった段階で先にオケを完成させて、そのラフミックスにガイドメロディーを入れて作詞家に渡し、サウンドを意識した韻律で詞を当てはめていくというやり方である。この時代に作詞家デビューした秋元の場合もほとんど曲先で、今でもオケを聴いて歌詞を書く、このやり方を続けている。

レギュラー番組を持ち、雑誌取材やグラビア撮影、休日はキャンペーンとおニャン子メンバーが多忙だったため、原盤制作も一日1曲完パケという突貫工事のようなやり方で作られた。まだ打ち込みと生演奏が半々の時代。譜面も初見で弾け、テイクもほとんど2、3回で終わる、ロックのニュアンスなど表現力に長けたスタジオミュージシャンが必要で、歌謡曲でありながらおニャン子の楽曲の演奏には、青山純（ドラムス）、伊藤広規（ベース）ら山下達郎のリズムセクション、ユーミンのバックを長らく務めた鳥山雄司（ギター）、山木秀夫（ドラムス／マライア、SHŌGUN）ら実力派プレイヤーが参加していた。同社所属のフュージョングループ、パラシュートのギタリストだった松原正樹、今剛のおニャン子サウンドにおける貢献度も高かった。

リンダ・ロンシュタットのバックメンバーでイーグルスが結成されたように、おニャン子もバック演奏だけは〝和製ＴＯＴＯ〟とでも言うべき名プレイヤーが支えていた。稚拙な歌唱力と洋楽サウンドの奇妙なバランス感が、おそらく若い世代の和モノＤＪには魅力的に映るのだろう。打ち込みと言っても、その時代はまだバブル崩壊前で、音楽制作には潤沢なレコーディング費用がかけられていた。ちなみに代々木第一体育館で行われた「おニャン子クラブ解散記念 全国縦断・ファイナルコンサート」（87年9月20日）で、山川恵津子に変わってキーボードを弾いていたのが、現在は映画音楽で活躍する菅野よう子（てつ１００％）だった。

松田聖子による「歌謡曲の洋楽化」

「歌謡曲のＡＯＲ化」の先鞭を付けた松田聖子の存在は大きかった。王道のアイドルの要素を兼ね備えながら、それまでの山口百恵的な情念の世界に対し、洋楽のような西海岸風サウンドをバックに歌った松田聖子は、オーディオマニアからも支持された。「風は秋色」（80年）から「旅立ちはフリージア」（88年）まで、24曲連続オリコンチャート1位を記録。KinKi Kidsにこの記録が抜かれるまで、20年近くアイドル業界にトップセラーアーティストとして君臨した。

担当の若松宗雄はＣＢＳ・ソニーのディレクター／プロデューサーで、オーディションテープから彼女を見出した最初の発見者。大阪営業所、広島営業所時代にそれぞれを業績トップに育てた辣腕が買われ、本社に移ってからは邦楽部の制作者として活躍した。カラオケがまだ演歌主流だった時代に、ポップスのカラオケがいずれ流行るだろうと予見してカタログを拡充させ、今日のティーンが歌うカラオケブームの基礎を作った一人でもある。

ミュージシャン出身ではなかったが、キャンディーズ担当ディレクターを長らく務め、マネジャーの大里洋吉（現・アミューズ会長）らとの交流を通して、サウンドの重要性を学んだのだろう。キャンディーズはタレント活動のみならず、ライヴでのパフォーマンスに定評があり、バックバンドだったMMPはその後、大里が立ちあげたアミューズの所属タレント第1号、スペクトラムに発展していく。原田真二を育てるなど、渡辺プロのマネジャー出身の大里は、歌謡曲とロックというこれまで水と油だった世界を一気に近づける役割を果たした。若松もそれに倣い、呉田軽穂（松任谷由実）、大滝詠一、細野晴臣、財津和夫、Holland Rose（佐野元春）らシンガーソングライターに松田聖子の曲を依頼し、歌謡曲とニューミュージックの垣根を取り払う、大胆なプロデュースを実践する。やがて日本レコード大賞のアルバム部門に、アイドル作品がエントリーされるような時代が訪れた。

若松が絶大なる信頼を置き、80年代末にかけてサウンドプロデューサーとして松田聖子を預けていた編曲家が大村雅朗。佐野元春の初期の共同制作者でもあった大村だが、洋楽のサウンドに日本語の詞を乗せていく佐野の突然変異的なスタイルから受けた影響は大きかった。後に大村のプロデュースでデビューする吉川晃司など、まるで佐野元春のエピゴーネンのよう。松田聖子のレコーディングも同様に、ほとんど曲先で作られ、松本隆や松任谷由実の詞は後から書かれたもの。バックにはギタリストの松原正樹、今剛らパラシュートの面々や、フュージョン系のプレイヤーが起用され、ツイン・リードによるバッキングはまるでエアプレイ（ディヴィッド・フォスター、ジェイ・

グレイドン）のようだった。またアイドルのアルバムでおそらく初めて、全作品にスタジオミュージシャンのクレジットを入れた。エンジニアは元ＲＶＣで角松敏生のミックスを手掛けていたミキサーズラボの内沼映二。それまではシングルの寄せ集めやライヴ実況録音盤などが主流だった、アイドルのアルバムの作り方を脱し、松田聖子ではリリースごとにコンセプトや作品性を大きく打ち出した。

85年の『SOUND OF MY HEART』では、シカゴ、ビリー・ジョエルを手掛けたアメリカの大物フィル・ラモーンをプロデューサーに迎え、ジャズピアニストのデヴィッド・マシューズが編曲担当。ソニーによる米ＣＢＳ買収後には、日本からの米国進出アーティストの筆頭としてアルバム『Ｓｅｉｋｏ』（90年）を全世界発売。当時人気のピークにいたニュー・キッズ・オン・ザ・ブロックのドニー・ウォルバーグとのデュエット曲「The Right Combination」をリリース。03年には「just for tonight」をダンスチャート17位に送り込むことに成功する。

かつて70年代初頭、はっぴいえんどのメンバーと内田裕也らが雑誌の対談で対立した「日本語ロック論争」があった。「ロックのサウンドには日本語の歌詞は乗らない」と信じられ、70年代に入ってからもクリエイションやゴダイゴのように、英詞で歌うロックグループも多かった。しかし70年代末の佐野元春や桑田佳祐ら世代の登場によって、日本語でロックを歌うことに疑いを持つ者はいなくなった。歌詞をサウンドの一部のように捉え、従来のストーリーテリングから言葉を解放し、リズムに日本語を乗せていく新世代の作詞術。佐野の歌唱法はまた、70年代にニューヨークのサウスブロンクス周辺で始まったラップのようだった。

おそらく秋元は同世代のクリエイターに新時代の到来を感じ、ロック／ポップスの強靱なフォーマットに、活字の世界の住人として引き寄せられていったのだろう。とんねるず『仏滅そだち』（85年）

などのアルバムで、完成度の高いオケにそれを台無しにするようなナンセンスな詞をあえて乗せ、それでもビクともしないサウンドの強靱さを利用にして、佐野元春やチェッカーズのパロディを成立させてしまうような、知能犯的ないたずらを仕掛けて見せた。

おそらく渡辺の趣味なのだろうが、おニャン子クラブは音楽の方向性に、60年代のモータウンのサウンドを選んだ。ダイアナ・ロスを輩出したシュープリームスらは当時のアイドル的人気の黒人グループで、ウキウキするようなシャッフルするリズムで、ビートルズ時代にアメリカで彼らと人気を二分した。『KICK OFF』、『夢カタログ』など一連のアルバムは、フジテレビの要請を受けて突貫工事で作られたものだが、大半の編曲にまだ新人だった女性編曲家、山川恵津子を起用。スティーヴィー・ワンダー、クインシー・ジョーンズを信奉していた山川は、まさにおニャン子には適任な人材だった。

山川恵津子はフェリス女学院大学声楽家出身の編曲家だが、アイドルに関わるきっかけはガイドヴォーカルから。譜面の読めないアイドルがレコーディングする際、デモやラフミックスのテープと歌詞カードを事前に渡して自主練習させるのが一般的だが、そのテープには歌唱のお手本として、もっぱら音大出身の女性歌手が歌うガイドヴォーカルが添えられていた。ＮＨＫの朝ドラ『あまちゃん』にも、小泉今日子演じる天野春子が昔、影武者ヴォーカルを務めた話が出てくる。最終のトラックダウンで役目を終えて消されてしまう、ガイドヴォーカルという仕事が、アイドルのレコーディングを支えた時代があった。ソロ歌手としてレコードデビューしていた広谷順子、下成佐登子らも、当時はガイドヴォーカルとしても活躍したスタジオシンガー。山川を加えた3人がトップ3と言われたが、まるでアイドルのような微妙なニュアンスで歌うことに長けた山川は、初期の松田聖子のシングルほとんどのガイドヴォーカルを務めた。

一方、将来は編曲家を嘱望しており、ヤマハ音楽振興会の所属スタッフとして、谷山浩子、八神純子のツアーメンバー、ライヴアレンジから編曲家のキャリアを開始する。スティーリー・ダンのような高品位な編曲は、同時期の男性編曲家も顔負けだった。86年には小泉今日子「１００％男女交際」で、当時パートナーだった編曲家の鷺巣詩郎より先に、レコード大賞編曲賞の栄誉を受けた。初めてのアイドルプロデュースを本格的に手掛けたのはビクターの岡本舞子だそうだが、担当ディレクターは元カシオペアの小池秀彦で、こちらも元ミュージシャン出身。オケだけ聴くとほとんど西海岸のアーバンソウルのようで、彼女らの世代がアイドル曲のイメージを塗り替えていったのだ。

ユーミンのアルバムがミリオンの常連となり、１００万枚アーティストが売り上げでしのぎを削っていた80年代。ビジネス誌などに音楽産業のカラクリをレポートする「ロックの経済学」といった特集記事がよく掲載された。もっぱら取材対象としてインタビューに登場するのが、作詞家や宣伝文を書くディレクターなどの活字畑の面々。彼らはマーケティング用語などを用いて饒舌にヒットの作法を語っていた。しかしその時代のヒットの鍵を握っていたのは、スタジオワークで采配を担っていたアレンジャー、プログラマーといった音のクリエイターだった。前者は海外の音楽流行を取り入れる翻訳家的な役割として、後者はシンセサイザー担当として洋楽に見劣りしない音作りを担った。ＦＭラジオ向けの「エアノリのいい曲」は、彼らのサウンドメイク次第。スネアドラムを一発叩いたときの、音の品質を決定付けていたのは彼らのほうだった。

モータウンのリバイバルは、実はその時代の海外の流行でもあった。イギリスのマリ・ウィルソン、スウィング・アウト・シスターなど、クラシックなファッションに身を包み、往時の人懐っこいメロディーをテクノロジーで処理した新しいサウンドで注目された。山川の録音の常連だったプログラマーの森達彦が、そんなイギリスの音楽の流行を録音現場に持ち込んだ。一連のおニャン子のアルバムには、当時2人が心酔していたマリ・ウィルソン『ショウ・ピープル』やコンパクト・オーガニゼーションの編曲のアイデアなどが技巧的に取り入れられており、洋楽通も思わずほほが緩む。森はムーンライダーズの所属事務所の系列のプログラマー集団、ハンマーの代表で、おニャン子のほぼ全作品で音作りに関わった。当時キャニオンに所属していた鈴木慶一率いるムーンライダーズのレコーディングと、おニャン子のバッキングに使われた機材は基本的に同じ。プロフィット5、PPGなどの最新デヴァイスが使われており、アイドル歌謡といってもサウンドはロックにひけを取らなかった。

森達彦のハンマーは90年代にレーベルにも進出し、デンマークのギターポップバンド、ギャングウェイの国内盤CDをリリースしたり、ストロベリー・スウィッチブレイドのプロデューサー、デヴィッド・モーションの国内マネジメントを手掛けた。アイドルはいわば稼ぎ仕事で、その歌謡曲バブルのお陰で同社は80年代後期、日本でもっとも舶来楽器を多く所有するプロ用のオペレーター集団になった。渋谷区宇田川町にあったハンマーのオフィスは若手バンドの溜まり場となり、雑誌『BARFOUT!(バァフアウト)』もここで産声をあげた。「渋谷系」ブームの一翼を担ったクルーエル・レコーズも、初期作品は大半がここのプリプロ用スタジオでレコーディングされた。カヒミ・カリィらの録音環境もまた、おニャン子クラブの機材とほとんど変わらない。日本の表のロック史には書かれていない、アイドル歌謡曲と「渋谷系」のミッシングリンク。80年代のアイドル歌謡というジャンルは、そうした洋楽耳のクリエイターや、秋元のような新世代の作詞家が集まる、ポップスの実験場だったのだ。

ラジオの放送作家から作詞家に

話を秋元に戻そう。ウィキペディアや日外アソシエーツの人物紹介を引くと、秋元康は日本の作詞家の重鎮として紹介されている。JASRAC会員、日本映画監督協会会員、日本放送作家協会理事長のポストも歴任。２０２０年に開催される東京オリンピック・パラリンピックでは組織委員会理事に。２０１６年には、代々木アニメーション学院名誉学院長兼総合プロデューサーに就任している。今では総合プロデューサーとして活躍の場は多ジャンルに渡るが、彼の最初のキャリアはラジオの放送作家から始まった。

秋元康は１９５８年5月2日、東京都目黒区生まれ。幼少期から学級委員を務める「神童」で、塾でもトップの成績で一目置かれる存在だったという。将来は開成中学、開成高校を経て東京大学に進み、果ては大蔵省入りを嘱望していた。だが、幼少期から持病の喘息に悩まされ、実家はごく普通のサラリーマン家庭だったが、その治療（当時は保険適応外）のために保谷市（現・西東京市）に家族揃って引っ越すなど、まわりの普通の子供とは少しだけ違う、特殊な幼少期を過ごした。中学進学で、まさか落ちると思っていなかった開成中学の受験に失敗。この人生最初の挫折が、その後の秋元の運命を変える。「世の中には予定通りにいかないことがある」、「運というものが人生を左右する」という達観した視点はこのころから。それが後にギャンブルにのめり込むひとつの要因になった。

エリートの進路からは少し外れたが、中学高校時代も不良仲間に勉強を教えるなど、クラスメイトとは良好な関係だったというのが、処世術に長けた秋元らしい。東大進学は諦め、中央大学に進むことになるが、他の大学生のように人並みの青春を謳歌していたよう。ほどんと創作と本人は言うが、『さらば、メルセデス』(88年／マガジンハウス)という半自伝的小説があり、同級生とはっぴいえんどのコピーバンドを組んでドラムを叩くなど、のちにメンバーから作詞家に転じた、松本隆の存在を意識していたような記述も見られる。

当時憧れの存在だったのは、ご多分にもれず吉田拓郎。高校時代は拓郎がパーソナリティを務めていた『オールナイトニッポン』の熱心なリスナーだった。たまたま受験勉強中に深夜のラジオドラマを聴いて、これなら自分もネタが書けると一念発起。ノート20ページにわたる創作小説をラジオ局に送ったのがすべての始まりだった。送ったのは『燃えよせんみつ足かけ二日大進撃』の「せんみつの深夜劇場」という、古今東西の名作パロディコーナー。『平家物語』のパロディで「ナオン、少女のあえぎ声、処女無情の響きあり」というナンセンスなものだったが、同番組の作家だった奥山侊伸(現・奥山コーシン)の目にとまり、誘われてニッポン放送に遊びに行ったことから、そのまま高校生の身分でプロの放送作家になった。当時のニッポン放送には大学生以上しか就労できない規則があったため、2年歳上に誤魔化して仕事を始めた。そんな秋元が頭角を現すまではあっという間のことで、せんだみつおの番組の他、『夜のドラマハウス』、当時人気だったあおい輝彦と佐藤公彦がパーソナリティを務める『あおい君と佐藤クン』などの人気番組の構成作家を任された。『タモリのオールナイトニッポン』、『タコ社長のマンモス歌謡ワイド』という近田春夫の番組も担当し、2人からサブカル的笑いとは何かを学んだ。

奥山の誘いでテレビの構成作家も始め、『せんみつ・湯原ドット30』(TBS系)ではチーフ作家の景山民夫らに混じってコントも書いた。若手作家の一人として、奥山が立ち上げから関わった『ザ・ベストテン』、『ベルトクイズQ&Q』(TBS系)などの人気番組にも名を連ねた。下積み経験がまったくないまま、ベテラン作家といっしょに番組作りを経験したことから、秋元の中には最初からアマチュア／プロの境界線が存在しなかった。多忙さから2年間大学休学期間を挟みつつ、学生兼作家のモラトリアムな生活を続けたが、大学に5、6年通ったところで結局、中央大学を中退して放送作家の道に進んだ。

数々のエッセイで「恋愛の伝道師」とも書かれる秋元だが、学生時代の恋愛経験はというと人並みで、21歳になるまでに20回同じ人にフラれたという一途な性格。だが天性の人集めの才能から、コンパセッティングの達人とも呼ばれた。基本は集団恋愛で、まるでジョン・ヒューズの映画のような青春を送っていたという。50歳を越えてなお、恋愛をテーマにした詞が書けるのは、恋愛に奥手だったこの時期の淡い感覚を未だ持ち続けているからであろう。

筆者が昔、音楽雑誌の編集者時代に、取材先で聞いたある噂話がある。おニャン子クラブ全盛のころ、RCサクセションの忌野清志郎は高井麻巳子にゾッコンで、『カヴァーズ』（88年）では「サマータイムブルース」のデュエット相手として高井に参加要請してるほど。そのころ高井は、同業者から電話番号を聞かれたとき「電話番号はダメ。ファックス番号ならいいけど」と、半ば誘いのお断りのようなつもりでいつも答えていたらしい。忌野はファクス番号を教えてもらうと、得意のマンガを描いてせっせと送ったそうだが、同じころ秋元も同じように、高井に捧げる詩を送っていたのだという。まるで作り話のような話だが、結果、高井側から猛烈なアタックを仕掛けて、彼女は秋元の嫁の座に就いた。恋愛にはとんと縁のなかった阿久悠が、学生時代にラブレターの代筆の名手だったというエピソードを、その話を聞いて思い出した。

立ちあげから関わったTBS系の歌番組『ザ・ベストテン』（78〜89年）が、秋元のひとつの転機となる。スタッフは構成作家、ADを入れて10人ほどで、秋元は最年少スタッフとして参加。司会の久米宏、黒柳徹子が曲紹介するときのナレーションは秋元の担当で、その週に入る曲がどんな内容で、歌詞はどんな意味なのかを簡潔にまとめてそれを伝えた。また、詞の内容から、美術チームやダンサーに発注するのも秋元の仕事。ヴィジュアルの作りやすい曲とそうじゃない曲がある、売れる詞とは何なのか、流行歌として支持される曲の傾向などを、秋元はそこで客観的に学んだという。

同番組では毎週、レコード売り上げ、ハガキによる人気投票などを集計し、10位から1位まで順番に、ランキング入りした歌手、グループを60分の番組内で紹介する。原則全員に出演オファーするという画期的なスタイルの番組だった。コンサートや営業で地方にいてスタジオに来られない歌手には、中継車を出してコンサート会場や新幹線の駅からでも歌わせた。たまたま出演者が多くなった回では、専属オーケストラが演奏する曲のテンポを速めて、時間内に全員歌い終わるように調整するなど、毎週生番組のスリルを視聴者に届けた。

同番組がいかに画期的だったかは、番組プロデューサーだった山田修爾の著書『ザ・ベストテン』（2008年／ソニーマガジンズ）にくわしい。第一回放送の前夜、ランキングに惜しくも入らなかった山口百恵を、せめて初回だけは順位操作してでも出演させろと要請する局や旧歌謡班に対して、山田らはきっぱりと断ってランキングの信憑性を守った。こうして『ザ・ベストテン』は、視聴者の信頼を受けて長寿番組になった。とかく特定メンバーを贔屓しているとヤラセ説がついてまわるAKB48の「選抜総選挙」だが、少なくとも秋元らは集計にインチキはなく、すべてガチだと答えている。秋元はいかさまがすべてを台無しにしてしまうことを、『ザ・ベストテン』の現場で学んできた。

80年代の音楽シーンは、沢田研二がパラシュート服を着て「TOKIO」を歌うなど、歌詞、ファッション、サウンドも何でもありで、舞台裏から見ていた秋元にも、その自由さが魅力的に映ったはず。放送作家の大家の道を選ばず、秋元は並行して作詞の仕事に関わり始めた。そのきっかけは秋元の実父が言った言葉だった。サラリーマンの数倍の年収を稼いでいた息子を見て「俺が稼ぐ１００万円とお前が稼ぐ１００万円は違う」と父は突き放したという。若いころ作家志望だったという父には、流行をただ追うだけの構成作家のような仕事が、浮わついた商売のように見えたのだろう。放送作家稼業を「虚業」、「肩書を聞かれたら詐欺師と答えてた」という秋元の自虐からは、そんな父親とのエピソードが透けて見える。「放送作家を目指したわけでもないし、作詞家を目指したわけでもない」と、自らを韜のように語るのには複雑な心境が秋元にはあったのだ。

その所在なさを、ギャラを稼ぐことで埋めようとした時期もあった。半自伝に出てくる高級車「メルセデス（ベンツ）」はその象徴だった。秋元は88年に初めて長者番付に載るが、他の著名人は何かひとつのことを成し遂げて成功した結果であり、たまたま自分は時代の追い風に乗っただけだとインタビューで述懐していた。放送作家という仕事は、いつ仕事がなくなってもおかしくない不安の中にいる。その想いが作詞というもうひとつの道を進むとき、秋元の背中を押した。カネへの執着はそれほど強いほうではないと、秋元はたびたび語っている。面白いアイデアがあれば湯水の如く投資する、ギャンブラーの資質があるのだとも。

また、作家としての功名心はないと語るのが、放送作家という裏方出身らしい。企画とテイストが合わないと思えば、偽名で作詞を引き受けることも秋元は気にしない。ＡＫＢ48も当初は、秋元の名前を伏せてデビューさせたかったが、タイアップの提携企業の要請で、秋元康プロデュースとしてお披露目された経緯があった。企業の社外役員を最初に引き受けたのも「社外役員ってどんな仕事なんだろう」という興味からだったとか。取締役会に出席し、社内ヒエラルキーが決定事項に影響することを体感し、一度もサラリーマン経験のなかった秋元は、一般社会人が出世したいと思う気持ちに共感したのだという。

おニャン子クラブへの詞提供から本格的に作詞家と名乗り始めるまでの、作詞修行を過ごしていた時期のことは半自伝にも書かれていない。やしきたかじんに習作を見てもらい、詞になってないことをたかじんに叱咤されたことがバラエティ番組で暴露されていた。シンガーソングライターの児島由美が書いたエッセイ集『タレントまであと一歩』（JICC出版局）には、秋元とおぼしき人物が自分が書いた詞を添削してほしいと、キャニオン時代の彼女に訊ねる場面が登場してくる。持ち込まれた習作は膨大な量だったとか。そんな修業時代があったことを、本人がまったく語っていないのは秋元らしい照れなのだろう。

作詞界の先輩には、学生時代にカヴァーしていたはっぴいえんどのドラマーから作詞業に転身した、松本隆がいた。70年代から80年代にかけて、こうした異業種から来た作家がヒットを当て、異ジャンルの才能を音楽業界が歓迎していた時代があった。電通社員の傍らで「千の風になって」をヒットさせた新井満、第一勧業銀行（現・みずほ銀行）の支店長だった小椋佳のような、サラリーマンとの兼業でアルバムを出すシンガーソングライターもたくさんいた。

実は秋元のように放送作家出身で、後に作詞家に転じた先達は多かった。ハナ肇とクレージーキャッツ「スーダラ節」他をヒットさせた青島幸男、坂本九「上を向いて歩こう」の永六輔、「おもちゃのチャチャチャ」の野坂昭如など、いずれも作詞家として活躍する以前は、バラエティ番組の構成を務めていた。野坂が籍を置いていた三木鶏郎の冗談工房の一群は、テレビ黎明期からCMソングを数多く制作し、作家が構成もコントも作詞もすべて手掛けるマルチな才能を披露していた。

秋元の師匠にあたる奥山侊伸は青島幸男の弟子にあたり、もともとはジャズ喫茶のボーイ出身。当時は大橋巨泉事務所に籍を置き、『シャボン玉ホリデー』、『巨泉×前武ゲバゲバ90分！』、『8時だョ！全員集合』などの黄金期のバラエティを手掛けていた。『ザ・ベストテン』、『オールナイトフジ』などの番組に秋元を誘ったのも奥山。師匠も放送作家の傍ら音楽の知識を活かして、ニッポン放送の人気番組『ザ・パンチ・パンチ・パンチ』のパーソナリティだったモコ・ビーバー・オリーブ、せんだみつお「高原の二人」、ダウン・タウン・ブギウギ・バンド「カッコマン・ブギ」、狩人「アメリカ橋」などの詞を提供していた。

秋元にはもう一人、薫陶を受けた先輩の放送作家がいる。山口百恵の引退コンサートや五木ひろしの新宿コマ劇場の座長公演などで、舞台演出家として活躍する宮下康仁。土曜朝に日本テレビでオンエアされていた情報番組『モーニングサラダ』（81〜85年）のチーフ構成作家時代に、ディレクターとして秋元や堤幸彦らと番組作りに関わった。宮下は早稲田大学時代に『青春への遺書』などの著書を出し、60年代に信者を集めていた学生紛争のアジテーターだった。卒業後はテレビディレクターとなり、テレビ神奈川『ヤング・インパルス』で、フォーク時代のRCサクセション、キャロル、甲斐バンド、シュガー・ベイブなどを起用した功績もあった。

実は、秋元康ととんねるずを引き合わせたのが宮下だった。『お笑いスター誕生!!』に出ていた貴明&憲武時代に2人に注目し、同番組のレギュラーに起用する。司会者の西城秀樹とは盟友であり、ステージ演出の他作詞も手掛ける関係。宮下も放送作家の傍ら作詞も手掛け、西城の他、フォーリーブス、ダ・カーポなどに詞を提供している。異色なのはキャンディーズのバックバンド、MMPの後身として結成されたブラスロックバンド、スペクトラムへの参加だろう。洋楽風のサウンドに日本語詞を乗せるテクニックとして、宮下は歌詞のほとんどをカタカナで書いて、アース・ウィンド&ファイアー、チェイスのような彼らのファンキーなサウンドと、日本語の歌詞の折衷を試みた。スペクトラムとは解散まで専属作詞家のように付き合うことになるが、独特な宮下のカタカナ詞の世界は、岡村靖幸、スガシカオのセンスを先駆けていた。

とんねるずがデビュー時の事務所から独立後、西城秀樹の初代マネジャーだった秦野嘉王が設立したオフィスA to Zという事務所に身を寄せたのも、同番組が取り持った縁。とんねるずと秋元の関係はその後も続き、フジテレビの『オールナイトフジ』、『夕やけニャンニャン』を経て、88年に始まった『とんねるずのみなさんのおかげです』以来、秋元は2人の専属作家的存在になった。作詞家としてもビクター、キャニオン時代のとんねるずの音楽活動を支え、「情けねぇ」（91年）で日本歌謡大賞を受賞。「ガラガラヘビがやってくる」（92年）は累計170万枚を越える、秋元初のミリオンセラーヒットとなった。

高校生がクラブ活動の仲間と内輪で盛りあがるような、誰も知らない一般人教師の物真似などでギャラリーを笑わせるノリは、タモリの「密室芸」に対して「部室芸」とも言われた。お笑いでありながらスタイリストを付ける、アイドル性を持ったお笑いコンビの登場は新鮮に映った。『オールナイトフジ』ではレギュラー女子大生に対抗して帝京高校出身の高卒であるのをネタにし、『夕やけニャンニャン』では、おニャン子クラブの人気メンバーを贔屓したり、ルックスで露骨にメンバーを差別するなど、とんねるずはこれまでのバラエティ番組のタブーを破り、悪童の限りを尽くした。秋元は最初に彼らのコントを見たとき、劇作家のつかこうへいの暴力的な笑いに通じるものを感じたと語っている。とんねるずとはその後も『とんねるずのみなさんのおかげでした』の構成など、つかず離れずの関係が続いており、木梨憲武の元マネジャー兼付き人だった尾崎充は、現在はHKT48の支配人として秋元の下で働いている。

作詞家としてパシフィック音楽出版と契約

実はおニャン子クラブが大ヒットする以前、秋元には作詞家としていくつかのヒット曲があった。稲垣潤一「ドラマティック・レイン」（82年）、長渕剛「GOOD-BYE青春」（83年）である。前者はオリコン8位、後者は5位と好セールス記録を残した。『夕やけニャンニャン』のメンバーオーディションに毎週審査員として出演し、「作詞家の秋元大先生」と紹介していたのは半分冗談で、半分は当たっていたとも言える。だが、本人はそのころは放送作家が本業で「作詞家はアルバイトみたいなつもりでやっていた」と語っている。秋元にとって作詞家とは、阿久悠や松本隆のようにコンスタントにヒットをとばす流行作家のことだったからだ。

「ドラマティック・レイン」は稲垣潤一の3枚目のシングルで、きっかけは放送作家時代にお世話になったニッポン放送の亀渕昭信の仲介だった。『燃えよせんみつ足かけ二日大進撃』時代の編成局長として、亀渕は秋元の見習い作家時代を知る一人。奥山侊伸の自伝『放送作家は万年新人募集中』（79年／CBS・ソニー出版）に書かれた青島幸男入門に関するエピソードを読んで、秋元は放送作家になることを決意。直々に秋元から手紙をもらった亀渕は、ニッポン放送の人気番組で放送作家として彼を起用する。「コント作家よりコンセプトメーカーとして優秀だった」が当時の亀渕評。言葉選びのセンスを評価していた亀渕は、盟友の朝妻一郎（当時・パシフィック音楽出版）から面白そうな若い書き手がいないか打診されたときに、師匠の奥山も作詞していたから書けるだろうと秋元を推薦する。これが作詞家、秋元康の誕生のきっかけとなった。

亀渕は、同社のアナウンサー斉藤安弘と「カメ&アンコー」のコンビでDJとして人気を博した、元祖マルチタレント的存在。泉谷しげるとのグループ、カメカメ合唱団でアルバム『人生はピエロ』（73年／エレックレコード）を出すなどアーティスト活動も。アメリカ留学時代、ジャニス・

ジョプリン、ジミ・ヘンドリックスらが出演した伝説のフェス、モンタレー・ポップ・フェスティヴァル（67年）を観た数少ない日本人であり、『亀渕昭信のロックンロール伝』（２０１１年／ヤマハミュージックメディア）という音楽コラムをまとめた著書も持つ。ニッポン放送の番組から生まれた伊武雅刀のヒット曲「子供達を責めないで」（83年）も、サミー・デイビス・Jr.の曲を日本語でカヴァーするアイデアを出したのは亀渕だった。素訳を渡して秋元に詞を書かせたところ、原曲「Don't Blame the Children」とは正反対の、子供を邪悪さを取りあげた詞を秋元は書いてきた。亀渕がこれを気に入って正式に詞が採用され、ＣＢＳ・ソニーから発売されてシングルヒットとなった。

長渕剛「GOOD-BYE青春」もニッポン放送と関係が深く、『長渕剛のオールナイトニッポン』の構成作家を秋元が務めていた縁から。長渕と秋元は番組を通じて懇意になり、直々に長渕から作詞を頼まれて、同年にスタートしたＴＢＳドラマ『家族ゲーム』の主題歌としてこの曲が生まれた（現在は補作詞：長渕剛とクレジット改訂）。これが長渕にとって「順子」（80年）以来のトップテンヒットとなる。

秋元が作詞家として専属契約している、フジパシフィック音楽出版（現・フジパシフィックミュージック）についても触れておく。ニッポン放送の子会社として、66年に前身のパシフィック音楽出版が創業。海外楽曲の日本代理店として数々のヒット曲を世に送り出した。民放ラジオ各局でフォーク歌手がパーソナリティとして人気を博していた時代で、設立時からロック／フォーク作品を中心に出版を預かるようになる。原盤権を獲得したザ・フォーク・クルセダーズ「帰って来たヨッパライ」（音楽出版はシンコーミュージック）を深夜放送でパワープレイして、これがオリコン初のミリオンヒットシングルに。結果、累計２８３万枚の大ヒットとなった。以来同社は、大滝詠一、山下達郎、ムーンライダーズ、サザンオールスターズ、オフコースなどの音楽出版、原盤制作を手掛けて今日に至る。85年にはフジサンケイグループの兄弟会社、フジ音楽出版と合併してフジパシフィック音楽出版に。フジテレビの番組の音楽制作にも本格進出することになり、設立年におニャン子クラブを大ヒットさせた。おニャン子時代にはフジテレビに代わってファンクラブ業務を預かり、ノベルティ商品の販売で出版印税収入以上の売り上げを誇ったとも。２００５年に起こったフジサンケイグループのお家騒動（ライブドア事件）の後、ニッポン放送とフジテレビの親子関係が逆転し、現在はフジテレビの子会社となった。社名を２０１５年にフジパシフィックミュージックに改め、現在も秋元は同社筆頭作家として名を連ねている。

音楽評論家としても著名な会長の朝妻一郎は、66年の設立時からのメンバーで、ニッポン放送の亀渕とは音楽評論家、高崎一郎の兄弟弟子の関係にあたる。秋元を紹介されたのは、まだパシフィック音楽出版が六本木にあった時代。持ち込まれた習作詞は、シチュエーション作り、フックの作り方など、最初からよくできたものだったという。筒美京平が書き下ろした稲垣潤一のシングル曲の作詞コンペに、他の作詞家に混じっていきなりこの新人を投入。最終的に選ばれたのが秋元の詞で、これが「ドラマティック・レイン」としてリリースされ、初期の稲垣最大のヒット曲になった。「セーラー服を脱がさないで」など、秋元の書く詞の企画力にピンク・レディー時代の阿久悠の影響を感じたというのが、当時の朝妻評。「エッチをしたいけど」の「エッチ」という言葉は、明石家さんまの発案と言われる芸人同士で使われていた隠語だったが、流行語を捕まえて歌詞に取り込むスピード感に朝妻は感心した。2曲はいずれも好セールスとなり、『ザ・ベストテン』でも、稲垣潤一「ドラマティック・レイン」は最高位9位、長渕剛「GOOD-BYE青春」は最高位3位に輝く。秋元は同番組の放送作家を続けながら、その曲の作詞家でもあるという、二重の立場でヒットを捉えていた。

『夕やけニャンニャン』から登場したおニャン子クラブも、デビュー以来『ザ・ベストテン』にもランクインを続けた。しかし、彼女らをマネジメントするフジテレビと同番組の関係は必ずしもよくはなく、放送局の壁があって出ない週がしばらく続いた。後にとんねるずの単独番組『みなさんのおかげです』(88年)を、『ザ・ベストテン』の裏の木曜9時に持ってきたことから関係はさらに悪化。長年、『ミュージックフェア』という音楽番組を担当していたプロデューサーの石田弘にとって、『ザ・ベストテン』人気は以前から面白くなかったのだろう。『みなさんのおかげです』をコント番組では珍しいステレオ音声放送で制作し、第一回に松田聖子をゲストに呼ぶという音楽番組に当てつけた内容で、TBSスタッフをピリピリさせた。当時のとんねるず人気は凄まじく、初回から高視聴率を叩き出して年間平均視聴率1位記録に。これが94年まで6年間続いた。『ザ・ベストテン』の視聴率はあっという間に抜かれ、最後までその差は埋まらず、「『ザ・ベストテン』を終わらせた番組」という栄誉を勝ち取った。両番組に放送作家として関わっていた秋元の心情はいかばかりか。常にこうした対立する2つの関係に翻弄されるのが、秋元康の人生には付いて回った。

第3章

作詞家としての秋元スタイル

秋元康の作詞に表れる7つの特徴

秋元康は2013年、シングル売り上げで阿久悠の歴代記録を抜き、日本でもっとも稼いだ作詞家となった。現在、シングル首位得票数は、1位：秋元康、2位：稲葉浩志（B'z）、3位：松本隆と並んでいる。もともとは放送作家と作詞家の二足のわらじで始まったが、現在はAKB48とその姉妹グループ、乃木坂46、欅坂46らのシングル、カップリング曲などを量産する、作詞家としての認知のほうが強いだろう。作詞家活動20周年のときに出たCD-BOX『秋元流』（2002年）の冊子対談で、「最近はプロの作詞家は秋元さんしかいないんじゃないの？」と松任谷由実から指摘されているように、自作自演アーティストがもてはやされる昨今の音楽シーンで、職業作詞家という地位を最前線で守っている。ここまで長きにわたってチャート上位に居続けた専業作詞家は、秋元康の他にはいない。

秋元は職業作家という自らの肩書を、プライドを持って語る。アーティストは自分のアイデアだけだからいつかは枯れる。時には自らの政治性が表現の自由を制限することもある。職業作詞家の自分にはそもそも伝えたいメッセージがない。だから自分は40年もこの仕事を続けてこられたのだと。自己顕示欲はなく、人前でパフォーマンスする欲求もなく、常にフィクサーに徹してきた。

「阿久悠にも大橋巨泉や青島幸男にも俺は間に合わなかった」と秋元は言う。70年代に学生運動をやっていた先輩の放送作家ほど情熱は持てないが、かといってクールに突き放すこともできない人情家の一面も。秋元の詞は同世代の作詞家と比べても、イデオロギー性が極めて低い。AKB48「僕たちは戦わない」のような反戦を匂わせる曲がある一方で、保守の安倍晋三、石原慎太郎らとも交流を持っている。イデオロギー的には左も右も関係なく付き合っており、アイロニカルな作風に反して、真に世界平和が実現できると信じているような理想主義的なところがある。

現在５０００曲以上あると言われる秋元康の詞には、いくつかの特徴だったポイントがある。以下、箇条書きでそれを分類してみる。

（1）パロディソング

初期の傑作アルバム、とんねるず『仏滅そだち』で佐野元春、松山千春、チェッカーズのパロディ詞を書いたように、既存のヒット曲をアナライズして贋作を仕あげる能力は見事なもの。かつてニッポン放送で、放送作家としてタモリの番組の構成を担当し、和製パロディレコードの金字塔と言われる、大滝詠一も絶賛した放送禁止アルバム『タモリ3』（81年）の伝統を受け継いでいるひとりでもある。フジパシフィック音楽出版の朝妻はそのパロディの才能を買い、生前の大滝詠一に秋元を引き合わせるアイデアが実際にあったと語っている。

C調な歌詞のイメージが強いおニャン子クラブ時代にも、「STAND UP」（『SIDE LINE』）のような今のＡＫＢ48に通じるメッセージソングがあるものの、これらも当時はおそらく、人生の応援歌のパロディのつもりで書かれたのだろう。秋元の最初のヒット曲になった、稲垣潤一「ドラマティック・レイン」も、過去のシティポップの歌詞の要素を分析してパッチワークして書かれたものだった。いわばこれもニューミュージックの精巧な模造品のようなもので、書き割りのような歌詞だからこそあの世界にフィットしたのだ。

（2）誰も歌ったことのない言葉を歌詞に

菊池桃子が結成したラ・ムー「少年は天使を殺す」(88年)、SHOW-YA「その後で殺したい」(87年)など、物騒なタイトルや詞はレコ倫（レコード制作基準倫理委員会）を大いに刺激した。片岡鶴太郎「IEKI吐くまで」（86年）は、クール・ファイブのような曲調がムーディーで騙されるが、歌っている詞の内容はかなりシュール。以前、タモリのコントアルバム『タモリ』（77年）に持ちネタの4カ国語麻雀が収録されたとき、「麻雀」というタイトルにレコ倫からクレームがついて「第一回テーブル・ゲーム世界選手権大会」と改題されたことがある。「IEKI」という表記の置き換えも、そのようなレコ倫検閲との諍いがあったのではと想像させる。

伊武雅刀「何んかちょうだい」(84年)などは秋元の真骨頂。5・7・5のリズムで江戸の風情を歌う、まるで高田浩吉「白鷺三味線」のような世界。「天花粉など塗りながら」、「隠元の筋剥く」、「ひょうとのつめを割る」と歌われる詞には、松本隆がはっぴいえんどに持ち込んだ古来の日本語詞の響きを、さらに押し進めたような実験性がある。

AKB48に至る一貫した秋元流作法として知られるのが、古今東西の文学の名作、文豪、哲学者をモチーフに使うスタイル。早瀬優香子「サルトルで眠れない」、AKB48「ユングやフロイトの場合」、「ニーチェ先輩」などなど枚挙にいとまなし。石川優子「ニール・サイモンも読みかけのままで」といったブロードウエイの劇作家や、AIR MAIL from NAGASAKI「メロスのように-LONELY WAY-」、AKB48「汚れつちまつた悲しみに」は太宰治に中原中也、「ここがロドスだ、ここで跳べ！」のようなカール・マルクス『資本論』からの引用もある。こういう雑食傾向は、少年期の読書体験の反映だと本人は言う。

作曲家の林哲司は、菊池桃子「卒業」で共作した際、「サン＝テグジュペリ」という人名をはめ込んできたことに驚いたという。普通の作詞家なら『星の王子様』を選ぶところを、秋元はあえてひと捻りする。そこが秋元流で、舌っ足らずな菊池がそれを歌うのがファンにはたまらないのだろうと林は分析する。このような文学的モチーフをフレーヴァー（香料）として引用する手口で、秋元は自身のスタイルを作った。放送作家出身の秋元らしく、一般視聴者がインテリ文化人に憧れるような、教養バラエティのようなくすぐりがそこにはある。

（3）歌詞はドキュメンタリーである

アイドルとしての成長過程にほぼ付き合った菊池桃子には、「青春のいじわる」などのユニークな詞をデビューから提供した。高校卒業時にはイベントとして「卒業」（85年）という曲を捧げている。斉藤由貴、尾崎豊などの同タイトルの競作曲の中で、これがもっとも売れた1作となった。おニャン子クラブにも中島美春が卒業するときに書かれた「じゃあね」という卒業ソングがある。こうした、歌手の人生をテーマにしてそのまま歌詞に織り込む、エディット・ピアフ「愛の賛歌」に通じるシャンソンのようなスタイルが、秋元の中にはある。

ＡＫＢ48でも、前田敦子「夢の河」、河西智美「Enjoy your life!」、篠田麻里子「涙のせいじゃない」、秋元才加「強さと弱さの間で」、板野友美「最後のドア」など、それぞれのメンバーに曲を書いて卒業時に贈っている。ＳＫＥ48結成早々に起こった9人同時卒業の騒動のときは、シングルのカップリングとして、旅立ち卒業組「それを青春と呼ぶ日」という曲を捧げる親心を見せた。2013年にお泊まりがスクープされ、丸坊主になって世間を騒がせた峯岸みなみには、正規メンバーに復帰した際にカップリング曲として「清純フィロソフィー」という曲を贈り、「恋愛してもいい。自己責任で」という詞で彼女を激励した。歌い手との距離感が絶妙な秋元の歌詞は、ドキュメンタリーのナレーションのようで、フィクション性の強かったアイドルの歌詞をリアルなドラマに近づける。

もちろんそこは秋元、諧謔精神は忘れていない。柏木由紀がジャニーズ事務所のタレントとのお泊まりを報じられたときは、「ハロウィン・ナイト」という歌詞の中に「手を叩け！ 腰を振れ！」(手と腰を繋げると「手越」になる）というフレーズをちゃっかり入れる。どこかよそ事のように、プロデューサー自らがスキャンダルを楽しんでしまうようなノリも健在である。

(4) メタ視点

アイドルが自身のアイドルという職業について自己言及する、小泉今日子「なんてったってアイドル」(85年)の歌詞は衝撃的だった。楽屋オチ的なノベルティ色の強い内容だったが、さすがはバーニング、この歌詞を面白いと採用し、筒美京平がその詞に見事なメロディーを付けた。秋元仕事では珍しい詞先でできた曲。これまでアーティストを支える立場で作詞に関わってきたという秋元が、初めて自分の作品と思える手応えをこの曲で感じたという。こうしたアイドルの自己言及ソングは、「黄金センター」、「恋愛総選挙」、「スキャンダラスに行こう！」など、ＡＫＢ48の劇場作品にも数多く見られる。

このようなメタ視点は、その後の秋元のスタイルのひとつとなる。アニメ『機動戦士ガンダムＺＺ』(86~87年) に提供した詞は「アニメじゃない~夢を忘れた古い地球人よ~」(新井正人)。とんねるず「ドラマのエンディングみたいに……」は、彼ら主演のＴＢＳドラマ『お坊っチャマにはわかるまい！』のエンディングテーマに実際に使われた。これも秋元お得意の、メディアを遊び場にする一種の実験。アニメ主題歌、アイドルポップスなどを支える構造に揺さぶりをかけ、自意識の隙間に秋元の書く歌詞がシャープに切り込んでいく。

（５）ヴィジュアルな情景描写

秋元は影響を受けた詞について訊かれ、しばしば荒井由実「中央フリーウェイ」（76年）に言及する。歌詞に登場する「右に見える競馬場 左はビール工場」は、中央自動車道を八王子方面にドライブしたときの風景を歌ったもので、それぞれサントリー武蔵野ビール工場、東京競馬場を指す。秋元は『ザ・ベストテン』の構成作家時代に、歌詞を読んで美術に注文する担当だったことから、詞によってセットを作りやすい詞とそうでない詞があったと答えている。かつての歌謡曲の情念系の時代から、松任谷由実（荒井由実）、松本隆らの登場によって、アイドル歌謡も映画を思わせるような映像喚起力を持つ時代となった。

「自分は言葉ありきではなく映像ありき」と、作詞家として裏腹な発言もする。１９８８年に全仕事にピリオドを打ち、ニューヨークに留学していた時期にはインディペンドな映画制作にのめり込んでおり、昔から映画監督になりたかったと憧憬を口にする。物心ついたときから自分自身を客観的に見るのは一種のクセという。それは幼少期からの小児喘息で、周りから過保護にされていた自分が、親からどう見られるかいつも意識する中で身についた才能だったと語っている。

（６）量産

そして秋元は「量産できる作詞家」をウリにした。作詞家として自分には武器がないと自覚して、量産できる作詞家がいなかったところに目を付けた。秋元の弟子筋にあたる脚本家・作詞家の佐藤大によれば、SOLD OUT時代は１日１曲、１日２曲書くのが日常だったという。ＡＫＢ48結成時に、

3カ月ごとに16曲の劇場作品を書けた鉄人的なバイタリティは、デビュー早々からの訓練のたまものである。秋元にはマニュアル化できるようなノウハウがあり、作詞家志望の後輩を集めて、作詞家講座を開いてコツを伝授することもあったとか。ポップスや演歌はフレーズや文法が決まっており、文字パーツを作ってメロディーにはめていくという。秋元にとっては作詞の作業も、パズルゲームを組み立てていくような性質のものなのかもしれない。

とはいえ遅筆でも有名。自発的に書き溜めるようなタイプではなく、締切が設定されないと詞作に取りかからない。なのに締切は必ず破る。「基本仕事は断らない」という方針ゆえに締切は累積され、呆れて秋元の下を去って行くスタッフも多かった。ファクスが発売されたばかりの時代に、音楽出版社からそれを買い与えられて、歌詞をいつも締切ギリギリに送っていた。現在も状況は変わらず、AKB48でもミュージックビデオの撮影日当日になっても詞があがらない。ロケ先にファクスを設置して、ギリギリにそれが届くようなヒヤヒヤとする現場が続いているという。第三者には些細な違いにしか見えない部分も、スケジュールを遅らせてでも直すというこだわりは、プロの証と言えるかもしれない。精神科医の斎藤環は、秋元のエネルギー源は「思春期心性」によるもので、老成したら終わりという恐怖観念が、自分自身を追い込む行動に表れているのだという。

(7) アイドルはイタコである

秋元は作詞家として、自身には一切メッセージがないと語る。作詞家というより構成作家に近く、アイドルに詞を提供するスタンスは、女優と座付き作家のような関係だとも。基本は歌い手を想定してストーリーを書く「当て書き」。そして、こういう詞を歌ってほしいのだろうというファンの願望を、歌詞に織り込んで女優に歌わせる。アイドルはメッセージを伝えるための恐山のイタコ、口寄せのような存在なのだと。

おニャン子クラブの時代は、背伸びする女子高生たちに挑発的なエロスを歌わせた。ＡＫＢ48では正反対に、純粋すぎるほどの無垢なメッセージソングを彼女らに歌わせる。それぞれのモチーフは秋元の中には矛盾なく存在する。彼が書く詞は時代を映す鏡なのだ。初期は徹底的にオフザケに徹していたとんねるずの詞も、時代とともにスタンダードとなった。「情けねえ」（91年）のときは、元の詞にあった「ＷＯＷＷＯＷ　サウンショウウオ」というダジャレのようなフレーズを最後に割愛した。ストレートなメッセージソングとして同曲はヒットし、日本歌謡大賞を受賞するとんねるずの代表曲となった。

それまでの作詞家は時代を読みながら、自身の文学性を盛り込んできた。秋元にはそのような情念はない。むしろ時代の移り変わりに任せ、あたかも自身の中の複数の人格が切り替わるように、変幻自在にスタイルを変えていく。広告コピーのようなキャッチーな言葉、スポーツ新聞の見出しになるような話題性こそが重要だと。それは80年代のアイドル歌謡曲のごくあたり前の制作ポリシーでもあった。売り上げなどを勘案し、タイアップなどの事情を汲んでテーマを選定するのは、レコード会社のディレクターの役目だった。

あまり知られていないかもしれないが、曲のタイトルを決めるのは作詞家ではない。ディレクターである。１００％作詞家が書いた世界であっても、まったくの別人がそのラベルを貼る。新聞社でいえば、取材して記事を書く記者と、見出しを付ける整理部が別れているように。書きあがった詞の世界観から連想して、いかにも売れそうなタイトルを考えるのがディレクターの仕事になる。

秋元の中には、作詞家のクライアントであるディレクターという仕事に対する疑いが早期からあったという。「90％はメロディー先行で、曲を渡されて詞を付けてくださいと言われる」、「中にはこんな曲じゃ売れないよというものもあった」（秋元）。曲選びの権限は作詞家にはない。与えられた領分だけを職人としてやる遂げる意義性はあったが、いつも優秀なディレクターと組んで仕事ができるわけじゃない。「曲もジャケットもＭＶ（ミュージックビデオ）も全部自分で決めたかった」。作詞家自らが曲のタイトルも自由に付けられる、そのチャンスを初めて得た本格的なグループが、ＡＫＢ48だったという。

タイトルとはその曲の世界観を表す。松田聖子の「赤いスイートピー」という曲は、担当ディレクターだったＣＢＳ・ソニーの若松宗雄の閃いた思いつきの言葉から生まれた。まったくの若松の創作であり、赤い色のスイートピーはその時代には存在しなかった。そのタイトルを作曲家に伝え、あがってきた曲を聴かせて作詞家があのストーリーが書きあげた。ディレクターのインスピレーションから生まれた言葉を起点に、作曲家、作詞家とリレーしながら、最後に聖子というシンガーがそれを歌うことで、「赤いスイートピー」という曲の世界観が完成していく。80年代はキャッチコピーの時代とも呼ばれ、タイトルの響きや喚起させるイメージが、歌詞に書かれたストーリー以上に重視された。

秋元の代表作と言われる「なんてったってアイドル」、「川の流れのように」の2曲は、実はタイトルを秋元が付けたもの。ＡＫＢ48からは秋元が、タイトルも自らがすべて決めている。ＡＫＢ48の34枚目のシングルで、寿限無のような長いタイトルを付けたのも本人。「鈴懸の木の道で「君の微笑みを夢に見る」と言ってしまったら僕たちの関係はどう変わってしまうのか、僕なりに何日か考えた上でのやや気恥ずかしい結論のようなもの」という長文タイトルは、オリコン史上最長の76文字。その長ったらしいタイトルが話題を呼び、わざわざそれをそのまま掲載するマスコミの悪ノリとの相乗効果で、同曲もオリコン1位のヒットとなった。それを略した「鈴懸なんちゃら」という略式ネームも生まれ、付けた人々によってネットで拡散した。かつて新聞の番組欄を使ったシャレとして付けられた、浅丘ルリ子の日本テレビの主演ドラマ『二丁目の未亡人は、やせダンプといわれる凄い子連れママ』(76年)が騒がれたとき以来の、長文タイトルのインパクト。もちろんこれらの元ネタには、ピーター・セラーズ主演映画の邦題『博士の異常な愛情 または私は如何にして心配するのを止めて水爆を愛するようになったか』(63年)のような、先達のタイトル遊びの歴史があり、秋元が発明したものではない。

また、姉妹グループのNMB48には「北川謙二」(12年)という、具体的な人名を付けたタイトルの曲もある。北川謙二は実在する48グループの映像プロデューサー。まさか当人は自分の名前が曲題になるとは思いもよらなかったはず。おそらく秋元は歌詞の「北川謙二」の部分をリスナー各自で入れ替えて、誕生祝いや先輩の送迎会などのカラオケで、パーティーソングとして歌われることを狙ったのだろう。NMB48「少し苦い人生相談」(『ここにだって天使はいる』)にも、来場者から選ばれた一人のニックネームを、毎回歌詞に織り込んで歌う余興がある。秋元は自らディレクター役の立場を手に入れて、音楽がどのように消費されるかを想定した曲作りを、AKB48において実践しているのだろう。「阿久悠は詞を完成させる人だったが、自分は未完成でもよいと思っていた」と語る秋元。リスナーがそこに参加することで曲が完成する。初音ミクやニコニコ動画などのCGM(コンシューマー・ジェネレイテッド・メディア)がなぜ盛りあがったのか。参加者が加わって作品世界が拡張されていく、マッシュアップというヒットの作法を秋元は本能的に理解しているのだ。

しかし、秋元は自らのAKB48での肩書を「作詞家」と名乗り、決してディレクターとは言わない。これには少し特殊な日本の音楽業界事情がある。海外のレコード会社では、予算や宣伝費を工面するA＆R（アーティスト＆レパートリー）という役職がおり、この肩書を持つレコード会社社員がプロジェクトの中心となる。プロデューサー、ディレクターともフリーランスの立場で、そこから仕事を受注する。預かった予算をスタジオ代、ミュージシャンのギャラなどに采配するのがプロデューサー。ディレクターは文字通り、録音現場を監督する。こうした分業は、ハリウッドの映画業界とほぼ同じである。

映画業界を米日で比較してみても、日本はアメリカと大きく違う。海外では作品の成功／失敗は作品ごとにフリーランスのプロデューサーが担い、失敗すればプロデューサーの儲けはなし。出資者への配当は消え、損金は等しく負担される。また、エンタテインメントがビジネスと認められているアメリカでは、プロデューサーが銀行から融資を受けるとき、日本のように不動産などの担保を必須条件としない。ところが日本ではプロデューサーはほとんどが映画会社の社員。失敗は会社全体の責任として処理される。失敗作を立て続けに作ってもプロデューサーは戦犯を問われず、のうのうと作品を作り続けられる不条理がある。

日本のレコード会社も、先に説明した海外のレコード会社と大きく違う。日本ではA＆Rという役職をレコード会社社員のディレクターが兼任し、会社から予算を捻出する役目をディレクターが担う。一方のプロデューサーは現場監督役で、予算を管理する立場にはおらず、本来のディレクター＝現場監督、プロデューサー＝予算管理が、アメリカと真逆のかたちで定着している。そのために便宜的にプロデューサーを、サウンド・プロデューサーなどと呼ぶこともある。

海外では予算を采配するプロデューサーが、売り上げのパーセンテージで契約を結び、ヒットに乗じて高い報酬を得て成功者となる。しかし日本でその役割を担うディレクターには、海外のように曲がヒットしても相応の特別報酬がもらえるわけではない。また社員ゆえに、失敗が咎められることもない。

そうした日本の音楽業界の慣例の中で、きちんと売り上げに乗じた配当を得られるのは、作詞家、作曲家などの著作者だけなのだ。ヒットプロデューサー、ディレクターが地位を得て実力者となっていくアメリカと違い、日本ではそれらのポストの社会的地位が著しく低い。「売れることは悪」といった芸術至上主義が、ヒットありきのポップスの現場で聞かれたりするのは、当たっても正当な報酬を得られない、日本の音楽ビジネスの捻れた構造にひとつの理由があると思う。

著名プロデューサーがプロデュース印税で原盤会社と契約するケースもなくはないが、ほとんど例外扱い。そういった状況に異論を唱えた一人が小室哲哉で、彼は新興会社エイベックスと契約するとき、作詞、作曲収入とは別に、海外のように売り上げに乗じて報酬を得るプロデュース契約を結んだ。無論、買い取りではないので、売れなかったら収入はゼロ。それがヒットメーカー小室のバイタリティを育てた。そうして彼は「プロデュースド・バイ・小室哲哉」のクレジットにこだわった。

テレビの世界でも、ディレクター、プロデューサーは番組ヒットに貢献した場合はそれなりのポストが用意されるが、放送作家はずっと立場は変わらなかった。秋元のような立場でプロデューサー、ディレクター的に作品作りに関わる者には、成功に見合った報酬を還元するしくみが日本にはない。よって印税が確実にもらえる「作詞家」を、秋元は肩書として使っているのではないかと筆者は考える。

秋元は自らのディレクター的資質を認め、詞を書くという作業について「ディレクターの自分が、作詞家の自分に発注しているようなもの」と説明する。秋元はディレクターの視点で「売れる詞とは何か？」に取り組んできた、そう公言する珍しい作詞家である。詞がいいと誉められても、本人はあまり実感がないという。反響は数字として見えるものしか信用しない。

そんな自己評価への厳しさは、自らの生い立ち、生まれた世代に起因しているという。シラケ世代のど真ん中にいて、ものごとに熱狂することがない。東京の新興住宅育ちゆえに、貧しさからくるハングリーさは自分にはないと、秋元はクールに自己分析する。

菊池桃子、早瀬優香子に見るプロデュース志向

ＡＫＢ48は秋元康がプロデュースして成功させた、初めてのアイドルだった。雑誌の特集記事でたまに過去のプロデュース仕事として紹介される、おニャン子クラブ、少女隊らとの関わりは、詞を提供しただけで、せいぜいブレインとして相談役を引き受けた程度だという。プロデュース報酬を受け取る契約がないものを、プロデュースしたとは言わないのは創作者のマナーか。しかし、音楽作りにディレクター指向が見られたように、アーティストとの関わりの中にはプロデューサー的感性の萌芽があった。

一作詞家として関わった早瀬優香子の場合、「サルトルで眠れない」というデビュー曲で、彼女のセルフイメージが決定した。もともとは『俺はあばれはっちゃく』（79年）にマドンナ役で出演していた子役出身。日本コロムビアで中村雅俊、榊原郁恵、高見知佳らを担当したヒットメーカー、三野昭洋に見出され、彼が新設したレコード会社シックスティから歌手デビューした。ウィスパーヴォーカルによる個性的な歌唱、フランソワーズ・アルディのようなイメージ作りから、カヒミ・カリィの先駆けとも評された。その独創的な文学的モチーフ、男性が惹かれるファム・ファタールのイメージはおそらく、秋元康がもたらしたものだろう。シックスティは後に女優の岩本千春をデビューさせているが、こちらもピチカート・ファイヴの小西康陽が全歌詞を書いており、ダイアロー

グなども挿入されたアルバムにおける小西の働きは、座付き作家のようなものだった。ＮＭＢ48在籍時代に「偏差値67のインテリアイドル」と呼ばれた須藤凜々花などは、哲学書を読むのが趣味という、まさに早瀬優香子のイメージが実体化したような存在。加入時から秋元が寵愛しているのも無理はない。

プロデューサーとして紹介されることはないが、菊池桃子がデビューしてからしばらくは、彼女の世界観を支えた一人として、作詞家の秋元の貢献は大きかった。『冗談はやめて、まず菊池桃子』（85年）というあざといタイトルの写真集も、本人が素朴な文学少女だったからイヤミには映らなかった。実質の音楽プロデューサーは、元グループサウンズのアウト・キャストのメンバーだった、所属事務所トライアングルプロダクション代表取締役の藤田浩一。かまやつひろしのマネジャーを経て、ベイ・シティ・ローラーズのコンサートフィルムなどの上映配給を手掛けた後、「日本版ベイ・シティ・ローラーズ」の触れ込みで、影山ヒロノブやラウドネスの高崎晃、樋口宗孝のいたレイジーをデビューさせた。その後、トライアングルプロダクションは、角松敏生、杉山清貴＆オメガトライブをデビューさせ、ニューミュージック系事務所として頭角を現していく。幼少期にピアノを習っていた菊池桃子は、将来は音楽をやりたいと希望して同事務所と契約。アイドルを売り出すノウハウのなかった藤田は、秋元康に彼女のデビュー時のブレイン役を任せた。ちなみにその後、ラ・ムーというロックバンドで88年に再デビューしたのは、本人というより音楽系事務所の事情。ラ・ムーにも詞を提供はしている秋元だが、その転身には反対だったようで、後にしばしばラジオなどで批判的なコメントを残している。

松尾清憲、オフコースのブレーン時代

数々のアイドルデビューに関わってきた秋元だが、モーニング娘。をプロデュースしたつんく♂らと違って、自身が学生時代にアイドルに熱狂した経験はない。ＡＫＢ48以降、秋葉原を中心に数多くの地下アイドルグループが生まれたが、その多くがファンあがりのプロデューサーによって作られたもの。秋元の場合はいわゆる熱狂的なファンという人種と、常に一定の距離がある。半自伝『さらば、メルセデス』を読むと、高校時代ははっぴいえんどのコピーバンドを組んでドラムを担当。当時聴いていたのは洋楽で、イエス、キング・クリムゾン、エマーソン・レイク＆パーマーなどの名前が文中に登場する。初めて買ったレコード、行ったコンサートは、ともにジェームス・テイラー。70年代は今よりも洋楽がもっと身近であり、ビートルズのレーベル、アップルからデビューしたジェームス・テイラーも、女子高生ファンが雑誌の切り抜きを下敷きに入れて持ち歩くようなアイドル的人気があった。秋元もごく普通の洋楽を聴く青年だった。

現在48グループのサウンド・ディレクターを務める田中博信は、秋元の音楽的な博識ぶりを讃える。しかし、それは広く浅く聴いていただけと秋元は告白する。表向き洋楽を聴いてはいたが、それは70年代当時の若者風俗に倣ったもので、「ピンク・フロイドより実は吉田拓郎が好きだった」と後にインタビューで語っている。『吉田拓郎のオールナイトニッポン』の熱心なリスナーだったと語り、ニッポン放送での放送作家時代にもっとも緊張したエピソードは、エレベーターで拓郎と遭遇したことだったらしい。

いわゆるアーティストに初めて詞を提供したのがその時代で、吉田拓郎の舎弟分とも言えるTHE ALFEE（当時・アルフィー）だった。それがフォーク時代のシングル「通り雨」のカップ

リング曲として書かれた「言葉にしたくない天気」（81年）。秋元はこの曲で、ニューミュージック界で作詞家デビューを果たす。メンバーも気に入って、できればA面にしたいと言っていたとも。ラジオの放送作家から作詞家への転身には、吉田拓郎の盟友といわれた岡本おさみという先行者がいた。ニッポン放送『バイタリス・フォーク・ビレッジ』の構成作家だった岡本おさみは、多くのフォークグループのよき相談役を務めた人物で、拓郎と2人で共作した「襟裳岬」（74年）は、森進一が歌って日本レコード大賞を受賞している。

その後、THE ALFEEは「メリーアン」（83年）でジャーニーのようなハードロックに転身を遂げる。80年代はニューミュージック全盛の時代だった。稲垣潤一「ドラマティック・レイン」のヒットでパシフィック音楽出版の契約作家となった秋元は、アイドル曲を手掛ける一方で、オフコース、元・シネマの松尾清憲など、ニューミュージック系アーティストとも数多く仕事をした。オフコースの松尾一彦、大間ジロー、清水仁らとは遊び仲間で、シングルのカップリング、アルバムなどに実際に詞を提供している。

世間ではミーハーなイメージで語られる秋元だが、無名歌手をしばしば自らの作品に起用する、プロデューサーの萌芽期もあった。崎谷健二郎も無名時代、シチズンのCMソングでたまたま歌声を聴いて気に入り、「もう一度夜を止めて」（87年）を提供。池田聡も声を聴いて気に入り、秋元が原作を書いた『そのうち結婚する君へ』（94年）がドラマ化された際には、主題歌「思い出さない夜はないだろう」を書いて池田を起用した。秋元のドラマの代表作とも言える『ポケベルが鳴らなくて』（93年）には、大阪で活動していたまったく無名の国武万里を主題歌に推薦し、自らがプロデュースすることを条件に、レコード会社のメルダックへの売り込みも自らが手掛けた。

プロ作詞家の転機となった美空ひばりとの出会い

87年8月『夕やけニャンニャン』の放送終了と同時に、おニャン子クラブは解散。87年にソロ歌手としてデビューしていた会員番号16番の高井麻巳子は、田辺エージェンシー所属のまま引退せず芸能活動を続けるが、88年に秋元康と電撃結婚を果たしてマスコミを驚かせた。その時代はまだ、裏方のスタッフとタレントが結婚するのは御法度。おそらくマスコミの追っ手を交わすのが目的だったのだろう。

秋元夫妻は結婚直後にニューヨークに移住し、約1年半をそこで過ごすことになる。放送作家、作詞家の仕事で多忙な中で、バブルで祭りあげられても最後はいずれ世の中から忘れられるだろうという諦観を抱えていた秋元は、仕事の一切を辞めてニューヨークに行った。82年に初めて休暇を取ってニューヨークに訪れた際、ホテルからの眺めを見て初めて来たとは思えないデジャヴを感じたと秋元は言う。以来、頻繁にニューヨークを訪れており、ここに根を下ろす計画もあった。

ニューヨーク滞在中、秋元はブロードウェイ・ミュージカルに通い、心を奪われた。自らの手でミュージカルを手掛けたいと、企画会社を88年に立ちあげるが、アメリカの興行界は極東から来たよそ者を容易に受け入れる世界ではない。その計画は実現には至らず、秋元は昔からの憧れだった映画制作に進路を変えた。オノ・ヨーコ主演『HOMELESS』（堤幸彦監督）というインディペンデント映画を91年に製作。そのとき知り合ったのが、ジョージ・ルーカスの出身校である南カリフォルニア大学（USC）に留学中だった長坂信人だった。帰国後、秋元の事務所SOLD OUTに迎え入れられ、プロデューサーとして活躍。現在は堤幸彦らと設立したオフィスクレッシェンドの代表を務めている。『HOMELESS』は完成したものの、公開の目処がまったく立たず。秋元らは配給で潰えた。

網を踏まえて映画製作に入るような、アメリカのエンタテインメント業界のお作法を何ひとつ知らなかった。結果、滞米中の自社プロデュース作品は1作が作られたのみで、映画進出の夢はその場で潰えた。

「おニャン子クラブの仕掛け人」として過去の歌謡史に名を刻み、そのまま秋元が最前線から消えてもおかしくはなかった。しかし、転機はまったく別なところからもたらされた。堀江しのぶに詞を提供するなど関わりのあった日本コロムビアから、美空ひばりに作詞しないかという誘いを受ける。88年にオープンする東京ドームのこけら落としとして、ひばりが復活コンサートを開催することになり、そのための新曲作りのメンバー候補者として、秋元にも声がかかったのだ。『不死鳥パートII』というこのプロジェクトは「遠い若い世代の人たちにメッセージを残したい」というひばりの意向で制作されたもの。まったく演歌に関わりがなかった後藤次利、高橋研、林哲司らが起用されたが、最初は秋元はその中の一人に過ぎなかった。

日本から送られてきた見岳章が曲を書いたデモテープとウォークマンを持って、ニューヨークのイタリアンレストランの店先で、窓の下を流れるイーストリバーの風景を見ながら書かれたのが「川の流れのように」である。当初は高橋研が書いた別のシングル候補曲があったが、ひばりが秋元の書いたこちらの詞を気に入り、88年10月のアルバム完成報告の記者会見でひばりがこの曲を絶賛したことで、急遽シングルは「川の流れのように」に変更された。バタバタの中で予定をすべて変更し、89年1月にシングル発売。その後、ひばりの体調が急変し、同年6月24日に美空ひばりは52歳で帰らぬ人となる。この曲がひばりの最後のシングルとなり、追悼でプレスされた盤が売り上げを伸ばして、累計150万枚を越えるミリオンセラーに。結果、ひばりの代表曲「柔」（64年）の累計190万枚に次ぐ大ヒット曲となった。

同年末の日本レコード大賞で、ひばり故人に特別栄誉歌手賞が贈られ、「川の流れのように」は優秀作品賞（金賞）、作曲賞に選ばれた。ひばりが絶賛していた秋元の詞は、しかし無冠に終わる。その後、何度か優秀作品賞にエントリーされながらも、秋元がレコード大賞を取ることはずっとなかった。2011年にAKB48「フライングゲット」で、初めてレコード大賞金賞に選ばれる栄誉を掴み、やっと秋元は作詞家として時代の頂点に立った。翌2012年には「真夏のSounds good!」が大賞受賞作に選ばれ、AKB48二連覇の快挙となる。しかし、選定委員長の服部克久が「これが日本の現状です」と意味深なコメントを残したことで、ネットが炎上しAKB48ファンが大ブーイングの騒ぎに。放送作家との兼業作詞家から時代の寵児となった秋元を、快く思っていない音楽業界人は多かった。しかし秋元には売り上げという数字でしか、自らの存在意義を証明する術はなかった。

「ないものを作るのが自分の仕事」

ニューヨーク在住時、ブロードウェイ・ミュージカルを体験。たびたびギャンブル目的でラスベガスを訪れ、秋元は本場のショーを見て大いに刺激を受けた。舞台制作のための会社まで立ちあげたが、夢は果たせず。しかしその想いは十数年後、AKB48劇場の旗揚げというかたちで実現することになる。

ニューヨーク生活を送る中で、秋元は不思議に思ったというエピソードがあるという。「どうしてアメリカにはガムシロップがないのか？」。アメリカでコーヒーと言えばホットのこと。アイスコーヒー、アイスティーを飲む習慣は当時のアメリカにはなかった。飲めるカフェはあったが、アイスティーにグラニュー糖を無理矢理溶かしているアメリカ人の動作を見て、秋元は不思議に思った。砂糖は冷たい飲み物には溶けにくい。それで日本人は砂糖を液状にしてガムシロップを考案した。秋元はニューヨーク生活の中で、日本人の知恵や発想の豊かさを発見する。

ないものを作るのが自分の仕事だと、秋元は自らの役割をそこに見出した。例えば、島倉千代子・片岡鶴太郎「木枯らしのクリスマス」(95年)という曲は、「どうしてクリスマスをテーマにした演歌がないんだろう」という疑問から秋元が企画したもの。２００８年にデビューした黒人演歌歌手ジェロ「海雪」も、「黒人なのに演歌」という意外性が話題になった。

おニャン子クラブのメンバーだった、会員番号17番の城之内早苗「あじさい橋」(86年)は、「アイドルの演歌があったら面白いのに」という単純な発想から作られた。秋元は演歌のパロディのつもりで書いたのだろうが、彼女の歌唱力で歌われたことで評価され、演歌シングル初のオリコンチャート1位を獲得する。おニャン子クラブを解散して30年になる現在も、城之内は実力派歌手として活躍している。真贋を決めるのは作詞家ではない。秋元が書いた詞も、美空ひばりが歌えば本物になる。イミテーションからジェニュイン(本物)への意識の改革。秋元は美空ひばり「川の流れのように」に関わったことをひとつの転機として、プロの作詞家と名乗る決意をするのだ。

日本への帰国を決めたのは、とんねるずの石橋貴明からの誘いだったという。たまたま仕事で日本にいたときに直接本人から声をかけられ、秋元は日本に帰る決意をする。「ないものを作るのが自分の仕事」。その教訓が帰国後に、秋元をまた別に道へと歩ませる。まったく異業種からのキャリアの再スタート。それがゲームメーカー、セガと組んだプロジェクトだった。

秋元康の性格分析

秋元は自らの肩書について訊かれ、「詐欺師」とうそぶいていた時期があった。しかし過去を知る人物との対話では、その本心が垣間見れることがある。毀誉褒貶が多い人物と認めながら、昔ニッポン放送で番組のタレントと構成作家の関係だった音楽家の近田春夫は「この人はズルくない。やっても表でしかやらない」と秋元を弁護する。期待を裏切っていくスタイルは「周りをあっと言わせたいから」が理由。基本はファンとの信頼関係の中で、予期せぬドラマを仕掛けていくことこそ、プロデューサーの使命だと秋元は語っている。

秋元夫妻のニューヨーク行きには、実は2人の同行者がいた。一人は、後にAKB48のマネジメントチーフとなる牧野彰宏、もう一人は現在、NGT48劇場支配人を務める今村悦朗である。牧野は安室奈美恵を育てた沖縄アクターズスクールの創始者、マキノ正幸の息子で、AKB48およびSKE48で振り付け師を務めていた、元SUPER MONKEY'Sの牧野アンナの実兄。秋元がプロデュースを手掛けた太田プロ所属のパフォーマンス集団、幕末塾のリーダーとしてタレント活動していたが、秋元の勧めで裏方の道を選んだ。一方の今村は彼が25歳のころからの付き合いで、秋元が立ちあげた事務所SOLD OUTに合流し、ディレクター、プロデューサーとして働いた。48グループでは最高齢になる55歳のときにSKE48の劇場支配人に任命された後、NGT48立ちあげ時に現在のポストに就いた。古くからのスタッフは秋元を慕い、役職を変えながらも現在のAKB48を支えている。こうした関係が持続しているのは、毀誉褒貶の多いプロデューサーとしては珍しい。週刊誌のゴシップなどで元内部関係者から密告され、裏切り者のそしりを受けることはあるが、そうした敵味方の攻防も含めて、一種の「秋元マフィア」を形成しているところがある。

職人を軽視しアーティストを尊ぶ——秋元が自らの職業作家という肩書をプライドを持って語る背景には、この業界のアーティスト贔屓に対するアンチテーゼがある。「失敗しても責任を取らなくていいのがアーティスト。責任を取るのがプロデューサー」、「アーティストの皮を被った下世話が一番嫌い。自分は下世話の皮を被った下世話」、「売れたくないという姿勢には偽善を感じる」と、自称アーティストに対しては手厳しい。

作曲家の林哲司による秋元評は「職業作家だが、アーティストとしての個人を持っているタイプ」。秋元の映画好きに倣って言えば、シネフィルでありながら職業監督でプロデューサーでもある、スティーヴン・スピルバーグ、フランシス・フォード・コッポラ的とも言えるだろうか。ビッグバジェットの映画に、平気で実験性を持ち込むようなディレッタント（趣味人）。秋元はアーティストに対する強烈な憧れやコンプレックスを持ちながら、職人としての自らにプライドを持っているのだ。秋元が抱えているその矛盾が、しばしばファンやスタッフの理解を超えて非難の対象となることがあるが、予測不可能な選択から思わぬヒットに結びつくこともある。それが秋元康プロデュースの醍醐味と言ってもいいかもしれない。密着取材がまとめられた2007年のドキュメンタリー番組『情熱大陸』（MBS系）で自身について訊かれ、「自分は天才でもアーティストでも芸術家でもない。ピカソになりたい広告代理店マン」と答えている。

AKB結成時からの衣装スタッフだった茅野しのぶは、その働きが認められ、後にAKB48劇場の劇場支配人となった。2005年に最初にAKB48の衣装部に採用されたとき、彼女にはほとんどプロのスタイリストとしての実績はなかった。もともとアイドル文化に憧れた時期もあったという茅野は、「アイドルをもっとカッコよくしたかった」が、スタッフ募集に応募した動機だったという。多くのスタイリストがアーティストとの仕事に憧れ、一方のアイドルとの仕事を半ば蔑視しながら踏み台にしてきた。それを知っている秋元は、アイドルのための仕事をしたいと言う新世代にポストを与えてAKB48では厚遇した。

アーティスト>アイドルという世間の価値観には、特に強い反発を見せる。例えばデビュー時から関わりが深かった本田美奈子に、秋元はマリリン・モンローが現代に蘇ったというコンセプトで「1986年のマリリン」(86年)を書いた。アイドルからアーティストに見事な転身を遂げたマドンナを参照して、「アイドルはカッコ悪い」という世間の偏見へのアンチテーゼとしてその曲は書かれた。アーティスト>アイドルという構図をシェイクする狙いがそこにはあった。しかしその成功が、本田美奈子のロック化に拍車をかける。所属事務所のボンド企画は、マイケル・ジャクソンの実姉、ラトーヤ・ジャクソン来日公演のプロモートなど海外の興行会社とも繋がりが深く、大場久美子のロンドン録音などを仕掛けたことでも有名。続く本田美奈子「the Cross -愛の十字架-」(87年)はゲイリー・ムーアが作曲/演奏、プロデュースを元ロキシー・ミュージックのガイ・フレッチャーが担当した。同年にはクイーンのブライアン・メイプロデュースによる「CRAZY NIGHTS」を発表する。ラトーヤとの繋がりで彼女とのジョイントコンサートも行われ、マイケル・ジャクソンのロサンゼルスのプライベートスタジオで録られた英詞アルバム『OVERSEA』は全米でもリリースされた。1年後にハードロック系のバックメンバーを従えてMINAKO With WILD CATを結成。忌野清志郎作曲の「あなたと、熱帯」をリリースするなど、レコード会社や事務所は本田美奈子にアーティストへの転身を促した。そのとき秋元は彼女の「脱アイドル化」に対して、ハッキリと拒否反応を見せた。アイドルをいかにカッコよく見せるか——その狙いは、本田美奈子をロック歌手に転向させるのが目的ではなかった。

小泉今日子「なんてったってアイドル」で本音を語らせ、カマトトイメージを払拭したのには、アイドル＝カッコ悪いという社会の決めつけに対する反発があった。菊池桃子がラ・ムーを結成したのは、音楽系事務所という境遇と、本人のバンドを組みたいという意向が合致したものだったが、そのときも拒否感を感じていたと秋元は言う。秋元は基本、レコード会社のディレクターという人種を信用していない。きっと自分のほうが上手くいくと、心の奥底でずっと思っていたと告白している。ＡＫＢ48誕生以降、周りに反対されても耳を貸さず己を信じて突き進んだ秋元の想いは、旧来のレコード会社のディレクターや事務所に対する不信感が、根底にあるのだ。

世の中が右に行けば左を狙う。左に向かえばその逆に。秋元のアプローチは天邪鬼の一言で説明できる類いのものかもしれない。それを本人は著書で「みんなが行く野原に野イチゴはない」という格言で説明する。近年、ＩＴ業界でよく使われる「ブルーオーシャン」のことで、青く澄んだ前人未踏の環礁にしか資源や財宝が残されていないという意味。よってマーケティングで導き出された宝の地図を手に入れても、集まる人の数だけチャンスは薄まる。みなが行かない危険な場所に足を踏み入れてこそ、まだ誰もが発見してない野イチゴがあるのだと。

何が起こるかわからない「予測不可能性」を、プロデューサー自らが楽しんでいるとも説明する。そういう意味では、成功に導くという使命を背負ったプロデューサーという人種とも、秋元はまた異なるタイプなのかもしれない。

「予定調和はつまらない、だけども奇をてらったものもダメ」だと、アンチテーゼが逆向きの予定調和に容易に向かうことにも釘を刺す。最終手段としてパンクに向かいがちな、昨今の地下アイドルのステレオタイプに対する含みもそこにはある。秋元は世の中のアイドルが過激なパンク路線に走れば、反対に大歌謡曲に向かっていくようなバランス感覚の持ち主なのだ。

努力を表に出すのが嫌という性格は、昔かららしい。いつもヘラヘラしていたと自己を振り返る。

守銭奴のイメージも自らが作りあげてきたもの。そんなパブリックイメージが、例えばＡＫＢ48のデビュー時にはネガティヴに働いた。デビュー広告を最初に見たとき、多くのアイドルファンは秋元プロデュースのクレジットを見て、「おニャン子クラブの焼き直しだと思った」と口を揃える。

これまでの秋元プロデュースの表層的イメージと裏腹に、汗と涙のドラマがＡＫＢ48の歴史を支えてきた。「努力は必ず報われる」は秋元自身の哲学のひとつでもあることを、メンバーや古くからのスタッフは知っていた。しかし、おそらく世間は見え方は正反対なのだろう。それどころか努力、経験の尊さを、「じゃんけん大会」やキャリア未曾有の新人をセンターに起用することで、プロデューサー自らがひっくり返す。

精神科医の斎藤環は、ＡＫＢ48が秋葉原で結成された理由を、「秋葉原という、自分がまだ評価されてないところをあえて選んだ」、「サブカル野郎をぎゃふんと言わせてやりたいというルサンチマンがあったのではないか」と分析する。あえてアウェイだとわかった上で、秋元ブランドが通用しないアニメオタクの聖地＝秋葉原を選んだのだと深読みする。

その昔、松任谷由実は自らのファンを「ユーザー」と呼んだ。作品作りへの厳しい取り組み、企業努力を、単なるアーティスト、天才という言葉に集約されることを嫌った彼女は、精巧なイメージの日本製品に自らの作品を重ね合わせたのだろう。それは彼女一流のレトリックで、そう世間に誤解させても曲の作品性は必ず届くという、ファンとの信頼関係が彼女にはあった。ファンを「ユーザー」と呼びながら、例えば自らをアルチザン（職人）と名乗る山下達郎とは一線を引き、自らは末席であってもアーティストでいたいとも口にする。

秋元もまた、ＡＫＢ48に関わる自らの存在について、それがファンに刺さることを何よりの喜びだと語っている。アイドルと関わることより、ファンを第一に考えているのだと。書いた曲がどう消費されているかが見えたとき、作品は完成する。それは90年代初頭にブームを起こした、小室哲哉のプロデュース論に近いものだ。小室はヒット曲を書く作法として、そのメッセージが歌い手を通して、世の中にどのように伝わり歌い広がっていくかを「消費」と呼び、カラオケボックスで歌う光景まで想定するところから、プロジェクトに着手すると語っている。

昔、秋元が鹿児島県に仕事に行ったときのこと。鹿児島漁協の漁船にラッパスピーカーがあり、そこから田原俊彦「NINJIN娘」が流れていたという。音が割れて聴こえているようなその悪環境を見て、これこそが歌謡曲の姿だと秋元は悟ったという。スタジオでディレクターがベースラインの些細なフレーズにこだわったところで、その違いがあのスピーカーから聴こえるわけじゃない。歌詞を書くとき、あの漁協のスピーカーからちゃんと聴こえるかどうかを意識するようになったと秋元は語る。

アメリカでは、銀行や喫茶店に流すＢＧＭ配信業者の名前から取って、消費型の音楽を「ミューザック」と呼ぶ表現がある。辛口の音楽雑誌のレビューで、マドンナやマイケル・ジャクソンなどの大衆消費型の音楽に、皮肉を込めてそう書かれることがある。車社会のアメリカ西海岸では、ミックスが完成した後にカセットテープに落として、自動車のカーステレオからちゃんと聴こえるか最終チェックして、マスターを完成させる慣習がある。秋元の考え方もそれに似て、ヒット曲とは大衆に向けて書かれた音楽であるという強い信念がある。

80年代、チェッカーズとの交流や、フジテレビ文化周辺にいてその存在を意識していたミュージシャンの高木完は、「もともと好きじゃない人を好きにさせる力が凄い」と、秋元を高く評価する。自分の周りにいる同世代の50代が、突然ＡＫＢ48にハマりだすという現象が続けて起こったことから、サブカル的なものをマスに乗せることにかけては天才的だとも。最初から慕われる相手よりも、自分を嫌っている女性を振り向かせることに醍醐味を感じると語っている、村上龍のナンパ哲学に近いものがある。コアファンのお布施をアテにする地下アイドルのプロデューサーとは、根本的に秋元のプロデュースはそこが違う。彼は一貫して、30％のアイドルファンの外側にいる、70％のまだ出会ってないユーザーを振り向かせることにしか関心がないのだ。

秋元康シンジケート＝SOLD OUT

86年、おニャン子クラブブームで構成作家、作詞家として活動のピークだった秋元は20代のとき、仕事仲間とSOLD OUTという事務所を設立する。SOLD OUTは「売り切れ」という意味で、興行にとって縁起のいい名前ではあるが、これはSELL OUTの過去分詞形で、SELL OUTは「商業主義」を意味する。

ピート・タウンゼント率いるザ・フーの3枚目のアルバム『セルアウト』(67年)は、アメリカツアーの多忙な合間を縫って作られた、半ば自嘲気味に付けられたもの。さしずめ「魂を売った」とでも訳せるタイトルが皮肉屋のザ・フーらしく、イギリスの海賊放送を番組を模した構成がビートルズにも影響を与えた。ビートルズ『ラバー・ソウル』(65年)も、友人のバンド、ザ・ローリング・ストーンズに対してメディアが付けた「プラスチック・ソウル(紛い物)」のレッテルに対して、あえてぶつけた一種の自虐。商業主義に殉じる売れっ子集団を目指しながら、そこには世間をあざむくパンクな魂を宿しているという皮肉を込めて、秋元らは自らの会社をそう名付けたのだろう。青年期に映画やテレビをまったく見てこなかったという、ロック通のディレクターの堤幸彦も、SOLD OUT創立時からのメンバーである。

SOLD OUTは今の秋元康事務所の前身にあたる、放送作家集団が始まり。秋元直属のチーム下には、脚本家の遠藤察男、後に『もし高校野球の女子マネージャーがドラッカーの『マネジメント』を読んだら』（ダイヤモンド社）を上梓する作家の岩崎夏海、『交響詩篇エウレカセブン』などの脚本を手掛ける佐藤大らがいた。秋元が作詞するときだけは社長室は出入禁止。基本は一日中、一人になって悶々と書いていたそうだが、企画会議のときは周辺の若手作家がワイワイと集まる、梁山泊のようであったという。放送作家の卵が集まるこのサロンは、ときに秋元自らが編み出した理論の発表の場と変わり、作詞家講座などが行われることもあったとか。

元・一風堂のメンバーで、おニャン子クラブで秋元と共作することが多かった作曲家の見岳章も、同社にマネジメントを預けていた時期があった。「見岳氏ならできる」と励まされ、相手をその気にさせる人心掌握術、エネルギッシュで迷いがない当時の秋元の姿勢に、多くを学んだという。

また、ソールドアウトマジックという映像制作のチームもあり、現在は映画監督となった『池袋ウエストゲートパーク』、『20世紀少年』の堤幸彦がディレクター、『モテキ』の大根仁らがアシスタント・ディレクターとして在籍していた。そのサークルには、ぴあフィルムフェスティバルに受賞し、富田靖子主演『アイコ十六歳』（83年）で鮮烈にデビューした、後の岩井俊二に通じるみずみずしい映像美に定評があった今関あきよしもいた。

80年代の秋元原作ドラマを脚本家として支えた遠藤察男は、かつて秋元が大橋巨泉事務所に所属していた時代からの、奥山侊伸の兄弟弟子の関係。SOLD OUTは主にとんねるず関連の番組の構成に携わるところからスタートし、その後、バラエティからドラマに本格的に進出。『愛はどうだ』（92年／ＴＢＳ系）、『ホームワーク』（92年／ＴＢＳ系）、『ポケベルが鳴らなくて』（93年／日本テレビ系）など、秋元プロデュース、遠藤察男脚本、ディレクター堤幸彦のチームで、数多くドラマ制作にも関わった。

SOLD OUTはその後、秋元のニューヨーク行きを前後して畳むことになるが、ディレクターだった今村悦朗は秋元夫妻の渡米に同行。ニューヨーク時代に企画したインディペンデント映画では、堤幸彦にメガホンを持たせている。堤幸彦、大根仁らディレクターの面々はその後、プロデューサーだった長坂信人とオフィスクレッシェンドを設立。『池袋ウエストゲートパーク』（２０００年）、『ＴＲＩＣＫ』（２０００年〜）などのテレビドラマ、『20世紀少年』（２００８〜２００９年）などの映画をヒットさせた。遠藤察男も『キャバすか学園』（２０１６年／日本テレビ系）の脚本を手掛け、今でも秋元プロデュース作品を裏方として支えている。

「カルピスの原液を作って売れ」

83年に発売された任天堂のファミリーコンピュータは、アーケードゲームのような業務機レベルのビデオゲームを家に居ながらにして楽しめる、革命的なツールとして登場した。当初は喫茶店に10円玉を積んで一日中インベーダーゲームをプレイしていたような、コアなゲーム好きが飛びついただけだったが、85年に『スーパーマリオブラザーズ』、86年に『ドラゴンクエスト』が発売され、ＲＰＧ（ロールプレイングゲーム）がブームに。以降シリーズ発売日には量販店に人の列ができるほど、日本のアミューズメント界の風景を一変させた。『ザ・ベストテン』（78〜89年）を終わらせたのはバンドブームではなく、娯楽の中心を占拠してしまったビデオゲームだった。

基本アナログ人間で、作詞ももっぱら手書き。ワープロ時代をすっ飛ばして、ネット時代になってやっと書き込みができるようになったという秋元康だが、ゲーム業界という黒船の到来に対しての反応は早かった。もともと石田達郎が70年に立ちあげた事業会社、ポニーを母体とするポニーキャニオンは、レコード会社としては珍しい「ポニカ」というゲームブランドを持っており、テレビ、CMの延長線上としてゲームをニューメディアとして捉えていた。『ドラゴンクエスト』にも影響を与えたことで有名な、海外の古典ロールプレイングゲーム『ウルティマ』の日本発売権を同社が獲得。ファミコン、MSX移植版『ウルティマ 恐怖のエクソダス』（87年）では、秋元康がシナリオを監修。日高のり子を歌に起用し、盟友の後藤次利に音楽を依頼した。

任天堂とはライバル関係にいたセガ、すなわちCSKグループを一代で築いた大物実業家、大川功とはたまたま同じスポーツジムに通っていたことが、知己を得たきっかけという。その出会いはほとんど偶然だった。まったく異業種同士であったが、2人は惹かれ合い、秋元は最終的にCSKグループの役員のポストに招かれることになる。

事業家、大川功は26年生まれ。実家は反物屋だったが、大阪出身らしく商才に長け、タクシー会社経営で成功。その後、実兄の会計事務所で手伝いをしていたときにIBMコンピュータと出合う。この商売に可能性を感じ、68年にコンピュータサービスという会社を設立し、東証二部に上場する成功を収めた。同社はジュークボックスの販売から始まった娯楽機メーカー、セガ・エンタープライゼスを買収し、ビデオゲーム事業に進出する。遊技場にセールスするアーケードゲームを主に扱っていたが、後にコンシューマーゲーム機のブランドに転身。メガドライブ、セガサターンなどを世に送り出し、ファミリーコンピュータの任天堂、プレイステーションのソニー・コンピュータエンタテインメントと三つ巴のライバル関係を築いた。プロバイダ事業などにも早くから進出し、情報通信の発展に貢献したことから、勲三等旭日中綬章を受賞している。

ソフトが面白ければ、それをどこで流そうがファンは飛びつく、プラットフォーム的な考え方で同社は成功する。その思想が秋元と大川を結びつける。しばしば秋元が著書で書いている「カルピスの原液を作って売れ」は、もともと「大川語録」もある市井の哲学者、大川の教えであった。カルピスは昔、原液だけがボトルに入れて売られており、それを薄めて飲む飲み物だった。ソーダ水と合わせて飲めばカルピスソーダに、ミネラルウォーターで薄めて飲めばカルピスウォーターにというように、時代の様式に合わせてさまざまな新製品が生み出された。原液となるアイデアのパテントを取得し、それを二次使用業者に売って利益を得る、フランチャイズビジネスが一番儲かるという話を、大川は秋元に授けた。

大川は秋元を同社の役員に招き、98年に発売されたドリームキャストという新型のコンシューマーゲーム機の宣伝プロデューサーに任命する。そのための制作会社として2人が出資して作ったのがエイティーワン・エンタテインメント。秋元は代表取締役に就任し、ドリームキャストの宣伝プロモーション業務はすべて同社に移管される。ドリームキャストは当時、プレイステーションに売り上げで押されていたセガサターンの次世代機として、セガの社運を賭けて開発されたもの。ドリームキャストの「キャスト」はブロードキャスト（広く伝播する）から付けたもので、インターネット通信用のアナログモデムを標準搭載する、通信用途を想定したゲーム機のはしりであった。同社のアミューズメント事業のひとつであった業務用通信カラオケ、セガ・ミュージック・ネットワークスの膨大な楽曲データを利用し、家庭内カラオケができるなど、エンタテインメント全般を視野に入れた新しいコンセプトのゲーム機だった。ゲームプロパー向けではない、ライトユーザーへの普及も視野に入れたニューハードの啓蒙に、秋元のような多ジャンルで活躍するプロデューサーはまさに適任であった。

ちなみにセガサターンをベースにした最初の通信カラオケシステムの名称が「Prologue 21」（94

年）。傘下の大手コールセンター「ベルシステム24」、秋元の「エイティーワン・エンタテインメント」など、新規事業には願をかけて数字をつけるセガの伝統があり、ＡＫＢ48のネーミングもそんなセガブランドの名残りを感じさせる。

ドリームキャストの宣伝プロデューサー時代の仕事でもっともよく知られているのは、98年６月からテレビＣＭが始まった「湯川専務」シリーズだろう。「セガなんてだっせーよな」、「プレステのほうが面白いよな」という子供たちの本音を、実在のセガ役員、湯川英一らにぶつける自虐的なＣＭが話題になる。日本では珍しいライバル会社との比較広告で、登録商標である「プレステ」も使用許諾をソニー・コンピュータエンタテインメントから取得するという念の入れよう。湯川英一はその後「湯川専務」の名前でＣＤデビューも果たした。売れ行き不振で湯川が役員から降格された後には、後藤喜男という中年男性を登場させてＣＭシリーズは続行される。彼もＩＶＳテレビ出身のディレクターという裏方で、最後まで悪ノリで話題を提供し続けた。

そのＣＭは、フジテレビのセガ一社提供番組『ＤＡＩＢＡッテキ!!』（98年）他で流された。『夕やけニャンニャン』の東大卒の名物ＡＤだった水口昌彦が、その平成版として立ちあげた番組。番組内オーディションで選ばれたメンバーによって、「平成のおニャン子クラブ」を標榜して結成されたのがチェキッ娘である。後にアニソン歌手となる下川みくに、バラドルで人気となる熊切あさ美らが初期メンバーで、最終的に30人を越えるグループとなった。企画協力として秋元康事務所がクレジットされているが、ポニーキャニオンからデビューしたチェキッ娘には、秋元は一切歌詞は提供していない。あくまで水口の夢の実現にスポンサーとして手を貸したかたちであった。

セガの大川に招かれたのをきっかけに、秋元康はゲーム業界の住人となった。『Ｄの食卓』などで知られるワープの飯野賢治らとの交流はこのころから。ロールプレイングゲーム、育てゲームなど、当時ヒットしていたビデオゲームには、ビルドゥングスロマンを思わせるものがあった。さまざまな結末が用意されているゲームのマルチエンディングは、これまでの小説、映画にはなかった新しいエンタテインメント。おそらく秋元はこのとき、ひとつの完成形に収斂させるのではなく、多様な結末を用意するという、AKB48以降のプロデュースのシナリオ作りのヒントを、ゲーム業界から得たのではないかと思う。

フジテレビの夕方帯の番組は視聴率が伸び悩み、『DAIBAッテキ!!』から『DAIBAクシン!!』、『DAIBAクシン!!チェーン』、『DAIBAクシン!!GOLD』、『DAIBAクシン!! cheki b.』とタイトルを変更。『夕やけニャンニャン』と違って東京ローカル番組だったため、全国的な人気に届かぬまま番組は終わり、チェキッ娘は解散させられた。これが、テレビ局が仕掛けてアイドルを世に送り出す、かつてのおニャン子クラブ神話にも禍根を残す。また、秋元プロデュースで2000年8月開校予定だった、プロ講師によるサテライト授業によるインターネット・エンタテインメント・スクール「Dragon Gate」も、弘兼憲史、林真理子、柴門ふみ、鈴木光司、伊集院静、北川悦吏子ら秋元人脈の豪華講師陣を揃えながら、当初の見込みを応募者が大幅に下回り、企画はオープン日を前にしてご破算に。それらプロジェクトからの撤退は、セガ本体の業績不振によるものだった。

「湯川専務」シリーズは話題にはなったものの、高性能をウリにするドリームキャストのハードを訴求するものではない。売り上げは当初の見込みだった110万台の半分しか伸びず、苦戦を強いられた。膨大な宣伝費がかけられたことから赤字がかさみ、秋元はセガを追われるような格好で外部取締役のポストから退いた。とは言え、制作費70億という映画並みの予算をかけた『シェンムー』が不発、売れたタイトルは『シーマン』ぐらいで、サードパーティーを誘致できなかった敗因まで、秋元になすりつけるのは酷というもの。イギリスのフットボールチーム、アーセナルFCのスポンサードなど、散財は秋元の責任の及ばぬ海外でも行われていた。セガサターンと互換性がなく、前機種のソフトを引き継げないことが、プレステとの互換性を持たせたプレイステーション2と、大きな差を付けた要因だと指摘する声もある。99年にセガは全社員の25％にあたる1000人のリストラを断行。コンシューマー機からの撤退を発表した2001年のその年、大川功は帰らぬ人となった。

早すぎた映像配信で、秋元が夢見ていたもの

秋元と大川が設立したエイティーワン・エンタテインメントはその後、実業家の白内寿一の後ろ盾を得て、イキナエンタテインメント（現・イキナ）という映像制作会社となる。『SMAP×SMAP』、『エンタの神様』、『料理の鉄人』などの番組や映画制作を手掛けた。後にAKB48のプロデューサーとなる磯野久美子、NGT48劇場支配人、今村悦朗らは当時からのスタッフである。

「Dragon Gate」で夢見たネット事業への進出の夢は潰えず。95年に商用利用が可能になったインターネットビジネスの可能性に賭け、多くの事業者がこの時期にネット事業に参入したが、秋元もその一人だった。これまでのような既存の映画、ドラマの二次使用ではなく、秋元康プロデュースでオリジナルの新作ドラマを作り、インターネットで配信する新しいエンタテインメントを提案。ジェイペックスシステムという配信業者との提携し、とんねるず、高島礼子主演のドラマ『肉まん』、劇団ジョビジョバのバラエティ『ジョビジョバのバ』、アニメ『シックス・エンジェルス』などの作品を、自社制作でストリーミングで高画質配信するという記者発表が、とんねるずら出

演者を集めて華々しく行われた。インターネット向けのオリジナル番組制作は、エイティーワン・エンタテインメント時代に手掛けた『グラウエンの鳥籠』（99年）以来。コンテンツを作って所有すれば、来るべきマルチメディア時代に二次使用、三次使用で儲けが生まれる。現在のYouTube、Ｈｕｌｕのような映像配信サービスのビジネスモデルを、秋元はその15年前に夢に描いていたのだ。しかしその試みは早すぎた。

『グラウエンの鳥籠』のころの秋元のインタビューには、ネットドラマに進出した理由が語られている。地上波のドラマは視聴率を取るためにターゲット層を広く持たなければならないが、インターネットではコア層に向けた実験ができる。そのころアメリカでは、有料ケーブル局のＨＢＯが『ザ・ソプラノズ 哀愁のマフィア』、『セックス・アンド・ザ・シティ』など、従来は作れなかった実験的ドラマで支持者を集めていた。

その時期、ハリウッドの映画業界は斜陽化し、必ず当たることが約束されているヒット映画の続編しか作られない、マーケティング会社の支配下にあった。二次使用の機内上映の売り上げも無視できない収入源となっており、旅客機が墜落するようなサスペンス描写は描けなくなった。ファミリー向けのあんぱいな劇場映画ばかりになったハリウッドを他所に、ペイチャンネルではＲ指定の警告を入れることで、血が飛び散り爆破シーンが連続する過激な作品が続出。ハリウッドの大物監督も、こぞってテレビシリーズの制作に名乗りをあげた。

こうした海外の実験ドラマの隆盛も、日本にとっては他人ごと。総務省の放送免許で既得権が守られた日本の放送局から、スポンサーを刺激するような過激な作品が生まれる希望はなかった。秋元が２０００年にインターネットドラマに着手したときの、本当の真意はわからない。しかし、地上波テレビではもう、秋元が考えるような実験的番組作りはできなくなった。そうした失望感が、秋元をニューメディアにかき立てていたことは想像に難くない。

ライブドア事件

その後、再び秋元はまったく別のところで注目されることになった。２００５年、堀江貴文が創業したＩＴベンチャーのライブドアグループが、フジテレビによる親会社ニッポン放送の発行株の公開買い付けに目を付け、わずかの時間外取引のタイミングを狙って７００億円を投じ、株式の35％を取得するニッポン放送の筆頭株主となった、フジサンケイグループ買収騒動である。もともとは親会社、子会社のアンバランスな売り上げのねじれを逆転させる、ニッポン放送とフジテレビの親子関係を解消のために行われた計画だったが、堀江らの介入によって、フジテレビはニッポン放送の子会社のまま、ニッポン放送を頂点とするフジサンケイグループはライブドアグループの傘下となった。ライブドアは前年、経営難にあった近鉄バファローズの買収を表明するも、球団側の大反対を受けて失敗しており、これら一連の動きは「敵対的買収」と言われた。各テレビ局、新聞社もＩＴ企業による買収を警戒し、この騒動を通してライブドアは全メディアを敵に回した。最終的に検察が動いて、代表取締役の堀江貴文は証券取引法違反の有罪判決を受け、ライブドアの経営権を失って騒動は終わる。これが「ライブドア事件」の顛末である。

堀江がテレビメディアの買収を仕掛けたのには、彼なりのネットとテレビの融合を推し進めるためのものだった。巨大な権力を持ち、かつ総務省の免許事業だったテレビ業界は、異業種の新規参入を認めなかった。インターネット事業者には対等な関係でテレビ局とビジネスを結べないジレンマがあった。フジテレビはＳＮＳ黎明期にも、Twitterを模した「イマつぶ」という自社ＳＮＳを立ちあげるなど、ネットベンチャーのテレビ界への進出を徹底的に排除した。
そんな「ライブドア事件」の報道の中で、秋元の名前が新聞を賑わすことになったのは不幸な偶然だった。ネット事業への取り組みを続けていた中で、２００４年にＰＨＳ向けコンテンツ配信会社、サイバーアソシエイツの役員に就任。同社の携帯電話のコンテンツ・マネジメント・システム「カラメ」の好調に目を付けたライブドアに、サイバーアソシエイツは買収される。２００５年のＡＫＢ48のデビュー公演のとき、秋元はライブドアグループの役員という立場にいた。そこにはホリエモンこと堀江貴文も立ち会っていた。

放送作家として若き日を過ごしたフジサンケイグループの買収劇。そのとき秋元はライブドアグループ側の役員という、敵対する立場にいた。その後、買収の責任を取らされるかたちで、恩師だった亀渕昭信はニッポン放送の代表取締役を退く。２００６年の堀江貴文逮捕を受け、秋元はサイバーアソシエイツの役員を自ら降りることになるが、そのときの彼の心境はいかばかりだっただろうか。

筆者自身も、ライブドア騒動のころ、フジテレビの系列の出版社で働いていており、そのニュースを衝撃的に受け取った。しかしこれらは、日本のエンタテインメントの中枢にいるテレビ局と、それを支える総務省の利権など複雑な力関係の中で生まれた騒動だった。マーケティングが先行し、二番煎じ作品ばかりが作られるテレビから、もう新しい動きは出てくることはないかもしれないという諦観。その想いは15年経った今も変わっていない。ＡＫＢ48は、テレビ業界が押しつける常識の外側から歴史をスタートさせるしかなかった。ブロードバンド普及以前に、秋元がネットによる映像配信に賭けた夢の正しさは、後にＡＫＢ48がブームになることで初めて証明されることになる。

プロが一人でもいたら、ＡＫＢ48は誕生しなかった

ＡＫＢ48は、秋元康と、窪田康志、芝幸太郎という2人の実業家の3人で立ちあげたプロジェクトだった。窪田、芝の2人は、アイドルやテレビの世界を熟知した人間ではない。窪田はケーアールケープロデュースというブライダル事業を成功させた若き実業家。父親の窪田芳郎は東京ウェルズ他、電子部品会社を経営する財界では有名な人物である。芝は商工ファンドの営業職で頭角を現し、独立後はエステ関係の事業経営を成功させていた。3人を結びつけたのは、趣味のカジノ。ラスベガスなどに頻繁に出入りしていた秋元が芝と知り合い、芝は知り合ったばかりの窪田を秋元に紹介した。3人は古くからの知り合いではない。秋元がたまたまショーパブに行ったときに閃いた、「プロがショーパブを経営すればもっと面白いものができる。女の子50人ぐらい集めて」というアイデアに、会食の席で2人が共鳴したことから、3人の共同事業がスタートする。後にＡＫＢ48劇場の支配人となる戸賀崎智信は、当時は芝の会社の社員で、過去に遊技場の支配人を長年やっていた経験から、ショーパブの現場監督として声がかかった。しかしこの話は早い時期に修正され、「専用劇場を作ってミュージカルスタイルの出し物を定期的に行う」という、ＡＫＢ48の原型のようなアイデアに取って変わる。

おそらく秋元の中には、ニューヨーク時代に一度夢見ながら潰えた、ブロードウェイ構想が生きていたのだろう。秋元がブロードウェイで見て衝撃を受けた作品のひとつに『ドリームガールズ』という作品があった。60年代に一世を風靡したソウルレーベル、モータウンを舞台にした、ガールズグループ、シュープリームスのサクセスストーリーに題材を取ったもの。小さな劇場でライバル

が競い合い、ときに憎み友情を交わしながら、中心人物のダイアナ・ロスはスターダムにのしあがっていく。同社のノンフィクションに材を取り、劇作家・演出家のトム・アインが舞台化したもので、2006年にビヨンセ主演で映画化されてヒットした。

モータウンはおニャン子クラブのサウンドの雛形となった、秋元にとっても身近なモチーフ。秋元が実際に2人に語った事業計画は、今から見ればそのミュージカルの日本版のようだった。ラジオ、テレビの世界には、自分を奮い立たせるエンタテインメントがない。さりとて本場ブロードウェイには自分を受け入れてくれる居場所がなかった。秋元はその後、夢の実現のためにベリー・ゴーディ・ジュニアがゼロからモータウンを作ったように、常設小屋を立ちあげ、アイドルグループがそこで毎日公演するというアイデアを、2人に提案する。事業資金を窪田が、グループのマネジメントを芝、戸賀崎が預かるというかたちでプロジェクトが始動。それが後にAKB48となる「秋葉原48プロジェクト」の始まりだった。「そこにショービズ経験者が一人でもいたら、無理です、止めましょうと反対されただろう」と秋元は当時を振り返る。そのときの秋元の熱意がなければ、今のAKB48は存在しなかった。

しかし、秋元は芸術の理想だけを追い求めるアーティストではない。稀代のギャンブラーであり、勝算がなければそれに賭けることはなかっただろう。そのヒントとなったのが、当時、時代を席巻していたアイドルグループ、モーニング娘。の存在だった。

第4章

モーニング娘。という存在の意味

モーニング娘。が、ＡＫＢ48のヒントになった

多人数のアイドルグループの代表格として、ＡＫＢ48がブレイクしてすぐのころ、よく引き合いに出されていたのはモーニング娘。だった。プロデューサーはロックバンド、シャ乱Ｑのヴォーカル、作詞作曲担当のつんく♂。メンバーの「加入」、「卒業」の繰り返しや、姉妹グループのメンバーを合わせてシャッフルする「組閣」のアイデア、演歌デビュー組を擁するなど、2つのグループはよく似ていた。実際、つんく♂は学生時代、熱心なおニャン子クラブのファンで、モーニング娘。結成時、メンバー選定やプロデュース手法におニャン子クラブや秋元康の影響があったことを認めている。

秋元の耳にもつんく♂の発言は届いており、自らが構成を務めていたＴＢＳの歌番組『うたばん』（１９９６〜２０１０年）にも頻繁に出演要請し、彼女らを支援する立場にいた。モーニング娘。の楽曲は、ほぼ全曲つんく♂が作詞作曲。「量産」に目覚めて以降のつんく♂は、姉妹グループを含めたシングル、アルバム全曲の作詞作曲をほぼ一人で手掛けるという、勢力的な活動を見せた。つんく♂の最大の強みは、彼自身がヴォーカリストであったこと。「フェイク」と呼ばれるソウルミュージックの歌唱法と、作詞との相乗効果を狙ったモーニング娘。における個性的なヴォーカルスタイルは、カラオケ好きの女子高生にこぞって真似された。また作曲者自身が作詞をすることによって生まれる、小室哲哉プロデュースに通じるリズミックな作詞法、シュールな言葉遊びには、秋元のような専業作詞家の詞に飽き足らない世代の支持が集まった。「ＬＯＶＥマシーン」（99年）、「恋のダンスサイト」（２０００年）を初めて聴いたとき「ゲイバーのショーに使えるイベントソ

ングのようだと思った」と、プロデュース感覚を大いに刺激されたと秋元も語っている。

モーニング娘。は、テレビ東京系のオーディション番組、『ASAYAN』（１９９５〜２００２年）から生まれたアイドル。同番組はオーディションからメンバーを追い、その挫折、成長をドキュメンタリー風に構成する、一種のリアリティショーだった。テレビのレギュラー番組が生み出したアイドルという意味で、おニャン子クラブを踏襲するような存在だった。

改めて、『ASAYAN』について触れておこう。テリー伊藤演出の素人参加バラエティとして始まった『浅草橋ヤング洋品店』（92〜95年）がその前身。篠原涼子、ＴＲＦなどのプロデュースで、小室哲哉がプロデューサーとして時代の寵児となっていたころで、途中から番組後半を区切って「コムロギャルソン」という、ヴォーカルオーディション枠が作られる。飛ぶ鳥を落とす勢いだった小室プロデュースによるデビューは、成功を約束されているようなもの。番組の一コーナーではなく番組内番組として独立させたのは、スタッフの小室側への配慮だったのだろう。このオーディションが反響を呼び、95年に母屋に取って代わり、スピンアウト番組として『ASAYAN』がスタート。毎週1時間の番組内で複数のオーディションが行われ、現役女子高生だった鈴木亜美（当時・鈴木あみ）や、ＫＡＢＡ.ちゃん（当時・椛島永次）がメンバーとして在籍していたダンスグループ、ｄｏｓらが、小室哲哉プロデュースの下でデビューを飾った。音楽評論家の松尾潔がプロデュースする男性ヴォーカリストオーディションからは、川畑要、堂珍嘉邦の2人組、CHEMISTRYがデビューしている。

ＥＸＩＬＥのATSUSHIとNESMITHが、『ASAYAN』の男性ヴォーカリストオーディション出身だったことは知られているだろう。佐藤篤志、ネスミス竜太カリムともオーディションでは落選したが、それをテレビで見ていたレコード会社のスタッフに声をかけられ、後にＥＸＩＬＥのメンバーとなってブレイクする。モーニング娘。の追加メンバーオーディションの落選者には、あの倖田來未もいたという。落選組がその後ブレイクするというジンクスは、『ASAYAN』についてまわる伝統と言えるかもしれない。モーニング娘。自体がそもそも、シャ乱Qプロデュースの女性ロックヴォーカリストオーディションでグランプリを逃した、落選者たち5人で結成されたグループなのだから。

97年4月からスタートした「シャ乱Q女性ロックボーカリストオーディション」は、平家みちよ（当時・平家充代）がグランプリに選ばれ、シャ乱Qのギタリストのはたけが作曲、シャ乱Qプロデュースのシングル「GET」でワーナーミュージック・ジャパンよりデビューした。しかし最終選考に残ったメンバーを落とすのが惜しいという理由で、中澤裕子、石黒彩、飯田圭織、安倍なつみ、福田明日香の5人が再度集められた。インディーズでCDを出し、それを全国5都市で手売りで5万枚売ることができたら、このグループでメジャーデビューさせると約束する。11月にインディーズデビュー作「愛の種」をリリース。番組人気も相まって5人の人気は凄まじく、スケジュール最終日の東京でのイベントを1日残したまま5万枚は完売。会場のナゴヤ球場で、彼女らのプロデビューがメンバー、観客に告げられた。最初の手売り会場だった大阪・HMV心斎橋店では一日で1万5612枚を売り切り、HMV1店舗あたりの売り上げで世界記録を作ったほど。

そもそも敗者を集めたグループ結成は、つんく♂、シャ乱Qのマネジャーだった和田薫、ディレクターのタカハタ秀太の3人のアイデアだった。安倍、飯田だけだとまるでアイドルになってしまうため、最年少ながら歌唱力のあった中学生の福田を入れ、中澤裕子を入れるのがバランス的に面白いというタカハタの案から、あの5人が選ばれた。茶髪で鼻ピアスを入れていた石黒彩を含め、5人は性格も年齢もバラバラ。そのバラエティな人選は、かつてのおニャン子クラブのようだった。

事実そこから、中澤裕子がシングル「カラスの女房」で演歌デビュー。グループ内ユニットとして、98年にタンポポをデビューさせるなど、つんく♂はおニャン子ファンをくすぐるような仕掛けを用意した。

初代マネジャーだった和田薫のインタビューによれば、平家みちよをグランプリに推したのはつんく♂ではなく、事務所の代表取締役、山﨑直樹だったという。初期こそグランプリの平家みちよのメンツを立て、映画や雑誌露出もすべて平家みちよ＋モーニング娘。という序列で表記されていたが、その人気はあっという間に逆転する。そのため、便宜的に事務所のアイドルを総称する言葉として用意されたのが、ファンクラブの会報誌だった「Hello!」から付けられた「ハロー！プロジェクト」。平家はその後、事務所を離れてソロシンガーとなるが、現在もモーニング娘。と姉妹グループを、ファンは総称して〝ハロプロ〟と呼んでいる。

デビュー直後からモーニング娘。人気は本格化し、彼女らの追っかけは継続して『ASAYAN』の人気コーナーに。おそらくコーナー継続のための話題作りなのだろう。メジャーデビュー早々に追加メンバーを募集して、デビュー前からの初期ファン、番組視聴者を凍り付かせた。98年5月に2期加入メンバーに選ばれたのが、保田圭、矢口真里、市井紗耶香の3人。8人となったモーニング娘。の最初のシングル「サマーナイトタウン」がオリコンチャート初登場4位に輝き、そこからモーニング娘。の快進撃が続くことになる。翌年には3期オーディションが行われ、選ばれたのが茶髪の中学生、後藤真希。飛び抜けたスター性につんく♂は着目し、いきなり彼女をセンターに起用して7枚目のシングル「ＬＯＶＥマシーン」（99年）をリリース。オリコンシングルチャート3週連続で１位を獲得し、累計１６４万枚という初のミリオンセラー記録を作った。

アイドルがセクシャルな歌詞を歌う理由

メンバー選定はつんく♂が主導したが、モーニング娘。は最初からつんく♂の完全プロデュースだったわけではない。和田薫の証言によれば、デビュー決定すぐに撮影された水着写真集は3人の意向ではなく、事務所社長の山﨑の発案だったという。インディーズデビュー曲も、まだつんく♂の作曲能力が未知数だったことから、前身番組『浅草橋ヤング洋品店』の主題歌「君にマニョマニョ」を歌っていた、パール兄弟のサエキけんぞうに詞が依頼され、キャンディーズのような爽やかなイメージという注文を受けて、COSA NOSTRAの桜井鉄太郎の作編曲による「愛の種」が作られた。ちなみにサエキによると同曲は、ティアーズ・フォー・フィアーズ「シーズ・オブ・ラヴ」(89年)にヒントを得て書かれたもの。つんく♂作詞作曲によるメジャーデビュー曲「モーニングコーヒー」(98年)も同路線を踏襲したものだったが、本格的人気に火を点けたのは通算3枚目のシングル「サマーナイトタウン」(98年)だった。

つんく♂作詞作曲による、シャ乱Qのような水商売的な世界を、あの5人が歌うミスマッチ感で、「サマーナイトタウン」は俄然注目される。アンタ、アタシという、秋元の詞には出てこない、梶芽衣子の東映任侠映画の女主人公のようなつんく♂特有の人称表現。それは山口百恵、SPEEDの時代から受け継がれる、10代の少女が不良の真似をして大人の性を歌うという、アイドルの伝統的手法だった。松田聖子の時代も「秘密の花園」など、作詞にはサブリミナルなセクシャルな意味が込められていた。モーニング娘。の「愛の種」、「モーニングコーヒー」も、サウンドこそ爽やかだが、タイトルや歌詞には性的なイメージが仕掛けられていた。

それは美空ひばりの時代から受け継がれる伝統と言ってもよいだろう。子供は文部省選定の童謡を歌うべきと言われていた時代に、10代の子役スターだったひばりは大人びた成人向けの流行歌を歌って、良識派の大人たちは眉をしかめた。そんなひばりが、大衆の圧倒的支持を受けて戦後最大のスターになっていった。つんく♂が選んだモーニング娘。の路線変更は、こうして彼女たちを国民的アイドルに育てていく。

しかし、もともとロックヴォーカリストオーディションから出てきた5人。アイドルのような営業スマイルひとつもできない、ほとんど素人だった。また当時のファンを驚かせたのは、安倍なつみとダブルセンターで歌っていた福田明日香の、わずか1年未満での電撃引退だろう。未来を嘱望されるセンターのグループ脱退劇。モーニング娘。はそのピンチをチャンスに変えた。卒業後に福田の告白手記を出版するような掟破りな手法で、メンバーの「卒業」すらもリアリティショーの一部のように、ガラス張りにして見せた。

その後のモー娘。の歴史は読者もご存じだろう。「加入」、「卒業」を繰り返してグループを存続させるという、永久機関アイドルとして「モーニング娘。'18」となった今でも活動を続けている。AKB48の最大の特徴であるこれも、モーニング娘。が最初の実践者だった。

キャラクターこそ、人気アイドルの必須条件

89年に終了した『ザ・ベストテン』に代わって、TBSで久々に復活した歌番組が『うたばん』（1996〜2010年）である。引き続き、秋元康が企画構成、とんねるずの石橋貴明、SMAPの中居正広がレギュラー司会者を務めた。60分番組の中で、毎回歌われる曲はわずか2、

3曲。トークがメインという異色の歌番組だったが、視聴率20%を越える人気を博し、13年も続く長寿番組になった。

モーニング娘。ブレイク後の2001年ごろより、ほぼ毎週のように彼女たちは『うたばん』にゲスト出演するようになる。2006年の拡大版『とくばん』内の発表では、ゲスト出演回数は断トツの1位。『夕やけニャンニャン』以来の、石橋による容赦ないツッコミが番組名物に。お気に入りのメンバーばかり贔屓し、保田圭らへのいびりが番組内でエスカレートしていった末に、視聴者から苦情が寄せられる一幕もあった。しかしそれをきっかけに、ひな壇の後ろにいた保田のとぼけたキャラクターが全国に知れ渡り、後に石橋をやり込めるバイタリティを発揮して視聴者を喜ばせた。保田は今でも『うたばん』に対して、キャラクターを引き出してくれたことに感謝していると発言している。

モーニング娘。は、小室哲哉がプロデュースした篠原涼子、TRFのように、つんく♂自らが作詞作曲を手掛けていた。いわばバンドブームの自作自演の延長にいる、芸能界の外から来たアイドルだった。よって職業作詞家だった秋元に、モーニング娘。の楽曲が依頼されることはなかった。しかし『うたばん』番組内でモーニング娘。とのさまざまなコラボを展開し、彼女らの天然のリアクション、心の内面をさらけ出した本音トークの面白さに着目。キャラクターこそがアイドル人気の必須条件ということを、モーニング娘。を見て再認識したに違いない。

こうしたアーティストのキャラクター発掘は、実はライバル局フジテレビの『HEY!HEY!HEY! MUSIC CHAMP』（1994〜2012年）が開拓したものだった。司会のダウンタウンは石橋のような音楽の知識はゼロ。『ガキの使いやあらへんで!』（日本テレビ系）のオープニングトークのような、ダラダラしたアーティストとの世間話が予想以上に反響を呼び、フジテレビの歌番組としては15年ぶりに平均視聴率20％超えを記録する人気番組となる。だが、毎分視聴率を見るとトークは好調なのに、歌のパートになるとガクンと落ちる。視聴者が見たがっているのは音楽よりもトークなのはあきらかだった。バラエティの手法が歌番組人気を復活させるという、音楽班のスタッフにとっての皮肉な現実。T.M.Revolutionのようなトーク力のあるアーティストは番組発でブレイク。井上陽水、佐野元春、宇多田ヒカルらにも別の角度から光を当てて、奇妙なパーソナリティが番組を通してクローズアップされ、それが人気に繋がった。

『HEY!HEY!HEY! MUSIC CHAMP』も最初からそのような番組だったのではない。プロデューサーのきくち伸によると、お笑いタレントが司会者を務める番組ということで、最初はオファーをかけても各事務所とも様子見状態だったという。きっかけはごく初期にゲストに出た、JUDY AND MARYの回でのことだった。スタッフが用意した資料から発した浜田雅功の「ロリータパンクと言われてるけど、何それ？」という質問に、ヴォーカルのＹＵＫＩが真面目な音楽論を語り出したことから、ダウンタウンや観覧客は興ざめに。この番組は音楽番組ではあったが、テレビでは音楽の話をしてはいけないんだときくちは学習した。

爆笑問題が司会するＮＨＫの歌番組『ポップジャム』で起こった騒動も、ほぼ同じころの出来事だった。99年5月1日放送分の公開収録で、ゲストとして2曲演奏する予定だったL'Arc～en～Cielに、太田光が「ヴィジュアル系」と名指ししたことにメンバーのtetsuyaが逆上。演奏はしたものの終始憮然とした表情で、最後はベースを床に叩きつけて1曲演奏してその場を去った。後にインタビューで真相を答えたtetsuyaには「ヴィジュアル系は差別用語」という言い分はあったが、それは司会の爆笑問題、彼らの音楽を愛するテレビ視聴者にはうかがい知らぬことだった。

テクノ、ダンスミュージックなど、90年代から今世紀にかけて音楽業界は細分化の道を進んだ。

音楽雑誌では細かな差異にこだわることがアイデンティティになり、テクノ、ヒップホップ、グランジなど音楽ライターもどんどん専門化が進んでいった。そのようなタコツボ化によって、音楽雑誌、音楽ジャーナリズムは一般大衆に向けての発信力を失っていく。視聴者の関心は音楽のジャンルではなく、そのアーティストのパーソナリティにあったからだ。

音楽より、アーティストそのもののキャラクターが人気に火を点ける。それはアーティスト＝アイドルという時代的な現象だった。これは単にルックスのアイドル性の問題ではない。椎名林檎のような虚構性をウリにしたアーティストは、本心を見せないことがハンディとなり、決してトークは弾まなかった。『HEY!HEY!HEY!』で司会者の態度に切れ、それ以来ずっと出演しなかったと言われている米米クラブも、もともとフィクション性が高いグループで、アーティストのありのままの姿が見たいという大衆の欲望とは一線を画し、番組終了までダウンタウンとトークすることはなかった。

アイドルにとってのダンスパフォーマンスの意味

モーニング娘。はアイドルとしてデビュー。当初こそ旧来のアイドルのイメージを踏襲するカマトト路線の曲を歌っていたが、本格的なブレイクはセクシーなコスチュームを着けてR＆Bスタイルの曲を歌った「サマーナイトタウン」から。ファットなサウンドは洋楽に劣らぬもので、元YMOのチーフエンジニアで、日本のユーロビートブーム黎明期を下支えした、元アルファレコードの小池光雄（AST）がマスタリングを手掛けた。

新しかったのは、彼女らに徹底的にダンスを仕込んだことだ。もちろん、ロックヴォーカリスト志望だった彼女らのダンス経験はゼロ。そこで『ASAYAN』の制作会社だった吉本興業の推薦で、かつてナインティナイン、雨上がり決死隊、FUJIWARAら若手芸人で結成されたユニット「吉本印天然素材」の素人相手に、ダンスの基礎を教えた夏まゆみを指導者に付けた。怒号が飛び交うそのスパルタぶりは、『ASAYAN』の番組内でも大きくクローズアップされた。ロックヴォーカリストを目指すメンバーにダンスを指導したのは、R＆B好きのつんく♂ならでは。プリンスなどに強い影響を受けていたつんく♂には、「ロックはダンスをやらない」というような固定観念はなかった。

モーニング娘。のデビュー時からのディレクターは、元ワーナーミュージックの瀬戸由紀夫（現・アップフロントワークス）。矢沢永吉、少年隊などを手掛けたオールラウンドプレイヤーで、当時は森高千里を担当していた。セクシーなミニスカートを履くことに抵抗はなかったという森高は、奇抜な歌詞で注目され、自らはドラムも叩くという、これまでのアイドルの概念をぶち破った。

モーニング娘。がダンスをセールスポイントに打ち出したことで、もうひとつ業界の常識を塗り替えた。カラオケの使用である。ブラック・コンテンポラリーのようなスウィングするビートは生演奏での再現が難しい。そこで、これまでコンサートで必須とされていたバックバンドを使わず、セットリストすべてをカラオケ曲で行った。無論、アイドル業界にはこれまでも、デパートの営業などでカラオケテープを使ったミニコンサートをやることはあったが、モーニング娘。はフォーメーションダンスと光の演出だけで、アイドルがコンサートホールを客で満杯にできることを実証して見せた。

AKB48の劇場公演は、カラオケ使用を前提として、パフォーマンスだけで十分チケット分は楽しんでもらえるという、モーニング娘。以降の考え方を前提に作られたもの。ダンスだけで2時間のショーが成立することを強く意識していたのは何より、グループ結成から約2年間、夏まゆみをAKB48の指導者として迎えたことでもよくわかる。

モーニング娘。は、ヤングジャパンの伝統を継ぐ

オーディション落選者で結成され、年齢、性格もバラバラ。メンバーの「加入」、「卒業」でグループが継続していくスタイルなど、あらゆる意味でモーニング娘。は従来のアイドルと一線を画していた。その理由は、彼女らが所属していたアップフロントエージェンシー（現・アップフロントプロモーション）という事務所にある。この事務所にはこれまで、アイドルを売り出すノウハウはほとんどなかったからだ。

86年に創業した同社の前身はヤングジャパングループ。元は関西のフォーク系事務所として、70年代のフォークブームの時代に産声をあげた。アリス、ばんばひろふみらがパーソナリティを務めていた、『セイ!ヤング』（文化放送）を聴いていた深夜放送の元リスナーには、ヤングジャパンという事務所名は懐かしい響きがあるだろう。社長の細川健がフォーク界で起こした伝説は、谷村新司の口からたびたび披露されていた。モーニング娘。は、ヤングジャパンが起こしたフォーク革命の延長上に現れた。つまり音事協を始めとする従来の芸能界と対立する、カウンター的存在として生まれたアイドルなのだ。

ヤングジャパンは71年、大阪で創業した音楽プロダクション。65年に始まった神戸の学生有志によるアマチュアフォーク集団、ポート・ジュビリーの副会長だった細川健が企画したイベントがその始まりだった。全日本アマチュア音楽連盟を発足し、日本のフォークシンガーを大挙引き連れて

のクルーズ船による海外公演を挙行。ザ・フォーク・クルセダーズの加藤和彦と当時の細君、福井ミカの新婚旅行も兼ねたニューヨーク行きの音楽親善ツアー名が「ヤングジャパン」。そこに参加していた当時ロック・キャンディーズの谷村新司と細川はツアーで意気投合し、71年にその名前を受けてヤングジャパンを設立する。谷村新司、堀内孝雄らが結成したアリス、ばんばひろふみ、高山巌のバンバンらが当初からの所属メンバー。72年より関西の人気ラジオ番組『ＭＢＳヤングタウン』（ＭＢＳラジオ）のパーソナリティとして谷村新司がブレイクし、吉田拓郎の『パックインミュージック』（ＴＢＳラジオ）と人気を二分する。関西でのヤングジャパンへの信頼は、当時深夜ラジオに夢中だった明石家さんまが、今でもハロー！プロジェクトのメンバーをアシスタントに起用していることでもわかる。谷村がＴＢＳラジオ『セイ！ヤング』のレギュラーに就任した東京進出のタイミングで、ヤングジャパンは元麻布に東京オフィスを構えた。

75年に荒井由実(松任谷由実)が曲提供したバンバン『「いちご白書」をもう一度』がミリオンセラーとなったのをきっかけに、アリス「今はもうだれも」（75年）、「冬の稲妻」（77年）、「涙の誓い」、「ジョニーの子守唄」、「チャンピオン」（ともに78年）、「狂った果実」（80年）が大ヒット。77年からは元エレックレコードの早川隆らを招いて、傘下にサンダー音楽出版を設立。原盤制作にも進出し、岸田智史（現・岸田敏志）「君の朝」（ＣＢＳ・ソニー）、海援隊「贈る言葉」（ポリドール）、ばんばひろふみ「SACHIKO」（エピック・ソニー／ともに79年）などをヒットさせた。80年代はニューミュージックに傾斜し、佐野元春、白井貴子、岡村靖幸らをデビューさせた。

ジェームス・ブラウン初来日公演の招聘など、型破りな細川健の興行の伝説はアリスの谷村の自伝本などにくわしいが、当時驚いたのは、東芝ＥＭＩのドル箱アーティストだったアリスを引き抜いて、82年にオランダのポリグラムグループとの合弁会社として、ポリドール、日本フォノグラムに続く第3の会社、ポリスターを創業したことだろう。芸能事務所のレコード会社進出としては、70年に創業した渡辺プロダクションが出資したワーナー・パイオニアやSMSレコード以来。邦楽制作のみならず、キッス、ドナ・サマーを擁するカサブランカ・レコード、ボブ・マーリーのアイランド・レコードなどと配給契約を結んで、洋楽ファンにも認知されるレーベルとなった。

現在、会長職を務める山崎直樹はもともとレコード会社の制作マンで、81年にポリスターに制作部長として入社。元はエレックレコード、日本フォノグラムのレーベル、ニュー・モーニングの制作を担当していた、フォーク系ディレクター出身だった。音楽業界では大橋純子をヒットさせたことでも有名で、所属事務所の社長だった北島三郎から厚い信頼を受けた。

83年、細川の放漫経営が祟ってか、経営不振のためにヤングジャパンは解散。海援隊、やしきたかじんは独立し、佐野元春はニューヨーク移住を経て、マネジャーの春名源基とともに独立して、事務所ハートランドを設立する。白井貴子、渡辺美里、谷村有美らは、マネジメントをそこで預かった。81年にアリスを解散してソロ活動をやっていた堀内孝雄は個人事務所、ツーバンを設立していたが、これが後にアップフロントエージェンシーに社名変更し、ヤングジャパングループのマネジメント事業はすべてここに移管される。その再建が終わったところで、細川健は当時ポリスターの代表取締役に就いていた山崎直樹と役職を入れ替わり、山崎がアップフロントエージェンシー代表としてマネジメント業務を、細川がポリスター代表としてレコード制作を行うかたちになる。翌88年、Ｗｉｎｋ「愛が止まらない～ターン・イット・イントゥ・ラヴ～」が初のオリコン1位に。89年には原宿ホコ天で人気を博していた高校生バンドのＢＡＫＵや、フリッパーズ・ギターらをデビューさせ、90年代にポリスターは大躍進を果たす。

一方アップフロントエージェンシーは、山本又一朗の映画事業の失敗で預かってほしいと依頼を受けた新人女優、森高千里のマネジメントを始め、これが同社アイドル第1号に。ＢＭＧビクターの新人バンド、シャ乱Ｑはデビューにあたって、全盛期を知るアリスらが所属していたヤングジャパンの後身だった、アップフロントエージェンシーを事務所に選ぶ。その後、つんく♂がプロデュースしたモーニング娘。の大ブレイクで、多くのアイドルを擁する大事務所に成長した。93年にワーナーミュージック内に興した、森高千里のいた自社原盤制作レーベル、ワン・アップ・ミュージックを独立させて、98年にソニー・ミュージック配給によるレコード会社、zetimaを設立。モーニング娘。は、メジャー第2弾シングル「サマーナイトタウン」以降ここからの発売となり、シャ乱Ｑ、森高千里、松浦亜弥ら、自社アーティストをここに集めた。以降のモーニング娘。快進撃はご存じの通り。また原盤制作レーベルとして、販売会社のみ他社に任せたハチャマ（ポニーキャニオン）、ピッコロタウン(キングレコード→ポニーキャニオン)などの、サブアイドルレーベルも擁している。

ヤングジャパンの伝統と書いたのは、山﨑の義理堅さについてを評してのもの。かつての上司で、はっぴいえんど、大滝詠一のディレクターだった三浦光紀(ベルウッド、日本フォノグラム、徳間ジャパン、マーキュリー・Ｍ・Ｅ社代表を歴任）への尊敬を、モーニング娘。のメンバーに語って聞かせるほど、フォークという出自に誇りを持つ。モーニング娘。人気のピーク時には、ＦＦＡ（フォーク・フレンドシップ・アソシエーション）という親睦団体を立ちあげ、フォークの名曲を後生に歌い継ぎたいという想いから、事務所を超えたフォーク歌手の連携を促した。モーニング娘。のメンバーに和製フォーク、歌謡曲のスタンダードを歌わせる、『FOLK SONGS』（２００１〜２００４年）という一連のカヴァーアルバムも山﨑が企画したもの。２００３年に出した安倍なつみのユニット、おけいさんと安倍なつみ「母と娘のデュエットソング」のおけいさんとは、小室等がリーダーだった六文銭のメンバーで、元吉田拓郎夫人の四角佳子。フォークシンガーだった堀内孝雄、元バンバンの高山巌らの、アダルトな演歌路線でのカムバックも支援した。

モーニング娘。卒業組も、グループ時代を影で支えた保田圭らのタレント活動を後々までサポート。初期メンバーでリユニオンさせた、ドリームモーニング娘。など、OGにも活躍の場を与えている。つんく♂プロデュースではないが、元モーニング娘。の田中れいなが結成した3人組ガールズバンド、LoVendoЯ（ラベンダー）が、吉田拓郎「今日までそして明日から」、「落陽」やモップス「たどりついたらいつも雨ふり」などをカヴァーしているのは、まさにフォークの伝統を守るアップフロントエージェンシーらしい。

日本のフォーク／ロック受容史

先に書いたように、秋元康にとって吉田拓郎はピンク・フロイド以上の存在だった。「金沢事件」で暴行事件の容疑者のそしりを受けてもなお、ファンは彼の無実を信じ、勾留中にリリースされたアルバム『伽草子』はオリコン1位となった。さしずめ芸能界に対するカウンター的な存在感は、和製ジョン・レノンといったところか。吉田拓郎は70年代に『パックインミュージック』、『オールナイトニッポン』のパーソナリティとして人気を博し、日本で初めてコンサートツアーや夏の野外フェスを実現し、日本で最初のアーティストレーベル、フォーライフレコードを設立した革命児だった。フォークシンガーとしてメディアに登場したが、それはその時代の最先端のスタイルだったから。「フォークが最先端だった」という表現は、若い読者にはわかりにくいかもしれない。そのために少しだけ脱線して、日本のフォーク／ロックの受容史をここでおさらいしておく。

日本のロック史を紐解いていく中で、最初に起こった動きは、60年代中盤にピークを迎えたエレキブームだろう。その象徴的な存在がアメリカのインストゥルメンタル・バンド、ザ・ベンチャーズ。65年に初めて公式にフルメンバーで来日し、「ダイアモンド・ヘッド」、「10番街の殺人」、「急がば廻れ（ウォーク・ドント・ラン）」などをヒットさせて、日本で一大エレキインストブームを起こした。同年にはアマチュアバンドコンテストのはしり『勝ち抜きエレキ合戦』（65～66年／フジテレビ系）がスタートし、初期のグループサウンズがこれをきっかけに数多く誕生する。

すでにビートルズはデビューしていたが、彼らとベンチャーズが双璧の人気を誇ったのは日本だけ。アメリカでベンチャーズがチャート常連だったのは60年代だけで、彼らはエレキインストという流行音楽の一バンドに過ぎなかった。すでに50回も来日している彼らは、ビッグ・イン・ジャパンの象徴的バンドに。ビートルズはというと、その時代は女性ファンの歓声で知られる、おかっぱ頭にスーツで演奏するアイドル的存在。66年に日本武道館で行われた来日公演を経て、『リボルバー』（66年）、『サージェント・ペパーズ・ロンリー・ハーツ・クラブ・バンド』（67年）といった作家性の強いアルバム作りに取り組み始めてから、ギターやサウンドにこだわる男性ロックファンも支持する、全世代的ビートルズ人気が確立する。

一方、同時代にニューヨーク周辺で起こっていたフォーク・リバイバルが海を越え、65年ごろから日本でカレッジフォークブームが起こる。象徴的な存在はピーター・ポール＆マリー、キングストン・トリオらで、アコースティック・ギターと美しいハーモニーに影響され、日本でもアマチュアグループが数多く生まれた。流れ的には50年代に流行した「歌声喫茶ブーム」に似ているが、ロシア民謡、労働歌などを喫茶店で客が合唱するという同ブームは、集団就職の若者たちが互いを励まし合うために集まったもの。カレッジフォークの集団はみな、富裕層の大学生で、海外留学で覗いたアメリカのフォークシーンの息吹を日本に持ち込んだ、一種の芸術エリートだった。高価な外国製ギターを持ち、小室等のＰＰＭフォロワーズ、マイク真木（マイク眞木）のモダン・フォーク・カルテット、黒澤久雄のいたザ・ブロードサイド・フォーラはいずれも、アメリカの伝統歌を英語で歌っていた。

ときはベトナム戦争下。アメリカのフォークブームは大学のキャンパスを中心に反戦運動とともに拡大し、スチューデントパワーと呼ばれた。ボブ・ディランらの登場で、日本でも反戦メッセージを含むプロテストソングを歌う一群が台頭する。それをいっそう過激にアジテートしていたのは、岡林信康を筆頭とする関西フォークの面々だった。高田渡、加川良らが歌う社会風刺は、当時の演劇界のアングラブームとも同時代的に盛りあがった。「アングラ・フォーク」と呼ばれた、北山修、加藤和彦、はしだのりひこの3人組、京都のザ・フォーク・クルセダーズは関西人らしく、反戦メッセージなどをコミカルに味付けして全世代的に支持された。デビュー曲「帰ってきたヨッパライ」はオリコン初のミリオンセラーシングルとなり、最終的に累計２８０万枚を売る大ヒットとなった。

ロック界では68年あたりを頂点にサイケデリック・ロックの流行が起こり、エレキギターによるサウンドがその時代を飾るが、それらを支えたヒッピーの間で、アメリカの運動家、スチュアート・ブランドが編集した『全地球カタログ』（68年）がベストセラーに。公害問題などが起こっていた社会を背景に、自然回帰運動が盛んになっていく。「バック・トゥ・アース」と呼ばれたスローガンが持てはやされるのと同じ時代に、アコースティックな楽器編成に立ち返るフォーク・ロックが台頭。ザ・バンド、ザ・バーズらが人気を博した。共鳴する動きはフォーク側からも現れ、65年に行われたニューポート・フォーク・フェスティヴァルでは、ボブ・ディランがアコースティックからエレキ・ギターに持ち替え、バンドをバックに従えてロックサウンドで登場。フォーク支持者たちからブーイングの嵐を受けたが、「ライク・ア・ローリング・ストーン」がビルボード2位の圧倒的大衆支持を受け、フォーク／ロックの対立を無化させた。日本でもフォーク界のカリスマと呼ばれた岡林信康が、70年に岐阜県中津川で行われた全日本フォークジャンボリーに、はっぴいえんどをバックに従えて登場する。フォークの辛辣なメッセージをビートに乗せて歌うフォーク・ロックは、後のヒップホップにも匹敵するような最新のモードとなった。

なぜロックよりフォークなのか？　日本ではまた別の事情があった。エレキ・ギターを中心としたロックバンドの場合、楽器はもとよりアンプなど高価で重量もあり、それを運ぶ機材車などが活動には不可欠だった。和製ロックの創始者が、ブリヂストンの御曹司の成毛滋や、ザ・フィンガーズのメンバーのような軽井沢族、大滝詠一を除くはっぴいえんどのメンバーのようなブルジョア階級から生まれたのもそれが理由。反抗の音楽と言われるロックも、有名私立大学に通う富裕層の子息たちがその歴史をスタートさせた。

テレビ番組を通してエレキブームが全国的に広がり、庶民階級のグループサウンズが第2世代として登場するが、しかし彼らはロックバンドを継続するための経済的なバックボーンを持っていなかった。そのために多くのグループサウンズは、渡辺プロ（ジャッキー吉川とブルー・コメッツ、ザ・タイガース、ザ・ワイルドワンズ）、ホリプロ（ザ・スパイダース、モップス、井上陽水、ＲＣサクセション）などの芸能事務所に入り、アルバムやライヴでは洋楽サウンドを追求させてもらう代わりに、アイドルの営業のバッキング演奏や、歌謡曲の作家が書いたシングルを歌うことを交換条件として引き受けた。

しかし、フォークソングにはそうした経済的なバックボーンはいらなかった。ギターだけを武器にフォークシンガーたちは徹底した社会風刺を行い、芸能界に寝返ったロックバンドに対抗した。

まるで政治結社を作るように、彼らは大学の仲間たちを集めて、素人集団から日本のロックビジネスをゼロからスタートさせるのだ。ロックンロール登場以前、洋楽＝ジャズと呼ばれていた時代があったが、さしずめその時代、フォークというジャンルは反抗の音楽としてのロックとイコールだった。

日本のロックビジネスはまだ小さく、レコード会社にとっても、フォークのほうが遙かに商業的可能性があった。72年にリリースされた吉田拓郎『元気です。』は、シンガーソングライター作品として初めてオリコンのアルバムチャート1位を記録。それに続いて、井上陽水『氷の世界』（73年）は１００週以上もベストテンに入り続けるロングセラーを続け、発売2年後には日本のレコード産業史上初の１００万枚を超えるミリオンセラーアルバムとなった。ロックバンドのセールス実績は、人気バンドであっても5万枚止まり。多くのロックバンドが低予算で録音していた時代に、井上陽水、五輪真弓らは海外でレコーディング、さだまさしはサイモン＆ガーファンクルの編曲家、ジミー・ハスケルを高額なギャラで起用し、武田鉄矢の海援隊は、サディスティック・ミカ・バンド、キャプテンひろ（つのだ☆ひろ）とスペースバンド、プリズムらをバックにレコーディングしていた。

吉田拓郎は最初の「テレビに出ないアイドル」だった

吉田拓郎はフォークが最先端だった時代に現れた才能の一人。しかしその出自はビートルズに影響を受けて音楽を始めたロック少年で、ロックが芸能界に迎合していく中でフォークに転じ、ユニークな歌詞やパフォーマンスで注目された。ダンガリーのシャツ、ジーパン、ギブソンのギター、ハーモニカ・ホルダーというデビュー時のスタイルは、ボブ・ディランの影響を受けてセルフイメージを自らが作りあげたものだった。

　吉田拓郎は46年生まれ。親の転勤で広島で育ち、中学時代の同級生でロックバンドを結成し、ドラムスを担当。後にダウンタウンズというグループサウンズを結成し、ビートルズの影響色濃いマージー・ビートサウンドで地元で人気を集めた。ザ・タイガースのいた渡辺プロダクションのオーディションを受けるも落選。その時代にデビューすることはなかったが、高校時代にボブ・ディランの洗礼を受けてフォークに転身。いくつかのフォークサークルに声をかけて「広島フォーク村」という団体を結成し、その中心的シンガーとして注目を浴びた。当時の雑誌『明星』では、拓郎は「日本のボブ・ディラン」として紹介されている。その後、インディーレーベルのエレックレコードのディレクターの浅沼勇にスカウトされて上京。名前をひらがなに改め、よしだたくろう「イメージの詩」(70年)でシングルデビューする。71年に『パックインミュージック』(TBSラジオ)のパーソナリティに起用されるやいなや、ユーモラスなお喋りで人気はすぐに全国区となった。

　ピンナップボーイと呼ばれた甘いルックスで、吉田拓郎は「初めて女性ファンがついたフォーク歌手」と呼ばれた。その明るさで従来のフォークの根暗なイメージを一新。当時のファンには「お喋りの面白さで、あのねのねと人気を二分していた」と言われている。「フォーク歌手はトークがうまい」は今や定番で、さだまさしのように落語家ばりの巧みな話術で、『さだまさし噺歌集』というコンサートのトーク部分だけを抜粋したCDを出す強者までいる。あのねのねも「赤とんぼの唄」、「魚屋のおっさんの唄」などのコミックソングをヒットさせ、司会者としても一世を風靡した。あのねのねが清水国明と原田伸郎のフォークデュオになる前には、大学の同窓生だった駿河学(笑福亭鶴瓶)がメンバーだったことからも、彼らと互角の人気を誇っていた吉田拓郎が、いかに落語家はだしのトークの名手だったかがわかるだろう。

フォークの仮想敵と言われた芸能界に対するあっけらかんとした態度でも、拓郎はフォークシンガーのイメージを変えた。アイドルの南沙織に「シンシア」（74年）という曲を捧げるなど、ミーハーな発言にも物怖じせず。キャンディーズ「やさしい悪魔」（77年）、石野真子「狼なんか恐くない」（78年）他、アイドルに曲提供して歌謡曲作家としても一目置かれた。フジカラーなど、アーティストがCMソングを歌ったのも拓郎がはしり。旧態依然としたフォークの閉鎖性をアンチを掲げていた拓郎の一連の行動は、過激なコマーシャリズムとでも言えるものだった。

そんな拓郎が最初にクローズアップされたのは、71年に岐阜県恵那郡坂下町（現在の中津川市）で行われた全日本フォークジャンボリーでのことだった。ニューヨークで開催されたウッドストック・フェスティヴァル（69年）に影響を受け、同年から始まった野外フェスのはしりで、高石友也、遠藤賢司、高田渡、中川五郎、五つの赤い風船などが出演し、2000〜3000人を動員。最盛期には2万5000人の客を集めたこの和製フェスは、〝中津川フォークジャンボリー〟の通称で知られる。

その第3回に拓郎は出演するが、当時のフォークコンサートの中心の客層はシリアスな男性ファン。女性人気に対するやっかみとも言える男性客からの「帰れコール」のブーイングで、演奏はたびたび中断させられた。それらへの怒りをぶつけるかのように、その翌日サブステージで拓郎は「人間なんて」を熱唱し、そこに仲間やギャラリーが集まって会場全体を包み込む大合唱に。電源が落とされても続けられ、演奏は数十分とも1時間以上になったとも言われている。

トランス状態になった客席からメインステージを襲撃しようという声があがり、一行はジャズシンガーの安田南が歌っていたメインステージを占拠。「入場料1000円を払ったのに、俺たちには自由がない」、「テレビ局を入れたのは商業主義である」などのアジ行動は繰り広げられ、コンサートはそこで中断。実行委員会スタッフを交えて行われた討論会は翌朝まで続いた。日本初の野外フェスティヴァルと言われた全日本フォークジャンボリーは、こうしてわずか3回で歴史を終える。拓郎のサブステージでの「人間なんて」の名演は後生に伝説として伝えられ、後にドキュメンタリーとしてレコード／カセットテープ化され、フォークの新旧世代交代を強く印象付けた。同曲を再録音して収録したアルバム『人間なんて』（71年）は、30万枚という高セールスを記録した。

雑誌『新譜ジャーナル』は彼らの登場を絶賛し、カレッジ・フォーク、アングラ・フォークに続く第三の勢力「ニュー・フォーク」と名付けた。70年代の反安保闘争も、あさま山荘事件（72年）を起こした日本赤軍の逮捕で、学生闘争の敗北で革命は終わった。政治性を旗頭にしていたフォークシーンも内ゲバ化していた時代に、よしだたくろう「結婚しようよ」、井上陽水「傘がない」（ともに72年）のような、恋愛などの身近なテーマを歌った曲が圧倒的に支持された。これらはアメリカのフラワームーヴメントの影響下にある、ラディカルな平和主義とでも言うべきもので、反体制フォークに対するアンチテーゼだった。政治評論家の寺島実郎は「よしだたくろうの『結婚しようよ』と井上陽水の『傘がない』を聴いたとき、政治の季節が終わったことを確認した」と語った。井上陽水も吉田拓郎と同じくビートルズが音楽の原体験で、陽水のシングル「とまどうペリカン」などには、ビートルズのシュールな詞で知られる「アイ・アム・ザ・ウォルラス（私はセイウチ）」などのダイレクトな影響が見られる。彼らはロックの反抗のスピリットを継承するために、歌謡曲に魂を売ったグループサウンズの向こうをはって、フォークシンガーというスタイルを選んだのだ。

実際は、フォークシンガーすべてが反体制だったわけではない。最初のフォークデビューとなった元モダン・フォーク・カルテットのマイク眞木のデビュー曲「バラが咲いた」（66年）は歌謡曲出身の浜口庫之助、ザ・ブロードサイド・フォーの「若者たち」（66年）は映画音楽畑の佐藤勝という、いずれも職業作家が書いた曲。担当ディレクターだったビクターの本城和治は、後にグループサウンズのザ・スパイダースに、浜口庫之助の曲「夕陽が泣いている」（66年）を歌わせて120万枚というヒットを作った、グループサウンズ＝職業作家というスタイルを確立した人物でもあった。拓郎、陽水が自作曲でブレイクできたのは、彼らがフォーク信者ではなくビートルズをルーツに持つという、職業作家に対抗しうるポップ感覚を持ち合わせていたからだろう。

70年代半ばのニューフォークの時代になっても、ヒットしたガロ「学生街の喫茶店」（72年）は山上路夫作詞、すぎやまこういち作曲。南こうせつとかぐや姫の大ヒット曲「神田川」（73年）は、カップリングのすぎやまこういち作曲「もういいじゃないか」が当初A面として制作されたものだった。こうした歌謡曲的手法＋フォーク／ロックの融合は、J-POPの源流として後世に大きな遺産を残すことになる。「日本のCSN&Y（クロスビー・スティルス・ナッシュ&ヤング）」と呼ばれた、村井邦彦プロデュースによるアルバムでデビューしたガロは、洋楽のようなハーモニーとロックサウンドで知られた。しかしプロモーションのためにアイドルに混じり、レコード会社対抗運動会に「日本コロムビア代表」のタスキがけで無理矢理引っ張り出されていた。メジャーのレコード会社に所属する限り、彼らは芸能界と無縁ではいられなかった。

ディランに心酔していた拓郎は、74年、ウッドストックにあったザ・バンドのスタジオ兼オフィス、ビッグ・ピンク・スタジオを訪ね、彼らのマネジャーだった米音楽界の大物、アルバート・グロスマンと邂逅。実現はしなかったものの、ザ・バンドをバックに起用した吉田拓郎のツアーなども計画されていた。規格外の発想で、拓郎らは旧態依然とした日本の音楽ビジネスに風穴を開けた。

そんな吉田拓郎が72年、「旅の宿」がリリースされてすぐに「テレビ出演拒否」宣言を行ってファンを驚かせた。それはある音楽番組に出演したときに、司会者に「バカヤロー」と暴言を吐かれた件を不服としたもの。現在は実名が公表されテレビで仲直りの儀式もされたが、その司会者とは渡辺プロダクションの歌手、布施明だった。テレビ局にとっては音事協的な年功序列がすべてであり、拓郎には出演者、スタッフみなが敵に映った。

またファンの間ではよく知られる、拓郎が当時インタビューで語っていた「藤圭子批判」も強く思い出される。歌謡曲の歌手ながらプロダクションの入れ知恵で、当時のフォークブームに便乗してギターを抱えてテレビに出ていた彼女を、拓郎はメディアで執拗に批判していた。

72年には紅白歌合戦から出演オファーを受けるも拒否。それ以来、歌番組からのオファーはすべて断って、ラジオとコンサート活動を中心に活動した。当時の女性人気を踏まえて言えば、吉田拓郎は「テレビに出ないアイドル」のはしりだった。

そんな拓郎が50歳を超えたころ、『LOVE LOVEあいしてる』(1996〜2001年)というレギュラー番組でテレビにカムバックしたときはファンは驚いた。引き受けた理由を「昔は横暴だったディレクターが世代交代して、ミュージシャンへの理解が進んだから」と拓郎は答えたが、実質、カムバックに同番組を選んだのは、プロデューサーきくち伸が、過去にコンサートフィルム『吉田拓郎・かぐや姫　コンサート in つま恋』、『吉田拓郎アイランドコンサート in 篠島』を監督した、フジテレビの石田弘の部下だったことへの儀礼があるのだろう。

吉田拓郎が開拓した、アーティストの権利

吉田拓郎が果たしたのはアーティストとしての表の顔の功績だけではない。日本の音楽ビジネス

における革命児として、アーティストの権利獲得の道筋を作った一人が、また吉田拓郎だった。

最初に所属したエレックレコード時代、拓郎は同社の契約社員だった。月々の給料をもらうだけで、作詞、作曲、歌唱印税などの一切がすべてレコード会社の利益になっていた。続いて入社した古井戸の加奈崎芳太郎、仲井戸麗市（RCサクセション）も同じく社員扱い。自身のレコードが売れても、毎月変わらない給料契約では、彼らにはヒットの実感もなかっただろう。それはエレックの社員でありながら作詞をしていた、萩原克己、門谷憲二とて同じこと。それほど当時はレコード会社の権限が強く、不当な契約がどこかしこで結ばれた時代だった。

そもそも広島フォーク村時代の実況録音盤『古い船をいま動かせるのは古い水夫じゃないだろう』（68年）から、デビュー曲「イメージの詩」を本人に無断でシングルカットしたのもレコード会社だった。エレックレコードはもともとギターの音楽通信教育講座をやっていた出版社、エレック社の後身。ディレクターの浅沼勇が大学の先輩だった文化放送の人気アナ、土居まさるのレコードを作って当てたことからレコード事業を開始する。芸能界への繋がりがまったくなかったことからフォークブームに目を付け、吉田拓郎、古井戸、泉谷しげる、佐藤公彦のいたピピ&コット、海援隊、つボイノリオらと契約して、いずれも大ヒット。岡林信康、はっぴいえんどのいたURC（アングラ・レコード・クラブ）の双璧となるフォークレーベルとして君臨した。大滝詠一が立ちあげたナイアガラレーベルの配給も同社。後に放漫経営が祟って76年に倒産するが、今でも過去カタログの原盤管理会社として同社は存続している。

エレックレコードに入社した拓郎は、ステージでは脚光を浴びながら、社員として自らのレコードの入った段ボール箱を問屋に搬送するような不条理な日々を送っていた。そのとき早稲田大学の学生サークル「企画構成研究会」の主催者だった後藤豊（後藤由多加）と知り合い、彼に誘われてエレックを退社。71年にユイ音楽工房を立ちあげて、72年にＣＢＳ・ソニーに移籍する。早々にリリースされた「結婚しようよ」がオリコンチャート3位に上昇し、40万枚を売り上げるヒットに。アルバム『元気です。』も40万枚をセールスし、オリコン14週連続1位を記録した。ソニーから振り込まれた多額な印税収入に驚き、拓郎は著作権というものの重要性をまざまざと知らされたという。

このとき著作権に関する手ほどきをしたのが後藤だった。ＣＢＳ・ソニーとはアーティストおよびプロデューサー契約という、制作の権限をアーティスト側が持つという好待遇で結ばれた。その受け皿としてユイ音楽工房の傘下にユイ音楽出版を設立。同社のアーティストの音楽制作はユイ音楽出版の社員ディレクターが行い、メーカーのＣＢＳ・ソニーはリリース、プロモーションなどを分担するという、海外のＡ＆Ｒに近いかたちが用意された。シングルカットの選曲も本人。レコード会社のディレクターの権限が強かった時代に、アーティスト本人が全権限を持つプロデューサー第1号となった。拓郎は後の小室哲哉、つんく♂らアーティスト系プロデューサーの先駆け的存在でもあった。

マネジャーに就任した後藤の働きで、拓郎は日本で最初にＰＡ機材を引き連れて全国ツアーを行った。加藤和彦がピンク・フロイドのライヴを見て購入したＰＡ機材を同社も輸入し、音響照明会社ユイ・ステージ・サービス、コンサート制作会社ディスクガレージを傘下に発足。音響など環境がバラバラだった地方の公民館でも、音響チームを引き連れてのツアーによって、東京に近い環境でコンサートを行うことが可能になった。また、ウッドストック・フェスの立役者だったアルバート・グロスマンに啓発され、日本で初めての本格的夏フェス興行である「吉田拓郎・かぐや姫コンサート インつま恋」（75年／静岡県掛川市つま恋）を開催。地元警察の協力を取り付け、５万人以上と言われる観客を一堂に集めて音楽マスコミを驚かせた。

アメリカ流ロックビジネスを推し進めた、ユイ音楽工房。その歴史の中でもっとも革新的だったのは、75年のフォーライフレコード設立だろう。海外ではビートルズ、ローリング・ストーンズ、レッド・ツェッペリンら自身のレーベルを持つアーティストはいたが、これが日本で最初のケースとなった。小室等を初代社長に、井上陽水、泉谷しげる、吉田拓郎らを取締役として発足。ここからアーティスト名を、よしだたくろうから吉田拓郎に改めた。CBS・ソニー時代にすでにプロデューサー契約を結んでいた拓郎が、「営業・宣伝も含めたアーティスト・コントロールを実現するため」に立ちあげたのが、アーティスト自らが運営するレコード会社だった。社名は創業者4人の「Four」と「人生のため（For Life）」を掛け合わせたもの。アーティスト4人が立ちあがった独立のイメージから、ビートルズが設立したアップルレコードの日本版とも呼ばれた。

それまで各人が所属レコード会社で稼いだ売り上げは、ポリドールの井上陽水が30億円、CBS・ソニーの吉田拓郎が20億円、ベルウッドの小室等、エレックの泉谷も合わせると合計100億円にのぼると言われた。拓郎に至ってはCBS・ソニーの売り上げの10％を彼が稼いでいたと言われており、いずれも各社のドル箱スター。その独立を所属メーカーが快く思うはずはない。メジャー各社が加盟している日本レコード協会は、フォーライフレコード設立を何が何でも阻止しようと、プレス会社、流通など一切協力しないようにと関連会社にお達しを出したと言われる。日本レコード協会はこれまでも、新規参入業者を排除した件で70年代初めに独占禁止法違反で査察入り。2004年には「着うた」配信業者との癒着で強制捜査を受けるなど、談合体質は昔から変わらなかった。

そんな中で、ニッポン放送時代から深夜放送を通じて、フォークシンガーのシンパであったポニー

／キャニオンレコードの石田達郎は彼らを擁護する。フォーライフ設立に反発する各社社長の前で「だったら自分がレコード協会をやめる」と啖呵を切ったという、泣ける話もある。ほどなくしてプレスはキャニオン、販売はポニーが預かり、フォーライフレコードは75年に船出。後に日本レコード協会にも加盟した。

しかし、アップルレコードが実質10年続かなかったように、アーティストの理想を掲げたレコード会社の独立は多難な時代の始まりだった。設立年こそ31億円の売り上げを記録したが、創立１周年記念アルバム『クリスマス』がセールス的に惨敗。売り上げが８億円に落ちた責任を取って小室等が社長を降り、代わって吉田拓郎が二代目社長を引き受けた。キャンディーズのマネジャーだった大里洋吉（現・アミューズ会長）が育てた新人、原田真二が吉田拓郎プロデュースでデビュー。以降は、水谷豊、杏里、イモ欽トリオなど、歌謡曲も含むポップレーベルへと軌道修正して、80年代に老舗メーカーと肩を並べた。

フォーライフは必ずしも当初の夢を実現させたわけではなかった。しかし、旧来のレコード会社の権威体質に反発する同胞の独立心を煽ることとなり、76年にキティ・レコード、77年にアルファレコード、78年から79年にかけて、渡辺プロダクションが出資するＳＭＳレコード、さだまさしのフリーフライト、井上堯之のウォーターレコード、内田裕也、加藤和彦のカメリア・レコード、82年のアリスが所属するポリスターなど、数々の個性派レーベルが独立発足するきっかけとなった。

拓郎を尊敬する秋元康の想いは、例えばラジオの放送作家時代に蜜月を過ごしたフォークシンガー、長渕剛との友情にも見て取れる。長渕は吉田拓郎に憧れて、シンガーを志して鹿児島県から上京。後にユイ音楽工房に所属し、拓郎の再来と呼ばれた。愛知県篠島で行われた拓郎のオールナイトコンサートの前座に出演したときは、拓郎のものまねシンガーだと中傷され、ファンから「帰れコール」を浴びながら歌ったエピソードも知られている。後に石野真子と最初に結婚したときも、吉田拓郎が浅田美代子と結婚した一件を連想させた。

秋元と長渕は、デビューしたばかりのころの『オールナイトニッポン』で構成作家として出会って以来の古い関係。後に秋元が詞を書いた長渕の「GOOD-BYE青春」(83年)はオリコン5位のヒットになった。ちなみにラジオ番組時代に石野真子をゲストに呼んで、2人の交際のきっかけを作ったのが秋元。本人も元アイドルの高井麻巳子を夫人に迎えており、拓郎イズムはそんなプロフィールからも3人を結びつける。

音楽出版／原盤制作のビジネスモデルはフォークが作った

アーティストが発起人に加わり、学生ベンチャーから立ちあげたフォーク事務所の登場によって、それまで必須と言われたテレビ番組でのプロモーションや、レコード会社対抗運動会に出演させられる芸能界的な掟から、アーティストを解放した。彼らは海外のA＆Rのスタイルをいち早く取り入れて、音楽出版、原盤制作を自ら手掛けることでアーティストへの還元率を高め、レコード会社からの自立を目指した。後の章で日本で最初に音楽出版／原盤制作を自社で始めた、渡辺プロダクションの偉業についても触れるが、フォーク世代はそのやり方を大学生たちの知識でゼロから始め、J-POPビジネスを今日のような巨大な産業へと育てていったのだ。

カレッジフォークに始まる日本のフォークの歴史は、高石友也、岡林信康、ザ・フォーク・クルセダーズのマネジメントを行っていた関西の音楽事務所、音楽舎の登場で一変する。実業家の秦政明がフォークシンガー、高石友也の事務所として作った高石音楽事務所がその前身。秦は共産党の活動家で、大阪労音（大阪勤労者音楽協議会）の中心的人物と言われていた。反体制をアジテーションしていたフォークの政治性に着目して、彼らを積極的にバックアップし、高石友也と出会ってマネジメントの世界に。そこに岡林信康、ザ・フォーク・クルセダーズが加わって、音楽舎として再スタートした。秦が元労音の出身者だったことから、中津川労音（中部労音）が関わっていた全日本フォークジャンボリーのメインステージのブッキングも同社が担当し、関西のフォーク界では知らぬ者がいない一大勢力となっていく。

レコーディングに編曲スコア、オーケストラや収容する大型スタジオなどが必要だった歌謡曲と違い、アコースティックな小編成で録音できたことから、彼らはアート音楽出版という原盤制作会社を傘下に設立し、自己資金で民間スタジオでレコーディング。音楽出版も自社で管理した。岡林信康、ザ・フォーク・クルセダーズなど過激な政治性を持ったグループを多く抱えていたため、歌詞を巡ってレコード会社やレコード倫理協会とたびたび衝突。各放送局で共有されていた「放送禁止歌（放送自粛歌）」の常連として、音楽舎のアーティストはたびたびブラックリスト入りさせられていた。コンサートで客を沸かせる過激な詞こそ、ファンが聴きたがっている真実のフォークの姿だったが、メジャーの販路には乗せられないと、リリースが立ち消えになった曲も多かった。そこで音楽舎はＵＲＣ（アングラ・レコード・クラブ）という自主制作レーベルを作り、当初は会員制、後に一般販売のかたちでフォークファンにレコードを届けた。こうしてＵＲＣは、岡林信康『見るまえに跳べ』（70年）、はっぴいえんど『風街ろまん』（71年）などの傑作アルバムを世に送り出す。

フォークブームに共鳴したメジャー会社の若手ディレクターから誘われ、小室等、はっぴいえんどはキングレコード（後にベルウッドレーベルに発展）、岡林信康はビクター（ＳＦレーベル）、遠藤賢司は東芝ＥＭＩと後に契約する。レコード会社のディレクターが制作に関わった作品についても、原盤所有者はアート音楽出版のまま、レコード会社に配給というかたちをとり、制作の主導権を出版社側が持つスタイルは継続された。

ザ・フォーク・クルセダーズだけは例外で、マネジメント契約のみ預かり、音楽出版、原盤制作はシンコーミュージック、パシフィック音楽出版が行っていた。そこに「帰ってきたヨッパライ」に続く第2弾シングル「イムジン河」（68年）の発売延期騒動が起こる。コンサートの人気曲だった、朝鮮の流行歌に日本語詞をつけたカヴァー曲だったが、南北分断を歌った詞の内容が正しい訳でないとして朝鮮総連からクレームが付き、発売元の東芝音楽工業の政治的判断で、最終的には発売中止となった。その代わりに第2弾シングルになったのが、「イムジン河」のコード進行、メロディーを逆回しにして作られたと言われる、「悲しくてやりきれない」である。音楽舎はこのとき「イムジン河」がメジャーで出せないことを逆手にとって、この曲をファンに届けたいと、作詞者の松山猛のグループ、ミューテーション・ファクトリーにそのままの歌詞で歌わせ、「イムジン河」を71年にＵＲＣからリリース。レコ倫の干渉を受けないインディーズの自由さを武器にして、臨機応変な対応ぶりを見せた。

ＵＲＣの母体として関西のフォークシンガーを束ねていた「音楽舎」、はっぴいえんど、鈴木慶一のはちみつぱいなどの東京組を擁していた「風都市」、これに小室等、吉田拓郎、南こうせつとかぐや姫らヒットメーカーが集まる「ユイ音楽工房」、アリス、バンバンらを擁していた関西を拠点とした「ヤングジャパン」が加わって、〝フォーク事務所四天王〟と呼ばれるようになっていく。硬派なイメージの強い「音楽舎」、「風都市」に対し、「ユイ音楽工房」、「ヤングジャパン」はお喋りに長けたタレント性の高いフォークシンガーを多く抱えていたことから、『オールナイトニッポン』（ニッポン放送）、『パックインミュージック』（TBSラジオ）、『セイ！ヤング』（文化放送）などの深夜番組のパーソナリティとして人気を集め、セールスで大きな力を付けていく。

学生ベンチャーによる「暴力団」、「政治団体」からの興行独立

日本の芸能界の地方興行が戦後からしばらく、地回りの暴力団と深い関わりを持っていたことはすでに書いた。それに対抗して現れたフォークの一群は、代わりに政治団体のバックアップを受けて登場した。「日本版ウッドストック」と言われた全日本フォークジャンボリーは、左翼系政治団体「労音（勤労者音楽協議会）」の中部地区担当だった「中津川労音（中部労音）」が、デモなどで使われていた音響機材、トラス（足場）などを提供し、コンサート制作などをバックアップしていた。

「労音」の歴史は、49年に大阪で始まった。貧しい若年層に音楽を中心とした娯楽を提供するために、社会党、共産党の一部がバックアップするコンサート主催団体として生まれた。コンサートのチケットが高価だった時代に、お金のない労働者にも生演奏で音楽が楽しめるよう、会員として月々1000円を納めれば、メニューの中からいくつか労音が主催するコンサートが観られるというシステムを提供する。最初にできた大阪労音だけでも、最盛期には17万人の会員を集めていたと言われる。安価でエンタテインメントが楽しめる手段として若い音楽ファンに歓迎されたが、基本は政治活動の一環。当時のフォークコンサートなどでは必ず、政治ビラが配られ、終わった後も討論会などが延々と行われた。しかしフォークシンガー、ロックバンドらはツアーと称して労音主催のコンサートに出演できれば、それでとりあえずの収入を得られた。

社会党、共産党が支援していた「労音」の他にも、自民党系の「音協（自治労音楽協議会）」、公

明党系の「民音（民主音楽協会）」などのコンサート主催団体があった。創価学会信者が多い流行歌の歌手は「民音」に出演することが多かった。その中でも労音は、反体制をテーマを歌っていたフォークの一群を積極的にバックアップしたと言われている。渋谷にあったライヴハウスのはしり「ジァンジァン」の創業者だった高嶋進も労音出身。初期のフォーク興行と政治団体には、切っても切れない関係があった。

芸能歌手のリサイタルを仕切っていた各地の興行会社、主にクラシック・コンサートを主催していた新聞社、放送局に対し、ごく初期のフォークは若者のパワーをオルグしていた政治団体のバックアップを受けることで、演奏活動を続けていた。やがて「労音」に変わって、大学のプロデュース研究会などの学生団体が、校内の体育館などを借りて自主コンサートを主催し始める。アメリカ留学から帰国した金子洋明が、青山学院、桐朋学園のアマチュアバンドを集めて始めた、「スチューデント・フェスティバル」（63年）がそのはしり。モダン・フォーク・カルテット、森山良子らを発掘し、そのコンサート制作スタッフで設立したのが最初のフォーク系音楽事務所、ミュージカルステーションである。金子はニッポン放送『バイタリス・フォーク・ビレッジ』のディレクターとしてもフォーク普及に貢献。自社資金で五輪真弓のロサンゼルス録音を敢行し、キャロル・キング、チャールズ・ラーキー、デヴィッド・キャンベルがバッキングを務めたアルバム『五輪真弓／少女』（72年／CBS・ソニー）をプロデュースした。その後、現社長の田中芳雄を中心としたマネジメントが主の会社に生まれ変わり、社名をMSアーティストプロダクツに。小林明子、小野リサ、DREAMS COME TRUEなどを世に送り出した。創業者の金子は後に袂を分かち、東急Bunkamuraなどの劇場プロデューサーとして活躍している。彼の若き日の足跡は『夢のあがり：ニューミュージックの仕掛人たち』（富澤一誠／83年）という伝記にくわしい。ユイ音楽出版設立時の後藤由多加に、海外の音楽シーンの情報やビジネスの最前線を教えたのも金子であった。

関西で71年に創業した細川健のヤングジャパン、ユイ音楽工房と、ミュージカル・ステーションを合わせた3社は、85年に設立された日本音楽制作者連盟の立ちあげを主導し、肖像権を含むアーティストの権利獲得のための運動にも深く関わった。また、こうした学生を中心とした新しい興行のかたちは地方へも波及し、同じころ歴史に登場してくる〝非芸能系〟のコンサート主催会社（イベンター）、メロディーハウス、ディスクガレージ、夢番地らと連携していく。

音楽出版ビジネスことはじめ

そんな彼らに、海外の音楽出版ビジネスを手ほどきしたのが、32年に創業した日本で最初の音楽出版社のひとつ、新興音楽出版（現・シンコーミュージック・エンタテインメント）の草野昌一だった。雑誌『ミュージックライフ』の発行元として有名だが、もともとは海外楽曲の出版管理業務を行う会社で、渡辺プロが制作した歌番組『ザ・ヒットパレード』（59年〜70年／フジテレビ）の時代には、草野自身が「漣健児」のペンネームで洋楽カヴァーの訳詞で活躍。60年代はビートルズ、日本のグループサウンズの楽曲管理でその名を轟かせた。ミュージックシート（楽譜）販売でも歴史ある同社だが、人気フォーク歌手の曲をギターで弾きたいというニーズが高かったことから、歌詞とコードネームを載せた通称〝歌本〟を販売して大ヒット。その際、多くのアマチュア作曲家が印税の受け取り先としてJASRACや音楽出版社の口座を持たなかったため、ザ・フォーク・クルセダーズをはじめとするフォークシンガーの音楽出版を自社で預かり始めたのが、国内制作への進出のきっかけと言われている。その後、アーティストのマネジメントも手掛けることとなり、チューリップ、甲斐バンド、プリンセス・プリンセスなどをデビューさせ、音楽出版、原盤制作も引き続き自社で行った。

71年の著作権法改正に向けて、60年代末より日本では音楽出版社が立て続けに誕生する。それまで、ラジオ、テレビ放送で曲を流す場合、曲名、アーティスト名を紹介すれば著作使用料を払わなくてもよかったが、支払いの義務化を求める海外の音楽出版社の外圧によって、放送業界の慣例にメスが入る。『オールナイトニッポン』(ニッポン放送)、『セイ!ヤング』(文化放送)、『パックインミュージック』(TBS)など音楽番組を主力としていたラジオ局は、膨大な著作権料を払わされることになったため、ドン・コルレオーネさながらに、であれば払う側から受け取る側にまわるべしと、一足先に63年に創業していたTBS系の日本音楽出版(日音)を追うかたちで、ニッポン放送がパシフィック音楽出版(現・フジパシフィックミュージック)、文化放送がセントラル音楽出版(現・セントラルミュージック)を続けて創業。自社管理楽曲を優先的に放送し、利益を得るという戦法に出た。ラジオ放送用のスタジオなど録音設備を持っていた各社は、旧来のカタログ管理だけを行っていた音楽出版社と違い、制作ディレクターを置いて原盤制作も自社で行った。ニッポン放送系はキャニオン、文化放送系はラジオシティなど、リリース先としてレコード会社を系列に持ち、深夜放送などでパーソナリティとして人気を誇ったフォーク歌手の音楽制作も行った。テレビの歌番組は音事協ら大手芸能事務所が支配していたが、その支配力の及ばないラジオの世界で、フォークミュージックは70年代に勢力を拡大していくのだ。

秋元康が作家契約したフジパシフィック音楽出版もそんな流れでできた音楽出版社のひとつで、ニッポン放送系のパシフィック音楽出版と、フジテレビ系のフジ音楽出版が85年に合併してできたもの。フジ音楽出版は『ひらけ!ポンキッキ』などのフジテレビ関連番組の楽曲管理のみを行い、原盤制作はもっぱら系列のキャニオンレコードが行っていたが、パシフィック音楽出版のほうは東映のヒーロー番組からＣＭ音楽制作まで、制作を代行できる社員ディレクターを数多く抱えており、大滝詠一、山下達郎、吉田拓郎、ムーンライダーズなど、楽曲管理契約を結ぶアーティストの原盤制作なども行っていた。80年代にフジテレビとニッポン放送の事業部の合併に際し、多くはフジ側に統合されたが、音楽出版社としての規模はパシフィック音楽出版のほうが大きかったため、フジ音楽出版が吸収されてフジパシフィック音楽出版となった。レコーディングなどの設備、制作能力は、通常のレコード会社とほとんど変わらない。社名がフジパシフィックミュージックとなった現在も、制作業務を行っている。

かつてのレコード会社はどこも社内にスタジオを持ち、エンジニアも社員として所属しており、レコーディング費用をメーカーが立て替える代わりに、原盤権はレコード会社に帰属されるのが当たり前だった。70〜80年代のスタジオ使用料は平均4〜6万円／1時間とも言われるほど高く、レコーディング費用もアルバム制作なら総予算１５００万、スタジオ設備をひとつ作るのにも数億円の投資が必要になった。アーティストの給料10万円にも苦慮する事務所は、多くのレコーディングをレコード会社の支払い能力に負ってきた。まだロックやフォークの未来など誰にも予測もできなかった時代。将来的に利益を生み出す原盤権をレコード会社に差し出すことになったとしても、その時代に録音することに意義があった。今日的な権利をアーティストが主張しなかったことで、そのレコーディングが粛々と行われ、我々はその時代の音源を聴くことができるというジレンマがある。

渡辺プロダクションの功績

ロック、フォークが台頭する以前の60年代は、主に歌謡曲のジャンルにおいて、作詞家、作曲家がレコード会社に帰属する「専属作家制」が各レコード会社に残っていた。売れっ子作家が他社に書かないように、メーカーと作詞作曲家が独占契約を結ぶもので、例えば、服部良一、古賀政男、古関裕而、サトーハチローは日本コロムビア、中山晋平、西条八十は日本ビクター、石本美由起はキングレコードと契約を結んでいた（西条、石本は後に日本コロムビアに）。彼らの曲はカヴァー・ヴァージョンであっても、原則、他社から出すことは許されなかった。

この「専属作家制」を崩壊させたのが、60年代末のグループサウンズのブームであった。グループサウンズと契約した渡辺プロダクションは、傘下に音楽出版社、渡辺音楽出版を設立。社員ディレクターが現場を監督し、自社でレコーディングした原盤を、アーティストが契約したメジャーレコード会社に配給するという、欧米のA＆Rを考え方を最初に実行した。当時の人気作曲家らはいずれもレコード会社に属し、専属制の壁があって使えなかったため、自社制作にあたって渡辺プロはレコード会社の専属契約の縛りを持たない、フリーランスを積極的に起用した。この時代に登場した新人作家はいずれも、筒美京平（ポリドールの洋楽部ディレクター）、村井邦彦（輸入レコード経営者）、阿久悠（広告代理店プランナー）、岩谷時子（宝塚歌劇団の文芸担当／マネジャー）、すぎやまこういち（椙山浩一／フジテレビディレクター）など、本業を持ちながら創作活動を行う新しい世代だった。ロック、フォークなどの海外の動きに敏感だったのはむしろこちらのほうで、沢田研二、キャンディーズなどプロダクション主導のアーティストは、新世代作家の働きによって、旧来の歌謡曲の古くさいイメージを払拭していった。

渡辺プロダクションはグループサウンズの自社原盤を各社の洋楽レーベルと配給契約し、ザ・タイガースはポリドール洋楽部、ザ・テンプターズはビクターのフィリップス、ザ・ワイルド・ワンズは東芝音楽工業のキャピトルレーベルから発売。当時の洋楽盤と同じようにグループサウンズのシングルは40円ほど割高だったが、それが舶来品の高級感を醸し出した。71年の新著作権法施行後は、レコード会社の「専属作家制」にメスが入り、曲ごとに音楽出版社と契約してJASRACを通して著作権分配を受ける、今日のスタイルが定着していった。追随するホリプロも自社系列の東京音楽出版で原盤制作し、ザ・スパイダースをフィリップス、モップスをビクター音楽産業や東芝音楽工業が配給するというふうに、外部原盤がスタンダードになっていく。

もちろんレコード会社側にもフリーランスの作詞家、作曲を起用したい若手ディレクターはいたが、専属契約を結ぶ大物作家からの反発があって実現しなかった。そのためグループサウンズ時代には、日本人でありながらエミー・ジャクソンのように外国人と偽って、正体を伏せて洋楽部からリリースというやり方で、外部原盤の楽曲を発売していたディレクターもいたほど。

渡辺プロダクションはその後、ニール・ヤング、フリートウッド・マックらが使った伝説の録音スタジオ名にあやかって、71年にサウンド・シティ・スタジオ（旧・飛行館スタジオ）をオープン。沢田研二の一連の実験的シングルはポリドールではなくここで制作された。

同71年には文化放送との合弁で、当時隆盛を極めていた音楽テープの販売会社、アポロンを設立。代表の渡辺晋は自社原盤権を盾にして、「アーティストの専属契約はレコードのみに限定され、テープは別」と主張し、森進一（ビクター）、沢田研二（ポリドール）、ザ・ピーナッツ（キングレコード）、奥村チヨ（東芝）、いしだあゆみ（日本コロムビア）、キャンディーズ（CBS・ソニー）らの原盤のテープ商品化を、傘下のアポロン1社で独占する。続けて70年には、電機メーカーのパイオニア、米ワーナー・ブラザーズと渡辺プロの共同出資で、ワーナー・パイオニアを設立してレコード事業にも進出し、小柳ルミ子、アグネス・チャンらがここからデビュー。渡辺プロダクションはタレントマネジメントから音楽出版、原盤制作、レコーディング、音楽ソフト販売まですべてをグループ内で行う音楽総合商社となった。ワーナー・パイオニアからは後に資本脱退するが、78年には西武百貨店と電機メーカーのトリオ（現・JVCケンウッド）と共同出資で新しいレコード会社、SMS（サウンド・マーケティング・システム）を発足。吉川晃司ら新人アーティストをここからデビューさせた。

戦後にアメリカ流のマネジメントを普及させた渡辺プロダクションは、このように旧来のレコード業界の慣例をぶち破ってきた革命児だった。その中心的人物が渡辺晋夫人、現・代表取締役の渡邊美佐であった。ミッション系スクールで教育を受け、米軍基地の通訳をやっていた彼女は、当時米軍キャンプで人気だったバンド、シックスジョーズのリーダー、渡辺晋と結婚。実業家に転身し、海外のショービジネスのスタイルを導入した芸能事務所、渡辺プロダクションを設立する。日劇ウエスタンカーニバルなどの自主興行を成功させ、ロカビリーブームを仕掛けた。

その後、後にビートルズ来日を手掛けた「日本のロック・イベンター第1号」、協同企画エージェンシー（後のキョードー東京）の永島達司と知り合い、海外の音楽出版ビジネスに目を付けて、永島と共同出資で大洋音楽出版を設立。そこからカタログを持って独立し、渡辺プロダクション資本で再スタートしたのが、62年創業の渡辺音楽出版である。自社でレコーディング費用を賄って既存メーカーからリリースする自社原盤第1号と言われているのが、ハナ肇とクレージーキャッツの植木等「スーダラ節」（61年）。従来なら植木等の取り分は歌唱印税の数パーセントだったのを、渡辺は東芝と交渉して、売り上げ枚数に対して8％の原盤印税を支払うという契約を取り付ける（現在は15％前後）。東芝音楽工業から発売されたこのシングルは累計80万枚の大ヒットを記録して、多大な利益を渡辺プロにもたらした。

渡辺プロダクションがレコード会社に対して、いち早く原盤権を主張できたのは、日本最大手の芸能事務所であったことと、人気タレントのマネジメントで売り上げた潤沢な独立資金があったから。その快進撃はフジテレビの歌番組『ザ・ヒットパレード』（59～70年）から始まった。開局早々で番組制作費がなかったフジテレビは、海外のテレビ番組制作に倣って、制作費、出演料すべてを渡辺プロが負担するというプロダクション制作で同番組をスタート。ザ・ピーナッツを筆頭とする人気キャストが毎週レギュラー出演する、豪華絢爛な歌番組の誕生は、渡辺プロの協力なくしては実現しなかった。こうしたテレビ局との共同制作スタイルで、渡辺プロダクションは映像制作会社としても権力を付けていく。『新春かくし芸大会』、『クイズ・ドレミファドン！』などの制作会社として、自社アーティストを出演させてスターにしていった。こうして、60～70年代にかけて「渡辺プロダクションなくしては番組は作れない」と言われたほど、放送業界、レコード業界の利益を独占する企業となっていくのだ。

レコーディング革命は、レコード会社外から起こった

話をレーベルに戻そう。日本コロムビアで美空ひばりなどを担当していたディレクター伊藤正憲が、演歌制作チームと北島三郎ら一部歌手を引き連れて63年に独立したのが日本クラウンで、これがプレス工場や自社スタジオを持たない、日本で最初の独立レーベルと言われている。カレッジフォークを普及させた東芝音楽工業（後の東芝ＥＭＩ、ＥＭＩジャパン）も後発ゆえに専属作家

を抱えず、音楽出版社を事業パートナーとして外部原盤のリリースにも積極的に理解を示した。ハナ肇とクレージーキャッツ、ザ・ドリフターズ（渡辺音楽出版）、ザ・フォーク・クルセダーズやニッポン放送の番組『バイタリス・フォーク・ビレッジ』出身のカレッジフォーク組（パシフィック音楽出版）、チューリップ（新興音楽出版）、荒井由実（アルファミュージック）らがその一例。ユーミンがアルファレコードから、チューリップがシンコーミュージック・エンタテイメントからと、東芝以外の会社から復刻されたのはプロダクション原盤だったため。歌謡曲は従来通りレコード会社主導で作られ続けるが、フォーク、ロックなどの新しいジャンルは外部の音楽出版社の制作能力に任せ、個性派カタログを揃えることでレーベル支持者を集めていった。

日本のレコード会社のほとんどが自社スタジオを持って創業したことはすでに書いた。RCA（ラジオ・コーポレーション・オブ・アメリカ）、CBS（コロンビア・ブロードキャスティング・システム）など、放送局が母体となってレコード会社が生まれたアメリカと違い、ビクター、日本コロムビア（日立製作所）、東芝音楽工業（東芝）、テイチク（松下電器）、CBS・ソニー（ソニー）など、オーディオメーカーを親会社に創業した会社が多いこともその理由にあるだろう。各社のエンジニアはクラシックの録音を基礎教養とし、原音忠実再生を目指した。しかも各社のハウス・エンジニアは、若手ディレクターの意見などに耳を貸さないエリート集団でもあった。グループサウンズの時代にアーティストが音作りに求めた、エレキギターのディストーションやハモンド・オルガンのクラスター奏法の音の歪みなど、原音忠実を基本とするエンジニアにとってはもってのほか。クラシックや演歌、童謡のレコーディングを日常業務とするレコード会社の社員エンジニアを、ロックのレコード制作に関わらせるのには限界があった。

54年、大手映画会社5社（松竹、東宝、大映、新東宝、東映）の間で、専属監督やスターの引き抜き禁止のための「五社協定（後に日活が加わり六社協定に）」が結ばれる。当時勃興していたテレビへの牽制として、同協定は映画俳優のテレビ出演を制限した。当時は人気スター＝映画俳優の時代で、主役級のタレントを起用できないテレビ局は、小劇場の役者、歌手などをテレビ時代のスターとして育てた。創業したばかりのテレビ局にはまだ十分な撮影、録音スタジオがなく、映画会社の巨大なスタジオを使わせてもらえなかったことから、テレビ番組制作や自主系映画という需要のために、独立系スタジオという新しいビジネスが60年代から登場する。テレビ黎明期に海外ドラマなどの吹き替え録音が行われた、葵スタジオ（アオイスタジオ）、浜町スタジオ、アバコスタジオなどが、独立系録音スタジオのはしり。各スタジオは最先鋭機材の導入をセールスポイントに、競うように環境を整備し、ロック／フォーク時代のレコーディングを支えることになる。

70年代初頭まで、歌謡曲の現場はまだ、8トラックレコーダーの録音が当たり前のように行われていた。アメリカ、イギリスでは16チャンネル録音が標準化しており、それが海外と日本のサウンドの差に歴然と現れていた。日本で最初に16トラックのレコーダーを導入したのは、ビクター、東芝などの大手メーカーではなく、69年に導入された毛利スタジオ（後のモウリスタジオ。現・モウリアートワークスタジオ）。これにアルファ＆アソシエイツ、東京スタジオセンターが続くが、いずれも独立系スタジオだった。24トラック・レコーダーの導入もまた、独立系のアルファＡスタジオ（後のアルファレコード）が導入第1号で、ロサンゼルスで録音されたハイ・ファイ・セット『ザ・ダイアリー』（77年）のマルチテープを再生できるスタジオが日本になかったため、社長の村井邦彦の一存で輸入を決めた。

もちろん、メジャーのレコード会社所属のエンジニアらも、16トラックレコーダー導入の必要性を上層部に掛け合ったと言われるが、「歌謡曲の録音にそんな設備はいらない」と経営陣に突っぱねられ、しばらく8トラック録音の時代が続いた。80年代に日本でロックがビジネスになるまでは、日本のレコード会社の邦楽制作セクションは「＝歌謡曲」の世界と言ってもよかった。邦楽部のプロモーターにロック、フォークを売る知識がないため、加藤和彦やゴダイゴのように洋楽レーベルに所属して、ロックにくわしい洋楽プロモーターが宣伝を担当するアーティストもいたのだ。実際、各レコード会社のディレクターはサウンド追求よりも、芸能事務所の新人アイドルを獲得する業界政治にエネルギーを注いでいた。日本のレコード会社の中枢から、ロック、フォークの革命が起こらなかったのは、そのような芸能界のしがらみと結びついた、レコード業界の閉鎖性に理由があった。

そんな旧態依然とした音楽ビジネスに、フォークシンガーや彼らが所属する事務所、音楽出版社が風穴を開けた。芸能事務所のタレントのようにテレビに出演しなくとも、ラジオで信者を集め、音楽出版、原盤制作でレコードビジネスの収益の核を握り、コンサートだけでアーティスト活動が継続できることを彼らは実践して見せた。

中島みゆき、CHAGE and ASKAらを自社原盤で制作していたヤマハ音楽振興会は、当初こそキャニオン、ワーナー・パイオニアなどのメジャー会社と販売契約を結んでいたが、２０００年にレコード会社、ヤマハミュージックコミュニケーションズを設立すると、キャニオンなどの担当ディレクターらはそのまま引き抜かれ、ヤマハの原盤だった彼らのアルバムを、ヤマハミュージックコミュニケーションズから復刻してカタログを揃えた。

インディーズを取り巻く状況も80年代に一変する。『三宅裕司のいかすバンド天国』（ＴＢＳ系／89〜90年）をきっかけに、ロックバンドがアイドル並みの人気を集めるバンドブームが起こった。多くのバンドがインディーズからＣＤを出していたことから、問屋を通さずメーカーから直接仕入れていた外資系大型ＣＤ店は、チェーン店全国分の枚数をまとめて仕入れ、レジ前の一番目立つところにインディーズコーナーをデカデカと構えた。こうして、インディーズ系アーティストのＣＤが入手しづらいというハンディはなくなった。

インディーズはメジャーのような再販商品(委託商品)ではないため、返品不可の買い取りが原則。最低10枚からなどショップが入荷するのにリスクが伴ったため、商店街のレコード店などが1、2枚を試験的に入荷することは難しかった。インディーズブーム後、星光堂などの大手問屋がインディーズメーカーから全国分をまとめ買いし、委託品として1枚から仕入れ可とするような流れが起こった。流通が整備された現在、インディーズとメジャーではほとんど格差はない。Amazonで注文すればその日に商品が届くようになった今は、メジャー／インディーズの区別はほとんどなくなったと言っていいだろう。

モーニング娘。『ASAYAN』降板騒動

モーニング娘。の人気がピークだったころ、『ASAYAN』にまつわるちょっとした騒動があった。一時は毎週おっかけ映像をリポートし、モーニング娘。の最新情報を知りたければ『ASAYAN』を観ればよいというほど蜜月関係にあった番組から、改編期を境に彼女たちがほとんど出演しなくなるのだ。この騒動は黎明期のインターネットで、口コミで一気に広まったので覚えている読者の方も多いだろう。その理由に関してはさまざまな憶測が流れたが、番組制作会社だった吉本興業、電通と、モーニング娘。の所属事務所、アップフロントエージェンシーの間に対立があったと言われている。

同番組の前身はテリー伊藤演出のファッション番組『浅草橋ヤング洋品店』で、制作会社は吉本興業と電通。『天才・たけしの元気が出るテレビ!!』（日本テレビ系）のような吉本新喜劇風のコテコテのセットで収録されていた。新人のナインティナインは途中からレギュラー加入。後半はオーディション番組『ASAYAN』にリニューアルされ、そこから2人は司会者に昇格し、番組終了までメイン司会を務めあげた。ここからオーディションなどの企業タイアップを用意するのが電通の役回りとなるが、「コムロギャルソン」のコーナーにピーク時の小室哲哉をブッキングできたのは電通の采配だろう。小室哲哉が２００１年に吉本興業に電撃移籍したのも、『ASAYAN』やダウンタウンの浜田雅功と組んだH Jungle with tが繋いだ縁。そんな小室哲哉プロデュースの第一章が終わって、オーディション第2弾としてスタートしたのが「シャ乱Q女性ロックボーカリストオーディション」だった。

シャ乱Qは大阪で結成されたロックバンドで、アマチュア時代に大阪城公園の路上ライヴでファンを集めた。その後、ＮＨＫ-ＢＳのオーディション番組『ＢＳヤングバトル』第2回（91年）でグランプリを受賞し、翌年ＢＭＧビクター（後のＢＭＧジャパン）からシングルデビュー。４枚目のシングル「上・京・物・語」がヒットして、人気バンドの仲間入りを果たした。昔はデビューも所属事務所よりレコード会社のほうが権限を持っており、例えば松田聖子も、ソニー主催の「ＳＤオーディション」で発掘した彼女を、ＣＢＳ・ソニーのディレクターの若松宗雄がサンミュージックに紹介している。シャ乱Qが所属事務所を決めたのも、彼らをスカウトしたレコード会社、ＢＭＧビクターが繋いだ縁。後につんく♂はインタビューで、グランプリ受賞後に各社から寄せられたデビュー話の中からＢＭＧビクターを契約先に選んだのは、「昔アリスがいたヤングジャパンの系列事務所を紹介してくれたのが決め手だった」と答えている。大阪時代に『ヤングタウン』

の熱心なリスナーだったつんく♂らは、こうして堀内孝雄のいたアップフロントエージェンシーに所属することになった。

「シャ乱Q女性ロックボーカリストオーディション」からデビューのチャンスを掴んだモーニング娘。は、ごく自然な流れで、つんく♂と同じアップフロントエージェンシーの所属となる。まだ初期のころは一発屋として終わってもおかしくはない存在で、本格的な人気はその後のこと。『ASAYAN』の番組内で毎週おっかけリポートをやってくれたおかげだった。

昔からテレビ番組で生まれたグループの曲やタイアップ曲は、放送局系の音楽出版社に帰属され、番組で頻繁にオンエアすることでヒットに結びつけてきた。JASRACから支払われる著作権収入のうち音楽出版社が受け取るのは半分〜1／3と、曲を作った作詞者、作曲者と同等なのだから、音楽出版ビジネスのうま味は大きいだろう。メジャーデビュー曲「モーニングコーヒー」は、局系列のテレビ東京ミュージックが音楽出版社として登録。「サマーナイトタウン」からは、もともとフォーク時代から音楽出版を手掛けていた事務所の傘下、アップフロント音楽出版とテレビ東京ミュージックの共同出版扱いとなった。

制作スタッフである吉本興業、電通も、『ASAYAN』の視聴率に貢献するモーニング娘。を当初は歓迎していたが、人気に乗じて利益が入ってくるようなしくみがないのは面白くない。そこで以降はテレビ東京が退き、「Memory 青春の光」は電通ミュージック・アンド・エンタテインメントと、「LOVEマシーン」、「恋のダンスサイト」は吉本系列の吉本音楽出版と、アップフロント音楽出版との共同出版となった。特に後者2つはいずれもミリオンヒットを記録し、CD売り上げからの莫大な著作権手数料がもたらされた。ところが、次作「ハッピーサマーウェディング」（2000年）以降から再び、アップフロント音楽出版とテレビ東京ミュージックの共同出版に変わり、以降は今日までずっとアップフロント音楽出版がモーニング娘。の音楽出版社となっている。おそらくここで、吉本興業、電通ら番組制作側と事務所の間に、なんらかの対立があったのだろう。このときアップフロントエージェンシー側には、バーニングプロダクションが加勢したとも言われている。

モーニング娘。のピーク時に起こった『ASAYAN』降板騒動は、その後に起こった。『ASAYAN』はその後、モーニング娘。のMVなども撮っていたディレクターのタカハタ秀太ら、初期制作スタッフが退くことになり、2001年4月からは吉本と読売テレビが立ちあげた映像制作会社、ワイズビジョンに制作がバトンタッチ。モーニング娘。色は一掃されていく。

しかし、モーニング娘。が所属するアップフロントエージェンシーは、ヤンジャの時代からテレビ文化に対抗してコンサート興行などで歴史を築いてきた会社。番組降板もなんのその、彼女らはメンバーが参加する有料の運動会や握手会、バスツアーなどで糊口をしのぐのだ。2001年、2002年と続けてハロー!プロジェクト大運動会を開催。2003年にはハロー!プロジェクト スポーツフェスティバル2003を開催し、イベントの規模を広げた。特に異色なのは、タレントとファンを帯同して企画された、旅行代理店とタイアップした宿泊旅行やバスツアー。これとてアリスのメンバーとファンを引き連れて海外コンサートツアーなどを主催していた、同社の伝統とも言えるもの。こうしてフォーク時代の方法論で、「テレビに出ないアイドル」が可能なことをアップフロントエージェンシーは実践してみせた。

しかし、まだテレビの力が大きかった時代。『ASAYAN』降板の影響は決して小さくはなく、モーニング娘。はピーク時から人気を落とすことになったが、コンサートツアーなどのライヴに力を入れ、後にダンスパフォーマンスを前面に打ち出した現行グループへと生まれ変わった。2013年、「Help me!!」で3年8カ月ぶりにオリコン1位に返り咲いたのも、レギュラー番組を持たない彼女らがライヴで実力を積んできたことへの評価なのだろう。

「テレビに出ないアイドル」は、音事協が支配する旧来の芸能界からは決して現れなかった。それをフォークに出自を持つ事務所が実現してみせたモーニング娘。の歩みが、おそらく専用劇場だけで活動するＡＫＢ48というアイドルグループを秋元が構想したとき、彼の背中を押したひとつの要因になったと思われる。

第5章

AKB48は「大人数アイドル」という実験の結晶だった

「テレビに出ないアイドル」＝グループアイドルの歴史

従来、アイドルと言えばソロか、グループであっても3～4人程度であった。秋元康が放送作家、作詞家として関わったおニャン子クラブは、最盛期には40人を抱える大所帯となり、今日における大人数アイドルの先駆けとなった。モーニング娘。が「平成のおニャン子クラブ」と呼ばれたのは、大人数編成を継承していたことから。個性的なメンバーを有するには、大人数であることが大前提となる。ビートルズ対ローリング・ストーンズのように、優等生と不良双方のファンが対立するなら、全員メンバーに入れてしまえば両者のファンを取り込めて、音楽業界全体の利益となる。それがＡＫＢ48における、オタク人気の渡辺麻友と、ヤンキー人気の板野友美の構図に現れている。最初は誰か一人のファンから始まっても、それがグループを支持する「箱推し」に繋がるはず。ＡＫＢ48が結成されたころ、秋元はメンバー選定について「クラスで3番目に可愛い子を集めた」と語っていた。そこからお目当ての子を見つけてくれればよいと。秋元はそれを「クラスの3番目は誰かの1番目」というレトリックで表現していた。

２０１０年、ＡＫＢ48は「世界一人数の多いポップグループ」として、ギネスブックの世界記録に認定された。ＳＫＥ48、ＳＤＮ48、ＮＭＢ48などの他、研究生を含めると総勢約２００人の大所帯になっていたが、受賞対象は中心的存在であるＡＫＢ48で、メンバー48人に認定証が送られた。

大人数グループというのは「もしアイドルが大人数だったら？」という、秋元にとっても一種の実験だった。最初のオーディションから参加していた振り付け師の夏まゆみは、なぜこれほど大人数を採用するのか謎だったと語っている。おニャン子クラブもメンバーは40人近くいたが、それは

2年半の歳月をかけてそこに至った結果。ＡＫＢ48はオーディションで合格者した19人全員をメンバーとしてスタートし、グループアイドルの歴史を早回しで見せた。

おそらくそこには、おニャン子クラブ以降、結成されては消えていった、過去の大人数アイドルの歴史が反映されているのだろう。その歴史を辿っていくことが、大人数アイドルというＡＫＢビジネスの確かさを証明することになる。

東京パフォーマンスドール前前前史

おニャン子クラブとＡＫＢ48の間に存在したグループアイドル史の中で、もっとも重要なのが、東京パフォーマンスドールである。そのデビューのきっかけを作った一人が、プレイステーションの生みの親と言われる丸山茂雄。ソニー・ミュージックエンタテインメントの代表取締役を務めた丸山は、創業時からソニーのエンタテインメント事業の革新性を引っ張ってきた一人だった。ソニー第2のレコード会社、エピック・ソニー（後のエピックレコーズ）設立に参画。「日本初のロックレーベル」と本人が呼ぶエピックから、東京パフォーマンスドールがデビューしたのには、ある種の必然があった。

丸山茂雄は１９４１年生まれ。68年に創業時のＣＢＳ・ソニーに入社し、その後、エピック・ソニー（79年）、キューン・ソニー（92年）、アンティノス（94年）などの姉妹レーベルの立ちあげに関わってきた。93年にソニー・コンピュータエンタテインメントを設立し、コンシューマーゲーム機、プレイステーションを世に送り出す。並行して小室哲哉のマネジャーを務めていた時期もある異色のキャリアで、これらすべてが東京パフォーマンスドールの結成に結びついている。少々長くなるが、順を追って説明する。

ソニー・ミュージックエンタテインメントの中核を担うソニーレーベルの前身、CBS・ソニーは68年創業。それまで日本コロムビアが配給契約していた米CBS（コロンビア・ブロードキャスティング・システム）と、日本の電機メーカーのソニーとの合弁会社として生まれた。もともと米コロンビアの配給会社として生まれたのが老舗、日本コロムビア。このときの合併劇は創業以来の大騒動となり、米コロンビア担当者は処分の憂き目に。だが、販売契約以外のライセンスを同社が所有していたため、米コロムビアグループのカタログをソニーが販売している現在も、名称やトレードマークはそのまま日本コロムビアが引き継いでいる。

戦後、日本企業の保護を名目にしばらく外国資本の参入が禁じられていたが、佐藤栄作内閣時代に米ジョンソン大統領の要請を受け、貿易摩擦解消のため資本自由化を認めた。外資系第1号となったのが、68年に創業したレコード会社、CBS・ソニーだった。50%ずつ外国資本、国内企業が株を持つという合資会社として誕生。これに追随し、ビクターのフィリップスレーベルが独立してできた日本フォノグラム（70年）、渡辺プロと米ワーナー・ブラザーズ、電機メーカーのパイオニア合資によるワーナー・パイオニア（70年）などの新会社が設立された。73年には東芝音楽工業が、英EMIの株受け入れによる外資合弁会社、東芝EMIとなってそれに続く。

CBS・ソニーの第1回新譜が、サイモン&ガーファンクル『サウンド・オブ・サイレンス』他数タイトル。洋楽配給会社として歴史をスタートさせたが、当時のレコード会社にとって邦楽部カタログは必須で、設立早々に邦楽セクションを立ちあげ、フォーリーブス「オリビアの調べ」などのリリースを開始する。

外資系第1号のCBS・ソニーには、同業他社からの人材引き抜き禁止という付帯条件があった。

日本コロムビアから来た酒井政利、高久光雄ら数人以外はすべて異業種出身。証券会社、化粧品会社、広告代理店などのさまざまな前職のスタッフが集まった結果、ＣＢＳ・ソニーの歴史はかなりユニークなものになった。制作経験者がいないこと、ビクターや日本コロムビアのような専属作家も持たなかったことを逆手に取り、当時できつつあったプロダクション原盤を配給するところからスタート。ジャニーズ出版（フォーリーブス）、ユイ音楽出版（吉田拓郎）、渡辺音楽出版（天地真理、キャンディーズ）などの大手芸能事務所系列の原盤を供給する、海外レコード会社のＡ＆Ｒのようなかたちで、豪華アーティストのカタログを揃えた。原盤会社参加を促す好条件として、このときＣＢＳ・ソニーは原盤権使用料20％を提示したと言われる。今日、コンピレーション盤を作る場合にソニー音源だけ原盤権使用料が20％（他社は15％前後）と高いのは、このときできた慣例のためと言われている。

丸山は入社してしばらく営業でキャリアを積み、その後、香港営業所に就任。しかし著作権が整備される前の香港は、海賊盤が街中で普通に売られているような有様だった。一計を案じた丸山は、地元の海賊盤業者を根こそぎスタッフに採用して、海賊盤を一掃したという痛快な逸話がある。まるで『海賊とよばれた男』のような丸山の半生は、自伝『往生際』（13年／ダイヤモンド社）にくわしい。帰国後は制作宣伝を担当し、山口百恵、郷ひろみら、ホリプロ、バーニング系を担当する稲垣博司、酒井政利らと並んで、ユイ音楽工房の吉田拓郎、山本コータロー、ヤングジャパンのばんばひろふみ、渡辺プロダクションの太田裕美などを丸山が受け持った。

テレビ局から離れた青山にオフィスを構えて創業したのも、異業種出身者が多かったＣＢＳ・ソニーらしい。営業担当の丸山が一番苦慮していたのが、テレビ局プロデューサー、芸能事務所との付き合いだった。レコード大賞などの賞レースに、さまざまな芸能政治的駆け引きがあったことはゴシップ誌で報じられてる通り。自ら希望して制作を離れたほど、テレビ局、芸能事務所が嫌いだった丸山のところに届いた辞令が、79年のエピック・ソニーの立ちあげだった。

同社はソニー2つ目のレーベルだが、53年創業の米エピックはもともとCBS傘下のジャズ、クラシックのレーベル。邦楽の事業部長を任された丸山は、エピック・ソニーのゼロからの立ちあげに際して、「日本初のロックレーベル」というカラーを打ち出した。理由はただひとつ、テレビ局、芸能界と付き合いたくなかったためである。創業時のアーティストは〝日本のミック・ジャガー〟こと山本翔と、そのバックバンドだった一風堂、ばんばひろふみという男臭いラインナップだった。しかしこれが、エピック・ソニーをCBS・ソニーとはまったく別のレーベルへと成長させる。

81年、アメリカで24時間ミュージックビデオのみ放送する有料ケーブル局、MTVが放送を開始する。ミュージック・ビデオを中心に流す専門局の誕生で、ラジオがヒットの雌雄を決めてきた米チャートに異変が起きた。新進気鋭のビデオクリエーターとミュージシャンのコラボによって、MVは新しい音楽の表現方法のひとつとなる。創業時には白人のビデオしか流さなかった保守系のMTVで、初めて放送された黒人アーティストがマイケル・ジャクソン。当時マイケルはエピック・ソニー洋楽部の稼ぎ頭で、日本国内でも大ヒットを続けていた。グラミー賞を受賞したジョン・ランディス監督による「スリラー」のミュージックビデオを見た丸山は、芸能界やテレビの歌番組と付き合わない最善策として、ビデオによるプロモーションに光明を見出す。

しかし米MTVが日本に上陸するのは、関西の朝日放送が84年にスタートさせた『MTV: Music Television』以降。国内ではヒットメーカーの松任谷由実（『コンパートメント TRAIN OF THOUGHT』／84年）、甲斐バンド（「フェアリー（完全犯罪）」／84年）ぐらいしかMVを作っていない時代である。まったくの無手勝流でMV制作に着手し、最初のトライアルとしてカメラマンの井出情児がディレクションした一風堂のMV「MAGIC VOX」が作られた。これが海の向こう、イギリスのBBC放送でも紹介され、最終的に同年のロックビデオランキング4位に選ばれる。これをきっかけに、当時アルバイト学生だった坂西伊作に映像事業チームの組織を命じ、日本で最初にレコード会社内にビデオ事業部を設けた。しかしMVを作ってもかけてくれるテレビ局は日本にはまだない。そこで、自社MVを集めて全国行脚するビデオコンサートを主催。またUHF局をスポンサードしてまるごと放送枠を買い、自社MVを優先的に流す『SONY MUSIC TV』（83年／テレビ神奈川）という番組をスタートさせた。88年にテレビ東京で始まった、エピック・ソニー改めエピックレコーズの映像事業部が制作する、『eZ-TV』という音楽情報番組も長寿番組となった。

エピック・ソニーの映像戦略にもっともハマったのは、小室哲哉率いるTM NETWORKだった。担当だったディレクターの小坂洋二は渡辺プロからの転籍組だが、テレビ嫌いは丸山と同じ。佐野元春をラジオのパワープレイだけでブレイクさせた功績があった。TMはシンセサイザー類がまだ過渡期で、不安定ゆえにライヴ活動に不安要因が多かったため、方針として本人たちは露出せず、ビデオ先行という実験的プロモーションを展開する。サントリーのCMを手掛けていたディレクターの杉山恒太郎に、デビュー曲「金曜日のライオン」の監督を依頼。また、渋谷パルコ劇場を貸し切って客を入れ、ビデオ撮影用に行ったコンサートを収録した『VISION FESTIVAL』（85年）をビデオグラムでリリースする。PVによるプロモーションは東京では芳しい成績は残せなかったが、遠く離れた札幌でパワープレイされ、TM NETWORKは北海道から人気の火が点いて全国区になっていくのだ。米MTVでもデュラン・デュランが先行者として、MVで成功のチャンスを掴んでいたが、彼らも遠く離れたイギリスとの移動距離の問題、現地に住んでツアーをやって税金を落とすアメリカの商慣習に馴染まないことから、米エージェントのアイデアで、アルバム全曲のMVを作る作戦をとっていた。人口5000万人のイギリスと、人口3億人のアメリカではレコード産業の規模は遙かに違う。このときのデュラン・デュランのブレイクは、60年代のビートルズらの米チャート席巻の再来、「ブリティッシュ・インベーションII」と呼ばれた。おそらく丸山にはすでにこのとき、ビデオ戦略の先の先に、海外市場を睨んでいたのだろう。

まだ映像制作には今以上にコストがかかる時代だったが、それでもエピック・ソニーは映像に注力して、メンバーもトークゲストとして同行する「TM VISION」というビデオコンサートで全国を回る。こうしてテレビの歌番組などの業界政治とは無縁に、TM NETWORKは全国ファンを獲得していった。また『吸血鬼ハンターD』(85年)、『シティーハンター』(87年)などアニメ作品のタイアップにも積極的に関わり、後者の主題歌「Get Wild」のヒットが、彼らの本格ブレイクのきっかけとなった。その枠はエピック・ソニー枠と呼ばれ、小比類巻かほる、大沢誉志幸らのタイアップがそれに続いた。

一般的にロック系アーティストは、地道に活動してファンを集め、デビューからアルバム3作目あたりでやっとブレイクという、息の長い付き合いが必要と言われてきた。そんな折り、小室哲哉が曲提供した渡辺美里「My Revolution」(86年)が40万枚超えの大ヒットに。TMが時間をかけて少しずつファンを増やしていったのに対し、この1曲で小室は一夜にしてヒットメーカーの仲間入りを果たした。渡辺美里は、同名雑誌の主催オーディション「ミスセブンティーンコンテスト」出身者。同年のコンテストには、おニャン子クラブの国生さゆりも選ばれていた。日本ではアイドル的存在がセールス的に圧倒的に強いことを、「My Revolution」のヒットで丸山はまざまざと知らされた。

それに続いてエピックが契約したのが、同じ「ミスセブンティーンコンテスト」出身者で、おニャン子クラブのメンバーだったアイドルの渡辺満里奈だった。自社アーティスト、ＬＯＯＫの山本はるきちを作曲に起用するなど、ニューミュージック寄りの高品位なサウンドで従来のアイドルポップスと一線を画していた。丸山のヴィジュアル戦略的考え方から、この時期エピック・ソニーはＣＢＳ・ソニーに比べて、ジャケット制作費の上限が高く設定されていたと言われている。同年にデビューしたＣＢＳ・ソニーのおニャン子メンバー、渡辺美奈代と渡辺満里奈のアートワークには歴然とした差があった。なにしろ、RATS & STAR『SOUL VACATION』（83年）のジャケットを、巨匠アンディ・ウォーホルに依頼するような会社である。RATS & STARに関しては、輸入盤の雰囲気を出すためにタスキを外して、まだ高価だったシュリンクで包装するデザイナーの案にも、丸山はＯＫを出した。

それに遡ること10年前。日本のロックレーベル史における最初のひとつが、72年にできた東芝音楽工業時代の加藤和彦のドーナツ・レーベル。グラム・ロックなどに感化されていた加藤は、アンディ・ウォーホル、ヒプノシス、キーフのような著名デザイナーが手掛けた海外のアート風ジャケットに憧れていたが、その時代まだ日本では、レコード会社の社員デザイナーがジャケットを作っていた。演歌、アイドルをデザインしているのと同じデザイナーが、ロックのジャケットを手掛けるのは限界がある。インディーズのＵＲＣからデビューしたはっぴいえんどらにはそのような拘束はなく、ポスター、広告などを制作していた狭山のデザイン集団、WORKSHOP MU!!に依頼して一連の傑作ジャケットを生み出していた。

加藤は外部のデザイナーに依頼して、ジャケットデザインも自らコントロールすることを所望する。しかしメーカーには制作費の上限があり、東芝には社外にデザイン発注する慣例もなかった。

しかし加藤和彦は「帰って来たヨッパライ」を累計260万枚のヒットさせたドル箱スターゆえ、無下にはできない。そこで、他の東芝所属アーティストへの便宜を図り、加藤和彦作品のみ独立レーベル扱いにして別の管理番号を振り、アーティストの希望をレコード会社は例外的に認めた。こうして生まれたのがドーナツ・レーベルで、『サディスティック・ミカ・バンド』やレーベルロゴを、WORKSHOP MU!!の奥村靫正が手掛けることになった。日本のロックの歴史において、音楽とヴィジュアルが切っても切れない関係にあったことを表す、これも好エピソードと言えるだろう。

ゲーム業界に学んだ「ソニー分社化」

丸山がソニー・コンピュータエンタテインメントを創業し、プレイステーションを世に送り出すことになった顛末も少し変わっている。もともとは任天堂の人気ゲームハード機、スーパーファミコンに取り付けるCD-ROMドライブをソニーで販売しようというアイデアが発端だった。当時、家庭用カラオケは演歌のテイチクの独占市場だったが、カラオケができるスーファミ用のCD-ROMハードとソフトを自社で作れば、カラオケマーケットをソニーが席巻できると考えた。そのとき任天堂との交渉役を担当したのがソニーのエンジニア、久夛良木健だった。しかし、発売直前に任天堂から理不尽なキャンセルを突きつけられ、このまま撤退するかソニーで独自にゲーム機を出すかの選択を迫られた。こうして周りの大反対の中、2人が後者を推し進めて94年にリリースされたのがプレイステーションである。丸山らは、ライバルとなったファミリーコンピュータもいずれCD-ROMを搭載したカラオケシステムを出すだろうと考えていたのだが、音楽著作権の扱いへの不安から、任天堂はカラオケ事業には参入しなかった。このときライバルのコンシューマーゲーム機メーカー、セガはすでに通信カラオケ事業に参入しており、音楽事業のアドバイザーに招かれたのが秋元康だった。ゲーム業界から見れば音楽ビジネスは、まったく未知の分野だったのだ。

93年にソニー・コンピュータエンタテインメントを設立し、約1年でプレイステーション販売にこぎ着ける。このとき丸山は、ゲーム業界のクリエイター、ベンチャー会社と初めて知り合い、提案から決定までのスピードがものすごく速いことに驚いたという。その後、92年に音楽業界に戻った丸山は、プレステ立ちあげ時の異業種との交流体験を元に、企画から決定までに時間がかかるレコード業界の慣例にメスを入れるという、社内での大改革に取り組むことになる。

話をエピック・ソニー時代に戻したい。TM NETWORKの人気が落ち着いてきたころ、丸山は小室哲哉にロンドンへの長期留学を勧めた。88年に小室は渡英し、英ヴァージンレコード副社長だったカズ宇都宮の家にホームステイして、充電期間をそこで過ごした。実はそのころ、ＣＢＳ・ソニーが親会社ＣＢＳを買収するという計画が水面下で進んでいた。ほどなくして、米ＣＢＳレーベルを子会社に収め、88年に親子関係が逆転して、全世界企業としてソニー・ミュージックエンタテインメントが誕生する。過去にTHE MODSのロンドン録音、佐野元春のニューヨーク録音などに丸山が理解を示していたのは、「日本人アーティストで海外に進出する夢の足がかり」だったという。カズ宇都宮は、一風堂の土屋昌巳がデヴィッド・シルヴィアンのジャパンにサポート加入する、出会いのきっかけを作った人物。エピックはその後ロンドンに現地法人を作り、ボム・ザ・ベースに加入するギタリストの鈴木賢司、シンプリー・レッドのメンバーになるドラマーの屋敷豪太などの海外活動をサポートした。

シンセサイザー類を駆使するTM NETWORKは、デビュー時に〝ポストＹＭＯ〟として注目されていた。丸山が海外戦略に際して小室哲哉に目を付けた理由がそこにあった。「マイ・ウェイ」などの外国曲を扱う音楽出版社としてアルファ・ミュージックを創業し、著作権ビジネスにいち早く進出。海外の音楽事情に精通していたアルファレコードの村井邦彦が、ＹＭＯを海外デビューさせて2回のワールドツアーを成功させたことに、丸山は大いに刺激されたという。「テクノポリス」、「ライディーン」などをヒットさせたＹＭＯが、インストゥルメンタルグループとして結成されたのは、日本人による海外進出という目標がリーダーの細野晴臣にあったため。アルファレコードは78年にアメリカのＡ＆Ｍと高額なレーベル契約を結び、ポリス、リタ・クーリッジ、リー・リトナーなどの洋楽販売を手掛ける代わりに、ＹＭＯの海外リリースを要請し、「コンピュータ・ゲーム（ファイヤークラッカー）」という12インチシングルをビルボードのダンスチャートに送り込んでいた。ＣＢＳ・ソニーによる親会社買収のこのタイミングは、丸山にとってまさに好機であった。このとき小室にイギリス留学を勧めた丸山の中にあったのは、「TM International」というTM NETWORKのインターナショナル版の構想だったと言われている。

70年代末から連綿と続いていたイタロ・ディスコの進化版として、ユーロビート、ハイエナジーと呼ばれるダンスミュージックが80年代初頭に流行していた。80年にＹＭＯが世界進出した後、世界で芽吹いた打ち込み音楽のいわば進化形だった。そのルーツがイタリア系のプロデューサー、ジョルジオ・モロダー。ドイツのミュンヘンというローカルを拠点にしながら、ドナ・サマーのプロデュースでアメリカで大成功していた。アングロサクソンが圧倒的優位に立つアメリカ、イギリスの音楽シーンで、打ち込み音楽には唯一、音楽の辺境地のアーティストが打って出るチャンスがあったのだ。現にドイツのプログレッシヴ・ロックバンド、クラフトワークは、『アウトバーン』（76年）がアメリカのディスコから火が点いて、世界的な人気グループとなっていた。

TM NETWORKをそのままのかたちで輸出するのが難しいだろうが、小室のサウンド作りに国境を越える可能性を感じていた丸山が、現地のヴォーカリストを起用して、小室がプロデュースする海外進出のためのユニットとして考えたのが「TM International」だった。小室のロンドン在住時には、そのためのオーディションが実際に行われたのだが、「世界に打って出るのは時期尚早」という小室の判断で、そのプロジェクトは一旦中断となる。英国制作第1作『ぼくらの七日間戦争』(88年)のサウンドトラック盤に、その派生物として作られた、女性シンガーを起用した挿入曲「Fun Factory」1曲だけが残された。

英国在住時代は1年以上に及んだが、その時期の結晶として生まれたのが、ビートルズのプロデューサーとして著名なジョージ・マーティンが建てた、エア・スタジオで録音されたTM NETWORK『CAROL』(88年)である。ロンドン滞在時に本場シェークスピア演劇の舞台などに影響を受け、ストーリーとナレーションと歌で構成されたLP2枚組の大作となった。海外留学時に本場のステージを見て、ミュージカルの洗礼を受けたと語る秋元康との符合が興味深い。このとき小室が特に影響を受けたのが『ジーザス・クライスト・スーパースター』、『エビータ』、『キャッツ』、『オペラ座の怪人』、『スターライトエクスプレス』で知られる英国の作曲家、アンドリュー・ロイド=ウェバーだった。作詞作曲家でありながら原作脚本も手掛けるウェバーに影響を受けていたことは、『CAROL』のスクリプトまで小室自身が書いていることでもはっきりわかる。「TM International」は果たせなかったが、ロンドンのレコーディング環境を使って国内向けアルバムを作る方向に軌道修正され、ポール・マッカートニーのスタッフらの協力を得て制作した『CAROL』は、TM NETWORK史における頂点となるアルバムとして完成する。

同アルバムは原作本発売、アニメ映画公開など、さまざまな派生作品を生み、プロジェクトは集大成として成功で終わった。TM NETWORKとしての活動にはここでピリオドが打たれ、翌年から小室プロデュース作品は、バンド形式による再現を意図しないダンスミュージックへと傾斜する。自作曲をナイル・ロジャースら、海外のクリエイターにリミックスさせたアルバム『ＤＲＥＳＳ』（89年）は、それまでＴＭをバンドとして信奉していた男性ファン、３人の少女漫画のようなルックスに惹かれていた女性ファンの理解を超える作品になった。

ユーロビートブームは国内を席巻し、マハラジャなどのディスコで隆盛期を迎えていた。そのとき小室が出会ったのが、ダンスミュージックのレコード輸入販売業から身を起こして成功した新興レコード会社、エイベックスの松浦勝人だった。当時『SUPER EUROBEAT』というオムニバスをヒットさせていた松浦は、TM NETWORKの楽曲のユーロビートリミックスを販売したいと小室に提案。その際に条件を出した、メーカー許諾などの契約を鮮やかに決めた松浦の手腕に惹かれ、それを機にエイベックス作品への小室の公式／非公式の関わりが始まった。こうして生まれたのが、91年から怒涛のリリースを開始するｔｒｆ（TK RAVE FACTORY／現・ＴＲＦ）である。もとはメンバー不定形の単発ユニットから始まったが、シングルヒットによって現在の5人のパーマネントなグループに再編され、後の小室ブームにおける中核的存在となっていった。しかしエピック・ソニーの契約アーティストだった小室の他社プロデュース参加への傾斜は、ソニーグループ内で当然問題視されることとなる。

小室側にも相応の言い分があった。たまたま高校の同級生が社員だったことから、84年のデビュー時からTM NETWORKの楽曲管理を預けていた音楽出版社ジュンアンドケイが、そのまま彼らのマネジメント先となった。傘下にオフィス・タイムマシンを設立し、メンバーはそこの所属となる。ジュンアンドケイは元ポリドールの女性ディレクター松村慶子が、小沢音楽事務所の小沢惇と作った会社で、リリィ「私は泣いています」、桑名正博「セクシャルバイオレットNo.1」、森田童子「ぼくたちの失敗」、欧陽菲菲「ラヴ・イズ・オーヴァー」などの楽曲管理で知られていた。ここがTM NETWORKの楽曲、映像などの権利一切を保有する契約だったため、ブレイク後の小室とはしばしば対立。おそらくそんな業界の権利体質に対する反発が、ダンスミュージックという新しいビジネスを展開していた、エイベックスの松浦勝人に惹かれていった理由なのだろう。

エイベックスでの小室プロデュースの本格化は、ソニーグループ内で当然問題になったが、それを解決できる立場にいる者がいない。エピックの代表だった丸山の責任論にまで発展していくことになるが、エイベックスを急成長させた松浦の手腕を評価していた丸山は、2者の調停役として自らが小室哲哉のマネジャーとなることを志願するのだ。

そのために考えたのが、海外のA&Rのように、マネジメント事務所、音楽出版+原盤制作会社、プロモーション会社などすべてを独立させて、集合離散するさくらレコード（仮）という事業計画である。ここのマネジメント事務所に小室を所属させて、エイベックスの売り上げを正しくソニーグループに還元させるしくみを作る。これが後の、アンティノスマネジメント（事務所）、アンティノスミュージック（音楽出版社。後のソイツァーミュージック）など複数社で構成される、アンティノスグループ（94年）の始まりである。当時、ソニー・コンピュータ立ちあげや、小室とエイベックスの折衝でソニーの首脳陣に頭にきていた丸山が、「アンチ+ソニー」をひっくり返して、社名を「アンティノス」と付けたエピソードは有名だろう。

このとき丸山が日本初の本格的A&R実現のために計画していたさくらレコード(仮)について、重要なのでもう少し触れておく。プロジェクト（アルバム、シングル、ビデオグラム）が立ちあがるごとにスタッフが集合離散し、宣伝もコンペでもっとも優秀だったエージェンシー（広告代理店）

が専任されるという、徹底した合理性を目指す。ディレクター、プロデューサーが売り上げに乗じたギャランティを受け取るしくみを作り、ヒットを目標に力を寄せ合う。カネの流れすべてをガラス張りするアイデアは、ゲーム業界やエイベックスとの付き合いを通して、丸山の中で生まれたものだった。

日本のレコード会社はこれまでずっと、主力アーティストの売り上げを新人育成費などの運転資金に充てることで、新陳代謝を続けてきた。小室もプロデューサー的考えが芽生えた時期で、新人育成に自らも参加したかったが、稼ぎ頭でありながら経営者ではない小室に、そこに加わる権利はなかった。また、ロックを志望して入社した制作マンに、社会勉強と称して演歌の営業をやらせるようなことが、日本のレコード会社ではずっと美徳とされてきた。アメリカのエージェンシーのように、宣伝プランを各社に出させ、商品価値にもっとも精通しているものが仕事を得る世界とは正反対。これでは世界では戦えない。そのために日本でA&Rのシステムを根付かせて、プロデューサー、ディレクター、パブリッシャー（音楽出版）、プロモーターのプロフェッショナルを養成するというのが、丸山がさくらレコード（仮）立ちあげ時に考えた狙いであった。

結果から記そう。この計画は時期尚早に終わった。さくらレコード（仮）改め、アンティノスは、宣伝マンがいないレコード会社という画期的スタイルで船出するが、早い時期に軌道修正され、社員プロモーターを入れて通常のレコード会社のように営業することを余儀なくされた。それも無理からぬ話で、日本のレコード業界ではずっと社員中心に組織作りがなされてきたために、そこに参画するフリーランスの優秀な個人プロモーターや、音楽に長けた宣伝エージェンシーなどそもそも存在しなかったのだ。幸いT.M.Revolutionらをデビューさせてヒットはしたものの、独立レーベルとしての役目を終えると、アンティノスは２００２年にエピックの一レーベルとなった。

その後、丸山は古巣CBS・ソニーが中核となるソニー・ミュージックエンタテインメントに役員として戻り、98年から2001年にかけて代表取締役を務めた。この最後の年に、ソニーレコード（旧・CBS・ソニー）、エピック・ソニー、キューン・ソニーなどのグループ会社をすべて分社化する、社内改革を行った。プロジェクトを少人数化し、事業部ごとに制作、宣伝を専任させて、企画から決定までのプロセスのスピード化を図るためのものだった。

音楽のジャンルごとに事業部を分離させるレーベルという手法は、加藤和彦の「ドーナツ・レーベル」、キングレコードの「ベルウッド」、日本クラウンのニューミュージック系レーベル「パナム」など過去にもあった。こうして制作部は一定の独立性が保証されたが、しかし70年代まで各社の主力商品はあくまで歌謡曲。邦楽部のプロモーターは芸能事務所、テレビラジオなどの放送局との折衝が主たる仕事であり、彼らにロックのレコードをセールスする知識を求めるのには無理があった。

海外ではレーベルごとに専任のプロモーターを置いて、商品内容に通じているものがメディア特性を考え、効率よくプロモーションしていた。そのやり方を採用した国内レーベルの最初のひとつと言われるのが、RVCのAIRレーベル。犬のマーク「ニッパー」のイラストで有名な米RCAの日本法人として、75年にビクターから独立して生まれたRVC（RCAビクターレコード）の傘下に作られた、シティポップのレーベルである。担当ディレクターは、現在、ジャニーズエンタテインメントの代表取締役を務める小杉理宇造。TBS系列の音楽出版社、日音の国際部からの転籍組で、ほとんど実績のなかった山下達郎のソロデビュー作『CIRCUS TOWN』（76年）のニューヨーク、ロサンゼルス録音で采配を振るった人物である。当時のRVCの主力商品は、藤圭子、和田アキ子、西城秀樹、内山田洋とクール・ファイブなどの歌謡曲や演歌。海外のA&R事情に通じていた小杉は、山下のようなサウンドをセールスするには音楽知識のある専任プロモーターが必要と社内交渉し、79年にＡＩＲレーベルを発足する。その第1回作品が、山下達郎『MOONGLOW』（79年）。ＦＭ雑誌、ファッション誌、ＦＭ放送などを中心にプロモーションを展開し、売り上げを伸ばした。濱田金吾、角松敏生、小田裕一郎らがそれに続き、日本のシティポップレーベルの雄として、ＡＩＲは信頼のブランドとなった。その成功を踏まえ、山下達郎、竹内まりやらを引き連れて独立し、81年ヤナセ資本の下で設立したのがムーン・レコード（後のアルファ・ムーン）。独立早々に山下達郎のシングル「クリスマス・イブ」（83年）を大ヒットさせた。

レーベルに専任のプロモーターが就くかたちがその後スタンダードとなり、80～90年代の個性派レーベル爛熟時代を支えた。80年代以降、サザンオールスターズなどのロックグループがミリオンセラーの常連となると、各レコード会社とも世代交代が進んで、今は歌謡曲よりもロック、ニューミュージックなどのＪ-ＰＯＰが主流となった。その啓蒙はひとつの役割を終えたということなのだろう。各レーベルが似たようなアーティストを扱いながら別々の宣伝部隊を抱えているのは非効率ということで、ソニー分社化から13年後の２０１４年に、ソニー・ミュージックエンタテインメントの傘下にあった8レーベルを統合。現在はソニー・ミュージックレーベルズとしてひとつの会社になった。

東京パフォーマンスドール誕生

話を88年のエピック・ソニーに戻そう。丸山が構想した「TM International」は棚あげされ、一方のTM NETWORKは『ＣＡＲＯＬ』を完成させた。物語形式の大作で、プログレッシヴ・ロックで育った小室哲哉にとって集大成的作品となったが、この完成を機にグループは突然変異。90年にバンド編成を解体し、ダンスミュージック路線の「TMN」として生まれ変わるのだ。ここからプロデューサー、小室哲哉のエイベックスを主戦場とした快進撃がスタートする。

88年のソニー・ミュージックエンタテインメント設立から抱いていた、丸山の世界進出への夢は変わらず。小室のロンドン滞在時、『CAROL』の制作を見守りながら、ストック・エイトキン・ウォーターマンという新世代のプロデューサーチームのオフィスにも出入りしていた。マイク・ストック、マット・エイトキン、ピート・ウォーターマンの3人による制作チームは、傘下にPWLというレコード会社も持つ原盤制作会社を運営しており、カイリー・ミノーグ、バナナラマ、リック・アストリー、シニータなどのヒット曲を連発し、イギリス発のユーロビートブームの火点け役となっていた。小室も彼らのスタジオによく足を運んでいたが、そこはヴィンテージ機材に囲まれたエア・スタジオと正反対の、最先端の打ち込み機材で占められていた。

声量のあるヴォーカリスト主体のアメリカに対して、ハンディのあったイギリス、イタリア、オランダでは、シンガーのアイドル性と最先端のダンスミュージックを組み合わせたユーロビートが生まれ、国際的ヒットが出せることを実証してみせた。エピックでも3人がプロデュースしたゴシック・パンク出身のバンド、デッド・オア・アライヴ「ユー・スピン・ミー・アラウンド」(84年)を大ヒットさせた。知己を得た丸山は、インターナショナルスクール出身の日本人のタレントの卵をPWLのオフィスにアルバイトとして送り込む。その後、KAKKO名義でPWLレーベルからデビューすることになるその新人が、後の鈴木杏樹(鈴木香公子)であった。残念ながらヒットに至らず歌手活動はそれきりで終わり、91年に帰国するとエピック所属のRATS & STARの事務所だった、アンクル・エフ(現・ジャパン・ミュージックエンターテインメント)に所属して、女優、司会者としてブレイクする。同社には、東京パフォーマンスドールの主力メンバーとなる篠原涼子が後に在籍することになる。

TM NETWORKのダンスミュージックでの再始動、新興会社エイベックスなどの台頭に、丸山も大いに刺激されたのだろう。ユーロビート風サウンドとアイドルのハイブリッドという、ロンドンから持ち帰ったPWLの方法論をそのまま用い、初のエピック主導のアイドルグループとして90年に結成されたのが、東京パフォーマンスドールである。ライヴハウスを活動拠点に、毎週ライヴを行いながら、CD、ビデオグラムを連続リリース。そのトータルプロデュースをエピック・ソニーがプロデュースするアイデアは、現在のAKB48にとてもよく似ていた。

オーディションで選ばれたフロントメンバーは、リーダーの木原さとみを筆頭に、米光美保、篠原涼子、川村知砂、市井由理、穴井夕子、八木田麻衣の7人。90年4月にメンバーがお披露目され、原宿ルイードを拠点に「ダンス・サミット」という名称で、歌、ダンス、演劇などをミックスしたプログラムを毎週末披露するステージ活動が続けられた。93年に日本武道館2デイズ、94年には横浜アリーナ公演を成功させるが、94年にフロントメンバーの卒業後、活動が停滞化したことを理由に6年の活動に終止符を打った。AKB48のように研究生システムもあり、仲間由紀恵、徳永愛、嘉門洋子、笛木優子らが次世代として控えていたというから、グループが存続していれば別の展開があったのかもしれない。

開発時のコードネームは〝ゴルビーズ〟で、ソビエト連邦共産党書記長ミハイル・ゴルバチョフの愛称「ゴルビー」から。同年のロシア民主化の改革運動ペレストロイカになぞらえて、「アイドルで革命を起こす」をスローガンとして掲げて誕生した。社会情勢が背中を押したという意味でも、民主旋風を背景に「選抜総選挙」で一般層の知名度を得たAKB48に通じるものがあった。

専用劇場として使われた原宿ルイードは、TM NETWORKの事務所の母体、音楽出版社ジュンアンドケイが経営していたライヴハウス。系列の新宿ルイードは佐野元春がデビュー時に活動拠点にしており、エピックとはもともと縁が深かった。ここに巨大なJBLのスピーカー、ムービングライトを導入するなど、今のAKB48劇場に匹敵する設備を構えた。ステージ設計は、往時のツバキハウス、カンタベリーハウスのディスコナイトの再現を目指したもの。収容人数は150人で、チケット代は1000円。あくまで新人育成という目的で、CD、レーザーディスク、VHSなどのビデオグラムの売り上げから回収するというビジネスモデルだった。演出家として元劇団四季の中村龍史を招聘。松任谷由実の日本武道館公演『YUMING VISUALIVE DA・DI・DA』(84年)から『THE DANCING SUN』(95年)までの総合演出を手掛けた人物で、東京パフォーマンスドール結成から200回に及ぶ公演すべての構成、振り付け、演出を務めた。結成当初は8人しか客が集まらない日もあったそうだが、次第に口コミで評判を呼び、やがてチケット争奪戦が繰り広げられた。

東京パフォーマンスドールのファンとして有名なのが、現在AKB48グループを中心としたアイドル情報サイトを運営する、スクランブルエッグ編集長の岡田隆志。毎週駆けつけるシリアルなファンがついた理由は、徹底して生歌を貫いたところだと彼は言う。会場に備え付けられていたアンケート用紙に書いたアドバイスが、次回の舞台に反映されるなど、初期AKB48に通じる参加性が魅力になった。東京ローカルでの活動がメインのため、ファン層は地域的に限定されたが、かつての『夕やけニャンニャン』のテレビ放送に変わるかたちでマンスリーのビデオマガジンをリリースし、全国の東京パフォーマンスドールファンに映像を通して近況を伝えた。

東京パフォーマンスドールが掲げた音楽性はズバリ、ユーロビート、ハウスを基調とした「日本版PWLサウンド」。最初期はオリジナルではなく、50〜70年代の洋楽スタンダードを打ち込みでアレンジしたカヴァー曲からスタートした。オールディーズからの選曲は、RATS＆STARのディレクターだった事業部長、目黒育郎の意向もあったと思われる。スタイリスティックス他、フィリー・ソウルを主体とした選曲は洋楽ファンにも魅力的に映った。すべての音源がリリースされているわけではないようだが、筆者が耳にしたライヴ音源では、オリジナル・サヴァンナ・バンド風アレンジ曲や、『スイッチト・オン・クリスマス』のアラン・フォーストのジャジーな分数コードを引用したジングルなど、通を唸らすかなり洋楽好きにアピールする内容になっていた。

60年代のモータウン風の人懐っこいメロディー＋打ち込みビートを融合させるスタイルは、かつておニャン子クラブが採用していた路線だが、それは80年代末の世界的流行でもあった。ストック・エイトキン・ウォーターマンの出世作、バナナラマ「ヴィーナス」（86年）、カイリー・ミノーグ「ロコ・モーション」（87年）らは、いずれもショッキング・ブルー、リトル・エヴァの60年代ヒットのカヴァー。そのブームは日本にも飛び火し、長山洋子「ヴィーナス」（86年）、Ｗｉｎｋ「Sugar Baby Love」（88年）など、懐メロのユーロビート作品はいずれもヒットチャートに入った。それらの必勝スタイルをなぞりながら、差別化するためにビーイングを参考にして、とにかく量産を目指したとプロデューサーの清水彰彦は言う。アレンジは、Thousand Sketches、T.Tashiro-MST、in Voiceの3チームをメインに、のちにＡＫＢ48やももいろクローバーZに曲提供している木村貴志（Favorite Blue）、河野伸（SPANK HAPPY）、沖祐市（東京スカパラダイスオーケストラ）、桜井鉄太郎（COSA NOSTRA）、小室哲哉などが加わって、オリジナル曲も披露されるようになっていく。

東京パフォーマンスドールの膨大なカタログは、主に2人の新人ディレクターによって作られた。清水彰彦はもともとマイケル・ジャクソンの宣伝担当という洋楽部出身で、後にGT musicに移籍し、ボーカロイドの初音ミクのアルバム『supercell』（２００９年）を大ヒットさせた御仁。もう一人の菊地智敦は、矢野顕子、the Shamrock、SPARKS GO GOなどを手掛けたロック畑のディレクターで、メンバーの米光美保を角松敏生にプロデュースさせるなど、彼女たちのソロ活動も支援した。ここに後期、エア・スタジオのエンジニア出身、ロンドン帰りの城一真が加わり、寺田創一、ＣＭＪＫ(電気グルーヴ)らを迎えたリミックスアルバム、東京パフォーマンスドールの姉妹グループ、TPD DASH!!のテクノ路線でプロデューサーとしての手腕を発揮する。

ロック系出身スタッフで編成された東京パフォーマンスドールは、洋楽ファンにアピールする内容で従来アイドルに興味がなかった層を惹きつけた。バブル全盛期には円高ドル安で、海外で宿泊レコーディングのほうが制作費が安くあがるため、一部の曲はクリスティーナ・アギレラなどを手掛けたトミー・ヴィッカーリがミックス、TM NETWORK『humansystem』(87年)を手掛けている、マライア・キャリー作品で知られるバーニー・グランドマンがマスタリングを担当している作品もある。

丸山が掲げた海外進出はこのグループにも託され、海外を視野に入れたフランチャイズをいち早く展開していたことでも記憶される。吉本興業との提携事業としてその関西版「大阪パフォーマンスドール」を93年に結成。後に女優となって吉本新喜劇などに出演している武内由紀子、モーニング娘。の姉妹グループ、太陽とシスコムーンのメンバーからアップフロントエージェンシーのダンススタッフとなった稲葉貴子などが在籍していた。４人と少人数ながら、中国出身者で構成する「上海パフォーマンスドール」も公式に結成された。

解散から10年がたち、元スタッフが結集。オーディションが行われて新メンバーで、２０１３年に東京パフォーマンスドールが復活したことは読者もご存じだろう。未発表曲を含む過去の音源もネット配信でリリースされ、東京パフォーマンスドール再評価が進んでいる。丸山らが仕掛けたアイデアはいずれも、その後、AKB48によって花開いたものばかり。ではなぜ、東京パフォーマンスドールはあの時代、AKB48のような成功を掴めなかったのだろうか。元ファンは口々にこう語る。彼女らは世の中的に、少しばかり早すぎたのだと。

94年、メンバーの篠原涼子が出した4枚目のソロシングル「恋しさと せつなさと 心強さと」（篠原涼子 with t.komuro）が累計200万枚の大ヒット。「TM International」のときに丸山が確信した小室哲哉のプロデュース能力が改めてこれで実証され、小室ブームの火付け役の1曲となった。94年には市井由理がエピック傘下のファイルレコード（代表はRATS & STARの佐藤善雄）のラップグループ、EAST ENDと「EAST END × YURI」というユニットを結成し、インディーズでアルバムをリリース。同音源をメジャーのエピックから出し直したシングル「DA.YO.NE」（94年）が大ヒットとなり、同年の紅白歌合戦出場も果たした。それらに刺激された各メンバーのソロ活動が、母体の東京パフォーマンスドールのステージ活動に少なからず影響をもたらす。前出の岡田隆志は、人事異動にともなう94年以降のメンバーチェンジが、彼女らが失速した遠因だと指摘する。また、出待ちNG、写真撮影NGという、徹底的にプロのショーマンを育てる考え方が、ファンとの交流の敷居を高くした。

ソニーグループ退社後に丸山茂雄は、東京パフォーマンスドールに至る一連のプロジェクトを総括するコメントの中で「海外進出を目指したのは、YMOに影響を受けたから。アニメだったらそれほど感情移入しなかったと思う」と語った。東京パフォーマンスドールにエピック・ソニーの叡智を結集させ、大人の洋楽ファンの観賞に堪えうるものを目指したが、逆にそれがアイドルやアニメ好きの大衆に支持を得られなかった最大の理由かもしれない。ジャパニメーションなどの力を借りることが成功の近道だと、その時代に仮にわかったとしても、丸山茂雄らエピックのスタッフはそれを選択しなかっただろう。

そんな東京パフォーマンスドールの大ファンだった一人が、つんく♂であった。アイドル＋ダンスを組み合わせた大人数グループ、モーニング娘。の戦略は、あきらかに東京パフォーマンスドールの伝統を受け継ぐものだった。

制服向上委員会

今日、ロックとアイドルの両方を聴く人は珍しくなくなった。しかし80年代あたりまでは、商業主義／芸術至上主義の狭間で両者は引き裂かれ、歌謡曲はあくまでビジネス、ロックは儲からないことが美徳というように、2つは別々のジャンルとしてメディアで扱われていた。しかし送り手側はそうではない。ミュージシャンとしてこの世界に飛び込みながら、訳あってマネジャー、ディレクターなどの裏方につき、アイドルなどの音楽に関わってきた人は実に多い。山口百恵の担当ディレクターだったホリプロの川瀬泰雄も洋楽通で知られ、後に『真実のビートルズ・サウンド』というサウンド研究本を上梓しているほど。音楽業界でしか生きられない彼らにとって、ロックな魂を持ってアイドルなどに関わることが、歌謡曲にしか商業性がなかった日本では、唯一の可能性と言ってもよかった。

日本のロック黎明期、グループサウンズが生活や活動継続のために芸能事務所に入り、アイドルのバック仕事などで口に糊していたことはすでに書いた。最初は営業的なつながりから始まった関係だったが、アイドルとロックという水と油の関係も長い歴史の中で融合し、今日のＪ-ＰＯＰ

に繋がるような化学変化がすでにその時代から起こっていた。

70年代は歌謡曲といえばシングルがすべてで、アルバムはずっと添え物的扱いだった。その時代のアルバムを見ると、シングルの寄せ集めか、リサイタルを60分にダイジェストした実況録音盤が主流。そんな当時のアイドルコンサートでは、レパートリー曲が少ないために曲数の埋め合わせとして、海外のロックバンドのカヴァーを取りあげることが今よりも盛んに行われた。

もっとも有名なのはキング・クリムゾン「エピタフ」をレパートリーにしていた、ザ・ピーナッツだろう。「恋のバカンス」、「恋のフーガ」など海外曲をモチーフにして歌ってきた彼女らにとって、その中の1曲に過ぎないだろうが、同曲は日本人の心の琴線に触れたようで、その後にも西城秀樹、フォーリーブスの北公次らによってカヴァーされる定番曲になった。

西城秀樹は当時から洋楽通で知られ、他にもレインボー「アイ・サレンダー」、キッス「ラヴィン・ユー・ベイビー」などをライヴの持ち歌にしていた。ヴィレッジ・ピープル「Y・M・C・A」が原曲の「YOUNG MAN（Y.M.C.A.）」（79年）のヒットは、そんなカヴァー路線の延長線上にある。その後も、グラハム・ボネット「孤独のナイトゲームス」をカヴァーした「ナイトゲーム」（83年）がシングルヒット。74年に来日したロッド・スチュワート・アンド・ザ・フェイセズの日本武道館公演で、前座に出ていたジョー山中バンドのギタリスト、芳野藤丸を自らスカウトしたエピソードは有名だろう。芳野は鍵盤奏者の大谷和夫とともに長らく秀樹をバックバンドとして支え、それが後にパーマネントなグループ、SHŌGUNのデビューに繋がっていく。

一方、女性アーティストも、大場久美子「サージェント・ペパーズ・ロンリー・ハーツ・クラブ・バンド」（ビートルズ）、ピンク・レディー「ホテル・カリフォルニア」（イーグルス）、キャンディーズ「愛するデューク」（スティーヴィー・ワンダー）など、チャレンジングなカヴァーをたくさん披露していた。中には無理矢理な日本語詞が付けられて、珍カヴァーとなったものもあった。その後、著作人格権が厳格化され、日本語詞を新たに付ける場合に原作者の許諾が義務づけられたことで、洋楽の日本語カヴァーはあまり行われなくなり、アルバム用にはオリジナル曲が作られるようになっていく。

キャンディーズのライヴ演奏を務めていたのは、渡辺プロダクション所属のロックバンドMMP（ミュージック・メイツ・プレイヤーズ）だった。伊丹幸雄、あいざき進也のバックバンドのメンバーで結成。あいざきの時代には、キング・クリムゾン「クリムゾン・キングの宮殿」、グランド・ファンク・レイルロード「ハートブレイカー」、ヴァニラ・ファッジ「キープ・ミー・ハンギング・オン」、スティーヴィー・ワンダー「悪夢」、ユーライア・ヒープ「対自核」などをレパートリーにしていた。あいざき、キャンディーズ双方の担当だったのが大里洋吉。渡辺プロ退職後、原田真二のマネジャーを経て、音楽事務所アミューズを立ちあげた人物である。バックバンドだったMMPは一部メンバーを入れ替えて、アミューズ所属第1号アーティスト、スペクトラムとしてデビュー。大里はベストテン番組への出演を拒否するフォークバンドをテレビメディアに露出させる手法でブレイクさせた。その後、アミューズは番組制作にも進出し、TBSの深夜番組『三宅裕司のいかすバンド天国』（89〜90年）でバンドブームを起こす。同社の俳優だった福山雅治も、秋元康プロデュースのドラマ『愛はどうだ』（92年）でコミカルな演技で俳優デビューしているが、今やミュージシャンとして同社が主催するフェス「Amuse Fes」で大トリを飾るアーティストになった。

今では珍しくなくなった海外レコーディングも、先鞭を付けたのはロックより歌謡曲系のスタッフだった。もっとも古いのが、ビクターのフィリップスレーベルのディレクターだった本城和治が担当した、森山良子『イン・ナッシュビル』、ザ・テンプターズ『イン・メンフィス』（ともに69年）、キャロル・キングがバックに参加した五輪真弓『五輪真弓／少女』（72年／ロサンゼルス）など、海外レコーディングの嚆矢的作品として有名な、はっぴいえんど『HAPPYEND』（73年／ロサンゼルス録音）よりも先に、潤沢な制作費を持っていたポップス系スタッフが、海外のレコーディングをいち早く実現していた。

秋元とも関係が深かった本田美奈子担当の東芝ＥＭＩのプロデューサー、渋谷森久も、歌謡曲と洋楽の垣根を取り払った存在として有名。クレージーキャッツ、加山雄三、越路吹雪などで同社の屋台骨を支えながら、ビートルズのカヴァーバンド、ザ・バッド・ボーイズ（オフコースの清水仁が在籍）を仕掛けた。担当していた伊藤咲子のデビュー曲「ひまわり娘」（74年）では、ビートルズの編曲家という触れ込みのイギリス人、ケン・ギブソンが編曲を手掛けている（クレジット不詳だが、おそらくジョニー・ダンクワースが録音に関わった「ヘイ・ジュード」と思われる）。グラミー賞常連歌手のクレイ・レーンの専属編曲家でもあったケンとの関係はその後も続き、岡崎友紀『ミスター・ラブ』、ずうとるび「明日の花嫁さん」（ともに77年）、大場久美子『カレンダー』（78年）などが、一部ロンドンで録音されている。

同じようなスタッフのロックスピリットを今日に復活させ、長らく運営されてきたグループアイドルがあった。そのひとつが制服向上委員会である。結成は92年と古く、大人数アイドルとしてはすでに最長寿の格がある。その活動の長さの理由は、「卒業」をシステムとしてレギュラー化したことにあった。メンバーの新陳代謝を図ることで、ファンも入れ替わりつつグループは成長してきた。彼女らもまたライヴハウスを拠点として活動する、ＡＫＢ48のルーツ的存在だった。

92年、宝塚音楽学校のスローガンとして有名な「清く正しく美しく」をコンセプトに、オーディションを経て結成された制服向上委員会。毎月開催される「制服の日」というコンサートを中心に、制服ファッションショー、ミュージカル公演などを行っている。結成14年目の２００６年の卒業公演で一度終止符が打たれているが、２０１０年に活動再開。その歴史は四半世紀に及んでいる。結成時はこまばエミナースを常設劇場にしており、ステージ主体で活動するアイドルというのも当時は珍しかった。初台のライヴハウス、ＤＯＯＲＳに拠点を移した現在も、ペースを落とさず活動を続けている。

当初から「制服の向上」、「唱歌の再発見」、「マスゲームの楽しさ」などを打ち出す、サブカル系のアイドルとして注目されたが、青島幸男都知事時代に会見要請を行うなど、次第に政治色を増していく。２００３年のイラク戦争時には、グラミー賞の反戦スピーチで波紋を呼んだ女性カントリーバンド、ディキシー・チックスへの賛同をブログで表明。自らベトナム戦争の傷痕を訊ねるツアーを挙行し、ホーチミンの平和村を訪ねるなどの行動が、左翼系のメディアで取りあげられた。２０１０年の再始動のきっかけは当時の民主党政権（現・民進党）への批判活動からで、以降もターゲットを自民党に変えて活動している。ポップなメロディーに乗せて社会に物申す「抗議するアイドル」という存在に、漫画家の小林よしのりらがエールを贈った。

２０１０年、地上波デジタル放送切り替えにともなう２０１２年のアナログ停波をテーマにした、地デジ反対ソング「ＴＶにさようなら」を発表。アイドルがテレビ批判する曲を歌ったのはおそらく初めてではなかろうか。当初はポニーキャニオン、キティ、キングレコードなどのメジャーからＣＤを出していた彼女たちだが、95年にインディーズ、アイドル・ジャパン・レコードが設立して以降は、そちらに軸足を移していく。翌11年の「ダッ！ダッ！脱・原発の歌」は民主党時代の原発政策を批判した曲で、YouTubeにアップされて大反響を呼ぶ。彼女らが呼びかけた反原発抗議集会には、6万人もの賛同者が集まったといわれる。同年7月のフジロック・フェスティバルでは、反原発をテーマに歌う彼女らの出演の是非を巡る騒動がネットを賑わせた。CDリリースに依存せずライヴを主体に活動するスタイルから「日本のグレイトフル・デッド」と呼ばれることも。活動資金は「日本一高いファンクラブ」と言われるファンの経済援助によって支えられており、コマーシャリズムと無縁なのもデッドヘッズを思わせる。

楽曲も、メジャーから出していた当初こそ、羽毛田丈史他のポップな曲が中心だったが、政治活動に共鳴した頭脳警察のPANTA、訳詞家でフォークシンガーの中川五郎、外道の加納秀人、元めんたんぴんの佐々木忠平といった、日本のロックのオリジネイターたちが曲提供して驚かせた。

実は制服向上委員会のプロデューサーである高橋廣行は、ギタリストの灰野敬二が結成したロックバンド、ロスト・アラーフの元ドラマー。裸のラリーズと並ぶカルトな存在で、71年の成田闘争のときに行われたコンサート「三里塚幻野祭」への出演などで知られている。高橋はその後裏方に回り、南正人の「LADY LET ME GO」(79年/日本コロムビア)などをプロデュースした後、ロック系イベンターの草分け、アダン音楽事務所を設立。RCサクセション、ARB、アナーキーらの活動をサポート。政治色が強いのはプロデューサーの高橋の影響なのだろう。制服向上委員会のために設立されたアイドル・ジャパン・レコードには、DEAD FLOWERというロックレーベルがあり、頭脳警察が音楽を務めた寺山修司原作『時代はサーカスの象にのって』(71年)のサウンドトラックや、沢田研二、サディスティック・ミカ・バンド、四人囃子、クリエイションらが出演した伝説的イベント「ワンステップフェスティバル」(74年)のCD BOXなどが商品化されている。筆者が週刊誌編集時代、同社のプロモーターが編集部によく来ていたが、その人物も加藤和彦の事務所ギンガム出身で、サディスティック・ミカ・バンドの元マネジャーの一人だった。

80年代に音楽から離れ、Vシネマなどの手掛ける映像プロデューサーに転じた高橋は、ベストセラーとなった森伸之のイラストエッセイ『東京女子高制服図鑑』(85年)からアイデアをいただいて、女子高生の制服映像だけで構成した『新・東京女子高制服図鑑』(92年)という企画ビデオを出してヒットさせる。これをきっかけに結成されたのが、学生服をコスチュームにしたアイドルグループ、制服向上委員会である。

著者らの世代ならそのグループ名を聞けば、RCサクセションのサックス奏者、梅津和時のグループ名を思い出すだろう。ブルーデイ・ホーンズ、どくとる梅津バンドの前身にあたる、梅津がリーダーを務める大所帯ジャズグループ「生活向上委員会」である。グループ名は略すると「生向委(=性行為)」になるという、ダブルミーニングから命名されたもの(ブルーデイも生理日の意味)。高橋のロックからアイドル産業への転身を、このグループ名が結びつける。

淑女をイメージさせる制服がセクシャルな意味に転じてしまうこのネーミングには、おニャン子クラブ「セーラー服を脱がさないで」との同時代性を感じさせる。セーラー服はもともとイギリス海軍発祥の軍服で統率を意味し、女性のセクシャリティを封じ込める記号だったものが、日本でセクシャルな意味に転じた。制服向上委員会のメンバーらにとって制服とは「戦闘服」であり、男女雇用機会均等法時代のアイドル、おニャン子クラブと軌を一にしていた。

美少女クラブ31

「全日本国民的美少女コンテスト」で知られるモデル事務所、オスカープロモーションが結成した美少女クラブ31は、AKB48が「クラスの3番目に可愛い子」ならば、「クラスの1番目に可愛い子」を集めて結成したようなグループである。彼女らは同コンテストの第8回〜第10回のグランプリ含む入賞者で結成された、オスカープロモーション初めてのグループアイドルであった。

87年に第1回が開催された「全日本国民的美少女コンテスト」は、所属タレントの後藤久美子のキャッチフレーズだった「国民的美少女」にあやかって、次世代のアイドルを発掘するために行われたもの。実はそのきっかけとなったのがおニャン子クラブブームへの反動。クラスメイト的な素人同然の存在がアイドルになる、そんな時代へのアンチテーゼとして、銀幕スターのような美少女を発掘すべきという狙いでスタートした。藤谷美紀、細川直美、小田茜、佐藤藍子、石川亜沙美、米倉涼子、上戸彩、福田沙紀、忽那汐里、武井咲ら、錚々たるアイドルが受賞をきっかけにスターとして巣立っていった。このコンテストにも、グランプリよりも部門賞受賞者のほうがブレイクするというジンクスがあり、米倉涼子、上戸彩、福田沙紀、忽那汐里、武井咲、橋本まなみらも実はグランプリ落選組。剛力彩芽にいたっては、予選段階で敗退したところをスタッフに拾われて後にオスカー所属となり、グランプリ受賞者より有名になるという、モーニング娘。らと同じ軌跡を歩んでいる。

グループは2003年に「美少女クラブ21」として結成され、翌年に10人の新メンバーが加わってこの名前になった。2006年のファンクラブイベントを最後にグループは解散となるが、『GIRLS A GOGO!』(テレビ朝日／2003〜2006年)というレギュラー番組や、ポニーキャニオンからCDを出すなどの音楽活動も行っていた。グループ名に数字が入った大人数アイドルということでAKB48の先駆的存在とも言ってよいだろう。

もともとモデル事務所だったオスカープロモーションは、AKB48と同じように音事協、音制連などの組織のいずれにも加盟せずに、歌番組とは無縁に独自の活動を続けた。秋元も「美少女コンテスト」に審査員として招かれるなど、オスカープロモーションとはつかず離れずの関係を続けた。

月蝕歌劇団

ＡＫＢ48はもともと「テレビ屋が作るショーパブ」として発案したアイデアから転じて結成されたもので、最初から秋元はアイドルをやろうとしていたわけではない。大島優子が加入した２００６年2月の第2回追加メンバーオーディションでは、募集チラシに「劇団員募集」と書かれていたらしく、ＡＫＢ48を小劇団のようなイメージで捉えていたことがわかる。後に有志メンバーで「ＡＫＢ48劇団」を結成。また『ＡＫＢ49～恋愛禁止条例～』というミュージカル作品をプロデュースするなど、演劇への未練は捨てがたかったよう。２０１７年にはエイベックスの松浦勝人とタッグを組んで、秋元プロデュースによる「劇団４ドル50セント」も旗揚げされた。そもそもニューヨーク留学時代にブロードウェイのミュージカルを観て触発されたことが、舞台制作に惹かれたきっかけ。そこで観た演目のひとつが、モータウンを題材にした『ドリームガールズ』という、まるでＡＫＢ48のバックステージを物語化したような作品だった。女性ばかりを集めた「平成の宝塚歌劇団」のようなアイデアはずっと秋元の中で燻っていたと思われるが、おそらくそのヒントになったのが、女性ばかりの劇団「月蝕歌劇団」だろう。

85年、劇作家の寺山修司の下でスタッフとして働いていた編集者の高取英を発起人として、10～20代の女子劇団として結成されたのが「月蝕歌劇団」である。２０１５年には活動30周年を迎えた、こちらも老舗女子グループのひとつで、寺山修司直系のスーパーアングラ演劇は「暗黒の宝塚」と呼ばれた。ＷＯＷＯＷ『ノンフィクションＷ』で２０１５年に、『暗黒のアイドル、寺山修司の彼方へ〜「月蝕歌劇団」30年の挑戦〜』というタイトルのドキュメンタリーも放送された。
85年の劇団立ちあげ後、寺山修司、澁澤龍彦、埴谷雄高、沼正三、江戸川乱歩などの幻想文学系の作品を中心に上演。96年には夢野久作『ドグラ・マグラ』で海外へ赴き、モスクワ・サンクトペテルブルグ公演も果たした。本公演は、ザムザ阿佐谷、大塚萬スタジオなどのライヴハウスを拠点に行われているが、喫茶店、バーなどを貸し切って行われるハプニングなどもあり、劇団天井桟敷の影響も色濃い。音楽は『さらば箱舟』（83年）他で知られる天井桟敷時代の同僚、演劇実験室◎万有引力のＪ・Ａ・シーザー（アニメ『少女革命ウテナ』の音楽でも有名）他が担当している。後に発掘上映された、78年に高取が監督した自主映画作品『アリスの叛乱』では、ＹＭＯに加入したばかりの坂本龍一が音楽を務めていた。

高取の東京での演劇デビュー作は、80年の演劇団公演「月蝕歌劇団」（演出・流山児祥）。82年には戯曲「聖ミカエラ学園漂流記」を書き、これが『11ＰＭ』（日本テレビ）などの番組で取りあげられて大ヒットした。バンダイ資本でアニメ化、Ｖシネ化された後、藤原カムイによってコミック化されるなど、マルチメディアのはしり的な作品としてカルト的なファンを広げた。こうしたアングラ演劇がコマーシャルなフィールドで人気を集めるのが、いかにも80年代と言えるだろう。サブカル文化周辺にいた当時の秋元康も、おそらく「月蝕歌劇団」の舞台を観ていたに違いない。竹宮惠子、梶原一騎、新田たつおなどの漫画原作の演劇化にもいち早く取り組んでおり、ミュージカル『テニスの王子様』のような「2・5次元演劇」の先鞭を付けた存在でもあった。

南青山少女歌劇団とBon-Bon Blanco

女性だけの劇団には、男性社会中心の演劇界にはない華やかさがある。若いメンバーの発するオーラがCM畑のクリエイターらを刺激して、そこからアイドル的人気を得てブレイクした女優も多い。その狙いに秋元康より先に飛びついたのが、モデル、子役を中心としたマネジメントを手掛けてきた芸能事務所、スペースクラフトだった。神田うの、黒谷友香、栗山千明らを輩出して、今や大手のひとつになった同事務所だが、ここがテレビ局のTBS、レコード会社のファンハウスと共同で90年に立ちあげた、10代の少女のみで結成されたミュージカル劇団が「南青山少女歌劇団」である。

ちなみにファンハウスは、東芝EMI時代に加山雄三、加藤和彦などを担当していたディレクター新田和長が84年に独立して作ったレコード会社。オフコース解散後の小田和正のソロ「ラブ・ストーリーは突然に」（フジテレビの月9ドラマ『東京ラブストーリー』主題歌）が91年にミリオンセラーとなって急成長。一時は東急グループ傘下となり、恵比寿にスタジオを構えていた時期もある。後にBMGビクター（旧・RVC）と合併して、BMGファンハウスとなるが、独BMGグループ（ベルテルスマン傘下）がソニーに吸収されたため、現在は48グループの新潟組NGT48が所属する、アリオラジャパンレーベルにカタログは引き継がれている。

スペースクラフト主導のプロジェクトとして90年に始業。そこにTBS、ファンハウスが資本提携し、拠点が東京都港区南青山にあったことから「南青山少女歌劇団」と命名された。旗揚げ公演は同年8月の『天使の拍手が聞こえる街』（青山スパイラルホール）。ミュージカル劇団「ネヴァーランド・ミュージカル・コミュニティ」主催の堤泰之が旗揚げ公演の作演出を担当したが、以降は演出家は固定せずに毎回ゲストとして招くかたちで、学校の夏休み、冬休み期間のみを利用してミュージカル公演が行われた。

その後、宝塚歌劇団花組の男役から演出家に転じた謝珠栄（在籍時の芸名は隼あみり）が招かれ、92年に『夏・遠い願いを抱いて〜夢を信じて〜』（日本青年館）で演出デビュー。スペースクラフトは２０１６年、元雪組の男役トップスター、龍真咲を同社に招くなど宝塚との関係が深いようで、後期には宝塚の元女優で演出家、橘沙恵をプロデューサーに招聘し、経営の立て直しなどが図られた。結局、経営的に厳しい状況は変わらなかったようで、２００１年に劇団スーパー・エキセントリックシアターの八木橋修の演出で「流れ星のラララバイ- Happy3 Festival」（新国立劇場小劇場）を上演したのを最後に、活動を休止している。運営にＴＢＳが関わっていたこともあり、舞台主体のグループでありながら映像資料がたくさん残っており、現在もネットなどで当時の有志が観られる。活動後期にはＭＸテレビで舞台中継などもたびたび放送された。

音楽制作は長戸大幸のビーイングにプロデュースを委託しており、河内淳一（KUWATA BAND）、堀内護（ガロ）、梶浦由記などがオリジナル曲を書き下ろした。梶浦はその後音楽プロデューサーとして、スペースクラフトの所属作家の一人となる。メンバーはアイドル活動にも進出し、ベイ・シティ・ローラーズのヒット曲「SATURDAY NIGHT」（93年）のカヴァーなどをＣＤリリース。アイドルグループとしても「ナンショー（南少）」の略称でも親しまれた。

演出家として参加した謝珠栄は、花組公演『ベルサイユのばら』などに出演した男性役だが、卒業後はコレオグラファーに転身し、東由多加が旗揚げした和製ミュージカル劇団、東京キッドブラザーズのミュージカル『冬のシンガポール』（78年）で振り付けデビュー。劇団四季のダンス講師や、野田秀樹率いる劇団夢の遊民社の全作品を振り付けなどのキャリアを持つ。宝塚出身のダンサーとして成功したプロフィールなど、宝塚音楽学校で振り付けを担当していた夏まゆみの足跡と交錯するところが興味深い。実は彼女、シャ乱Ｑの鍵盤奏者、たいせーの実姉なのだが、南青山少女歌劇団とシャ乱Qの妹分でもあるモーニング娘。の間には、ちょっとした因縁関係があるのだ。

南青山少女歌劇団はその後、Nansho Kids（ナンショーキッズ）という姉妹グループを誕生させる。こちらはミュージカル活動から離れて、アイドルグループ的活動がメインになった。そこに所属する４人のメンバーに、ミュージカル『アニー』などに出演していたサントス・アンナ（フィリピン人とのハーフ）をセンターヴォーカルに加えて、パーカッションのみの5人組アイドルとしてBon-Bon Blancoが結成される。ナラダ・マイケル・ウォルデンなどの影響を受けたラテンサウンドを打ち出し、デビュー曲「愛WANT YOU!!」（２００２年）では、カップリングでマイアミ・サウンド・マシーン「コンガ」をカヴァーするなど、洋楽好きにアピールした。

この時期、アメリカではラテン系民族の流入で人口比はアフリカ系をしのぐ数となり、プエルトリカン、ヒスパニック系の曲で米チャートが占められるようになっていた。ラテンミュージックが大衆性を持ったこの時期に、ジャンルをラテンに絞り込んだことが逆に話題を呼ぶ。Bon-Bon Blancoはその時代、ライバルがほとんどいなかったモーニング娘。にとって、唯一匹敵する存在と言われた。音楽は元オメガトライブのギタリスト、高島信二が全曲をプロデュース。当初こそ演奏しないダンス主体の曲もあったものの、キューバ出身のパーカッショニスト、フゥアン・カルロス・ロペス・バルデスに師事して特訓を受け、やがて全レパートリーが器楽演奏を交えたものとなった。6枚目のシングル「BON VOYAGE!」がアニメ『ONE PIECE』主題歌に選ばれるなど、解散までメジャーシーンで活躍する。それまでダンス偏重だったアイドルスクールも、沖縄アクターズスクール隆盛時から年月が経って飽和状態になっていた。ダンスと器楽演奏、その両方を兼ね備えたBon-Bon Blancoは、新しいアイドルのかたちと言われた。

テレビ局の事業部から生まれた、乙女塾、桜っ子クラブ

87年8月に『夕やけニャンニャン』が終了し、フジテレビがマネジメントを務めていたおニャン子クラブも解散。その時間帯はしばらく模索期として、ポスト『夕やけニャンニャン』的な番組が作られては消えていった。

『夕やけニャンニャン』終了後、数週間を空けて後番組として始まったのが『桃色学園都市宣言!!』(87〜88年)である。時間帯は同じく月〜金曜日の17〜18時の1時間番組。おそらく『夕ニャン』との差別化を図るためだろう。半分をバラエティ、半分を学園ドラマに当てるという二部構成をとっていた。スタッフはプロデューサーの石田弘、笠井一二、ディレクターは港浩一、水口昌彦と『夕ニャン』とほぼ同じだが、秋元康は構成作家から外れ、代わりに86年に秋元が設立した作家集団SOLD OUTが企画ブレーンとして名を連ねている。

『夕やけニャンニャン』と違って東京ローカル番組だったため大きな反響も得られず、約1年で番組は終了。夕方5時の時間帯はこれを最後に、アニメ、ドラマの再放送枠に戻されることになった。本書で特筆すべきことは特にないが、月曜日から金曜日までが5つの別番組となっており、フジテレビ周辺エリアの地名を当てた「河田町」、「合羽坂」、「抜弁天」、「月桂寺」、「曙橋」というサブタイトルのネーミングに、後の坂道シリーズを思わせるものがある。

そして89年、インターバルを置いて再びフジテレビ月〜金曜日の17〜18時に戻ってきたのが、田代まさし、桑野信義司会の『田代まさしのパラダイスＧｏＧｏ!!』(89〜90年)であった。かつての『夕ニャン』のような番組内オーディションを復活させ、アシスタントを務めるグループアイドル、乙女塾が誕生。番組内コーナーのひとつ「勝ち抜きフォーク合戦」からは、初期ＲＣサクセショ

ンを思わせるＴＨＥ真心ブラザーズがグランプリに選ばれ、メジャーデビューを果たしている。

乙女塾がおニャン子クラブと違っていたのは、グループとしてアイドル活動をしなかったこと。芸能スクールを模して、芸能タレントコース／モデルコース（後に歌手コース／俳優コースに変更）の2つのコースいずれかに所属し、そこから選ばれたタレントの卵たちが番組のアシスタントを務めるという設定だった。そこからは、永作博美、松野有里巳、佐藤愛子が在籍した「ribbon」、三浦理恵子、大野幹代、羽田恵理香、宮前真樹、瀬能あづさが在籍した「ＣｏＣｏ」、今井佐知子、井ノ部裕子、吉田亜紀が在籍した「Ｑｌａｉｒ」などがユニットデビューを果たしている。他、野本華理亜（後の野本かりあ）、市井由理（東京パフォーマンスドール）、恒崎裕子（後の胡桃沢ひろ子）らがメンバーとして在籍していた。

ポニーキャニオンから2枚アルバムが出ているが、内容は出演者のソロ、ユニットを集めたオムニバス。アレンジャーには、後に東京事変に参加する亀田誠治らが参加していた。番組同様、こちらも秋元康は未参加。「Ｑｌａｉｒ」だけはエピック・ソニーに所属し、いかにもアイドル風のポニーキャニオンの「ribbon」、「ＣｏＣｏ」らと違って、寄宿学校風の制服、幻想的なアートワークなど、乃木坂46、欅坂46に通じるソニーらしいヴィジュアルセンスを感じさせるものに。これについては後の坂道シリーズの章で改めて論じることにしよう。

番組内芸能スクールという設定で、期生は1〜8期生までが生まれていたが、これらはフジテレビ主催・運営となっており、日本テレビ系列のザ・バーズや、渡辺プロダクション所属のスクールメイツのようなかたちで、フジテレビの事業部が活動をサポートしていた。実際、90年に番組が終了した後も、芸能スクールのほうは約1年継続して行われていた。

スクールメイツ、ザ・バーズについては改めて説明が必要だろう。スクールメイツは、渡辺プロダクションが経営する専門学校、東京音楽学院の生徒で結成されたダンス&コーラスグループ。『ドリフ大爆笑』のオープニングのチアガールでもおなじみだろう。東京音楽学院は、代表の渡辺美佐がアメリカ留学時に触れた本場のエンタテインメントに刺激され、本格的なコーラスグループの育成のために63年に創立されたもの。そこから優秀な生徒を集めて翌年に結成されたのがスクールメイツで、布施明、森進一、青山孝(フォーリーブス)、野口五郎、キャンディーズ(伊藤蘭、田中好子、藤村美樹)、笑福亭笑瓶、水島裕、あいざき進也、太田裕美らが青年時代にそこに籍を置き、バックダンサーを経てスターとして巣立っていった。ピーク時には大阪、名古屋、福岡、広島などに姉妹校があったため、輩出したタレントの数は多い。渡辺プロダクション制作番組のアシスタントの他、NHK紅白歌合戦のダンサーを務めた時期もあった。

ザ・バーズはスクールメイツに対抗して、日本テレビ傘下の日本テレビエンタープライズ(現・日テレイベンツ)が76年に設立した、日本テレビ音楽学院(後の日テレ学院タレントコース)の学生で結成されたグループ。『NTV紅白歌のベストテン』、『ザ・トップテン』などの歌番組で毎週バックダンサーを務めた他、全国高校サッカー選手権大会のイメージソング「ふり向くな君は美しい」など、キャンペーンソングにも駆り出された。たのきんトリオの野村義男、ピンク・レディー(根本美鶴代、増田恵子)なども同グループの出身である。

月謝を払いながら、実際にプロのトレーナーの下で学び、テレビ出演経験を積んでいくという夕レントスクールの事業モデルは、このころ生まれたもの。いわばそのフジテレビ版のようなかたちで、乙女塾の2つのコースが存在していた。事業化に着手した理由は、おニャン子クラブの成功がきっかけだった。

『夕やけニャンニャン』開始早々、おニャン子クラブ「セーラー服を脱がさないで」が大ヒットし、番組でファンクラブが結成させることになった。しかし、局が窓口になるマネジメント業務だけでもスタッフが対応するのは手一杯。そこでプロデューサーの石田弘は、おニャン子クラブの楽曲を管理していたフジパシフィック音楽出版にファンクラブ運営を依頼する。ファンクラブ「ニャン子クラブ」は最盛期の18万人の会員数を集め、一口1500円の入会費が現金書留で届いた事務局には、キャッシュでざっと3億円近く集まったという。この成功を踏まえて、以降はフジテレビ内に事業部を作って、番組に付随するファンクラブ業務すべてを局が行うよう方向転換するのだ。

また、おニャン子クラブのメンバーがタイアップで着ていた、原宿のブティック、セーラーズの服が番組の影響で爆発的に売れるという現象が起こった。であればグッズも自分たちで作ろうということになり、フジテレビ美術部からスタッフを集め「Hip's road」というタレントショップをオープン。そこで販売する服をおニャン子クラブのメンバーに着せて、番組や雑誌取材などでクレジットを入れさせた。当初はTシャツ、小物などから始まったが、ブルゾン、ジージャン、靴下、靴など、おニャン子アイテムを何でも取り揃え、番組のスポンサー収入に匹敵するほどの事業収入をあげた。テレビのメディアパワーを借りたグッズ販売事業が、いかに儲かるかをスタッフは実感。そのときにプロデューサー石田弘が発起人として作られたのがＯＮ ＡＩＲという会社で、現在フジテレビ社屋7階にあるタレントショップ、エフアイランドもここが経営している。おニャン子クラブブームによって、フジテレビは版権ビジネスに目覚め、マーチャンダイズなどがスポンサー収入に代わる、新たな局の収入源になっていくのだ。

一方、ほぼ同じころにテレビ朝日系バラエティ『アイドル共和国』（91～94年）がスタートするが、そのアシスタントとして結成されたアイドルグループが「桜っ子クラブさくら組」。毎週、西武園ゆうえんちから生放送が行われ、テレビ朝日版おニャン子クラブのようなグループアイドルとして活動した。所属メンバーには、加藤紀子、菅野美穂、胡桃沢ひろ子、中條かな子、中谷美紀、持田真樹らがおり、番組視聴率は振るわなかったものの、いずれも終了後に女優、アイドルとしてソロデビューを果たしている。

桜っ子クラブさくら組を主導していたのは、局系列の音楽出版社、テレビ朝日ミュージック。単独番組『桜っ子クラブ』、『歌謡びんびんハウス』、『クレヨンしんちゃん』の主題歌タイアップや、同局の人気アニメを舞台化したミュージカル『美少女戦士セーラームーン』にメンバーがキャストとして出演するなど、テレビ朝日全体のステーション・アイドル的役割を務めた。

織田哲郎が提供したデビュー曲「なにがなんでも」（92年）をはじめ、ユニットとして結成された中谷美紀が所属していたKEY WEST CLUBなど、桜っ子クラブの音楽プロデュースを務めたのがビーイング。この番組をきっかけに、テレビ朝日ミュージックとビーイングは関係性を深め、『ミュージックステーション』へのB'z、ZARD出演や、アニメタイアップなどの信頼関係が築かれていった。

ジャニーズ事務所の劇場戦略

アイドルが専用劇場を持って舞台中心に活動していく、AKB48の活動スタイルに直接的な影響を与えたのは、性別こそ男性アイドル中心と異なるが、ジャニーズ事務所であろう。実際、SMAPの元マネジャーだった飯島三智と秋元は懇意な関係にあり、女性タレントとの共演にナーバスと言われるジャニーズの番組に、AKB48のメンバーだけは例外的にゲスト出演することが多いことはよく知られている。マイケル・ジャクソンがプロデュースしたジャニーズのチャリティ・

シングル「J-FRIENDS（ＴＯＫＩＯ、Ｖ６、KinKi Kidsの混成ユニット）「People Of The World」（ソニーレコーズ）では、秋元が書いた日本語詞が使われた。

ジャニーズ事務所の舞台活動については、改めて触れておかねばならない。代表のジャニー喜多川は31年生まれ。ジャニーズ事務所の創立者で、所属タレントのオーディションから育成、コンサートのプロデュース、演出などすべてを手掛けている。ロサンゼルスで生まれ育ち、高校時代に有名劇場でアルバイトを体験。家族揃って日本で暮らし始めたころに、ブロードウェイの有名ミュージカルを映画化した『ウエスト・サイド物語』（61年）を観て衝撃を受ける。自ら率いていた少年野球チームのメンバーから４人を集めてアイドルグループ、ジャニーズ（初代）を結成。そのマネジメント事務所として、62年に設立されたのがジャニーズ事務所である。初代ジャニーズのメンバーには、俳優の青井輝彦（あおい輝彦）の他、後に劇団四季で活躍する飯野おさみらがおり、日本のミュージカル繁栄史において、ジャニーズ事務所が果たした役割は大きい。

ジャニーズの初の舞台制作は、石原慎太郎作演出『焔のカーブ』（65年）から。まだテレビがメディアの中心になる前は、映画や演劇業界が今以上に活力を持っており、その時代からジャニーズ事務所のタレントは、テレビ活動と舞台出演を並行して行ってきた。東京宝塚劇場で定期公演を行っているため、興行スタイルは宝塚歌劇団などとも共通点は多く、正月公演を１日４回こなすタフネスぶりで、公演回数は女性グループの興行を遙かにしのぐ。

転機となったのは86年、青山劇場でシリーズが始まった少年隊主演の「ＰＬＡＹＺＯＮＥ」。ミュージカル、ユーモアを交えたトーク、コンサートなどを複合した舞台公演は大好評を博し、２００８年まで続けられた。２００４年には劇団四季、宝塚歌劇団で演じられてきた『ウエストサイドストーリー』の興行権を買って、少年隊主演で念願の上演も果たしている。嵐の櫻井翔主演

『ビューティフル・ゲーム』、V6の井ノ原快彦、長野博主演『プロデューサーズ』、生田斗真主演『グリース』など、テレビでおなじみの面々も定期的に主役公演を行っており、公演はほとんどプラチナチケット化している。

ジャニーズの舞台制作が本格化したもうひとつの転機は、2002年の東京・新大久保の東京グローブ座の買収だろう。松下電器（現・パナソニック）の出資で、88年にシェイクスピア戯曲の専門劇場として生まれたパナソニック・グローブ座の経営権を買い取って、現在、東京グローブ座はジャニーズ事務所の専用劇場となっている。同所はロンドンのサザーク地区にあるシェイクスピア作品の多くの初演が行われた有名劇場に因んで、建築家の磯崎新が設計して作られた円筒型の劇場。座席数は703席とやや小さめだが、数々の海外劇団を迎えて公演が行われてきた。ジャニーズ買収以前は、野田秀樹の夢の遊民社のメンバーだった高萩宏（現・世田谷パブリックシアター・ゼネラル・プロデューサー）が支配人を務めていた時期もある、由緒正しい劇場である。

ジャニーズの興行はチケットを一般プレイガイドでは発売しておらず、演劇活動はコアファンによって支えられている。AKB48劇場立ちあげにあたって、秋元がジャニーズ事務所の舞台制作を参考にした部分は多いはず。

また、ジャニーズ事務所も音事協から離脱しており、SMAPや嵐がレコード大賞を受賞できない理由がそれというのは有名な話。レコード会社との付き合いも、近藤真彦（RVC→ソニー）、少年隊（ソニー→ジャニーズ・エンタテイメント）、SMAP（ビクター・エンタテインメント）、TOKIO（ソニー→ジェイ・ストーム）、嵐（ポニーキャニオン→ジェイ・ストーム）、Kis-My-Ft2（エイベックス）と一社に留まらず、レーベルを散らしてレコード業界全体と協調関係を結んでいることも、48グループのレーベル契約のスタイルの雛形になっている。

第6章

AKB48は素人パワーを結晶化したグループだった

フィジカル受難時代に、ＡＫＢ48は船出した

ＣＤ総売り上げが史上最高額を記録した１９９８年にデビューし、翌年、ファーストアルバム『First Love』を累計７６５万枚セールスする快挙をなしえたのが宇多田ヒカルだった。セカンドアルバム『Distance』（２００１年）は累計５４９万枚と前作には及ばなかったものの、リスナーの期待を受けて初週売り上げ３００万枚という前代未聞の記録を打ち立てる。80年代にヒットファクトリーを自任していたユーミンが、毎年末に必ずアルバムをリリースしていたころ、売り上げ記録を更新することが音楽業界を背負って立つ者の使命だと表明していたことがある。しかし宇多田はマーケティングとは無縁な、ナチュラルボーンなキャラクターと作家性が評価されて、あの記録を作った。２０１０年に「人間活動に専念する」と発言して、プイっと翌年から音楽活動をあっさり辞めてしまったのも彼女らしい。『First Love』が打ち立てたピンク・フロイド級のセールス記録に、もはや誰も追いつくことはできないだろう。宇多田ヒカルは「アイドル冬の時代」に久々に現れた国民的アイドルだった。実は彼女、吉田拓郎がかつて偽りのフォーク歌手としてメディアで批判した藤圭子の実娘。アメリカンスクールで学んだR＆B育ちだが、ライヴで山口百恵「ロックンロール・ウィドウ」をカヴァーするような歌謡曲好きでもあった。この不思議なバランス感覚は、鵺のようだったかつての吉田拓郎の存在を思わせて、いくらでも深読みできそうだ。

宇多田ヒカルの登場で、シンガーソングライターブーム現象が起こる。それは所属事務所が仕掛けた、音楽出版社ブームでもあった。JASRACから分配される著作権使用料を作詞家、作曲家に振り分けるのが音楽出版者の役目だが、彼らはいわば「楽曲のマネジャー」のようなもの。譜面やデ

モテープを持ってレコード会社のディレクターに営業したり、あるいはレコード会社に代わってタイアップを取ってくるのも日常業務のひとつである。その取り分も、作詞家、作曲家と三等分かそれ以上と、利益率は高い。芸能事務所が傘下に音楽出版社を作り、所属タレントに自作曲を書くよう勧めるのも無理からぬ話だ。

しかし、各事務所に宇多田ヒカル級の才能がいるわけではない。例えば倉木麻衣は「ポスト宇多田ヒカル」としてメディアに現れたが、彼女は基本作詞のみ。曲は大野愛果、徳永暁人、石黒洋子(YOKO Black. Stone)らプロの作曲家が提供しており、ビーイングはそれを宇多田ヒカル的なイメージで売っていた。それはかつて、フォーク歌手のイミテーションと言われた藤圭子を思わせた。

音楽出版社ブームは、また別の暗黒面を抱えていた。音楽を知らない事務所の経営者が商売っ気だけで、クリエイターに憧れるタレントに積極的に詞や曲を書かせた。実際にそれらが商品としてリリースされると、マスコミは「本格派」、「作家開眼」というふうに褒めちぎった。アレンジでカッコよく仕あげられた曲も、聴けば陳腐な詞やメロディーなのがファンにもわかった。レコード業界を裏から支えてきた、ディレクターという存在に変わって、音楽出版社が発言力を持ったこととそれは無縁ではない。倉木麻衣は自身も曲を書くが、ディレクターはあえて詞の才能のみをフォーカスし、プロの作曲家を起用して手を入れさせたのは、所属事務所ビーイングの良心だった。

平成に登場した数々のディーヴァもアーティスト的に扱われたが、他者の書いた曲を歌っているのはアイドルと変わらない。彼女らの活動を支えていたのは専業の作詞家、作曲家で、影武者的な優秀なソングライターがその時期に数多く登場した。普段いくつかのアーティストを聴いていて、好きな曲のクレジットを見たら全部同じ作詞家、作曲家だった、という経験は誰にもあるだろう。彼らは職業作家として、ディーヴァ系、アイドルの区別なく、優れた楽曲を提供していた。そんな共通項があることに気づいたのがネット世代のファンで、彼らによって作家研究サイトがたくさん作られた。かつて80年代にアイドルミニコミが、筒美京平という作家を再発見したように。

それら影武者の正体は、「アイドル冬の時代」に音楽業界の門を叩き、アニメのサウンドトラック、CMソングなどを主戦場に、名前の出ない仕事に従事してきた無名の作家たち。クライアントの意向を組んでヒット曲を作る、かつてのバード・バカラックやキャロル・キングのようなブリルビルディング系作家的な経験を積んで、J-POPシーン、アイドルシーンを支えてきた。秋元康がシャレめかして「SKK47（作曲家）」と呼ぶ、48グループに曲提供する職業作家たちも、そこから出てきた才能である。

聴覚障害を持つ作曲家、佐村河内守にゴーストライターがいたという騒動で、アーティストに代わり作品を代筆する職業作家の存在に社会の注目が集まった。消費者はアーティストというブランドを見てものを買う。ディレクターが一定の楽曲クオリティを求める中で、有名人の名前をクレジットに表記するが、実際は音楽教養を持つ影武者が曲を書くという、ゴーストライター文化が歴史を作ってきた。それは業界にとって「必要悪」であった。ハリウッドの赤狩り時代に業界追放を受け、名を伏せて活躍した脚本家、ダルトン・トランボのように。ロバート・リッチの偽名で書かれた『ローマの休日』には、その正体がトランボと知らないアカデミー賞から原案賞が贈られた。

また、デパートのエレベーター音楽や携帯のアラーム音、ゲームのBGMなど、印税ではなく買い切り条件で音楽を作る、職業作家という存在は昔からいた。売れない歌手に曲提供して印税1円受け取るよりは、まとまった買い取り料金のほうを有り難いという考え方の作家も世の中にはいるのだ。そういう意味で言えば、佐村河内はけっして優れた作曲者ではなかったが、自らのブランドで「交響曲第1番《HIROSHIMA》」をヒットさせた優秀なディレクターだった。

ネットを通して作曲家自らが曲を販売し、JASRACと作家契約してカラオケ報酬を得るボカロクリエイターのようなケースも現在は増えた。自作自演ブームはいきおい、レコード会社の「ディレクター不要論」に発展することがある。しかし、これまでヒット曲の歴史は、ソングライターと併走してきた彼らディレクターの働きに負うところが大きかった。曲のタイトルを作詞家ではなく、ディレクターが付ける件は説明した通り。プロモーターも契約社員ばかりになり、自社のカタログについての知識も乏しく、ベテランディレクターの鞄持ちからキャリアを始め、アシスタント時代に音楽の歴史やマナーを師匠から学んで独り立ちするような慣習は、現在ではほとんどなくなってしまった。スタッフの転職も頻繁になり、近ごろのレコード会社では大手メーカーでさえ、愛社精神もすっかり薄まったと聞く。ミュージシャンと年齢が近い若手ディレクターがヒット曲を連発し、異例の出世を果たすケースは増えたが、音楽の教養の浅いディレクターではチェック機能も十分ではなく、違法なサンプリングの使用に気づかず、メロディーの盗用で海外から訴えられるケースも増えた。

それから10年がたって、若手ミュージシャンの意識、教養も高まり、フリーランスのスタッフによるA&R的体制も根付いたことで、かたちだけのシンガーソングライターは淘汰されていった。しかし、自作自演ブームは未だに続いており、それが職業作家の失業を招いた。かつて時代を作ってきた歌謡曲の作詞家、作曲家が、演劇プロデュース、エッセイ、小説などの異分野に活動の場を移していく。80年代からヒットメーカーとして最前線で活躍続けている作家は、もはや秋元康ら数えるばかりになった。近年ではユーザーにとってCDは、アイドルのノベルティグッズのひとつとなり、クオリティ水準を保つためにわざわざゴーストライターに発注していた、ディレクターのこだわりといった矜持もなくなっていった。

宇多田ヒカルの765万枚セールスが出た翌年以降、それまでのバブルがウソのようなCD不況が訪れた。音楽ソフトの総売上はピーク時の3割ほどに落ち込んで現在に至る。リスナーの購買離れは、レンタルレコード時代に種がまかれた結果であり、リッピングや違法ダウンロードの影響であるのは明白だった。コンパクト・ディスクはそもそも、PCによるリッピングが可能になることを想定していなかった時代にできた規格。よってデータは剥き出しなまま。レンタルCD店に行けばそのレジ横で、ブランクディスク（CD-R）がいっしょに売られているのだから、コピーするなというのは酷な話だ。

今世紀初めにレコード会社は、違法コピーに対する最終決断として、PCコピーを防ぐプロテクト技術が埋め込まれた新しいメディア、CCCD（コピーコントロールCD）を業界一律規格として投入する。各レコード会社はタイミングを合わせ、新譜リリース時にほとんどのタイトルをCCCDフォーマットでリリースした。CCCDは従来のCDプレーヤーで再生できるものの、PCのディスクドライブに入れてリッピングすることはできない。それはCDのかたちをしているが、CDと互換性があるだけのまったく別メディア。よって品質を表す工業規格である「Compact Disc」のマークは入っていない。登場してからCDにはすでに20年の歴史があり、市場にある膨大な資産、再生プレーヤー環境をやすやすとは捨てられない。現行のCDプレーヤーで再生できる互換性を求める世間の声に応えるべく、その妥協策として生まれたのが、コピー制御信号が埋め込まれたCCCDというCDの継子であった。

しかしCCCDは再生ハードに負荷をかける上、音質的犠牲を伴う側面もあった。そうした諸問題が普及期に、ユーザーの間で争点となった。多くの音楽評論家、ミュージシャンがCCCDの業界一律導入に拒否反応を示し、新聞に意見広告を出す者まで現れた。本来はもっと時間をかけて市場テストをし、技術改良の末に定着というプロセスが必要だっただろう。それを待たないままCCCDは見切り発車で導入され、クレームや世論の大反対の意見に屈して、2006年ごろには市場から姿を消した。

レコード会社の言い分としては、CCCDはレコード会社の権利を守るのと同時に、アーティストの権利を守るものだった。しかし、それに反発したのが当のアーティストたちだった。ミュージシャンには、音質を含めて自らの作品に責任がある。ソニーグループも全社的に導入を決めたが、その流れに反対を表明し、レーベルを離れてインディーズアーティストとしてCDで作品を出す道を選んだ、佐野元春のような存在もいた。

このとき「自分の作品をCCCDで出すことを認めない」と宣言して、業界にインパクトを与えたのが宇多田ヒカルであった。CCCD導入による違法コピー撲滅は、全社的に導入することが大前提となる。全世界的に一律に始めないと、リッピング可能な海外製のCDに人々は群がり、それが大量複製される。外資系が大半を占める日本のレコード会社は、CCCDを先行導入していた海外本社に従ったままでだった。

ドル箱スターだった宇多田の「新作をCCCDでは出させない」という意向に悩んだメーカーは、例外的にそれを認めた。最終的にはそれが、CCCD導入の足並みが崩れるきっかけになった。宇多田ヒカルを信奉する若手アーティストたちは当然、その考えに共鳴して反CCCDを表明。堅牢性がないままでも、現行のコンパクト・ディスクで出し続けるべきだと主張した。たった一人の例外を認めるだけでも、全世界的なCCCD導入を目指す道は困難になる。あのビートルズさえ『レット・イット・ビー…ネイキッド』（2003年）をCCCDでリリースしていたのだ（英国盤を除く）。所属メーカーのEMIジャパンがCCCD離脱に移行するのは、宇多田ヒカルの一件があってからすぐのこと。他社も大手メーカーの動きに倣い、２００６年にはＣＣＣＤで発売される作品はゼロになった。それほどアーティストの立場が、レコード会社の思惑を上回る時代になっていた。

レコード会社は引き続き、パッケージ文化とミュージシャンの権利を守るため、ＣＤとの互換性は諦めて、複製禁止のプロテクト技術を最初から盛り込んだニューメディアを開発。ソニー系はＳＡＣＤ（Super Audio CD）、東芝系はDVD-AUDIOという2つのニューメディアで新譜リリースを開始する。いずれも専用プレーヤーでしか聴けないもので、まるでプロスタジオで鳴っているような、24ビットの高品質サウンドをセールスポイントにしていた。しかし、ウサギ小屋に住んでいるような日本人には、ハイファイで大音量で音楽を聴けるような専用空間がそもそもない。普段ｉＰｏｄで音楽を聴いているようなｍｐ３の音質で十分なリスナーにとっては、リッピングできないディスクなど不便なだけ。こうしてニューメディアの普及を待たないうちに、「着うたフル」などのインターネットのよる音楽ファイル配信の普及期に入り、ＣＤに置き換わる次世代メディアが定着しないまま、レコード誕生から１００年続いたフィジカルの時代は終焉を迎えた。

２００５年になると、海外に遅れてアップルの音楽配信サービス、iTunesストアが日本で事業を開始する。サービスインが遅れたのは、ソニーなど大手が不参加を表明したためで、日本ではＣＤビジネスがまだ堅調だったことが最大のネックに。そこには戦後から流通業者らと作りあげてきた、音楽ビジネスのしがらみがあった。レコード、ＣＤを「再販価格維持商品」として管理する流通機構があったからこそ、ディスカウントストアに新品ＣＤが出回ることもなかった。将来的には原盤所有メーカー（レコード会社、音楽出版社）がダイレクトにリスナーに音を届ける、配信オンリーの時代が訪れることを誰もが認めているが、そうなれば業界を歴史的に支えてきた流通業者や小売業者は不要となる。アメリカでタワーレコード、イギリスでHMV、ヴァージンメガストアなどの老舗店が消えていったのと同じ運命が、日本でも待ってるだろう。それまで1年、いや半年でもCDビジネスを寿命を延命させるのが、音楽流通業者の本音であった。

CDマーケットが堅調だった日本では、リアルマーケットを補完するものとして、R.E.M.をスターに育てたアメリカのCMJ（キャンパスチャート）のように、音楽配信サービスがオルタナティヴなヒットを生み出すメディアとなる待望論もあった。しかし、iTunesオープン日にはB'zのニューアルバムを始めとするビーイング勢の広告で占拠され、現実世界がそのままネット界に持ち込まれたような印象を持たせた。クリス・アンダーソンが予測したロングテールによるネット多様化の理想論は、iTunesストアにおいても実現せず。ネット民はあてがわれた音楽を好んで聴き、日本でもメガセールス拡大を後押しするのみ。インターネット配信は、リアルマーケットの縮小再生産にしかならなかった。

「CDはもうなくなるかもしれない」。メーカーに務める知人の多くが、そう漏らし始めていた2005年。そんなフィジカル受難の時代に、AKB48は船出した。

「止まった時計は一日に二度正確な時刻を示す」

2000年代に入っても秋元は放送作家、作詞家として多忙な中にいた。当時のヒット曲として記憶される代表格は中島美嘉だろう。「STARS」（2001年／ソニー・ミュージックアソシエイテッドレコーズ）はデビュー曲ながら、オリコン初登場3位を記録。これはドラマ『傷だらけのラブソング』（関西テレビ系）主題歌で、中島は劇中で女優デビューも果たした。ここでの中島の役柄はデビューを夢見る歌手志望者で、秋元の書いた詞はそのサイドストーリーとなっていた。音楽プロデューサーは、後に冨田ラボ名義でカリスマ的人気を集める冨田恵一。残念ながらそれは、秋元プロデュースではなかった。

秋元がプロデュースしていたアーティストに、テレビアニメ『ONE PEACE』主題歌「しょうちのすけ」（エピックレコーズ）で同年にデビューした推定少女がいた。当時15歳のＲｉｎｏ、Ｌｉｓｓａの2人組で、未成年が下着姿で歌う蠱惑的なミュージックビデオは、当時洋楽シーンを沸かせていたロシアの2人組アイドル、ｔ・Ａ・Ｔ・ｕ・からイメージを拝借していた。プロモーション来日して『ミュージックステーション』（テレビ朝日系）に出演した際、生放送中に突然楽屋に引きこもって出演をドタキャンしたことで悪名を轟かせた2人組である。所属事務所は菊池桃子のマネジャーだった岩崎加允美が設立したパーフィットプロダクションで、秋元との20年来の付き合いから誕生したコンセプトアイドルだった。10代の女の子が性的イメージで世間を挑発するスタイルは、おニャン子クラブの進化版的であり、90年代のブルセラブーム期の女子高生の奔放なイメージそのものだった。しかし「失われた20年」という不況下で育った今のアイドルファンが、概ね保守的でスキャンダルを嫌い、メンバーにプラトニック性を求める傾向があるように、エロスを前面に打ち出した仕掛けに、一部のアイドルファンは嫌悪を示し「秋元はもう古い」、「終わってる」と罵倒した。

とんねるずと秋元らが結成した「野猿」の大ヒット後、その余勢を駆ってモーニング娘。のライバル的女性アイドルとして誕生させた「女猿」という存在もあった。番組でオーディションが行われ、応募総数は1万6０００通。2回のオーディションから4人のメンバーが選ばれ、２０００年にグループが結成された。しかしソロＣＤを散発的にリリースするだけで、モー娘。のライバルには到底及ばず。とんねるずの石橋貴明が社長を務める事務所、アライバルに所属したものの、番組アシスタントとして姿を見なくなった末に自然消滅。テレビを使ってスターを生み出すという仕掛けが、すでに効力を失いつつあった。

「素人が流行れば、次は玄人っぽいものが売れる。歴史は繰り返す」。かつてインタビューで、次にブレイクするアイドルの条件を訊かれて、秋元はそう答えた。おニャン子クラブという素人の時代が来れば、次はダンスやヴォーカルでプロを目指すモーニング娘。がブレイク。その次に、素人集団としてＡＫＢ48が結成されるというふうに。またＡＫＢヒットの次には、成熟した大人の魅力をウリにするＳＤＮ48を結成させて、ダンスサウンドでK-ＰＯＰ支持層にアピール。個性派集団ＡＫＢ48の公式ライバルとして、全寮制学校の女学生のような乃木坂46の清楚さをぶつけた。そうやって対立するものを次々と生み出した結果、残ったのはほとんど秋元プロデュースのアイドルだけになった。

アイドルがヒットするかどうかは送り手の意識より、それを受け入れるファンの意識がすべてだと秋元は言う。時代の移り変わりというのは、大衆がアイドルに求めるものの変化なのだと。自分が生み出すものは終始一貫変わっていないというのが秋元の持論。それを「止まった時計は一日に二度正確な時刻を示す」と表現していた。12時間に1回必ず決まって訪れる、実時間と針が重なり合うタイミングをじっくり待つのがヒットの必須条件だと。自分たちがいいと思うものと、消費者の望むものが流行のサイクルの中で一致したとき、時計の長針と短針が重なり合うようにアイドルはブレイクするのだと。結成からの劇場公演のみの雌伏期間を経て、２００８年にＡＫＢ48が大ブレイクしたのも、赤字が続いてもそれを信じて、３年間続けて辛抱強く待った結果であった。

「ヴァーチャル時代だからこそ、リアルが求められる」

2000年のミレニアム年に、21世紀のエンタテインメント業界がどうなるかを予測する企画がテレビ、雑誌などでよく組まれた。その中で「未来のアイドル」としてよく紹介されていたのが、ホリプロがマネジメントするCGアイドル、伊達杏子だった。彼女は印刷物や映像の中にしか存在しないCGアイドルとして、96年に「伊達杏子 DK-96」という芸名でデビュー。「DK」は Digital Kidsの略、「96」は1996年版の意味である。パソコンや映像メディアの中にしか存在しない、いわば初音ミクのルーツ的な存在。「福生駅前のハンバーガー屋でアルバイトしていた際にスカウトされた」など、デビューまでのストーリーも用意され、ホリプロの新人アイドルと同様にプロフィールも作られた。CG製のキャラクターだから病気もしないし、排泄もしない。虚像だからスキャンダルもない。遠隔地のイベントがあっても、データなので瞬間移動も可能であった。それらのセールスポイントは、日頃タレントのスキャンダルの後始末やスポンサーケアに消耗させられてきた、芸能事務所のホンネのように映った。ホリプロにとっては半分冗談のつもりもあるのだろうが、まだCG技術が高価だった時代であり、ヴァーチャルアイドルの開発費用には、初期投資だけで数千万円が投下されたという。

3DCG技術などモーションキャプチャーが進んだ今に比べれば、表現技術も遙かに拙く、提供されるのもレンダリングされた静止画のみ。伊達杏子本人のヴィジュアルもリアルCG志向で古く思えた。しかし声優が声を当てれば商品になるという狙いがホリプロにはあった。その後、ホリプロがいち早くアニメ制作に進出し、自社の若手タレントを声優アイドルとして育てたことでも、早期からキャラクタービジネスを睨んでいたことがよくわかる。

伊達杏子のプロデューサーはホリプロ創業者、堀威夫の二男で、現社長である堀義貴。ニッポン放送のディレクター時代には『オールナイトニッポン』を担当していた。パーソナリティの伊集院光が企画した、架空のアイドルを創造する「芳賀ゆい」という投稿コーナーにも一枚噛んでいた。理想のアイドルの条件をリスナーから集めて「芳賀ゆい」というアイドルを捏造し、実際にレコードデビュー、写真集などを発売してしまおうというワルノリから生まれた投稿企画。もちろん実体が存在しないのはリスナーも承知だが、架空の目撃談が毎週ハガキで数多く寄せられた。番組側もお喋り担当、歌担当、撮影モデル担当などの複数の芳賀ゆい役を用意して、実際に90年に「星空のパスポート」でＣＢＳ・ソニーからＣＤデビュー（歌はディレクターの河合マイケル夫人で、同社の所属バンドだったはにわちゃんの柴崎ゆかり）。顔だけ伏せて水着写真集も発売され、ファンが大挙押し寄せた握手会では、時間短縮のため芳賀ゆいが3人登場して握手に応じた。プロデューサーの堀は伊達杏子をデビューさせた理由を訊かれ、当時ブームとなっていた恋愛シミュレーションゲーム『ときめきメモリアル』（コナミ）のヒロイン、藤崎詩織がアイドル的人気を集めていたことがヒントになったと語っている。ＣＧでできた架空のアイドルがいずれ信奉されるような時代が来るだろうという、後の「初音ミクブーム」の到来をいち早く予言していた。

94年にコナミから発売されたビデオゲーム『ときめきメモリアル』は、その登場人物であるヒロインの藤崎詩織にアイドル的人気が集まり、ドラマＣＤ、映画などの派生作品も作られる大ヒットとなった。それに応えて彼女は96年に「教えてMr.Sky」でＣＤデビューも果たす（歌は藤崎役の声優、金月真美）。アニメのキャラクターソングのブーム化の先鞭を付けた、いわばヴァーチャルアイドルの先駆的存在だった。コナミはこのときアイドルデビューさせるなら餅は餅屋と、プロデュースを渡辺プロダクションに依頼。創業者の渡辺晋の長女、渡辺ミキが社長を務めていたワタナベデジタルメディア・コミュニケーションズがマネジメントを担当することになった。渡辺プロとホリプロという大手芸能事務所の二世プロデューサーが両者を手掛けていたことから、藤崎詩織vs.伊達杏子の対決の構図で、日本のアイドル業界の命運をヴァーチャルアイドルが握るかもしれないという、冗談のような大真面目な記事が新聞を飾った。

伊達杏子はその後改良が続けられ、２００７年になって3代目に当たるモデルが誕生。当時ブームになっていたインターネットの仮想世界「Second Life」内にアバターとして再登場する。これは２００３年にアメリカのリンデンラボが開発した、プレイヤーがアバターを作って参加する一種のオンラインゲーム。実際にそこに住んで土地を買ったり仮想貨幣で買物したりできるという、本格的なパラレルワールドを目指したものだった。トヨタ、慶應義塾大学などの有名企業、大学がヴァーチャルな支店やキャンパスをそこに開くなど、経済界をも巻き込んだ仮想現実ブームが２００６年をピークに盛りあがった。進化した伊達杏子は他のアバター同様、リアルタイム制御が可能なモーショングラフィックに進化しており、「Second Life」内でイベントＭＣなどを務めていた。ＡＫＳの創業者3人の一人、オフィスフォーティーエイトの芝幸太郎は、そこに参加していたプロデューサーの一人。実際にＡＫＢ48の初期メンバー、秋元才加、大堀恵らがアバターとして登場してキャンペーンを行ったこともあった。

アイドルとインターネット文化との親和性が高かったことから、インターネット商用化が始まった90年代中ごろから、秋元のところにも頻繁に参加要請があったという。しかし「インターネットのアンケート投稿で1位をとった子がデビューするとか、そういう流れがつまらない」と、一切興味が持てなかったと語っている。それでは旧来のテレビ番組で視聴者相手にアンケートやっていた、テレゴング集計と何も変わらない。ＡＫＢ48が誕生した２００５年は、ネット予言者ティム・オライリーが提唱したネット双方向サービスの概念「ｗｅｂ２・０」が登場した年でもある。それは、インターネット上で交わされる不特定多数の意見を取り入れて進化するウェブサービスを指したものだが、巷のインターネット事業者が企画するアイドルプロジェクトが、どれもインタラクティヴとは名ばかりで、まったくｗｅｂ２・０的ではないことを秋元は見抜いていた。

新しい流行は時代の反動から生まれる。ヴァーチャルが流行している時代なら、次は正反対にあるリアルこそが望まれているのだと秋元は考えた。ＩＴコミュニケーション全盛の時代だからこそ、フェイス・トゥ・フェイスが重要となる。こうして秋元の中で「会いに行けるアイドル」のアイデアが輪郭を持っていく。しかしそれがすぐヒットを結ぶかどうかはわからない。「止まった時計は一日に二度正確な時刻を示す」の絶対法則も、1クール＝3カ月ごとに改編期が訪れるテレビの世界では、結果を先に求められ、現れては消えていった過去のアイドル企画と同じ末路を辿るだろう。

メディアはコピーされる運命にあるが、ライヴ体験はコピーできない。Twitter、FacebookなどのＳＮＳが普及し始めると、人々にとってそれが日記に代わる行動記録となった。プロモーションツールとしてＳＮＳを使うのはプロばかりではなく、ユニークな書き込みでフォロアーを集めた一般人ユーザーが、次のタレント予備軍になった。こうして人気ニコ生主やYouTuberが数多く輩出された。フォロアーが増えて世の関心を集める存在になると自覚が芽生え、誰もが実人生を充実したものにしようとコンサートやイベントなどに積極的に足を運ぶようになっていく。インターネット環境は通販でＣＤを買ったり、チケット購入を容易にしただけでなく、それが人々をライヴやイベント会場に駆り出す起爆薬となった。

秋元康はプロデューサーではなく「教育者」だった

ファンとの双方向で作品を作る、インタラクティヴの概念はインターネット以前から存在した。その象徴的な存在と言えばトッド・ラングレンだろう。『未来から来たトッド』（73年）でトッドは、ファンの名前を募り、その文字をドットのように構成した写真で付録ポスターを作るなど、ファンの参加性をいち早く取り入れていた。インターネットが商用化されてすぐの97年には、「PatroNet」というファンコミュニティを自ら作って、今後はCDリリースを一切止めて、新曲はすべて会員向けに配信のみで行うと宣言。レコード会社や流通業者などの中間搾取を排除するような、過激な試みも行っていた。

93年にはフィリップスのCD-iというマルチメディアディスクを使って、ラップやブレイクビーツなどのサンプリング素材が組み合わさることで、再生するごとに楽曲が生成されるという『ノー・ワールド・オーダー』というアルバムをリリースする。パラメータ設定など聴く側のアクションを反映して、どれひとつとして同じ曲にならないという無限作曲装置のような作品だった。こうした聴き手の参加性を楽曲に取り入れていたアーティストは、トッド・ラングレン以外にはポピュラー畑にはほとんどいなかった。

『ノー・ワールド・オーダー』は日本のポニーキャニオンが発売元となり、筆者もその時期にトッドにインタビューする機会に恵まれた。アルバムのリリース時には、コンピュータを使ったトッド一人だけの実験的なコンサートも行われている。しかし、まだメモリなどが高価でCPUも低速な時代。来日コンサート会場の渋谷ON-AIRではリハーサル中に機械故障が起こり、開演が2時間遅れた末に最終的にコンサートは中止となった。機転を利かせたトッドはそのとき、代わりにギターを抱えて舞台にあがり、予定されていなかったヒット曲をお詫びにアンプラグドで弾いて聴かせ、ファンから大喝采を受けた。コンセプト主導の難解なニューアルバムよりも、日本のファンはトッドの生声、生演奏が聴きたかったのだ。

トッドはその後、コンピュータ・ソフト開発に没入し「フローフェーザー」などのソフトをリリース。ついには音楽活動をやめてＣＧアーティストに鞍替えする。トッドは、電子の筆で書いた抽象絵画を高密度のプリントアウトで20枚ほど複製を作った後、データそのものを消去するという方法で作品を販売していた。デジタルデータなら無限にコピーが可能だが、プリントアウトされたものはその数だけしか世の中に存在しない。このようにトッドはデジタル複製時代に、リアルこそが価値を持つという逆説を実証して見せた。デジタルネイティヴな平成生まれ世代が、針の振動を増幅して音が出る原理そのもののかたちをした、昔のアナログレコードに愛着を感じるのように。リアルへの希求は普遍的なものとして、人間の本能の中に息づいているのだ。それは２００５年当時、ヴァーチャルを嫌った秋元が抱いていた感情に近いものだろう。

インターネットを使ったアイドルオーディションなどの数多の企画に、協力要請されてもノレなかった秋元が当時考えていたのは、それとは真逆の地域や時間が限定される、リアル空間を使ったエンタテインメントだった。そのアイデアはいくつかの段階を経て、ＡＫＢ48として世に登場することになる。タレントの卵を集めて「欠点のある子が努力を重ねて成長していく物語が見たい」、「専用劇場で毎日ステージを行いながら、全国区デビューを目指す」というアイデアは、ＲＰＧゲームのような、一種のビルドゥングス・ロマンであった。

それまでアイドルを夢見る少女たちにとって、芸能界の入り口は一般人にはわかりづらかった。そこで全部をガラス張りにして、オーディションからすべてを公開して、ギャラリーの一人としてファンにも参加を要請し、成長度合いによってその都度、序列がわかるようにした。そこでレッスンを重ねて一流のアイドルまで育てあげることで、ＡＫＢ48を「芸能界で進学率トップの女子校を目指す」と秋元は言った。こうして1チームが学校の1クラスのような単位で構成される、現在5つのチームからなるグループ形態に発展していった。

後に定例行事となる「選抜総選挙」も、全国の予備校で行われるセンター試験のようなもの。そこでくじけたり結果を出せない者が、卒業後に芸能界で大成することなどできないだろう。テスト的に行われた第1回「選抜総選挙」のときは、ネガティブな結果になったら辞めるつもりだったと言うが、結果はその逆で、彼女たちの自立を促すきっかけになった。自らの不遇は運営の依怙贔屓のせいと不満ばかり漏らしていた者にも、それが世間からの評価なのだということを、「選抜総選挙」の得票数がまざまざと見せつけた。

SOLD OUT時代に後輩の放送作家を集めては、秋元は自主的に作詞教室を開くこともあったという。セガ役員時代の後期に予定していた、インターネット・エンタテインメント・スクール「Dragon Gate」は時期尚早で未遂になってしまったが、秋元の教育への関心はずっと生き続けていた。その想いは、２００５年に教授職に就いた京都造形芸術大学、２０１６年に代々木アニメーション学院名誉学院長兼総合プロデューサーを引き受けた現在にも繋がっている。

「初めはプロデューサーのつもりだったが、だんだん校長先生みたいになってきた」と、秋元はＡＫＢメンバーとの関わりについて語った。自身の役割を「魚を与えるのではなく、釣り竿の使い方を教える役目」と秋元は言う。プロデューサーとしての冷徹な判断を下す前に、個人の幸せを思う気持ちが先に立って、鬼コーチになりきれないと自戒するコメントも残している。そういう意味で秋元は、ビジネス的思惑の達成を第一義に考える、いわゆるプロデューサーとはまた違った存在なのかもしれない。レポーター仕事を無理矢理入れてスケジュール帳を埋めるよりは、大役の女優仕事にキャスティングされるのをじっと待つべきだと、将来に焦って相談に来た大島優子に悟って言い聞かせたというエピソードもある。

かつて華原朋美が、遠峯ありさというバラエティアイドル時代の過去を捨てて、小室哲哉のプロデュースで再デビューしたとき、2人に交際関係があったことから、映画史の悪名高き大蔵映画社長、大蔵貢の名前がよく引き合いに出された。不倫関係にあった女優の高倉みゆきを映画の主役に起用することについて訊かれ、大蔵は「女優を2号（妾）にしたのではなく、2号を女優にしたのだ」という名台詞を残した。事実、惚れ込むまでのめり込まないと、本気のプロデュースなどできないのだろう。プロデューサーとアイドルの関係には指導者と生徒を超えた、ビミョーな相思相愛関係があるのは認めるところ。映画『マイ・フェア・レディ』のヒギンズ教授のように、プラトニックな恋愛感情が入り混じりつつ、推しのアイドルをスターに育てたいという欲望は男性には本能的に備わっているもの。それがＡＫＢ48を応援する中年ファン心理であり、秋元がＡＫＢ48のプロデュースに関わり続ける理由なのだろう。

また、自らもアイドルプロデュース経験のある社会学者、濱野智史は、近年のアイドルブームと少子化の関係を結びつけて、「アイドル育成には子育ての代替欲求がある」と分析してみせた。少子化は未婚化とリンクしており、未婚化は不景気の映し鏡である。だから不景気が進むとアイドルが流行するのだと濱野は語っている。

秋元康の舞台制作への憧れ

ＡＫＢ48が結成されたばかりのころ、秋元はオーディションで女優志望者たちに「演劇をやるかもしれない」という話をしていたという。２００６年に募集された、柏木由紀、渡辺麻友を輩出した第3期オーディション募集のときは、ブログでも「劇団員追加募集」という表現が使われ、6月16日の通過者発表の際には「劇団研究生決定」という名目で実際にお披露目されている。その第3回から導入されたのが、現在も続く研究生というシステムなのだが（くわしくは後述）、翌年のオーディションから「研究生」という言葉に統一され、「劇団」のフレーズは以降使われなくなった。

ＡＫＢ48は初期からミュージックビデオに力を入れ、映画界の大物監督を起用して、映画業界とＡＫＢ48がコラボするきっかけを作った。しかし演劇方面に関しては、後に結成される「ＡＫＢ48歌劇団」にゲーム畑出身の広井王子を起用するなど、方向性が掴みづらいところがある。確かに自らの原作ゲームの舞台化などを手掛けている広井ではあるが、彼は演劇業界のプロパーではなかった。

そもそも女の子だけの劇団として旗揚げする狙いもあったという、ＡＫＢ結成前夜の青写真もあった。しかし、その筋の人物に相談を持ちかけた際、「秋元がやっているなら敬遠する」という演劇関係者の声が多かったために、そのアイデアを諦めたと秋元は語っている。演劇業界は長らく左翼運動と結びついてきた歴史もあり、テレビ、映画業界以上に排他的。セガ役員時代に『サクラ大戦』シリーズで縁のあった広井に、舞台演出の経験者として声をかけたのには、やむにやまれぬ事情があったのだろう。秋元の舞台制作への進出はこうして、演劇界のプロパーの協力を得られないという、孤独な中で出発することになった。

とんねるずと秋元が知り合ったばかりのころ、「つかこうへい好きでしょ？」と訊かれ石橋が困惑したというエピソードがある。秋元は学生時代から小劇場の大ファンで、つかこうへい劇団で観た『熱海殺人事件』、『いつも心に太陽を』の過激な笑いに通じるものを、とんねるずのコントに感じたという。70年代に、つかこうへい劇団、劇団東京ヴォードヴィルショー、ミスタースリムカンパニーなどの劇団が登場すると、高校生だった秋元はそれら演劇に夢中になったという。80年代には、山崎哲の転位・21、野田秀樹の夢の遊民社、鴻上尚史の第三舞台など小劇場が大ブームとなったが、すでにテレビで仕事をしていた秋元にとって、常に憧れの対象だった。そこは自分とはまったくの異世界。小さな芝居小屋でやっていた劇団が、次第にファンを集めて大劇場に進出していくエネルギーを、ずっと羨ましく眺めていたと秋元は言う。

『ザ・ベストテン』時代にも出演歌手の事務所から相談を受け、先輩の宮下康仁のようにコンサートの舞台制作をやらないかという誘いは何度もあったらしい。秋元も実際に、この時期いくつかの舞台制作を手掛けている。そのひとつが、とんねるずが年1回、苗場プリンスホテルでやっていた単独コントライヴ「こんと　いんなえば」（1991〜2000年）。松任谷由実が「恋人がサンタクロース」などのリゾート向けの曲を収録したコンセプトアルバム『SURF&SNOW』（80年）の発売時から始めた、81年より毎年行っているリゾート施設でのコンサートにひっかけたもの。多忙な時期にそれを始めた理由を、石橋は「テレビやってるとフラストレーションがたまるばかり。放送が終わったら何も残らない」と語っている。石橋も石橋で、秋元同様にテレビ業界に不満を抱えていたのだろう。10年間続いたとんねるずの苗場でのコントライヴに、秋元は構成で関わっていた。チケットは毎年速攻で売り切れるほどの人気イベントとなり、公演内容はビデオソフトとしても販売された。

また、『夜のヒットスタジオ』の司会者をやっていた古舘伊知郎と、とんねるずの作詞家として交流が始まり、古舘司会の歌番組『MJ -MUSIC JOURNAL-』（92〜94年）、『おしゃれカンケイ』（1994〜2005年）に構成作家として参加。88年から古舘のライフワークとして続けられている舞台公演「トーキングブルース」にも、秋元は構成のクレジットで深く関わった。

テレビ仕事で多忙な中、シブがき隊、コント赤信号など、他にも秋元はいくつか舞台を手掛けている。ＡＫＢ48のようにデビューからトータルプロデュースで関わったひとつに、太田プロの幕末塾という男性グループがあった。80年代に原宿でストリートパフォーマンスをしていた、哀川翔、柳葉敏郎らが所属する一世風靡セピアの次世代グループで、フジテレビ主催『ナイスガイ・コンテスト』（88年）で準グランプリ受賞。太田プロダクション所属となり、下北沢の駅前劇場で月1回の定期ライヴを行っていた。片岡鶴太郎への作詞、山田邦子の映画プロデュースなど太田プロと懇意にしていた秋元は、彼らの音楽活動にプロデューサーとして関わっている。デビュー曲はTM NETWORK「Come on Let's Dance」（89年／ＮＥＣアベニュー）のカヴァーで、秋元がそのころから小室の才能に注目していたことがわかる。同曲の詞は別人で、秋元はあくまでプロデューサーとして参加。グループ活動は実質3年と短かったが、その中から2代目リーダーの彦摩呂が、解散後にグルメリポーターとしてブレイクする。ちなみに1代目リーダーだったのが、その後、ＡＫＢ48のチーフマネジャーとなる牧野彰宏である。

視聴率1％＝１００万人のマス相手に番組作りを続けてきた秋元が、少人数の客に向けた舞台制作に向かっていった理由には「多チャンネル化の時代に、視聴者を追っかけるのは消耗するだけ。だったら定点でやろう」という、メディアの変化を踏まえた面もあった。90年代後半から衛星放送がスタートし、新資本が放送業界に続々と参入。オーストラリア生まれのメディア王ルパート・マードックがテレビ朝日と提携するなど、外国資本も日本に乗り出してきた。エンタテインメント業界も外資系がポツポツと現れ、レコード業界も、ＥＭＩジャパン、ワーナーミュージック・ジャパン、ユニバーサルミュージックなど大半が外資系に。四半期決算で利益を出すシビアさが求められる時代になった。国の放送免許事業として守られてきた地上波テレビ局とて時代の趨勢と無縁ではなく、衛星放送のスポーツ中継、音楽専門局に客足を取られた。映画のレイトショーが都市部で定着したことで、月9の放送時間に若者たちは家に帰らなくなった。それらが顕著に視聴率低下に結びついていた。流行をただ追いかけるだけでは、放送作家も使い捨てで終わる。そう気づいたときに、若き日に憧れた小劇場に取り組むというアイデアが、秋元の中で大きくなっていったのだろう。

秋元の名前を伏せてオーディションを行い、ペンネームで作詞して、目標の東京ドーム公演を達成したところでプロデューサーの正体を明かすというプランも、ＡＫＢ48結成の青写真の中にはあったという。自身の知名度に頼らなくとも、アイデアと作品の質で勝負できるという自負が秋元にはあったのだ。かつて小室哲哉も、華原朋美との関係を伏せてプロデュースし、ブレイクしてから彼女と付き合ってる事実を明かすというシナリオがあったらしい。しかし小室との交際を切り札に華原を売り出したい、スタッフの思惑が優先された。プロデューサー名を伏せてデビューさせるＡＫＢ48のごく初期のアイデアも、秋元の名前を出すことが条件というスポンサーの希望でご破算になった。

アイドル志望の少女たちが毎日興行を行うという最初の思いつきから、「会いに行けるアイドル」というコンセプトが生まれた。秋元らスタッフはまず最初に箱（劇場）を作った。そうすれば人がそこに集まり、自然発生的にサロンが生まれ、そこが発信源となって流行が作られるのだと。90年代に登場した、ＨＭＶ、タワーレコード、ヴァージンメガストアなどの外資系大型ＣＤ店は、ショッピング空間に留まらず、一種の情報サロンとして機能していた。お洒落な音楽を流すカフェを併設し、そこにある情報端末からCD予約やチケットが購入できる。目的がなくてもふらっと立ち寄れば、何かお目当てのものが見つかる空間だった。たまごっちもカルバン・クラインも、販売契約を結んでいたタワーレコード、ヴァージンメガストアから起こったブームと言われている。しかしAmazonのようなネット通販サービスが拡充した結果、リアル店舗からだんだんと客足が遠のき、外資系大型CD店は縮小規模の一途を辿っていった。ブームを起こすには、それらに代わるような「リアルな場所」が必要だった。

今日のようなアイドルとファンの関係が生まれた最初のケースが、渡辺プロダクションのキャンディーズと言われている。それまでのアイドルは、彼女らに憧れる中高生がファンの中心だったが、キャンディーズの3人は同世代の大学生の心の恋人になった。「全国キャンディーズ連盟(全キャン連)」などのファンクラブ組織が生まれ、インターネットのない時代に全国的なネットワークを築いた。またキャンディーズは、スタッフにまったく相談しないまま、マスコミ向けに解散を発表した最初で最後のアイドルである。それはアイドルにとって初めての「人間宣言」だった。アイドルだって遊びたいしエッチもしたいとあけすけに表現した、おニャン子クラブの源泉もここにあった。またキャンディーズは、解散を事務所に了承してもらうための交換条件として、後楽園球場で華々しいフェアウェルコンサートを行うことを引き受けた、AKB48に先駆ける「卒業」をビジネスにした、最初のアイドルでもあった。

78年4月4日に後楽園球場で行われたキャンディーズ解散公演で、5万5000人の観客の前で「普通の女の子に戻りたい」と宣言して伝説を残した。その後の元メンバーのタレント復帰については あえて書くまい。キャンディーズとは3人のグループのことであり、その神話はいつまでもファンの中で生き続けている。解散から30余年が経った今でも4月4日のキャンディーズの命日には、解散コンサート会場跡地にあるJCBホールにファンが集まって、当時のフィルムを上映する、メンバーが出演しないキャンディーズ同窓会が続けられている。グループが解散しても、象徴となる場所さえあればそこに人は集まる。おニャン子クラブは身近な存在ではあったが、写真撮影、握手などは禁止されており、実際は電波の中にしかいないヴァーチャルなアイドルだった。

「プロじゃない女の子48人集めて、いつでも会えるアイドルの集団を作ろう」(秋元)。それを思いつくのは簡単だが、実行することは誰にでもできるわけではない。短期回収は難しいだろうという見通しは、秋元の中にもあったのだろう。銀行やベンチャーキャピタルから資金提供を受けるのは止めて、ほとんど付き合いのなかった財界の個人事業主をパートナーに迎えて、AKB48の歴史はスタートする。過去の作詞印税で得た個人資金を投入する方法もあっただろうが、秋元はそうはしなかった。このやり方なら必ず成功すると出資者を説得できる、プロのギャンブラーの確信が秋元の中にあったからだ。

AKB48を結成させた、2人のオーナーとの出会い

知人として秋元をよく知る作家の伊集院静は、秋元康を稀代のギャンブラーだと表現する。本書ではくわしくそれを追うことはしないが、ラスベガスのカジノに出入りする常連客として知られ、フジテレビの麻雀番組『THEわれめDEポン』にもプレイヤーとして登場するプロ級の雀士でもある。牌の引きのよさはプロも感心するほどの運の強さで、勝負師としてかなりの理論家だった。ラスベガスに旅行に行く際には、若手作家を集めてギャンブル必勝講座を開いて見せていたほど。

ＡＫＢ48を立ちあげた３人、秋元康、窪田康志、芝幸太郎を結びつけたのは、頻繁に出入りしていたカジノだったと言われている。

投資家として資金を提供したＡＫＢ48立ち上げの中心人物、窪田康志と秋元が知り合ったのが２００５年５月。その直後に窪田から、後にＡＫＢ48のマネジメントを担当することになる芝幸太郎を紹介される。その年に暮れにはＡＫＢ48は始動していたわけだから、いかに３人がビジネス的機転に長け、それをスピーディーに実行したかがわかる。

窪田康志は若手の実業家で、そのころウエディング関連事業に関わっていた。結婚式の撮影、ビデオ撮影などを行う会社として、ケーアールケープロデュースを創業したのが１９９９年。実父は電子部品製造の会社をいくつか経営する財界の大物、窪田芳郎。多数の競走馬を所有する馬主として知られ、子息の康志も愛馬会法人「株式会社大樹レーシングクラブ」の代表を務めている。20億円つぎこんだと言われるＡＫＢ48の事業資金は１００％、窪田がポケットマネーで用立てたと言われている。芸能界との直接的な関わりは持たなかったが、実業家・尾関茂雄と山口もえが結婚したときの撮影を取り仕切るなど、社交界では名の知れた存在だった。ＡＫＢ48の結成１年後に、音楽出版／原盤制作／版権管理／マネジメントのための会社、ＡＫＳが設立された際に代表取締役に就任。ＡＫＢ48のエグゼクテイヴ・プロデューサー役を務めた。現在はそのポストからは離れたが、上海のＳＮＨ48の運営や、ライバルグループの乃木坂46のテレビ番組のスーパーバイザーなどを務めている。

もう一人の芝幸太郎も実業家で、エステ関係などいくつかの会社を経営。２００４年にイベント、ウエディング関連の人材派遣業、およびタレントマネジメント会社としてオフィスフォーティーエイトを設立する。同社は２０１１年から、東京タワーのイメージガールを輩出するなど、モデル業界ではそれなりの実績を残した。２００５年にＡＫＢ48が結成された際、最初にマネジメント先となったのが同社。しかし、人数が増えすぎたことから、ＡＫＳが設立された後、２００７年にメンバーの大半とスタッフはそちらに移籍。秋元才加、梅田彩佳、増田有華、宮澤佐江ら、チームＫの９人のみが同社に所属タレントとして残った。現在はタレントマネジメント事業からは撤退し、所属メンバーはエイベックス系列のフレイブエンターテインメントに移籍。芝が経営するオフィスフォーティーエイトは、国内外に子会社を持つホールディング・カンパニーになっている。

事業資金はほぼ１００％窪田が提供し、マネジメント関連を芝が受け持ち、事業アイデアは１００％秋元康が出すというトライアングルからすべてが始まる。この３人はほぼ同じころ知り合った、ビジネスパートナーの関係だった。２００５年7月に行われた3人の会食の席で、秋元がショーパブに行ったときの話になり、「プロがショークラブを作ったら面白くない？　女の子50人ぐらい集めて」という提案に2人が共感したことから、幾度かの変転を経て、ＡＫＢ48の前身「秋葉原48プロジェクト」がスタートする。話がまとまるやいなや、その日に劇場用の物件探しを始め、同年末にはお披露目されるというスピード感に驚く。商機を逃さない機転は、テレビの世界より遙かにシビアな、実業界で揉まれてきた2人の事業家のなせる技だろう。

ＡＫＢ48劇場の支配人、初代マネジャーに就任する戸賀崎智信は、同年に芝の会社オフィスフォーティーエイトに中途入社したばかり。それまでキャバレーなどの遊技場で10年近く、店長やマネジャーを務めてきたという経験の持ち主だった。先の会食の席でその日に号令を受け、不動産探しに奔走したのが戸賀崎。芝の推薦でＡＫＢ48に関わることになったものの、芸能界と関わった経験はゼロだった。当初はショーパブの立ちあげ要員として呼ばれた話が、途中からアイドルグループ結成に変わったことに困惑したと語っている。

戸賀崎は初期AKB48のプロモーションで重要な役割を担った、オフィシャルブログの管理人を務めた。そのマメなケアは、水商売の世界で鍛えあげられた人物ならでは。フジテレビ『お水の花道』（1999～2001年）で描かれたような女の園で、従業員をまとめあげてきた彼の手腕がなければ、多人数アイドルグループであるAKB48の今日はなかったかもしれない。現在は、支配人から離れカスタマーセンター長のポストについているが、Do the bestというイベント運営会社の代表も務めており、AKB48グループの握手会の運営業務を、キングレコードから同社が請け負って行っている。

AKB48が結成されたとき、最初に彼女たちの所属先となったのが、芝、戸賀崎の会社、オフィスフォーティーエイトだった。AKB48の事務所だから「オフィスフォーティーエイト」と思いきや、会社設立は3人が出会う前の2004年。オフィスフォーティーエイトという社名は、芝の名字から＝「48（シバ）」と付けられたもの。秋元が50人ぐらいのグループを結成を提案した際、芝の好きな数字が「48」だったことから、ゲン担ぎに「48」を付けたという説がよく知られている。一方の秋元はグループ名に数字を入れた理由について、自動車会社の試作車の商品開発番号をイメージしていただけで、「48」が芝の提案だったという説はやんわりと否定している。

「48」は花札の一組の枚数。3人の共通項であるギャンブルとの関連もうかがわせる。相撲の決まり手の総数も「四十八手」で、そこから転じたセクシャルな意味もある。ちなみにギリシャの数学者、ピタゴラスを起源とするカバラの数秘術で見ると、「48」は「天使が富をもたらす」といういかにもなメッセージが。秋元はSOLD OUT時代に姓名判断に凝って、実際に後輩の芸名の名付け親を務めていた時期もあるのだという。レコード会社などが入居しているハイテクビルに、不釣り合いな神棚もよく見かけることがあるが、エンタテインメント業界はマーケティングのように理屈通りにいく世界ではない。倒産寸前の会社に神風が吹いて、突然のヒットに救われるようなエピソードは、歌謡曲史にいくつも存在する。以前、若手ロックバンドのひとつ、アクアタイムスがプロデビュー時に姓名判断で、インディーズ時代の「AQUA TIMES」という綴りを「Aqua Timez」に変えてブレイクした話をラジオで耳にしたことがあった。意外に思われるかもしれないが、音楽業界で仕事をしていると、こうした信心深さによく出合うことがあるのだ。

　スポンサー収入で運営される民放テレビで長らく仕事をしていた秋元にとって、それまでの顧客はお金を一切払わない一般層。劇場制作を始めたとき、最初に立ちはだかったハードルは高いチケット料金だった。ＡＫＢ48劇場オープン時の公演チケット価格を、どう考えてもあり得ない１０００円で始めたのは、彼が興行界のジョーシキを知らない、異世界から来た人間だったからだろう。無料のテレビに慣れている客が、普通の演劇のチケット料金では来るはずがないという秋元の考え方は一面で正しい。価格破壊からしかアイドルプロジェクトの成功の道はないという、大きな決断がそこにあった。おそらく投資回収のロードマップなど、ＡＫＢ48ではそもそも作られていなかったのだろう。ベンチャーキャピタルや銀行から資金を融通する選択も、よって最初からあり得なかった。また外資系ばかりで四半期決算でシビアになったレコード業界から、ＡＫＢ48のような未知数なアイドルグループが登場することもなかったはず。まさに丸山茂雄が「日本初のロックレーベル」として、エピック・ソニーを立ちあげたときのような冒険心をもって、ＡＫＢ48は歴史をスタートさせたのだ。

　後に劇場公演をビデオオンデマンドで配信するサービスを開始したときの、月額料金２９８０円という価格設定も、当時のブロードバンド環境を思えば、ジョーシキ的にはあり得ないものだった。結局、あっと言う間に大赤字が膨らんで、配信業者との契約見直しになり、現在のDMM.com

に移って4980円で再出発。会員数が増えたのを見計らって、当初の価格帯に戻して現在に至っている。AKB48は事業そのものを支えていく資金として、最初から個人オーナーがポケットマネーで支えていくしかなかった。こうしてAKB48は窪田康志がエンジェル（個人投資家）となって歴史が始まり、後に名古屋の遊戯用機器メーカー、京楽産業.がパトロネージュとなってその役割を引き継ぐのだ。

また、結成当初から電通社員にパートナーとして参加を要請。AKB48劇場をテレビ、ラジオに置き換わる新しいメディアに定義し、積極的にスポンサータイアップを取り付けた。オーディションもほぼ毎回、スポンサーの冠付きで行われ、行事に参加するファンにも試供品などのお土産を持たせるような、現在のスタイルが定着していった。

AKS設立と「エージェント契約」

2006年、AKB48に関する事業すべてを包括的に行う会社、AKSが設立される。社名は創設者の3人、秋元康（A）・窪田康志（K）・芝幸太郎（S）の頭文字から1文字ずつを取って名付けられた。もともとは、劇場公演曲をCDで聴きたいというファンの要望が多かったことから、そのための音楽出版事業を核として設立された会社で、AKB48の運営管理を一括で行っている。AKB48全グループの商標管理、インディーズレーベル運営、ノベルティグッズ販売などを業務に掲げた（NMB48は除く）。代表取締役には窪田康志が就き、本社は千代田区にある窪田が経営するケーアールケープロデュース社内に設けられた。

結成時に所属していた芝のオフィスフォーティーエイトはいわば仮の住処で、大半のメンバーはこのとき、スタッフとともに2007年にAKSに転籍。以降はオーディション通過者は、研究生時代からここに所属することになった。AKSは芸能事務所ではなく人材派遣業（16条特定労働者派遣事業）であり、各メンバーとは個人事業主として契約していると言われる。実質メンバーはフリーランスに近く、海外の事務所とタレントの契約として一般的なエージェント方式に近いもの。日本では吉本興業、松竹歌舞伎、宝塚歌劇団などのケースに類似する。いわゆる大手芸能事務所のような拘束はなく、「音事協」系事務所のような契約期間の縛りがないことから、「卒業」のタイミングも運営の意向ではなく、本人が決定権を持つかたちが取られている。2000年の職安法改正を経て、有料職業紹介事業は原則自由化されており、決められた賃料の10・8％の紹介料に、他マネジメント管理費などが抜かれた金額が、各メンバーに給料のようなかたちで手渡されるのだと思われる。

ＡＫＳはあくまで人材派遣会社であり「音事協」に加盟していないため、芸能事務所からスカウトがあった場合、事務所間で交わされる移籍料のようなものは発生せず、移籍後すぐにテレビなどに出演できるメリットがある。ＡＫＳがメンバーと個人事業主として契約するのはおそらくそのためだろうが、決して特殊なものではない。比較的似ているのは児童劇団のケースだろう。昔から情操教育の一環として、都市部では子供を児童劇団に入れるケースは多いが、そこで子役時代にドラマ、映画出演などを経験し、将来アイドルとして巣立った才能も多かった。例えば三原順子、大場久美子らも子役出身で、東京放映テレビ傘下の劇団フジに所属していた。三原はオーディションを経て『3年B組金八先生』（79年）の不良学生役でブレイク。アイドルとしてレコードデビューする段階で、歌手をマネジメントするノウハウがなかったため、三原はビーイングに移籍して同社アイドル第1号となった。大場も子役時代からドラマに出ていたが、オーディション番組『あなたをスターに！』（NETテレビ系／現・テレビ朝日系）出演時にスカウトされ、アイドルデビューを機に、松崎しげる、岡田奈々のいたボンド企画に移籍している。

事務所がタレントと契約書を交わし、ほとんど素人の人材にトレーナーなどをつけて育成し、後にそれが事務所の財産になる。しかしAKSの場合は関わるのは育成まで。スカウトされれば、芸能事務所に移籍させるかたちをとっている。もちろんそのままメンバーとしてAKB48に在籍し続けるのも本人次第で、その場合給料面は移籍先の事務所に払ってもらい、AKB48としての活動のみ、AKSがマネジメントする形式が取られている。

AKSが芸能事務所の業態を取らなかった理由については、「マネジャーの仕事はひとりひとりと向き合う仕事。専門家じゃないと無理」という秋元の証言がある。AKB48が大人数グループであること、未経験者のスタッフを集めたことからも、マネジメントの道を選ぶことは諦めた。これまでたくさんの芸能事務所のスタッフと仕事をしてきた経験から出てきた、それが秋元なりの結論だった。また「クリエイティヴとマネジメントは分けないと無理」とも語っている。AKB48結成からお披露目まで、秋元はほとんど劇場には顔を出さずレッスンを夏まゆみに預けていたと言われているが、それはクリエイティヴの人間がマネジメントの事情に左右されないための、最善策だったのだろう。

２００８年に名古屋の姉妹グループ、SKE48が結成された際には、マネジメントはピタゴラス・プロモーション（SKE48劇場が所在するサンシャイン栄ビルの運営会社、旧・京楽栄開発傘下の企画会社）が請け負って歴史がスタートする。しかし「握手会」、「選抜総選挙」などのAKB48との連動イベントが増えたことから、２０１１年にメンバーおよびピタゴラス・プロモーション内のSKE48スタッフすべて、AKSに転籍。ここからAKSによる、48グループ全体の管理一元化が図られるようになる。大阪のＮＭＢ48の場合は吉本とのジョイントベンチャーで（詳細は後述）、マネジメントは京楽産業・と吉本興業が共同出資した「KYORAKU吉本・ホールディングス」が行うかたちが取られた。しかし、こちらも「握手会」、「総選挙」などの48グループ共通の催事が多く、当初50：50ずつだった「KYORAKU吉本・ホールディングス」の持ち株比率を、最終的に80％を京楽側が持つことで経営権の一本化が図られた。

またＡＫＢ48は結成時から不採算事業であり、赤字垂れ流し状態が続いていたために、２０１２年に賃料他コスト削減策の一環として、ＡＫＳを千代田区のケーアールケープロデュース内からＡＫＢ48劇場内に移転。劇場と同じドン・キホーテのある建物内にオフィスを構えた。しかし経営状況は不安定なままが続き、２０１４年には申告漏れで東京国税局の税務調査を受けたことがニュースにもなった。これを前後してＡＫＳの経営権は、創業者で個人オーナーだった窪田康志から、筆頭株主となった名古屋の遊戯機器メーカー、京楽産業・に移っており、同社から出向された経理畑出身の、吉成夏子に代表取締役を交代している。

また、ＡＫＢ48メンバーが出演する番組にもＡＫＳは制作会社として参加しており、『AKBINGO!』（日本テレビ系）、『有吉ＡＫＢ共和国』（ＴＢＳ系）、『マジすか学園』（テレビ東京系）などに制作協力し、メンバーとともにスタッフも裏方として参加。携帯端末向け番組として配信されていた『ＡＫＢ48のあんた、誰？』（ＮＯＴＴＶ）には、メインの制作会社としてクレジットされている。

ほとんどの社員が芸能界での仕事未経験者を集めて始まったＡＫＳだが、設立時には秋元も懇意にしていた太田プロダクションからアドバイスを授かった。60年代に、てんぷくトリオ（三波伸介、戸塚睦夫、伊東四朗）が所属した老舗のお笑いタレント系芸能事務所で、殿様キングス、ツービート（ビートたけし、ビートきよし）、片岡鶴太郎、山田邦子、ダチョウ倶楽部、松村邦洋らを輩出。現在は、高島礼子、斉藤慶子ら俳優陣も多数在籍する業界大手のひとつとなった。秋元は『山田邦子のしあわせにしてよ』（ＴＢＳ系／95〜97年）や映画『君は僕をスキになる』（89年）など、山田邦子作品のブレインとして深く関わった他、有吉弘行がいた猿岩石をプロデュースした「白い雲のように」（96年）は、累計１００万枚のヒットになっている。その縁から、創業者の磯野勉の実娘、磯野久美子は若いころに秋元康事務所に入社し、出版物、映像コンテンツなどのプロデュースをそこで学んだ。秋元のセガ役員時代にも、映像制作会社のエイティーワン・エンタテインメント、およびその後継となるイキナにも磯野はプロデューサーとして籍を置いていた。現在もＡＫＢ48関連の劇場用ドキュメンタリー映画などにプロデューサーとして関わっている。

同じく太田プロ時代のタレントからスタッフになったのが、現在はＡＫＳのマネジメント制作部長を務める、元幕末塾のリーダーだった牧野彰宏。実父が沖縄アクターズスクールの経営者だったマキノ正幸、実妹が牧野アンナというプロフィールはすでに述べた通りだが、タレント引退後、秋元のニューヨーク行きに同行し、しばらく秋元康の下でアシスタントとして従事。沖縄アクターズスクールからSUPER MONKEY'Sがデビューするタイミングでそちらに移籍し、実父の下でマネジメント経験を積んだ。その後ファミリーを離れ、戸田恵子のマネジャーをしていたときに秋元からの誘いを受けて、ＡＫＢ48第6期オーディションが始まった２００６年からＡＫＳのスタッフとなった。

なぜ素人スタッフを集めてスタートしたのか？

秋元は以前、モーニング娘。がヒットした理由に触れ、「受け手側の感覚をある程度わかってないと、つんく♂のようなプロデュースはできない」と語っていた。おニャン子クラブ、東京パフォーマンスドールのファンだったつんく♂だからこそ、ファン心理を汲んで彼女らをヒットに導いたのだと。小室哲哉もロック世代だが自身もアイドル好きで、最初に結婚した相手は大谷香奈子（キララとウララ）という現役アイドル。90年代に続々登場した新しい世代のプロデューサーは、70〜80年代に青春期を過ごしたアイドルファン第一世代が、送り手に回って実を結んだものだった。「自分が決定権を持つようになると、バットを短く持つようになってしまう」と、すでに経営責任が問われるポストにいた秋元は自身のプロデュースに対して突き放した見方をしており、若い世代のプロデューサーにそれを期待すると公言していた。

秋元以外の創業者2人がまったく芸能界と無縁だったように、AKB48は2005年のスタートにあたって、芸能界での仕事は未経験な者がスタッフとして集められた。「そこにショービズ経験者が一人でもいたら、無理です、止めましょうと反対されたでしょう」というのが、AKB48を始めるにあたって素人スタッフを起用した秋元の弁。なるべく先入観のない者をスタッフとして採用し、ビジネス手法そのものをファンから学べばよいと教えた。またできるだけ若手に任せるやり方を取り、改善アイデアは現場から意見を集めた。

AKB48劇場支配人を務めていた戸賀崎智信も、長らく接客業に関わってはきたが、芸能界についてはまったく門外漢。公演後にファンが秋葉原のファミリーレストラン、COCO'Sにたまって感想戦を行っていることを耳にして、そこに赴いて客から感想やアドバイスを受けた。ファンからのアンケートにも目を通し、ネットのファンブログなどにも頻繁に目を通して、戸賀崎、秋元は本人だとわかるように掲示板にお礼のコメントを残した。翌年2月ごろから「ｔｇｓｋ」の徒名で、

2ちゃんねるなどの大型掲示板でも彼の存在が話題に上るようになる。立場はスタッフよりも観客寄りと言ってもよく、「メンバーとはほとんど話をしたことがない」とコメントしているほど。戸賀崎はその時期、アドバイスしてくれるファンとの交流に時間をかけた。「初期AKBファンには口うるさい人が多く、それに我慢できる人間でないとスタッフは務まらなかった」と秋元は戸賀崎を評価する。シリアスなファンも多かったが、「会社でアイドル好きを隠している人たちと、ここで繋がれる熱さがあった」と、戸賀崎はファンを友好的に捉えていた。実際、戸賀崎の人情家ぶりが初期AKB48の美点でもあり、フジテレビ社員がビジネスとして関わっていたおニャン子クラブとは大きく違っていた。

チケットの販売、抽選方法、整理券の配布方法などは、他のアイドルイベントにも通い慣れているファンのほうがよほどくわしい。改善すべきアイデアも持っている。であればと意見を可能な限り聞くことで、理想に近い環境を用意することに努めた。今では定例行事となっている、メンバーの誕生日を祝うための「生誕祭」も、もともとは2006年2月にメンバーの増山加弥乃の誕生会をやろうとファンが提案したのをきっかけに、それが採用されて後にレギュラー化されたもの。ファン有志が実行委員会を組織し、サイリウム、うちわなどもファンが実費で用意。その日だけは彼ら実行委員会がスタッフに加わって、劇場公演の一部プログラムに参加する流れが生まれた。プロデューサーの秋元康も、初期は劇場に頻繁に訪れ、シングルを切るとしたらどれがよいかなど、ファンから直接意見を聞いていたという。

劇場公演の終了後にネットの掲示板などで感想戦が交わされるようになり、ダンスやトーク内容などに点数を付ける、メンバーの技量を測るような評論家風情も現れた。またメンバーの不仲説を類推したり、誰かと誰かの疑似恋愛を創作小説のように語るものなど、妄想ネタも投稿されるようになっていった。それらはコミケの二次創作に近いもので、グループアイドルという形態が、秋葉原発祥のアニメ文化と親和性が高いことを実感させた。

今や大型匿名掲示板の代名詞となった2ちゃんねるだが、一般に広がったきっかけのひとつに、モーニング娘。の存在があったと言われている。毎週『ASAYAN』で繰り広げられていた、つんく♂のメンバーへの試練がネットで議論を巻き起こし、「狼板」、「羊板」などに分派するほど巨大勢力になった。その理由は、モーニング娘。がネットを使った情報発信を一切やらなかったことにある。今でも彼女らが所属するアップフロントエージェンシーは、メンバーのＳＮＳなどを禁じ、民意を組み入れることには消極的。そこを突いて登場し、早くから公式ブログを充実させ、メンバーにＳＮＳを解放した点でも、ＡＫＢ48は特筆すべきアイドルだった。

ＡＫＢ48が掟破りと言われたもうひとつの理由が、豪華絢爛なコスチュームにあった。16曲前後のナンバーで構成される一公演あたり、数曲ごとのお色直しで着替える衣装は１００着に及ぶ。Perfumeですら、スチール、ＭＶなどのときだけデザイナーブランドの衣装をレンタルしていた時代に、ＡＫＢ48では劇場で毎日使う必要があるために、すべての衣装が新調された。担当したのは、結成時からメンバー衣装を担当しているスタイリストの茅野しのぶ。先日刊行された『ＡＫＢ48衣装図鑑　放課後のクローゼット』（宝島社）は、いわば彼女の歴史そのもの。しかし彼女はＡＫＢ48に参加するまで、スタイリストとしてのキャリアはまだ2、3年の新人だった。舞台の衣装をやりたくてフリーになったものの仕事に恵まれず、マネジャー募集の記事を見て応募。そのとき「ダサいアイドルの衣装をどうにかしたかった」と話したことから、マネジャーではなくＡＫＢ48の専属スタイリストとして採用される。初期は3カ月ごとに新作が発表されていたため、毎回１００着の衣装を用意していた労力は凄まじいもの。一着一着がオーダーメイドな上、キャラクターや体型に合わせて調整が必要で、現在その総数は5万着以上と言われている。

その後、2013年に衣装・メイク部門を分社化され、常勤者だけで80余名になるオサレカンパニーとなって独立。茅野はここにスタイリストとして所属している。同社は東京ガールズコレクションのデザイナー発掘プロジェクトなどにも関わる、中堅の事業会社になった。「言い訳Maybe」(09年)の衣装で使われた赤のチェック柄が女性たちの間で流行するなど、AKB48はファッション業界からも注目される存在に。AKB48のコスチュームも現在は布生地からオリジナルデザインを発注しており、「Everyday、カチューシャ」(11年)からは水着もすべて、メンバーのサイズに合わせたオーダーメイドで製作されている。

宝塚歌劇団とAKB48の類似点

AKB48は結成時、専用劇場で大人数の女性メンバーがミュージカル形式の公演を行うことから「アイドル版宝塚歌劇団」とよく指摘された。秋元が類似点に気づいたのは結成後で、特に宝塚をイメージしていたわけではないという。しかし、宝塚歌劇団とAKB48にはさまざまな共通点があった。

宝塚歌劇団は、兵庫県宝塚市を拠点に活動する女性だけの劇団。創業は明治時代からと歴史は古い。大ヒットした少女マンガ『ベルサイユのばら』(原作/池田理代子)が74年に宝塚で舞台化され、これをきっかけに今に続く宝塚歌劇ブームが起こった。劇団員は400名に及び、全員が未婚の女性だけで構成される、日本最大の劇団である。メンバーは花組、月組、雪組、星組、宙組の5つの専科(チーム)のいずれかに所属。下部組織として二年制の養成機関、宝塚音楽学校を有しており、試験を受けて入学した同校の卒業生のみが宝塚入団の資格を持つ。宝塚音楽学校の生徒はいわば、ＡＫＢにおける研修生のような存在と言えるだろう。

宝塚歌劇団の創立は１９１４年で、すでに１００余年の歴史を誇る。創始者は実業家の小林一三で、経営母体は関西の私鉄、阪急電鉄。もともと演劇プロパーが作った劇団ではない。

宝塚は鎌倉時代からの由緒ある温泉地で、１９１０年に箕面有馬電気鉄道（現・阪急宝塚線）が敷かれ、泊まりの観光客で賑わった。日本初の室内プールができたのもここだが、その利用を目的に日帰り客が増えたことから、温泉などの宿泊施設側から猛反発を受けた。そのためそこを劇場に改築し、当時東京で人気があった元祖アイドル、三越百貨店の三越少年音楽隊にヒントを得て、１９１３年に前身の宝塚唱歌隊を結成。無料で観られる観劇を提供して大好評を得た。その翌年に宝塚歌劇団が結成される。阪神沿線の開発地域に新しく住み始めたのが、都心部で働くサラリーマン家庭。教育水準が高い彼らファミリーに、歌劇のような教養階級向けの娯楽を提供したことが成功の実を結んだ。１９２０年代に宝塚大劇場が作られるが、世界大恐慌の不況下の時代でありながら、少女歌劇は全盛期を迎えた。その影響で大阪松竹歌劇団（現・ＯＳＫ日本歌劇団）、松竹歌劇団などの少女歌劇団が続けて全国で結成された。

「少女歌劇」という、女性が男役を演じる演劇は世界でも類型が少なく、女性だけの劇団も珍しかった。そのために結成当初は演劇業界から、「学芸会」、「お遊戯会」と揶揄される存在だったという。しかし歴史を紐解けば、白拍子、女歌舞伎、女義太夫など、日本には古来から「男装女性」が登場する芸能が多数存在してきた。江戸後期の文化文政の時代に流行した、15、16歳の少女たちが芸を披露する女義太夫は、現代のアイドル並みの人気を誇ったと言われる。

発足当初から阪急電鉄の旅客誘致策の一貫で運営され、オーナー家の道楽と言われていた宝塚歌劇団の運営資金は、プロ野球チーム・阪急ブレーブス同様に阪急本社の広告宣伝費として処理されていた。しかし、宝塚が今日まで100年の歴史を継続できたのは、合理的経営に理由があった。制作＝宝塚歌劇団、製作＝宝塚舞台、販促・営業＝阪急電鉄歌劇事業部の三位一体で、徹底的に事業を内製で賄うスタイルは設立から今も変わっておらず。安定経営のために公演数を限りなく増やし、1月1日から劇場を開け、年間9～10公演を行い、東京宝塚劇場に出向いて出張公演を行うなど、利益追求に努めた。こうした企業努力は、スタッフがほとんど演劇の素人だったことに理由があった。今でも宝塚歌劇団の運営は演劇プロパーではなく、親会社の阪急電鉄からの出向社員によって行われている。

地元にエンタテインメントを提供してきた阪急電鉄グループも、3本の柱のひとつと言われた宝塚ファミリーランドが2003年に閉鎖。地元の名所だったここも、2001年に大阪市にできたUSJ（ユニバーサル・スタジオ・ジャパン）に客足を奪われ、閉園を余儀なくされた。88年には阪急ブレーブスの経営権を手放し、本拠地だった阪急西宮球場（後の阪急西宮スタジアム）も2002年に閉鎖となった。その中で宝塚歌劇団だけは黒字経営が続けられており、阪急阪神ホールディングスの中でも優良事業部門と言われている。

宝塚歌劇団は地元にある宝塚大劇場を活動拠点に、ほぼ毎日公演を行っている。公演スケジュールは、月曜日、金曜日は昼13時から1日一回公演、水曜日は休園日で、残りは土日祝日を含め、11時、15時と1日2回、約2時間の公演が行われている。AKB48と大きく違うのは劇場の収容人数だろう。宝塚大劇場は2550席と、AKB48劇場の約10倍。それでも平均抽選倍率は100倍に及ぶ人気ぶり。東京拠点である東京宝塚劇場は2069席。5つの専科（チーム）は東西の劇場に分かれて、年に2演目ずつ興行を行い、年間でのべ10演目を上演する。1興行が45～55公演。

宝塚大劇場は阪急電鉄が所有、東京宝塚劇場は東宝が所有しており、それぞれ年間100万人を動員している。また出張公演として、梅田芸術劇場（900席）、日本青年館（1300席）の他、中日劇場、博多座公演など、全国で興行を行っている。

また、新人公演のために用意された宝塚バウホールという専用劇場もある。収容人数はAKB48劇場の2倍の500席。こちらでは入団7年未満の団員による「新人公演」が定期的に行われている。宝塚には「男役10年」という言葉もあるように、古参メンバーでも結成13年目のAKB48など、まだまだひよっこ。新人公演はチケット代が安めに設定されており、500席のバウホールでは利益が出ないということで、あくまで新人育成の場として運営されている。また、大口収入となるスポンサー貸し切り公演が年に何回か組まれており、そのための活発な営業活動が、安定経営の基盤のひとつとなっている。こうした法人向け営業は、社員旅行、修学旅行生向けに貸し切り興行を行っている吉本新喜劇でもおなじみ。

宝塚歌劇団とAKB48のもうひとつの共通点は「ドラフト指名制」があることだろう。AKB48では48グループ全チームが一堂に会して、プロ野球さながらのドラフト会議が過去3回行われているが、宝塚でも伝統的に団員たち自身がスカウトに繰り出す。宝塚音楽学校の学園祭などに各専科（チーム）の代表が訪問し、ドラフト指名で卒業後の配属が振り分けられるようになっている。

他、宝塚には公式ファンクラブが存在せず、ファンコミュニティーが「誕生会」などのイベントを主催するなど、自主性を重んじるところもAKB48と同じ。劇場公演曲もレコードの時代から、毎年配役が代わる度に宝塚系列のレコード会社からキャスト別でリリースされている。AKB48の劇場公演CDのように物販コーナーで購入できる、お土産盤として人気アイテムになっている。

秋葉原とメイド喫茶ブーム

宝塚歌劇団とＡＫＢ48の最大の共通点は、世界的にも珍しい地名＝劇団名を名乗っていることだろう。しかし最初からＡＫＢ48は、計画的に秋葉原に専用劇場を作ろうと思っていたわけではない。最初に物件探しを始めたのは、お洒落な学生の多い若者の街である、渋谷、青山界隈だった。しかしアイドル公演用の劇場スペースを貸してくれる不動産業者はなく、物件探しは難航。そんな折り、戸賀崎がスタッフの一人から秋葉原にあるメイド喫茶の話を聞いて、冷やかし半分で秋葉原に足を踏み入れたときに、グループの運命が決まった。

メイド喫茶とは、アニメのキャラクターのようなメイド服に身を包んだ店員が、「お帰りなさいませ、ご主人様」と客を迎えるスタイルが意表を突いた、秋葉原発祥のカフェの新しい営業形態。飲食以外にも、いっしょにチェキが撮れたり、肩もみ、ゲームができるなどの有料サービスもメニューとして提供されている。簡易ステージが作られ、店員がアイドルのように曲を歌うショータイムなども名物に。新作のビデオゲームを買った帰りにメイド喫茶に寄って休憩するという行動様式が、秋葉原のオタクの間で定着していた。テレビの報道番組で取りあげられたことをきっかけに、メイド喫茶はビジネスとして大繁盛し、最盛期は秋葉原だけで競合店が20店以上、コスプレ居酒屋、メイド服のマッサージ店などの類似ビジネスも含めれば、60店以上が営業を行っていた。

駅周辺でメイド服を着た店員がチラシを配る光景も、すでに秋葉原の風物詩となった。メイド喫茶ブームは２００５年の新風俗の目玉となり、コスプレ店員を信奉する「萌え」が流行語になった。これが同年のユーキャン新語・流行語大賞に、「のまネコ」、「電車男」、「ホリエモン」などの60語の候補と併せてエントリーされ、「萌え」は流行語大賞を受賞。そのとき代表者として表彰状を受け取ったのが、メイド喫茶「@ほぉ〜むカフェ。ドンキ店」の店員だった。同店は量販店ドン・キホーテ秋葉原店の5階に店を構える、約１８０名のメイドが在籍する老舗のメイド喫茶。この店に戸賀崎が見学に行った際、ビルのエレベーターが7階までになっており、立ち入り禁止の札が貼ってある上階が、使われていないスペースであることに気づく。

同ビルはかつてミナミ電気館（後のＴ-ＺＯＮＥミナミ）が入っていた建物で、ラオックスが進出し、２００２年から総合エンタテインメントビル「アソビットシティ」として営業されていた。そこはビル全体がテーマパークのような建物で、ビデオゲーム、ＣＤ、ＤＶＤ、ゲーム関連書籍、ホビー、アダルト商品を販売しながら、ゲームを実際にプレイしたり、ＣＤを試聴できるような顧客サービスを提供する、いわばオタクの総合デパートだった。筆者も何度か取材で訪れたことがあるが、最上階のアダルトフロアの広く明るい空間はまるでタワーレコードのようで、従来の暗いＤＶＤショップのイメージを払拭していた。ＡＶ女優名の仕切り板で分類された、ア行から始まるアーティスト別に分かれたジュエルケースの陳列はそのまま外資系大型ＣＤ店のよう。おたく総合デパートの試みは、しかし売り上げには結びつかず、わずか2年で閉店。２００４年8月に代わってオープンしたのが、量販店として知られるドン・キホーテ秋葉原店だった。

8階はもともと水着アイドルのＤＶＤ発売時のサイン会などが行われていた催事フロアだったが、エレベーターの輸送能力が弱く、商品フロアに使うのが厳しい事情から、そのまま放置されていた。不動産でも扱っていなかったここが使えるかどうか、秋元は知り合いだったドン・キホーテ社長、安田隆夫に打診。テナントとして誘致したいという先方の目論見と合致し、2人のトップ会談でここにＡＫＢ48劇場の出店が決定する。

建物は中央通りに面しており、スペース面積は203坪（670㎡）、秋葉原駅電気街口から徒歩5分という好立地。照明機材などを吊すための天井高のある物件はここしかなく、決まるまで7箇所ぐらい回り、別の物件でほとんど決まる寸前にまでなっていたのを蹴ってここに決めた。実はこのフロア、以前つんく♂にも借りないかと打診があったスペースだそうで、そのときはテナント料が高額なために話は流れていた。1坪あたりの家賃が2万5000円として、1カ月の家賃は500万見当。商業ビルでのテナント貸しのため、これに売り上げ歩合（売歩）が課せられ、劇場として借りるのはかなりハードルが高かった。賃貸契約を交わしたのは2005年9月のこと。その直後から劇場工事に入り、年末にはＡＫＢ48のマスコミ向けのお披露目が行われることになる。

ここはドン・キホーテ100％出資の子会社、日本商業施設の所有する物件で、代表の大原孝治はＡＫＢ48を立ちあげた一人、窪田康志とも懇意にしていた。ドン・キホーテは同ビル8階フロアを提供するのみならず、ＡＫＢ48の活動をバックアップすることを約束し、公式グッズの販売独占契約をＡＫＢ48側と結んだ。後にドン・キホーテが『ＣＲぱちんこＡＫＢ48』、『ぱちスロＡＫＢ48』などの商標使用を巡って、ＡＫＢ48を権利侵害として訴えたのはその契約があったからだが、そのころはＡＫＢ48のオーナーは窪田から、名古屋の京楽産業.に移っていた。

秋葉原の地政学

先ほど秋葉原を「地名」と書いたが、実際は千代田区外神田・神田佐久間町および台東区秋葉原周辺を指す通称で、地図に書かれている地名ではない。第二次世界大戦後、ここは闇市として自然発生的に発展したエリア。戦後にラジオ商が駅周辺に露天商を出したのが始まりで、それが高架下に集約され、中央通りに店舗が広がって現在の秋葉原の街が作られていった。

もともと神田須田町にあった電機学校（現・東京電機大学）の学生向けに、真空管やラジオ部品などの電子部品を売り始めたのが「電気の街」になったきっかけと言われている。70年代は高級オーディオを扱う専門店で賑わい、珍しいクラシックの輸入レコードが入手できる「音楽の街」と言われた時代も。ジャズやクラシックを好む文化水準の高い、お茶の水界隈の大学生もここに通った。学生を中心としたユースカルチャー向けに整備されてきた歴史があり、もともとオタクが開拓した街と言ってもよかった。

最初はラジオ、アマチュア無線が主役だったが、その後、テレビ、冷蔵庫、洗濯機の「三種の神器」と呼ばれる白物家電ブームが起こり、ニューファミリー層が新しい顧客に。70年代は大型ステレオブームで高級志向な街へと移り変わり、その後80年代にパソコン文化の発信基地となる。契機となったのは、77年の8ビットパソコン、アップルⅡの発売。インテル８０８６などの16ビットのマイクロプロセッサを扱う専門店が増え、主役はトランジスタからＩＣ、ＬＳＩなどの高性能電子部品に移っていった。秋葉原駅前にあったラジオ会館の2階に、日本電気（ＮＥＣ）が出店した「Bit-INN東京」がその嚆矢で、後年そこには「パーソナルコンピュータ発祥の地」の記念碑が置かれた。インターネット以前、パソコン通信のネットワークの起点となったのがここで、ニフティサーブ、ＰＣ-ＶＡＮなどのネットコミュニティが全国に広がっていった。

90年にはラオックス・ザ・コンピュータ館がオープン。6階までビルすべてがハード、ソフト、書籍などのコンピュータ関連を扱う大型専門店の登場が、家電の街からパソコンの街に生まれ変わる分水嶺となった。全国的なパソコンブームを受けて、94年には秋葉原の家電とパソコン関連商品の売り上げが逆転。「Windows95」（マイクロソフト）の発売日には、深夜から客が店に長い行列を作ったことが、ニュースで全国的に伝えられた。

ＪＲ秋葉原駅と隣接するアキハバラデパート、ラジオ会館、同駅の高架下にある50を超える一坪店が密集したラジオセンターが、秋葉原のメッカと呼ばれた。万世橋から中央通りにかけて歩行者天国が作られ、一時の原宿のように、毎週日曜日は若手バンドやアイドルグループのパフォーマンスが客の目を楽しませた。このような専門店が密集する街は他国には例がなく、秋葉原は世界有数の電気街と言われた。「メイド・イン・ジャパン」は品質の証と言われ、日本に観光やビジネスに訪れた外国客が、必ずお土産を求めて立ち寄るスポットとなる。同じ外国人客が多い六本木に比べても、秋葉原は免税店が多いことでも知られている。日本がクールジャパン構想を打ち出す前から、秋葉原には外国語の看板が並び、多言語に対応できる店員を置いていた国際的な街だった。専門性を高めたことで秋葉原は、ローカル化とグローバル化を同時進行させた「グローカル」な街になったと、経済評論家の田中秀臣は指摘した。

マニアの聖地、秋葉原の歴史

日本のマニア文化史と秋葉原という街の関わりも深い。そのもっとも古い例が「鉄道マニア」だろう。36年に東京駅にあった鉄道博物館が万世橋に移され、時刻表マニア、Ｎゲージなどの模型マニア、切符マニア、鉄道写真マニア、生録マニアら情報交換の場に。その周辺に鉄道関連ショップが集まって、「鉄ちゃん」の総称で知られる鉄道マニアのメッカとなった。

蕎麦屋、日本料理店なども周辺に多い、食文化の街でもあった。白物家電などの買物目的で訪れるファミリー客をもてなす食の街として知られ、帰りに肉の万世でハンバーグを食べるのが贅沢な休日の過ごし方だった。インドのバンガロール（インド版シリコンバレー）のようにアジア人客も多く、ケバブ料理（羊肉）を代表とするエスニックフードの移動販売なども、秋葉原から原宿、渋谷に広がった。ジャンクフードは、いわば「秋葉原のソウルフード」のようなもので、おでん缶、ラーメン缶などのユニークな商品が発売されて話題となった。おでん缶の店頭販売で有名になったチチブ電気では、１日１０００万円を売り上げたこともあったという。ヤマギワ本店からソフマップ本店に移ったマクドナルドは、フランチャイズでは収益率日本一と言われており、秋葉原の客は単価の高いビッグマックを好んで注文した。

ラジオ、家電の街がパソコンの街へと生まれ変わり、現在はアニメ、ゲームの街になった。そうしたオタクカルチャーを最初に持ち込んだのは、パソコン人脈だったと言われている。アップルII時代は一部エリートのものだったパソコンが、日本電気（ＮＥＣ）のPC-8801、PC-9801などのMS-DOS機の発売で、リーズナブルな価格帯を武器に日本全土に広がっていく。ＮＥＣは80年代末〜90年代初頭にかけて、16ビットパソコンの国内トップシェアを飾った。その用途はグラフィックとＦＭ音源を駆使したゲームが主で、ベンチャー会社からゲームソフトが数多くリリースされ、その人気がハード普及を牽引していった。

最初のマッキントッシュの発表会で、スティーヴ・ジョブスはボブ・ディラン「時代は変わる」の歌詞を引用して、アップルのベンチャー精神をアピールした。以降もローリング・ストーンズやオアシスなどの洋楽曲がＣＭで使われ、アップルコンピュータのイメージを決定づけたが、日本のパソコン史を彩ってきたのは、アニソン、ゲーム音楽のようなオタク向け音楽だった。そして秋葉原がパソコンの街として客を集めた背景に、アダルトソフト人気があったと言われている。

当時最先鋭のPC-9801もまだ静止画のグラフィック表示が主流で、アダルトと言っても写真の再現性はなかったため、代わりにアニメ絵のヒロインのセクシー画像を表示させるような、脱衣麻雀から歴史が始まった。ファミコンのようなコンシューマーゲーム機に比べて小資本で開発できるため、アダルト市場はソフトハウスが参入しやすかったと言われている。その中で頭角を現したのがエルフで、1992年に発売された『同級生』は10万本を売るベストセラーに。画期的だったのは、各ヒロインに個性を与え、行為のシーンに至るまでに恋愛ドラマを盛り込んだこと。ヌードシーンを必要量入れておけば、他はクリエイターに裁量が与えられていたため、かつてのにっかつロマンポルノのように、シナリオを重視した名作がそこから数多く生まれた。若いころにアダルトゲーム業界で下積みを経験し、メジャーな存在となったゲームクリエイターは数多いと言われる。『同級生』は続編が作られた他、『To Heart』などのライバルソフトも現れ、いずれもヒット。当時はグラフィックのスペックがまだ低く、静止画がメインだったことから、キャラクターに声優が命を吹き込む比重が高く、人気声優が覆面で声を当てて、ここから秋葉原発の「声優ブーム」の火が点いた。

こうしたPC用アダルトゲームを求めて、秋葉原に通ったのは中学生、高校生だった。我が子が買ってきたパソコンゲームも、親が普通のアニメだと思っている箱の中身は、アダルトソフトであった。もともとインディーズから発生したPCソフトにはアダルト規制がなく、成人指定、R指定などの年齢制限もなかったため、成人向けAVを観れない中高生が、パソコンソフトというソフトエロに群がったのだ。ヌードといっても実写ではなくアニメの絵だったため、AVと違って局部をモザイク処理しないものも普通に流通していた。その後、有害コミック規制などと併せて、アニメ、マンガも実写同様に規制すべきという声が高まり、アニメ絵の性器にもモザイクが入るようになる。倫理的な規制／審査／レイティングを行うために作られたのが、92年にできたコンピュータソフトウェア倫理機構である。

アダルトソフトのブームはその後、コンシューマーゲーム市場にも流れ、いっそう広がっていく。任天堂のスーパーファミコン、ソニーのプレイステーションは厳格なソフト審査を敷いていたが、NECが出したコンシューマーゲーム機、PCエンジンではそうした需要があることを鑑み、いち早く『ドラゴンナイトII』(92年)、『秘密の花園』(93年)などのアダルトソフトをリリース。また、『同級生』をヒントに、そこからアダルト要素を抜いた恋愛シュミレーションゲーム『ときめきメモリアル』(94年)が大ヒット。初期はPCエンジンのみだったため、これをやりたい目的でPCエンジンを購入するユーザーも多かった。

『ときメモ』はその後、95年にプレイステーションに移植され、55万本をセールス。後にセガサターン版も38万本を売り、累計100万本の大ヒットとなった。こうしたニーズからアダルト需要の趨勢には抗えず、後にプレステ用に性描写を抑えた『同級生2』(97年)、『To Heart』(99年)なども発売された。プレイステーションのポータブル機、PSPでは、アダルトコンテンツがハード普及の起爆剤になる現実を受け止め、PSP用に実写AV作品のリリースを認めるまでに、ソニーはアダルトコンテンツに対して柔軟な姿勢を示した。それに追随し、任天堂のスーパーファミコンでも、『ドラゴンナイト4』(96年)、『同級生2』(97年) といった人気アダルトソフトの委嘱版がリリースされた。

それまでマニアックな専門店でこじんまりと売られていたアダルトコンテンツが、コンシューマー機に移植されて市民権を得たことで、各店舗がアダルトコーナーを拡充。エロが市民権を得たことで、2002年ごろより、それまで新宿、渋谷、池袋、神保町が中心だったアダルトビデオ専門店が、電気街口周辺に進出してくる。「メッセサンオー」のように一般の電気店からゲーム専門店に鞍替えする店も現れた。キャラクター商品専門店「ゲーマーズ」は、ゲームソフト他サブカルチャーを総合的に扱うブランドとして秋葉原に進出し、99年には中央道路沿いに7階立ての本店ビルをオープンさせた。「コミックとらのあな」も、２００２年には同道路沿いに7階立てのビルを建てるほど業績をあげていた。

70年代に誕生し、晴海の東京国際見本市会場を舞台に拡大していった同人誌即売会「コミケット」も、90年代にはお台場の東京ビッグサイトに舞台を移していた。年2回のコミケ目的で上京する参加者が、帰郷時にお土産を求めて秋葉原の街に訪れ、アニメ、マンガ好きのマニアで賑わった。「まんだらけ」、「海洋堂」などの、同人誌委託販売、ガレージキット、コスプレ用品、トレカ、ドール、キャラクターグッズ専門店など、それまで吉祥寺、渋谷、横浜などの商店街で営業していた店のほとんどが、秋葉原に集まるようになった。95年には『新世紀エヴァンゲリオン』(テレビ東京系)がサブカル層を巻き込む大ブームに。制作会社ガイナックスがもともとガレージキット販売店と関わりが深かったことから、こうした二次創作に理解を示し、ガレージキットブームの一般化に貢献。秋葉原は「毎日がコミケ会場のような街」へと変貌していった。

90年代末から少しずつ街は姿を変え、秋葉原はパソコンの街から同人誌とフィギュアの街となった。ＪＲ駅構内にはアニメ絵の看板が貼り出され、幼い少女の絵が氾濫し、街は肌色一色に塗り替えられた。

バブル崩壊による秋葉原不況

しかし別のところで、秋葉原の地盤沈下が進んでいた。91年のバブル崩壊による資金繰りの悪化、ヤマダ電気などの駐車場完備のロードサイドの家電量販店に客を奪われ、93年ごろより白物家電不況のために中堅の老舗店が相次いで廃業する。それまでパソコンを扱っていなかったライバルのロードサイドの家電量販店は、「Windows95」発売を境にパソコンフロアを拡充。もともと専門知識に特化した少数取引で生き残ってきた秋葉原の店は、価格訴求では量販店に太刀打ちできなかった。２０００年代初頭には、ロケット、第一家庭電気などが営業不振に陥っていた。

こうした不況を招いた要因は、秋葉原側にも理由があった。粗悪品や悪質営業を排除するために79年に生まれた秋葉原電気街振興会は、地元の老舗店を中心に組織されたが、新規業者の秋葉原進出を歓迎せず、ソフマップですら組合に加盟するのに時間を要したほど。電気街内での競争を避ける傾向から、馴れ合い体質を生んでいた。経営悪化でビルからのテナント撤退が続いていたものの、ヨドバシカメラのような量販店の進出を嫌った商店街は、不本意ながら新しいビジネスパートナーとして、同人誌、フィギュア、ガレージキットなどのマニアックな店を迎えた。こうして今世紀初頭に姿を消した家電販売店の跡地に、続々とゲームグッズショップ、フィギュア販売の店などが出店を始めた。

ＪＲ秋葉原駅に隣接するラジオ会館は、２階が家電、３、４階がオーディオ、５階以上がパソコンの店で構成されていたが、98年ごろを境にガラリとテナントが入れ替わり、半分近くが「海洋堂」をはじめとするマニアックなショップに入れ替わった。一等地にあったため家賃は高かったが、それでもペイできる経済力がオタクビジネスには備わっていた。２００2年には、アキハバラデパートが紳士服、靴売り場のあった3階全フロアを、マンガ、フィギュア、アニメ、鉄道模型などのマニアックな売り場にリニューアルし、そのブロックを「アキデパフジヤマ」と命名して、海外からの来客にアピールした。こうしてサブカルチャーの力によって、秋葉原は民間資本による国際都市化を果たした。そんな時代の流れを捉えた、森川嘉一郎『趣都の誕生　萌える都市アキハバラ』（幻冬舎）という研究書も2003年に刊行された。

しかし、そこで描かれた未来絵図は、わずか数年で過去のものになる。東京都主導による「秋葉原再開発」である。そのきっかけは、89年の神田青果市場の大井埠頭への移転だった。跡地はしばらく駐車場や駅前広場として使われ、長らくバスケットコートが設置されていた。その後、秋葉原を跨がるように広がっていた旧神田青果市場跡地と旧国鉄跡地の巨大なエリアの再開発が掲げられ、東京都が「東京構想2000」と称して民間への売却を発表。巨大なハイテクビルを作り、IT系企業、コンベンションホール、イベントスペース、産学連携のための大学などを誘致する計画が発表された。それが「秋葉原プロジェクト」（仮称）であった。2005年に秋葉原は大きく街の風景を変え、書籍『電車男』のミリオンセラー入りをきっかけに「アキバブーム」が起こる。翌年には秋葉原の新しい象徴となる、秋葉原ダイビル、秋葉原UDXの2つの超高層ビルからなる多機能コンプレックス、秋葉原クロスフィールドが完成した。

つくば学園都市と秋葉原を最短45分で結ぶ「つくばエクスプレス」が、2005年8月に開通。同時にJR秋葉原駅、地下鉄日比谷線秋葉原駅が改装され、駅構内が広げられて東西で行き来できるようになった。JR秋葉原駅には中央口改札が新設され、2001年には12〜13万人だった一日の駅乗降客数は20万人に増加。土日はその3割増となる来訪客で賑わった。自然豊かな地方都市とハイテクシティを、交通機関で繋ぐことで近代都市がデザインされていく。同年にAKB48劇場がここに誕生することになったのは偶然だろうが、そんな都市デザインとアミューズメント施設の関係が、宝塚歌劇団とAKB48の2つを結びつける。

宝塚歌劇団の設立には、「近代都市計画の祖」と言われるエベネザー・ハワードの「田園都市構想」

の強い影響があった。ハワードがこの理論を提唱したのは19世紀末のこと。自然と共生する住環境と通勤都市圏を交通で結び、郊外型のアミューズメント施設をそこに置くというハワードのガーデンシティ構想は、アメリカのシカゴをモデルに設計されたもので、その後の近代都市計画に多大な影響を与えた。その影響を受けていた創業者の小林一三は、関西の奥座敷だった宝塚に鉄道を引き、都市で生活する知識人を呼び込むための休日向けのレジャー施設として、宝塚大劇場、宝塚ファミリーランド、西宮球場（阪急ブレーブス）などの関西のレジャーの拠点を作った。つくばエクスプレス竣工も同様に、東京都、埼玉県、千葉県、茨城県を通る沿線に、三井不動産「ららぽーと柏の葉」、東京大学柏キャンパス（新領域生成科学研究所）、千葉大学の環境フィールド科学センターなどを誘致する。その始点／終点であるＪＲ秋葉原駅に、２００５年にできたのがＡＫＢ48劇場だった。

これら「秋葉原再開発」を主導したのが、当時の東京都知事だった石原慎太郎であった。それまで「ＯＬの住みたい街ランキングワースト１位」だった秋葉原を、女性客が集まる街に変えるための、一種の〝浄化作戦〟を展開する。そのとき、代わるべき秋葉原のモデルとなったのが「渋谷」だった。ＱＦＲＯＮＴなどのハイビルを建設し、Ｈ＆Ｍなどの海外ブランド誘致で一足先に国際都市化を果たしていた渋谷、カワイイ文化で観光客を集めていた原宿を雛形にした、いわば「秋葉原の渋谷化」とでもいうべきプランが持ち込まれた。その一貫として、都心部の駅前立地で知られていたヨドバシカメラを誘致し、２００５年に売り場面積2万３８００㎡の「ヨドバシＡｋｉｂａ」をオープン。同ビルにタワーレコード秋葉原店をオープンさせた。

ここに１５００台の立体駐車場施設を確保し、ロードサイド店のようなファミリー層を引き込んだ。もともとあった青果市場跡地の駐車台数は５００台だったため、収容台数はその3倍に。

白物家電の時代は、後日配送が基本だったが、秋葉原がパソコン中心になったことで、車で来店して当日持ち帰りを希望する客が多くなり、遠方からの来訪者にとって秋葉原は、駐車スペースの少ないことがネックとなっていた。まさに「駐車場を制するものはアキバを制す」。開店から4日間で105万人を動員。一カ月で来訪客は350万人となり、東京ディズニーランドの入場記録を超えた。

狭い区画に店が密集していたこれまでの秋葉原の店舗は、高層ビル化にもコストがかかり、広い駐車場を確保することも困難だった。オノデン、石丸電気、サトームセン、ラオックスといった秋葉原名物の総合家電量販店、ソフマップ、九十九電機などの大型パソコン店も厳しい競争に晒されることになった。統廃合の中、サトームセン、ナカウラなどの名物店が消えていく。また、2006年にはマニア発祥の地、万世橋の交通博物館が閉館して、現在のさいたま市大宮区に移転する。2008年、森川嘉一郎『趣都の誕生』は新章を加えた増補版として文庫化されるが、そこには初版刊行後、秋葉原の都市デザインが民間から自治体に主導権が移っていく様子が克明に記録されている。その後、2010年ごろには、秋葉原名物だったラジオ会館、アキハバラデパートも姿を消した（その後、ラジオ会館は2014年に規模縮小して再建）。

石原が都知事時代に主導した「秋葉原の渋谷化」は、マイノリティ文化の排斥、浄化運動のように著者には映った。その後、2010年に東京都青少年健全育成条例改正、いわゆる「児ポ法」を巡る表現の自由を争点に、出版人、文化人、アーティストらが東京都の表現規制に反対運動を展開。石原都知事 vs. オタク文化の構図となる。石原が実行委員会委員長を務めていた「東京国際アニメフェア」では、角川書店（現・KADOKAWA）を始めとする出版社、アニメ関連会社が不参加を表明した。オタクだけではない。アジアからの来訪客で賑わっていた人種のるつぼだった秋葉原のエスニックシティの魔力は、女性客、ファミリー客を優先させるムードの中で消えていった。

東京オリンピック・パラリンピック組織委員会理事を務め、石原と交流もあった秋元だが、自身のアイドルプロジェクトを秋葉原でスタートさせたことと、「秋葉原再開発」に関係があるかどうかはわからない。しかし、結果としてＡＫＢ48は今日、女性ファンに支持されることで国民的アイドルとなり、秋葉原に女性客を惹きつけるという「秋葉原再開発」の目的を果たすひとつの要因となった。

秋葉原とアイドル

ＡＫＢ48は当初、東京都の「秋葉原再開発」を連想させる、「秋葉原48プロジェクト」という仮称から、歴史をスタートさせた。「秋葉原には専門性という信仰がある。大衆食堂ではなく名店の味。専門化された世界。いいものが揃うというイメージがある」というのが、秋元が秋葉原という街を選んだ理由。秋葉原はグローバルな知名度を持つ街で、地域限定と受け取れる可能性はなく、むしろ磁場の力を積極的に活用したいと考えていた。また、秋葉原発祥として知られるメイド喫茶を「考えた人間は天才」と秋元は絶賛していた。同人誌、ガレージキットの店が並ぶ秋葉原には、プロ／アマチュアの境界はなかった。インディーズアイドルを受け入れてくれる、可能性を秘めた街でもあった。

秋葉原は、かつて音楽エリートの街でもあった。歌謡曲、演歌などの大衆音楽は山野楽器、星光堂などの全国チェーンが幅を利かせたが、お茶の水周辺の学生街のマニアックな客を相手にした、クラシック関係のレコードの充実度はこの街の専売特許だった。85年には在庫最大を誇った石丸電気レコードセンターがオープン。レコード、輸入レコード、レーザーディスクなどの充実度は他の追随を許さず、新譜は全タイトル入荷、欠品は即補充すると謳い、行けば必ず探しているアイテムが手に入る顧客サービスに努めた。ＨＭＶ、タワーレコードなどの外資系大型ＣＤ店が上陸する前は、放送関係者がネタ探しに最初に訪れるのは、秋葉原の大型レコード店だった。輸入盤も大量入荷によってリーズナブル価格で販売されており、渋谷のヤマハ、原宿のメロディーハウス、青山のパイド・パイパー・ハウスよりも相場的に安かった。マニアックなギターポップなどは、ちょっと足を伸ばして神保町のレンタル店ジャニスで借りれば、秋葉原周辺でレア音源のハンティングはすべて事足りた。

バンドブーム時代にアマチュアバンドのストリートパフォーマンスで賑わった、代々木公園の原宿歩行者天国が98年に廃止に。バンドの一部は秋葉原の歩行者天国に移り、ここが路上パフォーマンスの新しいメッカとなった。ビートパンク、ヴィジュアル系に限らず、テクノ系、アイドル系など入り乱れた、よりバラエティなアーティストが集まったことでも秋葉原の街の魅力が開花した。

秋葉原を「アキバ」と呼ぶ略称は、２００５年ごろから広まったと言われている。２００４〜２００５年にかけて、「メイド喫茶」、「萌え」、「電車男」、「つくばエクスプレス開通」、「ヨドバシＡｋｉｂａ開店」がほぼ同時期に起こり、オタク文化ブームの発信基地として秋葉原が注目された。その最初のきっかけとなったのが、ベストセラーとなった書籍『電車男』（新潮社）である。１９９９年に始まった匿名掲示板2ちゃんねるの「独身男性板」で、電車の中でヨッパライから絡まれていた女性を助けたことから、エルメスのティーカップをもらった一人の匿名投稿者の書き込みをきっかけに、ギャラリーが恋の手ほどきをし、結果2人を結びつけるという現代の純愛物語が、ログをまとめた有志によってインターネットを介して全国に広まった。２００４年にその内容をまとめた書籍が刊行されると、新種の恋愛小説として一般読者も巻き込み、累計１００万部を超えるベストセラーとなる。２００５年には東宝系で映画化（プロデューサーはヒットメーカーの川村元気）。フジテレビで同年放送されたドラマ版は、関東地区で平均21％、最高視聴率25.5％という好成績をあげた。また秋葉原を舞台にした、直木賞作家・石田衣良の『アキハバラ＠ＤＥＥＰ』（原作本は98年刊行）もマンガ化、映画化されるほどのヒットとなり、そのドラマ版では元SOLD OUT出身で秋元の弟子筋に当たる、大根仁が新人ディレクターとしてメガホンを取った。

秋葉原のアダルト文化は、低スペック時代にアニメ絵でスタートしたが、ハードウエアの進化に合わせるように、グラフィックの高度化によって実写アイドルへと移行していった。もともとこの街は、企業の新製品発売時に繰り出されるキャンペーンガールが、ティッシュやうちわを配るキャンペーンのメッカでもあった。セクシーなキャンギャルのコスチュームを撮影するために、遠方から来るカメラ小僧もたくさんいた。また、屋上の催事スペースで、水着モデルやＡＶ女優のＤＶＤ発売に併せて行われるサイン会に並ぶ客も、ほとんどアイドルファンと変わらなかった。メイド喫茶の老舗「＠ほぉ〜むカフェ」で働くメイドもアイドル並みの人気を集め、完全メイド宣言というグループを結成。「メイディングストーリー」、「新人メイドは胸胸きゅんきゅ〜ん」といったシングルをリリースし、勤務時間外もアイドル活動を展開していた。

90年代にテレビから歌番組が消えて以来、「アイドル冬の時代」が続いていた。それまでアイドルは＝新人歌手を指す言葉だったが、そうした役割は女優、ＣＭ、グラビアモデルなどに取って代わられた。しかしそんな時代にも、地道に活動していたアイドルは存在していた。メディアの表舞台から追われた彼女たちは、ライヴ活動に活路を見出し、ライヴハウスを活動拠点とする「地下アイドル」と呼ばれる一群が誕生していたのだ。日本のライヴハウスは、海外の有名店や新宿ロフトなどの老舗のように、オーディションで選ばれて出演するのではなく、出演者がチケットの売り上げノルマを負いさえすれば、バンドでなくても誰でも借りて使うことができた。そこが「地下アイドル」の居場所となった。各事務所の書類審査に落ちながら、それでもアイドルになりたいという予備軍が集まり、オムニバス形式で行われるライヴに少しずつファンが付いて、メディアに紹介されるような新しいチャンスが生まれていた。

ライヴハウスは騒音対策のためにもっぱら地下に作られることが多かったが、頻繁にアイドルライヴが行われていた四ッ谷サンバレイが地下にあったことから、彼女らインディーズアイドルは「地下アイドル」と呼ばれるようになった。その嚆矢となったのが水野あおいだろう。井上麻美のマネジャーだった野間真が、書類審査で落ちた彼女をデビューさせたいと一念発起し、独立して興したのがアルテミスプロモーションという事務所だった。学生時代から夏休みのほとんどをアイドルイベントに費やし、学園祭でアイドルコンサートを開催したほどのアイドル信者だった野間は、アルバイトの手伝いをきっかけに島田奈美が所属していたメリーゴーランドに入社。マネジャーとなった彼の夢は、理想のアイドルをデビューさせることだった。まるで80年代のアイドルのようなフリフリの衣装を着て歌う水野あおいは異色の存在だったが、フジテレビの深夜番組『天使のU・B・U・G』(95~96年)などにレギュラー出演して人気に。後年はライヴハウスに活動拠点を移すが、そんな状況から事務所の後輩、森下純菜らも、ライヴハウスを中心に固定ファンを獲得していった。

そんな水野あおいの影響を受け、ファンから自らアイドルになったと公言しているのが、現在プロデューサーとしても活動する桃井はるこである。パソコン通信時代に更新していた日記が編集者の目にとまって、雑誌ライターとしてキャリアを開始。後にマルチタレントに転じ、自らが『ときめきメモリアル』の藤崎詩織のコスプレでパフォーマンスを披露するようになった。「萌え」という言葉をマスメディアで初めて使ったのも彼女。２００５年にはまだ無名だったPerfumeとのジョイント曲「アキハバラブ」をＣＤリリースし、作詞・作曲・プロデュースを手掛けた。

また、「音事協」系事務所から離れて、フリーランスとなった初めてのアイドル、宍戸留美も特筆すべき存在だった。89年、「ロッテＣＭアイドルはキミだ！」のオーディションでグランプリデビュー。天性のアイドル性から、ソニーレコード久々の新生として期待されたが、世はアイドル冬の時代。セカンドシングル「ナクヨアイドル平成2年」（90年）のタイトルは一種の自虐であった。担当ディレクターは、ＡＫＢ48の初期サウンドプロデュースを担当することになる藤岡孝章。爆風スランプのサポートなどを手掛けていた生福の福田裕彦をプロデューサーに迎え、女性パンクバンド、パパイア・パラノイアの石嶋由美子を迎えたブッ飛んだ詞が反響を呼び、アルバム『ド・レ・ミ・ファ・ソ・ラ・シ・ド・シ・シ・ド・ル・ミ』（90年）で一躍、サブカル界のアイドルとなる。しかし事務所の方針と対立し、92年に所属先のリバティーハウスから独立。取材を通して面識があった筆者は、大手芸能事務所が移籍先に名乗りをあげていた話を聞いていたが、結果それはご破算となり、彼女はマネジメント、経理すべてを自身が担うフリーランスの道を選ぶ。その後、アニメ『ご近所物語』（95年）、『おジャ魔女どれみ』（99～２００３年）のオーディションを受けて見事合格。声優アイドルとして人気を復活させたのも、すべて自己プロデュースのたまもの。その後、ライヴハウスでの歌手活動を再開し、後に「地下アイドル」らと同流するに至った。

大手芸能事務所の新人も歌手デビューがお約束ではなくなり、テレビで見かけるのはクイズ番組の回答者やバラドルだけになった。アイドルらしいアイドルを求めるファンが、ライヴハウスに通うようになるのは道理であった。90年代に始まるバンドブームの隆盛と、「アイドル冬の時代」は裏表の関係にある。数多くのイカ天バンドがインディーズ所属のままヒットを出していたことから、この時期にメジャー／インディーズのヒエラルキーも崩壊していた。モーニング娘。が所属するハロー！プロジェクトからも、田中義剛がプロデュースする北海道限定アイドル、カントリー娘。をインディーズからデビューさせるなど、型に収まらない売り出し手法が逆に注目されることになった。

桃井はるこ、宍戸留美といった新世代のアイドルは、いずれもアニメ声優として実績を作り、マスであるアニメファンを味方に付けた。アニメとアイドルは似て非なるものと言われ、これまで二次元／三次元と線引きされてファンには区別されていたが、国際的なアニメブームから活力を得ることで、秋葉原を中心にアイドルという存在が再び息を吹き返した。「秋葉原再開発」で新しくできた催事スペース、秋葉原ディアステージ（２００７年）、ＡＫＩＢＡカルチャーズＺＯＮＥ（２０１１年）は、かつての池袋サンシャインシティの噴水広場に代わる、アイドルイベントの新しいメッカとなった。

それまで男性ファン中心のようにメディアが報じていた「コミケット」などの同人誌即売会、コスプレイベントなども、実は参加者比率で言えば女性がずっと主役だった。現在ではＡＫＢ48に所属しながら、将来は声優を目指しているというメンバーも多いほどで、アニメを見て育った世代がアイドルになる時代なのだ。その象徴と言えるのが、ＡＫＢ48のフロントメンバーとして活躍した、自らアニメオタクを公言している渡辺麻友だろう。またＮＭＢ48のセンターを務める山本彩も、自らのマニアックなＢＬ（ボーイズラブ）趣味をあっけらかんと語っている。

こうしたオタク系アイドルと対極的にいるのが、元メンバーとしてＡＫＢ48の人気を牽引した板野友美。彼女はおニャン子クラブ後期の中心人物だった工藤静香のような存在として、全国のヤンキー層に圧倒的に支持された。オタクアイドルの渡辺麻友と、ヤンキー支持の高い板野友美。この両極を抱えているところに、国民的アイドルグループ、ＡＫＢ48の圧倒的強さがあった。

ＡＫＢ48カフェ＆ショップ

秋葉原という街はそれ自体が巨大なテーマパークで、同人誌、ガレージキットなどのマニアックな商品が手に入る、毎日がコミケのような空間だった。ＡＫＢ48劇場もそんな街に相応しい、一歩足を踏み入れれば異世界という空間だった。ドン・キホーテ秋葉原店のビルに入り、エレベーターを8階で下りたところから、日常とは別の空間が広がっていた。ＡＫＢ48劇場の入り口までは赤絨毯が敷かれており、ライヴハウスというより海外の古いコンサート劇場のよう。西欧の下町のような石畳の内装はまるで巨大テーマパーク風で、池袋ナンジャタウンや新横浜ラーメン博物館を連想させる。実際、ＡＫＢ48のフロア内装は、東京ディズニーランドやナンジャタウンにも関わっているナチュラルアート（当時）という会社が、「アーリーアメリカン」というコンセプトを受けて手掛けたものである。

ＡＫＢ48がブレイクした後、劇場公演チケットが抽選制になると、抽選漏れで公演にあぶれた者たちが、ＡＫＢ48劇場に併設されたカフェスペースにたむろするようになった。もともと群れる傾向が強かった彼らには、情報交換のための「場所」が必要だった。そんなファン同士の憩いの場として、秋葉原で買物を終えた客たちが立ち寄るメイド喫茶のような空間として用意されたのが、関連グッズなどの販売と飲食を提供する「ＡＫＢ48カフェ＆ショップ秋葉原」である。もともと「48's Cafe」という名前で劇場フロアに設けられていたが、現在はスペースが拡充されて、ＪＲ秋葉原駅近くに移された。ここはＡＫＢ48のスタッフではなく、版権使用料を払うかたちで名古屋のフィールズという会社が経営を行っている。フィールズ会長の山本英俊は競走馬の馬主としても有名で、おそらく窪田康志のオーナークラブの繋がりから、カフェの経営を任されることになったのだろう。もともとは遊戯機器の販売会社だが飲食店経営も行っており、『ウルトラマン』でおなじみ円谷プロの怪獣が店員として客をもてなす「怪獣酒場」も同社が経営している。

ここでは公式グッズやＤＶＤなどの限定商品販売の他、メンバーが描いたイラストなどの展示、創作料理メニューなども期間限定で提供された。メンバーが出演するネット番組などの中継が、ここから行われることもあった。ＡＫＢ48の劇場公演は競争率の高さから、今では気軽に観られるものではなくなったが、地方ファンにとってはこの店で飲食するだけでも、気持ちは十分満たされた。

ＡＫＢ48におけるオーディションの力点

『オールナイトフジ』、『夕やけニャンニャン』時代の素人起用は、番組予算がないという条件下でのアイデアだった。身近なクラスのカワイコちゃんがテレビスターとなり、90年代はアイドルの地位が失墜して「アイドル冬の時代」を迎える。そこに現れたモーニング娘。は、徹底したハードなダンスでプロフェッショナル復権への道筋を作った。

そんなモー娘。ブームのころ、秋元康がセガ役員のポストにいた時代に、2回ほど秋元プロデュースを謳ったアイドルオーディションが行われていた。めぼしい人材が発掘できなかったことから今や黒歴史となっており、歴史の1ページにさえ残っていない。「秋葉原48プロジェクト」という、秋元の名前だけが書かれたモノクロコピーのチラシも、同じような運命を辿っていたかもしれない。しかしこれが後にＡＫＢ48という国民的アイドルとなっていくのだから、タイミングというのは重要なのだ。

２００５年のオーナー3者会談の直後から物件探しを始め、並行して第１期メンバー募集の告知が7月から開始された。ネットに「秋葉原48プロジェクト」の特設ページを作り、そこで詳細を告知。個人の掲示板にもリンクを張り、オーディション雑誌にも募集告知を出した。こうして集まった応募者数は７９２４名。書類審査で絞られて、汐留の倉庫街にあったスタジオで最初にダンス審査が行われた。後にＡＫＢ48劇場の舞台演出を担当するコレオグラファーの夏まゆみの参加はここから。スタッフがさらに絞り込み、秋元が直接見たのは１００名になってからで、10月30日の最終オーディションで、候補者45人から24人が第1期ＡＫＢ48メンバーに選ばれた。

応募資格は、事務所に入っていないことが唯一の条件。歌手、女優、タレントなど、将来の目標は問わなかった。年齢制限は厳密に行われていなかったが、実際は20、21歳あたりが上限に。即戦力ではなく育てるための人材を求めていたため、下の年齢制限はなしで、10、11歳の現役小学生も含まれた。当時のグループアイドルは、Ｋ-ＰＯＰグループのように立ち姿の統一感が求められたが、ＡＫＢ48はおニャン子クラブ時代に倣って、あえて凸凹さを考慮して選ばれた。秋元一人では選ばず、スタッフがどうしてもという候補者がいれば、反対意見があっても最後まで残した。一般的なオーディションのように「点数制審査」も形式的に行われたが、点数が高い順に上から取っていけば、平均化した集団になってしまうため、実際に選ぶ基準には影響しなかった。第2回オーディションで審査を任された戸賀崎智信は、前回と同じように「点数制審査」でまとめた選考結果を持って行ったところ、秋元に怒られたと語っている。

ＡＫＢ48オーディションが他とはまったく違う人材を求めていたことを、秋元は何度かインタビューで答えている。象徴的なのは高橋みなみだろう。彼女は秋元が審査委員長を務めたホリプロタレントスカウトキャラバン（２００５年）の最終審査で落とされた後、帰りにスタッフに渡されたＡＫＢ48のメンバー募集のチラシに応募し、第１期メンバーとして選ばれた。モーニング娘。が憧れの対象だったそうだが、高橋には雲の上の存在。なれない夢を求めるより、自分の場所を探していたという。ホリプロスカウトキャラバンで自らを落とした審査委員の秋元から、ＡＫＢ48で拾われたことにいちばんまごついたのは高橋本人だったに違いない。メンバー入りしてからも、劇場では決して目立つほうではなかったため、２００９年にチームＡのキャプテンに指名されたことに驚かされた。以降も高橋は、秋元の意表をついた人事に振り回されながら人間的に成長していく。秋元本人も語るように、初期ＡＫＢ48は落ちこぼれ集団で、映画『がんばれ！ベアーズ』のようだった。それは高橋みなみだけではない。最年長の小嶋陽菜も、ＢＳ朝日『Harajukuロンチャーズ』（２０００〜２００３年）という『夕やけニャンニャン』のような番組にレギュラー出演していた、スターダストプロモーションに仮に籍を置く、売れないタレント予備軍の一人だった。

「太った子、痩せた子、各々好みはあるので、できるだけ幅を持たせた」と秋元は言う。キャラクターを重視したのは、『うたばん』構成作家時代に見た、モーニング娘。の影響も少なからずあるだろう。個性派を集めたことについて訊かれ、「この子が人気出るだろうと思ってたら、全然違う子が人気が出たので」という、おニャン子クラブ時代のエピソードを語っている。

その人種のバラエティ感は、アイドルに憧れる女の子たちに強くアピールした。あまり可愛くない子もメンバーにいれば、「それなら私も」と応募する子も出てくるだろう。一度に20人近くをメンバーに取る大量採用は前代未聞だったが、通過率が高いことが応募を迷っている子たちの背中を押した。

前田敦子を「絶対的センター」に選んだ理由

しかしここまでは、秋元の頭の中にあったロジックに過ぎない。２００８年の第6期オーディションからスタッフに加わった、現マネジメント部部長の牧野彰宏は、それまでの沖縄アクターズスクールとあまりに勝手が違うのでまごついたという。よくわからない選考基準に困惑し、大量採用することに戸惑った。スタッフに入ってしばらくしてからも、ルックスの優れた小嶋陽菜、大島麻衣をセンターに選ばないのはなぜなのか、ずっと謎だったと語っている。

秋元自身は、自分にはタレントを発掘する才能はないとキッパリ答えている。「発掘するのは別のプロの役目で、その子をどうブレイクさせるかが僕の仕事」、「無色に色づけはできないけれど、0・1の才能を2や3にすることはできる」。自分が関わることで対象がどう変わるかにしか興味がないと、秋元はドライに語っている。ゆえに目的が果たされて伸びしろがなくなった瞬間から、興味の対象外となる。最初から原石だとわかるものは魅力を感じない。洋服や髪型のダサイ子が、すごくよい眼をしていると心惹かれるのだと秋元は言う。

最初にプロデューサー秋元の眼に叶ったのは、後に「絶対的センター」と呼ばれることになる前田敦子だった。しかし選ばれた理由は彼女が優れていたからではない。前田を推したのは「一番戸惑っていたから」。握手会でもテンプレート通りの対応しかできない。顔を下に向けてボソボソと喋る。秋元本人が「あまり可愛くなかった」とまで語っている。しかし客の名前を覚える記憶力だけは群を抜いていたという。秋元が前田に入れあげることが、初期ＡＫＢ48ファンには不思議に映った。それはまるで『エースをねらえ！』の宗方コーチと岡ひろみの関係を思わせた。そんな秋元の後押しを受けて前田は才能を開花させ、多くのＡＫＢ48ファンも認める「絶対的センター」になった。

ＡＫＢ48のオーディション基準について、不可解に感じるのはスタッフだけではない。メンバー募集に落選した子が、Twitterなどの匿名メディアで、自分より能力の劣る子がオーディションに受かったことを、贔屓だコネだと非難する書き込みを見かけることがある。しかし、受かった子が来年受けて通る保証はなく、これもすべてはタイミング。合格／不合格の境界線は、秋元にもわからない運任せなところがある。毎年「じゃんけん大会」でシングルの選抜が選ばれるように、その人が強運かどうかでセンターが決まるようなグループなのだ。

一方で、ＡＫＢ48はオーディション落選者に広く門戸を開いており、何度応募し直しても構わない。成長期の女性というのは、わずか数年間にガチョウが白鳥にバケることもあるからだ。過去に別事務所でアイドル活動していた経験があるメンバーも、事務所に入っていなければ受け入れた。オーディションによっては、何度も応募する者をブラックリスト入りさせるところもあると言われる。ＡＫＢ48の場合は、4、5度挑戦してやっとメンバー入りを果たすような、根性のある子を爪弾きにすることはしない。落選したがアルバイトとして働きたいと、「ＡＫＢ48カフェ＆ショップ秋葉原」のカフェスタッフとなった篠田麻里子、大堀恵、小原春香のように、仕事をしながらデビューのチャンスを掴んだ者もいるのだ。スキャンダルで一度運営から解雇されながら、もう一度オーディションを受け直し、研究生から地道にレッスンを積んで正規メンバーに返り咲いた、菊地あやか（旧芸名・菊地彩香）のようなメンバーもいる。

こうしたおおらかな採用基準を設けているのも、ＡＫＢ48が所属するＡＫＳが、「音事協」に加盟しているような芸能事務所ではないからだろう。第1回オーディションから参加している夏まゆみは、なぜこんなに大量に採用するのか不思議だったと語っている。今までのアイドルは大人数でも10名程度。48人というのは前例がなかった。しかし、さまざまな個性を持つメンバーを抱えるには、それだけの人数を受け入れる必要があるのだろう。この中で誰が将来売れるのかは、秋元にすらわからない。プロのギャンブラーは宝くじを大量に購入して、上位特等を狙う。であればと可能性のありそうな子を大量に通過させた。ＡＫＳは「音事協」系事務所のように、メンバーの未来に責任を持つ必要はない。代わりに長期拘束のような縛りも求めない。ただ、可能性のある子全員が、同じスタートラインに立てるチャンスを用意するのだ。

評論家の宇野常寛は、ＡＫＢ48の多人数グループの特徴を捉えて「アイドルのバトル・ロワイアルのようだ」と表現した。高見広春の小説『バトル・ロワイアル』（太田出版）になぞらえたものので、同作は深作欣二監督で２０００年に映画化されて大ヒットした。ディレクターの中島哲也はＡＫＢ48「Beginner」（２０１０年）のミュージックビデオで、メンバー同士がアバターを用いて殺し合いする様を描いて、こうした世間の見方をセルフイメージに用いた。ハリウッド映画界でも孤高のヒーローから、『アベンジャーズ』（２０１２年）のような群衆ヒーローが求められる時代に。そんな多神教的な時代だからこそ、多人数グループのＡＫＢ48は国民的アイドルとなったのだ。

秋元はＡＫＢ48オーディションに際し、なにより本人がアイドルになりたいという自主性を重視した。応募書類の写真が抜けていたり、情報に不備があるものは、団体行動ができないからという理由でバッサリ切った。アイドルのインタビューでよく聞く「友達が勝手に応募した」というような主体性のない人材は、ＡＫＢ48にはいらなかった。求めていたのはルックス、素養ではなく、ここにしか自分の居場所がない、アイドルになりたいという獰猛なエネルギーだった。

ＡＫＢ48は、だから見切り発車でも構わなかった。「秋葉原48プロジェクト」の募集告知が開始されたのが２００５年7月。3カ月後に24人がオーディションで選ばれ、その1カ月後にはＡＫＢ48劇場のこけら落としという、常識的に考えて無理のあるスケジュールだった。しかし、最初から完成されてなくとも構わない、心配するファンが応援することで、彼女たちは舞台の上で成長していくだろう。最初に前田敦子をセンターに選んだのも、みなが見たいのは「シンデレラストーリー」だったから。「お前が次からセンターだ」と伝えたら、他のメンバーがみなセンターに立ちたがってる中で、嫌だと泣き出したほどの引っ込み思案だった。しかし誰よりも強くアイドルになりたい想いを抱えていたことを、秋元は見抜いていた。最初はぼろ雑巾をかけていたその娘が、次第に貫禄を付けて最終的にプリンセスに生まれ変わった。

前田敦子をセンターに選んだことに反論するファンに、秋元は「何もわかってない。プロに言わせれば勘違いだ」と強弁する。他ならぬ前田のポテンシャルを最初に秋元に伝えたのは、レッスン場で長時間をともに過ごした夏まゆみだった。映画のプロデューサーが劇場に来たとき、一番目を惹くのは誰かと訪ねると、誰もが前田敦子と答えたのだという。こうして前田敦子はメインヴォーカルとしてではなく、「ＡＫＢ48」という舞台作品の主演女優として最初のセンターに選ばれた。

夏まゆみの心配をよそに、28人はついに１００人を超える大人数となり、ギネスブックに「世界一人数の多いポップグループ」として選ばれた。現在では毎週、メンバーの卒業発表がスポーツ紙を飾っているほど、ＡＫＢ48は入れ替わりが激しい。スタッフでもグループの人数を正確に把握できている者は少ないだろう。来る者は拒まず、去る者は追わず。メンバーに「音事協」

系事務所のような縛りもないことで、大量のメンバーが交代し、常に人材が入れ替わりながら、AKB48というグループは解散せずに継続している。

そのヒントに、モーニング娘。の存在があったのは明白だろう。「卒業」、「加入」でメンバーを入れ替えてグループを存続させ、「モーニング娘。'18」の表記となった現在はオリジナルメンバーは一人もいない。こうしたサステナビリティ（継続性）が、新しい時代のアイドルのかたちになった。それまでアイドル趣味は思春期の終わりとともに卒業するものだったが、モーニング娘。やAKB48のコアなファンには、トウがたった社会人も多い。娘、息子と二世代で、家族ぐるみでコンサートに行くファミリー客も増えている。

「卒業」、「加入」によって継続していくアイドルというビジネスモデルは、つんく♂が考えたものではない。そこには大御所の音楽評論家、福田一郎のサジェスチョンがあったと言われている。雛形はプエルトリコの男性アイドルグループ、メヌードだった。「Menudo」とはスペインの煮込み料理の意で、大鍋の中の具材がなくなったら、スープはそのままに新しい具材を入れていくという伝統料理。77年の結成から現在まで活動する古参アイドルグループで、日本にも3回の来日を果たしている。あのリッキー・マーティンも元メヌードのメンバーで、そこから巣立って実力派のソロシンガーになった。

いわばモーニング娘。はそのやり方を日本流に、老舗店の秘伝のタレのように、創業以来継ぎ足しで続けて今日まで継続させている。アップフロントエージェンシーは、この他に吉田拓郎関連の著書で知られる音楽評論家の富澤一誠を自社制作の音楽番組のブレインに迎えるなど、フォーク／ロックの叡智を導入することで、アイドルを進化させてきた。こうしてモーニング娘。は、まるでローリング・ストーンズのような長寿グループとして、未だにアイドルシーンに君臨し続けている。

第7章

AKB48の音楽的ビジネススキーム

モーニング娘。の育ての母、夏まゆみの貢献

２００５年12月8日のＡＫＢ48劇場のこけら落としの日、一般客がわずか7人しかいなかった話は今や伝説となっている。その半数がモーニング娘。を筆頭とする、ハロー！プロジェクトのファンだったと言われている。秋元も結成当初、モー娘。ファンがＡＫＢ48に流入してくることに期待していたと発言しており、2ちゃんねるの拡大に貢献した「狼板」、「羊板」など、ハロプロファンの自治力や叡智をアテにして、ＡＫＢ48の初期スタイルが確立していったのは明白だった。チケットの販売、抽選方法、整理券の配布方法などについて、ライヴ会場に通い慣れていたベテランのファンが、望ましいやり方をＡＫＢ48の運営に伝えて今のかたちができた。そういう意味でＡＫＢ48は、参加者が知恵を出し合って、コミケのように巨大化していったグループと言えるのかもしれない。

ＡＫＢ48の結成にはあまりにも不安要素が多く、経験者なら止めましょうと忠告しただろう。しかし、ファンはそれを無謀とは思わない。自己の欲望に沿って、現実的な代案を出してくれるはず。観客だけが秋元の無謀な試みに理解を示してくれる、プロジェクトを成功に導いてくれる存在だった。そして彼らはきっと、既存のアイドルビジネスに飽き足らないからこそ、おそらくここに辿り就いたのだと秋元は考えていた。

運営スタッフには未経験者を集めたＡＫＢ48だが、2人のプロフェッショナルがそこには参加していた。振り付け師、舞台演出の夏まゆみと、音楽プロデューサーの藤岡孝章である。この２人もまた、モーニング娘。と深い関わりがあった。

夏まゆみは、62年生まれ。ダンサーを目指して18歳でイギリスに渡り、東京、ニューヨークで修行を積んだ。92年から吉本興業に乞われて、ナインティナインや雨上がり決死隊らがメンバーだった吉本印天然素材を指導。素人相手にダンスの基礎を叩き込んだ。97年からＮＨＫ紅白歌合戦のステージングを務めており、長野オリンピック（98年）の公式テーマソングも振り付けている。彼女が一般的に知られるようになったのは、98年に結成された、モーニング娘。の育成・指導を務めたことから。デビュー前からの彼女たちを追った番組での厳しい指導ぶりで、鬼コーチのイメージが定着した。「ＬＯＶＥマシーン」、「恋のダンスサイト」、「ハッピーサマーウェディング」、「恋愛レボリューション21」、「ザ☆ピ～ス！」、「そうだ！ We're ALIVE」、「Do it！ Now」などのフォーメーションダンスは、夏が考案したもの。ロックボーカリスト志望でダンス経験のなかった彼女たちを、ゼロからプロに導いた指導力を買って、秋元はＡＫＢ48立ちあげに夏を誘ったのだと思われる。

それは２００５年の8月か9月のこと。夏が誘われたときはすでに「秋葉原48プロジェクト」の公募は始まっていた。最初は気乗りがしなかったが、「ブロードウェイみたいな劇場で毎日ショーをやる」という秋元の誘い言葉に惹かれて参加したと言う。彼女がそれを無謀だと言わなかったのは、若いころからイギリスやニューヨークに渡ってゼロから修行した経験があったから。3カ月後の劇場オープンという強行スケジュールだったが、リリース1週間前に完パケて振り付けすることも、モーニング娘。では日常茶飯事だった。舞台のせりなどＡＫＢ48劇場の設計にも、実際に夏がアイデアを出したと言われている。

モーニング娘。ファンからの信頼は厚く、「つんく♂さんは生みの親、夏先生は育ての親」と呼ばれていた。ごく初期のムックや雑誌記事を読むと、ＡＫＢ48も秋元が父親、夏は母親のように、ほぼ同格で紹介されている。それほど初期ＡＫＢ48にとって、夏まゆみの存在は大きかった。それどころか、舞台初日まで彼女たちを指導していたのは夏だけで、秋元はほとんど劇場に現れなかったといわれる。「泥臭いところをあえて観ないようにしていたのかもしれない」と語る夏のコメントは、いかにもプロらしい。

モーニング娘。と違い、タレント予備軍の集団であることは夏も理解していた。「ＡＫＢ48劇場はショールーム。そこで輝いている子がいれば、事務所からスカウトがくるだろう」と、プロデューサーや映画監督らが、高校野球のスカウトみたいに訪れる場所になるように、パフォーマンスの基礎をメンバーに叩き込んだ。また、そこはオフブロードウエイの劇場のように、あくまで経験を積む場所であり、優秀な人材は劇場につなぎ止めておく必要はないと考えていた。彼女が指導したのはメンバーだけではない。スタッフも素人ばかりだったため、プロの目線で彼らを指導したのも夏の役目で、誰でもわかるような業界用語すら通じないことに困惑したと語っている。

最初に決まっていたのは夏の参加だけで、それ以外は白紙。メジャーデビューなどまっさらの段階で、まず最初に劇場公演が着手された。劇場の内装工事が行われている横で、埃だらけのスペースで並行してレッスンが進められていたというのだから凄まじい。こうして彼女は結成から約2年、ＡＫＢ48メンバーの教育係を務めた。もっとも時間を長く過ごしたのも彼女であり、「スカート、ひらり」で高橋、前田をセンターに選んだのは夏だった。ＭＣの方向性などもすべて夏が決めていたため、実質は舞台演出家に近かった。夏が演出を務めていた時期の劇場作品ＣＤには、作詞作曲クレジットの横に、振り付け師として夏の名前が記載されている。期間で言えばインディーズ〜デフスター時代の約2年がそれにあたり、「桜の花びらたち２００８」まですべてのシングル曲（ソニー主導で作られたシングル「ロマンス、イラネ」を除く）で、夏まゆみが振り付けを担当している。

オーディションのやり方に驚いて以降も、振り入れ中に楽曲変更、歌詞変更なども日常茶飯事で、秋元のこだわりに対してブチ切れることもしばしばだったという。最終的にストレッチの重要性を巡って、運営と折り合わなかったことが理由で夏はＡＫＢ48から離れた。現在もストレッチなどの基礎訓練を行っているのは、48グループでもＡＫＩＲＡが指導しているＮＭＢ48だけと言われている。

シングルなどのメンバー選抜はあくまで運営の意向に沿ったが、干されたメンバーをケアしていたのは彼女だった。芸能事務所移籍組が出てからは、人事的に関われなくなったと夏はこぼしている。チームＡ、Ｋ、Ｂそれぞれの初演を手掛けた後、チームＡ、Ｋ合同公演であるひまわり組『僕の太陽』（２００７年7月）が、夏が振り付けた最後の作品になった。キングレコード移籍第1弾シングル「大声ダイアモンド」からは、チーフマネジャーの牧野彰宏の実妹で、安室奈美恵などの振り付けを手掛けていた牧野アンナが指導役を引き継いだ。

藤岡孝章と「作曲家コンペ方式」の導入

もう一人は秋元康の古くからの友人で、元ソニーレコードのディレクターだった藤岡孝章。デフスター時代にリリースされたＡＫＢ48の劇場作品の初版ＣＤに、プロデューサーとしてクレジットされている藤岡の名前は、なぜか現行版では割愛されている。彼もまた夏まゆみ同様、ＡＫＢ48結成時に深く関わった。クレジットで参加が確認されているのは、チームA第3作『誰かのために』、チームK第3作『脳内パラダイス』（ともに２００６年）あたりまでだが、デフスター時代のシングルは原則、劇場作品から選ばれていたので、その時代のAKB48の音楽プロデューサーは藤岡と呼んでも差し支えないだろう。彼もソニー時代に、モーニング娘。の姉妹グループ、ココナッツ娘のディレクターを担当。また、アーティストとしても活動しており、2007年に元カントリー娘。の里田まいと「オヤジの心に灯った小さな火」(zetima) というデュエットシングルもリリースしている。

アップフロントエージェンシーとの繋がりは、前身のヤングジャパン時代から。ディレクターになる前はシンガーソングライターで、エレックからデビューした「尾崎家の祖母」(75年) などのコミックソングで知られる、まりちゃんズのメンバーだった。系列のポリスターからもCDリリース。秋元と最初に出会ったのはおそらく、長渕剛とレギュラー出演していたニッポン放送『長渕クンと藤岡くん』(81年) に、藤岡がパーソナリティ、秋元が構成作家で参加していたときだろう。82年に音楽活動を辞めて裏方に回り、CBS・ソニーに入社。ディレクター時代には、シブがき隊「スシ食いねェ!」(86年) などをヒットさせた。実は工藤静香がおニャン子クラブ加入以前に在籍していたセブンティーン・クラブを担当するなど、妙縁で繋がっており、おニャン子クラブから最初にソロデビューした河合その子がCBS・ソニーと契約した際に担当となり、ディレクターと作詞家という立場で秋元と再会を果たしている。

秋元康原作の少女まんが『ナースエンジェルりりかSOS』が95年にアニメ化された際には、まりちゃんズを再結成して秋元の作詞でエンディングテーマも歌った。2003年に尾崎純也が抜けて、メンバーの藤巻直哉と「藤岡藤巻」なるユニットを結成。本業は博報堂の映画プロデューサーだった藤巻がジブリ映画を担当していた縁から、『崖の上のポニョ』(2008年) では「藤岡藤巻と大橋のぞみ」名義で主題歌のコーラスを担当した。「藤岡藤巻」というグループ名の名付け親も秋元で、コンサートの演出などにも深く関わっている。

　ソニー時代は歌謡曲系のディレクターを務めたが、もっともユニークだった藤岡の仕事が宍戸留美だろう。アイドル不遇時代ゆえにデビュー曲は不発に終わったものの、起死回生をもくろんで、当時爆風スランプのサポートなどを手掛けていた気鋭の編曲家、福田裕彦にプロデュースを依頼。アルバム『ド・レ・ミ・ファ・ソ・ラ・シ・ド・シ・シ・ド・ル・ミ』（90年）を完成させる。プログレバンドだったＹＯＵ在籍時を彷彿とさせる福田の技巧的プログラミングと、元ローザ・ルクセンブルグ、元ルースターズのドラマー、三原重夫らロック系セッションマンを引き込んで、わずか10日間で全工程が行われたという、ほとんどセックス・ピストルズのようなレコーディング。編曲した小泉今日子「見逃してくれよ！」がオリコン１位になってはいたが、まるまるプロデュースはこれが初めてで、まだ実績のなかった福田に全権委任した藤岡も腹が据わっている。

２００４年にソニーレコード退職後、音楽制作会社としてＦ２エンタテインメントを設立。誰もが反対したＡＫＢ48の無謀な立ちあげに、藤岡が加勢したのはいかにも規格外のディレクターらしい。

　おそらくＡＫＢ48が前例なきグループだったからこそ、秋元は藤岡を誘ったのだろう。おニャン子クラブ時代はキャニオンレコードの渡辺有三が実質サウンドのイニシアチブを取っていた。同社所属のＣｈａｒのバンド時代のメンバー、佐藤準（元スモーキー・メディスン）、後藤次利のバンドでキーボードを担当していた山川恵津子らの編曲起用や、パラシュートの今剛ら一流プレーヤーのレコーディング参加など、サウンド的アプローチは元ランチャーズのベーシスト出身のディレクター、渡辺ならでは。しかし後年、秋元はサウンドに重きを置く80年代的な歌謡曲の制作現場に反発があったことを告白している。ディレクターのように、スタジオの録音現場で細かなベースラインにこだわることよりも、自分は漁船のラッパスピーカーからちゃんと聴こえるような歌詞を書きたいのだと。

それを証明するように、秋元はＡＫＢ48からそれまでとやり方を変えた。おニャン子クラブから野猿までずっと創作パートナーを務めてきた後藤次利のような、個人作家にまるまる依頼するようなやり方を止め、代わりに有名無名に関わらず作曲家誰でもが参加できるコンペ形式に移行して、候補曲の中からシングルや劇場曲を選ぶようになる。おそらくその補佐役として、ソニー退社前にソニーレコードのＳＤ事業部に籍を置いていた藤岡に声をかけたのだろう。

ＳＤとは「サウンド・デベロップメント」の略で、藤岡が籍を置いていたそこは、レコード会社のアーティスト、作家などの新人育成開発を行うセクションだった。毎年ソニーでは「ＳＤオーディション」と称して、ヤマハのポプコンのように全国規模でテープ公募や公開審査が行われており、村下孝蔵、HOUND DOG、ザ・ストリート・スライダーズ、尾崎豊、エコーズ、バービーボーイズ、聖飢魔Ⅱ、谷村有美、ユニコーンなどのバンドがデビューしていた。またヤマハ音楽振興会と同様に、デビュー前のアーティストを他者の作家として起用するなどの作詞家、作曲家の育成も行っており、ブレイク前の大江千里や岡村靖幸がシンガーの渡辺美里に曲提供するなど、アーティストと作家を結びつけるＡ＆Ｒ（アーティスト＆レパートリー）的な業務も行っていた。

ソニーグループのＳＤ事業部が正式に発足したのは81年だが、実際は78年からテープオーディションなどが行われており、福岡のアマチュア時代にテープ応募した松田聖子が、ここでデビューのチャンスを掴んだのも有名。ソニーがＳＤ事業部を発足させたきっかけは、プロダクション原盤が増えていたことへの対抗策として、「レコード会社による音楽制作の復権」が狙いだったと言われている。山口百恵の時代は所属事務所のホリプロ（東京音楽出版）のディレクター、川瀬泰雄がレコーディングの主導権を握っていたが、松田聖子からはＣＢＳ・ソニーの社員ディレクター、若松宗雄が制作のイニシアチブを取った。80年代にソニーグループが大躍進したのは、こうした自社制作の強化に理由があった。当初は音楽制作のみで、マネジメントは松田聖子のように芸能事務所に紹介するやり方が取られていたが、その後、74年創業の傘下の音楽出版社、エイプリル・ミュージックのマネジメントを強化し、現在はソニー・ミュージックアーティスツとして、プロダクション業務も同社系列で行っている。

レコード会社のＳＤ事業部には、全国のアマチュアバンド、作家志望者のデモテープが数多く集まっていた。ＡＫＢ48発足にあたって秋元は、これまでのようなベテランの作曲家、編曲家と組むのではなく、黒子としてアニメ、コマーシャル、サウンドトラックなどに関わっていた若手作家を、新しいパートナーに選んだ。現在もそのやり方は続けられ、作家からデモテープを公募し、シングルなら候補曲として４００〜５００曲、デモ曲が20曲ずつ入ったＣＤ-Ｒを20〜25枚ほど一人で聴いて、そこから実質ディレクターのような視点で、秋元本人が詞を付けるための楽曲を選んでいる。またメロディーは気に入ったもののイメージの違うと思う曲は、アレンジの方向性を伝えて実際にバックトラックを作り直し、それを候補曲に加えて吟味するという。楽曲は職業作曲家のマネジメントオフィスを通して集められ、第一段階を通過したシングル候補曲はストックとなり、向こう4、5年は他のアーティストのコンペに同曲を提出しないように但し書きが付される。それでも作曲家はＡＫＢ48で採用されることのメリットは多いため、秋元に採用されるような曲を作るというトライアルを続けている。また曲が決まった後、同一曲を複数の若手アレンジャーに実際に発注してそこから選ぶ、アレンジコンペも行われている。

ディレクター業務も自身でやることになった件については､以下のような秋元のコメントがある。

「最近のJ-POPはサウンドは凝っているけれど、歌詞に捻りがなさ過ぎる」。バンドブームや、小室哲哉、つんく♂プロデュースといったプロデューサー自作自演時代が続き、職業作詞家、作曲家は失業した。そんな大物作家丸投げなやり方が、「ディレクター不要論」を生んだ。歌詞のよしあしを判断する能力や、それを書き直させるような権限も失われた。レコード会社の社員ディレクターは、新人の職業作家を育てようとしなくなった。秋元はバンドブームや自作自演ブームで崩壊した「歌謡曲の復権」を、自ら一人で立て直すべく、AKB48では自らがディレクター役を引き受けたのだ。

完成まで何度も詞を書き直す、イントロやバックトラックを作り直しさせる。その執念は凄まじいと、AKB48の数々のシングル曲を手掛けている井上ヨシマサは語っている。際限のない修正依頼にブチ切れることもしばしばだったが、毎回、長文メールが送られてきて、作家を納得させるのが秋元流なのだという。作曲については門外漢を認めている秋元だが、専門家との交渉には素人なりにじっくり時間をかける。そんな秋元を井上は「3N」と表現している。「流されない」、「逃げない」、「寝ない」。秋元と仕事している最中はCDが店頭に並ぶまで、深夜でも催促の電話がかかってくるのが日常茶飯事だという。

その情熱は類を見ないもので、世間が秋元を評するときに言う「カネのためにやっている」とは、実像はまるで逆。なにしろMVの撮影当日まで、メンバーや振り付け師をロケ先に待たせてでも、ギリギリまで詞の修正作業に時間をかけて、現場に備え付けられたファクスで決定稿が送られてくるというのだから。ジャケット写真、デザインなどのダメ出しも、実質ディレクターである秋元が最終チェックを行っている。マスタリング済みの曲でも、直したい詞があれば再レコーディングも厭わない。コスト度外視でプロダクション管理を徹底的に行う姿勢は、レコード会社の社員ディレクターにはできない芸当だろう。

筆者がまだＡＫＢ48をそれほど意識していなかったころ、ブレッド&バターというグループの伝記本の取材先で、バックバンドのキーボード奏者だった伊藤心太郎が、あの「恋するフォーチュンクッキー」（２０１３年）の作曲者だった事実を聞いて驚いた。すでにベテランの域に達している伊藤が、若手作家に混じってＡＫＢ48に曲提供しているのを初めて知った。ＡＫＢ48自体も大人数だが、ＳＫＫ47（作曲家）という総称もあるほど、関わっている作曲家、編曲家も大人数にのぼる。盟友の後藤次利の書いた曲もあるが、わずか数曲。ベテランの織田哲郎や、ももいろクローバーＺへの曲提供で知られるヒャダイン（前山田健一）らの曲もあるものの、それらも楽曲コンペで選ばれたもの。ＡＫＢ48ではなかなか曲が選ばれないと前山田はこぼしている。とはいえ「君のことが好きだから」（作曲／織田哲郎）、「となりのバナナ」（作曲／前山田健一）などの優れた楽曲を提供し、いずれも現役ぶりを証明しているのが頼もしい。

かつてユーミンが往年の名女優、グレタ・ガルボからあやかった呉田軽穂というペンネームで、アイドルに数多く曲提供していた時代があった。当時はディレクターの権限が強く、天下のユーミンであっても歌謡曲への提供曲のほとんどが、同一曲、同一詞に何人かが詞曲を付けたものから選ばれるコンペ形式だったと言われている。そんな中でも呉田軽穂という作家は、コンペ通過率が高かったことで知られている。「赤いスイートピー」、「渚のバルコニー」などを書いている呉田軽穂の正体が、松任谷由実であるのがあかされたのはヒットの後。いかに当時の歌謡曲業界が、アーティストのブランド名に頼らない、実力勝負な世界だったのかがよくわかる。

そんな秋元の創作パートナーとして、ＡＫＢ48の数々のヒット曲を手掛けた作曲家の一人が、井上ヨシマサだった。66年生まれのシンガーソングライターで、80年代は小泉今日子、中山美穂への楽曲提供で注目された。しかし当時は、曲を書いてディレクターに渡したら終わりという、レコーディング分業化の時代。音域の狭いアイドルに1オクターブ内でメロディーを書くといった、かつてユーミンが原田知世に「時をかける少女」(83年)を提供したエピソードを彷彿とさせるトライアルもあったものの、職業作家にとって張り合いのない日々が続いていた。アーティストとして再出発するために海外留学を考えていたところ、AKB48を立ちあげたばかりの秋元からコンタクトがあったのだという。「ブロードウェイみたいな劇場で毎日ショーをやってるので、曲を書いてくれ」。アメリカに行くより、AKB48に関わるほうが世界に近いと思ったと井上は言う。その判断が正しかったことは、後年AKB48の海外進出で証明されることになった。こうして井上は、「大声ダイヤモンド」、「10年桜」、「涙サプライズ!」、「ハート型ウイルス」、「RIVER」、「Beginner」、「Everyday、カチューシャ」、「真夏のSounds good!」、「UZA」など、AKB48の数々のヒットシングルを手掛けた。

このうち「RIVER」のみ例外的にコンペではなく、「『ストンプ』をやりたい」という秋元のアイデアを起点に、井上とのキャッチボールで完成させたもの。コンペを通過した後の手直しも執念深く、「大声ダイヤモンド」はイントロの作り直しだけで、50パターンにも及んだという。通常のディレクターのようなサビには固執しない代わり、聴いた瞬間に印象を決定するイントロにこだわるところが秋元流。そこはつまらなければ10秒でチャンネルが変えられてしまう、テレビのザッピングで鍛えられた放送作家出身の秋元らしい。

井上が書くメロディーはいずれも、昭和の歌謡曲世代の心の琴線に触れるもの。実は井上はかつて、コスミック・インベンションというグループでアイドルデビューした過去があった。80年代に一世を風靡したイエロー・マジック・オーケストラの前座も経験した、シンセサイザーを主体とした中学生だけで結成されたバンドで、ここでリーダー兼キーボードを担当。「大声ダイヤモンド」には映画『荒野の七人』（58年）のテーマ曲から拝借した有名なフィル・インが出てくるが、あのフレーズはＹＭＯ「マルティプライズ」（作曲／ＹＭＯ、エルマー・バーンスタイン）にも登場しているのはファンにもおなじみ。そんなサブリミナル的な隠し味が仕掛けられてるのが井上作品の特徴で、40～50代のかつての「ＹＭＯ世代」が、ＡＫＢ48の曲に魅せられる理由でもあるのだろう。

インディーズレーベルから学んだメジャー内独立性

秋元が実質ディレクターとなって曲を選び、タイトルも作詞家が自ら付ける。ＡＫＢ48では現場の作業フローを一変させただけではなく、ビジネス面でも新しいスタイルを持ち込んだ。おニャン子クラブ時代から懇意にしていた、ポニーキャニオンなどの既存のレコード会社と距離を取り、ＡＫＢ48を「桜の花びらたち」でインディーズからデビューさせた。秋元はフジパシフィック音楽出版の筆頭作家だったが、ＡＫＢ48の楽曲に関しては、２００６年に発足したＡＫＳという音楽出版社が著作権を管理するかたちをとり、そこがインディーズ時代のＣＤ発売元となった。

日本ではメジャー系レコード会社各社が加盟する日本レコード協会が中核を担い、日本コロムビア、東芝ＥＭＩ、ビクター、ソニーなどの歴史ある会社がレコード売り上げの大半を独占してきた。エレック、ＵＲＣなどフォーク時代に台頭したメーカーは、いずれもレコ協非加盟のインディーズ。メジャー／インディーズを分けたのは流通規模だった。各インディーズはアルバムは自社から出すが、シングルに関してはメジャーの配給網に頼るしかなく、エレックはキャニオン、ＵＲＣはキングレコードからリリースしていた。

しかしアメリカでは60年代のモータウン、アトランティック、イギリスではアイランド、ミュート、ラフトレード、ファクトリー、クリエイションなどの契約アーティストが普通にベストテンに入り、CBS、EMI、RCA、ワーナーのような大手とインディーズが拮抗していた。日本におけるメジャー／インディーズの境界はその後、90年代のバンドブーム時代にインディー流通が整備され、外資系大型CD店の台頭を前後して、その差はほとんどなくなった。

1999年、Hi-STANDARD『MAKING THE ROAD』がインディーズ作品でありながらミリオンセラーとなり、2001年にはMONGOL800『MESSEAGE』がインディーズで初めて280万枚を売り上げる。多くの社員を抱えるメジャーと違って、どこも少人数会社だったため、追加プレスのために市場対応にてんてこ舞いだったそうだが、そうした苦労を伴ってなお、インディーズには自由度があり、人権費がかからない分だけ利益率も高かった。彼ら若手バンドのインディーズ精神に大いに刺激を受け、自前でレコーディング予算を工面できる大物の矢沢永吉、佐野元春らは、新天地を求めてメジャーから独立していった。

80年代に赤坂の日本コロムビア本社に美空ひばりのためのオーケストラ同時録音の広いスタジオが新築され、そのニュースが同社のステイタスになったバブルな時代もあった。しかしそうした歌謡曲時代のカネのかかるレコーディング手法は、プロ・ツールスなどの廉価な録音機材の台頭で効力を失っていく。こうしてレコード会社主導の時代から、簡易スタジオで気心の知れたスタッフと組んでレコーディングを行う、音楽出版社主導のミニマムな原盤制作体制が、21世紀の主流となっていった。

AKSレーベルからデビューしたAKB48も、打ち込みオケ主体のため録音バジェットも安価で、おそらくインディーズで続けていくことも十分できただろう。しかし「桜の花びらたち」、「スカート、ひらり」の2枚のシングルでインディーズでの助走期間を終え、２００６年にソニー系列のデフスターレコーズと契約する。以降も48グループはジャニーズのように、メジャーレコード会社と全方位的に契約することで、利益を協力会社とレベニューシェアする道を選んだ。音事協と距離を保ったように、特定のコングロマリットの傘下に入ることもせず、各社と均等な距離感を持つことで、逆にＡＫＳはインディーズ精神を保った。

フォーク時代のやり方で音楽出版、原盤制作、レコード会社も自社グループで行っていたアップフロントエージェンシーは、モーニング娘。が所属するzetimaを中核に、ハチャマ、ピッコロタウンといったポニーキャニオン、キングレコードに流通を依頼していたサブレーベルすべてを統合。２００３年にアップフロントワークスを設立して1社独占のかたちを取っていくが、ＡＫＢ48のやり方はそれとは対照的と言えるかもしれない。インディーズのような少人数による、秋元指揮によるコントロール体制を続けながら、メジャーレコード会社の販売力を取り付けるかたちで、その後のＡＫＢ48ブームが作られていく。

レコード会社と48グループのアーティスト契約はおそらく、メンバー個人ではなく包括契約によるもの。ＡＫＢ48は年に1回、48グループ全メンバーを対象に「選抜総選挙」を行っており、投票で上位に選ばれた選抜メンバーが、ＡＫＢ48の次のシングルに参加できる資格を持つ。ＳＫＥ48はエイベックス、ＮＭＢ48はよしもとミュージックエンタテインメント（旧・よしもとアール・アンド・シー）、ＨＫＴ48はユニバーサルと、姉妹グループは別々のレコード会社と契約しているが、主力メンバーである松井珠理奈、山本彩、指原莉乃が、キングレコードのＡＫＢ48の楽曲に参加することが、それぞれのグループの契約会社から許されているのは、そのような包括契約のためだろう。

昔はレコード会社同士はライバル関係にあり、所属アーティストの行き来は御法度だった。カヴァーですら、作詞家、作曲家が専属契約するレコード会社以外からは出せない時代が長らく続いた。こうした慣例を60年代にぶち破ったのが、レコード会社一社独占に抗って勢力を拡大していった、グループサウンズ時代の渡辺プロダクションなどの外部の音楽出版社だった。

アルファ&アソシエイツという音楽出版社を母体に、77年にアルファレコードを設立した「翼をください」の作曲家で知られる村井邦彦は、旧来のレコード業界の閉鎖性を嫌った。深町純『深町純&ニューヨーク・オールスターズ・ライヴ』(78年)で、ザ・ブレッカー・ブラザーズ、スタッフのリチャード・ティー、ディヴィッド・サンボーンら、他社でリーダーアルバムを出す実力派プレイヤーをバックメンバーに起用。直接本国のレーベルと権利処理してライヴ盤がリリースされたが、日本の所属先だったCBS・ソニー、ワーナー・パイオニアには知らされないまま。各社の担当ディレクターはメンツを潰された。それらに対する大手メーカーの応酬なのだろう。ギタリストの渡辺香津美をサポートに迎えて行われた、YMOの79年のワールドツアーのライヴ盤の発売告知が出た際には、渡辺とアーティスト契約していた日本コロムビアは内容証明を送り、渡辺のプレイが入っているレコードを出すことを禁じた。こうしてマルチから渡辺のギタートラックのみを割愛した、世にもまれな偽りのライヴ盤『パブリック・プレッシャー』(公的抑圧の意)がリリースされた。

現在では他社原盤を組み込んだ、レーベルを横断するヒット曲のオムニバスなど珍しくなくなったが、こうしたレーベルまたぎ(クロスマスターと呼ばれる)は、97年に発売された『筒美京平 ULTIMATE COLLECTION 1967~1997』(Vol.1、Vol.2)が最初のケースと言われているほど、その歴史は浅い。もちろん通販限定のヒット曲集のボックスセットはレコードの時代からあったが、それらはメーカー別に１枚にまとめるのが通例で、それぞれ自社直営工場でプレスされたバルクディスクを集めて、通販会社がそれをボックスに収めて限定発売されていた。

かつてレコード会社と契約したアーティストには、独占契約の代わりに「育成金」と呼ばれる契約拘束料が存在した。これが毎月事務所に支払われて、メンバーに払う給料の原資となった。しかし70年代のロックバンドの時代に、ヴォーカルや曲作りに関わる主要メンバーとのみ契約を交わすスタイルが取られるようになる。メンバー間の諍いで脱退、加入が頻発するたびに、契約内容が見直しとなるペナルティを課せられないための、ロック時代ならではの方便だった。音楽不況の影響もあり、今ではかつてのような「育成金」は支払われなくなったと言われているが、そうした流れが、レコード会社専属の縛りを緩くした。48グループも一部のソロデビュー組を除けば、レコード会社と契約しているのは所属グループとしてだけで、各メンバーとの契約書は存在していないと思われる。

秋元はＡＫＢ48の劇場作品をＣＤリリースするために、音楽出版社としてＡＫＳを設立した。しかし、「Dear my teacher」、「クラスメイト」、「星の温度」、「青空のそばにいて」、「制服が邪魔をする」、「軽蔑していた愛情」など、深夜番組のエンディングに使われた曲は、放送局系列のテレビ朝日ミュージックに音楽出版権を譲渡。タイアップで使用された曲に限って、テレビ局系列に音楽出版権を預けた。ＣＤの販売流通におけるメジャー／インディーズの格差はなくなったが、テレビは依然コマーシャルな力を持ち続けていたためだ。

かつてピンク・レディーの楽曲の著作権は、デビューのきっかけとなった『スター誕生！』の放送局系列の音楽出版社、日本テレビ音楽と、彼女たちが所属していた事務所、Ｔ＆Ｃミュージックとの共同出版扱いだった。「Ｓ·Ｏ·Ｓ」、「サウスポー」などのシングルがヒットしたのは、共同出版元として彼女らをバックアップした日本テレビの番組出演による力が大きい。しかしその後、事務所の意向で日本テレビ音楽との関係を解消し、79年からは音楽出版はT＆Cミュージック単独となる。それを境にピンク・レディーをテレビで観る機会が減っていった。日テレのイメージの強いピンク・レディーを他局は使いたがらなかった。その上に事務所主導によるアメリカ進出も失敗し、阿久悠、都倉俊一といったレギュラー作家もピンク・レディーから離れていく。昨日までのブームがウソのように、ピンク・レディーブームは鳴りを潜め、81年の解散コンサートは新聞では小さな囲みで紹介されて終わった。その後、事務所は精算され、彼女らの楽曲の出版権は、大手事務所バーニングプロダクション傘下の、バーニングパブリッシャーズに譲渡される。アーティストのその後の運命が左右されるほど、テレビメディアの力は今も昔も偉大なのだ。

ＡＫＢ48の原盤制作

ＡＫＢ48のバックトラック制作はほとんど、シンセサイザーモジュールを積みあげたホームレコーディング環境で、完全な打ち込みベースで行われている。せいぜいギターソロがダビングされるぐらいで、従来のようなドラムの録音などがスタジオで行われることはほとんどない。発注元のＡＫＳの依頼を受けて、編曲家のプライベートスタジオでほとんど作られ、プロ・ツールスで録音されたマルチ素材が都内某所にあるＡＫＳの自社系列スタジオに持ち込まれて、コーラスの録音、メンバーのヴォーカル録りなどのオーバーダブが行われている。昔のようにディレクターがオケの制作プロセスに立ち会うことはなく、仕事は編曲家への発注、ミックス、ヴォーカルダビングなどの制作進行のみ。現在、48グループすべてのディレクションは、ＡＫＳの田中博信がほぼ一人で行っている。

選曲、タイトル付けなどは作詞家の秋元康本人が行うため、ディレクター的役割は秋元が負う。田中はその補佐役として、外部とのやりとりを秋元の手足となって行う。リリースに際しては、レコード会社、ディレクター（田中）、秋元の３者が中心になって会議が行われるが、レコード会社の役目はＡ＆Ｒとして、いかにその売り上げを伸ばすかに注力される。そのために選抜メンバーの人選にはレコード会社は大きく関わるが、曲の設計図は秋元の頭の中にしかない。よって楽曲の制作はＡＫＳに一任されている。発売スケジュールから逆算して、ＭＶの撮影、レコーディングなどのスケジュールが作られ、その制作はＡＫＳが主導する。リリース元がインディーズ→デフスター→キングレコードに変わっても、ＡＫＢ48の楽曲制作スタイルはほとんど変わっていない。できあがった完パケはレコード会社に納品された後、原盤権はレコード会社に委譲される。

キングレコード移籍後にＡＫＢ48がブレイクしたのに便乗して、かつての所属先だったデフスターから、ビデオクリップ集『逃した魚たち～シングル・ビデオコレクション～』（２０１０年）が出ているが、それができたのもデフスターが原盤を持っていたため。おそらくＡＫＳは所属レーベルから制作予算を預かって、レコード会社に代わって原盤制作を代行するという関わり方なのだろう。当然、ＣＤがテレビ、ラジオで放送された場合の「原盤権使用料」として発生するロイヤルティは、レコード会社の取り分になる。こうしたやり方は、グループサウンズ以前の昔のレコード会社のようで古くて新しい。

少し込み入った話になるが、ＡＫＢ48ビジネスの本質に関わるので順を追って説明する。レコード、ＣＤがテレビ、ラジオなどで使用された場合、放送局から権利者に「著作権使用料」、「原盤権使用料」が支払われる。前者はご存じのように、JASRACから音楽出版社を経由して、作詞家、作曲家に渡る。放送でのオンエアに使用料が科せられるようになったのは、著作権法が改正された71年からだが、当時は番組で使われたすべての楽曲を調べて報告することが物理的に難しかったため、ブランケット方式（包括契約）で契約が結ばれ、放送局から事業収入の1～2％の金額がまとめてJASRACに支払われるようになった。

生演奏やカヴァーでなく、CD、レコード音源をそのまま放送で使う場合は、これに加えて「原盤権使用料」が発生する。これも著作権と同じくブランケット方式で支払われており、事業収入の1～2％と言われている。しかしこちらはJASRACのように一元管理ではない。支払先として日本レコード協会と芸団協（日本芸能実演家団体協議会）の二団体が指定されており、ざっくり言えば前者は原盤制作会社、後者は演奏者に支払うという名目となっているが、この内訳はかなり怪しい。

「原盤権使用料」と書いたが、厳密には「著作隣接権使用料」が正しい。作詞家、作曲家には売り上げ枚数に乗じた使用料がJASRACから支払われるが、それまでは関わった歌手、スタジオミュージシャンは、録音当日に支払われるギャラのみだった。しかし彼らにもCD、レコードなどの録音物を二次使用する場合に、一定の権利があると新しく定めたのが「著作隣接権」である。累計460万枚のヒットとなった「およげ！たいやきくん」で、子門真人が歌った歌唱ギャラが5万円だったというエピソードは有名だろう。旧来から歌手、ミュージシャンらが保有する権利は、「買い取り」でほとんど処理されていた。しかし人々は、その歌手の声を聴きたくてCDを買う。特定のギタリストのソロを聴きたくて買う、インストファンもいるかもしれない。そのパフォーマンスには、著作権に準ずる価値があると考えるのは道理だった。しかし一回こっきりのつもりで引き受けている歌手、ミュージシャンも多い。作詞家、作曲家のような創造性が、人の書いた譜面を演ずるだけの歌手、ミュージシャンに必ず認められるわけではないからだ。

今日「原盤権使用料」と呼ばれるものは、それとは別の成り立ちがあった。CD、レコードを使用することで、本来なら歌手、ミュージシャンが生演奏で得たはずの収入が奪われるという建前論から、「機械的損失」を補うために作られたものが「著作隣接権使用料」になった。

著作権の成り立ちについて説明しておく。作曲家が曲を作り、小説家が小説を書くと、その瞬間から届け出がなくても著作権は発生する。そのような近代著作権の考え方は、1886年にスイスのベルンで作成された「ベルヌ条約」に端を発する。ほとんどの先進国でこれが結ばれ（アメリカを除く）、日本では明治時代、1899年にここに加盟して、著作権保護国の仲間入りを果たした。

それから半世紀以上経って、1961年に実演家（歌手、ミュージ

著作隣接権使用料（二次使用料）分配の流れ

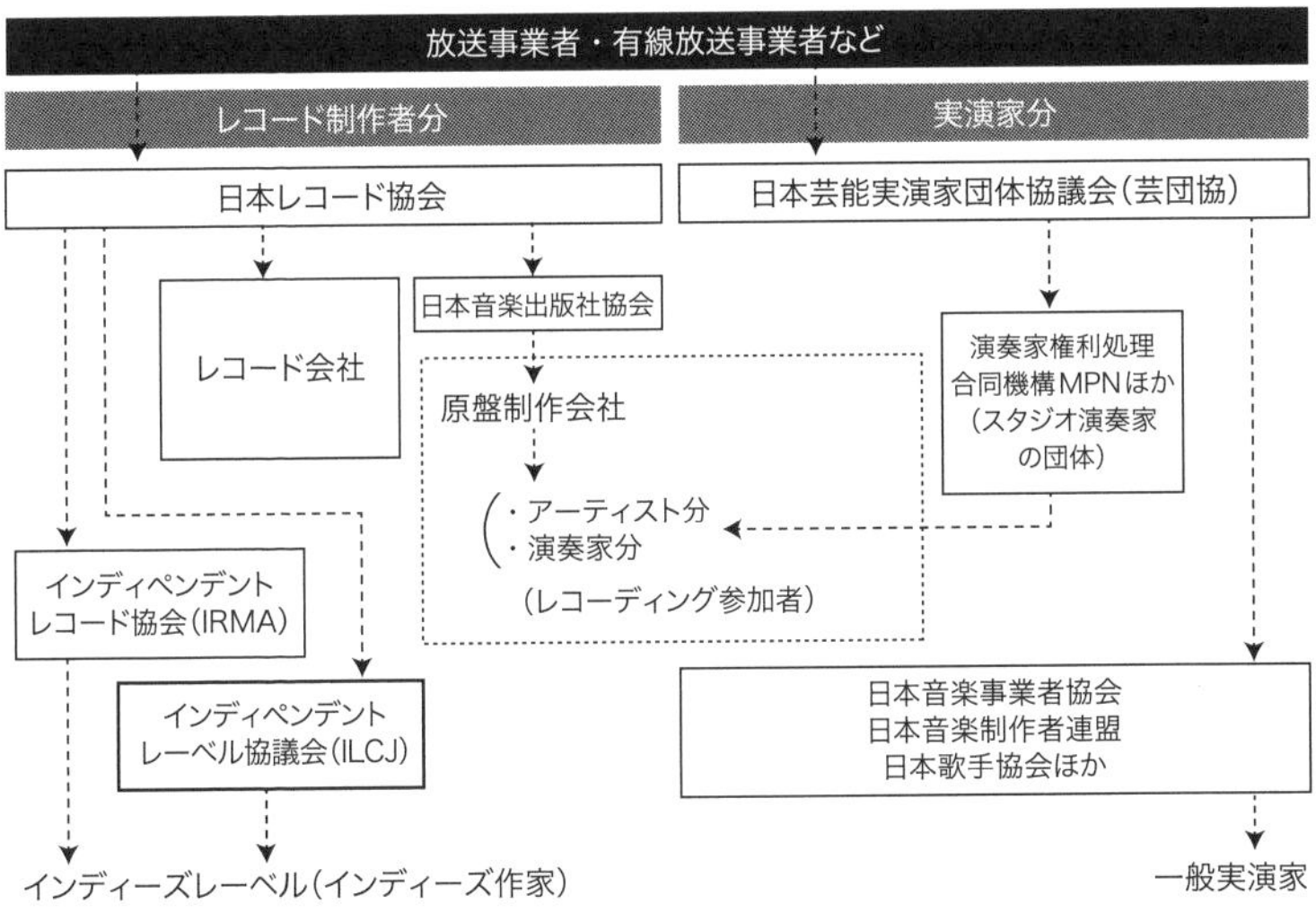

日本音楽制作者連盟発行資料より

シャン）、レコード制作者、放送機関の権利を定めた「ローマ条約」が策定される。作詞家、作曲家だけが権利料を受け取っていたミュージックシート（譜面）の時代から、20世紀に入って音楽を聴く手段は、レコード、放送に変わった。そこで流れる曲の録音に参加した歌手や演奏者にも、レコードの複製枚数、放送回数に乗じて報酬を得る権利があるという考え方から「ローマ条約」は制定されている。これを「著作隣接権」という。

歌手、演奏者などのプレイヤーにも報酬を受け取る権利がある。そうした海外の動きに刺激されて、日本でも65年に、歌手、ミュージシャンの権利団体「芸団協」が発足する。71年に「ベルヌ条約」、「ローマ条約」をベースにした新著作権が施行されるが、このとき日本でも初めて、彼らにも報酬を得る権利があることが認められた。これに基づき「芸団協」は同年、文部省（現・文部科学省）から「商業用レコード二次使用料を受ける団体」として指定を受けた。

テレビ、ラジオなどの放送でレコードをかけた場合に、作詞家、作曲家などに著作権使用料を支払う義務が生まれたのは71年。その後、歌手、ミュージシャンなどの実演家にも権利料を払うべきという要請を受け、10年後の78年から、放送局の事業収入の1〜2％を「著作隣接権使用料」として払う、ブランケット方式による徴収がスタートする。芸団協はそこから規定額を受け取り、主な芸能事務所が加盟する「音事協」、フォーク／ロック系事務所が中心の「音制連」（85年設立）に分配される、今日のかたちになった。レンタルレコード業界が、84年に売り上げから権利者に使用料を支払うことが義務づけられた際にも、これに基づく契約が結ばれた。

「著作隣接権使用料」のルーツは、放送誕生に遡る。かつてラジオ局がメディアの中心だった時代、テープレコーダーなどの録音技術はまだ普及しておらず、番組で使用される音楽はほとんど生で演奏されており、放送局が準社員としてオーケストラを雇用していた。日本でもテレビメディアの台頭期、フジテレビ、文化放送が日本フィルハーモニー管弦楽団、日本テレビが読売日本交響楽団、ＴＢＳが東京フィルハーモニーを専属化していた時代がある。それらオーケストラの時代が60年ごろから陰りを見せる。レコードの台頭と、ロックンロール、フォークシンガーなどのソロアーティストの時代の到来のためである。

演奏者組合の権限の強いイギリスでは、レコード使用によってそれまで局が雇用していたオーケストラの仕事が奪われた。それによる「機械的損失」を補うために、1日の放送時間のうち、レコードを使用できる時間に上限を設けた。ＢＢＣにビートルズのライヴ音源が潤沢に残っているのは、その際にカラヤンなどのクラシックのレコードが優先されて、ロックンロール系は生演奏枠にあてがわれたからと言われている。それがイギリス国内の土地内のみに有効という放送法の裏をかいて、港に漂泊した船から放送を行い、1日中ロックンロールのレコードを流す、悪名高き「海賊放送」も数多く産まれた。その時代の官憲と海賊放送の追いかけっこを描いた、『パイレーツ・ロック』（２００９年）という映画も作られた。

日本の「原盤権使用料」も「著作隣接権使用料」と呼ばれる通り、レコード使用による歌手、演奏家の「機械的損失」のための制定されたものだった。そのため「芸団協」からの利益分配先は日本音楽家ユニオンなど、演奏家が優先された。しかし、71年という時代はオーケストラよりも、シンガーソングライターのほうが主流の時代。フォーク／ロック系事務所にとってみれば「アーティストには創造的行為があるが、（譜面を演奏するだけの）クラシックの演奏者にはそれはない」という言い分があった。

日本音楽家ユニオンは全国にまたがる組織で、地方の交響楽団から琴などの和楽器の師匠まで含まれる。会員の多さから日本音楽家ユニオンが多くの取り分を主張したが、ロック／フォークが台頭する時代に、レコード制作とはまったく無縁な彼らが、多くの還元を受けるのは誰が見てもおかしかった。99年に日本のスタジオミュージシャンが集まって「演奏家権利処理合同機構（ＭＰＮ）」ができたのも、芸団協脱退を視野に入れてのこと。いち早くレンタルレコード分配のための交渉の席に着いていた「音制連」は、その際に文化庁を調整役に立て、88年にレンタルレコードから発生する「著作隣接権」の分配を、歌手・アーティスト＝6割、演奏家＝4割にまとめあげた。しかしこれとて、歌謡曲にスタジオミュージシャンが参加していた時代の話。ほとんど打ち込みだけで作られる今の時代に、ＣＤの二次使用料から受け取る報酬が打ち込みのアレンジャーではなく、録音に参加していないミュージシャンにまで渡る構図は不可解であろう。かのように楽曲における歌手、ミュージシャンの貢献は、作詞、作曲のように割り切れないことを「原盤権使用料」の内訳が映し出す。

ブロードバンド時代が到来し、YouTube、ニコニコ動画などで、合法／非合法とりまぜてレコード音源が聴ける時代になった。それぞれの事業者はJASRACに対して、放送局に準ずるブランケット方式で使用料を支払っているので、作詞家、作曲家に対する支払いは面目を保っている。しかしアカペラ、カヴァーは問題ないが、レコード、ＣＤ音源をそのまま使うには、本来は原盤会社と個別に契約する必要がある。原盤使用にはJASRACのように包括的に管理する機構はないため、その許可取りは原盤主ごとに個別の交渉が原則であり、正式に行えば気の遠くなるような手間と時間が伴う。

一時、坂本龍一らを中心に、ネット上で積極的に楽曲使用を促すフェアユースの考え方が広まった時期もあったが、それもリスト楽曲に限られた。ニコニコ動画では、ドワンゴの筆頭株主だったエイベックスと原盤使用契約を包括的に結び、エイベックスのＣＤに限ってニコ生主に使用を許したことがあったが、それもエイベックスの販売促進の一環だった。90年代に、著作権ビジネスを独占していたJASRACに対抗して、イーライセンス、ＪＲＣ（ジャパン・ライツ・クリアランス）などの新しい著作権管理団体が登場したが、そのうちＪＲＣは著作権と同時に原盤使用許諾業務も行っていた。しかしこれとて、実情はダンスミュージックなどの特殊ジャンルに限ったもの。ネット上の著作権侵害を巡って、日本レコード協会、音事協、音制連、音楽出版社協会らが「ＳＴＯＰ！違法ダウンロード広報委員会」を発足し、音楽の違法使用が認められる投稿の削除申請をキャンペーン的に行った際にも、公共性を盾にしたネット民からの大バッシングを受けた。その適正化への道は険しく、現在はプロモーション的な柔軟な考え方から、グレー状態で放置されている現状が続いている。

そうした原盤ビジネスがグレーな状況と、まったく無縁ではないだろう。ライバルのモーニング娘。が自社で原盤所有するやり方と正反対に、ＡＫＢ48では各レコード会社に原盤権を譲渡するやり方がとられた。ＡＫＢ48の場合、そこから発生するロイヤルティを諦める代わりに、年間20億円かかると言われる握手会などのイベント制作費をキングレコードの宣伝費から捻出しているのだ。

48グループの場合、一定期間上演されたＡＫＢ48の劇場作品が千秋楽を迎えると、コスチュームとともに姉妹グループに渡され、そこで再上演される。その際に、「overture」（序曲）含め、必ずバックトラックはリミックスされ、曲中に出てくる「ＡＫＢ48」などの一部歌詞をそれぞれのグループ名に置き換えるなどの作業が行われる。こうしたキャストが異なる姉妹グループの劇場作品のＣＤも、各グループの所属レコード会社からリリースされている。劇場作品第1作『ＰＡＲＴＹが始まるよ』のＡＫＢ48版のＣＤはキングレコードからリリースされたが、ＳＫＥ48版はエイベックス、NMB48版はよしもとアール・アンド・シー（現・よしもとミュージックエンタテインメント）が発売元となり、各社が原盤を保有するかたちになっている。

それらのリミックス作業もすべて東京のAKSの系列スタジオで作業されている。同じ『PARTYが始まるよ』でも、SKE48版はギターがダビングされているなど、細かな差異も楽しめる。こうした作業がすんなり行えるのは、MIDIによる打ち込み手法、プロ・ツールスによる録音技術の簡易化のおかげ。おそらくAKB48で使われたMIDIデータの音色を入れ替えるだけで、姉妹グループのバックトラックができあがるというテンプレートがあるのだろう。

かつて今剛や松原正樹などの名スタジオミュージシャンが歌謡曲に参加していたのは、音楽にくわしいレコード会社のディレクターの采配のおかげで、70年代、80年代の歌謡曲の原盤は、潤沢な予算が使えたバブル時代の遺産になった。演奏者のクレジットを見て、歌謡曲のアルバムを購入するマニアもいたほど。しかし、セッション・ミュージシャンのギターフレーズが聴き手の心をグッと掴んだような、かつての歌謡曲のような原盤価値はもはやなくなったと言っていい。

おそらくそんな時代の変遷を受けて、48グループは虎の子の原盤をメーカーに差し出したのだろう。その代わりに音楽出版はそのまま自社の財産となり、これがカラオケ使用料やパチスロ機のBGMなどから利益を生む。こちらは大半がMIDIデータによってOEM製のシンセサイザーチップを鳴らす仕様で、それらの原盤権使用料はまた、カラオケ、パチスロ機のメーカーの財産となる。往時ほどではないにせよ、AKB48楽曲のカラオケ人気は高く、CDの発売から過ぎて一定の役割を終えた過去曲も、末永く歌われて財産としてAKSを支えている。

JOYSOUND年間カラオケランキング総合

■２０１７年

1　星野源「恋」
2　中島みゆき「糸」
3　RADWIMPS「前前前世（movie ver.）」
4　秦基博「ひまわりの約束」
5　MONGOL800「小さな恋のうた」
6　浦島太郎（桐谷健太）「海の声」
7　一青窈「ハナミズキ」
8　スキマスイッチ「奏」
9　高橋洋子「残酷な天使のテーゼ」
10　GReeeeN「キセキ」
16　AKB48「365日の紙飛行機」（唇にBe My Baby／ｃｗ）

■２０１６年

1　浦島太郎（桐谷健太）「海の声」

2　中島みゆき「糸」
3　秦基博「ひまわりの約束」
4　西野カナ「トリセツ」
5　一青窈「ハナミズキ」
6　高橋洋子「残酷な天使のテーゼ」
7　ＡＫＢ48「３６５日の紙飛行機」
8　MONGOL800「小さな恋のうた」（唇にBe My Baby／ｃｗ）
9　星野源「ＳＵＮ」
10　スキマスイッチ「奏」

※昨年のベストテン圏外から「３６５日の紙飛行機」が初ランクイン。

■２０１５年

1　秦基博「ひまわりの約束」
2　SEKAI NO OWARI「Dragon Night」
3　中島みゆき「糸」
4　三代目J Soul Brothers from EXILE TRIBE「R.Y.U.S.E.I.」
5　松たか子「Let It Go〜ありのままで〜」
6　一青窈「ハナミズキ」

7　西野カナ「Darling」
8　高橋洋子「残酷な天使のテーゼ」
9　WhiteFlame feat.初音ミク「千本桜」
10　MONGOL800「小さな恋のうた」
18　ＡＫＢ48「恋するフォーチュンクッキー」

■2014年

1　松たか子「Let It Go～ありのままで～」
2　ＡＫＢ48「恋するフォーチュンクッキー」
3　WhiteFlame feat.初音ミク「千本桜」
4　高橋洋子「残酷な天使のテーゼ」
5　一青窈「ハナミズキ」
6　ゴールデンボンバー「女々しくて」
7　MONGOL800「小さな恋のうた」
8　スキマスイッチ「奏」
9　ゆず「栄光の架橋」
10　SEKAI NO OWARI「ＲＰＧ」

■２０１３年

1　ゴールデンボンバー「女々しくて」
2　高橋洋子「残酷な天使のテーゼ」
3　WhiteFlame feat.初音ミク「千本桜」
4　MONGOL800「小さな恋のうた」
5　一青窈「ハナミズキ」
6　Linked Horizon「紅蓮の弓矢」
7　ゆず「栄光の架橋」
8　GReeeeN「キセキ」
9　ＡＫＢ48「ヘビーローテーション」
10　BUMP OF CHICKEN「天体観測」
13　ＡＫＢ48「恋するフォーチュンクッキー」
20　ＡＫＢ48「フライングゲット」

※同年リリース曲がランクインしたのは「恋するフォーチュンクッキー」が初。

■２０１２年

1　AKB48「ヘビーローテーション」
2　ゴールデンボンバー「女々しくて」
3　WhiteFlame feat.初音ミク「千本桜」
4　高橋洋子「残酷な天使のテーゼ」
5　ゆず「栄光の架橋」
6　AKB48「フライングゲット」
7　MONGOL800「小さな恋のうた」
8　GReeeeN「キセキ」
9　ハチ feat. 初音ミク・GUMI「マトリョシカ」
10　一青窈「ハナミズキ」
11　AKB48「Everyday、カチューシャ」
29　AKB48「会いたかった」

■2011年

1　AKB48「ヘビーローテーション」
2　少女時代「Gee」
3　少女時代「ミスター」
4　AKB48「会いたかった」

5　高橋洋子「残酷な天使のテーゼ」
6　GReeeeN「キセキ」
7　ＡＫＢ48「ポニーテールとシュシュ」
8　いきものがかり「ありがとう」
9　MONGOL800「小さな恋のうた」
10　一青窈「ハナミズキ」

（JOYSOUND調べ）

※ＡＫＢ48曲初登場年で堂々3曲。前年の1位は、高橋洋子「残酷な天使のテーゼ」。

第8章

AKB48始動する

「ワンコインで観られるアイドル」

「秋葉原48プロジェクト」は、2005年夏にメンバー募集告知が開始され、その年の12月初旬にAKB48としてお披露目されることになった。9月にドン・キホーテ側と賃貸契約し、突貫工事と強行レッスンが始まったのは11月から。12月のグランドオープンはスタッフの誰もが無理だと思っていたが、当初見込みの1週間遅れとなったものの、なんとか同月開始にこぎ着けた。

AKB48劇場のステージには、コンピュータで稼働するムービングライトが何機も設置され、振り付け師の夏まゆみからの希望で、せり（油圧式可動床）も用意された。その結果、当初5000万円を見積もっていた施工費は何倍にも膨らんだ。後のNMB48劇場、NGT48劇場のようなLEDパネルを入れる映像演出のアイデアもすでにあったが、「テクノロジーに頼るものは飽きられるから」という秋元の意向で導入は見送りとなり、ステージは木材を基調としたもので統一される。ステージの左右には、ビルの構造上外せない大きな柱があったが、それは賃貸契約時に折り込み済み。「柱はあってもいい。完璧じゃないほうが人は安心するし、演者も工夫する」と、秋元は不自由な空間で始めることを了承した。日本青年館で初めてのホールコンサート（2006年11月3日、4日）が行われた際には、わざわざステージ上に2つの柱をセットで再現して、これがAKB48劇場の象徴というふうにアピールした。

募集告知の3カ月後にオーディション終了。オープニングメンバーとして、24人の第1期生が選ばれる。板野友美、小嶋陽菜、高橋みなみ、前田敦子らが1期生のメンバー。このうち20名が選ばれて、12月7日に公開リハーサルが行われ、翌日の12月8日が初お披露目となった。アイドルにまったく興味がなかった戸賀崎智信もライヴの迫力に圧倒され、メンバーは未熟ではあるものの、この一生懸命さは甲子園のように伝わるのではと初めて実感したと語っている。

このとき上演されたのが、劇場公演第1作『ＰＡＲＴＹが始まるよ』である。劇場公演の共通オープニングであるインストの「overture」から始まり、後にシングルカットされる「桜の花びらたち」、「スカート、ひらり」などの曲を含む全10曲。夏まゆみが振り付けたフォーメーションダンスを交えて、それらは披露された。数曲を歌い終わるごとにＭＣコーナーが設けられ、毎回用意されたテーマの下で、メンバー同士がたわいない近況を語り合う。トーク内容を考えるのはメンバー自身。このような2時間のプログラムが、ＡＫＢ48劇場では「劇場公演」と呼ばれている。いわゆるヒットシングルを歌うようなコンサートは、単発で行われるホール公演やテレビのみ。メンバーは基本16人。曲は平均16曲前後がワンセットになっている。「劇場公演」収録曲もＭＣ挿入箇所も決まっており、再演時や姉妹グループが上演する場合もそれに準拠する。こうした「劇場公演」が3カ月から半年ごとに新作が書かれるという、日本では珍しいロングラン興行を行ってきた。

最初に観客の意表を突いたのが、豪華なコスチュームだった。公演ごとに用意されるのは１００着前後。楽曲制作を含めて1公演ごとに費用は３０００～４０００万円かかると言われている。それまでも秋葉原には地下アイドルは存在していたが、全曲新曲、衣装新調で行われるグループは初めてだった。ＡＫＢ48はこのように、最初は秋葉原の地下アイドルの1グループとして歴史をスタートさせた。匿名掲示板2ちゃんねるでＡＫＢ48に関するスレッドが、芸能板ではなく「地下アイドル板」に建てられているのは、その時代の名残である。

平日は夕方1公演、土日祝日は1日3公演で行われた(初期は宝塚と同じく週一で月曜日が休み)。結成してからしばらくは、第1期生の24人から選ばれる16人がほぼ毎日舞台に立った。ジャニーズでは1日4回公演も普通に行われているようだが、男女ではタフさが異なる。ほとんどダンス未経験者で結成されたグループゆえ故障者が続出し、さすがにこれではハード過ぎるということで、新規メンバーを募集することになった。当初は二軍を募集して、彼女らを併設されていたカフェでアルバイトをさせ、ファン投票で二軍チームを作るアイデアも検討されていたという。だが、先行チーム結成とわずか5カ月しか離れていないのに二軍ではさすがに酷ということで、正式に第2期生オーディションが行われ、大島優子、秋元才加、梅田彩佳、野呂佳代、宮澤佐江らがメンバー入り。第2期生オーディション合格者を中心に新チームが結成され、そちらはチームK、オープニングメンバーを飾った第1期生のグループがチームAと命名された。チームKは先輩チームのお下がり公演を演じるところからスタートし、AKB48劇場をシェアして2チーム交互で上演するかたちに変更される。祝祭日の1日3公演は第12期生のころまで行われたそうだが、そのころには劇場作品も初期のおとなしめのものから激しいダンス中心に変化しており、体力的にこれが限界ということで、『シアターの女神』(2010年)を最後に、1日2公演の現在のかたちになった。

スタート時のAKB48劇場が衝撃的だったのは、楽曲、衣装だけではない。オープン時は椅子席1000円、立ち見席500円という、破格なチケット料金が設定された。秋元のそれまでの顧客は、無料で観ていたテレビの視聴者。限りなくタダに近い料金にしないと客は集まらないという、秋元の脱ジョーシキがそこに反映されていた。収容人数250人では全席埋まっても20万円程度にしかならず、この計算ではメンバーのギャラ、スタッフの人件費もとても払えない。

AKB48劇場があったのは量販店のドン・キホーテ秋葉原店。秋元は、ユニクロ、H&M、ZARAなどのファストファッションを好む消費者を、AKB48のファンとして想定していた。モーニング娘。も、部屋に引きこもってネットサーフィンしている庶民が人気を支えていた「デフレ時代のアイドル」。そこでＡＫＢ48も、できるだけ安くサービスが提供できるようにと心がけたという。後のＣＤデビュー時にも「できるだけＣＤも値段下げてくれとお願いして、ＤＶＤ付きで１６００円というお得感を狙った」と秋元。当初はチケット代をワンコイン（５００円）にしたかったが、事業計画を聞いたドン・キホーテのオーナーだった安田隆夫から、それでは採算が取れないと苦言を呈された。専用劇場維持にはチケット代５０００円でも元がとれるかどうかは怪しいが、その後にＣＤ、ＤＶＤ、コンサートで回収するという中長期的計画を立てて、まずはプラットホームを作りたいというのが秋元の考えだった。渋谷、青山での物件探しのときも、採算性についてオーナーと意見の衝突はあったらしい。家賃料＋売歩（売り上げ歩合）でテナント契約するのが一般的とされる、商業ビルの運営会社に言わせれば不採算事業などもってのほか。秋元にも断られるかもしれない不安はあったが、しかしドン・キホーテを一代で巨大チェーンにした安田は、それにＯＫを出して、ＡＫＢ48劇場が誕生するのだ。

当初は１０００円からスタートしたが、すぐにチケットは入手困難になった。それが話題にのぼることも、秋元には折り込み済みだったのだろう。当時はＡＫＢ48劇場でチケットが販売されていたため、朝からそこに列ができるようになり、やがて客も固定化していった。そこでメール予約制に変更し、客層にもう少し幅を持たせるために抽選制にして、当日抽選、当日通知という今のやり方ができあがった。また応募枠として、遠方シート、女性限定シート、カップルシートなどを用意して、できるだけアイドルファン以外にも観て貰えるよう配慮した。その後、チケット代は２０００円に一旦値上げされ、男性３０００円、女性・高校生２０００円の現在の価格となる。この10年で約２・５倍になったが、それでも他のコンサートに比べれば遥かに安い。現在でも平均客単価２５００円では、売り上げは60〜70万円にしかならない計算になる。

ＡＫＢ48ブレイク以降、劇場公演が観られないというクレームも増え、何度か劇場の引っ越しは検討されたらしい。しかし２５０人劇場の身近さ、密度が失われてしまうという理由でお流れになった。秋元は「ＡＫＢ48発祥の地」として、赤字が続いてもここは残していくと発言している。ちなみに劇場公演から発生する秋元の報酬料はゼロ。劇場運営には膨大なカネがかかることを承知して、JASRACから支払われる著作権印税以外、ＡＫＢ48劇場からはプロデュース料も一切受け取っていないと発言している。

代わりにイレギュラーで行われるホール公演が、アイドルコンサートの平均的な相場で値付けされる、メインの興行収入となる。参考までに「選抜総選挙」のスタート時は、コンサート＋選抜総選挙で通しチケットが８８００円。これでも赤字続きになったため、現在はその倍の1万７６００円に。「じゃんけん大会」は当初３５００円だったものが、現在は５８００円に値上げされた。

初日公演の一般客はたった7人だった

２００５年12月8日のＡＫＢ48劇場のグランドオープン日に、後にチームＡとなるＡＫＢ48の16人が初めてステージに立った。入場者は秋元を含めて72人。そのうち65人が関係者で、その中にはアイドル評論家の中森明夫やライブドアの堀江貴文もいたと言われている。しかし、公演を観て感動したのは身内だけで、このビジネスが成功すると言った関係者は誰一人いなかった。このときの一般客はたった7人。この話は今やＡＫＢ48史に語り継がれる伝説となっている。

もともと秋元には小劇場やロックグループが、最初数人の客の前でやっていたライヴハウスから、後に大ホールへと進出していくことへの憧れがあった。秋元がいたテレビの世界では、視聴率１％＝１００万人。しかしそこには実感などなかった。テレビの視聴者はしょせん通りすがりの数に過ぎないと、秋元はかなり冷ややかで、目的を持って訪れる劇場客の熱心さに感動していたという。集客数という実数と向き合うことで、秋元は初めてリアルビジネスを実感した。「客がたった７人だった」という人数も、「総選挙のために一人でCDを１０００枚買う」という呆れた客の購入枚数も、秋元にとっては同じ。その熱狂を数値化して見せてくれるバロメーターになった。

演劇関係者とコンタクトを取っていたとき、「おニャン子嫌い」的なバイアスがあまりに強く、秋元の名前を出さないデビューも本気で考えていたらしい。しかし、事業として失敗したらそこで終わり。クライアントからの絶対条件として、秋元の名前を出さないわけにはいかなかった。そこへの細やかな抵抗なのだろう、ＡＫＢ48の初日を迎えるとき、あえて意図的に情報を拡散させなかったと思われるフシがある。それだけにわずかな情報でここに辿り着いた、初日の一般客の情報感度には敬服した。彼らは今でいうアルファブロガーのような存在だった。筆者が出版社に務めていた２０００年代初頭、単行本のプロモーション手法として、書評サイトを運営するアルファブロガーに献本して取りあげてもらうような商売が、すでに代理店でメニュー化されていた。彼らの口コミは、ステマばかりで麻痺してしまったマスメディア向け広告業界からの発信よりも、遙かに行動喚起力があった。

秋元はまず、場所としてＡＫＢ48劇場を作った。しかし劇場はただの装置でしかない。誰がスターになるかは株式のように市場に任せるべきだと考えた。観客はただ観て楽しむだけではなく、「推し」という優良物件を見つけて値付けする、株式ディーラーのような存在なのだと。ここでの公演は、厳しい客を前にして毎日行われるオーディションのようなもの。アイドルがここから誕生するには、一部の熱狂的ファン＝インフルエンサーの存在が不可欠だった。それを秋元は「ドミノ倒しの最初の1つ目」と表現した。

秋葉原では、毎日グラビアアイドルのサイン会が行われ、どこも満員盛況だった。2005年は「秋葉原」が最新トレンドワードに。そんな秋葉原に情報発信基地を作って、21世紀型アイドルを誕生させようというのが、初期AKB48のプロモーショントークに使われた。

初日に訪れた7人の客は、その後「ファン神7」と名付けられ、伝説的存在となった。その一人に、現在「スクランブルエッグ」というアイドル情報サイトを運営する岡田隆志がいた。もともとはギタリストとしてバンド活動をしていたが、たまたま原宿ルイードで公演を観たのをきっかけに、本人曰く「東京パフォーマンスドールで人生が狂った」。こうして『週刊TPD』というミニコミを月一で発行する、業界屈指のアイドルウォッチャーとなった。初日に上演された『PARTYが始まるよ』を観て、「これが1000円で観れるのは凄い。曲がよい。ヤバイモノを観てしまった」と岡田は驚嘆したという。

初日72人いた関係者含む客も翌日からまばらになり、一時は8人しか観客がいなかった時期もあったという。ドン・キホーテ前の路上でメンバーが客引きをやったり、オーナーの窪田康志自らがチラシを配って回ったこともあった。この時期の一般客の反応は「おニャン子みたいなやつでしょ」というもので、テレビを使わずやっていることで、それがいっそう見劣りして見えた。

しかし劇場作品は誰も観たこともない体験だった。あっという間に噂は広がって、オープン2カ月後の2月4日に、初めて定員数250人が埋まって満席となった。当初の媒介は口コミだけだったが、それが短期間で広まったのはインターネットの力だった。それを知った秋元は喜ぶどころか、思ったより早く満員になったことは誤算だったと振り返る。実際は、1、2年ぐらいの潜伏期間も考えていたらしく、その間を赤字であっても続けていくぐらいは、窪田の資金力でなんとかできた。ITベンチャーやゲームメーカーの開発期間のように、３、４年でやっと黒字に転じるような腹づもりで、彼はAKB48を始めたのだ。

ファンの声を反映し、変異していくアイドル

AKB48はこうして、劇場支配人の戸賀崎智信が声を集めるかたちで、ファンの意見を取り入れて変異していった。いわば彼女たちは「会いに行けるアイドル」ならぬ、「運営に参加できるアイドル」だった。そして運営も、ファンの声に耳を傾け、彼らのアドバイスを受けながら、ロールプレイングゲームのダンジョンをクリアしていくように、諸問題を解決していった。

初期のファンブログには「ファンも参加できるジェットコースタームービー」といった記述も観られるほど。AKB48は、筋書きのないドラマだった。客からのクレームで1日で中止になったルールも数多く存在する。一軍二軍制の青写真も、ファンの反対で早々に改めて現在のチーム制になるなど、決断と実行の早さはITベンチャーのスピード感を思わせた。これほどファンの意見が反映されるプロジェクトはかつてなかった。濃いアイドルファンほど、AKB48スタッフの柔軟性に驚いたと言われる。

戸賀崎はまた、AKB48オフィシャルブログの管理人も務めた。オーディション告知から劇場オープンまでの業務日誌は、今でも読めるようになっており、それを読み返すと、できるだけファン目線でその進展を追うように工夫されていることに感心する。アメーバピグ（チャット）でファンとやりとりすることも行われていたという。こうした運営の対応が、エリートファンを育てるこ

とにもなった。秋元は初期ＡＫＢ48の戦略として、「テレビのように最大公約数を狙うのではなく、最小公倍数を狙った」と語っている。

ファンと運営が作りあげるＡＫＢ48のシステム作りを指して、秋元は「ＯＳで言えば、ウィンドウズではなくリナックスだ」と語った。これまではコンテンツを独占することで利潤を得たが、今の時代は一人勝ちは難しい。ＡＫＢ48の運営をリナックスのようにオープンソース化して、それぞれの専門家から助言を受けて、いつでも改良可能にした。ＣＤ売り上げも原盤をレコード会社に預けてシェアし、人気メンバーの芸能事務所移籍をフォローアップして、旧勢力と協調を図った。モーニング娘。の事務所、アップフロントエージェンシーがコングロマリットのように一企業で独占したのは、いわばマイクロソフトのウィンドウズのやり方。アップフロントエージェンシー、ビーイングなどの芸能事務所は芸能界での独立性を保つために、レコード会社も自社で運営し、不動産経営にも手を広げた。このようなエンタテインメント業界の手堅い事業経営は、不動産経営が収入源である東宝、ＴＢＳなどの巨大企業を思わせた。

当初「劇場完成までの軌跡」というサブタイトルが付いていたオフィシャルブログは、劇場オープンからほどなくして「メジャーデビューまでの軌跡」に変わり、その目的が果たされると最終地点として「TOKYO DOME公演までの軌跡」という大目標が具体的に掲げられた。こうして、メンバー、スタッフ、ファンが同じ方向に向くことで、果たすべき共通の目標が生まれた。

ホールを借りて行われている握手会でも、メンバーの列の横に支配人部屋を用意して、質問、要望があれば戸賀崎が直接対応した。２０１３年2月に大組閣が行われ、スタッフ人事異動で戸賀崎は「ＡＫＢ48グループカスタマーセンター長」に就任。それまで、運営に対する不満をネットの書き込みでぶちまけるしかなかったファンは、直接口頭で運営に掛け合うことができるようになった。

ＡＫＢ48の公式ファンクラブは、２００６年8月に「柱の会」の名前でスタート。チケット購入面でのメリットなどが用意されていたが、そこに業者がつけ込んだ大量購入が発生して、ネットオークション転売問題に発展。そのために２０１１年に一度廃止され、現在のファンクラブ「二本柱の会」として再出発する。もともとは入会費１０００円、年会費４０００円で始まったファンクラブを、このとき年会費を４８０円に改定（初年度は１４８０円）。88％値引きした目的は、小学生のお小遣いでも入れるファンクラブを目指したこと。「選抜総選挙」への施策として、票数を集めるために固定ファンを大がかりに集めた。ライバルのももいろクローバーZのファンクラブが入会金１０００円、年会費４０００円、ジャニーズ含む他のアイドルグループも平均で４０００〜５００００円が相場な中で、この破格の料金設定はファンには魅力的に映った。

『ＰＡＲＴＹが始まるよ』とおニャン子の継承

劇場公演の第1作『ＰＡＲＴＹが始まるよ』の内容は、今でもスタジオ録音のＣＤや収録ＤＶＤで追体験できる。実は筆者がＡＫＢ48に興味を持ったきっかけは、信頼する音楽評論家の萩原健太の「ＡＫＢ48は非常に音楽がよくできている」という、ラジオでの発言だった。テレビで見るＡＫＢ48のイメージと、この発言がまったく結び付かなかったのだ。おニャン子クラブのレコードを愛聴していた時期もあっただけに、安易な打ち込みサウンドがよけいに貧弱に思えた。しかしこの第1作『ＰＡＲＴＹが始まるよ』を聴けば、80年代アイドル歌謡に一定の評価軸を持つ者なら、ファンが支持した理由はきっとわかるだろう。今でも「ＰＡＲＴＹに始まり、

PARTYに終わる」と言われているほど、古典的な名作となっている。姉妹グループが結成された際には必ず、一番踊りがやさしくビギナー向けの本作が最初の劇場公演に選ばれる。エンディングの「桜の花びらたち」の冒頭のチャイムは、各劇場のドアベルとしてサンプリングした音が使われており、今でも本作がAKB48の名刺代わりの作品になっている。

『PARTYが始まるよ』は、全劇場作品の中でも、ひときわバラエティ豊かな構成になっている。「Dear my teacher」は山下達郎を思わせるソウル風のギターのカッティングで始まり、「毒リンゴを食べさせて」はテクノラガマフィン、「あなたとクリスマスイブ」はアクロバティックなサビ部分の転調にゾクゾクさせられるバラード。7th、9thなどのテンションコードの装飾の多用は、山川恵津子が編曲を担当していたおニャン子クラブ『夢カタログ』(86年)のサウンドを、30年越しで再現しているようなところがある。歌詞も、直前まで関わっていた推定少女などの延長なのだろう、おニャン子クラブ時代を彷彿とさせるエロティックなもの。「Dear my teacher」はおニャン子クラブ「およしになってねTEACHER」をなぞったようなノリ。「スカート、ひらり」のような、振り付けがあきらかなパンチラ曲もあった。後のシングル「制服が邪魔をする」のキャッチコピーは「お父さん、ごめんなさい」。現在のAKB48ファンが求める「恋愛禁止」などの清純性とは真逆の、10代の女子高生が大人の性を意識するような挑発的な詞で綴られていた。それがいっそう、AKB48の世界を古いものに見せた。かつての満員電車の男性客をチカンにでっちあげるコミックソング「おっとCHIKAN!」も、冤罪を誘発するのはけしからんという理由で放送自粛させられるような、コンプライアンス優先の時代になっていた。

『PARTYが始まるよ』のようなAORサウンドは、しかしこの第1作までで終わる。第2作『会いたかった』で現ディレクターの田中博信が加わったタイミングで、軌道修正があったのだろう。

第1作は宍戸留美の傑作アルバムを作った、ディレクター藤岡孝章のサウンドそのものだった。おそらく第1作まで選曲のイニシアチブを藤岡が担い、次作からサウンドプロデュース側に回って、選曲は秋元に委ねられたのではないかと想像する。

後に合流する井上ヨシマサが語ったエピソードで、「大砲みたいな曲をくれよ。割り箸にびっしり彫刻してある曲はいらないんだよ」と秋元に言われた話がある。秋元はしばしば「カッコイイ曲はいらない」と語っていたという。レコード会社のディレクターにはマニアックな洋楽ファンが多い。しかしサウンドを追求すればするほど、アイドルファンの気持ちが離れてしまうと秋元は指摘する。おニャン子クラブの聴き方も、大衆受けするシングルを支持する派と、ＡＯＲを基調としたアルバム愛好派で評価は真っ二つに分かれる。しかし彼女たちのヒットを支えたのは、あくまで前者のファンだった。

おニャン子クラブのレコーディングでは、24トラックのうち、歌が下手という理由でつぎはぎ用に8トラックがヴォーカルトラックに使われていた。そのうち歌が下手な部分だけをつなぎ合わせてレコード化したから売れた、という都市伝説もあったほど。おニャン子ファンだったつんく♂も、アイドル特有のヘタウマの魅力に気づいていたと言い、モーニング娘。では曲によって、失敗箇所をあえて完成版に採用したテイクもあるらしい。リハのときからテープを回して、ラフカットの部分を素材に使うことも頻繁に行われた。エラーを好むのはアマチュアの精神を尊ぶ、ロック的な発想なのかもしれない。

それは秋元の考えるアイドル論にも通じていた。プロは相手の下手さにイライラしてしまうだろう。しかし、それに根気強く付き合うことが必要なのだと。レコード会社のディレクターは、最初からできあがった人材を探す方にエネルギーを注ぎ、新人作家を育てなくなった。ＡＫＢ48の場合は、往時の歌謡曲のシングルのように、膨大な候補曲からコンペで曲が選ばれる。そうやって作曲家は経験を積み、プロデビューのチャンスを掴む。それがＡＫＢ48を始めるときに、無名の新人作家を作曲のパートナーに選んだ秋元の考えだった。秋元はＡＫＢ48を通して、アイドルだけでなく、作曲家、編曲家を育てるしくみを作った。

『ＰＡＲＴＹが始まるよ』は第1作として、非常に練られたものになっているが、アイドルファンに言わせれば、また別の評価があるという。ここでの音楽はあくまで観賞用であり、一部のファンは「曲調が応援しづらい」と口にする。

劇場公演には定番とも言われる「ＭＩＸ」というかけ声がある。全曲通して「ファイヤー、タイガー、サイバー、ファイバー」とコールする風景は、ＡＫＢ48以外のアイドルコンサートでもよく見かけるものだ。一方で「ヲタ芸」と呼ばれる独特なダンスがあるが、それはオールスタンディングが基本のライヴハウスで生まれた文化。ＡＫＢ48劇場は基本椅子席がメインで、立ち見席での激しい応援は禁じられている。ごく初期に立ち見客同士の小競り合いで負傷者が出たことがきっかけで、「ヲタ芸」を踊るのは禁止になった。しかし、彼らがアイドルのコンサートに行くのは、単に音楽を聴きたいわけではない。積極的にコール＆レスポンスし、コンサートに能動的に参加し、アイドルを輝やかせることを至上の喜びとしているのだ。ＡＫＢ48劇場では決められた所定位置でしか応援することはできない。その縛りの中で、サイリウムやうちわを持ってメンバーにアピールする文化が育っていった。そのひとつが「ＭＩＸ」だった。「ＭＩＸ」はシンプルな8ビートを基本としており、16ビートのＲ＆Ｂサウンドを多用する『ＰＡＲＴＹが始まるよ』の曲では、かけ声をかけるのが難しい。こうしたファンの反応も、路線変更の理由として、秋元には見過ごせないものだった。

このあたりが、サウンド主体のつんく♂らハロプロ勢とは大きく異なっていた。いかにもオーソドックスな歌謡曲スタイルの曲が多いＡＫＢ48が、音楽業界から評価を受けにくかったのはそのせいだろう。ほぼ同じころ、中田ヤスタカがプロデュースするクールなテクノサウンドで、Perfume「ポリリズム」（２００７年）が大ヒットする。小室哲哉、つんく♂から中田ヤスタカまでは、サウンドメーカーが先導したアイドルブームだった。

ＡＫＢ48のサウンドはそれらに比べると、昭和の歌謡曲のようで音も古すぎた。しかし秋元は機が熟すまでじっくり待って、それがクラシックスになると信じた。歌詞には風俗などが織り込まれてはいたが、基本には普遍のテーマである、恋愛や社会への反抗心を根っこに盛り込んだ。

ＡＫＢ48におけるパスティーシュ（贋作）

また、ＡＫＢ48の劇場作品には、一度に16曲のレパートリーを揃えるという勢いの中で作られていることもあって、ある種のパロディのような作法が見受けられた。「パクリ」、「引用」とは言わず、あえて「パスティーシュ」（贋作）とでも呼びたい、あっけらかんとした態度がそこには見られた。

封印された昭和歌謡の傑作パロディアルバム『タモリ3』の伝説を、タモリのオールナイトニッポンの放送作家として間近で体験。稀代のパロディアルバム、とんねるず『仏滅そだち』を完成させた秋元である。そこでの佐野元春、チェッカーズの歌詞のパロディは見事なものだった。アレンジ面は藤岡孝章がサウンドプロデュースを続けていたが、まりちゃんズでビートルズのパロディを展開する彼が、サウンド作りのパートナーなのだからそれも当然。モーニング娘。「ＬＯＶＥマシーン」のディスコサウンドを意識したと思われる「女子高生はやめられない」(『アイドルの夜明け』)、Perfumeサウンドをもじったと思われる「不毛の土地を満開に…」(『ここにだって天使はいる』)など、サウンドを拝借するスタイルは、イギリスのモンティ・パイソンのスタッフが生んだビートルズのパロディバンド、ラトルズを思わせた。

ロックの遺産の中からモンタージュして、自身の世界観を作りあげるやり方は、同世代の映画監督、クエンティン・タランティーノのようだった。古い西部劇の劇音楽やフィリーソウルのヒット曲など、既成曲を使って映画のサウンドトラックを作る、ハリウッド新世代のやり方とAKB48の劇場作品には通じるものがあった。引用元も実に多岐にわたっており、それらはネットの研究サイトなどでもリスト化されている。実際に耳にしてみれば、ブロードウェイ・ミュージカルからヴィジュアル系ロックまで、その雑食ぶりには驚くことしきり。

こうしたパロディのような作法は、映画音楽、ジャズ、洋楽などからエッセンスを得て発展してきた、歌謡曲の伝統だった。かつて音楽プロデューサーの近田春夫は、小室哲哉ブームの折り、H Jungle with t「WOW WAR TONIGHT～時には起こせよムーヴメント」(95年)のヒットの本質は、吉田拓郎を思わせるメロディーラインにあると指摘した。リズムこそイギリスの先端の流行だったドラムン・ベース(ジャングル)を利用しているが、メロディーはどこか懐かしい郷愁を感じさせた。TM NETWORK結成以前、白竜のバックなどでキーボードを弾いていた、小室のフォーク／ロックのルーツを見抜いていた。

「ポップスのヒットにはセオリーがある」という指摘に対し、小室哲哉はかなり自覚的な作家だった。パクリのそしりを受けてなお、ギリギリのところで、既成曲を連想させるフレーズなどを組み込むスタイル。街角で耳にしたとき「これどこかで聴いたことある」と、通行人が足を止めて聴き入らせてしまう魔力があった。サウンドは新しいがどこか懐かしく感じる。そうして小室プロデュースは支持者を集めた。音楽評論家の萩原健太は小室のサウンドに見られる引用手法について触れ、パクリとはいわず「既聴感をクリエイトする行為」と呼んだ。そしてロックンロールは記憶の芸術だとも語っていた。

劇場作品の第1作『PARTYが始まるよ』は、テンションコードの多用といった編曲技巧において、第2作以降の作品と印象が異なる。おそらく選曲主体が秋元に移り、8ビートのデジロック的なシンプルなものへと変化していったのだろう。第2作『会いたかった』から、レガート・ミュージックという音楽制作会社にいた田中博信がディレクターとして参加。その後AKSに移籍した彼は、ほぼフルタイムに関わるかたちで、48グループ全作品のディレクター業務を行っていくことになる。

主にインペグ（ミュージシャン・コーディネーター）、ヴォーカル・トレーナー、舞台音楽の制作を行っていたレガート・ミュージックが、AKB48に関わるようになった経緯はわからない。ここから藤岡と並んで、音楽プロデューサーとして併記されるようになるのが同社代表の木尾栄子。秋元との接点があるとすれば、ミュージカル歌手へと転向した本田美奈子の音楽制作を行っていたこと。おニャン子クラブのシングルで作編曲家として活躍した、佐藤準の事務所でもあった。また、ずっと秋元の腹心役を務め、第6期オーディションからAKB48に合流する牧野彰宏は、彼が戸田恵子のマネジャーをやっていた時代に、舞台作品の音楽プロデューサーだった田中と仕事をしていた。

田中博信は65年生まれ。もともとはヴォーカル・トレーナーとしてキャリアを開始した。おそらく当初は、大人数のAKB48のヴォーカル録りのディレクションのために呼ばれたのだろう。こうして『会いたかった』から、音楽プロデューサーである藤岡孝章との二人三脚で、インディーズ～デフスター時代を支えていくことになる。ＡＫＢ48に参加したのと前後して、田中はレガート・ミュージックから独立することになり、自身の会社テクスチュアーを設立。ＡＫＳにも所属ディレクターとして籍を置いている。

デフスター時代の劇場作品はＣＤ初リリース後、それ以降の未商品化作品をラインナップに加えるかたちで、２０１３年にカラオケ付きの2枚組で復刻された。ここからプロデューサークレジットから藤岡の名前が消え、田中が関わってない時期の『ＰＡＲＴＹが始まるよ』にも、田中博信がクレジットされた。以降、秋元＝田中コンビが48グループ全体の楽曲作りを主導していく。これ以降はスタッフの入れ替わりは行われておらず、その義理堅さは「秋元マフィア」とでも表現すべきものだ。

以前「怒らない人」としてバラエティ番組でクローズアップされたこともあったほど、田中は温和な性格で知られている。秋元が注文する無理難題にもぐっと堪え、不屈の精神で対応したことから、ＡＫＢ48に欠かせない存在になった。「音楽通のディレクターはいらない」と主張していた秋元にとっても、田中はベストパートナー役なのだろう。こうして制作チームのメンバーが固定され、秋元自身が選曲担当するＡＫＢ48の曲作りが行われるようになるのだ。

劇場公演第2作『会いたかった』で現路線に

『ＰＡＲＴＹが始まるよ』が劇場公演第1作として初披露され、翌年3月31日でチームＡとしての公演は一旦終了。『ＰＡＲＴＹが始まるよ』は翌日の4月1日より、チームＫのデビュー公演として後輩にバトンタッチされた。続くチームAの劇場公演第2作となったのが『会いたかった』で、後にメジャーデビューシングルとなる「会いたかった」はここからシングルカットされた。

表題曲は前作から一転した、ストレートなロックチューン。デモテープ段階ではTHE BLUE HEARTS風だったようで、おそらく同年公開の映画『リンダ リンダ リンダ』（山下敦弘監督）などの影響もあったのだろう。タテノリ楽曲は、THE BLUE HEARTSのコンサート会場のように、ＡＫＢ48劇場において演者と客の間に一体感をもたらした。地方都市に住む女子高生がガールズバンドを結成し、文化祭の晴れ舞台に向けて奮闘するほろ苦い青春ストーリーは、「アイドルの甲子園」だったＡＫＢ48のリアルストーリーに重なって見えた。

映画『リンダ リンダ リンダ』は、ペ・ドゥナ、香椎由宇、前田亜季、関根史織（Base Ball Bear）といったキャストの個性が高く評価された。その影響もあってか、メンバー一律に演ずるラインダンスが特徴だった『ＰＡＲＴＹが始まるよ』のスタイルから、前田敦子、高橋みなみといったメンバーの個性を打ち出す内容に修正され、フロントとバックの関係はより強調されていた。「グループアイドルは均等な扱いだと売れない。まずこの中で誰かスターを作ろうと思った」と秋元。ファンから観ても扱いの違いがハッキリ見て取れ、『会いたかった』でのメンバーの処遇は、それぞれのファンに賛否両論を巻き起こした。

最初に主役を与えられた前田にはまだセンターの自覚はなく、センター指名を受けた後もアタフタしていたと言う。しかしここは、あくまで一人前のアイドルとして巣立つまでの修行の場。メンバーの連帯も必要だったが、卒業後に待ち構える芸能界のヒエラルキーを早い段階で実感させることも重要だった。シンガーソングライター志望で加入した星野みちるが歌パートを外されるなど、ファン的にはありえない人事も行われた。ＡＫＢ48ファンが今でも口にする「ありえない」、「運営はわかってない」はこの公演から。しかしそれが秋元の狙いでもあった。

『会いたかった』にはもうひとつ、象徴的な曲が加えられた。秋葉原のロケーションを盛り込んだ「ＡＫＢ48」は、このグループが秋葉原という街の象徴として世界に発信していく宣言だった。オノデン、ソフマップ、ロケット、サトームセンなど、秋葉原の象徴が歌詞に盛り込まれ、そのクルーズの終点として、ＡＫＢ48劇場に遊びに来てねと歌われる。以降、同曲はＳＫＥ48、ＮＭＢ48などの姉妹グループの上演の際には、歌詞に登場するブランド名が名古屋、大阪の各都市の名店に置き換えられ、これがおニャン子クラブにおける「会員番号の唄」のような、挨拶変わりの曲となっていく。

もちろん、前作を受け継ぐダンスチューンもあるにはあるが、以降「ＭＩＸ」の打ちやすいビートが前面に押し出されていく。いっそう16ビート化してダンス色を強めていったライバルのモーニング娘。と、完全に袂を分かつ。音楽プロデュースは引き続き藤岡が担当しているが、サウンドは藤岡がかつて手掛けた青春アイドル、河田純子を連想させる「青春ソング＋デジロック路線」に。ＦＬＯＷが海援隊「贈る言葉」をパンクカヴァーしたような、それも90年代ソニーのひとつの伝統だった。打ち込み手法を用いながら基本はロックスタイルという、ＡＫＢ48の路線はここで決定される。ジャーニー、MR.BIG的なメジャーサウンドへの転向は、「地下アイドル」の一群と別の目標を示していた。

また、ＡＫＢ48のその後のサウンドの雛形となる、ハードロック、ヘヴィメタル系のギターソロを被せるスタイルも本作から。80年代のＬＡメタルあたりに通じるフラッシー（派手な）サウンドが、40〜50代の元ＭＴＶ世代に刺さるのも当然だろう。野中まさ雄一編曲作品を筆頭として、ＡＫＢ48曲の大半のギターソロを弾いているのが70年生まれのセッションギタリスト、堀崎翔。

スタジオミュージシャンの石井完治のローディーを経て、プレイヤーとして独立。師匠譲りのブルーススケールが、同世代の中高年層に心をグッと掴む。

本書では紙面の関係でこれ以降の劇場作品を追うことはしないが、『会いたかった』を雛形にした劇場公演が以降も作られ、これらがＡＫＢ48のサウンドの方向性として定着していった。当初はフラッグシップを務めるチームＡが初演を手掛け、それが他チーム、姉妹グループに受け継がれていったが、やがてそれぞれのチームのメンバーの特徴を捉えたチーム別のオリジナル作品が作られるようになっていった。

劇場公演リスト

グループ	チーム	公演名	初日公演	千秋楽公演	日数
ＡＫＢ48	チームＡ	『ＰＡＲＴＹが始まるよ』	05年12月8日	06年3月31日	114日
ＡＫＢ48	チームＫ	『ＰＡＲＴＹが始まるよ』	06年4月1日	06年7月5日	96日
ＡＫＢ48	チームＡ	『会いたかった』	06年4月15日	06年8月11日	119日
ＡＫＢ48	チームＫ	『青春ガールズ』	06年7月8日	06年11月6日	122日

AKB48	チームA	『誰かのために』	06年8月20日	07年1月25日	159日
AKB48	チームK	『PARTYが始まるよ』	06年11月8日	06年12月14日	37日
AKB48	チームK	『脳内パラダイス』	06年12月17日	07年6月22日	188日
AKB48	チームA	『ただいま恋愛中』	07年2月25日	07年6月26日	122日
AKB48	チームB	『青春ガールズ』	07年4月8日	07年10月2日	178日
AKB48	ひまわり組	『僕の太陽』	07年7月1日	07年11月30日	153日
AKB48	チームB	『会いたかった』	07年10月7日	08年2月21日	139日
AKB48	ひまわり組	『夢を死なせるわけにいかない』	07年12月8日	08年4月19日	134日
AKB48	チームB	『パジャマドライブ』	08年3月1日	09年2月1日	338日
AKB48	チームA	『ただいま恋愛中』	08年4月20日	08年10月11日	175日

AKB48	研究生	『ただいま恋愛中』	08年5月22日	08年10月7日	139日
AKB48	チームK	『最終ベルが鳴る』	08年5月31日	09年4月4日	309日
SKE48	チームS	『PARTYが始まるよ』	08年10月5日	09年2月8日	127日
AKB48	チームA	『恋愛禁止条例』	08年10月19日	10年5月27日	586日
AKB48	チームB	『アイドルの夜明け』	09年2月8日	10年4月16日	433日
SKE48	チームS	『手をつなぎながら』	09年2月14日	09年10月16日	245日
AKB48	研究生	『アイドルの夜明け』	09年3月14日	10年4月12日	401日
AKB48	チームK	『逆上がり』	09年4月11日	10年2月21日	317日
SKE48	チームKII	『会いたかった』	09年6月13日	09年11月29日	170日
SDN48	-	『誘惑のガーター』	09年8月1日	12年3月28日	971日

SKE48	チームS	『制服の芽』	09年10月25日	13年7月10日	
SKE48	チームKII	『手をつなぎながら』	09年12月6日	10年9月22日	291日
SKE48	研究生	『PARTYが始まるよ』	10年2月16日	12年8月12日	909日
AKB48	チームK	『RESET』	10年3月12日	12年10月24日	958日
AKB48	研究生	『恋愛禁止条例』	10年4月17日	10年6月18日	63日
AKB48	チームB	『シアターの女神』	10年5月21日	12年10月22日	886日
AKB48	研究生	『シアターの女神』	10年6月20日	11年4月3日	288日
AKB48	チームA	『目撃者』	10年7月27日	12年10月29日	826日
NMB48	研究生	『誰かのために』	11年1月1日	11年3月10日	69日
NMB48	チームN	『誰かのために』	11年3月21日	11年5月16日	57日

SKE48	チームE	『パジャマドライブ』	11年1月16日	12年3月28日	438日
SKE48	チームKII	『手をつなぎながら』	11年4月5日	11年9月1日	150日
NMB48	チームN	『青春ガールズ』	11年5月19日	12年9月20日	491日
NMB48	研究生	『PARTYが始まるよ』	11年8月13日	12年5月2日	264日
SKE48	チームKII	『ラムネの飲み方』	11年10月1日	13年7月12日	651日
AKB48	チーム4	『僕の太陽』	11年10月10日	12年10月25日	382日
HKT48	研究生	『手をつなぎながら』	11年11月26日	12年3月2日	98日
HKT48	チームH	『手をつなぎながら』	12年3月4日	13年2月17日	351日
SKE48	研究生	『会いたかった』	12年2月27日	13年12月23日	790日
AKB48	研究生	『RESET』	12年3月29日	12年9月8日	164日

NMB48	研究生	『会いたかった』	12年4月29日	12年10月6日	161日
NMB48	チームBII	『会いたかった』	12年10月10日	13年10月17日	373日
NMB48	チームM	『アイドルの夜明け』	12年5月5日	14年4月17日	713日
SKE48	チームE	『逆上がり』	12年5月14日	13年7月11日	424日
AKB48	研究生	『僕の太陽』	12年8月19日	13年3月17日	211日
HKT48	研究生	『PARTYが始まるよ』	12年9月30日	13年11月5日	402日
NMB48	チームN	『誰かのために』	12年10月12日	13年10月15日	369日
AKB48	チームK	『チームKウェイティング公演』	12年11月1日	14年2月12日	469日
AKB48	チームA	『チームAウェイティング公演』	12年11月2日	14年4月21日	536日
AKB48	チームB	『チームBウェイティング公演』	12年11月3日	14年4月23日	537日

NMB48	研究生	『青春ガールズ』	13年2月1日	14年10月5日	612日
HKT48	チームH	『博多レジェンド』	13年3月1日	14年4月17日	413日
AKB48	研究生	『パジャマドライブ』	13年3月20日	13年10月27日	222日
SKE48	チームS	『RESET』	13年7月23日	14年4月21日	273日
SKE48	チームE	『僕の太陽』	13年7月24日	14年4月22日	273日
SKE48	チームKII	『シアターの女神』	13年7月25日	14年4月18日	268日
NMB48	チームBII	『ただいま恋愛中』	13年11月1日	14年4月15日	166日
HKT48	ひまわり組	『パジャマドライブ』	13年11月2日	15年12月14日	773日
AKB48	チーム4	『手をつなぎながら』	13年11月3日	14年4月15日	164日
HKT48	研究生	『脳内パラダイス』	13年11月17日	14年4月21日	156日

NMB48	チームN	『ここにだって天使はいる』	13年11月19日	14年4月16日	149日
SKE48	研究生	『制服の芽』	14年1月5日	14年4月19日	104日
AKB48	チームK	『最終ベルが鳴る』	14年2月20日	14年4月16日	56日
NMB48	チームBII	『逆上がり』	14年4月22日	16年12月11日	965日
HKT48	チームH	『青春ガールズ』	14年4月23日	14年10月30日	191日
AKB48	チーム4	『アイドルの夜明け』	14年4月24日	15年8月24日	488日
AKB48	チームA	『恋愛禁止条例』	14年4月25日	15年8月23日	486日
SKE48	チームS	『制服の芽』	14年4月25日	16年6月7日	775日
AKB48	チームB	『パジャマドライブ』	14年4月28日	15年8月27日	487日
SKE48	チームKII	『ラムネの飲み方』	14年4月30日	16年5月24日	756日

NMB48	チームN	『ここにだって天使はいる』	14年4月30日	16年12月19日	965日
SKE48	チームE	『手をつなぎながら』	14年5月2日	16年9月1日	854日
NMB48	チームM	『RESET』	14年5月2日	16年12月25日	969日
AKB48	チームK	『RESET』	14年5月7日	15年8月26日	477日
HKT48	チームKIV	『シアターの女神』	14年5月8日	16年3月31日	694日
SKE48	研究生	『アップカミング公演』	14年6月29日	15年4月28日	304日
AKB48	チーム8	『PARTYが始まるよ』	14年8月5日	15年8月16日	377日
NMB48	研究生	『想像の詩人』	14年10月24日	15年3月18日	146日
HKT48	チームH	『最終ベルが鳴る』	14年11月9日	16年3月31日	509日
SKE48	研究生	『PARTYが始まるよ』	15年7月6日	17年4月8日	643日

AKB48	チーム8	『会いたかった』	15年9月5日	17年8月20日	716日
AKB48	-	春風亭小朝『イヴはアダムの肋骨』	15年9月13日	17年3月7日	542日
AKB48	-	岩本輝雄『青春はまだ終わらない』	15年9月18日	17年3月17日	547日
AKB48	-	田原総一朗『ド～なる?!ド～する?!AKB48』	15年10月16日	17年3月5日	507日
AKB48	-	田中将大『僕がここにいる理由』	15年11月8日	16年12月27日	416日
AKB48	チームK	『最終ベルが鳴る』	15年11月30日		
AKB48	チーム4	『夢を死なせるわけにいかない』	15年12月3日		
HKT48	ひまわり組	『ただいま恋愛中』	15年12月19日		
AKB48	チームB	『ただいま恋愛中』	15年12月26日		
NGT48	チームNIII	『PARTYが始まるよ』	16年1月10日	16年5月15日	127日

AKB48	チームA	『M.T.に捧ぐ』	16年2月10日		
HKT48	チームH	『シアターの女神』	16年5月3日		
HKT48	チームKIV	『最終ベルが鳴る』	16年5月17日	18年1月23日	617日
NGT48	チームNIII	『パジャマドライブ』	16年5月28日	17年6月5日	374日
SKE48	チームKII	『Ostart（RESET）』	16年6月3日		
SKE48	チームS	『重ねた足跡』	16年6月14日		
AKB48	-	『僕の太陽』	16年7月16日	17年6月28日	348日
NGT48	研究生	『夏の二次会PARTY　PARTYが始まるよ・ガルベストン通り』『PARTYが始まるよ・えちご雪椿』	16年8月9日		
SKE48	チームE	『SKEフェスティバル』	16年9月9日		
NMB48	研究生	『届かなそうで届くもの』	16年10月4日	17年5月29日	238日

AKB48	-	『好感度爆上げ』	16年11月21日	17年4月13日	144日
HKT48	TII＋研究生	『手をつなぎながら』	16年12月21日		
NMB48	チームN	『目撃者』	17年1月15日		
NMB48	チームM	『アイドルの夜明け』	17年1月24日		
NMB48	チームBII	『恋愛禁止条例』	17年1月31日		
AKB48	16期研究生	『16期研究生公演』	17年2月11日	17年7月22日	162日
AKB48	-	外山大輔『ミネルヴァよ、風を起こせ』	17年2月28日		
SKE48	研究生	『青春ガールズ』	17年4月14日	18年2月27日	320日
AKB48	-	『サムネイル』	17年5月12日		
NMB48	カトレア組	『ここにだって天使はいる』	17年6月27日		

NGT48	チームNIII	『誇りの丘』	17年7月2日		
AKB48	-	井上ヨシマサ『神曲縛り』	17年7月20日		
AKB48	16期研究生	『レッツゴー研究生！』	17年7月28日		
AKB48	-	青木宏行『世界は夢に満ちている』	17年8月16日		
AKB48	チーム8	『君も8で泣こうじゃないか』	17年9月2日		
HKT48	ひまわり組	『誘惑のガーター』	17年12月17日		
HKT48	チームKIV	『制服の芽』	18年1月29日		
SKE48	-	『青春ガールズ』	18年3月2日		

※『M.T.に捧ぐ』以降、新作は書かれていないため、現在はウェイティング公演が行われている。
(wikipedia、エケペディア参照)

劇場作品CDリスト

※チームごとの別キャスト版が出ているのは、宝塚に準じている。

■デフスターレコーズ

	リリース日	タイトル	商品コード
1	07年3月7日	チームA　1st Stage『PARTYが始まるよ』	DFCL 1351
2	07年3月7日	チームA　2nd Stage『会いたかった』	DFCL 1352
3	07年3月7日	チームA　3rd Stage『誰かのために』	DFCL 1353
4	07年3月7日	チームK　1st Stage『PARTYが始まるよ』	DFCL 1354
5	07年3月7日	チームK　2nd Stage『青春ガールズ』	DFCL 1355
6	07年3月7日	チームK　3rd Stage『脳内パラダイス』	DFCL 1356

※音楽出版はAKS／ソニー・ミュージックパブリッシング。

■AKSレーベル（インディーズ）

7	09年8月11日	チームA　5th Stage『恋愛禁止条例』	AKB-D2021
8	09年8月11日	チームK　5th Stage『逆上がり』	AKB-D2022
9	09年8月11日	チームB　4th Stage『アイドルの夜明け』	AKB-D2023
10	10年8月7日	チームK　6th Stage『RESET』	AKB-D2057
11	10年8月7日	チームB　5th Stage『シアターの女神』	AKB-D2058
12	10年9月18日	チームA　6th Stage『目撃者』	AKB-D2059

※音楽出版はAKS。

■デフスターレコーズ

13	13年1月1日	AKB48 TeamA 1st stage『PARTYが始まるよ』～studio recordingsコレクション～	DFCL 1861-2
14	13年1月1日	AKB48 TeamA 2nd stage『会いたかった』～studio recordingsコレクション～	DFCL 1863-4

15	13年1月1日	AKB48 TeamA 3rd stage『誰かのために』～studio recordings コレクション～	DFCL 1865-6
16	13年1月1日	AKB48 TeamA 4th stage『ただいま恋愛中』～studio recordings コレクション～	DFCL 1867-8（楽曲初リリース）
17	13年1月1日	AKB48 TeamK 1st stage『PARTYが始まるよ』～studio recordings コレクション～	DFCL 1869-70
18	13年1月1日	AKB48 TeamK 2nd stage『青春ガールズ』～studio recordings コレクション～	DFCL 1871-2
19	13年1月1日	AKB48 TeamK 3rd stage『脳内パラダイス』～studio recordings コレクション～	DFCL 1873-4
20	13年1月1日	AKB48 TeamB 1st stage『青春ガールズ』～studio recordings コレクション～	DFCL 1875-6（チームB版は初）
21	13年1月1日	AKB48 TeamB 2nd stage『会いたかった』～studio recordings コレクション～	DFCL 1877-8（チームB版は初）
22	13年1月1日	AKB48 ひまわり組 1st stage『僕の太陽』～studio recordings コレクション～	DFCL 1879-80

※既発分はリミックス。カラオケ付き2枚組でリリース。

■キングレコード

23	13年1月1日	AKB48 TeamA　5th stage『恋愛禁止条例』～studio recordings コレクション～	KICS 1861/2
24	13年1月1日	AKB48 TeamA　6th stage『目撃者』～studio recordings コレクション～	KICS 1863/4
25	13年1月1日	AKB48 TeamK　4th stage『最終ベルが鳴る』～studio recordings コレクション～	KICS 1865/6（楽曲初リリース）
26	13年1月1日	AKB48 TeamK　5th stage『逆上がり』～studio recordings コレクション～	KICS 1867/8
27	13年1月1日	AKB48 TeamK　6th stage『RESET』～studio recordings コレクション～	KICS 1869/70
28	13年1月1日	AKB48 TeamB　3rd stage『パジャマドライブ』～studio recordings コレクション～	KICS 1871/2（楽曲初リリース）
29	13年1月1日	AKB48 TeamB　4th stage『アイドルの夜明け』～studio recordings コレクション～	KICS 1873/4
30	13年1月1日	AKB48 TeamB　5th stage『シアターの女神』～studio recordings コレクション～	KICS 1875/6
31	13年1月1日	AKB48 ひまわり組　2nd stage『夢を死なせるわけにいかない』～studio recordings コレクション～	KICS 1877/8（楽曲初リリース）
32	13年1月22日	AKB48 Team4　1st stage『僕の太陽』～studio recordings コレクション～	KICS 1879/80（楽曲初リリース）

※既発分はリミックス。カラオケ付き2枚組でリリース。
(wikipedia、エケペディア参照)

しかし、その勢いは結成から約5年で止まってしまい、2010年あたりを境に1年～2年に1作と新作発表ペースが落ちる。そのため、各劇場では現在、旧作のリバイバル公演が続けられている。このところ乃木坂46、欅坂46などのライバルグループの揺籃期に時間をとられていた、秋元の多忙さが直接の原因。しかし、モーニング娘。がずっとつんく♂プロデュースの手から離れなかったように、そのコンセプトは秋元の中にだけ存在するもので、代わりを任せられるプロデューサーがなかなか現れないのも要因なのだろう。

その代案として考えられたのが、48グループのアルバム、シングルなどの既成曲を、新テーマを軸に劇場用プログラムに仕立てた「ウェイティング公演」。2012年の組閣後から、チームAが取りかかったのを発端に、現在は各劇場でも行われるようになった。当初はタイトルなしの「ウェイティング公演」という名目で行われ、ホールプログラムの縮小版のように見えたが、その後、外部からプロデューサーとして文化人、スポーツ選手を起用する新しい流れに。AKBシンパを自任する各回の著名人に選曲が依頼され、落語家の春風亭小朝がプロデュースする「イヴはアダムの肋骨」、元サッカー選手の岩本輝雄「青春はまだ終わらない」、政治評論家の田原総一朗「ド～なる?!ド～する?!AKB48」、プロ野球選手の田中将大「僕がここにいる理由」(すべて2015年)、常連作曲家の一人、外山大輔「ミネルヴァよ、風を起こせ」、井上ヨシマサ「神曲縛り」(ともに2017年)などがウェイティング公演として、実際に行われている。

人はなぜ未完成なものに魅せられるのか？

放送作家がキャストを想定して台本を書くように、秋元の詞はキャリアの初期からほとんどが、オーダーを受けた歌手を想定して書く「当て書き」だった。ＡＫＢ48結成時は、事務所を通さずメンバーと秋元が直接交流する機会も多かったため、その性格がより強調されていた。ステージが日々成長していく彼女たちのドキュメンタリーならば、秋元の詞はドキュメンタリーに添えられたナレーションのようだった。

「黄金センター」、「恋愛総選挙」、「スキャンダラスに行こう！」など、ほとんど楽屋落ちとも言える歌詞の曲もあった。その身近さで、国民的アイドルになった今でも、初期メンバーに特別な感情を抱いていているファンは多い。旧来のエンタテインメントは完成された作品を通して、演者と客が線引きされてきた。ＡＫＢ48の劇場公演では、ファンの声援が糧となって演者が日々成長し、その変化が作品にも反映された。一回観たら終わりではなく、その成長を欠かさず目撃したいという欲求が起こったとしても不思議ではない。「仕事で全ツアーに同行できないので、いさぎよく会社を辞めた」というような呆れたファンも出てくる熱狂ぶりだが、彼らがＡＫＢ48にそこまでのめり込む理由は何なのか。

従来のアイドルファンは、思春期の終わりとともに恋愛、結婚を機に熱から醒め、よき思い出としてその時代をせいぜい振り返るのみだった。しかしＡＫＢ48は「選抜総選挙」など、投票券入りＣＤを一人が１０００枚単位で購入するような、経済力も分別もある成人が支えることを前提に回っている。しかしロックの世界なら、さして不思議な話ではない。例えばビートルズのアメリカ盤ベストで回収されたことで知られる「ブッチャー・カヴァー」（『"Yesterday" ... and Today』）に、

50万円の大枚をはたく酔狂なマニアなど、履いて捨てるほどいるからだ。投機目的という言い訳もあるだろうが、全財産を投げ打つことに喜びを感じるほどの信仰心は、いずれもアイドルへの信奉と変わりはない。

いい大人が私財を投げ打ってアイドルに入れあげる。自らアイドルプロデュース経験もある経済学者、濱野智史は、このような近年のアイドルブームには、少子化と結びつきがあると語っている。「アイドル育成には子育ての代替欲求がある」というのが濱野説。未婚男性がアイドルに入れあげるのは、恋愛対象ではなく父性の欲求であると濱野は言う。少子化は未婚化とリンクしており、未婚化は経済不況の映し鏡である。だから不景気が進むとアイドルが流行するという俗説は、一応理には適っている。

未成熟なものを愛でるのは人間の本能であるとする「ネオテニー説」がある。人間は進化して脳が肥大化してしまったため、脳が未完成なまま赤ちゃんは生を受ける。他の動物に比べ生存本能が未発達で、独り立ちするまでに時間がすごくかかる。そこに親心が生まれて、対象を可愛がるというのもまた人間の本能なのだと。仕事を投げ打って劇場に通う彼らの中にあるのは、酔狂ではなく圧倒的な親心。外野から醒めた視線で見られようとも、本能が彼らを突き動かすのだ。秋元もAKB48のメンバーと応援するファンの関係を「恋愛シミュレーションではなく育成シミュレーション」と語っている。AKB48は常に成長の過程におり、どのタイミングでも同じAKB48は存在しない。同一作品に何度も足を運ぶ、シリアルに劇場に通うファンの行動動機は、それで一応説明できるだろう。

一方で、将来アイドルを目指して日々ステージに立つ、AKB48のメンバーの行動動機にも時代的変化はある。そもそも彼女らは優れた技術があるからアイドルを目指すわけではない。パフォーマンスで人を喜ばせたいショーマンシップよりも、「自分自身を変えたい」が近年ではアイドルの志望動機になっていることが多い。親が内向的な子供を矯正目的で児童劇団に入れるような、むしろアイドルに不向きなタイプがアイドルになる時代なのだ。元メンバーだった女優の島崎遥香のような「笑わないアイドル」は、旧来の音事協時代の事務所からは出てこなかった。彼女の握手会のときのブスッとしたリアクションは、その後「塩対応」のネーミングで有名になった。そこにファンが魅せられるという図式は、アイドル信仰として新しかった。先のようなファンの父性と、未完成なアイドルとの絶妙な心の交感がそこに生まれた。

かつて秋元が構成を担当していた『ザ・ベストテン』は、歌番組ではなく作り方は報道番組の手法に倣っていた。まだ高価だった衛星中継を使って、出先の新幹線のホーム内や海外と司会者を結ぶ労力をかける発想など、ウェルメイドな歌番組の世界にはそもそも存在しない。それが報道番組的な緊迫感を生み、カネや労力をかけることが一種の免罪符となって、それまでならあり得なかった「ランクインしている歌手が出演しない」ことも同番組なら許された。

芸能人はよほどの大怪我でもない限り、ケガや風邪で休むことはできない。代わりがいない、唯一無二な存在だからだ。ＡＫＢ48はまだまだプロには遠い素人集団で、メンバー故障に度々悩まされた。当日出演できないメンバーが出たとき、運営からその報告を受けてどう対処するべきかの権限は秋元にあった。秋元はそこで病状を細かく聞いて、ダンスは難しいが歩くのが平気なのであれば、ステージに椅子を置いて座って歌いなさいと指示したという。それはきっとファンにとって、特別な公演になるだろうと。負傷者が包帯を巻いてステージに出る公演など、これまでなかった。筆者の世代なら、かつてザ・ルースターズのヴォーカル、大江慎也が薬物中毒になった際、病院のベッドをステージにそのまま持ち込んで歌った、ドキュメンタリー映画の一シーンを思い出させる。

秋元は75年に日比谷野外音楽堂で行われたキャロル解散コンサートのラストで起こった、セットに引火して舞台が炎につつまれるステージ事故を直接観ていたという。その燃えさかる火でステージが崩壊していく光景は、彼の心に今でも焼き付いている。そのアクシデントに出会った神の采配に感謝し、秋元にとっての財産になったと語っている。

従来の舞台ではトークのスクリプトも秋元が書いていたが、AKB48からは一切これを止めた。AKB48の舞台は、それ自身がドキュメンタリーなのだと。話が長すぎる短すぎるのカンも、客の反応を見て本人に自覚させればよい。実際トークが不発に終わったときに座がシラケるかと思っていたら、応援のエールがあったのは秋元にとっても発見だった。現在でも自虐めいたメンバーのコメントが出ると、「そんなことないよー」というファンのかけ声が聞かれるのは、48グループのひとつのお約束になっている。

「AKBは筋書きのないシナリオ」と言われるが、初期の象徴的な存在が篠田麻里子だろう。彼女はAKB48第1期オーディションの落選者だった。そのころ劇場内にAKB48カフェという喫茶コーナーがあり、ごく初期はオーディション落選者がここでアルバイトすることがあった。「カフェっ娘」と呼ばれるアルバイトの中には、その子目当てに店に通うような常連客もいる、メンバー並みに人気を集める店員もおり、その一人が篠田麻里子だった。高身長のモデル体型から「アイドルファンにウケないだろう」という運営の意向で第1回オーディションでは落とされた。しかしルックスのよさがファンから草の根的に支持され、「カフェに可愛い子がいる」という噂が一気に広まった。そんな彼女が突然、何の予告もなく舞台に姿を現し、メンバーとしてステージでパフォーマンスする光景を見たファンは、さぞやビックリしたに違いない。

秋元はのびしろが感じられない存在には惹かれないと語っており、AKB48のオーディションでは完成された子をことごとく落とした。篠田は年齢が上だったことと、完成されすぎていたので秋元本人は選ばなかったという。しかし、ファンの間で彼女が噂にのぼっているのを聞いて、秋元は彼女を呼びつけ、「2週間以内にダンスとフリを覚えたらステージに出す」と伝えた。その努力に応えて彼女はステージに立ち、唯一の１・５期メンバーとしてＡＫＢ48に加入するのだ。何でもありの異空間、それが初期ＡＫＢ48の何にも代えがたい魅力だった。

ＡＫＢ48と「データベース消費」

実際に肉体を通して劇場公演が演じられることで、少しずつ劇場作品の内容も変異していく。そのひとつが後の『マジすか学園』（テレビ東京系／２０１０年）に至る、ヤンキー的なスピリットを反映させたもの。ＡＫＢ48が秋葉原発のサブカルアイドルから、全国区の国民的アイドルへと飛躍したのは、ヤンキー層を含むこうした大衆支持を取り付けたことが大きかった。かつてのおニャン子クラブも、『夕やけニャンニャン』が東京ローカル放送時代には新田恵利がキーパーソンだったが、全国放送後の人気を牽引したのは工藤静香であった。秋葉原というオタクの街におよそ似合わない「汗を流すことの神話」が、ＡＫＢ48劇場から生まれる。またメンバーと向き合う中で、秋元自身もプロデューサーとして格段に成長していった。

毎回レコーディングの際には、譜面を初見で見て歌える、音楽大学出身者がガイドヴォーカルを入れたデモテープがメンバーに渡される。それが最終的にＡＫＢ48メンバーによって歌われることで、模範歌唱にはないエッセンスが生まれると秋元は言う。「高級ホテルのシェフがレシピ通りに作ったラーメンよりも、ちょっと汚い屋台でオジサンの汗が入ったラーメンのほうがおいしく感じる」（秋元）。どちらかと言えば本人はグルメで、幼少期から中流階級育ち。それがＡＫＢ48を通して、汗というスパイスの味を知ったのだ。

「ＲＩＶＥＲ」、「Beginner」、「マジスカロックンロール」と、ＡＫＢ48のストーリーも都市型のコギャル的なものから、地方都市のヤンキー的なものに転じていく。そこには『池袋ウエストゲートパーク』などの、新しいヤンキー神話の影響があった。本来ならオタクカルチャーと不良学園ドラマは、正反対に位置づけられるもの。しかしこの2つの根底には、同質なものがあった。オタクとヤンキーはともに保守傾向が強く、表裏一体の存在なのだ。

現在ではアニメもサブカルチャーに分類されるが、そもそもサブカルチャーはメインカルチャーのカウンターとして生まれたもの。実際はアニメは大衆文化の申し子であり、それを支持するオタクの好みは極めて保守的。元来サブカルチャーのようなカウンター文化を好まない傾向がオタクにはある。かつてのおニャン子クラブは、ふしだらで挑発的な世界を歌いＰＴＡの眉をしかめさせたが、それは権威への異議申し立てだった。サブカルチャーが力を持った80年代、こうしておニャン子は時代の象徴となる。しかし、素人のような彼女らの活躍で、これまでのアイドル神話が崩壊する。プロデューサーこそ同じ秋元だが、ＡＫＢ48は30年を経て、おニャン子が失墜させたアイドル復権のために生まれたグループ。ＡＫＢ48ファンが求めるのはおニャン子と真逆の清純性であり、そのプラトニック志向は根底でヤンキーの精神性にも通じていた。ＡＫＢ48がその後大ブレイクを果たすのは、オタク、ヤンキー双方の大多数の保守層を味方に付けたことが大きかった。

ＡＫＢ48が現象としてメディアで話題になったころ、大人数から構成されていることから「データベース消費」的と指摘されたことがあった。これは批評家の東浩紀が提唱した概念で、90年代に民俗学者の大塚英志が提唱した「物語消費論」への対抗概念として生まれたものだった。

「物語消費論」とは、80年代に小学生の間で流行った、ビックリマンシール集めや人面犬などの都市伝説の発生を理論化したもの。送り手側の提供する物語に満足できず、消費者側が自ら物語を作ったものが、やがて口コミネットワークによって全国的に広まり、都市伝説として共有される。そうした80年代の消費神話を大塚は、「物語的消費」と呼んだ。その後、90年代後半に向かって物語性そのものが効力を失い、いく通りにも解読可能な、情報のあるがままを共有する時代が訪れる。そうして、より大きな世界と繋がろうという消費者の傾向を、東は「データベース消費」と呼んで補足した。

分水嶺になったのが95年に放送されたアニメ『新世紀エヴァンゲリオン』だった。オープニングや設定に伏線回収不能なほどの情報が散りばめられ、それは創作者の意図を超えて、評論家やファンが意味づけすることで作品が生命力を持った。ストーリーのみならず、ヒロインを題材にした二次創作などにも、もともと大阪芸大周辺のファンサークルを前身に生まれた制作会社のガイナックスは理解を示した。また、ロボットアニメの範疇にありながら、玩具会社のスポンサードをまったく受けておらず、商品化に制約がなかったことから、ガレージキットなどの付加ビジネスにも広く門戸を開いた。

95年はインターネットの商用化がスタートした年でもあった。ネットを通じて全国のファンが繋がり、ブームの主導権は送り手から受け手に移っていった。ニコニコ動画などのCGM（コンシューマー・ジェネレイテッド・メディア）の普及によって、消費者の中からニコ生主、YouTuberのような次世代のスターが輩出された。そのはしりである「コミケット」で、同人誌を作っていた人気作家からその後、商業誌でデビューしたマンガ家も多い。そうした二次創作市場をベースに力をつけた作家が、やがて送り手に回り、テレビや出版社の地位を脅かす存在となっていくのだ。

AKB48のプロデューサーは秋元だが、推しメンバーをファンが支えている構図においては、ファンがプロデューサーの一人とも言ってよかった。そこにファンがプレイヤーとして参加する「育てゲーム」のようなもの。オタクは現実世界より虚構の世界を好み、別の価値規範を作ろうとする。その力を積極的に利用して、政治参加のエネルギーをアイドルに置き換えたのが「選抜総選挙」であった。投票券の入ったCDを購入し、一人で複数の投票も可能に。こうしてAKB48を使って、民意によるアイドル運営が可能であることを実現してみせた。

「データベース消費」的なスタイルに秋元が気づいたのは、AKB48結成すぐのことだったという。日ごとに違う出演メンバー16人の顔ぶれによって変化するポジションを、詳細にメモして情報交換していたファンがいたことに秋元は驚いた。そうした情報がやり取りされることを、まったく想定していなかったからだ。しかしファンという人種が、データを収拾／分類／分析するような研究傾向があるのは昔から知られていた。晴海の東京国際見本市会場で75年から行われている同人誌即売イベント「コミケット」も、初期に人気を集めたのは、素人がまとめたアニメやドラマの放送リストやスタッフリストなどのデータ本だったと言われている。こうした手間の掛かる地道な作業は、プロの雑誌の世界からは出てこないファンダムらしいこだわりだった。

「データベース消費」への転換年と言われる95年は、オウム真理教による地下鉄サリン事件が起こった年でもあった。端から見ればアイドルに集団が熱狂する姿はまるで新興宗教のようでもあり、彼らのアイドル信仰を捉えて、AKB48のファンダムを「サリンを作らないオウム」と例えた評論家までいた。経済評論家の田中秀臣はAKB48を理解する文化人としても知られているが、ファンがメンバーの発言やブログを深読みし「小さな物語」に耽溺することで、その大きな背景を意識する「セカイ系」な行動パターンが見られると指摘した。その結果として「選抜総選挙」のような競争原理が強化されていったと田中は言う。

「データベース消費」の一例として知られているのが、ニコニコ動画拡大に寄与したと言われている、初音ミクをはじめとするボーカロイドの存在だろう。２００７年に発売された『キャラクター・ボーカル・シリーズ01　初音ミク』（２００７年）は、コンピュータで文字列を打ち込んで歌を歌わせるという、実態はヴォーカル・インストゥルメンツ。しかしその声は、人気声優の藤田咲の声を素材にしたオタク向け商品だった。パッケージにはアニメのような絵が描かれており、簡単な設定が書かれただけだったが、物語を背負っていないことがユーザーを刺激し、有名な「葱を持たせる」などの裏設定がファンダムの中で作られていった。

ゼロ年代後半に登場したテレビアニメ『らき☆すた』は、物語をさらに後景に追いやり、なにも起こらない日常でキャラ同士が戯れるさまを描き、「萌え」を際立てたことでブームになった。俗にそれは「空気系」と呼ばれた。女ばかりの園であるＡＫＢ48に向けられるファンの視線にも「空気系」に通じるものがある。ＳＮＳなどにアップされるメンバー同士のいちゃついた写真に萌えるファンは、それを「ワチャワチャ感」と表現した。非現実的な同性愛的感覚が求められる傾向は、ファンがメンバーに求めるプラトニック性と裏表の関係にある。世間を騒がせた、ＵＨＡ味覚糖「ぷっちょ」のＣＭでＡＫＢ48メンバーが口移しする、同性愛を連想させるエスカレートした描写は、その極みだと言えるだろう。

こうしたネットを中心とした動きに迅速に反応できたのは、結成から２００７年までＡＫＢ48のアシスタントプロデューサーを務めていた、岩崎夏海の貢献があったと言われている。岩崎は後に『もし高校野球の女子マネージャーがドラッカーの『マネジメント』を読んだら』（ダイヤモンド社）という小説を上梓。アニメのような表紙、ライトノベル風の装丁で出版され、１８０万部の大ベストセラーとなった。高校の弱小野球部の女子マネジャーが、経済学者ピーター・F・ドラッカーの組織管理理論『マネジメント』を偶然書店で手にとったことをきっかけに、チームを意識改革させて甲子園を目指すという一種のビジネス啓蒙書。後に前田敦子主演で映画化もされた。岩崎はアシスタント時代、ネットもワープロも使えない秋元に、ＡＫＢ48について書かれた面白い書き込みがあると、プリントアウトして見せていたのだという。こうして夜な夜なネットに書き込まれたファンの声が秋元に伝わり、実際にそれが採用されることで、ファンはいっそうＡＫＢ48に熱をあげた。

ＡＫＢ48劇場の劇場公演はほとんどプラチナチケットと化し、ほとんど入手できなくなったため、その代替として「握手会」というアイデアが生まれた。封入券が入ったＣＤを買いさえすれば、わずか10秒程度でも会いたいときにアイドルに会うことができた。テレビを通してファンになることより、数秒でも握手することで生まれる関係性は、なによりも大きな伝播力となる。

今も行われている「生誕祭」も、企画はファン有志からなる実行委員会に委ねられ、それもすべて彼らの自費で行われている、この経済効果は大きい。そうした自主性は、かつての海外のロックバンドのファンクラブに似ていた。

70年代はまだ今ほど海外情報が出回っておらず、レコード会社の洋楽ディレクターは、本国から送られてきたプレスリリースから得る知識がすべてだった。しかし、デヴィッド・ボウイ、クイーン、ジャパンらブリティッシュ・ロックに心酔する女性ファンの行動力は凄まじく、海外の音楽雑誌などから先に情報を入手し、ミニコミなどを発行する者もいた。彼女らのバイタリティにメーカーは一目置き、個人に運営を預けるレコード会社公認ファンクラブが数多く作られた。彼女らにレコード会社への出入りを許し、上映会にもプロモーション映像を貸し出した。サンプル盤や広報写真がもらえるだけでも、喜んで彼女らは協力してくれた。自分で編集テープを作って友達に好きな音楽を布教していくアマチュアの口コミ力は、広告代理店主導のステルス・マーケティングより遙かに効力を持つ。自らが身銭を切って参加する者が、なによりも強い媒介者となるのだ。後に電通がこうした動きをマーケティングの世界で「エンゲージメント」と呼ぶようになるが、ファンダムの自治力を取り入れることで、ＡＫＢ48はひとつの理想を実現して見せたのだ。

ＡＫＢ48のチーム構成

２００５年に歴史をスタートさせたＡＫＢ48だが、１期生メンバーだけで行われていた初期から、数年の間にチームＡ、チームＫ、チームＢという3グループとなった。チームＡ（２００５年12月結成）、チームＫ（２００６年4月結成）、チームＢ（２００７年4月結成）とほぼ1年ごとに追加オーディションは行われた。ファンの反応を取り入れ、その都度よいアイデアがあれば採用して変異していったＡＫＢ48は、別々のグループと言ってもよいほど、各チームの性格が異なるものになった。

最初に結成されたチームＡは前田敦子、高橋みなみら1期生オーディション合格者で構成され、彼女らは主要メンバーとなってＡＫＢ48全体を牽引する存在となる。以降もフラッグシップチームとして、劇場公演の新作の初演を多く務めた。彼女らに憧れてＡＫＢ48のオーディションを受ける子も多いことから、メンバーにとってもスターチーム的存在でもある。1チームで全日、祝祭日3回公演していた、結成時のヘヴィーな日々が彼女らをさらに逞しくした。後にＡＫＢカフェの店員から途中参加した篠田麻里子もチームＡに加入。よって彼女だけ「1・5期生」として扱われている。

2006年4月結成のチームBは、2期生オーディション合格者を中心に結成。このときはNTTドコモとタイアップし、最終候補者にテレビ電話端末を持たせて電話番号を公開し、ファンと直接会話するなどの試みも行われた。最終的に17人が加入。そこにAKBカフェの店員をやっていた大堀恵が加わった。中心人物となったのが大島優子だが、彼女はもともと子役出身で、グループアイドルとしてデビューした前歴もあった。梅田彩佳のようなダンス経験者など芸能活動経験者も多く含まれ、それがチームKにまた別の華やかさをもたらした。

彼女らはチームKの公演の他、チームAに欠員が出たときの「アンダー」を務めることも多く、連日公演に駆り出されるハードな日々を過ごした。こうして「体育会系のチームK」の異名を取る。チームAはすでに人気チームとなっており、そこから抽選でこぼれた客がチームKの最初のファンになったと言われている。夏まゆみに「Aの客をとってこい」となじられるなど、その教育ぶりはスパルタそのもので、公演中に客から汚いヤジが浴びせられても、チームKに関しては出入禁止にならなかったといわれる。シングル「スカート、ひらり」発売記念コンサートで、メンバーの上村彩子が突如脱退。満足な説明がなかったことからファンが怒り、それをきっかけにファンの間で「チームK推し」の結束が生まれた。初のチームKオリジナルとなった劇場公演が『青春ガールズ』(2006年7月)。「We're the team K」という歌詞が盛り込まれ、「転がる石になれ」はチーム結束歌となった。団結力とノリが独特のチームKの魅力であり、「MCはチームAよりも面白い」という評判を生む。そんな中から佐藤夏希、今井優2人が勝手に結成した寸劇ユニット「劇団NY」などの、独自の動きも現れた。

2007年4月結成のチームBは、3チームの中の末っ子的存在。3期生オーディションで選ばれた13名を中心に結成された。すでにＡＫＢ48の劇場公演は満席状態になっており、チームＡ、チームＫにあぶれた客が最初のファンになった。前2チームのメンバーのように自らの夢の実現としてここを受けたのではなく、「ＡＫＢ48のメンバーになりたくてオーディションを受けた」という世代にあたる。ガツガツしないところが末っ子チームらしい。もともと熱狂的なモーニング娘。ファンで、アイドルオタクからアイドルになった、柏木由紀、指原利乃、渡辺麻友らがチームＢの文化を創った。初めてのオリジナル公演は第3作の『パジャマドライブ』（２００８年3月）。当初は渡辺がセンターを務めていたが、これまでスポットを浴びることがなかった菊地彩香が、ファンの熱烈な支持を受けてセンターとなるというドラマもあった。劇場中心に地道に活動してきた彼女のような存在を指して、その後「劇場職人」という言葉も生まれた。

チームＡがフラッグシップチーム、チームＫが体育会系と団結力、チームＢは末っ子。この3つの性格付けはそのまま、姉妹グループ結成の際にもなぞられ、後にフォーマット販売されるＡＫＢ48のビジネスモデルの骨格になっていく。その後、4期生オーディション（２００７年5月）合格者からは同期のメンバーによるチーム結成は行われなくなり、全員が一旦研究生として下部組織に所属。そこから正規メンバーとして各チームに振り分けられるかたちになった。

２００７年5月、それまでメンバー全員がＡＫＳに所属していたかたちから、一部メンバーが大手の芸能事務所に移籍になる（くわしくは後述）。大島麻衣、板野友美、河西智美はホリプロ、前田敦子、大島優子、小野恵令奈は太田プロダクション、小嶋陽菜、高橋みなみ、峯岸みなみはプロダクション尾木に移籍。これまで通りＡＫＢ48として活動は続けられたが、それ以外のソロ仕事は所属事務所がマネジメントすることになった。これを契機に「テレビに出る選抜メンバー」、「公演を毎日行う劇場職人」の2つに分かれ、前者のテレビ収録などで空いた欠員を、後者が埋めるという構図になる。同じグループでの境遇の違いは歪なかたちで表れ、それを不服として卒業、活動辞退を申し出るメンバーも多く現れる。事務所組のテレビスケジュール優先のために欠員が続き、最終的にチームA、チームKでの活動は一旦中止に。こうして、代わりに上演用の混成チームとして2007年7月に発足したのが「ひまわり組」だった。

「ひまわり組」は、チームA、チームKメンバーのダブルキャスト方式にして、劇場を続けていくために応急処置的に生まれたグループ。そこには「チームAとチームKの対立構造をなくす」という秋元の別の狙いがあったといわれる。前田敦子（チームA）、大島優子（チームK）というライバル同士が交流することで、AKB48に新しい活力が生まれた。デビュー劇場公演となった『僕の太陽』（2007年）から、チケット料金も現在の約3000円に改訂。この時期、チームA、チームKは事実上なくなり、ひまわり組とチームBという2チーム編成で劇場を回すかたちになった。前者2チームを推していた初期の「チーム推し」ファンの中には、これを契機に大量離脱した者も多かったらしい。しかしそれはAKB48が次のステップに行くために、避けられない現実だった。

A、K、Bに続く4つめのチームとして考案されたのが、2011年6月結成のチーム4である。人件費的に厳しい時期が続き、約4年ぶりの新チーム結成となったチーム4だが、結成早々に雑誌でスキャンダルがあかるみとなり、初代リーダーだった大場美奈が引責辞任。姉妹グループ、SKE48への強制移籍が命じられる。こうして2012年8月の「組閣」で、チーム4はわずか1年余りで解散となった。その1年後に峯岸みなみをキャプテンに、13期生、14期生を中心に再編されたのが、現在も続いている新しいチーム4である。

5つめのチームとなるチーム8はこれまでのチームと異なり、トヨタの1社スポンサードで生まれたもの。「ＡＫＢ48×TOYOTA Team 8 プロジェクト」として全国で一斉に開催されたオーディションから、47都道府県から代表一人ずつ選ばれた47人で構成される。各地のファンのところへこちらから出向く「会いに行くアイドル」をコンセプトに、２０１４年３月に結成されたもっとも新しいグループになる。

チーム８のアイデアはおそらく、ＮＨＫのテレビドラマ『あまちゃん』に登場していたＡＫＢ48のパロディ、ＧＭＴ47にヒントを得たのだろう。岩手県北三陸を舞台に、能年玲奈演じる天野アキが東京でアイドルを目指すというＮＨＫ朝の連続ドラマのヒット作。この中で、秋元康をモデルにしたとおぼしき古田新太演ずるプロデューサーが、47都道府県のご当地アイドルを集めて国民的アイドルとして結成したのがＧＭＴ47（地元＝ジモティから命名）だった。能年玲奈を筆頭に、松岡茉優、山下リオら女優陣が実際にアイドル役に扮し、劇中で歌われた「暦の上ではディセンバー」は配信曲としてシングルチャート１位となった。このパロディを、ふてぶてしく本家で実現させてしまったのがチーム８である。Ｊリーグやプロ野球のようにトヨタがスポンサードするかたちで、プリウスＰＨＶのイメージキャラクターとして結成。トヨタは２０２０年の東京オリンピックパラリンピックのゴールドスポンサーも務めており、結成時平均年齢14歳だったこの若いグループが、今後のＡＫＢ48を引っ張っていくと目されている。

この他、いくつかの企業タイアップによるメンバー、グループも存在した。江崎グリコ「パピコ」のキャンペーンとして、２０１４年に30歳以上の女性を対象に「大人ＡＫＢオーディション」が行われ、塚本まり子が選出。チームＢの暫定メンバーとして、４月〜８月に実際に劇場公演に出演している。このときは元モーニング娘。の市井紗耶香、ものまね芸人のキンタロー。、八幡カオル、女優の白石まるみらもエントリーしたことで、オーディションそのものに注目が集まった。また、日本最大手のアルバイト求人情報サイト「バイトル」とタイアップし、アルバイトの雇用形態でＡＫＢ48の臨時メンバーとして活動する「バイトＡＫＢ48」を大量雇用。キャンペーン期間の２０１４年10月〜２０１５年2月で各地イベントに参加したメンバーからは、解散後にオーディションを受け直して正式に48グループのメンバーになった者もいた。

こうしたチームとは別に、期生によっても主だった特徴もある。現在、1期生が抜けたＡＫＢ48を牽引する、北原里英、指原莉乃ら中核メンバーを輩出したのが、２００７年10月の5期生オーディション組。加入してすぐの研究生時代はメンバーはオフィシャルブログは持てないが、「モバイルメール」が始まるのがここから。一人あたり月額３００円で登録すると直接メンバーからメールが送られるサービスで、回数制限がないことから研究生はこれでファンアピールし、強烈な印象を残した。5期生ファンらによる「研究生支持」という現象も起こり、２００８年5月には初めての試みとして、研究生公演『ただいま恋愛中』を開催。以降「研究生公演」は、先物買いのアイドルファンが特に注目する公演として、レギュラー的に続けられるようになっていく。

現在、高橋みなみの後を受けてＡＫＢ48グループ総監督を務める横山由依、元メンバーの島崎遥香らを擁したのが、２００９年9月加入の9期生。特にルックスのよい「テレビ向け」の人材を多く採用したと言われ、加入してすぐに『有吉ＡＫＢ共和国』（ＴＢＳ系）などのバラエティで、研究生時代から出演する機会に恵まれた。

もっとも新しいメンバーは２０１６年10月に加わった16期生。3年8カ月ぶりの久々のメンバー公募は話題になった。ストリーミング動画配信サイト「SHOWROOM」と連動してファン投票が行われるなど、動画を使った自己アピール力などが競われた。

研究生システム、組閣、ドラフト会議

１期生～3期生オーディションで選ばれたメンバーはそれぞれ、チームA、チームK、チームBの主戦力となったが、４期生オーディション（２００７年5月）からはやり方を改め、タイトルも「第１回研究生オーディション」に。合格者はまず研究生となり、アンダーなどを務める経験を経て、そこから各チームにメンバーとして配属されるかたちになった。各チーム所属の研究生となるためには「セレクション審査」が行われ、そこから選ばれた者が正規メンバー入りとなる。２００８年5月から研究生公演『ただいま恋愛中』がスタート。ＡＫＢ48のテレビなどのメディア露出が増加したのを理由に、正規メンバーの劇場公演が難しくなったために、ＡＫＢ48劇場を研究生公演が支えていた時期もあった。

「研究生」はあくまでメンバーの予備軍であり、正規メンバーとは別に扱われた。ＳＮＳで個人のアカウントがもらえない、髪型を変えるのはＮＧなど、研究生時代には独自の縛りが設けられた。とはいえメンバー証言によると、ＡＫＳに所属している限りは研究生から正規メンバーになっても、給料面に大きな違いはないと言われている。

元メンバーの告白本や週刊誌記事によれば､平均的な月給は研究生、および劇場出演中心メンバーは10万円前後だという。これはアイドルの給料としては一般的なもので、その代わりにタクシー代などの諸経費は領収書で事務所経費で落とすやり方がとられている。モーニング娘。の最盛期には一人あたりの年収はウン千万円と言われていたが、ＡＫＢ48の場合はそれを運営費、育成費に回すしくみになっており、高給取りと言われているのは大手芸能事務所に所属して歩合給で契約している、一部の選抜メンバーだけだろう。

しかし、研究生時代のレッスン料無料という点で、AKB48メンバーは他のアイドルに比べ恵まれた状況にいる。おそらくAKB48では大量に研究生を採用することで、頭数分のレッスン料を抑えるなど、独自の新人育成システムをとっているためだろう。48グループのオーディションに落選し、仮面女子というグループでデビューしたあるアイドルの告白記事によれば、地元の芸能プロダクションと契約した際、登録費用、プロフィール作成費、レッスン代などが個人負担となり、その額は120万円にも及んだという。

48グループが「選抜総選挙」など政治のメタファーを取り入れていることはすでに説明した通りだが、同じように数年に一回行われているのが「組閣」である。2009年8月、日本武道館で行われたイベント「AKB104選抜メンバー組閣祭り」は、AKB48のチーム再編成、海外チーム発足などの告知を兼ねて行われた。ここで11名の研究生の昇格が行われ、年長メンバーの一部が、SDN48というシニアグループに移籍となった。こうした「組閣」イベントはその後、2010年より姉妹グループ、SKE48、NMB48などを交えた大がかりなものとなっていく。2012年3月の「大組閣」では、SKE48の松井珠理奈とNMB48の渡辺美優紀が、48グループで初めてとなるAKB48とのチーム兼任を命ぜられた。「大組閣」は1〜2年に一度のペースで行われており、メンバー移籍、メンバー兼任によって、エリアを越えたメンバー、ファンの交流が生まれた。

2013年11月には、オーディションの新しい形態として、48グループ合同で「AKB48グループドラフト会議」が開催された。グランドプリンスホテル新高輪に、姉妹グループ含む各チームのスカウト担当者（メンバー）が結集し、抽選で交渉優先権を得るという、プロ野球のドラフト会議を模したかたちが導入された。ここで選ばれた新人メンバーは研究生期間を経ずに正規メンバーとなり、即戦力として劇場デビューできることが約束された。これまで2013年、2015年、

２０１７年と3回開催。48各グループが独自に行う地元でのオーディションと違い、合格者は選ばれたエリアに引っ越すことが条件となるため、受ける側にとってはハードルは高いが、地元の学校への転入をＡＫＳ側がケアするなど、万全の体制で新しい試みにトライしている。第１回で選ばれた東京出身の須藤凜々花は、その後に大阪のＮＭＢ48に所属し、加入してわずか2年後に「ドリアン少年」（２０１３年）でセンターに選ばれるなど、人材交流が新しい動きを生んだ。

ブログ、ＳＮＳをやるアイドル

ＡＫＢ48は「ソーシャル時代のアイドル」とも呼ばれている。まだテレビ局や芸能事務所が一方的に情報発信していた時代から、ＡＫＢ48ではメンバーにアカウントを持たせ、Google+、Twitter、インスタグラムなどのＳＮＳ（ソーシャルネットワークサービス）を積極的に活用してきた。地下アイドルがプロモーションツールとして使っていた手法を、グループアイドルが大がかりに取り入れた例としては、ＡＫＢ48が初めてと言っていい。

ネットの草の根パワーがブレイクさせたアイドルを広義的に捉えれば、その最初の例はモーニング娘。と言っていいだろう。匿名掲示板2ちゃんねるの普及期に、アイドル板の上位をほとんどモー娘。関連スレッドが占拠。その結果「羊板」、「狼板」などのハロプロに特化した分類へと分離されたほど。毎週『ASAYAN』で新しいトピックが起こっていた彼女らの動きは、ネットでないと追いきれないほどの勢いだった。しかし事務所のアップフロントエージェンシーは、そうした動きを黙殺。それがファンの自発的な盛りあがりを生んだ。

インターネットにおける芸能事務所の対応は、ジャニーズ事務所がひとつの規範となっていた。

ゴシップ誌などでの度重なるパパラッチのプライベート写真流出に業を煮やしたジャニーズは、雑誌の表紙などのオフィシャルなものも含め、所属タレントのネット上での写真使用を一切使用不可にする。特にメンバーの登竜門と言われてきた『3年B組金八先生』（TBS系）の公式ホームページでは、生徒のうちジャニーズ所属俳優のみシルエットでくり抜かれるほど、異常なガード体制でそれは行われていた。しかしファンの名を騙って違法にネットに写真をアップロードするものは後を絶たなかった。

毎年、フジテレビ『27時間テレビ』で明石家さんまが中居正広相手に行っている、お気に入り女子をランキングで紹介するラブメイトというコーナーがある。さんまがお気に入りとしてAV女優の紋舞らんの名前をあげた回では、2ちゃんねるのAV板は祭りのような騒ぎになった。メディアには表と裏の世界があり、表の世界は神聖で侵すならざる世界だった。こうした地下のマグマのような熱狂を、アイドルブレイクのひとつの力に利用したのがAKB48だった。

「ジャニーズが図版使用に厳しいのは彼らがプロ集団だから、AKB48は素人集団なんです。素人集団の強みは、オープンなプラットフォームになれること」というのが秋元の掲げる方針で、AKB48ファンが草の根的にネットで話題にしてくれることを当初から歓迎した。秋元はファンの掲示板に、自分とわかるようにコメントも残した。サイバーエージェントが始めたレンタルブログサービス「アメーバブログ」にAKB48オフィシャルブログを開設し、まずは戸賀崎智信を管理人に立ててAKB48劇場のオープンまでの報告を、カウントダウンで日々更新。その後、日替わりでメンバー自らに投稿させた。文章の苦手なメンバーもいたが、平成生まれのメンバーは物心ついたときからメールでのやり取りに長けており、活字コミュニケーション能力は高い。ステージでは目立たないものの、舞台で発揮できない活字アピールを展開するメンバーも現れた。彼女らの人気序列は総選挙の得票数、握手会、グッズの売り上げなどが考慮されて決まるが、ブログのページビュー、ＳＮＳのアクセス数なども合算されて、人気のバロメーターになった。

ネットが商用化されたばかりの90年代後半から、タレント個人のブログは存在していた。しかし当時のタレントブログのほとんどが、マネジャーが代筆したものと言われていた。タレント本人に書かせれば、迂闊なことを書かないとも限らない。「アメーバブログ」がタレントブログで人気を集めたのは、専門の検閲、監視チームを24時間体制で置いたため。芸能事務所への法人営業を強化し、タレントのブランドを利用して、アメーバブログは芸能人御用達として、２００４年のサービス開始から8年で２０００万人の会員数を集めた。

現在のようにタレント個人がブログを書くのが一般化したのは、眞鍋かをりのブレイクがきっかけだろう。当時横浜国大に通っていたタレントの眞鍋は、ニフティの「ココログ」で「眞鍋かをりのココだけの話」を２００４年6月に開設。「なりきりTommy february6」と称した自撮りの眼鏡写真を載せたことで、トラックバック日本一の記録を作り、「ブログの女王」第1号の称号を得た。それに続いたのが、しょこたんこと中川翔子。ブログ開設は２００３年10月「しょこたん☆日記」と彼女のほうが早く、更新頻度の高さ、イラスト、アニメ知識、「～タソ」といった2ちゃんねる用語の多用で、一気に知名度をあげた。２００５年、ログを書籍化した『しょこたん☆ぶろぐ』を刊行。これをきっかけに業界で注目され、翌年の歌手デビューのきっかけとなった。早くに実父（歌手の中川勝彦）を亡くした彼女は独特な死生観を持っており、ブログを更新することを「生きた証」と語る。アイドルが自ら文章を綴ることは、彼女にとって魂の叫びだった。

２０１１年12月からは、48グループ全員にGoogle+のアカウントを配布（13歳以上、正規メンバーのみ）。グーグルとの業務提携に関する記者会見が大々的に行われ、各メンバーの自主的な投稿が推奨された。ここではメンバーの書き込みにファンがコメントを返したり、Facebookの「いいね！」にあたる「＋1」を押して、メンバーとコミュニケーションを図ることができた。これが握手会に準ずる接触手段として広まっていく。Google+は後に「ぐぐたす」と呼ばれるようになり、AKB48は同サービスの会員獲得に大きく寄与した。

AKB48はさまざまな企業とタイアップしている関係で、メディア露出の際に、発言内容、写真の写り込みに関して、特定のブランド、キャラクターなどに配慮する必要があった。過去にもタレントブログなどでディズニーキャラクターの映り込み、契約会社のライバルの飲料水のロゴなどの映り込みが騒動になったことがあったが、48グループの場合は運営がルールを作って、固有名詞の「伏せ字」、画像を載せるときの「モザイク処理」なども、ある程度メンバーに任せる方針でアイドルのネットリテラシーを鍛えた。

ワープロもネットも苦手だった秋元だが、自らGoogle+のアカウントを取得する本気度を見せた。日々のつぶやきの他、メンバーとネット上で直接交流もガラス張りに。同時にスタッフのSNS利用意識を高めるために、裏方にも全員にアカウントを持たせ、作業指示などもオープンにして、そのプロセスをファンに公開した。作曲家の井上ヨシマサとの直接のやり取りでは、楽曲の制作工程まで「ダダ漏れ」状態にして、シングルリリースまでいかに細かなやり取りが行われているかをファンに知らしめた。シングルのカップリングの変更、MV作成指示なども同様に行われ、観ているファンの側がハラハラすることも。これらもファンの反応を知るための手段でもあり、ファンからの直接の秋元への直訴コメントにも耳を傾けた。すでに姉妹グループ合わせて100人以上にメンバーが膨らみ、目の届かないメンバーもいるからと、「自分も気づかないような小さな芽があったら教えてほしい」とファンにメッセージを送った。

２０１４年には、元ライブドアの堀江貴文が始めた新しいチャットアプリ、７５５普及にも協力し、メンバー多数がアカウント取得。ここではファンからの投稿へのコメント返しをメンバーに許可し、握手会での会話を思わせるやり取りが見られた。ブログの長文が苦手なメンバーでも、短文でファンとの気軽なやりとりでアピールできることが魅力となった。

ＳＮＳ戦国時代に入ってからは、ＳＮＳと連動する画像共有アプリ、インスタグラムのアカウント開設を許可。よりユーザー数の多いTwitterへの、ＡＫＢ48、ＳＫＥ48、ＮＭＢ48らメンバーの参加など、複数のＳＮＳでの展開も行われた。辛口ユーザーの多いTwiiterへの参入は他のアイドルよりも遅れるかたちになったが、メンバーの指原莉乃の「グーグルはファンしか観ていない。Twitterは開かれてる」、「2ちゃんねるをやってから、何書いたら炎上するかわかるようになった」といった意見を汲み取り、あくまで自己責任内ということで、任意での参加に理解を示した。

現在、グループ全体で推奨しているのが、ディー・エヌ・エーから独立して２０１３年に開設された動画ストリーミングサイト「SHOWROOM」。これはニコニコ動画の人気生主、YouTuberのように、アイドル志望者が配信を行い、コメント、投げ銭システムなどでファンと交流できるサービス。文章が苦手でも肉声でメッセージを届けることができる気安さから、短期間でシェアを拡大した。有料アイテムで生活している強者もいると言われ、地下アイドルの新しい表現方法として急成長する。２０１６年に48グループメンバー全員にアカウントを付与され、「選抜総選挙」の期間中の選挙運動、オーディションでの自己ＰＲなどに活用されている。劇場の舞台裏、メンバーの自宅、宿泊先のホテルから自由に放送時間を予約して、ファンからの質問に答えるなどミニ番組が無料で観られるこのサービスは、特に目立たなかったメンバーの浮上に大きく寄与した。ここで積極的に配信したメンバーから「SHOWROOM選抜」がピックアップされ、選ばれた大西桃香

（ＡＫＢ48）、中井りか、荻野由佳（ＮＧＴ48）、内木志（ＮＭＢ48）らメンバーには、ＡＫＢ48の総選挙シングルのカップリング曲「プライベートサマー」が贈られた。配信頻度の高さからSHOWROOM依存症と揶揄されたＮＧＴ48の中井りかが、支持者を集めて２０１７年の選抜総選挙で5位に登り詰めたときはスタッフも驚いた。ＡＫＢ結成時に秋元が、ＡＫＢ48劇場にスカウトマンが訪れるシステムを「ショールーム」と呼んでいたらしいが、サービス名との一致は偶然とのことらしい。しかしこれが48グループにとって、究極的なコミュニケーションツールに落ち着いた印象がある。

メンバーの指原莉乃はＡＫＢ48加入以前からアイドルファンで、モーニング娘。の大ファンだったのは広く知られるところ。郷里の大分県にいたころから、ｍｉｘｉのモー娘。コミュニティで活発に書き込みなども行っていたという。ＨＫＴ48メンバーのTwitterアカウント開設には彼女の口添えがあったと言われるほど、指原はネットリテラシーは高いことで知られる。事業提携などの企業目線ではなく、アイドルが自らが発信手段としてＳＮＳをチョイスするような時代になったのだ。

セルフプロデュースするということ

結成2カ月でＡＫＢ48劇場が初めて満席になって以降、劇場公演のキャパシティーは完全にオーバーとなり、応募しても抽選に受からないと不満を抱くファンが大発生する。それらの支持票が他のアイドルに流れる前に、セイフティネットを用意する必要があった。ＡＫＢ48が地下アイドルのように、早くからネットコミュニティーに進出したのもそれが理由。ジャニーズやハロー！プロジェクトが肖像権などを厳格化してネットから反発を受けていたことが、いわば反面教師になった。SNSなどを積極的に活用し、大らかなコミュニケーションによってファンの信頼を取り付けたことには、先見の明があった。

そのころ定期的に行われていた握手会で、メンバーに説教するファンがいることが問題視されていた。メンバーはアイドルとしてだけではなく、人間としても未完成。それを正しい道へ導かねばと、カネを払ってCDを購入し、わざわざ説教のために握手会に行くというファンにも、相応の理屈はあるのだろう。ファン参加型アイドルは諸刃の剣で、「ファンの善意」がいつの間にか、的外れで傲慢な説教に転じることも。匿名掲示板2ちゃんねるなどで、ライバルをこき下ろすために投稿される罵詈雑言も、愛余るゆえのねじ曲がった愛情表現。握手会ではそうしたやりとりがあっても、メンバーとファン2人の密室空間で行われていたが、メンバーへの糾弾はGoogle+上にも表れた。そのときにマナー違反を指摘したのは、スタッフならぬファンの一群。メンバーの説教の実態があかるみになったことで、ファン同士が相互監視し、マナーを戒めるような教育効果が生まれたのは、思わぬ副産物だったと言えるかもしれない。

かつて作家の村上龍は「ネットには自浄作用がある」と語った。辛口と揶揄されるようなアンダーグラウンドな掲示板であっても、現実生活から逃避してネットに書き込んでるユーザーにとっては、そこはつかの間の楽天地。たとえ正論であっても、空気を乱すような無法者には排除のルールが機能した。口汚い彼らにとっても、言っていい冗談と悪い冗談があるのだ。そのような空気を読む能力は、ネットとはいえ現実社会のコミュニケーションと基本は変わらない。

現実世界では肩書や上下関係で敬語などのマナーが要求される日本人。顔の見えないネットでのコミュニケーションは、いきおい暴言へと向かいやすいと言われる。しかしその反面、相手の素性がわからないことへの不安から、安全装置として敬語を使う人が多いという分析もあるのだ。それを村上は「ネットにおける自浄作用」と表現した。秋元もメンバーのネット利用については性善説を前提に置いて、自然の摂理に任せる方針を取った。

現在ではアイドル並みの人気を誇るＡＶ女優のブログも、珍しいものではなくなった。普段のＤＶＤでの仕事とは正反対の、日常生活での人間的感情のつぶやきを読んで、そこからファンになったという者も多いと言われる。父親の誕生日にプレゼントするネクタイの柄は何が喜ばれるか、男性ファンとやりとりする光景はごく普通のアイドルと変わらない。性に関わるビジネスに従事する彼女たちとの間でも、こうしたプラトニックな対話が成立する。殺伐とした現実社会にはない、ネットにはそのようなファンタジーもあるのだ。

劇場では後列にいるメンバーにも、自分が主人公になる人生のストーリーがある。それが劇場公演という作品の中で発揮されることはなかなか難しい。１００人のメンバーの数だけ１００の物語があるのだ。ファンにはそれぞれご贔屓のメンバーがおり、それぞれが中心となるコミュニティがネットによって可視化された。ＳＫＥ48メンバーの須田亜香里は、自分を選んで押しあげてくれたファンに対して「選抜総選挙」の壇上で感謝のスピーチを行った際、目立たないポジションにいた自身を「あなたの瞳の中のセンター」と表現してみせた。

秋元のようなプロフェッショナルを自任する作家にとってみれば、一時流行した「ケータイ小説」など無価値の極みだろう。ほとんど改行だらけの冗長な文章が、しかし書籍化されれば大ヒットとなる。ため息を文字化するように空白を入れる言葉のリズムは、多くのアイドルブログなどで見られるもの。アイドルが自発的に書く、ポエムのような投稿スタイルは、世代固有の表現なのだ。手練れのカメラマンが可愛く撮ってくれるアングルよりも、幼いころから自撮りに慣れた彼女たちは、自分が一番可愛く撮れるアングルを知っている。彼女らは生まれながらにして、自己プロデュースに長けた世代と言えるかもしれない。

こうしたアイドルのセルフプロデュースの象徴と言えば、きゃりーぱみゅぱみゅだろう。読者モデルからキャリアをスタートさせたが、ブログでの独特な文章センスとユニークな自撮り写真で注目された。その人気にあやかり、２０１１年に『もしもし原宿』でＣＤデビュー。契約したワーナーミュージック・ジャパンは彼女の歌を聴かずに契約したというから、最初はノベルティ企画のひとつだったのだろう。それがＭＶがYouTubeで公開されるやいなや、１カ月で２００万回再生され、個性派シンガーとして認知された。１０００万人のフォロアーを持つアメリカの歌手、ケイティ・ペリーのブログで紹介されると、ファン層も世界的に広がった。後にフランスのJAPAN EXPOにも出演。先に海外進出を進めていたＡＫＢ48を飛び越えて、今や日本を代表する「カワイイカルチャー」のアイコンとなった。

メンバーの奔放な発言は、ときにネットで炎上を巻き起こすことがある。Google+がスタートしてすぐのころ、モバイルのセルフカメラがデフォルトで反転表示するために、メンバーが投稿した女子高生の間でよく使われる感嘆表現「卍(まんじ。マジの意味)」が、逆向きのハーケンクロイツ(ナチスドイツの象徴)のように表示され、不適切だと非難されて謝罪騒動になったことがあった。また路上の泥酔サラリーマンの写真を撮ってブログにあげ、不謹慎だとバッシングを受けたメンバーもいた。こうした騒動の際に秋元は、スタッフへの厳重注意を促しつつも、ＳＮＳからの撤退を命じることはなかった。「炎上することはあるかもしれないが、それはネットに限らず舞台やインタビューの場でいつでも起こりえる。そこから自分で学んで行くべき」とメンバーに忠告した。

Google+も当初はメンバーの投稿をスタッフに送り、それを運営がアップするやり方を取っていた。だがメンバーが書いた投稿内容から、運営およびグーグルのスタッフが文面を検閲していた事実を知った秋元は、スタッフを叱咤。ＳＮＳは投稿者の瞬時瞬時の気持ちを、自発的に発信してこそ意味がある。そこはアイドルを信じて自由にやらせ、問題が起これば何がまずかったかを自覚すべきと説いた。そのやりとりもそのままネットで公開され、以降は安全弁の文章チェックを外して、自由に投稿するようになった。

こうしたネットやファンとのコミュニケーションにおける作法は、ＡＫＢ48を卒業しても、メンバーはいずれ身につけなければならないもの。もちろんＳＮＳや握手会でのファンとのコミュニケーションがストレスとなり、それを理由に卒業を選んだメンバーもいた。48グループでは、できるだけ制限を設けない方針を続けながら、その代わりにセーフティネットとして、臨床心理士、スクールカウンセラーなどを付けて、メンタルチェックなどが行われるようになった。

第9章

ＡＫＢ48のメディア戦略。事務所移籍とテレビ進出

ＡＫＢ48が音楽に制作費を投下しない理由

結成当初はまず劇場公演を体験してほしいというメッセージがあった。あくまで彼女たちは、専用劇場で公演するアイドルグループだったからだ。ＣＤデビューはその後から計画されたのだろう。曲をＣＤで家でも聴きたいという客の声は当初からあがっていたという。ＡＫＢ48のメンバーが所属するＡＫＳは、そのための音楽出版社および原盤制作会社として、結成の翌年に設立されたもの。メンバーのグラビア、テレビ出演料などたかがしれており、劇場運営が慢性的な赤字を抱える経済状況の中で、唯一利益を生み出せたのがこの版権事業。後にキャラクター商品のライセンスなど、版権料がＡＫＳの事業の柱となっていくが、その最初の設立目的は、ここを音楽出版社兼インディーズレーベルとして、ＣＤをリリースするためのものだった。

２００６年2月、ＡＫＢ48は「桜の花びらたち」でシングルデビューする。これは『ＰＡＲＴＹが始まるよ』の劇中曲からのシングルカットで、ＡＫＳレーベルよりリリースされた。インディーズながらオリコン週間ランキング10位を記録。6月にはセカンドシングル「スカート、ひらり」がリリースされる。全員のユニゾンだった前作から、「スカート、ひらり」ではメンバー7人が選抜されることとなり、このメンバーが「スカひら7」と呼ばれて、後の「神7」の呼び名の原型となる。特典商法はこのころからで、メンバー20人のソロ仕様のジャケットが人数分作られて、ジャケット違いの20枚のＣＤをまとめた「コンプリートＢＯＸ」購入者には、推しメンバーと2ショットポラが撮影できる特典が付いていた。

同年10月、ソニー・ミュージックエンタテインメントのレーベル、デフスターと契約。劇場公演第2作『会いたかった』からの表題作「会いたかった」が、通算3作目のメジャーデビューシングルに選ばれた。フジパシフィック音楽出版、ポニーキャニオンという気心の知れたチームではなく、心機一転ソニーと手を結んだのは、ソニーのディレクターを長らく務めてきた藤岡孝章の縁もあるのだろう。ここからデフスターが原盤所有者となり、新しく加わった田中博信ディレクターの下、ＡＫＳは原盤制作会社として制作の指揮を執る。また本作から大島優子らが所属するチームＫのメンバーも選出候補となり、2チームから抜粋された「選抜メンバー」がシングルごとに候補に選ばれ、その布陣がテレビなどのメディアでＡＫＢ48と名乗って活動することになった。

デフスター時代から、通常版ＣＤに加え、ＣＤにＤＶＤを付けた初回盤の2種でリリース。インディーズからメジャーへの移籍理由は、このような複数種発売、ＤＶＤ特典を充実させるための、経済的バックボーンを得るためだったのだろう。6枚目のシングル「夕陽を見ているか?」(07年)からはさらに、通常盤、初回限定盤Ａ／Ｂの3種リリースとなった。先に述べた通り、オリコン集計方式が変わって、違う管理番号でも同一表題曲はまとめてカウントされることとなったため、ヴァリエーションを増やすことで、タイプ別シングルを同時購入するファンの力でベストテン入りを狙う作戦がとられた。

劇場公演のアルバムがＣＤ化されるのは２００７年になってから。しかしそれは、メンバーの顔写真も入っていない共通ジャケットによるもので、宝塚歌劇団やシルク・ドゥ・ソレイユの舞台会場で売られている、お土産レコード、ビデオと同じような扱いだった。メンバーの顔写真が入り、毎回デザインが熟考されるシングル、アルバムとは基本別ものという考え方なのだろう。あくまでＡＫＢ48のメインは劇場公演を観てもらうことであり、楽曲ＣＤはそのおみやげ。全国流通のシングルもその時代は、劇場公演から1曲が選ばれる名刺代わりのようなものだった。

オープン時の劇場の売り上げを支えていたのは、300円、500円で売られていたガチャの大量買いだったと言われている。缶バッヂとクジが入っており、当たり券には推しメンとの2ショットポラ権、ゲネプロ招待券、1日劇場支配人券、劇場支配人と行く居酒屋感想戦参加権などが含まれていた。このような付加サービスは、その後CDに付けられる「選抜総選挙」の投票券の前身ともいえるアイデア。後に「CDは握手権か?」とメディアで揶揄されたAKB48だが、握手権もガチャもシングルCDもすべて、劇場公演体験にとってはおまけでしかなかった。

それに準ずるものとして定義されていたのが映像だった。AKB48は「桜の花びらたち」、「スカート、ひらり」などインディーズ時代からMVを制作。デフスターに移籍してからは、MVが初回盤付属のDVDに毎回収録されるかたちになった。1600円で売られるCD+DVDの内訳として、かけられている予算は音楽より映像のほうが遥かに比重が大きい。AKB48にとって音楽は、劇場公演やMVのためのサウンドトラック的役割と言い切ってもいいのかもしれない。

AKB48の音楽制作に関わった関係者の匿名証言によれば、売れっ子でありながら48グループの音楽制作予算はかなりタイトだと言われている。ギタリストなどのアディショナルプレイヤーの参加も、原則は制作費込み。「ポニーテールとシュシュ」、「Everyday、カチューシャ」、「ラブラドール・レトリバー」のように、ジャケット、MV撮影が海外で行われることはあっても、モーニング娘。「Memory 青春の光」のように録音をニューヨークで行うような音楽制作への予算投下は、AKB48の場合はほとんど行われない。

シングル「涙サプライズ!」(2009年)には、TOTOのバッキングでソロアルバムも出しているリサ・ダルベロがコーラス参加している。チャカ・カーン、アレサ・フランクリンのバックメンバーとして知られる彼女の参加も、あくまで作編曲の井上ヨシマサの個人的繋がりから実現したもの。徹底して音楽予算を倹約し、そのぶん映像制作にエネルギーが注がれた。それはある意味、ネット映像配信時代のアイドルの在り方として、正しいものだった。

ＡＫＢ48の映像戦略

まだテレビ放送のあてなどないオーディションの最初の時期から、ＡＫＢ48では主な催し物現場で必ず、クルーを手配してビデオを撮影していた。後にドキュメンタリー映画でその一部が使われることになったが、こんなところまで映像に残してるのかと改めて感心する。カメラを意識しない彼女たちのやりとりは、長期間生活をともに暮らして一年がかりで撮影する自然ドキュメンタリーのようにナチュラルなもの。彼女らがドキュメンタリー映画で見せる自然な振る舞いは、常にカメラを意識して活動するＡＫＢ48メンバーにとって、ごく日常的なものだった。

当初から売り出しに映像の力を利用しようとしていたことは、早い時期からメンバーを映画で端役デビューさせてることでもあきらか。ＡＫＢ48の場合はテレビに出ない代わりに、映画とのメディアミックスや、独自に映像コンテンツを作り、そこから利益を生み出すやり方が取られた。劇場公演を自社予算でマルチカメラで毎回収録し、ＤＶＤリリース、インターネット配信するというやり方は、「カルピスの原液を作って売れ」という秋元の戦略に則ったものだった。

ほとんどテレビの歌番組と変わらないクオリティで制作される、マルチカメラで収録した劇場公演を毎日配信する「AKB48 LIVE!! ON DEMAND」は、２００８年10月にスタートした。当初は動画配信サービス「NETCINEMA.TV」と提携。平日夕方の1回の公演と、土日の3公演はそこから1公演のみが選ばれ、収録された内容はその日の夜に、ビデオオンデマンド方式で配信された。1公演あたり分売で315円、月額で2980円という価格帯は当時としては破格なもの。1公演分のチケット料金で一カ月分の劇場公演が観られるサービスは魅力的なものだった。「NETCINEMA.TV」の配信元のレッドライスメディウムは、ライブドアの堀江貴文の右腕と言われた渡邊健太郎が創業した会社で、2004年に秋元康原作『クリスマス・イブ』をネットシネマとして制作した縁からのもの。しかし立ちあげ時の会員数の伸び悩みと、価格の安さという見積りの甘さから、あっというまに慢性的赤字状態となり、続行不可能となる。

2009年に現在のDMM.comに配信元を移し、ここで一旦月額4980円で再スタート。会員数が増えたところで、2012年に当初と同じ月額2980円に戻された。現在はHD画質での生中継のストリーム放送も行われ、2016年からはビデオオンデマンドでもHD画質の配信が行われるようになった。その後、過去の名作公演の再放送が楽しめる「REVIVAL!! ON DEMAND」というサービスをスタート。過去映像をアーカイヴスとして提供するスタイルは、キング・クリムゾンのDGMやパールジャムのオフィシャル・ブートレグのよう。過去の名演、珍しいラインナップを歴史を遡って楽しめるという、アイドルファンにとって未知の体験が楽しめるものになった。

また、ネットで提供されている劇場公演の内容を、映画館でデータ放送するパブリックビューイングも不定期で行われた。現在では「選抜総選挙」やスタジアムコンサートを、全国の映画館で同時に体験できるイベントも定着している。劇場公演は家でも観られるが、劇場の大型スクリーンに投影してファンと共有することで、あたかも劇場客と同じようにファンの声援に包まれながらステージ観賞するような疑似体験が、全国の映画館で味わえるようになった。

ネットで映画が好きな時間に観られる個人主義の時代に、わざわざ劇場に足を運んでスクリーンで観る。そこには映画観賞という行為が、新しい体験になったことを意味していた。そのきっかけとなったひとつに、映画『踊る大捜査線』のヒットのパターンがあった。

長寿番組『なるほど！ザ・ワールド』の後継番組として、フジテレビで96年に始まった『踊る大捜査線』。それまで15年以上ドラマ視聴習慣のなかった枠ゆえ、実験が許されたのであろう。デヴィッド・フィンチャーの映画『セヴン』を意識した、海外のカルト連続ドラマの影響色濃い異色の刑事ドラマは口コミでファンを広げ、スピンアウト作品も作られるヒットシリーズとなる。翌年に東宝系で『踊る大捜査線 THE MOVIE』が公開されると、前代未聞の観客動員７００万人を記録し、実写映画歴代興行収入４位の大ヒットとなった。

この映画史に残る大ヒットの決め手は「リピーター」の存在にあった。映画を見て感動した客が、知り合いに熱心に布教し、彼らを引き連れて本人もまた映画館に訪れるという傾向が見られた。一人が何度も同じものを見る行為は、よいものを拡散させたいという応援の気持ち、作品に対する信仰のようなものなのだろう。会場にいるみなが同じ箇所で笑うことの連帯感。テレビ視聴率が低下しスポンサー収入がじり貧な中で、『踊る大捜査線』は映画興行収入という新たな鉱脈を開拓し、テレビ局のコンテンツ事業部が花形に。プロデューサーの亀山千広はその功績が評価され、編成局長という異例の大出世を果たして、後にフジテレビの代表取締役社長の座に就いた。テレビシリーズを映画化して興行収入を得る、他局も追随する「THE MOVIE」路線はここから始まった。

ＡＫＢ48の本格的テレビ進出については後述するが、彼女らのレギュラー番組の大半は深夜枠でオンエアされ、国民的アイドルとなった今も変わらない。ここはＤＶＤメーカーや通販番組のために用意された枠で、放送局ではなく広告代理店が出資母体となる時間帯。代理店が時間枠を買い、番組関連企業からコマーシャルを集めるかたちで自主制作し、独自コンテンツがオンエアされている時間帯である。わかりやすい例として、アニメビジネスの例をあげておこう。

最終的にセルＤＶＤ、レンタルＤＶＤで売りあげ回収するアニメは、そのプロモーションとオンエア実績を得るために、民放局の深夜帯の時間枠を買ってアニメを流している。これは30分という時間枠をそのまま、制作幹事となる広告代理店がＰＲ用に買いあげるという手法。アニメが進出する以前は、通販番組、日曜朝でおなじみの自治体やプロ野球球団の広報番組に使われていた枠。本来子供向けという性格を持つアニメがなぜ、子供が観られない深夜にオンエアされるのかという不条理の理由は、メーカーにとって深夜帯の放送枠が安いためだ。

いわゆる「深夜アニメ」が出現するのは96年ごろからで、きっかけのひとつが『新世紀エヴァンゲリオン』の再放送と言われている。深夜放送にもかかわらず、通常２％が合格点の時間帯に５〜６％という高視聴率を獲得。これをきっかけに、深夜帯にアニメ視聴者が潜在的に存在することがわかり、それまでストレートに販売されていたセルＤＶＤ用のミニシリーズが、積極的に深夜にオンエアされるというスタイルが生まれた。深夜にアニメを観るというヤングアダルト層の行動様式は、こうして短期間で当たり前のものとなった。

この時間帯にＡＫＢ48は、自社コンテンツとして自前で番組を作り、オンエア後にＤＶＤメーカーからリリースするという独立独歩なやり方を取っていくことになる。それは「音事協」の業界政治が支配する歌番組の外からテレビに進出していく、新世代アイドルとしての戦術だった。

秋元は映画少年だった

「放送作家、作詞家もすべてアルバイトのようなものだった」と語っていた秋元が、高校時代に唯一憧れた職業があった。それはシナリオライター（脚本家）である。『祭りの準備』（黒木和雄監督）、『青春の殺人者』（長谷川和彦監督）などのＡＴＧ映画にかぶれた映画少年だった秋元。特に心酔していたのが、『祭りの準備』、『赤ちょうちん』、『アフリカの光』、『津軽じょんがら節』の脚本家、中島丈博だった。メジャー志向に見える秋元だが、映画趣味に関しては「ヒットしないような映画が好き」と公言するシネフィル。カルト的人気を誇った長谷川和彦を信奉し、『太陽を盗んだ男』は「日本で唯一、世界に通じるエンタテインメント」と激賞している。

秋元が放送作家としてテレビで仕事をし始めた80年代、フジテレビがヘラルド・エースらと共同出資して銀座文化劇場を再建したミニシアター、シネスイッチ銀座がオープン。『モーリス』(88年)、『ニュー・シネマ・パラダイス』(89年）といったヨーロッパの良質映画を配給し、テレビの情報番組との連動でミニシアターブームが起こる。『バッファロー'66』(98年)、『ライフ・イズ・ビューティフル』(99年）といったカンヌ映画祭系のアート作品がヒットする時代の到来は、秋元にとって関心事だったに違いない。

ポニーキャニオン、フジパシフィック音楽出版の創業者だった石田達郎も、元は新東宝系の映画プロデューサー。ニッポン放送、フジテレビの社長を歴任したが、故郷の北海道に「ゆうばり国際冒険・ファンタスティック映画祭」を立ちあげるなど映画産業振興にも貢献。東京国際映画祭の初代ゼネラルプロデューサーも務めた。今では大手芸能事務所として知られるアミューズの創業者、大里洋吉も少年時代は映画監督を志し、音楽事務所として成功後、アミューズピクチャーズ（後の東芝エンタテインメント）という映画会社を設立。韓国映画『シュリ』(99年)、『ＪＳＡ』（２００１年）、『バイオハザード』（２００２年）などの配給も手掛けた。いずれも少年時代に映画業界入りを志したという共通項があったが、しかし日本の映画業界は保守的で、監督志望者のほとんどが東京大学、京都大学卒という、業界入りは狭き門。彼らはその創作のエネルギーを、ロック／フォーク普及という音楽業界のために捧げてきたのだ。

秋元が座右の1作としてあげる『太陽を盗んだ男』を制作したキティ・フィルムも、同じような背景から生まれた会社だった。母体はポリドールのディレクターだった多賀英典が76年に興したキティ・レコード。日本初のミリオンセラーとなった井上陽水『氷の世界』(73年)を制作した多賀は、ポリドールから出資を受けながら自由な制作体制を作るために、系列の音楽出版社を興して独立。74年に原盤制作会社、キティ・ミュージック・コーポレーションを設立する。76年にはキティレコードとして晴れて独立。設立より、カルメン・マキ&OZ、高中正義、RCサクセション、来生たかお、安全地帯などを輩出した。

寺山修司の劇団天井桟敷にいたシンガーソングライター、第一勧業銀行（現・みずほ銀行）の社員だった小椋桂をスカウト。サラリーマンの小椋が顔が出せないことを逆手に取って、イメージ写真、ナレーションを交えた小椋のアルバムは一編の映画のようだった。「ラジオはフォーク、テレビは大手芸能界が牛耳るので、タイアップは映画しかない」と語り、多賀は映画音楽プロデューサーに進出。東宝映画『放課後』(73年)で、井上陽水「夢の中へ」を主題歌に起用して、20万枚のヒットに結びつけた。そうした映画業界との交流が多賀を映画制作の道に誘う。日活出身の映画プロデューサー、伊地知啓を招いて、79年に映画制作会社キティ・フィルムを設立。村上龍などの異業種監督の起用や、長谷川和彦、相米慎二ら、日活助監督出身の鬼才をサポートし、『太陽を盗んだ男』(79年)、『翔んだカップル』(80年)、『セーラー服と機関銃』(81年)、『ションベン・ライダー』(83年)などを世に送り出す。

『太陽を盗んだ男』を制作したさいとう・プロダクション出身の同社の若きプロデューサー、山本又一朗が彼の右腕となり、日本の少女マンガが原作の『ベルサイユのばら』を、『シェルブールの雨傘』の名匠ジャック・ドゥミを起用してパリで撮影させるなど、型破りなスタイルで業界を驚かす。しかし92年の多賀の賭博事件による引責辞任をきっかけに往時の勢いを失い、後にユニバーサル・ミュージックの傘下に。多賀は現在でも舞台プロデューサーとして『銀河英雄伝説』を手掛け、無名だった松坂桃李をスターにした。山本又一朗は、小栗旬、綾野剛、ミュージシャンのｍｉｗａらを擁するトライストーン・エンタテイメントを設立し、タレントのマネジメント、および映画制作を行っている。

角川映画と並ぶ映画業界の黒船だったキティ・フィルムは、音楽業界人による映画革命だった。ちなみにグループのキティの社名は創業者5人（金子章平、磯辺良人、多賀英典、田中裕、安室克也）の頭文字を並べた〝ＫＩＴＴＹ〟から。秋元康と窪田康志、芝幸太郎が始めたＡＫＢ48が、3人の頭文字からとって事務所名を「ＡＫＳ」と名付けたのも、キティ・レコードの神話をなぞったような印象を抱かせた。

保守的だった映画業界の凋落を、音楽業界の才能が救った80年代。それを出版界から行っていたのが、角川春樹率いる角川書店だった。海外ロケーション大作で業界をあっと言わせた初期の『人間の証明』（77年）、『野性の証明』（78年）にも驚かされたが、以降の薬師丸ひろ子、原田知世らを新人女優を主役に起用した、プログラムピクチャー時代に果たした役割も大きかった。筒井康隆の原作を映画化した『時をかける少女』（83年）で、原田知世が突然歌い出すエンディングは、まるで原田知世のプロモーションビデオのようだと言われた。

『時をかける少女』を監督した大林宣彦も自主制作映画を撮りながらＣＭディレクターから商業映画業界に入った異業種監督で、自らも音楽家としての顔を持つ。バタ臭いミュージカルスタイルなどの導入は、『銀座の恋の物語』(62年)などの一世を風靡した歌謡映画の再来のよう。ヒット曲をトリガーにして生まれる音楽と映画のコラボは、日本流のミュージカルの実践とも言えるものだった。秋元のニューヨーク留学中の突然のブロードウェイミュージカルへの目覚めには、そんな大林宣彦が実践してきた日本流ミュージカルに呼応してるように思えた。

テレビ業界で仕事をしていたころから、秋元は昔から憧れていた映画制作進出への準備を着々と進めていた。テレビ番組の構成作家を務めていた山田邦子の主演映画『君は僕をスキになる』(89年)、柴田恭兵主演『![ai-ou]』などを企画。映画への情熱から、91年には松坂慶子主演『グッバイ・ママ』で監督デビューも果たしている。本作は松竹社長の御曹司、奥山和由のプロデュース作品。北野武(ビートたけし)の監督デビュー作となった『その男、凶暴につき』(89年)で手応えを掴んだ奥山が、異業種監督を映画界に引き込むためのパートナーとして声をかけた一人が、秋元康だった。北野武に続く、竹中直人監督『無能の人』、坂東玉三郎監督『外科医』と同様に、ミディアムバジェット作品の枠で企画され、秋元の仮住まいだったニューヨークで一部ロケ撮影も行われた。続けて松竹配給で、ニューヨークを舞台にしたラブロマンス映画『マンハッタン・キス』(92年)を監督。しかし一日フルでスケジュールが拘束され、現場での瞬時の判断力が求められる監督稼業は自分に合わなかったと語り、映画監督への夢はこの2作で一度潰える。

ニューヨーク時代にはオノ・ヨーコ主演の『HOMELESS』(91年)の企画・脚本を手掛けており、こちらは盟友の堤幸彦に監督を任せた。『グッバイ・ママ』、『マンハッタン・キス』と本作を合わせて、「ニューヨーク三部作」と呼ばれている。ニューヨーク移住時にオフブロードウェイで、ミュージカル興行のために会社を興すも実現せず。そこからスピンアウトして生まれた自主映画制作だったが、『HOMELESS』も完成しながら上映にこぎつけることができずに終わった。その後の小説家への転身、ドラマ原作などへの進出は、断ち切れなかった映画への想いが反映されたもののよう。その後、『川の流れのように』（２０００年）、『ございまれじ』、『銃声 LAST DROP OF BLOOD』（ともに２００３年）と散発的な監督作品はあったが、秋元が夢として抱えていたのはあくまで本場ハリウッドでの興行の成功だった。

99年に公開された『ブレア・ウィッチ・プロジェクト』が、わずか6万ドルの低予算で全世界で2億４０５０万ドルを稼ぐ大ヒットに。ビデオカメラ映像を使ったフェイクドキュメンタリーの興行的成功は、ハリウッドに新たな神話を生んだ。中田秀夫監督『リング』(98年)、清水崇監督『呪怨』（２００2年）の制作者としてハリウッドに進出した、プロデューサー一瀬隆重らに刺激された部分もあったのだろう。自らの原作で『着信アリ』（２００４年）を企画してヒットさせ、計3作作られる人気シリーズになったが、これが２００8年にアメリカに映画化権が売れて、『ワン・ミス・コール』としてリメイクされた。こうして秋元にとって18年越しにハリウッド進出の夢を果たした。

日本人にしか作れないＪホラーのフォーマットには、唯一の商業的可能性があった。ハリウッド映画のようなものを日本人が作っても勝てはしない。ミュージカル、映画で海外進出を夢見た秋元が、世界で通用するフォーマットとして注目したのが日本のアイドル産業だった。こうしてＡＫＢ48はデビュー数年後に、海外進出を意識した活動を繰り広げていくことになる（くわしくは後述）。

映画への関心が再び芽生えたのは、SOLDOUT時代からの盟友、堤幸彦らによるアドバイスが大きかったという。そのころから、ＡＶＩＤ編集（デジタル映像編集）などの新しいテクノロジーを使うことで、小バジェットでも映画制作は可能になった。プロ・ツールスなどの新しい録音技術などにも触れ、小資本でもかつてのレコード会社や映画会社のようなクオリティの作品が作れる時代になった。映画制作で得た実感が、テレビから独立したエンタテインメントが可能であるという、秋元に新たな可能性の扉を開けることになったのだ。

SOLDOUT時代の残党で創業したオフィスクレッシェンドが、このころからドラマ分野に本格進出。秋元のような映画青年ではなかったが、ロック好きから転じてディレクターになった堤幸彦は、「ミュージックビデオのようなトーンのドラマを」という日本テレビのプロデューサーの要請に応え、『金田一少年の事件簿』（95年～97年）での大胆な演出で自己のスタイルを確立。『ケイゾク』（99年／TBS系）、『池袋ウエストゲートパーク』（2000年／TBS系）、『TRICK』シリーズ（2000～2003年／テレビ朝日系）などのドラマをヒットさせて、作家性の強いヒットメーカーとして評判を呼ぶ。また堤の弟子筋に当たる大根仁もバラエティのAD出身からキャリアを始め、堤組のローテーション監督としてドラマ演出家に。『アキハバラ@DEEP』（2006年／TBS系）、『モテキ』（2010年／テレビ東京系）を自らのサブカル知識を武器にヒットさせ、日本映画界における新鋭としてともに注目される存在になった。

AKB48のミュージックビデオ、ドキュメンタリー

デフスター時代からシングル初回盤にDVDが付くかたちになったが、MVを収めるだけではなく、これがAKB48にとって新しい表現メディアになった。「桜の花びらたち2008」（高橋栄樹監督）では長尺の10分のスピンアウトドラマが作られ、「大声ダイヤモンド」（高橋栄樹監督）、「前しか向かねえ」（熊澤尚人監督）も、MVと同時制作された15分の短編映画が収録された。その究極形が、大林宣彦が監督した「So long!」（2013年）だろう。MVと同時進行で撮影されたス

ピンアウト作品には撮影期間3日間が費やされ、その長さは64分に及ぶ。「A MOVIE」のテロップで始まる本格的な大林映画作品の体裁になっており、劇場公開こそされなかったものの、長岡市がロケ撮影に協力した映画『この空の花　長岡花火物語』（２０１２年）続編的内容に。ミッキー・カーチス他、同映画のキャストも出演している。

ＡＫＢ48結成前から、秋元がシンパシーを感じていた映像作家として、度々名前を挙げていたのが岩井俊二だった。イジメ、自殺などを暗示するショッキングな映像で話題を呼んだ、デフスターー時代の3枚目のシングル「軽蔑していた愛情」（高橋栄樹監督）MVには、岩井の『リリィ・シュシュのすべて』（２００１年）の濃厚な影響が伺える。63年生まれの岩井はミュージックビデオ制作からキャリアをスタートさせ、後に映画監督となった最初の世代。スパイク・ジョーンズ、ミシェル・ゴンドリーのように、ＭＶ監督から長編映画作家としてブレイクしたハリウッドの新しい神話を、日本において実践した人物でもあった。松たかこのＭＶを依頼され、数本分の予算を使って長編映画として完成させた『四月物語』（98年）は、あたかも最初から独立作品として作られたような銘品となる。いわばこれも「音楽映画」と言いたいような内容になっており、ＡＫＢ48の一連のシングル付属ＤＶＤの短編映画は、岩井俊二のメディア手法に通じるものがあった。93年にフジテレビのオムニバスドラマ『ifもしも』の一編として撮られた『打ち上げ花火、下から見るか？横から見るか？』は、岩井俊二の出世作と言われる作品。テレビドラマでありながら、劇場作品を思わせる映像美で高視聴率を記録し、これが口コミで話題を呼んで、異例の劇場公開を果たした。岩井は同年の日本映画監督協会新人賞にも選ばれた。

ミュージックビデオを経て、テレビディレクターから映画監督に。音楽業界、テレビ業界から映画業界に進出し、作家として評価された岩井には、映画制作に憧れたかつての秋元の姿がダブる。

『Love Letter』（95年）を絶賛し、過去にも雑誌対談などで交流はあった2人だが、ＡＫＢ48「桜の栞」（２０１０年）で初めて岩井俊二がＭＶの監督を務め、初コラボを果たしている。また２０１１年に劇場公開されたドキュメンタリー『DOCUMENTARY of AKB48 to be continued 10年後、少女たちは今の自分に何を思うのだろう？』では岩井が制作総指揮を務め、ＡＫＢ48メンバーのリアルな姿を岩井流に演出。ここでは岩井の制作アシスタントから脚本家になった、寒竹ゆりが監督を務めている。岩井から受けた影響はその後、欅坂46などにより増幅したかたちで表れることになった。

ＡＫＢ48の作詞家として、さまざまな作曲家とパートナーとして手を組んだように、ミュージックビデオにも、ユニークな映画監督、ディレクター、映像作家を起用してきた。岩井俊二をはじめ、金子修介、是枝裕和などのベテランから、北村龍平、樋口真嗣、蜷川実花といった新鋭の映画監督、テレビディレクター出身の本広克行、大友啓史、大谷太郎、中野裕之の他、『私をスキーに連れてって』（87年）の監督を務めたホイチョイ・プロダクションズの馬場康夫、三共リゲイン「24時間戦えますか」でカンヌ国際ＣＭフェスティバルのブロンズ賞を受賞したＣＭディレクターの黒田秀樹、PerfumeのＭＶで知られる関和亮、『北の国から』シリーズを手掛けたベテラン、元フジテレビの杉田成道などなど。よしもとクリエイティブ・エージェンシーの芸人で、ＭＵＳＥの曲を使ったパラパラ漫画「振り子」（２０１２年）で話題を呼んだ鉄拳など、旬の話題人とも積極的にコラボレーションを仕掛けた。

「ギンガムチェック」、「ＵＺＡ」（ともに２０１２年）では、レディー・ガガ、エミネムなどのＭＶ監督として知られる韓国系二世、ジョセフ・カーンが監督。ＭＴＶアワード、グラミー賞を受賞している海外作家が、アイドルのＭＶを手掛けたのも初めてだった。大河ドラマ『龍馬伝』

（２００７年）をヒットさせた元ＮＨＫディレクターで、『るろうに剣心』（２０１２年）を手掛けた大友啓史監督の「僕たちは戦わない」では、大胆な殺陣アクションが取り入れられた。本作は完成披露試写会と称して、新宿の映画館バルト9の大型スクリーンでファンを集めてお披露目された。劇場に何度も足を運んでいたほどＡＫＢ48ファンだったという写真家の蜷川実花は、下着姿がセンセーショナルな話題を呼んだ「ヘビーローテーション」を監督。YouTubeで公開された映像が1億回以上再生され、同曲のＭＶはアジアナンバーワンのコンテンツと呼ばれた。

初期からＡＫＢ48のＭＶを数多く手掛けている高橋栄樹も、THE YELLOW MONKEYのＭＶで注目された元はロック系監督。学生時代にウィリアム・バロウズに影響を受けたビデオアートを手掛け、ヴィム・ヴェンダース『夢の崖てまでも』（90年）、Ｕ２「Night and Day」の撮影アシスタントの経験もあるカメラマン出身。一眼レフを用いたＭＶ撮影でＡＫＢ48のトーン＆マナーを確立した人物でもある。大林宣彦監督「So long!」で助監督を務めた他、事故者が続出するステージ裏を戦場のように描いた『DOCUMENTARY of AKB48 Show must go on 少女たちは傷つきながら、夢を見る』（２０１２年）、『DOCUMENTARY of AKB48 No flower without rain 少女たちは涙の後に何を見る?』（２０１３年）などの一連の劇場ドキュメンタリーでは監督も務めた。それらのドキュメンタリー作品のプロデュースや、テレビバラエティ『AKB48 SHOW!』（２０１３年〜）の制作総指揮を務める元ＮＨＫエンタープライズのプロデューサー石原真も、『存在する理由 DOCUMENTARY of AKB48』（２０１６年）で監督進出。彼もロック畑出身で、ムーンライダーズのカヴァーバンドとして有名な架空楽団のベーシスト、ギタリスト。インディーズでＣＤデビューも果たしている。

こうしたＡＫＢ48の映像戦略で采配を振るっているのが、創業者の一人、窪田康志の会社ケーアールケープロデュースの子会社として設立された映像制作会社、ノース・リバーの北川謙二である。ＮＭＢ48「北川謙二」という曲名にもなった人物の正体は、48グループの映像プロデューサー。コンテンツ制作、コンサート制作、ロケバス手配などを同社が担っている。北川はソニー・ミュージックエンタテインメントの代表取締役ＣＥＯだった北川直樹の子息。実父は丸山茂雄の下でエピック・ソニー時代にワールド・ミュージックを担当し、「ランバダ」をヒットさせた音楽プロデューサーとして知られる。88年にソニー傘下になったコロムビア映画を前身に持つ、ソニー・ピクチャーズに出向し、ロバート・デ・ニーロ主演『フランケンシュタイン』（94年）などの宣伝も手掛けた。２００１年に制作部門が分社化して生まれた、ソニー・ミュージックアソシエイテッドレコーズ設立時に再び音楽業界に戻り、小室哲哉のＴＫプロジェクトに参画。その後、大沢伸一プロデュースのｂｉｒｄや、秋元が作詞で関わった中島美嘉などをデビューさせている。ノース・リバーは北川謙二の名字から社名が付いている通り、彼を代表者として立ちあげたケーアールケープロデュースの子会社。局制作のテレビ番組、映画用作品を除けば、ＡＫＢ48の大半の映像コンテンツの制作をここが一手に引き受けている。

デフスターからキングレコードに移籍した後も、ＡＫＳが音楽制作、ノース・リバーが映像制作というかたちで不動のチームは継続された。キングレコード移籍後も、映像制作においてソニーの伝統は継承されていたとも言えるかもしれない。その後、ＡＫＢ48の公式ライバルとして乃木坂46が２０００年に結成されるが、よりヴィジュアルな要素が前面に打ち出される。ソニー血筋のノース・リバーは乃木坂デビューにも大きく関わり、映像制作の他、一部楽曲の音楽出版権なども保有している。

デフスター時代

話をメジャーデビューしたばかりのデフスター時代に戻そう。ＡＫＢ48が契約したのは、２０００年にソニー・ミュージックエンタテインメントの系列会社として発足したばかりの新しいレコード会社、デフスターだった。オフィスは乃木坂ソニービルの社内にあり、秋元が詞を手掛けていた中島美嘉のいたソニー・アソシエイテッドレコーズの隣のフロアにオフィスを構えていた。本社が置かれた市ヶ谷のソニーレコードが70年代から受け継ぐ邦楽制作の本流を担い、洋楽部や姉妹レーベルの置かれていた乃木坂ソニーは、クラブ向けなど実験性の強い邦楽アーティストを抱えていた。社名の〝DefSTAR〟は造語で、語源は「Ｄｅｆ＝かっこいい」＋「ＳＴＡＲ＝新しいスターを生み出す」の意味。the brilliant green、平井堅らを手掛けていた吉田敬をリーダーに、彼の事業部のレーベルが後にレコード会社として独立したもの。80年代後半から90年代にかけて、一ディレクター＝一レーベルがソニー社内にいくつも作られたが、そのひとつだった。

デフスターの主戦力は、the brilliant green、平井堅らニューミュージック系アーティスト。いずれも研音所属だが、研音とは資本関係はない。しかし、２００３年に吉田が41歳で引き抜かれてワーナーミュージック・ジャパンの代表取締役となってからも、コブクロ、絢香ら研音のアーティストをデビューさせたことから、吉田作品はいずれも研音カラーが強かった。

ＡＫＢ48が契約したのは、２代目社長の藤原俊輔の時代。担当を務めたＡ＆Ｒディレクターの伊藤秀記、平井裕介ともロック系では実績があったが、アイドルを手掛けたのはほとんど初めてだった。宣伝担当は、松尾潔が音楽プロデュースを手掛けたCHEMISTRY担当ディレクターから宣伝部に移った大谷英彦。35歳でデフスター執行役員に就き、平井堅「瞳を閉じて」（２００４年）をヒットさせた。彼がソニー時代、モーニング娘。が所属するzetimaの受託販推窓口を担当していたことが、唯一デフスターとアイドルを結びつける要素だった。

デフスター時代に出た8枚のシングルは、「会いたかった」を除けばすべてランキング最高位10位以内を記録したものの、もっとも売れた「僕の太陽」で売り上げ2万8000枚。発売週にはチャート入りしても、翌週は100位圏外に落ちるというほど、まだコアなファンしかいなかった。後の乃木坂46、欅坂46が、秋元とソニーのコラボで大ヒットを記録していることを思えば、デフスター時代の不発の理由は「アイドル冬の時代」という、時代状況的なものかもしれない。

後に移籍するキングレコードのA&Rディレクター湯浅順司は「AKB48のスタイルが確立したのはあくまでデフスター時代」と指摘する。デフスターが果たした最大の功績は、シングルを重視したことだろう。劇場作品からシングルカットしていた旧来のスタイルを止め、デフスターはあくまでシングル用に楽曲を作るべきと提言。例えば7枚目のシングル「ロマンス、イラネ」はソニー主導で作られた曲で、劇場公演『夢を死なせるわけにはいかない』（2007年）の1曲として披露された。同曲はAKSではなくソニー・ミュージックパブリッシングが出版管理会社で、振り付けも夏まゆみではなくEmma、MARI、MIHO、TOKUらを起用している。またデフスター後期は、劇場公演の音楽出版もAKS、ソニー・ミュージックパブリッシングの共同出版が増え、デフスターは原盤所有のみならず、音楽出版でもAKB48の音楽制作に深く関わるようになった。

後の乃木坂46結成時、「AKB48が売れなくて、ソニーには多大な迷惑をかけたお返しとして」と秋元が語っていたように、最大2万枚では制作費のリクープは難しかったのだろう。最終シングルとなった「桜の花びらたち2008」はアレンジはほとんどそのまま、センターを高橋から前田に置き換えたもので、２月発売で卒業シーズンに向けてリリースされたというものの、低予算での再使用の感が拭えないものだった。そして本作リリースで起こった騒動が、ＡＫＢ48とレーベルの関係を完全に断ち切ることになる。

２００８年２月に発売された「桜の花びらたち２００８」は、特典としてメンバーのソロポスター44枚をランダムに付属。44枚をコンプリートしたファンにはイベント「春の祭典」に招待すると告知された。１枚１２５０円なので44枚買うと５万５０００円。ランダムに封入されたポスターを揃えられる確率は、ファンの計算によると77京１４６８兆８９０９億１７８９万４７４０分の１というもの。これが射幸心を煽るとして、独占禁止法の定める「不公正な取引方法」になるという恐れから、デフスターおよびソニー・ミュージックエンタテインメントの法務担当から指摘を受けて、この企画は中止に。未開封の商品の払い戻しが行われた。そのための損害額が大きかったことから、デフスターとの契約更改は行われないまま、ＡＫＢ48はレーベルを去ることになった。

主力メンバーの芸能事務所への移籍

ＡＫＢ48劇場の慢性的赤字、メジャーデビュー以降のＣＤセールスの伸び悩みは当然、ＡＫＢ48の活動継続に不穏な影を落としていた。そのための打開策として行われたのだろう。２００７年５月に、全員が所属していたＡＫＳから、一部の主力メンバーの芸能事務所移籍が大々的に発表される。大島麻衣、板野友美、河西智美はホリプロ、前田敦子、大島優子、小野恵令奈は太田プロダクション、小嶋陽菜、高橋みなみ、峯岸みなみはプロダクション尾木に移籍。「音事協」と距離を取っていたＡＫＢ48だったが、このときはプロダクション尾木が采配を振るったと言われている。

ＡＫＳからの移籍は「音事協」間の事務所移籍のように移籍料はかからない。その上、すでに固定ファンも抱えているタレントに来てもらえるのは、各事務所にとって歓迎すべき話だった。こうして金銭授受のない移籍の実現で、秋元は芸能事務所に恩を売ることができた。メンバーの給料は各事務所が払い、ソロ活動に関しては事務所がマネジメントするが、ＡＫＢ48としての活動は引き続き、ＡＫＳがマネジメントを行うことになった。ちなみに、現在までにワタナベエンターテイメント、フレイヴ エンターテインメント、ドレスコード、アーティストハウス・ピラミッド、イトーカンパニー、サムデイなどにメンバーが移籍を果たしている。もちろん「音事協」系事務所の中には、ＡＫＢ48の存在をいぶかしく思い、受け入れに関心を持たなかった会社も多かった。

主力メンバーの芸能事務所移籍はその後既定路線となっているが、ＮＭＢ48の山本彩、ＨＫＴ48の宮脇咲良のように、ブレイク後も移籍せずにセンターを務めるメンバーも存在する。また舞台俳優が数多く所属するアトリエ・ダンカンや、ＡＫＢ48の舞台監督を務めた岩本幸也のＭｏｕｓａのように、テレビタレントではなく舞台女優育成を掲げて、「劇場職人」と呼ばれるような実力派を受け入れる事務所もあった。

「マネジメントはプロでないとできない」と秋元も語っており、それはＡＫＢ48スタッフが素人集団として旗揚げしたときから折り込み済みだった。おそらくこれは、日本テレビ『スター誕生！』と同じやり方なのだろう。デビューのきっかけは日本テレビの番組が作り、音楽出版社は日本テレビ音楽が預かるが、タレントマネジメントだけはプラカードをあげた芸能事務所に引き渡すというスタイルである。ＡＫＳは版権事業、イベントの企画制作があくまでメインであり、老舗の芸能事務所の人脈や業界支配力には遠く及ばない。ＡＫＢ48は将来的にここから巣立っていくための養成機関なのだと。そのために「音事協」事務所と連携を取ったことが、AKB48のこの後のテレビ進出の追い風になった。

フジテレビと「アイドリング!!!」

2007年12月31日、AKB48はNHK『紅白歌合戦』に初出場を果たす。しかしそれは「アキバ枠」という企画コーナーへの出演要請。しょこたんこと中川翔子と、アニメのコスプレで話題を呼んだ外人モデル、リア・ディゾンとAKB48を合わせた3組の、メドレー出演というものだった。AKB48はオープニングで「会いたかった」を歌い、最後に全員で小泉今日子「なんてったってアイドル」を合唱。竹内まりや、松田聖子の辞退などで地味なラインナップと言われた年の初出場だったが、放送をきっかけにAKB48ファンになった者も多く、ここから劇場公演のチケットを入手するのが至難の業となるほど、テレビ出演の効果は大きかった。苦労して時間をかけて客を増やしていた中で、たった一回のテレビ出演で状況が変わるというのは皮肉なもの。日本のエンタテインメント界では、テレビメディアの訴求力は無視できなかった。もともと「自由にやらせて、どこまで行くか自然に任せたい」と語っていた秋元。ここからは急転直下で、「テレビに出ないアイドル」だったAKBは、昨日までのテレビとの距離がウソのように、テレビ進出に大きく舵取りをしていくことになる。

その外的要因のひとつと思われるのが、2006年結成のアイドリング!!!への牽制だろう。フジテレビのCS放送の帯番組『アイドリング!!!』から、番組内オーディションで生まれたグループアイドル。16人の選抜メンバーが選ばれ、後にポニーキャニオンからデビューを果たした。番組観覧による「会いに行けるアイドル」というキャッチフレーズは、あきらかに秋元のＡＫＢ48にぶつけたものだった。ライブドア騒動などで敵対関係にあったフジテレビが、秋元にぶつけたライバル的グループの存在。それがフジテレビのメディアパワーで進出してくるとあっては、正攻法の戦い方では負け戦になってしまう。事実、ＡＫＢ48劇場に通っていたファンの一部がそちらに流入。大島優子がＡＫＢ48加入前に入っていたグループ「Doll's Vox」の横山ルリカがアイドリング!!!のメンバーになるなど、ジワジワとＡＫＢ48の存在を脅かすものになっていった。

アイドリング!!!はネット時代に向けた番組販売のために、テレビ局のコンテンツ制作進出として企画された「デジタルメディア横断プロジェクト」の第1弾。ＣＳ番組の内容はフジテレビ On Demandでも映像配信された。また「idolingch」というYouTubeアカウントを取得し、オリジナルコンテンツの配信も同時にスタート。のっけから台湾で番組配信がスタートするなど、局資本で大がかりなタイアップを展開する驚異的な存在に映った。かつておニャン子クラブを成功させたテレビの力で、アイドリング!!!がシェアを奪っていく。「テレビに出ない」という中長期的戦略から一転して、テレビに進出すべきという方向転換をＡＫＢ48が迫られたとしても、何らおかしくはない。

しかしアイドリング!!!は菊地亜美らを輩出したものの、大きなブレイクを果たすことはなく、２０１５年の番組終了とともに解散した。その理由として大きかったのは、兄貴分として番組の司会を務めていたバカリズム含め、スタッフの誰もがアイドルに興味が持てなかったこと。初代総合演出の塩谷亮、プロデューサーの神原孝、門澤清太らいずれもアイドルとはまったく無縁で、番組名や放送局もたびたび変更され、スタッフも定着しなかった。そのために菊地らも自虐ネタを武器に、女芸人のような番組に呼ばれる機会が増えていった。プロデューサーの2人はその後、２０１０年にロックフェスのアイドル版「TOKYO IDOL FESTIVAL」を立ちあげているが、今でも「アイドルが好きでやってるわけではない」とインタビューではきっぱり答えている。秋元がアイドルに情熱を注いできたＡＫＢ48と、あくまでビジネスと割り切ったアイドリング!!!は対称的なグループだった。ファンに言わせれば、スタッフが熱意を持てないようなアイドルが、一般から愛されることはないのだ。

アイドリング!!!とＡＫＢ48はライバル関係にあったが、フジテレビ主催「アイドル選手権Ｐｕｓｈ☆１」のキャンペーンソングでは２つが合体。秋元プロデュースによる「ＡＫＢアイドリング!!!」を結成し、「チューしようぜ！」でポニーキャニオンからＣＤリリースも果たした。

ライブドア騒動後、呪われたフジテレビのネット事業はことごとく失敗に終わる。２０１０年のTwitterブームの折りにも、異業種サービスと提携するのを嫌い、独自のＳＮＳとして「イマつぶ」を立ちあげ、番組への投稿手段をこれに限定。しかしTwitterを歓迎した他局のバラエティに大きく差を付けられ、サービスは3年後に終了。ＮＴＴドコモと大々的に組んだモバイル用放送局事業、ＮＯＴＴＶも大きな成果を出せないまま、大赤字を生んで撤退する。現在「地上波では４番目」と言われるまでになったフジテレビだが、多くの失敗事業の中のひとつにアイドリング!!!があった。長年活動しながらもさしたる実績を残せず、番組終了とともに解散させられた。

一方、フジテレビ主催のお台場でのイベント「Hot☆Fantasy ODAIBA」に、ＡＫＢ48は２００６年より出演を開始。劇場やホールでは撮影禁止だが、イベント出演に限り写真撮影ＯＫにしたことで多くのアイドルファンが群がり、ＡＫＢ48の知名度獲得に大きく寄与した。

ＡＫＢ48が初めてテレビ出演したのはまだインディーズ時代。２００６年6月9日『ミュージックステーション』に出演し、「スカート、ひらり」を歌唱した。このテレビデビューは、かつてのビーイングと同じ構図で、ＡＫＢの劇場作品の音楽出版管理を預けていたテレビ朝日ミュージックが仕掛けたもの。『ＡＫＢホラーナイト　アドレナリンの夜』（２０１５年）、『ＡＫＢラブナイト恋工場』（２０１６年）、『ＥＸＤ44』（２０１６年）、『豆腐プロレス』（２０１７年）、『ラストアイドル』（２０１７年）と続いていく、テレビ朝日と秋元の関係はかなり古い。『オールナイトフジ』のディレクターだった新井義春がフジテレビ退職後、田辺エージェンシー出資による制作会社Ｄ３カンパニーを設立。金曜日深夜の『タモリ倶楽部』（82年～）の成功に続いて、平日の他曜日も深夜帯にレギュラー番組が作られることになり、テレビ朝日はこの時間帯を田辺エージェンシーに制作委託する。Ｄ３カンパニーがそれを受注し、旧知の秋元を企画者に立てて、人気者だったとんねるずを主役に配した『トライアングルブルー』（84～86年）が大ヒット。それ以来、20年越しの信頼関係があった。

『音楽戦士 MUSIC FIGHTER』（日本テレビ系）など、散発的に深夜番組に出演することはあったが、大きな話題にはならず。また２００６年9月よりＮＨＫとＡＣジャパン共同の環境キャンペーンに篠田麻里子、小嶋陽菜、大島麻衣、峯岸みなみらが駆り出され、大量露出したものの不発に終わった。翌年、同枠にはPerfumeが選ばれ、キャンペーンソング「ポリリズム」（ポリはポリエチレンなどの合成ゴミの意）が大ヒット。まったく無名だったPerfumeは、テレビの力で一夜にしてスターとなった。結成時のＡＫＢ48は、あくまでサブカル系アイドルの一組という扱いだったが、秋葉原のローカル現象から「アキバブーム」が全国区になっていったように、こうしてテレビへの進出を一コマずつ進めていくようになる。

結局、秋元はＡＫＢ48を、サブカルの枠内に止めておくことはできなかったのだろう。「いつも自分は好きなことしかやらない。それが大衆と一致するのが目標」と秋元は語っていた。菊池桃子で共作した作曲家の林哲司は、秋元をスティーヴン・スピルバーグのような存在と例える。スピルバーグもフランス映画に影響を受けたシネフィルだったが、ハリウッドにおいてその美意識を持ったまま、独自の商才を発揮してブロックバスター作品の数々を手掛けて成功したのだ。

電通主導による、テレビへの進出

結成時の「秋葉原プロジェクト」のころから、ＡＫＢ48にはブレインに電通のスタッフ２人が招かれていた。一人は藤田浩幸（当時・電通第7営業局営業部）、もう一人は阿比留一彦（当時・電通テレビ局ネットワーク5部長）である。藤田はＮＴＴドコモの担当で、テレビ電話機能を搭載したＦＯＭＡのプロモーション時に、映画『着信アリ』をヒットさせた秋元にコンタクト。２期生オーディションでは、ＮＴＴドコモの端末を使って全国規模でテレビ電話オーディションを仕掛けた。また２００９年。読売新聞の創刊１３５周年記念キャラクターにＡＫＢ48を起用するなど、数々の大型タイアップも藤田の功績。そんな藤田を秋元に紹介したのが、放送作家として秋元と番組作りで関わっていた、電通のテレビ事業局にいた阿比留だった。

テレビに依存せず企業タイアップで活動していたＡＫＢ48にとって、２人はクライアントと重要なハブ役を務めていた。２人はともにＡＫＢ48をブレイクさせるに当たり、「テレビでレギュラー番組を持つべき」という共通見解を持っていた。２００９年、２人の制作総指揮でスタートしたのが、初のレギュラーとなる『週刊ＡＫＢ』（テレビ東京系）というＡＫＢ48広報番組。スピードワゴンを司会者に、我が家、イジリー岡田ら芸人がレギュラー出演し、学園コントのようなセットで毎回、チャレンジものや旅企画のＶＴＲが紹介された。テレビ東京系ではあったが全国ネット番組としてスタート。後藤喜男、安西義裕らプロデューサー陣は、現在も続いている恵比寿マスカッツがレギュラー出演する『おねがい！マスカット』の制作スタッフである。チーム対抗運動会などの王道のアイドルバラエティを目指し、毎週メンバーの近況を視聴者に届けた。

自社制作のカラーの強かった『週刊ＡＫＢ』とほぼ同時期から準備を進め、藤田がスポンサー探しをして、テレビ局主導の制作番組として一足先にスタートしたのが、日本テレビ深夜の『ＡＫＢ１じ59ふん！』（２００８年）。何度か時間変更した末『AKBINGO!』に改題されて、現在も継続しているＡＫＢ48の最長寿番組である。当初は東京ローカルでスタートしたが、ＳＫＥ48結成をきっかけに名古屋の中京テレビでのネットが始まり、全国ネットだった『週刊ＡＫＢ』終了後はそれと入れ替わりに、こちらが全国ネットでＡＫＢ48のメイン番組となった。

プロデューサーは、『ザ・トップテン』、『歌のトップテン』などの音楽番組を担当していた土屋泰則。『オシャレ30・30』時代から、放送作家を務めていた秋元とは古くからの縁があった。番組立ちあげに尽力したのが、『進め！電波少年』（92年）の元ディレクターだった毛利忍。『進ぬ！電波少年』（98年）時代に、売れない女性アイドルに無人島でサバイバル生活を送らせる「電波少年的15少女漂流記」を担当するなど、女性芸人もかくやの扱いで毛利は知られていた。こちらはアイドルでも鼻フック、顔面パイ投げＯＫと完全バラエティ仕様で、メンバーを女芸人のように扱ったことで賛否両論巻き起こす。しかし、メンバーがさまざまな試練にチャレンジするさまが、「ギャップ萌え」に反応するファンに絶大な支持を受けた。渡辺麻友主演のオタク向けドラマ「48秒戦隊エケレンジャー」、ソロデビューさせた大堀恵に発売１カ月でＣＤ１万枚売れなければＡＫＢ48強制卒業を命じるなど、扱いはほとんど『電波少年』と変わらず。しかしこうした泥臭い見せ方は、ＡＫＢ48劇場で見せるメンバーの熱、汗に通じるものがあった。これらのバラエティでの活躍が、デフスター時代のサブカルアイドルから、キングレコード時代の国民的アイドルへの成長していく通過点となった。

その後、『AKBINGO!』に次ぐ長寿番組となったＴＢＳ『有吉ＡＫＢ共和国』（２０１０～２０１６年）、フジテレビ『ＡＫＢ自動車部』（２０１２年）、『爆笑 大日本アカン警察』（２０１１～２０１３年）などレギュラー番組が増えていく。２０１０年からは初の連続ドラマ『マジすか学園』（テレビ東京）シリーズがスタートし、深夜ドラマはＡＫＢ48のシリーズ枠となった。テレビへの本格進出を進める中で、ＡＫＳも番組企画に参加。ＮＯＴＴＶ『ＡＫＢ48のあんた、誰？』（２０１２～２０１６年）では制作を務めた。『とんねるずのみなさんのおかげです』でともに仕事してきた、バラエティ系ディレクターの松村匠は、フジテレビ退社後、２０１４年にＡＫＳ入社。コンテンツビジネス本部長のポストに迎えられた。松村は実際に制作スタッフも兼務し、『ＡＫＢ48コント「びみょ～」』（ひかりＴＶ）、ドキュメンタリー映画第2作『DOCUMENTARY of AKB48 Show must go on 少女たちは傷つきながら、夢を見る』などのプロデュースを担当している。

テレビの影響力が無視できないことを思い知らされたのは、「選抜総選挙」における指原莉乃の圧倒的強さだろう。かつてはＡＫＢ48の中でもヘタレキャラで売っていた指原が、市民権を得たきっかけはテレビのバラエティ番組だった。２０１０年に太田プロに移籍した後、太田プロ制作の深夜のバラエティ『さしこのくせに～この番組はＡＫＢとは全く関係ありません～』（２０１１年）で、メンバー初の単独冠番組に進出。もっぱら太田プロの先輩芸人に突っ込まれる指原に、視聴者は同情心を寄せた。そのヘタレぶりが買われて、『笑っていいとも！』（２０１１年～２０１４年）にレギュラー加入。同番組への出演をきっかけに国民的人気者となったのは、ＳＭＡＰと軌跡と重なるものがあった。２０１２年に過去のファンとの交際を『週刊文春』で報じられ、HKT48への実質左遷を命ぜられ、一度はアイドル生命の危機に陥りながら、捨て身のコメントでその後、AKBのフロントとなるまでに登り詰める。いまでは48グループのメンバーを超えて、平成のバラドルの規範に。彼女はテレビが生み出したAKB48最大のスターだった。

もともと指原はAKB48加入前の大分時代から大のアイドル愛好家。モーニング娘。に憧れ、実際にオーディションを受けて書類審査で落ちた経験もあった。イジメにあって中学時代にはほとんど不登校を続け、その間、mixiや2ちゃんねるに耽溺していたというほどコアなアイドルファンだった。AKB48の5期生として研究生入りした彼女が注目されるきっかけとなったのは、公式ブログの大量更新だったと言われている。書かれたメンバーの客観的分析は秋元も唸るほどで、「放送作家のほうが向いてるのでは」と言わしめたほど。自らがハロプロ、アイドリング!!!、ももいろクローバーZなどのライバルグループなどを招集して、『第一回ゆび祭り〜アイドル臨時総会〜』(2012年/日本武道館)というイベントを成功させるなど、プロデューサーとしても才覚を発揮する。2013年にはメンバーでありながらHKT48の劇場支配人に任命され、2017年にはSTU48の立ちあげにも参加するという、運営とメンバーを兼ねる異色の存在となった。秋元がプロデューサーに自らの跡継ぎとして指原の名前を挙げているのは、そのアイドル愛に理由があった。

AKB48のお笑い路線の先鞭を付けたのは、同じ太田プロダクションに所属する先輩、野呂佳代であった。2期生オーディションで選ばれ、AKB48のメンバーになった彼女は、同期の佐藤夏希とのコンビで「なちのん」を結成して、MCコーナーで漫才や自虐ネタを披露。秋元康が書いたコントで、M-1グランプリにエントリーしたこともある。後にシニアグループのSDN48のリーダーに任命され、卒業後はバラエティを中心に活動。アイドルと笑いのコラボレーションがいかに無敵か、太田プロに所属する2人が証明した。これが後に笑いの殿堂、吉本興業とのジョイントベンチャーである、大阪のNMB48結成に繋がっていく。

しかし、テレビへの進出には弊害もあった。あくまでAKB48は劇場でパフォーマンスすることが本懐であり、そのためにスパルタな指導が行われてきた。しかし事務所所属組は儲からない舞台公演よりも、テレビ仕事を優先させた。テレビ、雑誌に露出するメンバーと、そのアンダーを務める「劇場職人」の乖離は広がっていくばかり。そうした状況への異議申し立てなのだろう。2008年にはチームAからメンバー5人が同時卒業。特に初期からの中心メンバーだった中西里菜の卒業は、グループ内に遺恨を残した。

2009年にオーディションで選ばれた8期生は、全員がセレクション審査で落選し、10名が解雇。ブログもできずモバイルメールもない時代ゆえ、彼女らを支持していたファンにはなすすべもなかった。今でも8期生のみ正規メンバーの記録がない、AKB48における黒歴史となっている。その反省もあったのだろう。9期生は島崎遥香、横山由依、大場美奈ら、ルックスのよいメンバーが選考に残され、研究生時代からいきなり『有吉AKB共和国』などのテレビに担ぎ出された。こうして「クラスの3番目」と非難されたAKB48は、テレビ進出のための王道アイドルへと変わっていくのだ。

第10章

京楽産業.の資本参加。キングレコード移籍とオタク文化

京楽産業・のＡＫＳ資本参加

ＡＫＢ48劇場のチケットを入手するのは現在は至難の業となったが、それでもグループ生誕の地として秋葉原に訪れるファンは多い。彼らを迎えてくれるスポットとして有名なのが、２０１１年に秋葉原駅にオープンしたＡＫＢ48カフェ＆ショップ秋葉原である。ドリンク、軽食などメンバーが考案したメニューが頼めるカフェテリアと、過去の劇場公演を定期上映しているシアターカフェ、および生写真やグッズを販売する物販コーナーで構成されており、地方ファンが上京時にお土産を買いに立ち寄る秋葉原の観光名所のひとつとなった。もともとカフェ、物販スペースはオープン時はＡＫＢ48劇場と同階にあったが、そこがキャパオーバーとなり、２００８年にビルの5階フロアに移転。翌年そこを閉じて、「AKB48 CAFE & SHOP AKIHABARA」として秋葉原駅前の一等地にリニューアルオープンしたもの。ここの運営はＡＫＳではなく、ユニークなカフェ展開などで知られている遊戯機器販売メーカー、フィールズとの共同事業となっている。

フィールズは88年に愛知県名古屋市で東洋商事として創業。地場産業として盛んなパチンコ、パチスロ機の販売会社として急成長を遂げる。後に東京に本社を移転し、２００３年にジャスダックに上場。その後、バンダイナムコのゲーム部門と連携するなど、エンタテインメント系にもいち早く参入していた。『ウルトラマン』の制作会社として有名な円谷プロダクションを、２００５年に株受け入れによって連結子会社化し、倒産の危機を救ったことは新聞で大々的に報じられた。パチンコ産業の潤沢な売り上げを元に、コンテンツ事業をサポートし、エンタテインメントの新しい勢力として台頭している。飲食事業も展開しており、ＡＫＢ48カフェ＆ショップ秋葉原の他、『ウルトラマン』に登場する怪獣のぬいぐるみが居酒屋店員として客を迎える「怪獣酒場」もここが運営。創業者の山本英俊は馬主として有名で、愛馬会法人「株式会社大樹レーシングクラブ」の代表を務めていた窪田康志のつながりから、ＡＫＢ48に関わることになったのだと思われる。

２００８年にデフスターと契約が切れたＡＫＢ48は、傍目からは存続の危機にいるようにも見えた。しかし劇場の客足は増える一方で、実力的にはＡＫＢ48はひとつのピークを迎えていた。それまで窪田が個人的に投資した額は20億円近くにのぼると言われているが、その回収はままならないままＡＫＢ48はすでに結成3年目を迎えていた。そこに新しいパトロンとして現れたのが、同じく名古屋の遊戯機器販売メーカーだった京楽産業.だった。

52年に創業した名古屋のパチンコメーカーの老舗で、61年に現在の京楽産業.に社名変更。女優の伊東美咲との結婚で話題になった実業家、榎本善紀が現社長を務める。『冬のソナタ』、『必殺仕事人』などのドラマをモチーフにした、オリジナルパチンコ機の販売や演出の面白さで一躍トップシェアに躍り出た。他『ウルトラセブン』、『仮面ライダー』、『ジュラシック・パーク』などの権利作品と積極的にコラボし、テレビメディアでプロモーションを打って成功する。秋元康とのつながりで言えば、美空ひばりをモチーフにした『ＣＲぱちんこ華王 美空ひばり』（２００６年）なども同社がリリースしていた。

名古屋の地場産業となったパチンコ事業は、ＣＧ映像制作会社にとって大口のクライアントで、今や映画、テレビ局と並んで日本の映像事業を支えている。それに加え名古屋には、東京とは異なるコンテンツ意識があった。制作費が高騰し、東京、大阪の放送局が契約を拒んだために、続行が危ぶまれていた平成ウルトラマンシリーズをＣＢＣ（中部日本放送）が引き受け、『ウルトラマンネクサス』（２００４年）、『ウルトラマンマックス』（２００５年）、『ウルトラマンメビウス』

（２００６年）では、名古屋が全国ネットのキー局に。もともとＣＢＣはラジオ時代、ＮＨＫ（日本放送協会）に続いて50年に創業した、日本の民間放送局第1号。大阪の民放局が力を持つまでは、ここ名古屋のＣＢＣが西日本エリアの重要な放送拠点を担っていた。先のフィールズの円谷プロ救済も含めて、権利意識が強いのは名古屋の地域性によるものだと言われている。

以前、名古屋の放送関係者に聞いた話を紹介しておこう。サンライズ（当時・日本サンライズ）の『機動戦士ガンダム』は、東京、大阪の放送局で引き取り手がなく、テレビ名古屋で79年に放送を開始する。視聴率が振るわなかったことからスポンサーが撤退し、予定を切りあげて1年未満で終了するが、それが後年、再放送で人気沸騰することに。ガンダム人気が再燃すると予測していなかったテレビ名古屋は、作品の権利に関する契約を結んでおらず、再放送をきっかけにガンダムブームが起こった際、版権収益はすべて制作会社のものになった。挙げ句にガンダムシリーズの続編を、テレビ東京系からテレビ朝日系に持って行かれるという失態を犯す。その一件から名古屋の放送関係者に間で、自社ライツに関する意識が高まったと言われている。

ＡＫＳ代表の窪田康志は経営者ではあったが、ＡＫＢ48の運営は１００％秋元任せ。その赤字体質を自費で埋め合わせることには限界があり、そこで助け船として招いたのが名古屋の京楽産業.だった。秋元も肩書はプロデューサーではあるが、いわゆる興行収益を保証するような立場にはいない。本人もしばしばメディアで発言しているように、ビジネスの才能とは無縁だった。

秋元は事業家として過去に、青山に「うんこや」という名前のカフェバーをオープンしたことがあった。うんこ型の箸置きや箸がキープできるなど、ユニークな展開で話題を読んだ、『うんこドリル』に先駆けるアイデアだったが、赤字転落ですぐに廃業。ＡＫＢ48を秋元が出資者として立て直すことは、最初からプランに入っていなかった。しかし市場から資金調達すれば、秋元の無謀なプロデュースは株主によって制限されるだろう。窪田に代わるパトロネージュを新たに探す必要があり、そこで名前が浮上したのがパチンコ事業の京楽産業.であった。

京楽産業.は窪田個人の株を引き受けるかたちでＡＫＳに経営参加し、窪田は代表を降りてアドバイザーに。２００８年からＡＫＢ48が本格的にテレビ進出を始めるのも同社のスポンサードのおかげで、『ＡＫＢ０じ59ふん！』、『AKBINGO!』（以上、日本テレビ系）、『スター姫さがし太郎』（テレビ東京）などの48グループの番組、『乃木坂って、どこ？』、『乃木坂工事中』、『欅って、書けない？』（以上、テレビ東京系）などのライバル番組は、京楽が番組提供を務めている。また『ぱちスロＡＫＢ48』（２０１３年）など、ＡＫＢ48とタイアップしたパチンコ遊技機なども販売。パチンコホールでのイベントなどへのメンバー出演、イメージキャラクター起用などでも、全面的にコラボが展開されている。現在は京楽産業.がＡＫＳの70％の株を保有。京楽産業.の経理畑出身の吉成夏子が代表を、ＡＫＢ48劇場支配人を京楽の役員である細井孝宏が務めている。

初の姉妹グループ、ＳＫＥ48の誕生

初春に起こった「桜の花びらたち２００８」リリース時の独占禁止法への抵触を理由に、デフスターとの契約更新なしにＡＫＢ48はレーベルを離れることになった。しかし、5期生として入った指原莉乃、北原里英、宮崎美穂ら研究生人気も高まり、ＡＫＢ48は充実期を迎えていた。その年の8月23日に日比谷野外音楽堂で行われたライヴが、ＡＫＢ48にとってひとつの転機となる。そのコンサートの終盤、アンコールのアナウンスでファンは度肝を抜かされることになった。秘密裏に進められていた名古屋の姉妹グループ、ＳＫＥ48のお披露目である。

最初の姉妹グループが大阪ではなく名古屋で産声をあげたのは、新しい株主である京楽産業．の
お膝元から、ＡＫＢ48に続く第二のエンタテインメントを花咲かせるための、ご祝儀の意味があったのだろう。もともとは同社が運営するパチンコ店が収容された名古屋市栄駅前の複合ビル、サンシャイン栄のリニューアルのために、秋元が相談役を引き受けたことから始まった。その提携事業の第一弾として、地元名古屋で結成されたのが、最初の姉妹グループＳＫＥ48である。

「失われた20年」と呼ばれた不況が続いたゼロ年代に、地場産業が盛んだった中部地方だけは、例外と言っていいほど活況に沸いていた。名古屋市は人口増加を続けており、有効求人倍率も東京の2倍。ＳＫＥ48が結成された２００７年は、名古屋経済のピークを迎えていた。トヨタ他、自動車産業が名古屋地域の経済を支えており、就職も他県にわざわざ出て行く必要がないことから、独立した商圏を形成していた。いわゆる「しぶちん気質」と言われる経済的に辛い一面もあるが、名古屋は派手な結婚式をあげることでも知られるように、ハレの舞台にはカネを惜しまない気っぷのよさもあった。

２０１０年のインタビューで秋元は「将来は国内7大都市に劇場を建て、選抜メンバーでＪＡＰＡＮ48を作りたい」と語り、ＡＫＢ48の姉妹グループを増やす構想が、次々と実現していくことになった。その最初のグループとなったのが、名古屋市の栄区で結成されたＳＫＥ48だった。京楽産業．が運営する大型商業施設があったサンシャイン栄のビル内に専用劇場を作ったことから、栄に因んでＳＫＥ48と命名（実際の住所は名古屋市中区錦）。ＡＫＢ48の劇場プログラムをそのまま各地方都市で展開するという、姉妹グループ構想がこうして初めて実現する。地元民の娯楽としてアイドル興行を行い、ゆくゆくは観光名所として他の地方都市から客を集めることを視野に入れた。事業モデルとしてはプロ野球チーム、サッカーＪリーグなどに近いもの。京楽産業．にとっては、

サンシャイン栄への集客手段として、アイドルの定期興行は魅力的なものに映った。

かつて東京パフォーマンズドールが、姉妹グループとして吉本と組んだ大阪パフォーマンスドール、中国人メンバーによる上海パフォーマンスドールを輩出したケースはあった。しかしアイドルビジネスのフォーマット流用として、本格的なグループ結成はこれが初めてになる。あらゆるエンタテインメントが東京中心に回っていた日本で、リージョナル向けのエンタテインメント事業の発想はまだ新しかった。２００８年のＳＫＥ48結成を追いかけるように、角川書店のタウン誌『東京ウォーカー』(90年創刊)が、２００９年に『北海道ウォーカー』、『九州ウォーカー』を創刊。ローカルページのみカスタマイズし、全国的ブランドのリージョナル版と銘打つことで、その知名度を武器に、地方都市の客だけでマーケットが成立することを実証して見せた。

名古屋にはアイドルが活躍できる放送局はあったものの、大人数グループをマネジメントできる会社はまだなかった。そのため、ＳＫＥ48結成にあたっては、京楽産業.の子会社でサンシャイン栄の催事運営を行っていた、東京の会社ピタゴラス・プロモーションがマネジメントを預かることになった。このとき主導的な役割を果たしたのが、現・ＳＫＥ48劇場支配人の湯浅洋だった。

もともとプロレス関係の興行に関わっていた人物で、２０００年に元テレビ朝日のアナウンサー、辻義就（現・辻よしなり）が独立する際に、共同でツジ・プランニング・オフィスを設立。親会社がパチンコ関係の広報事業を行っていたことから京楽産業.と関わり、２００４年にピタゴラス・プロモーションの設立に参加する。もともとここはイベントの企画運営会社で、サンシャイン栄の催事運営を行っていたが、ＳＫＥ48始動にあたり、タレントマネジメントを開始。アイドルとはまったく無縁だった湯浅は、同社がＡＫＢ48と提携事業を行うことになって、この世界の住人となる。秋葉原のＡＫＢ劇場に下見に行った際、ステージを観て感動し、なりゆきから劇場支配人のポストに就任したと言われている。

ＳＫＥ48の場合、ＡＫＢ48劇場のような常設劇場を持たないところからスタート。サンシャイン栄の2階にあった多目的スタジオ、サンシャイン・スタジオをシェアするかたちで劇場公演をスタートさせた。その後、２０１２年に改修工事が行われ、同年12月に専用シアターとして現在のＳＫＥ48劇場をオープンさせる。客席数は２２５席で、立ち見エリアを含めると２９９人収容とＡＫＢ48劇場より少し大きめ。大型の16面マルチモニターや、せり(油圧式可動床)なども導入され、ＡＫＢ48劇場に劣らぬ本格演出でのパフォーマンスが可能になった。劇場が入居するサンシャイン栄ではビル全体でもＳＫＥ48とのコラボレーションが行われており、デビュー時には観覧車スカイボートにＳＫＥメンバーの写真をラッピング。ビル内のアナウンス音声もメンバーが担当した。結成から２０１１年にかけて、ＳＫＥ48効果もあって客が3割増えたと言われている。

ＳＫＥ48結成

ＳＫＥ48の募集告知が開始されたのは２００８年6月、ＡＫＢ48とデフスターのレーベル契約が切れてすぐのこと。活動継続への不安で心配するファンの声をよそに、京楽産業.のバックアップを受けて、姉妹グループ結成は秘密裏に進められた。応募資格年齢も20歳と上限をあげ、家庭の経済事情などでアイドルに憧れながら、地元でＯＬ、アルバイトなどの従事していたスターの卵に新しいチャンスを与えた。秋元プロデュースにとっても初めての地方都市でのオーディションで、未開拓エリアで行ったことが吉と出た。選出メンバーの6割が愛知県出身者で占められ、他も東海地方からの応募者でスタート時のメンバーが揃った。「名古屋の女の子はファッショナブルで自己主張がはっきりしている」、「火が点くのは遅いかもしれないが、本当に認められれば長くファンに愛されるだろう」と秋元は総評を語った。8月23日に日比谷野外音楽堂で行われたAKB48のイベントのアンコールで、サプライズとしてSKE48１期生が初お披露目。また、AKB48の研究生だった中西優香、出口陽のSKE48への移籍が同時に伝えられる。すでに活動キャリアのあった中西がキャプテンに就任して、グループ全体を取りまとめることになった。グループ構成はAKB同様、チームSのみからスタートし、現在はチームS、チームKⅡ、チームEの3チームと、それぞれのアンダーとして控える研究生によって構成されている。

応募年齢は幅を持たせたものの、中学生メンバーが多く採用され、AKB48の妹グループらしく、平均年齢が若いことがセールスポイントになった。AKB48と差別化するために、2013年ごろまでは茶髪禁止に。劇場作品はAKB48の流用でありながら、MCパートでは名古屋弁が行き交う光景は新鮮だった。

ちょうど夏まゆみが離れたタイミングで、新たなAKB48の指導者となった牧野アンナが、SKE48のレッスン担当に就任する。先にデビューしたAKB48に見劣りしないよう、かつて沖縄アクターズスクールを指導していたときのように、東京基準でそれは行われた。平均年齢も若いSKE48は、アイドルなのに汗だくになって踊る姿が観る者を惹きつけた。合格者にダンス経験者が多かったことから、スパルタ教育を経て「ダンスのSKE」と呼ばれるようになる。黒髪限定、地方女性らしい素朴さは、後の乃木坂46を連想させるものがある。実際、AKB48を追いかけるのではなく「AKB48に勝つ」がスローガンに掲げられた。正規メンバーも力がないと判断されれば降格させられ、再び研究生からやり直すという、SKE独自のルールが敷かれることになる。

2015年8月に行われた全グループ合同イベント「第1回AKB48グループ対抗大運動会」で

は、チームSが2位、チームKⅡが3位、チームEが4位となり、「体育会系のSKE48」の名に恥じぬ好成績を残した。

SKE48の場合、AKB48と異なるポイントは、フロントメンバーを固定したことだろう。松井珠理奈、松井玲奈という、たまたま同じ名字だった2人の「W松井」をほぼフロントに固定して、歌番組に出演するときにはこれがSKE48の基本フォームだと認知させた。前者の松井珠理奈は当時11歳の小学生というブライティストホープ。後者の玲奈はお嬢さんタイプで、当初から厚遇を受けていたわけではなかったが、『週刊AKB』に出演した際の激辛食レポのリアクションが面白く、そのヘタレぶりにファンの熱烈な支持が集まって、2人のダブル体制になった。松井珠理奈が早くからAKB48の兼任になったことで、東京でも彼女のファン票が集まり、彼女目当てでSKE48劇場に足を運ぶ関東の48グループファンも多くいたという。『AKB0じ59ふん!』へのSKE48出演も始まって、同番組は東京ローカルから中京テレビでネット開始。AKB48劇場への出張公演も行われた。2009年にはDMM.comで劇場公演の配信もスタートし、エリア外の全国区にもSKE48ファンを増やしていくことになった。

松井珠理奈のAKB48との兼任が一定の効果があったことを睨んで、所属事務所の本社が東京にあったことから、運営一本化が図られることになり、ピタゴラス・プロモーションを吸収するかたちで、SKE48メンバーおよびスタッフ全員が、2012年にAKSに転籍となった。2009年より始まった「選抜総選挙」でも、もっとも投票に熱心なのがSKEファンと言われており、妹グループでありながらAKB48を差し置いて、選出メンバー最多の第1党に輝いている。

自治体イベントにも積極的に関わり、地元に税金を落とすというのが、地方都市で結成された姉妹グループの使命。秋葉原のご当地ソングだった「AKB48」も歌詞が書き替えられて、名古屋ヴァージョンの「ＳＫＥ48」が生まれた。３枚目のシングルに収録されたカップリング曲「羽豆岬」は愛知県南知多町の名所で有名に。ファンが訪れる効果もあり、２０１３年には地元の観光協会の尽力で歌碑も建立された。また地元で有名な美浜町小野浦海岸で行われる「美浜海遊祭」で野外ライヴデビュー。以降も毎年常連として出演を続けている。

ＳＫＥ48のメジャーデビュー

一方のＡＫＢ48の話に戻そう。デフスター時代の最終シングルがデビュー曲「桜の花びらたち」のリメイクでは、ファンの心配も高まるばかり。追い打ちをかけるようにＣＤ回収騒動のニュースが新聞を賑わせ、後にデフスターとの契約が打ち切られたことがファンに伝えられた。

そんな中、ＡＫＢ48の次のシングル「Baby!Baby!Baby!」（２００８年）は、配信限定というかたちでリリースされる。これを主導したのは、結成時からのスタッフだった電通の藤田浩幸。彼が担当していたＮＴＴドコモのサービスとして、当時ガラケーのデファクトとなっていたポータルサービス、ｉモード限定でのデータ販売のかたちが取られた。大半の音楽配信カタログがまだ既発ＣＤの二次使用だった時代に、人気グループの配信限定リリースは、ＮＴＴドコモにとってもキラーコンテンツとなった。デフスター契約終了というピンチは、こうして新サービスとのアライアンスを引き寄せて、ＡＫＢ48にとってのチャンスとなった。デフスターに代わって電通が仕切り役となり、ＭＶ制作も子会社の電通テックが担当。このときのスタッフがその後、電通内に発足するＡＫＢ48担当チームへと発展していく。それまでもタイアップはあったものの、深夜番組のマンスリー曲など慎ましいものだったが、「Baby!Baby!Baby!」は『アッコにおまかせ！』（ＴＢＳ

系）のエンディングテーマという、大型タイアップが用意された。

CDのような在庫リスクがないことを逆手にとって、本作は3つのヴァージョンを制作。メインのディスコ風ヴァージョンはSMAPの数多くの編曲でも知られるCHOKKAKU（島田直角）、「情熱の祈りバージョン」は常連作家の野中〝まさ〟雄一がAKB48テイストで手堅くまとめ、「追憶の太陽バージョン」は秋元のリクエストで、太田裕美などを手掛けた大御所、萩田光雄にアレンジが依頼された。この攻めの姿勢はファンにとって頼もしいもので、MVでは初めてとなるメンバー全員の水着姿を披露するお楽しみも用意された。

結成時からの指導者だった夏まゆみを失うことになったAKB48だが、後任としてマネジャーの牧野彰宏の実妹で、安室奈美恵などの振り付けを担当した牧野アンナがそのポストに就く。キングレコード移籍第1弾「大声ダイヤモンド」から「ヘビーローテーション」まで、ブレイク以降のシングルすべてに、彼女が振り付けで関わることになった。夏より一世代下の彼女の参加から、見せる要素に対する秋元のこだわりは、より厳しいものになったという。「これじゃ普通すぎる」という秋元のダメ出しを何度も受け、それに応えた牧野が、AKB48のダンス強化に果たした役割は大きかった。劇場公演は『恋愛禁止条例』（2008年）から彼女が振り付け担当に変更。東京、名古屋を往復する忙しさの中で、姉妹グループSKE48の指導も同時に行われた。

劇場公演デビューからしばらくインディーズ活動期間があったAKB48と違い、SKE48は運営母体の京楽産業.のお膝元であり、いきなりメジャーからCDデビュー。お披露目から日も経たない2008年8月、新興メーカーのランティス（現・バンダイナムコアーツ）から「強き者よ」でデビューを果たす。同曲は第90回全国高校ラグビー大会入場行進曲に選ばれた。日本クラウン移籍後に出した「バンザイVenus」（2011年）では、初のオリコンチャート1位に輝く。

結成から1位獲得まで3年かかったＡＫＢ48に対して、約半分の1年6カ月で記録を塗り替えた。22枚目の最新シングル「無意識の色」（２０１８年／エイベックス）に至るまで、全曲がオリコン初登場1位を更新している。

当初は、ＡＫＢ48が初演した劇場公演が姉妹グループに流用される計画だったが、おそらく京楽産業.からスポンサードを受けたことへのご祝儀もあるのだろう。ＳＫＥ48のためにオリジナル劇場公演が3作書き下ろされた。チームＳの第2回公演『手をつなぎながら』、第3回公演『制服の芽』（ともに２００９年）、チームＫⅡ第3回公演『ラムネの飲み方』（２０１１年）である（チームＥのオリジナル作品はなし）。この後に結成される大阪のＮＭＢ48へのオリジナル書き下ろしは1作に止まり、秋元康の量産期はここで一旦終わる。48グループが劇場公演とともにあった、最後の蜜月期に立ちあがったグループということで、ＳＫＥ48に特に想い入れの強い48グループファンは全国にも多い。それが「選抜総選挙」などでのメンバー最多選出などにも表れている。

ＳＮＳ発信の異端のアイドル、松村香織

出演データを細かく記録してそれをネットで共有するファンコミュニティ。そこから彼らは、競馬予測のようにメンバーの去就を予測する。シングル発売に際して行われる選抜などのグループ人事が発表される度に、ファン掲示板では「運営はわかってない」という不満が噴出するのがおきまりの光景になった。しかし「かくあるべし」という結論は、過去の活動から導き出されたものでしかない。秋元康はＡＫＢ48立ちあげのころから、マーケティングの成功法則を裏切り、ファンを驚かすことでグループを存続させてきた。ＳＮＳなどの自己発信もスタッフに干渉させず、基本

はメンバー任せ。そこで起こる事故も想定内で、炎上が起こったら次にコマをどう進めるかが、プロデューサー秋元の腕の見せどころになった。姉妹グループについても、ＡＫＢ48本体から離れてどうなっていくかは、むしろ秋元にとって楽しみな要素だったに違いない。

そんな中でＳＫＥ48を象徴する、規格外の存在が登場する。２０１４年、たまたまテレビで流れていた第6回選抜総選挙で、17位に選ばれながら、アイドルらしからぬ受賞コメントを述べて話題をさらった松村香織である。壇上にビデオカメラを持って登場し、最後までそれを手放さず、レンズ越しに司会の徳光和夫と対話する異様な光景。それが彼女がウェブで連載していた動画コンテンツ用の撮影であることを、後から知ることになった。そのオドオドとしたスピーチは、これまでまったく見たことがないものだった。例えれば映画『ホテル・ニューハンプシャー』に出てくる、着ぐるみを手放せないナスターシャ・キンスキーの自閉キャラクターのような。「雑誌の48グループのブスランキングの1位に選ばれた」と発言し、場内を沸かす。正規メンバーが並ぶ中で唯一、研究生としてのランク入り。17位という成績にありながら「正直言うと、とっても悔しいです」と貪欲ぶりをさらけ出す。後で調べると、設定年齢は17歳だが、実年齢はずっと上。国民的アイドルと言われていた48グループに、こんな変わったメンバーがいることを筆者は初めて知った。

松村香織は２００９年11月に行われたＳＫＥ48３期生オーディションで合格。2期生募集で一度落ちながら、二度目の正直でＳＫＥ48オーディションに通過し、19歳という遅咲きでのスタートとなった。実は出身は埼玉で、初期ＳＫＥ48の中では珍しい関東出身。本人によればＡＫＢ48が年齢上限を18歳に改めたことで応募資格がなくなり、それでもメンバーになりたくて、20歳まで門戸を開いていた名古屋のＳＫＥ48のオーディションを受けたのだという。「スタッフは落とそうとしたが、審査委員長だった秋元の気まぐれで合格させた」というのが松村本人の弁。ＳＫＥ48

は2期生まで、即戦力として加入してすぐに舞台に立つことができたが、この3期生から全員が研究生からのスタートになる。その後、同期の小学生らが正規メンバーとして抜けていく中で、彼女はずっと研究生のまま。黄金期と言われた3期生の中で、ルックス、ダンススキルなども遙かに劣り、しかも年長というハンディがあった。２０１５年にやっと正規メンバーに昇格するが、加入から正規メンバーになるまで要した期間は、記録保持者だった犬塚あさなを遙かに超えて、5年＋１３２日に上った。研究生時代の最後には、ありがたくもない「終身名誉研究生」の肩書も与えられた。２０１４年にはその身分のまま「ＡＫＢ48グループ研究生会会長」のポストが与えられた。後輩にも慕われる人情家で、ファンもそこにほだされて、ＳＫＥ48箱推しの猛烈な押しあげがあって、「選抜総選挙」であの好成績を記録したのだという。

「音事協」系の芸能事務所なら、まず現れなかったような異色のアイドル。彼女もまた指原同様に、ＳＮＳを介してファン票を獲得してきた。研究生はブログを持つ資格がなく、研究生ブログに書けるのはローテーションで2週間に1回。そこで彼女は毎回、長文をアップする謎の研究生として噂に上り始める。ＡＫＢ48の高橋みなみが発言した「努力は必ず報われる」が本当なら、なぜ自分はこれだけ努力しても報われないのか。またピアス穴にこだわる男性ファンの保守的な意見に、「なぜファンはピアスの穴が開いているのをそれほど気にするのか？」、「バカじゃないの」と本音を綴った。この破れかぶれなコメントが、共感するメンバーやファンに支持されるのだ。過去にもアイドルがスタッフとの不協和をほのめかしたり、失踪、沈黙などで抗議したものはいたが、堂々と運営やファンを批判するアイドルの存在は珍しかった。

彼女の支持者が多かったのは、握手会の神対応に理由があった。一度握手会で本人に接すると、その対応ぶりのよさでリピーターを増やしていた。もともと彼女は秋葉原のＡＫＢ48劇場が入っているドン・キホーテビルの中にあったメイド喫茶、@ほぉ〜むカフェの店員出身。在籍時は一番人気を誇っていたらしく、バイト仲間がAV女優としてデビューしたときも、SNSでフォローし合うなど、そんな過去をファンには隠さなかった。現在、松村とテレビでの共演も多い芸人のトレンディエンジェルのたかしは、当時の店の常連客。さらに写真週刊誌『FLASH』で、新宿歌舞伎町のキャバクラでかりんの名前で働いていたことがその後に発覚する。マスコミから「キャバクラ商法」と非難されることの多いAKB48だが、彼女はそれを地で行くような存在だった。グラフが貼り出されて指名を競わさせる水商売の世界で接客を覚え、ハングリーな精神が鍛えられた。それが遅咲きで容姿に恵まれなかった彼女の、アイドルとして唯一の武器だった。

２０１１年12月、Googleが始めた新しいSNS「Google+」と提携。48グループ全員にアカウントが与えられ、ブログとは別に日々の近況をアップするようメンバーは促された。アンダーとして舞台出演の回数の少なかった彼女は、翌年1月からここで「BBQ松村香織の今夜も１コメダ」というビデオ連載をスタートさせる。舞台裏にビデオカメラを持ち込み、自分と同じ境遇にいる日の当たらなかった研究生らに、ロングインタビューを展開。悩み相談、楽屋の風景など、プロカメラマンの前では見せないメンバーの素のやり取りを、ダイレクトな映像、音声でファンに伝えた。選抜メンバーになったところで、雑誌で取りあげられてもたかだか数ページ。それを遥かに超えたボリュームで研究生のパーソナリティを引き出す「今夜も１コメダ」は、いつしか非公式ながらSKE48の最重要コンテンツと呼ばれるようになった。２０１４年にはアクセス数10億回を突破する。

プロデューサー秋元とて、AKB48の追加メンバーは元より、姉妹グループ全員の顔を知っているわけではない。松村香織の存在は、あるハプニングがきっかけに秋元の知るところとなる。雑誌『美術手帖』のコラボとして始まった「ＡＫＢ美術部」の発表会が企画され、秋元はGoogle+上でスタッフの松村匠に宛てて「業務連絡。松村、ギャラリーかイベント会場、探して！」と指示を出した。それをどういうわけか松村香織が自分への指示だと勘違いして、秋葉原にあるギャラリーをリスト化して秋元に伝えたのだ。そんな彼女に秋元は、「偉い。その努力は、きっと報われる」と賛辞のコメントを送った。この一連の勘違い騒動は48グループファンにも一斉に広がり、松村香織というメンバーがＳＫＥ48にいることが知れ渡った。翌日には井上ヨシマサが面白がって「今夜も１コメダ」のテーマ曲を即興録音。これが正式なビデオ連載のＯＰ曲に使われることになる。また、手料理が得意だった松村の作ったオムライスの写真を、メンバーがブログに載せて絶賛したのを観た秋元は、ＡＫＢショップ＆カフェのメニューとしてこれを出そうスタッフに指示。それらのやりとりがすべてネット上で公開され、松村を巡っての一連騒動は、48グループのドキュメンタリーのようにファンには映った。

その後、ＮＴＴドコモのタイアップ曲として、Google+の熱心な投稿者から選ばれた通称〝ぐぐたす選抜〟による、「ぐぐたすの空」というカップリング曲が用意される。メンバー発表はネットでリアルタイムに行われたが、一人目で名前を呼ばれたのがなんと松村香織。ネットはかつてないお祭り騒ぎになった。秋元はGoogle+を始めた理由を訊かれ、「自分の気づかない些細なことでも、ファンには教えてほしい」と語っていた。まさに松村は、ＳＮＳというツールによって見出された新しいアイドルだった。

２０１１年に研究生のまま、ＳＫＥ48の９枚目のシングル「キスだって左利き」で表題曲で初の選抜入り。２０１２年の「第４回選抜総選挙」で、圏外からいきなり34位に入って、先のネットでの騒動を知らない一般ファンは初めてそこで彼女の存在を知った。

さらに知名度を後押ししたのが、2014年にスタートした地元名古屋ローカルのバラエティ番組『SKE48 エビショー!』(中京テレビ)のレギュラー出演。『電波少年』のTプロデューサーでおなじみ、土屋敏男(日本テレビプロデューサー)が現れて、松村と谷真理佳を拉致し、宗谷岬からSKE48劇場までヒッチハイクの旅をスタートさせる。ここで見せたバイタリティは女芸人顔負けだった。10月からは第2弾「SKE48的懸賞生活~アイドルは懸賞だけで生きていけるか?~」をスタート。かつて芸人のなすびが『電波少年』でやった企画の焼き直しだが、一人暮らしが長く、冷蔵庫の残り物を調理して創作料理を作る松村の手際は見事なものだった。

かつてAKB48のメンバーだった河西智美が、『いきなり!黄金伝説。』(日本テレビ)の「芸能人節約バトル 1ヶ月1万円生活」で、わずか5日間で失踪したことがあった。番組初のリタイアには視聴者から非難が続出し、それが遠因となって卒業発表に追い込まれた件があったばかり。対称的に困難をクリアしていく松村には、SKE48メンバー、ファンからの熱いエールが送られた。

2013年には研究生のまま、指原莉乃プロデュースのシングル「マツムラブ!」でインディーズでソロでビュー。このときも1000枚限定で作られたCDの手売りイベントが行われ、雨天の中でファンが並ぶ光景が、ニュースで感動的に報じられた。2015年3月には5年以上かかって、やっとチームKIIに正規メンバー入り。同年6月の第7回「選抜総選挙」では遂に13位まで登り詰め、AKB48のメディア選抜入りを果たした。これがAKB48選抜総選挙史上、もっとも盛りあがったハイライトのひとつと言っていいだろう。こうして松村香織はAKB48のシングル「ハロウィン・ナイト」(2015年)の選抜メンバーとなり、念願だった地上波の歌番組出演も果たした。

松井珠理奈は「AKB48にとっての後藤真希」だった

デフスターとの契約を失い、一旦インディーズから再出発したAKB48だったが、京楽産業.という新しいファイナンシャル・バックグラウンドを得て、引き続き快進撃を開始する。SKE48結成の発表に続いて、同年秋にAKB48はメジャーのキングレコードと契約。第1弾シングルとなった「大声ダイヤモンド」が10月に発売され、自己最高のオリコンランキング3位の快挙を成し遂げる。この移籍をきっかけに、AKB48は国民的アイドルと呼ばれる存在になっていくのだ。

そのときの選抜メンバーの顔ぶれを見て、一番驚かされたのは旧来からのファンだったに違いない。センターはその年に結成されたばかりのSKE48のメンバーで、当時11歳の小学生だった松井珠理奈。この人選は波紋を呼び、一部の熱狂的AKB48ファンから大バッシングを受けた。しかし、最年少センター誕生は新しもの好きにアピールし、ここからファンになったという人も多かった。

大人びた顔つきの小学生のいきなりのセンター起用は、かつて驚異的な新人と言われたモーニング娘。加入時の後藤真希起用を連想させるものがあった。モーニング娘。第2回追加メンバーオーディションを受けた後藤真希は、当時13歳。金髪にピアスを入れた規格外の中学生の登場は、あまりに突出していたことから、この回のオーディション通過者は彼女一人となった。

その直前、『ASAYAN』の番組内で、ライバル的存在だった鈴木あみ「BE TOGETHER」と、モーニング娘。「ふるさと」を同日リリースしてランキングを競うという企画が行われたが、1位になった鈴木に対して、モー娘。は5位と大惨敗する。モー娘。ブームもうこれで終わりかと思われていたタイミングで、たまたま行われたオーディション会場に彼女がいたのだ。その鮮烈な存在感に心打たれたプロデューサーのつんく♂のアイデアで、いきなり彼女はセンターを任され、「ＬＯＶＥマシーン」（99年）でチャート1位に返り咲き。累計１６５万枚を売るモーニング娘。最大ヒットとなった。ＳＫＥ48オーディションで発見した、大人びた表情や堂々とした態度の小学生、松井珠理奈はＡＫＢ48の前に現れた、かつての後藤真希のような眩しい存在だった。

キングレコード第1弾として井上ヨシマサが書きあげた「大声ダイヤモンド」も、スマッシュな1曲だった。「大好きだ」というフレーズが連発されるサビは、ファンのメンバーへの想いをダイレクトな言葉に託したもの。最初は劇場作品『恋愛禁止条例』の1曲として初披露されたが、ヒットシングルとなってそこから独り立ちしていく。以降のシングルは、しばらく『恋愛禁止条例』のアンコール曲の位置に置かれていた「大声ダイヤモンド」と差し替えて披露されたが、「ポニーテールとシュシュ」（２０１０年）を最後に、シングルと劇場公演は完全に分離。『恋愛禁止条例』は「大声ダイヤモンド」がセットリストに戻され、姉妹グループらに受け継がれていくことになった。

「大声ダイヤモンド」の最大のインパクトは、ジャケットを松井珠理奈ただ一人の写真で構成したこと。それほど秋元にとって特別な存在であり、旧来のファンを振るい落とすことさえ恐れなかった。先輩メンバーはこの采配をねたむどころか、この曲でＡＫＢ48ここにありと世間に示せたことを歓迎した。センターの自覚がそれほどなかったという前田敦子も、ダブルセンターを務める年下の松井に負けてなるものかと、本人のやる気を引き出したとも言われる。続く「涙サプライズ！」（２００９年）でオリコン2位に上昇し、初の10万台セールスを突破。ジャケットは現代美術家の村上隆が手掛け、フランスのデザイナーブランド、ルイ・ヴィトンのコラボ・プロジェクト「SUPERFLAT FIRST LOVE」のイメージソングとして使用された。「言い訳Ｍａｙｂｅ」も引き続き第2位をキープし、こうしてＡＫＢ48は人気グループの仲間入りを果たした。

通算14枚目にあたる「ＲＩＶＥＲ」で、ついにＡＫＢ48は初の首位となる。ラップ調のシュプレッヒコールで始まるイントロは、オフブロードウェイの人気ミュージカル『ストンプ』から着想を得たもの。ナベ、ドラム缶などを打楽器に見立て、会場全体がリズムに共振する迫力の舞台が話題になったシアターピースで、来日公演も好評を博した。そのサウンドをヒントに、秋元が直々に井上ヨシマサにオーダーして生まれた曲。こうした力強さがキングレコード以降の作品から加味され、涙と汗の結晶が、彼女らのシングルヒットに結びついていった。

ハードなダンスから一変して、次作「桜の栞」はなんと直立不動で歌う合唱曲。元スターダストレビューの光田健一を起用したコーラス編曲が素晴らしく、後に高校の音楽の教科書にも練習曲として掲載された。本作のＭＶでは初めて岩井俊二をディレクターに起用。アイドルとしては異色のコーラス曲も、ＡＫＢ48パワーで1位となり、その勢いは止まらない状況だった。

キングレコード移籍がもたらしたもの

デフスター時代がウソのように、のっけから快進撃となったキングレコード移籍。契約のキーマンとなったのが、毎年「選抜総選挙」の速報発表で順位を読みあげるＭＣでファンにはおなじみの、同社のディレクター湯浅順司だった。湯浅は２００７年にＡＫＢ48の劇場公演を初体験。しかし当時はアニメ専門のスターチャイルドレーベル所属ディレクターで、メンバーにアニメ好きがいると聞いて、何かコラボ企画でも仕掛けられればという軽い思いで足を運んでいたという。湯浅は学生時代、モーニング娘。の追っかけをやっていたことがある元アイドルファン。それが、ロック畑出身のスタッフばかりだったデフスターとの大きな違いだった。

しかし「AKB48のイメージはデフスター時代のディレクター、伊藤秀記氏が確立したもので、キングレコードはそれを継承しただけ」と湯浅は謙虚に答える。シングルを中心にリリース活動を立て直すべきと最初に提案したのはデフスターで、その考えをブーストしたのがキングレコード。サブカル色が抜けていった結果、劇場公演で見せるような涙や汗を連想させるイメージへと、AKB48は移り変わって大衆支持を受けるのだ。

デフスター時代には緊急時に行われるだけだった握手会を、レギュラー化すべきとプレゼンしたのも湯浅だった。すでに劇場公演チケットは入手困難で、「会いに行けるアイドル」ではなくなっていた彼女らを、握手会という場に移して、再びいつでも会いに行ける存在へと立て直しを図る。だだっ広いコンクリート壁の会場を貸し切って、お目当てのメンバーの前にファンが行列を成す握手会が、全国規模で本格的に行われるようになるのはキングレコードに移ってから。また、握手券が目的というファンのために、DVDを除いたCDのみの「劇場盤」を作ったのもキングレコードである。ジャケットは市販盤と共通デザインだが、これのみ売り切りのインディーズ盤であり、管理番号も別。当初はAKB48劇場でのみ発売されていたが、大量に購入を希望するファンが増えたため、「劇場盤」の名前だけ残して、現在は通販のみで販売されている。

実はデフスターと切れてインディーズに戻ったところ、2007年の紅白歌合戦出場の反響などを聞きつけて、AKB48には多くのメジャーレコード会社から契約の話が寄せられていたという。アドバンス（前金）の工面を約束する大手メーカーも手をあげていた中で、後列にいたキングレコードとAKB48は契約を果たす。同社が歌謡曲の歴史を持つ老舗で、かつ数少ない国産メーカーだったことがおそらく理由なのだろう。

90年代にレコード業界には続々と外国資本が進出し、東芝EMIはEMIジャパンに、日本フォノグラム、ポリドール、キティ・レコードはポリグラム（後のユニバーサルミュージック）に統合、ワーナー・パイオニアはワーナーミュージック・ジャパンに生まれ変わった。キングと並んで古くからの歴史を持つ日本コロムビアも、米企業ファンドのリップルウッドの支援を受け、外資系のコロムビア・ミュージック・エンタテインメントに変貌を遂げていた。外資では本国からノルマを課せられ、四半期ごとにシビアな売り上げを求められるという、徹底した音楽ビジネスが強いられる。日本のレコード会社の制作現場はもともと職人気質、芸術家気質が強く、売り上げは後から付いてくるというようなのんびりとしたところがあった。マーケティング重視の考え方は、ＡＫＢ48にはそぐわない。組むパートナー会社の選択肢は国産メーカーしかなく、ソニーグループ、キングレコード、ポニーキャニオン、日本クラウン、エイベックスなどの中から、中長期的に付き合ってくれるメーカーとして、キングレコードが選ばれたというのが実情だった。その方向性は、現在の姉妹グループのレコード会社選定においても大きく変わっていない。

キングレコードは１９３１年に、老舗出版社の講談社の子会社「大日本雄辯會講談社キングレコード部」として発足。講談社がウォルト・ディズニー・カンパニーと契約していた関係でディズニー映画のレコード化を手掛けるなど、グループとしての結びつきも強かった。ＡＫＢ48もその流れを受け、『ＡＫＢ48総選挙公式ガイドブック』や主要メンバーの写真集が、キングレコードの系列の講談社、光文社からリリースされることが多いのはよく知られている。

60年代から70年代にかけて、ザ・ピーナッツ、布施明、夏木マリ、ピンキーとキラーズなどの渡辺プロダクションのアーティストを多く抱えたキングレコードは、歌謡曲レーベルとしてビクター、日本コロムビアと双璧の存在に。80年代は中山美穂らが屋台骨を支えたが、歌謡曲の下火とともに事業縮小し、邦楽部はそのまま演歌のカタログを揃えるレーベルとして生き残った。

キングレコードのもっとも有名な功績は、同社学芸部のディレクターで、後に音楽評論家となる長田暁二だろう。近くにあった児童合唱団、音羽ゆりかご会を起用して、戦後、童謡レコードの制作でシェアを築いた「学芸の父」として知られている。NHKの『みんなのうた』のレコード化を手掛け、後にこれがキングレコード学芸部の財産に。「ドレミの歌」の訳詞で知られるペギー葉山、ボニージャックス、芹洋子らが歌う童謡のレコードをヒットさせた。

ラジオ、テレビメディアとのメディアミックスを日本で初めて仕掛けたレコード会社という意味でも、AKB48とも関係は深い。日本初のフィルム撮影による連続テレビ映画『月光仮面』(58～59年)の主題歌の制作費をキングレコードが負担する代わりに、レコードの発売権を得て、これが10万枚のヒットに。制作会社の宣弘社とのタイアップはその後も続き、『豹の眼』(59～60年)に三船浩、『怪傑ハリマオ』(60～61年)に三橋美智也、『隠密剣士』(62～65年)にボニージャックス、『新隠密剣士』(65年)に春日八郎と、キングレコード専属歌手を起用してテレビタイアップの先鞭を付けた。講談社の漫画週刊誌『少年マガジン』に連載されていた『ゲゲゲの鬼太郎』、『あしたのジョー』などのアニメ主題歌も、同社からリリースされて大ヒット。原作『墓場の鬼太郎』をアニメ化する際に、原作者の水木しげるが書いた歌詞の一節「ゲゲゲのゲ」から、タイトルを『ゲゲゲの鬼太郎』に改題するよう進言したのも長田だと言われている。

同社学芸部は長田が中心となり、童謡からSLの効果音レコード、日本の民謡、音楽学者の小泉文夫が世界の民族音楽の録音を集めたフィールドレコーディングなど、歌謡曲以外は何でも扱った。そこから生まれたひとつの潮流がフォーク／ロック。直属の部下だった68年入社の三浦光紀(後の徳間ジャパンコミュニケーションズ代表)が、60年代に若者の間で盛りあがっていたフォーク熱を伝えるべく「フォークは日本の民謡である」と上司を口説いて、小室等のフォーク教則レコードを制作。これの好評を受け、岐阜県中津川で行われた日本最初の野外音楽フェスティバル「全日本フォークジャンボリー」のドキュメンタリーレコードなどを制作する。後にURC（アングラ・レコード・クラブ）のカタログをメジャー販路に乗せ、はっぴいえんど、大滝詠一、はちみつぱい、遠藤賢司らを擁するフォーク／ロック専科のベルウッドレコードを設立した。

キングレコード学芸部が生んだもうひとつの潮流が、アニメのサウンドトラック。72年入社の藤田純二が、視聴率不振で終わった『機動戦士ガンダム』のサウンドトラックをリリースし、再放送人気に乗じて大ヒットに。81年にアニメ特撮番組専科のスターチャイルドレーベルを発足し、円谷プロなどの特撮番組のサウンドトラックから人気声優のレコードまで、マニアックなカタログを揃えて支持者を集めた。後にアニメ、特撮番組に出資して映像制作にも進出。藤田からスターチャイルドを引き継いだ大月俊倫が立ちあげに深く関わった『新世紀エヴァンゲリオン』(95年)を大ヒットさせた。ＡＫＢ48のチーフマネジャー牧野彰宏がマネジャーを担当していた声優の戸田恵子も、元はスターチャイルドの所属アーティスト。戸田の舞台の音楽プロデュースをレガート・ミュージック時代の田中博信が担当するなど、もともと深い結びつきがあった。

しかし、モーニング娘。の企画盤をリリースするレーベルとして、キングレコードが始めたピッコロタウンが不発に終わるなど、アイドルファンにとっては鬼門とも呼ばれていた。おそらくキングレコードが堀内孝雄の配給を行っていた関係で、ＵＦＡはキングレコードをパートナーに選んだのだろう。本体のzetima作品のダンスオリエンテッドなサウンドと比べれば見劣りするのも否めず、その事情を知っていた元ハロプロ推しだったファンの中には、ＡＫＢ48がキングレコードに移籍したことを不安に感じた者も多かった。２００８年10月にＡＫＢ48のキングレコード移籍が発表され、その2カ月後には「大声ダイヤモンド」リリースという慌ただしさ。こうして今日に至る怒涛のキングレコード時代が幕を開ける。

当初デモテープを集めた選曲会議で、「大声ダイヤモンド」を推していたのは秋元ただ一人だったという。当時25歳だった血気盛んなディレクター、湯浅はそれを聞いて、サウンドが古すぎると感じたと語る。しかし、それは杞憂に過ぎなかった。バックトラックが完成し、メンバーの声を入れた瞬間にスタッフの評価は一変する。キングレコード移籍第1弾としてリリースされた「大声ダイヤモンド」は、こうしてAKB48の初の大ヒット曲となった。その光景を見たディレクター湯浅は「脳内でイメージする力が凄い」と、秋元のヒットを見通す力に驚嘆したと語っている。

キングレコード時代も引き続き、AKSが原盤制作を代行し、メーカーのキングレコードが原盤所有者となった。その代わりに、年間20億円かかると言われる握手会の運営費を、キングレコードが宣伝費から工面するというパートナー関係になる。また、デフスター後期はソニー・ミュージックパブリッシングとAKSは共同出版、または半々で管理していたが、キングレコード移籍後から音楽出版はAKS単独となる。タイアップ曲も自社管理となり、CDリリースからあがる音楽出版使用料が収入の柱となった。もはや音楽出版権をタイアップ先に差し出す必要もないほど、AKB48への異業種からのラブコールが止まない時代に突入していく。

アニメ専科、ランティスとSKE48が契約した狙い

AKB48のキングレコードとの契約に続いて、SKE48はデビューシングルの発売先として新興会社ランティスと契約を交わす。同社もキングレコードに流通委託している会社のひとつだが、99年に創業したばかりの基本はアニメ音楽専門のレコード会社であった。AKB48の再出発にキ

ングレコードを選んだのと同様、オタク向けビジネスに精通していたことが契約の決め手だったのだろう。「ハレ晴れユカイ」(『涼宮ハルヒの憂鬱』／2006年)、「もってけ！セーラーふく」(『らき☆すた』／2007年)などの主題歌をリリースし、アニソンながら10万枚以上のヒットに結びつけて、ランティスはその時期に勢いの中にいた。SKE48もデビュー曲「強き者よ」(2009年)からいきなり、『真マジンガー 衝撃！ Z編』(テレビ東京系)のエンディングテーマという大型タイアップを取り付けて、歴史をスタートさせた。

ランティスの代表取締役、井上俊次は元ミュージシャンで、和製ベイ・シティ・ローラーズ的人気を誇ったロックバンド、レイジーの鍵盤奏者。当時の芸名はポッキーで、グループ時代はトライアングルプロダクションに籍を置いており、秋元もプロデュース的に関わっていた菊池桃子の先輩にあたる。81年のレイジー解散後、グループはポップスタイルを継承するネバーランドと、ハードロック志向のラウドネスに分裂。甘いマスクでアイドル的人気のあった井上はベースの田中宏幸とともに前者を結成するが、秋元も作詞家としてネバーランドの曲作りに協力し、キングレコードからデビューを果たしている。レイジー解散後、ヴォーカルのミッチェルが芸名を影山ヒロノブに改め、『ドラゴンボールZ』(89年)の主題歌「CHA-LA HEAD-CHA-LA」を歌って、累計170万枚のヒットになったのはご存じだろう。アニメ音楽ビジネスに可能性を感じた井上は、音楽プロデューサーとなり、99年にアニソンに特化したレコード会社としてランティスを創業。後に影山もこちらに合流することになる。

キングレコードはもともと、ザ・ピーナッツを始めとする渡辺プロダクションの歌手を大勢抱えるかたちで一時代を築いた。実はランティスの歩みも、キングレコードの歴史ととてもよく似ていた。同社の前身は、渡辺プロダクションが設立したレコード会社、アポロン音楽工業。71年にカセットテープの販売会社として、ラジオ局の文化放送と共同出資で音楽事業を開始した。渡辺プロはその後レコードメーカーにも進出し、米ワーナー・ブラザーズ、電機メーカーのパイオニアとの3社による合弁会社、ワーナー・パイオニアを70年に設立。小柳ルミ子、アグネス・チャンなどの自社アーティストをデビューさせて大ヒットとなった。78年にはそこから独立を果たし、西武百貨店と電機メーカーのトリオとの3社で、SMSレコード（サウンド・マーケティング・システム）を発足。渡辺プロの新人だった吉川晃司などを同社からデビューさせた。

渡辺プロ出身のスタッフが創業時に移籍して、エピック・ソニーの歴史を築いたことはすでに述べた。渡辺プロも大沢誉志幸、PINKなどを抱えており、ロックセクションがそのままヒップランドとして分社化。歌謡曲からロックの時代に移る準備に入る。レコードからCDの時代に移り、SMSレコードは88年に解散。渡辺プロダクションの音楽事業はテープ専科だったアポロンのブランド下に一本化されて、CD制作もアポロンで行っていくことになった。

キャンディーズのマネジャーだった大里洋吉が設立した、アミューズ制作の『三宅裕司のいかすバンド天国』（TBS系）のヒットでバンドブームが訪れると、歌謡曲＝渡辺プロダクション天下の時代に陰りが訪れる。89年には出資会社のひとつだった玩具メーカーのバンダイがアポロンの筆頭株主に入れ替わり、後に社名はバンダイ・ミュージックエンタテインメントとなった。ここが2000年に解散し、渡辺プロダクション原盤および制作スタッフを引き受けるかたちで新たに発足したレコード会社が、ランティスである。

生粋の芸能プロダクション系メーカーだった同社が、オタク向けレコード会社として再生したのには運命の導きがあった。渡辺プロダクション制作のテレビ番組『ザ・ヒットパレード』（59〜70年）の担当ディレクターだった椙山浩一（すぎやまこういち）は、作曲能力を買われてフジテレビ退社後、渡辺プロダクションの専属作家的存在に。『新春かくし芸大会』、『クイズ・ドレミファドン！』などの音楽監督を務めた。そんなすぎやまは大のゲーム蒐集家として業界でも有名で、日本カジノ学会理事、日本バックギャモン協会名誉会長などの肩書でも知られる。いち早くテレビゲームのとりことなり、86年に任天堂から発売されたファミコン用ソフト『ドラゴンクエスト』で、55歳にしてゲーム音楽作家としてデビューを果たすこととなった。このとき、業績不振だったアポロンが『ドラゴンクエスト』他ゲームの音楽集をカセットテープで発売すると、これが社を立て直すほどの大ヒットとなる。後にコンサートで交響曲が披露されるなど、すぎやまはゲーム音楽のサウンドトラックという新しいジャンルを確立した。渡辺プロダクションを音楽面で支えてきたすぎやまがもたらした、ゲーム音楽という新しい鉱脈。渡辺プロを出自に持ちながら、アポロンはゲーム、アニメなどを新しい路線として軌道に乗せ、96年にはそこに玩具メーカーのバンダイが本格出資。同社の映像制作会社バンダイビジュアルとの連動を強化して、アニメ、ゲームなどに特化したレコード会社、バンダイ・ミュージックに受け継がれる。そして同社解散後、ランティスとして再生されるのだ。

すでにアニソン分野では、日本コロムビア、キングレコードがシェアを確立していたものの、ランティスは独自のカラーを打ち出していく。もともと歌謡曲に関わっていた制作能力を活かして、アニメプロパーの作曲者、歌手を起用せず、ポピュラーソングとして通用する楽曲を目指した。冷遇されていたアニソンの地位向上のために「質の高いアニソンを作る」を掲げて、ランティスを創業したと井上は語る。もともと洋楽の強い影響を受けていた井上らは、創業時からアニソンによる海外進出も視野に。国内向けのドメスティックだったこれまでのアニソンと打って変わって、自社アーティストのJAM Projectなどを積極的に海外の販路に乗せた。経産省主導のクールジャパン構想が立ちあがる前に、２００８年から海外ツアーを展開していたのはそのためだ。同年から海外進出を準備していたＡＫＢ48にとっても、彼らの成功はよき手本となっただろう。

しかし、ランティスとのパートナーシップはＳＫＥ48のデビュー曲「強き者よ」一作で終わる。ランティスはもともと音楽制作会社として始まったレコード会社。制作をすべてＡＫＳで行い、既存のレコード会社の販売流通のみを利用してきた48グループとは、そもそも制作能力的に競合する関係にあったのだ。ＳＫＥ48は次作「青空片想い」から、同じく国産レーベルである日本クラウンに移籍。シングル連続ヒット１位の実績を積んでから、２０１１年に「パレオはエメラルド」より、レーベルをエイベックスに移している。

第11章

選抜総選挙と恋愛禁止。AKB48の変質

シングル「ＲＩＶＥＲ」が初のオリコンチャート1位に

通算10枚目のシングル「大声ダイヤモンド」（２００８年）のヒットで、ＡＫＢ48の一般層への認知が進み、彼女たちの置かれた状況が一変する。ＳＫＥ48のお披露目が行われた日比谷野外音楽堂でのコンサートまでは、客の80％が劇場公演の常連者だったと言われている。しかし、２００９年8月の日本武道館公演に訪れた客のうち、70％が劇場公演を観たことがない者で占められていたという。同年リリースされた14枚目のシングル「ＲＩＶＥＲ」で、ＡＫＢ48は初のオリコンチャート1位を獲得。秋元康はこのときのＡＫＢ48人気浮上を、はっきりと「テレビの力」とインタビューで答えている。

2年前の紅白歌合戦出場はあくまで「アキバ枠」での出演だったが、２００９年には雪辱だった紅白歌合戦単独出演を果たし、「ＲＩＶＥＲ」、「涙サプライズ！」のメドレー（紅白Ｒｅｍｉｘ）が披露された。全シングルの売り上げが１００万枚を超える国民的グループになっていくのは、この翌年から。17枚目のシングル「ヘビーローテーション」は、シングル初動売り上げ50万枚を超え、オリコン登場週は１２０週に及んだ。最終的には累計88万枚を売り上げ、オリコン発表の週間カラオケチャートにおいても、48週連続1位という快挙を果たしている。

２５０人収容の専用劇場では、ほとんどがチケットを入手できない状況が続いていた。増え続けるＡＫＢ48ファンに対応し切れていないのは誰が見てもあきらかだった。応急処置的に２００９年6月から、東京ドームシティのシアターＧロッソ（座席数７６５席）をセカンドフランチャイズとして借り、不定期に出張公演が行われるようになったが、連日満員を続けるも

２００９年11月以降は継続は困難に。２０１１年5月、6月には、劇場公演を一度でも体験したいという新規客向けに、TOKYO DOME CITY HALLを連日押さえて48グループ全公演のセットリストをリバイバル体験できる「見逃した君たちへ」が行われた。スタンディング形式で最大３１２０人を収容する大ホールでの、いわば救済企画だったが、劇場公演を中心に活動するＡＫＢ48という活動スタイルは、ここで一旦リセットされたと言ってよい。

ＡＫＢ48の初のホールコンサートは２００６年。アイドルの聖地と言われる日本青年館で行われた。人気に乗じてホール公演もキャパ的に収まらない規模となり、２０１１年7月には、西武ドームでの大規模イベントに場所を移す(48グループ総出演)。以降、２０１２年にはさいたまスーパーアリーナ、東京ドーム、２０１３年には日産スタジアムへと会場を移し、同年7月からは１カ月に及ぶ、全国5大都市でのドームツアーコンサートが行われた。

結成すぐにころに目標として、公式ブログのタイトル『AKB48 in TOKYO DOME～１８３０ｍの夢～』に掲げられていた、東京ドームでのコンサート（２０１２年8月）がひとつのハイライトとなった。収容人数5万人。88年に美空ひばりが復活コンサートでこけら落とし公演を行った、秋元にも縁の深い場所だった。読売ジャイアンツの本拠地でもあり、アイドル界の甲子園を目指していた初期ＡＫＢ48にとって、スタジアムはゴールとして相応しい場所。当初掲げた夢は結成7年目に実現し、この東京ドーム公演をもって「絶対的センター」と言われた前田敦子が卒業。ＡＫＢ48にとっての第1章がここで終わった。

ＡＫＢ48の顔としてグループ外での仕事を始めたころから、真面目すぎる気性の前田は、そちらに集中したいと卒業を漏らすようになったという。プロデューサーの秋元および運営は前田の意向を受け入れて、卒業は華々しいセレモニーとして行われた。象徴的存在の卒業はＡＫＢ48にとって失うものは大きかったが、そもそもＡＫＢ48はやがて巣立つ場所という考えで結成されたグループ。主要メンバーの卒業とともにメンバーが入れ替わり、グループを存続させるＡＫＢ48の事業モデルが本格化するのは、ここからだった。

秋元はイタリアの経済学者、社会学者ヴィルフレド・パレートが提唱した「パレートの法則」を持ち出して、そのしくみを説明した。別名「80対20の法則」とも呼ばれる、昆虫学、動物行動学の俗説のひとつ。１００匹アリがいると、確率的には20％は怠け者で、80％は働き者。ここから怠け者20匹を外して80匹にすると、行動に変化が現れて、その中の20％にあたる16匹が働かなくなるという。除外された20％の怠け者のほうも、うち80％が働き者へと行動を変えていく。集団の中の役割は、教えるのではなく与えられる中で形成されていく。グループアイドルはそれ自体がアメーバのような生き物。前田がいなくなっても誰かが必ず彼女の代わりを務める、補完のメカニズムが働くと秋元は語った。むしろ前田がセンターのままＡＫＢ48が飽きられることのほうが、よほど恐怖だとも語っている。

東京ドームコンサートではもうひとつ、グループの転機となる人事が発表された。高橋みなみのＡＫＢ48総監督への就任である。「将来は政治家になればいい」と秋元も評価する、彼女のリーダーシップを見抜いて、それまでなかったグループ全体を統括するポストを設けて、彼女を大抜擢した。まったく知らされてなかった高橋は驚いたというが、それまで引っ込み思案だったという彼女がリーダー的風格を持ち始めるのは、それらのポストを与えられてからだった。

「握手会」というビジネスモデル

秋葉原のＡＫＢ48劇場を中心としたビジネスモデルは、すでに機能不全に陥っていた。２５０席の観覧席も、プロの手配師がチケットを押さえて、ネットオークションで転売するテンバイヤーまで現れ、新規のＡＫＢ48ファンが劇場公演を体験することはほとんど困難になっていた。「会いに行けなくなったアイドル」とマスコミに揶揄されるようになり、その隙を狙って「今、会えるアイドル　週末ヒロイン」をキャッチフレーズに、ももいろクローバーらが登場。実際、劇場チケットが取れないことを理由に、ＡＫＢからももクロら新世代のアイドルグループに鞍替えしたファンも多かった。

「会いに行けるアイドル」という結成コンセプトの崩壊に直面したとき、その救済案として行われたのが、キングレコードのＡ＆Ｒディレクター湯浅がプレゼンした「握手会」だった。第１弾シングル「大声ダイヤモンド」から握手券を封入し、当初はＡＫＢ48劇場を会場にして、お目当てのメンバーと握手できるプロモーションイベントが行われた。ネット配信のみでフィジカルリリースのなかった「Baby! Baby! Baby!」では握手会は行われておらず、戸賀崎智信もこのときの反響を見て、ファンと交流するリアルイベントの重要性を再認識したという。ネット配信はまずまずの成功を収めたものの、客が求めているのはネットで楽しめる利便性やヴァーチャル体験などではなく、わざわざ会場に遠路から足を運んで得る「リアルな体験」や「ライヴ感」の共有なのだと。

ＡＫＢ48において最初に「握手会」が行われたのは、結成してすぐの２００５年12月。まだＡＫＢ48劇場がオープンしたばかりで不備の多い時期に、劇場の舞台装置が故障して公演が当日中止に。来客へのお詫びの意味で、ハプニング的に行われたのが最初だった。ちなみにそのときの参加者はわずか50人。デフスター時代からプロモーションの一貫として、ＡＫＢ48劇場を会場にして握手会が不定期で行われるようになるが、あくまでワンノブゼムだった。

初の10万枚超えとなった、キングレコード移籍後第3弾シングル「涙サプライズ！」がひとつの転機になる。同曲でも握手会が行われたが、握手券の入った「劇場盤」を求めて、朝からドン・キホーテ前に数キロに及ぶ長蛇の列ができた。マナー違反も横行し、万世橋警察から厳重な注意が下され、新聞でも記事として取りあげられた。それまではマナーに長けたアイドルファンの自治で、その都度問題は解決してきたが、テレビの影響でピンチケ（１０００円安いピンク色の学割チケットに由来）の中高生ファンが増えたことが、マナー違反者が増えた理由だった。学生が路上で煙草を吸ったり、「劇場盤」を買うために学校を休む輩まで現れた。この騒動を最後に劇場での握手会は打ち止めとなり、東京ビッグサイトなどの催事場に場所を移して、大規模な握手会が行われるようになった。特別な出し物もライヴも行われない、ただ握手するだけの催しに巨大ホールを借りるというのは、ＡＫＢ48が定着させた新しいファン交流スタイルだった。

「握手会」は厳密には「個別握手会」、「全国握手会」の2種がある。お目当てのメンバーの名前の入った握手券の付いた「劇場盤」購入客に向けて行われるのが、前者の「個別握手会」。握手券1枚でメンバーと約10秒程度会話ができるというルールで、列に並んでその順番を待ち、接見が時間オーバーになると「はがし」と呼ばれるスタッフに退場を促される。複数購入者は握手券をまとめ出しすれば、その時間だけ延長が許されるが、過去には数百枚をまとめ出しした強者もいたという報告もあるほど。アイドル信仰が人によっていかに狂信的かがわかるだろう。「劇場盤」はもともと劇場限定で販売されていたが、件の騒動を機に「劇場盤」の名前だけ残って、現在はネット通販で売られるようになった。握手会参加には握手券＋身分証明書（免許証、パスポートなど）を提示させるなど、転売防止のための策も講じられている。

これに加えて、一般流通ＣＤに付けられている握手券で参加できるのが「全国握手会」。こちらはＡＫＢ48以外の姉妹グループも参加し、その日のスケジュールによって参加メンバーもまちまち（参加メンバーは当日会場で知らされる）。1会場に数万人集める握手会はこちらで、全国各地で開催され、現在はトータルで十万人以上を集める大イベントとなっている。

「握手会」はアイドルとファンの絆となり、今では他のライバルグループも追随する定番イベントとなった。ＣＤやメディアでの活動よりも、握手会のみに関心を持つ〝接触厨〟と呼ばれる常連もいるほど。彼らの中には、お目当てのメンバーに顔を覚えてもらうのを目的とした〝認知厨〟という一群もいる。結成時こそ、顔を見れば名前もわかるコアファンに支えられてきたＡＫＢ48だが、すでに２５０人の収容客では収まらないスーパーグループになっていた。しかしファン一人一人にとっては身近な存在なのは変わらず。名前を覚えてくれないメンバーに「プロの自覚なし」と、不作法を叱る古参ファンまで出てきた。わざわざお金を払って説教に行くような行為も、ＡＫＢ48は宿命として受け入れた。ＣＤ代金分の交流で満足してくれれば関係も築けるが、彼らはまるでＡＫＳの株主のように、メンバー、スタッフにさまざまな要求を突きつける。熱心なファンが行きすぎることほど怖いものはない。顔を覚えてもらうために、玩具のゴキブリを使ってメンバーを驚かすようなマナー違反者も現れた。制止されてもやめない者やマナー違反の常習者は、現在はブラックリストに名を連ねられ、「生涯出入り禁止」の措置が取られるようになった。

「握手会」は歌やダンスを披露するのではなく、握手のためのイベント。しかし誰もがプロモーションと割りきれるほどメンバーみなが精神的に大人ではない。握手のためにファンの列を相手にする、心理的負担は大きくなるばかりだった。人気メンバーになると、昼食、夕食の各30分を除いて、握手会は最長12時間に及び、10時間以上立ち続けてのファン対応となる。しかしファンにとっては、わずか10秒がかけがえのない時間で、全勢力をかけてアーティストに想いを伝える。「ぱるる」

こと島崎遥香は感情をそのままに、無愛想な対応を続けたことで「塩対応」と呼ばれるようになり、体調不良を理由に握手会欠席が常態化。その気まぐれぶりがファンを惹きつけるという因果な結果を生む。選抜として将来を嘱望されていた川栄李奈は、握手会についてネットで告白したのをきっかけに炎上騒動が起こった。人気ピーク時に卒業したのは、それが遠因となったとも言われている。

不人気メンバーにとっては、観客がまばらということもしばしばで、列を成す他メンバーとの人気の違いを実感し、心折れることも多かった。しかし「握手会」での交流は、アイドルにとって唯一活動を実感する場でもあり、ファンから元気をもらえる、活動のモチベーションになっていると語るメンバーもいる。「握手会」での集客力がその後の処遇を決めるＡＫＢ48では、アイドル向き不向きがそこにハッキリと表れた。そもそも「握手会」不人気でへこんでいるようでは、卒業後に独り立ちして人気アイドルになることなど難しい。そんなメンバーおよびファンの共通認識が、一見異常に見える有料の全国握手会を成り立たせていると言えるだろう。

「握手会」が有料イベントとして行われる、第三者から見れば異様な光景も、ファンが望むものをスタッフが実現化させてきた結果、ここまで巨大なイベントになった。アイドル商法として究極的な「握手会」というビジネスモデルには、当然、光もあれば闇もある。２０１４年5月、事件は起こった。岩手県で行われた全国握手会の会場に、青森県十和田市在住の24歳の無職の男がノコギリを持って乱入。侵入レーンにいたメンバーの川栄李奈、入山杏奈、男性スタッフの3人をノコギリで切りつける事件が発生する。取り調べの結果、ＡＫＢ48への怨恨ではなく、世の中への不満をぶつけた無差別殺傷事件だったことが明るみになる。手荷物検査などを行わない性善説による運営が、もはや限界に来ていることをスタッフは思い知らされた。予定されていた以降の握手会は一旦キャンセルとされ、41日後に万全を期して再開。ここからは金属探知機を設置して手荷物チェックが行われ、警備員の人数も7倍に増やされた。この騒動をきっかけに、もともとプロモーション目的に行われていた「握手会」も高コストなイベントとなった。

２０１５年8月には「僕たちは戦わない」のリリースに際して、全グループ、全メンバー（約３００名）が6日間ぶっ通して行われた。これが過去最大規模のイベントとなる。このときは、長時間の握手のために立たされる疲労と合わせ、夏の熱さで倒れるメンバー、ファンが続出する結果となった。

今や「握手券」はＡＫＢ48のＣＤ売り上げの重要な生命線。こうしたプロモーションイベントも、ミリオンセラーを継続するために避けては通れないものになった。元劇場支配人の戸賀崎は、１００万枚の売り上げを維持しなければ、ＡＫＢ48との企業タイアップも難しくなると告白している。他のレコード会社に所属する姉妹グループも、キングレコード主催のＡＫＢ48の握手会に駆り出される状況は続いており、全国人気の内訳はオール48メンバーによって支えられているのだ。

「選抜総選挙」は政治参加のメタファー

「握手会」をビジネスにしたＡＫＢ48は、その後もアイドルの歴史を塗り替えていく。その最たるものが、結成4年目(２００９年)の第1回から毎年夏に行われるようになった、定期イベント「選抜総選挙」だろう。ＣＤに封入された「投票券」で、購入者は48グループの中から支持するメンバーに投票し、その集計の結果、上位21名に選ばれたものが「メディア選抜」として次のシングルで歌番組などに出演できる。さらに1位に輝いた者がシングルのセンターとなるため、それが誰になるかが毎回「選抜総選挙」のハイライトとなる。

「メディア選抜」に漏れた22位以下も、「アンダーガールズ」と呼ばれるサブグループのメンバーに選ばれ、カップリング曲に参加する権利を得る。姉妹グループが増えて総数３００名となる現在は、これに続く存在として、33位以下の「ネクストガールズ」、49位以下の「フューチャーガールズ」、65位以下の「アップカミングガールズ」に括られて、最上位の者がセンターに選ばれ、タイプ別の複数ＣＤに分かれて、それぞれにカップリング曲が与えられるようになった。

２００９年に第1回選抜総選挙がアナウンスされ、6月発売の12枚目のシングル「涙サプライズ！」に投票券を封入。発売日その日から投票受け付けが始まり、同月30日の開票速報をはさんで、翌7月8日に赤坂ＢＬＩＴＺにて第1回選抜総選挙開票イベント「神様に誓ってガチです」が開催された。このとき上位選出された顔ぶれが、8月発売の13枚目のシングル「言い訳Ｍａｙｂｅ」の選抜メンバーに選ばれて、テレビ、雑誌などのメディアに登場し、ＡＫＢ48の顔となって活動した。

「選抜総選挙」が始まったのも、きっかけはファンの声からだった。ＡＫＢ48は人数が多いため、テレビ出演時にはそこから16名前後の選抜メンバーが選ばれる。それまでは覚えめでたいメンバーで組まれ、基本大きくは変わらず、秋元を含むスタッフの一存で決められていた。他のメンバー推しのファンからは「なぜ前田敦子だけがいつもセンターなのか」など、不満の声があがるようになっていた。それならばファン投票でメンバーを選べばいいと、キャスティングを民意に託したのが「選抜総選挙」の始まり。これが反響を巻き起こして、年1回の48グループのメインイベントになった。

２００９年は衆議院選挙で民主党が自民党を上回る３０８議席を獲得し、民主党（現・民進党）が与党となった民主旋風の渦中。民意によってＡＫＢ48の選抜メンバーを選ぶという「選抜総選挙」は、まるで政治参加のメタファーのようだった。それまで芸能界では、テレビ局のプロデューサー、広告代理店、大手事務所らの間で、密室政治の中でこれから売り出すアイドルが決められてきたと言われる。ＡＫＢ48はそのブラインドを取り払い、ファンの投票行動によって選抜メンバーを決めるという、アイドルの民主化を実現してみせた。政治ごとに無関心だったアイドルファンまで巻き込んで、「選抜総選挙」は投票のリアルを体験させるイベントとなる。実際に民主党が政権を取るのは第1回選抜総選挙の後のことだが、ＡＫＢ48ファンの目には「ＡＫＢ48みたいなことが国政でも起こってる」と映っただろう。

政治パロディとしては秀逸なアイデアだったが、こちらは一人一票ではない。投票券の入ったCDは、一人で何枚でも購入が可能。経済力のあるファンはCDを段ボール買いして、ご贔屓のメンバーに大量に投票した。そのエスカレーションは「金権政治のようだ」と揶揄されたが、カネの力が結果を左右するのは、芸能界においてＡＫＢ48に限った話ではない。昔はアイドルの新曲が出る度に、事務所がアルバイトを雇って、代金を持たせてオリコンの調査店でレコードを買い占めるようなチャート操作が、ごく普通に行われていた。ＡＫＢ48の場合、まとめ買いによる投票も、経済力のあるファンの自由意志の所産で、そこからはじき出された数字が支持層の厚みを示すバロメーターであるのは変わりない。しかし、それを受け入れるならば集計はシビアに行われなければならない。公平を期すために電子公証サービスなどの第三者機関に得票数の集計を依頼。開票イベント名にも「神様に誓ってガチです」をサブタイトルとして入れた。カネ持ちファンを抱えるメンバーが優位に立つしくみを指して、偽りの総選挙だと非難されたこともあったが、２０１１年の第3回選抜総選挙で壇上に立った大島優子は、「票数はみなさんの愛です」とこれを肯定した。

「総選挙」と称してグループのメンバー選定が民意に託されたのは、ＡＫＢ48が初めてではない。過去に秋元がプロデュースした男性グループ野猿でも、シングル発売に際して『みなさんのおかげです』の番組内で視聴者人気投票を行い、人気のないメンバーを脱落させた。そのリアリティショーのスリルが野猿人気につながり、１９９９年、２０００年と2回行われる人気イベントになった。残酷を引き入れるのが男性アイドルではなく、女性アイドルというところにＡＫＢ48の本気度がうかがえる。そのために、Ａ＆Ｒディレクターの湯浅順司には「選挙管理委員長」の役職が与えられ、キングレコードの法務部と相談しながら、まるでハリウッドのアカデミー賞のような弁護士によるチェック体制、第三者機関による集計ためのプログラムの構築が行われたという。

今では国民的行事となった「選抜総選挙」だが、２００９年の第1回の開票イベントは、今からみれば慎ましいものだった。司会は劇場支配人の戸賀崎とスタイリストの茅野しのぶという身内のスタッフ。ＡＫＢ48、ＳＫＥ48の2グループのメンバーがエントリーされ、合わせてもまだ98名。選挙結果が発表されるのは30位までで、その結果は芸能記者によって、翌日のスポーツ新聞、ワイドショーなどで報道されたのみだった。「1回やってみて、足の引っ張り合いややる気を失う子がいたら止めようと思っていた」と、言い出しっぺの秋元ですら懐疑的だったと言われる。公職選挙法に基づいて作られた選挙ポスターが劇場ロビーに張り出され、立候補メンバーによる1分程度の政見放送が収録されて、公演後の劇場やDMM.comを通じて流された。しかし、このころは表立った選挙活動は行われず、握手会でファンに訊ねられても「よくわからない」とメンバーは答えていたという。しかしその空気は、速報発表を境に一変する。ほとんど選抜に選ばれたことがない不遇なメンバーの名前が上位にあがったことで、ファンは俄然エキサイトし始めた。

第1回選抜総選挙は、結果、前田敦子が第1位に選ばれ、秋元のメンツは保たれた。一方で、お洒落な子はアイドルファンに受けないだろう先入観を持たれていた篠田麻里子が、堂々の3位にランクイン。選抜には一度も選ばれたことがなかった、劇場公演を中心に地道な活動を続けていた不遇のメンバー、佐藤亜美菜が8位に、浦野一美が17位入りして会場を沸かせた。秋元才加の選抜メンバー入りも、チームKファンが声を掛け合って投票した結果と言われている。ファンが「選抜総選挙」に投票するのは、「不遇だったメンバーの夢を叶えてあげる」のが目的だからだ。

「大声ダイヤモンド」でセンターに大抜擢された運営期待のホープ、松井珠理奈は苦しくも19位に終わる。これには、SKE48のCDには投票券が付いておらず、投票するためにはAKB48のCDを買わなければいけないルールも影響していた。姉妹グループのメンバーへの投票も、各運営が提供しているモバイルメールなどの投票権付きサービスを除いて、AKB48のCDを買わなければならないルールは今でも変わっていない。姉妹グループのファンにとっては当然ハンディであり、AKB48メンバーに有利なのはあきらか。しかしあくまでこれはキングレコード主催のプロモーションイベント。ブランド力を持つAKB48の下、全国メディアに出演するためのパスポートとして、姉妹グループのファンにも参加の機会を与えるという大義名分で行われている。

第1回はまだ身内のノリを残しており、前田敦子、大島優子の2人を残した第2位の発表の際には、大島ファンの間から「前田コール」が起こるなど殺伐としたムードもあった。第3回選抜総選挙で前田敦子が語った「私のことは嫌いでも、AKBは嫌いにならないでください」は、そんな緊張関係の中で放たれた言葉。こういった過度な誹謗行為はマナー違反として、ファン自治の間で自戒が促され、より公共性の高いイベントへとかたちを変えていく。こうして「選抜総選挙」は年1回開催される、テレビ中継も高視聴率を稼ぎ出す国民的行事となった。

「選抜総選挙」＝『M-1グランプリ』

第1回選抜総選挙の投票券が封入されたシングル「涙サプライズ！」は売り上げ10万枚を突破。翌年の第2回の投票券を封入した「ポニーテールとシュシュ」が80万枚超えを果たしたことで、選抜総選挙による経済効果がいかに大きいかが証明された。元劇場支配人の戸賀崎も「選抜総選挙によってＡＫＢ48は一般的に知られるようになった」と、その影響力の大きさを認めている。第2回からは司会を徳光和夫、木佐彩子らプロに任せて、地上波、衛星放送、ネットなどのメディアを介して生中継されるスタイルへと規模を拡大。２０１２年にフジテレビでオンエアされた第４回選抜総選挙は、最高視聴率18％を記録し、「ＡＫＢ48では視聴率が取れない」といわれた当時のテレビ業界のジンクスを払拭した。

地上波はプライムタイムで、フジテレビをキー局に上位発表をオンエアし、ＡＫＢシンパのタレント、文化人をゲストに迎えたバラエティ番組として構成。一方で、GoogleでもＳＤ画質でウェブ生中継され、こちらはＣＭがオンエアされている間のステージ上の様子も、ノーカットで観ることができた。裏から覗けば、ＣＭタイムを挟んで受賞コメントが読みあげられるなどの、地上波に配慮した段取りなのが丸わかりで、それに反発するファンも多かった。しかし地上波の巨額な放送権料によって、総選挙は大がかりな演出が可能になった。こうして上位を決定する地上波は一般ファン向け、下位を決定する衛星放送／ネットはコアファンが固唾を呑んで観る、二極構造で楽しめるイベントとなった。あくまで制作主体はＡＫＳであることは堅持し、後にＤＶＤ、ブルーレイなどのソフト化でリクープ。「カルピスの原液を作って売る」の教えは、選抜総選挙でのメディア展開にも活かされた。

毎週木曜日にニッポン放送深夜でオンエアされている『ＡＫＢ48のオールナイトニッポン』も同様。ラジオ局の薄謝な出演料でも、事務所の采配で旬のメンバーを揃えられるのはＡＫＳ主導で作られている証左だろう。ほぼ毎週何かがリリースされている48グループにとってのパブリシティ番組でもあり、週刊誌のスキャンダルの禊ぎも行われ、アブナイ発言で翌日のスポーツ紙にも話題を提供する。放送中のスタジオ風景をカメラで捉えた映像は、ＮＴＴドコモのモバイル放送「ＮＯＴＴＶ」で中継されるようになり、現在はライヴ配信サービス「SHOWROOM」で同時配信されている。かつて既存のメディアとネットの融合という、ライヴドア騒動のとき堀江貴文が実現させたかったシナジーは、既存メディアの屈強な反対を受けて瓦解した。ＡＫＢ48という強力なコンテンツを持つ秋元だからこそ、それはなしえたと言っていいだろう。

ファンの民意によって、日の当たらない者を押しあげるだけが「選抜総選挙」ではない。写真週刊誌にスキャンダルがスクープされ、強制卒業や引退を余儀なくされるメンバーもいる一方で、事務所の力でニュースが隠蔽され、大手事務所の笠の下でのうのうと活動していたやらかしメンバーに対しては、運営に代わってファンの制裁が下された。「選抜総選挙」の結果、前年の人気者がランク外に追いやられるような厳しい数字となって表れた。

その一方で、スキャンダルを猛省して努力したメンバーには、1年の活動が審議されるカムバックのための舞台にもなった。２００４年に4位に登り詰めた直後、ファンとの不純交遊が報じられて姉妹グループに飛ばされた指原莉乃も、ＨＫＴ48での働きが認められて、翌年の選抜総選挙では1位に返り咲いた。週刊誌の交際報道後、自らの意思で丸坊主になって海外ニュースからも非難を受けた峯岸みなみも、昨年から4位ダウンの18位になんとか止まって、これがスキャンダルの禊ぎの場所となった。従来ならアイドルのスキャンダルは致命的で、そこから汚れ仕事へと凋落するのがおきまりのパターン。「恋愛禁止の掟」がついて回るAKB48だが、これを破った者にも「選抜総選挙」を通して、ファンはもう一度再起のチャンスを与えた。

「選抜総選挙」は一方で、グループ内格差を助長する残酷ショーと揶揄された。しかし秋元はこれにキッパリと否定する。そもそもメンバーは、AKB48のオーディションを最初に受けた時点で、受かる／受からないという格差をくぐり抜けてきた。入ってからも人気者とそうでないものの間にはヒエラルキーが存在していた。そうした違いを本人たちに自覚させる機会になりこそすれ、「選抜総選挙」が格差を助長するためのイベントではないと秋元は言う。芸能界そのものが格差社会であり、メンバーは自ら望んでその世界に入ってきた。卒業後はAKB48メンバーという大看板なしで、他アイドルとそのポストを巡って争わねばならぬという、より過酷な競争が待っている。ブログなどで「選抜総選挙」の在り方を疑問視するメンバーもいたが、そういう意見に対して秋元は「総選挙が嫌だという人は、この業界には向いてない」と諭して見せた。

メンバーのほとんどがバブル後の平成に生まれた。「失われた20年」という日本の景気低迷期に育ち、夢を語らない世代と言われていた。昭和のアイドルのようなギラついた向上心のない、平凡な子が夢を見られる装置だからAKB48の応募者は絶えない。それをファンが支えて経済活動を維持するしくみをAKBは作ってみせた。しかしそこから一歩離れれば、必ず芸能界の格差社会が待っている。小学校の運動会で手を繋いでゴールインしていた、格差に無自覚な社会で育った世代に、明確な序列があることを「選抜総選挙」は実感させた。

現在は声優として活躍している仲谷明香はAKB48卒業後、在籍時のエピソードを綴った自叙伝『非選抜アイドル』（2012年／小学館）を出版し、4万部を超えるヒットとなった。不遇なメンバーだった彼女は、シングル選抜に選ばれないのは曲のイメージに合ってないからだと、それまで自分に言い聞かせてきたのだという。しかし「選抜総選挙」にランクインできなかったことで、不人気という現実を突きつけられたことが、次に進む大きな決意のきっかけになったと当時を振り返る。

一度のオーディションで大挙メンバーを取るＡＫＢ48の理念は、来る者を拒まず。完成していないアイドルよりも未完成の人材を登用してきた。所属するＡＫＳそのものは芸能事務所ではないので、将来大手芸能事務所に移籍するのも、卒業後に芸能界を引退するのも本人次第。卒業のタイミングもメンバー自らに託されている。これが芸能事務所に入れば、仕事を得られない場合は契約更新はシビアに行われ、使い捨ての人生が待っている。ＡＫＢ48のメンバーでいる限りは、劇場公演など最低限の収入は保証されるため、人気のないメンバーほど卒業を躊躇する要因にもなっていた。そんな彼女たちに「選抜総選挙」の結果は、アイドルとしての価値を数字として突きつけた。それはかつて島田紳助が日本一の漫才師を決めるために始めたイベント、『Ｍ-１グランプリ』によく似ていた。

『Ｍ-１グランプリ』は２００１年より、吉本興業主催・朝日放送制作で始まった漫才師の頂上決戦。他事務所からのエントリーも引き受けて、トーナメント方式で対戦し、その年のナンバーワン漫才師を決めるイベントである。しかしそれは建前で、『Ｍ-１』を始めた真の目的は才能のない漫才師を辞めさせるためだったと、紳助は後に語った。日本では努力することが美徳とされるが、持って生まれた才能は重視されない。才能に恵まれないのに芸人の世界に止まろうとする者が、後を絶たないことを苦慮していた。それは本人にとって不幸でしかない。真に才能ある漫才師がいることを世に知らしめ、才能のない芸人に引退を促すために、紳助は『Ｍ-１』を始めたと語った。

芸能事務所のようなシビアな契約更改のないＡＫＢ48にとって「選抜総選挙」は、『Ｍ-１』のようにメンバーに自問自答を促す、人生選択の機会にもなった。

過去の選抜総選挙の実績

回	開催年	大会名	イベント会場	第1位メンバー（得票数）	選抜メンバーによる楽曲
第1回	09年	AKB48 13thシングル 選抜総選挙「神様に誓ってガチです」	赤坂BLITZ	前田敦子（3489票）	「言い訳Maybe」
第2回	10年	AKB48 17thシングル 選抜総選挙「母さんに誓って、ガチです」	JCBホール	大島優子（31448票）	「ヘビーローテーション」
第3回	11年	AKB48 22ndシングル 選抜総選挙「今年もガチです」	日本武道館	前田敦子（139892票）	「フライングゲット」
第4回	12年	AKB48 27thシングル 選抜総選挙 ～ファンが選ぶ64議席～	日本武道館	大島優子（108837票）	「ギンガムチェック」

第5回	13年	AKB48 32ndシングル 選抜総選挙 ～夢は一人じゃ見られない～	日産スタジアム	指原莉乃（150570票）	「恋するフォーチュンクッキー」
第6回	14年	AKB48 37thシングル 選抜総選挙　夢の現在地～ライバルはどこだ？～	味の素スタジアム	渡辺麻友（159854票）	「心のプラカード」
第7回	15年	AKB48 41stシングル 選抜総選挙～順位予想不可能、大荒れの一夜～	福岡ヤフオク！ドーム	指原莉乃（194049票）	「ハロウィン・ナイト」
第8回	16年	AKB48 45thシングル 選抜総選挙～僕たちは誰について行けばいい？～	HARD OFF ECOスタジアム新潟	指原莉乃（243011票）	「LOVE TRIP／しあわせを分けなさい」
第9回	17年	AKB48 49thシングル 選抜総選挙～まずは戦おう！話はそれからだ～	豊見城市立中央公民館 大ホール	指原莉乃（246376票）	「#好きなんだ」

（※wikipediaより）

ジョークぎりぎりの有料イベント「じゃんけん選抜」

「選抜総選挙」が成功すると、秋元はそれを上回るアイデアを実現させる。「ＡＫＢ48シングル選抜じゃんけん大会」という、次のシングルのセンターやソロデビューを、すべてじゃんけんで決めてしまおうという、総選挙の民意をも台無しにしてしまうようなイベントを２０１０年にぶちあげた。本戦は9月21日、場所は日本武道館。すでに「選抜総選挙」や「握手会」を有料でやっていることを非難する媒体も多かったが、じゃんけんを有料イベントとして見せるというのは、ほとんどジョークぎりぎりだった。

「シングル選抜じゃんけん大会」は、第１回選抜総選挙が行われた翌年の２０１０年から始まった。人気やファンの組織力が雌雄を決める「選抜総選挙」と違って、じゃんけんの勝敗は確率的に誰もが平等。「干され」と呼ばれる不遇メンバーの救済を目的に始まったと言われている。第１回優勝者は、マジメで練習熱心だが総選挙にランクインしたことがなかった内田眞由美。10月12日には彼女が初センターを務める「チャンスの順番」というシングルも発売された。そこに書かれていた詞は、干されメンバーへの応援歌になっていた。

当初はＡＫＢ48単独イベントとして始まった「じゃんけん大会」だが、「選抜総選挙」と揃えて、翌年から姉妹グループも参加して規模を拡大。こちらもキングレコード主催のため、完全な平等ではなく、姉妹グループは予選会を経た選抜者が出場資格を得て、ＡＫＢ48のトーナメント表に加わるというかたちになっている。

選抜総選挙が『Ｍ-１グランプリ』なら、じゃんけん大会は『Ｋ-１』ばりにショーアップ。異種格闘技戦さながら、『ＰＲＩＤＥ』の選手入場で有名なレニー・ハートを呼び込みアナウンスに迎え、派手な照明演出を交えて華々しく行われた。メンバーは各々が願掛けて、コスプレ姿で勝負に臨む。そのファッションショーがじゃんけん大会の見所となり、現在はＡＫＢ48のスタイリストチーム、オサレカンパニーの全面監修で行われている。

日々の鍛錬でもファンの組織票でもない、「運」だけが雌雄を決する。ある意味、それが芸能界成功の縮図でもあることを秋元は理解しているのだろう。幼少期に喘息に悩まされ、私立中学の受験に落ちたことで、「運」がその人の生涯を決定するという真理を、秋元少年は思い知らされた。インタビューでもしばしば、自分が成功したのはほとんど運だとうそぶく。「エジソンは『成功は99％の汗と、1％のひらめき』だと言うが、自分は『98％の運と1％のひらめき、そして1％の汗』と思ってる」と秋元は言う。大手事務所所属メンバーの常連で上位が占められる「選抜総選挙」には、事務所票などのヤラセ説がついてまわるが、「じゃんけん大会」は決戦までのすべてがガラス張りにされ、業界政治を挟み込む余地がない。それこそがファンが金を払ってでも見たい、ガチの勝負だった。

秋元はビジネス誌で成功法則について訊かれ、運をいかに手なずけるかという持論を語った。「自分は運が強いと思い込むこと」、「じゃんけんが強いという根拠のない自信を持て」。自分はじゃんけんが弱いと思っている人間は、勝負の前にすでに負けているのだと。

同年、姉妹グループのＮＭＢ48の1期生が、「努力は必ず報われるわけではない」とブログに書き残して卒業する一件があった。高橋みなみが頻繁に口にしていたＡＫＢ48の有名なスローガンはウソではないのか。不遇メンバーみなが思っていたこの告白が、スタッフ、ファンを巻き込んで物議を醸すことになる。その投稿があった翌日、秋元は「努力が報われないと思っている人へ」というタイトルで投稿。「努力しても報われない人は他人のせいにしなさい」、「今、スターになっている人を20人ほどオーディションで落としたりプロデュースを断ってきた。自分の目は節穴です」と告白した。続けて「いつか必ずチャンスの順番が来ると信じなさい」、「努力を続ければチャンスは回ってくる」とメンバーを叱咤した。

四半世紀近くマスコミで芸能界に接してきた筆者の思うところも同じ。モーニング娘。でも、人気のピーク時の誘惑を受けて独立した人間よりも、地道にグループを支えてきた後列にいたメンバーが、現在も事務所に残って厚遇を受けている。大手事務所に移籍できるか否かで、テレビで優先的に扱ってもらえるかが決まってしまう。そんな芸能界にあって、日の当たらないものにもチャンスを与えるしくみをAKB48はメンバーに示したのだ。

「努力は必ず報われる」は確かに、初期のAKB48メンバーの重要な活動モチベーションになった。しかし、必ず報われるというわけではない。この世界は「運」に支配されていることを、じゃんけん大会はメンバーが学ぶ機会になった。強運こそアイドルに備わっているべき才能である。現にじゃんけん大会で、篠田麻里子（第2回）、島崎遥香（第3回）、松井珠理奈（第4回）、渡辺美優紀（第5回）らがチャンピオンになったことでも、「運」も才能のひとつであることが実証された。

「楽曲の総選挙」＝リクエストアワー

それらと並ぶ、AKB48含む48グループの定期イベントとして定着したのが「リクエストアワー」である。すでに48グループに秋元康が詞を提供した曲は1000曲以上あると言われているが、それらを対象にファン投票で楽曲のランキングを決めるイベントとして、2008年に第1回が行われた。1～100位までの計100曲を、昼・夕方に分けて複数日にわたって歌われる盛大なもので、以降レギュラーイベントとなった。『ザ・ベストテン』の構成者だった秋元が、自曲だけで100曲のランキングを決めるという企画。一人の作家の曲だけでランキングが行われるなど前代未聞で、作詞者冥利につきるだろう。曲は基本、オリジナルメンバーで歌われるのがルールで、選抜常連になるとほとんど出ずっぱりの耐久戦。しかし、ランキング発表といっても選抜総選挙のようにシビアなものではなく、合間にトークを挟んでファン感謝イベント的なムードで行われた。プロの司会者を起用せず、進行もメンバーが持ち回りで行う。AKB48単独でも行われているが、48グループ全体で行われるリクエストアワー拡大版のときは、大阪の吉本興業系列のNMB48のメンバーが得意のフリップ芸を披露するなど、学芸会なムードもウリになっている。

「選抜総選挙」がメンバーの人気投票だとすれば、「リクエストアワー」はいわば「楽曲の総選挙」。しかし、定番曲が上位を占めるような普通のランキングとは趣が異なる。2016年に1位に輝いた「初日」はシングル曲ではなかった。劇場作品『パジャマドライブ』の劇中曲で、おさがりばかりだったチームBにとって初めてのオリジナル公演の1曲目。レッスンの日々などを歌う自己言及ソングであり、チームB推しファンの投票の力で1位に選ばれた。泣きながら歌う、渡辺麻友、柏木由紀らメンバーの勇姿が、その年のリクアワのハイライトとなった。それまで「選抜総選挙」で20～30番台だった宮澤佐江がセンターを務めた「奇跡は間に合わない」も、2012年にSNH48に移籍したことへの応援の意味を込めて、ファン投票で2位にランクイン。このようにシングル人気曲が必ず上位を占めるわけではなく、「選抜総選挙」以上に変動率が高いことが、毎回リクエストアワーだけは欠かさず参加するという、シリアルなファンが通う理由になっている。

それぞれの楽曲は、卒業生の欠員を補充しつつオリジナルメンバーで歌われるのが大原則。組閣で離ればなれになった旧チームの元同僚が、久々に共演を果たすなど組み合わせのドラマがあった。

ヒットしたシングル曲よりも、ファンに愛される劇場公演の1曲のほうが毎回見せ場を作る。コアなＡＫＢ48ファンにもっとも愛されているのが「リクエストアワー」と言えるかもしれない。

ＡＫＢ48ファンには特定のメンバーのみに入れあげる「単推し」は実は少なく、チーム、グループ全体を支える「箱推し」が多いという傾向がある。「単推し」にしても、個人のタレント性よりグループへの貢献度などを高く評価する向きもあり、「関係性萌え」という言葉もある。ワチャワチャと馴れ合う、同性愛的な関係性に萌えるファンも多いが、一方でバチバチのライバル関係もファンの見所となる。一人にしか投票できない「選抜総選挙」では、それらの「関係性」が反映されることはない。「リクエストアワー」は楽曲への投票を通して、歌うオリジナルメンバー、ユニットへの「関係性」を支持するイベントと言ってよいのかもしれない。

２０１７年に1位になった「ＮＧＴ48」は、劇場公演『ＰＡＲＴＹが始まるよ』の挿入曲。結成されたばかりのＮＧＴ48の唯一の持ち曲で、彼女らにとって無二のオリジナルナンバーだった。同一カラオケを二次使用した「ＡＫＢ48」の替え歌に過ぎないが、ＮＧＴ48のメンバーに晴れの舞台を踏ませてあげたいと、ファンが投票を集中させた結果、その曲が1位に選ばれたのだ。

ＡＫＢ48は「恋愛禁止」なのか？

ＡＫＢ48の劇場公演第1作『ＰＡＲＴＹが始まるよ』が、おニャン子クラブ時代の延長上で書かれたものという指摘は、すでに述べた通り。同作品はダンスこそ初期メンバーに合わせたシンプルなもので、今の水準では見劣りするが、新潟にできたＮＧＴ48など新しいグループが誕生する際に、デビュー公演として今でも上演されている。山口百恵やＳＰＥＥＤ時代から、いたいけな

10代が性意識を赤裸々に歌う曲は「10代の性典」と呼ばれてきた。平均年齢の低い純粋な彼女らが歌うからこそ、胸に迫るものがある。逆にスキャンダル続きの今のＡＫＢ48のメンバーがこれを歌うのは、すでにシャレにならない状況もあるだろう。アイドルにとっての清純性はその曲と命運をともにする。

「文春砲」で有名になった『週刊文春』のように、ＡＫＢ48を目の敵のように毎週スクープするメディアも現れた。彼らがＡＫＢ48のスクープを取りあげるのは雑誌が売れるから。スキャンダルを報じた記事を一番熱心に読んでいるのは、実はＡＫＢファンなのだ。スキャンダルの噂を白日の下にさらすのがジャーナリズムの役目。メンバー純血を信ずるファンほど、スキャンダルが発覚したときにジャーナリズムを経済的に支援する側にまわる。交際が発覚すればそれはファンへの裏切りだと、愛情余るゆえの糾弾行為に転じていくのだ。

２０１3年に『週刊文春』がお泊まりデートを報じた、峯岸みなみスキャンダルとその顛末は、一般層を巻き込む世間の関心事となった。雑誌発売前に予告記事が出た際に、ネットは大荒れ。発売日にはＡＫＢ48公式ページで、峯岸が丸坊主になってファンに謝罪する映像が公開された。「頭を丸めて出直す」という日本独特の反省の意も、インターネットを通じて知った海外ファンには奇異に映った。ナチスに迫害されるユダヤ人を連想させると、米ＣＮＮから中東のアルジャジーラまで、その一件をネガティヴに報じた。その映像がＡＫＢ48公式ページから配信されたことが火に油を注ぎ、スタッフが本人に剃髪を命じたのではないかという非難も受けた。その後、すべては反省の気持ちで行った自発的行為だったと峯岸本人が述べて、一旦の沈静化が図られる。本当にそれが事務所の指示なら剃髪強要など人権蹂躙だが、本人の告白がそのまま真実の姿なのだろう。

かつて小泉今日子が事務所の方針に反発し、スタッフの許可を取り付けないまま頭を刈りあげたという騒動があった。それはアイドルの人間宣言であり、「なんてったってアイドル」を歌った小泉今日子らしい行動だと讃えられた。峯岸の謝罪映像は2日後には公式ページから削除され、あれを公式ページにアップした判断はまちがっていたと運営も認めた。おニャン子クラブ時代のフジテレビなら、法務部的にはこのようなコンプライアンスを欠いた判断はあり得なかったはず。おそらく峯岸の映像を公式にあげたのはスタッフの恩情だろう。しばしば情けに厚い行動を取って、プロデューサーの秋元から軽率さをなじられる。しかし、そういうスタッフがいることが、AKB48の未熟さでもあり魅力でもあるのだ。

『恋愛禁止条例』という劇場公演まで作られたほど、AKB48と「恋愛禁止」は切っても切り離せない関係にある。2013年に劇場公開されたドキュメンタリー第3弾『DOCUMENTARY of AKB48 NO FLOWER WITHOUT RAIN 少女たちは涙の後に何を見る』では、タブーとされてきた「アイドルの恋愛」がテーマに取りあげられ、3人のメンバーの男性スキャンダル発覚とその後の顛末が正面から描かれた。ほぼ解雇同然にグループを追われたうち2人は、握手会会場でファンに向かって陳謝。そのバックステージで、劇場支配人の戸賀崎智信が肩を振るわせて嗚咽する姿がファンの心を打った。そのとどめが、指原莉乃に命ぜられた福岡のHKT48への事実上「左遷」。そんなHKT48も、スキャンダルをきっかけにメンバーが大量辞退したばかりだった。

2008年にスキャンダルで「解雇」されたAKB48 3期生の菊地彩香は、後に7期生のオーディションを受け直し、菊池あやかと芸名を改めて研修生としてAKB48に帰ってきた。先輩として研究生チームを引っ張ってきたことが認められ、同年に正規メンバーに返り咲き、彼女は大粒の涙を流した。事務所の横暴のように伝えられることも多いアイドルの恋愛発覚と、その後の処遇。昨日まで娘の親のように活動を支えてきたスタッフが、スキャンダルのケジメとは言え冷徹に振る舞えるわけではない。むしろ戸賀崎含む運営は、心情的には辞めさせたくないが本音だろう。しかしアイドルは所詮人気商売。ファンは純血を求め、スキャンダルが暴露されたメンバーは、絞首刑台のような末路が待っている。ハリウッド俳優のようにメディアで堂々と交際宣言し、レッドカーペットで彼女をエスコートする姿が讃えられるような、成熟した文化は日本では定着していない。恋愛発覚をきっかけに引退を促すのは、針のむしろのような体験を味わうことなく、将来一般人としての幸せを掴んでくれという、スタッフの恩情のようなものなのだ。

これまで芸能界でそれほど「恋愛禁止」が取りざたされてこなかったのは、旧来の芸能事務所が少数精鋭でタレント教育を行ってきたから。もともと、ホルモンバランスの不安定な思春期のタレントを管理するのは容易ではない。男性タレントについては海外旅行などの機会をもうけて、性処理を事務所が手助けするというエピソードもゴシップ誌の定番である。女性タレントについても昔は恋愛禁止ではなかったが、交際の事実はあってもマネジャーの協力によるアリバイ作りやマスコミ対策力で、スキャンダルが公になることはなかった。芸能事務所のマネジャーは水着グラビア撮影のために、担当アイドルの生理周期まで把握しておかなければならない。キレイなだけの世界ではないのだ。

「恋愛禁止は労働基準法違反だ、人権迫害だ」と主張する識者もいるが、それは宗教上の理由で独身でいる教会の神父のようなもの。職業についてまわる特殊性だと理解するほうが正しい。例えばＮＨＫの教育番組のオーディションには、子供番組という特性上、雇用期間の恋愛、淫らな行為を慎むことが契約書の書面の中に書かれており、禁を破ったものは契約期間内でも降板させられる鉄の掟がある。恋愛に寛容なヨーロッパに比べ、政治家の不倫が新聞に大見出しで書かれるのは日本とアメリカぐらいと言われる。「恋愛禁止は労働基準法違反」と裁判に訴えて、仮に勝訴して恋愛拘束が解けたところで、汚れたイメージから人気を落としては身も蓋もない。今後アイドルが自由恋愛を手に入れるには、労働基準法にメスを入れるのではなく、清純性を尊ぶ国民感情そのものを変えていく必要があるだろう。

大手事務所オスカープロモーションの副社長の鈴木誠司は、契約タレントとは3年間の恋愛禁止期間を設けていると過去にメディアで答えたことがある。「何のために芸能界に入ったのか？」と本人に語って聞かせ、アイドルビジネスと恋愛は両立できないときっぱりと諭すという。オーディションの最終審査に残った候補者も、家庭訪問して両親に会い、父親、母親どっち似か、背の高さなどから遺伝要因まで審査対象として配慮するというのが、厳格なオスカーらしい。将来性も未知数な新人のために、何千万円もの育成費用を投入する本来のスカウトは、それほどシビアなものなのだ。こうした家柄重視の考え方に比べれば、ＡＫＢ48の「恋愛禁止」などかなり寛容なほうと言えるかもしれない。

宝塚歌劇団の場合も、宝塚音楽学校在籍時は恋愛禁止の決まりがある。本名や年齢などのプライバシーを明かすのも御法度。人前で飲食、恋人話をするなど、現実に引き戻すような行為すべてが禁じられている。宝塚市の市花からとって、その行動規律は「すみれコード」と呼ばれている。創業者の小林一三が提唱した宝塚歌劇団のモットーである「清く　正しく　美しく」を、労働基準法違反だと非難する人はいないだろう。

ＮＭＢ48須藤凜々花の「結婚宣言」の波紋

推しメンバーに何百万円ものお金をつぎ込む熱心なファンでも、メンバーと結婚したいかと訊けば、多くは否定する。結成当初からＡＫＢ48を応援してきたのが、20代後半〜40代のベテランのアイドルファン。それは恋愛感情ではなく、娘や親戚の姪っ子を支持する気持ちだと多くが答える。しかしその父親目線が、ときとしてねじ曲がった愛情表現に映ることがある。彼女のわがままな不条理な欲求なら黙って従う男性が、親目線だと一般常識だのプロ意識だのメンバーに厳格さを求めてしまう。カネを払って握手会場で説教する、ブラックリストの名を連ねるファンの行きすぎた行動原理も、メンバーを正しい方向へと導きたいとする、親心がアダとなったもの。社会学者の濱野智史は、中年層が支える近年のアイドルブームを「アイドル育成には子育ての代替欲求がある」と語った。そんな父親目線のファンが、アイドルにメタレベルの「清純性」を求めるという傾向がみられる。

選抜総選挙や握手会の度に、一人で何百枚ものＣＤを買う酔狂な存在がいる。そんな過度なファンは「ガチ恋」と呼ばれて、一般のファンから一目置かれる存在となっている。性欲は風俗産業で解消できるが、恋愛を満たす方法はない。そうした欲求が、ＡＫＢ48などの現代のアイドル支持に表れているとする分析もある。彼らは性処理のため風俗に通うように、恋愛感情の処理のためのサービスとして、ＡＫＢ48のようなアイドルのライヴへと通うのだ。

「ガチ恋」と言われるファンの大量発生。一億層童貞時代とも言える、中年層のプラトニック志向が、昨今のアイドルビジネス特需と深く関わっている。最終的に推しメンバーと結婚するのが目的ならば、実業家にでもなって業界パーティーで知り合うほうが、よほど早道だろう。総選挙に投票して上位にランクインできれば、推しメンバーの夢の実現で気持ちを満たせはするが、彼らにはその見返りがあるわけではない。こうした空虚さが、どこか澱のように重なって、アイドルの心まで独占したいエゴに行き着くように見える。髪染めやピアス、歯列矯正まで口に出す父親的な存在。

いくらアイドルが客商売とは言え、誰もが愛余る行為と快く受け入れてくれるかは別の話だ。

性風俗でも行為自体は認めるが、心に踏み込むのはタブーとされる。「君はこんなところにいるべきじゃない」と交際を迫って、風俗嬢に冷笑される独りよがりな客の話はよく耳にする。AV女優もアイドル並みの人気を集める時代になったが、サイン会や握手会を行う熱心なファンの中には、見るのが辛いからと、DVDは買うけど中身は観ないという捻れた愛情を持つファンまでいるのだ。「お嫁さんにしたいAV女優」というキャッチフレーズまであったりする。「金歯をしている女優は生活がだらしない」などの指摘は、AV女優を神聖なアイドルのように捉えている一例だが、本人にとっては余計なお世話だろう。

「AKB48には恋愛禁止の掟がある」――しばしばそのように伝えられるが、その件について秋元はインタビューごとに、のらりくらりと玉虫色のコメントを繰り返してきた。メンバーの過去発言によれば、契約書に「恋愛禁止」の項目が記されているわけではないのだという。しかしグループによって契約書の内容は違うようで、SKE48、HKT48や、運営会社が異なるNMB48などの姉妹グループに関しては、「異性および同性との恋愛行為を禁ずる」と契約書に書かれているという発言もある。2016年に公開されたNMB48のドキュメンタリー映画『道頓堀よ、泣かせてくれ! DOCUMENTARY of NMB48』では、交際疑惑が選抜メンバーの人事に影響していることが暗示されていた。

アイドルを「恋愛禁止」で縛るのは就業倫理に反するという、人権団体の声もよく聞かれるが、企業コンプライアンスなどの問題に抵触しないよう、契約内容はその都度改められているのが現状のよう。比較的最近のインタビューでSKE48の松村香織は、「最初のときはあったが、今年(2017年)にはなかった」と発言している。

音事協系事務所のようなスキャンダル対策や、書面上の厳格な「恋愛禁止」のような拘束を求める代わりに、大人数の48グループの場合は、交際が発覚した場合にはペナルティが発生することを、わかりやすく示した。第４回選抜総選挙で４位に選ばれた直後に、過去のファンとの交際スキャンダルが発覚した指原莉乃は、『オールナイトニッポン』でファンに謝罪する機会が与えられ、その場でプロデューサーの秋元康から、ＨＫＴ48への移籍と立て直しが命じられた。峯岸みなみも研究生への降格が伝えられ、そこから努力を重ねて正規メンバーに返り咲いた。大手事務所所属組については事務所の意向が優先されてか、表向きに処分されないメンバーもいるようだが、ファンの気持ちをおもんばかって、疑惑レベルであっても選抜メンバーからは外されるという、一定の配慮が見受けられる。イエローカード、レッドカードなど、段階的なルールを設けて、アイドルとしての逸脱行為や規約違反があれば、自主判断で卒業するように促すというのが、48グループの掟となっている。

かつて秋元は雑誌のインタビューに答えて「ＡＫＢは恋愛禁止ではない」、「恋愛禁止はネタだから」と答えたことがあった。しかしアイドルの交際はファンへの裏切り行為とされ、スキャンダルが出ると確実に人気は下落した。バラエティ番組で恋愛禁止の実情について訊かれ、「恋愛はダメだけど結婚ならＯＫ」とウケ狙いで発言したこともある。まるで一休さんのような問答だが、これを本当に実践するメンバーが現れたのには驚いた。２０１７年の選抜総選挙で20位に選ばれ、そのスピーチの壇上で結婚を発表をしたＮＭＢ48の須藤凜々花である。将来は哲学者を目指しているると語る、ＡＫＢ48屈指の知性派。後の釈明インタビューで、「恋愛禁止ルールで我慢できる恋愛は恋愛じゃない」ととびきりのロジックで記者を沸かせた。交際経験ゼロの奥手だった須藤が、ほとんど片想いで恋愛期間を経ないまま結婚を宣言した件は、まさに「恋愛はダメだけど結婚なら

OK」という秋元の教えを実践した結果であった。世間は大いに非難するだろうが、秋元が「結婚ならOK」をありだと言うなら、48グループの掟で彼女を裁くことはできないのだ。

選抜総選挙の壇上での結婚宣言には、実は裏のドラマがあった。その日の夜に『週刊文春』がインターネット番組で、メンバーの交際を公表すると脅しをかけていたことに対して、須藤が先手を打って、自分から総選挙会場を発表の場に選んだ。やむにやまれる実情があったものの、神聖な総選挙のステージを発表の場に選んだことで、OGを含む古株メンバーの非難を浴びた。須藤のユニークな個性は唯一無二なもので、秋元や事務所からは卒業や引退について留意されたようだが、厳格な一部須藤ファンからは、適性な処分が行われるようにと懇願された。こうして須藤は、同年8月一杯でNMB48卒業を選んだ。

もし彼女を残留させれば、48グループの規約に影響を及ぼすという建前がファンの側にはあったはず。だがそれを心配するのは杞憂だろう。恋愛をすっとばして結婚を宣言する芸当など、須藤凛々花一人にしかできないはずだから。

歌詞の一人称が「私」から「僕」に

自らが書く詞について問われ、秋元康は自分は詩人ではない、人の口や声を通して、その人から聞きたい言葉を紡いでいるのだと答えていた。「AKB48は恐山イタコ、口寄せのようなもの」というレトリックが秋元らしい。事実、菊池桃子の時代から、秋元の詞は歌うシンガーを想定した「当て書き」で書かれていた。

80年代のおニャン子ブームの時代は、「週刊誌みたいな、エッチをしたいけど」が、今どきの女子高生たちに言わせたい言葉だった。おニャン子クラブが誕生したのが、オタク元年と言われる85年。消極的な少年たちをカゲキな言葉で挑発するのが、当時のシンボルだった女性アイドルの役割だった。だが時代は平成に移って、中高年齢層を中心とする現代のアイドルファンは、奔放よりも「清純性」を求める時代になった。秋元の書く詞の内容の変化にも、時代の移り変わりが影を落としている。ＡＫＢ48の楽曲研究家の間でよく話題にのぼる、歌詞の一人称が「私」から「僕」に変わった件もそのひとつ。

デフスター時代のシングルは「私」。主人公が片想いの大人とおぼしき相手に対し、イノセントな心情を語るものが多かった。「制服が邪魔をする」、「スカート、ひらり」、「BINGO!」、「ロマンス、イラネ」など、すべて一人称が「私」になっている。モーニング娘。でよく用いられる「あたい」、「あんた」よりは、アナクロな表現に映るものだった。「制服が邪魔をする」、「命の使い道」、「涙売りの少女」、「火曜日の夜、水曜日の朝」、「I'm Crying」など、岩井俊二監督の映画を彷彿させるような、苦い青春の告白がテーマに選ばれていた。

それがキングレコード移籍第1弾「大声ダイヤモンド」あたりを境に、『ＰＡＲＴＹが始まるよ』のようなブルセラ的な女性視点から、男性視点の青春賛歌的な内容へと変異していく。シングル「夕陽を見ているか?」のキャッチコピーは「自分のこと、誉めてあげようよ。君は君らしく生きている」。北京オリンピックの男子１００m平泳ぎで世界初の大会2連覇を果たした北島康介が、己を讃えた言葉のように、ＡＫＢ48はファンにエールを与える存在になっていく。デフスター時代に出たベスト盤『SET LIST～グレイテストソングス～』（２００８年）では13曲中、一人称「私」の曲が8曲だったものが、キングレコード移籍後のベスト盤『神曲たち』では、16曲中3曲に大きく減っている。

無論、昔からアイドルは性を逸脱したシンボルであることが求められてきた。フェミニンな女性性を打ち出すことは、アイドルからの脱皮を意味していた。ごく初期のアイドルは肉感的であることもタブーと言われ、バストの大きかったアグネス・チャンは、いつも胸にさらしを巻いていたと言われている。そうしたテーゼを打ち破った最初の存在が、健康なお色気を打ち出した榊原郁恵。だがナイスバディの榊原にしても、庄司陽子のマンガ『生徒諸君！』の主人公ナッキーのような、ボクっ子的な中性性でそれは薄められた。

ＡＫＢ48では、ワチャワチャとしたレスビアン的な振る舞いがファンに支持される。しかし、彼女たちが同世代の女子高生のように、インスタグラムに耽溺したり、東京ガールズコレクションのようなファッションイベントに出たがることについては、男性ファンはやんわり拒絶する。むしろオタクな趣味を持つメンバーなどに、ホモソーシャルに近い感情を抱いていると思われるフシがある。ファンとアイドルが同じ方向を見て夢を語る、それは男の友情的なセンチメントである。秋元はそれを「僕」という一人称に託して彼女たちに歌わせるのだ。

一貫して秋元は、アイドルに時代のカウンター的振る舞いを演じさせてきた。バブル前夜のおニャン子クラブの時代は、社会を撹乱する存在として、反道徳的なイメージを意識的に用いた。92年のバブル崩壊を境に、日本全体が景気停滞ムードで覆われると、清貧ブームのようなプラトニック志向へと、恋愛のトレンドも傾いていく。ＡＫＢ48メンバーの大半が、平成以降に生まれた世代。彼女らが生を受けてからＡＫＢ48が結成される年までが、そのまま「失われた20年」といわれる景気低調期と重なる。こうしてＡＫＢ48が歌う時代へのカウンターは、アナクロに見えるほどに、かつての尾崎豊、THE BLUE HEARTS的なロックスピリットが宿ったものになった。劇場作品の歌詞によく出てくる社会格差も、ピンク・フロイド『ザ・ウォール』のような戯画的な描き方は、前時代的過ぎて一種の格差パロディソングのよう。インターネット文化などを通して、空気、ニュアンスが言葉で伝わらないことを悟った秋元は、いっそう直截的な言葉を選ぶようになった。そして歌詞では伝わらないディテールを、岩井俊二的な映像（ＭＶ）で補うようになった。

もちろん時代に対して悪戯を仕掛けるような態度は、歌詞にネットスラングを取り入れていくスタイルに貫かれていた。ＮＭＢ48の渡辺美優紀のソロ「わるきー」は、もともと彼女の魔性性をからかうファンの間で使われていた侮蔑語の一種。これをプロデューサーが公認してしまう痛快さがウケで、ＮＭＢ48リクエストアワー４位の人気曲になった。島崎遥香がリードを取る「ぽんこつブルース」も、ネットで彼女に突っ込むときにファンが使っていた形容詞「ぽんこつ」を、本人が歌うことでそれは単なる侮蔑語ではなくなった。

こうしてデフスター時代の反抗ソングに代わって、テン年代（２０１０年以降）に歌われるようになるのが、「大声ダイヤモンド」のような人生賛歌であった。ユーミン的な映像描写は歌詞からオミットされて、それはＭＶなどの映像に託されるようになり、歌詞の内容はガンバリソング的な、メッセージ色の強い言葉へと移っていく。それが時代とマッチして、キングレコード移籍後、ＡＫＢ48は大衆が支持する国民的アイドルとなっていくのだ。

秋元を昔から知る近田春夫は週刊文春の連載『考えるヒット』の中で、その歌詞傾向を「セミナー的な歌詞」とズバリ指摘していた。同時にその青臭さこそがファンの求めているものであると。「詞の実効性、効果を本気で考えている」と、秋元の現代の作詞家としての役回りを語っていた。秋元もセミナー的と指摘されることには自覚的で「これは他の（プロの同業者）誰にも書けない詞のつもり」だと肯定している。

昔のアイドルは、リスナーに向かって「立ちあがれ」と挑発することはなかった。かつてはお飾りの人形だったアイドルに、秋元はリアルな言葉を持たせた。「中学生があれを聴いて、すごくいいなと思ってもらえるように作ってる」と語る秋元の狙いには、麻巳子夫人との間に生まれた実娘の成長を見守る父親の視点もあるのだろう。

時代を作ったガンバリソングの象徴的存在と言えば、ビーイングのZARDがあげられる。もともとはレースクイーンなどを務めるスターダストプロモーション所属のモデルだった蒲池幸子は、CDデビューの際に音楽制作事務所ビーイングに預けられ、当初はブロンディをイメージしたロックヴォーカルでデビューした。坂井泉水はその際に付けられたステージネームで、ZARDはトカゲ(Lizard)から付けられたロックバンド時代の名残である。当初は売れなかったが、プロデューサー長戸大幸の勧めで、自らの詞で歌うシンガーソングライター路線に転向。プロには書けない青臭い直截的な詞は、だからこそファンの共感を集めてヒットした。こうして時代の巫女となった彼女の詞を秋元も評価していた。「時代状況は深刻。照れてる場合じゃない」と、ダイレクトなメッセージを時代が欲しているのだとも語った。

「50歳を超えて、よく女子高生の気持ちで詞が書けますね」としばしば訊かれるという。しかし秋元には、恋愛感情は普遍的なものだという自論があった。告白の手段は、手紙、電話、ファクス、インターネットと変わっていったが、携帯メールを送信するときのドキドキするためらいの感情は、昔ラブレターをポストに投函したときと変わらないのだと。そうした世の男性中年の中に潜むオトメ心を活写した作品として、例えば同世代の岩井俊二が撮った『ラブレター』を高く評価し、PV、ドキュメンタリー映画の監督に起用したのだ。

「会いたかった」の歌詞「好きならば　好きだと言おう　誤魔化さず　素直になろう」もまた、ファンのアイドルへの想いを肯定したもの。いい歳をした中年ファンが、この歌詞を通してAKB48

に心酔するのだ。こういうまっすぐな言葉は、ひねくれた思春期よりも社会人にこそ刺さるとも秋元は言う。高橋みなみが書いたビジネス書『リーダー論』（講談社新書）を、ネクタイ族のサラリーマンが読む時代なのだから。

「メロディー回帰」というヒットの作法

キングレコード移籍第1弾「大声ダイヤモンド」も、膨大な選曲候補の中からコンペで選ばれた。秋元がその曲を移籍最初のシングルに選んだとき、他のスタッフの誰もが関心を示さなかったと言われる。Ａ＆Ｒディレクター湯浅の言葉を借りれば、それはあまりに古くさいサウンドだった。

制作中の２００８年と言えば、モーニング娘。ブーム以降停滞していたアイドルシーンに、Perfumeがテクノポップサウンドとヴォーギング風の振り付けで、ニューカマーとして登場した時期。ダンスフロア向けのサウンドで評価されていたCupsuleの傍ら、他者に楽曲提供していた音楽プロデューサー、中田ヤスタカが書いた「リニアモーターガール」で05年にメジャーデビュー。３枚のシングルを入れたベスト盤『Perfume～Complete Best～』は、Amazonでランキング1位に輝いた。最終的に10万枚を超えるセールスを記録し、80年代に一世を風靡したＹＭＯサウンド＝テクノポップを現代に蘇らせた。

07年にリリースされたミニアルバムに収録された「チョコレイト・ディスコ」を、たまたま耳にした歌手の木村カエラが絶賛。ラジオのレギュラー番組でPerfumeの曲をヘビーローテーションしていたのをきっかけに業界から注目される。ＣＭディレクターがたまたま耳にしていたことから、公共広告機構のＣＭタイアップで彼女らに白羽の矢が立った。同ＣＭは前年、ＡＫＢ48の篠田麻里子、小嶋陽菜、大嶋麻衣ら5人が出演したものだったが、さほど話題にならず。一方のPerfumeは、タイアップ曲「ポリリズム」のキャッチーなサウンドとダンスが注目され、そのヒットで一躍お茶の間の人気者となった。

Perfumeのサウンドは当時の最先端テクノロジーを反映したもので、「Auto-Tune」というヴォーカル・プロセッサーを用いた人工的な声がトレードマークに。所属事務所のアミューズの先輩、サザンオールスターズの桑田佳祐にまで模倣されたほどインパクトがあった。生歌で歌えないため、テレビ出演はすべて口パクのみ。だがプラスティックなサウンドと声の組み合わせは、その後の初音ミクを筆頭とするボーカロイドブーム到来を予感させた。

中田ヤスタカは一躍、小室哲哉、つんく♂に続く新世代のプロデューサーとして注目された。そんなPerfumeのサウンドプロデュースに比べると、ＡＫＢ48の楽曲はあまりに昭和歌謡然としており、古くさいイメージがあった。しかし秋元はそこにヒットに結びつく要素があるのだと見抜いて「大声ダイヤモンド」を選び、それをオリコンシングルチャート、トップ5に送り込むことに成功する。

劇場作品第2作『会いたかった』からディレクターに就任していた田中博信は、デフスターに引き続きキングレコード時代も、原盤制作の現場を受け持った。しかし選曲、アレンジの選択などサウンドプロデュースにおいては、キングレコード移籍をきっかけに秋元の意向が比重を高めていったという。予算に見合わない、長期間かけた楽曲制作など、通常のレコード会社はアイドルには求めない。「ポニーテールとシュシュ」（２０１０年）には着手から約1年の歳月がかけられ、イントロのパターン、デモヴァージョンは膨大なテイクが重ねられた。ド直球のアイドルソングだったが、メンバーの水着姿のジャケットや海外ロケで撮られたＭＶの話題も相まって、発売されたシングルのセールスは50万枚の大台に上った。

同年10月に「Beginner」をリリース。こちらはＡＫＢ48を普段聴かないような高校生、サラリーマンに向けたメッセージソングで、リーマンショックの影響で経済不況に陥り、自信喪失していた日本人を奮い立たせた。結果、同曲はＡＫＢ48初のミリオンセラー曲となる。ＣＤがまったく売れなくなったと言われた音楽業界の不況下で、２００７年の秋川雅史「千の風になって」以来、「Beginner」は実に3年5カ月ぶりの１００万枚超えのヒット曲になった。本作は、とんねるず「ガラガラヘビがやってくる」、稲垣潤一「クリスマスキャロルの頃には」（ともに92年）、藤谷美和子・大内義昭「愛が生まれた日」（94年）以来の、秋元にとっても久々のミリオンセラーでもある。翌２０１１年の「フライングゲット」は、キンタロー。らが物真似番組で歌った相乗効果もあって、ＡＫＢ48の一般認知を手助けした。前田敦子が選抜総選挙1位に返り咲いたこの曲で、発売初日にミリオンセラー記録を達成。最終的に累計１３５万枚をセールスし、秋元康は作詞家デビュー以来、初のレコード大賞をこの曲で受賞した。

２０１１年3月11日に起こった東日本大震災は、エンタテインメント業界にも大きく影を落とした。アーティスト発のチャリティイベントなどがさまざまに企画される中、ＡＫＢ48も「誰かのためにプロジェクト」というボランティアチームを発足。このときスタートした義援金、被災地訪問などの支援活動は、現在も続いている。「風は吹いている」（２０１１年）は、震災復興支援ソングとして書かれたミディアムテンポのフォークナンバー。タイトルはおそらくボブ・ディラン「風に吹かれて」をもじったものだろうが、複数のアレンジを作って組み合わせるなど、マスタリング直前まで秋元の手直しが何度も重ねられた。制作工程において同曲は、実質フォーク世代の秋元がサウンドプロデューサー役を務めた。

これまでも秋元は、「僕の太陽」（２００７年）ではグループサウンズ、「夕陽を見ているか？」（同）では青春ドラマ風のＭＶを制作。「ロマンス、イラネ」（２００８年）では、キャンディーズを彷彿とさせる昭和アイドル風楽曲に仕あげるなど、懐メロ調のテイストを取り入れていた。自らのルーツに吉田拓郎やはっぴいえんどなど、フォークをあげている秋元は、ＡＫＢ48の音楽性については「サウンドよりメロディー重視」と語っている。

かつて猿岩石のプロデュースを依頼された際、小室哲哉プロデュースの打ち込みサウンドが全盛だったのを逆手にとって、アコースティックサウンドに狙いを絞り、チェッカーズの藤井フミヤ、藤井尚之兄弟に作詞作曲を依頼。秋元は作詞家ではなくプロデューサーとして、「白い雲のように」を１００万枚ヒットに結びつけた。フォークへの愛着はしばしばインタビューで語っているほどで、スピッツ「ロビンソン」（95年）がヒットしたころは、「エレックレコードが帰ってきた」と彼らのサウンドを讃えていた。『月刊カドカワ』のインタビューでは、「今一番やりたいのがシューベルツ。はしだのりひことクライマックス」と告白。時代の流れの中にフォーク的需要があると考察した秋元の狙いは、２０１６年のＡＫＢ48シングル、「翼はいらない」に結実する。タイトルから連想される通り、小学校唱歌としても知られているフォークの古典、赤い鳥「翼をください」のアンサーソング的な楽曲。それはＡＫＢ48が、日本のフォーク／ロック史と地続きのグループであることを主張していた。同曲のＭＶでフォークギターを弾くセンターの向井地美音は、かつてのフォークアイドル、やまがたすみこの可憐なイメージを連想させた。

ヒット曲のセオリーは「日本人が好きなメロディーライン、コード進行があって、それを今っぽく味付けしたときにヒット曲は生まれる」と秋元。ＡＫＢ48ファンの漫画家の小林よしのりは、大の歌謡曲、フォークファンとして知られ、「真夏のSounds good!」（２０１２年）には、太田裕美「木綿のハンカチーフ」に通じる普遍性があると指摘した。それを今風のアレンジで処理しているのが気持ちよく、自分がＡＫＢ48の曲を支持する理由だと語った。一方で秋元は「Dragon Ashなどの音楽のよさが自分にはわからない」と名指しし、ラップなどを交える新世代ロックバンドなどについて、積極的にわからないと発言した。

かつて近田春夫は小室哲哉ブームの折り、小室のプロデュース作品はアレンジこそ最先端だが、書くメロディーは吉田拓郎のようなフォークに近いと指摘していた。その慧眼は正しく、後に小室は自身のグループｇｌｏｂｅを結成する際に、元かぐや姫の南こうせつを加入させる計画もあったと告白している。小室にとってもフォークは、ずっと身近な存在だったのだ。91年にX JAPANのYOSHIKIとのユニット、Ｖ２を結成した際も、もともとはTHE ALFEEの高見沢俊彦を誘う計画があったと言われている。

わかりやすいメロディーに傾斜していくと同時に、ＡＫＢ48のダンスもハードなものから、歌って踊れる参加性の高いものに変異していく。インターネット動画配信サービス、ニコニコ動画で素人がダンスを投稿する「踊ってみた」が人気を集め始めるのもこのころ。『涼宮ハルヒの憂鬱』（２００６年）のエンディング曲「ハレ晴れユカイ」で主人公たちが踊るフォーメーションダンスを、宴会の余興よろしく、仲間らと踊った映像が投稿されてブームとなる。難易度の高いPerfumeのダンスを忠実に再現する猛者たちも現れたが、それはかつてDREAMS COME TRUEの難度の高いカラオケに挑戦していた女子高生のような、ゲーム感覚を感じさせるものであった。

ＡＫＢ48でも「恋するフォーチュンクッキー」（２０１３年）は、「踊りやすい振り付けを」というオーダーを受けて、振付師のパパイヤ鈴木がダンスを考案。キャンペーンの一貫でネット動画への楽曲使用を許可したことから、YouTubeにはアマチュア団体による動画投稿が数多く寄せられた。引き続きパパイヤは「ハロウィン・ナイト」（2015年）でも、ディスコサウンドに合わせて映画『サタデー・ナイト・フィーバー』風の懐かしいダンススタイルを取り入れた。「心のプラカード」（2014年）では、吉本興業のお笑い専門学校NSCでダンス指導などの経験もある、ラッキィ池田に振付を依頼。誰にでも踊れるようなフリを付けたことで、「恋するフォーチュンクッキー」の続編的人気となった。

「ゴールデンボンバーの「女々しくて」（2009年）も、ニコニコ動画の「踊ってみた」でMVのダンスが模倣されたことから、さらに人気に火が点いた。2016年にTBSでオンエアされたドラマ『逃げるは恥だが役に立つ』は、ドラマ本編の評判と並び、主題歌の星野源が歌う「恋」に合わせてキャストの星野源、新垣結衣が踊る「恋ダンス」がアマチュアに模倣されて、ネットの映像サイトを介して広がった。参加性の高い振り付けを用意することが、エンタテインメントにおける話題作りの常道となったのだ。

姉妹グループの制作もすべて東京基準で

2008年に名古屋のSKE48が始動し、追って大阪のNMB48、福岡のHKT48、新潟のNGT48などの姉妹グループが結成される。各々の専用劇場で披露される劇場公演は、AKB48で一度上演された作品を流用したもの。後にそれぞれの契約レコード会社からキャストヴァージョンのCDがリリースされているが、姉妹グループのシングル、アルバムもまた、すべて秋元が作詞し、東京でレコーディングするスタイルが取られた。AKB48と同じ、都内にある専用スタジオで田中ディレクターの采配の下、姉妹グループのオリジナル曲も完全に秋元のコントロール下でレコーディングは行われた。原盤制作はＡＫＳが行うが、レコード会社から制作を受託するしくみはキングレコードのＡＫＢ48と同じで、納品されたマスターテープ（あるいは音声ファイル）の原盤権は、それぞれの契約レコード会社に帰属される。

ＡＫＢ48が起こした平成のアイドルブームを追いかけるかたちで、地方都市でも地元在住のアイドルが花盛り。各ライバルグループとも地域性を出すために、地元在住の作曲家／プロデューサーを積極的に起用している。プロ・ツールスなどのＰＣレコーディングの定着以降は、東京と地方都市の制作環境のハンディはほとんどなくなった。新潟県の地元アイドル、Negiccoの作編曲／プロデュースを務めるConnie、福岡を拠点とするＬｉｎＱでおなじみSHiNTAや、CQC's、GALETTeを手掛ける筑田浩志も、それぞれ地元で作曲活動している。富士山公認のローカルアイドルとして孤高の存在となった３７７６（みななろ）のプロデューサー石田彰も、富士宮市からの依頼でアイドルプロデューサーに就任した際、東京から静岡県に移り住んで、現在もここを活動拠点にしている。いずれもアイドルらしい打ち込みを主体とするポップスだが、曲間のＭＣなどで聞ける方言なども交えて、ローカル性が滲み出るのが魅力になっている。

48グループの地方都市への進出も、グループ形式こそＡＫＢ48のスタイルの流用だが、地域性を打ち出すことで、東京のＡＫＢ48とライバル関係を築いた。しかし音作りに関してはローカルの作家を起用することをせず、各グループの運営に任せずに、秋元のプロデュースですべて東京で行うやり方をとった。48グループでは「ローカライズはしない」が基本方針。姉妹グループに楽曲、衣装を流用させるのには、制作費をＡＫＢ48単体でリクープできないという事情もあるだろうが、ＡＫＢ48のグループ、サウンドにはもともと普遍性があるというのが秋元の考えなのだろう。海外へのフランチャイズ展開にあたっても、それぞれの国事情に合わせて変えていくことは否と答えている。

ブロードバンド環境が整備されたおかげで、ＡＫＢ48のコンペに参加する地方在住の作曲家、音楽出版社も増えてきた。地元に根を下ろすローカル作家をフィーチャーすることが、地域グループの個性づくりに貢献すると考えるのが普通だろう。しかし48グループの場合は、姉妹グループもすべて東京のＡＫＳが主導。バックトラックは作曲家のプライベートスタジオで制作され、完成したプロ・ツールスのマルチデータが東京の専用スタジオに送られて、ＡＫＢ48および姉妹グループのヴォーカル録りが行われる。実際、わざわざ姉妹メンバーを上京させて、田中が直接、歌唱指導を行う徹底ぶり。地方グループといっても48グループの場合、すべて東京基準で行うことで品質管理に努めた。

姉妹グループの制作すべてを東京で行うスタイルが、どのような事情で決まっていったかは詳細不明だが、きっかけとなった騒動がある。キングレコード移籍早々に起こった「大声ダイヤモンド」音源流出事件。２００８年10月22日にリリースされた同曲は、9月15日のラジオ特別番組で情報解禁を予定していたが、その6日前にデモテープらしき音源が、何者かによってインターネットに流出。ファンの間でも大騒動になった。ＭＶ撮影時に隠し録りされた音源かと疑われたが、歌詞もミックスも微妙に異なるもので、クリアな音の流出はおそらく身内のスタッフの犯行。法的処置を取る方針が公式ブログで表明され、ＡＫＳは事態の安静化に務めた。その騒動後のコンサートに「まさか、このコンサートの音源は流出しないよね？」というタイトルをつけて、一連の騒動をネタにする余裕を見せはしたものの、新レベールでの船出にあたって、キングレコードのディレクター湯浅の落胆は大きいものだったという。

２００４年にアイルランドのロックバンド、Ｕ２のニューアルバムの完成済みの見本盤が盗まれ、ネット上に流出した件は記憶に新しい。その際にはリードヴォーカルのボノの機を見るに敏の判断で、発売前にアップルのiTunesストアで先行リリースすることで、違法音源の蔓延に歯止めをかけた。こうした盗用行為が、インターネット時代の音楽業界を悩ませる種になった。その筋では海賊盤対策に余年がないピンク・フロイドが有名。彼らのエージェントはサンプル盤を配布しない方針をとっており、著名ジャーナリストを集めて試聴会を開くなど、音源管理を徹底している。AKB48においても、おそらく「大声ダイヤモンド」の流出事件はひとつの教訓として、マスター徹底管理体制に影響を及ぼしたに違いない。

48グループのマスター制作は、トラックダウン／マスタリングこそメジャースタジオがクレジットされているが、ヴォーカル録りに関しては、ドキュメンタリーなどにも登場する都内にある専用スタジオですべて行われている。コーラスワークなどは、もともとヴォーカルトレーナー出身の田中の面目躍如。同スタジオでの作業は24時間体制で行われており、作業の佳境になると秋元から締切ギリギリ届く歌詞を待って、エンジニア、ディレクターらが深夜〜早朝まで待機する姿がドキュメンタリーなどで映し出された。メンバーのヴォーカル録りも、テレビ番組収録が優先されるため、深夜に行われることが多いという。通称「AKSスタジオ」は、48グループにとっての制作拠点。おそらく民間スタジオを長期契約したものと思われ、正面に表札が出ていないプライベートスタジオのような場所で、48グループの音源制作が行われている。

第12章

「唯一のフランチャイズ」、NMB48の場合

京楽産業・と吉本興業

名古屋栄市のSKE48に続いて、3つめの姉妹グループが大阪から登場する。それが2010年に難波で結成されたNMB48。東京に次ぐ巨大商圏・大阪ではなく、先に名古屋に姉妹グループができた背景は先の章で説明した通り。しかし大阪が後回しになった理由は別にある。昔から松竹新喜劇、吉本新喜劇などを擁する大阪は「エンタテインメントの街」と言われ、府民が芸に求めるレベルも高く、東京のお笑いグループが全国進出するときも、ずっと大阪は鬼門と言われてきた。ジャリ文化的なものへの評価も厳しく、これまでも多くのアイドルグループが大阪では誕生してきたものの、できては消えの繰り返し。ずっと大阪は「アイドル不毛の地」を言われてきた。

しかし一方で、モーニング娘。のプロデューサー、つんく♂が育ったのも大阪である。高校時代に『夕やけニャンニャン』に夢中になり、ファンクラブに入会していたというほど、おニャン子クラブに青春を捧げた。『夕やけニャンニャン』が放送当初、大阪ではネットされていなかった話は有名だろう。東京への反発意識は大阪のエンタテインメント業界に根強く残っており、おニャン子クラブ始動を聞くやいなや、地元のアイドル予備軍で結成した〝大阪版おニャン子クラブ〟こと「ICHIGOちゃん」を結成して、夕方17時に『YOUごはんまだ?』(朝日放送系)という、まるでクローンのような番組がオンエアされていた。しかし、彼女らはシングル1枚を出して活動は終了。2カ月遅れで関西テレビでネットが始まった『夕やけニャンニャン』のおニャン子人気に、あっという間に追い抜かれる。当時の大阪での『夕やけニャンニャン』人気は東京に迫る勢いだったとも。ナインティナインの岡村隆史を筆頭に、吉本新喜劇よりとんねるずの笑いに影響されたと公言する中堅吉本芸人は多い。

吉本興業にもまた、地元中心に活動するアイドルグループを結成してきた歴史がある。島田紳助司会のオーディション番組『でたがりサンデー45』（名古屋テレビ）から86年にデビューした2人組、ポピンズが第1号。93年には東京パフォーマンスドールの姉妹グループ、大阪パフォーマンスドールを結成。エピック・ソニーのプロデュースの下、吉本がマネジメントを預かり、現在も活躍している武内由紀子、森ひろこ、後にモーニング娘。の振り付け師になる稲葉貴子らをここから輩出した。以降も、ＹＧＡ（よしもとグラビアエージェンシー）、つぼみなどのグループを結成したが、いずれも解散、もしくは大きな成功を得られぬまま活動縮小させられた。ＮＭＢ48はそんな吉本興業が秋元康と組んで、ジョイントベンチャーのようなかたちで立ちあげたアイドルグループだった。

ＡＫＢ48の関西グループを吉本が預かることになった背景には、ＡＫＳの母体である名古屋の京楽産業.との関わりがあった。今世紀に入ってすぐのこと。反社会勢力とのスキャンダラスな関係が週刊誌に書き立てられ、吉本興業は株式会社として存続危機に置かれていた。そこで２００９年にＴＯＢ（株式公開買い付け）を行い、吉本興業は非上場会社に生まれ変わる。長きにわたって吉本を支えてきた個人株主に代わって、在京・在阪のテレビ局、ＩＴ事業者、広告代理店などが株の受け入れ先となった。60年前に株式上場し、潤沢な資金で寄席の買収、劇場のチェーン化で拡大してきた吉本は、こうして非上場となり、風評などの影響を受けない安定株主の下で事業健全化を目指した。これを前後して吉本は２００７年に持ち株会社制に移行し、よしもとクリエイティブ・エージェンシー、よしもとデベロップメンツ、よしもとアドミニストレーションに事業部門をそれぞれ分社化。芸能プロダクションの歴史は、よしもとクリエイティブ・エージェンシーに引き継がれた。このとき4万株の株を引き受けて、吉本の上場廃止に協力したのが名古屋の娯楽機器メーカー、京楽産業であった。

吉本興業は明治末期に創業された100年以上の歴史を持つ、日本の老舗芸能プロダクションのひとつ。一時は大阪新世界の通天閣も所有していた、地元のシンボル的企業だった。元は寄席、劇場、映画館経営を全国展開していた興行会社で、東京の浅草六区（現・浅草公園六区）の興業街ももともとは吉本興業が作ったもの。ナンセンス喜劇として栄えた「アチャラカ」という軽演劇の灯は浅草から消えてしまったが、それが大阪に根付いてできたのが吉本新喜劇である。テレビ進出で芸能プロダクションとして事業を拡大。現在は、テレビ番組制作会社、CS放送やケーブルテレビ局、不動産事業などを傘下に抱える、「お笑いの総合商社」と呼ばれるメディアコングロマリットに成長した。素人の集まりだったAKB48、SKE48の運営会社AKSと違って、吉本興業は劇場経営のプロ集団である。万年赤字と言われるAKB48劇場の経営状況は、そんなプロから見れば怪しいものだった。『AKB1じ59ふん！』のメイン構成作家でもあった桝本壮志（吉本興業）から、当然聞き伝えられることもあったろう。しかし吉本興業は秋元との共同事業として、NMB48を旗揚げすることになる。

かつての吉本興業社長・林裕章は「劇場みたいなもん、なんぼやっても儲かりません。これだけは自信を持って断言します」とインタビューで語っていた。そんな興行のプロフェッショナルが、万年赤字と言われる250人劇場での興行にゴーサインを出したのだ。別の言い方をすれば、儲からないビジネスだったAKB48の価値を理解できる、数少ない会社が吉本興業だった。もちろん社内の大多数が反対だったが、このとき実現に向けて資料を集めて社内を説得して回ったのが、現在のNMB48劇場支配人、キャメロンこと金子剛と言われている。

NMB48の結成に最終的にゴーサインを出したのは、現・吉本興業社長の大崎洋。80年代に横山やすし・西川きよしのマネジャーだった上司の木村政雄とともに東京支社を立ちあげ、ザ・ぼんち、西川のりお・上方よしお、島田紳助・松本竜介らをブレイクさせて、MANZAIブームで一斉を風靡した。その後、お笑いブームの趨勢を受けて吉本が立ちあげた若手芸人育成機関、吉本総合芸術学院（ＮＳＣ）のマネジャーに就任。ここで1期生のダウンタウン（松本人志、浜田雅功）と運命的出会いを果たす。なんばグランド花月などの劇場で、ふてぶてしい態度で白眼視されていた彼らの新しい笑いに注目。むしろ劇場外での自主プロデュース公演を手助けし、彼らの活動拠点として心斎橋筋2丁目劇場をオープンさせる。お笑いのライヴハウス興行から、女子プロレス、レコード会社設立、沖縄国際映画祭など、大崎は社内の傍流にいながら道なき道を歩んできた辣腕経営者だった。こうしてダウンタウンのブレイクで社長に登り詰め、現在は吉本を率いるグループの顔となった。

大阪もまたその時期、大きな変革の中にいた。弁護士の傍ら、テレビタレントとして人気を博していた橋下徹が政界に出馬し、２００8年に大阪府知事に就任。２０１０年に発足させた大阪維新の会代表の座につき、2年後には日本維新の会を引き連れて国政にも乗り出した。後に大阪市長に鞍替えして、果たせなかったが大阪都構想などを推し進め、在任中は大阪の財政状況の健全化のために働いた。そんな橋下旋風の中で、２０１０年にＮＭＢ48は産声をあげた。あたかも民主旋風の中、「選抜総選挙」によってＡＫＢ48が国民的存在になったように。

初めての「フランチャイズ」グループ誕生

ＡＫＢ48劇場の儲からない事業計画を聞いても、一代でグループを大きくしたドン・キホーテ創業者、安田隆夫は秋元のアイデアを了承した。生前に林裕章が「劇場みたいなもん、儲かりません」と言った吉本興業も、秋元の48グループの専用劇場の大阪進出の話を引き受けた。そこには先代社長の林の考えていた、吉本興業のアジア進出計画と深い関わりがあった。

吉本興業には中国上海に支社があり、日本の笑いのコンテンツを中国、アジアに向けて発信しようという林裕章の夢があった。しかし、吉本新喜劇のソフトの輸出を計画するも、最初は中国の検閲に引っ掛かって上演できなかったと言われる。後に山田花子らに地元の役者を交えて、2002年に吉本新喜劇が中国に初上陸。ドタバタ主体の笑いは大いにウケたが、やはり吉本独特の相手をしばくギャグなどは暴力として拒絶され、国民性の壁を越えることは難しかった。笑いを輸出するのは難しい、しかし音楽なら国境を越えられるのではないか。それ以前から、大阪在住のフランス系ギタリスト、クロード・チアリをマネジメントしていた時期もある吉本興業だが、聖飢魔II、テイ・トウワ、岡村靖幸、ビビアン・スー（国内マネジメント契約）ら、ミュージシャンのプロダクション業務を開始。2001年には、丸山茂雄のアンティノスマネージメントから移籍してきた、小室哲哉のマネジメントを引き受けた。

2001年に設立された新興インディーズ、アール・アンド・シー・ジャパンの株式を取得して子会社化。小室哲哉のTM NETWORKがここに移籍して、音楽レーベルとしての体裁を揃えた。2007年に日本レコード協会に加盟してメジャーの仲間入りを果たした際に、よしもとアール・アンド・シーに社名変更。ダウンタウンの浜田雅功と組んだH Jungle with t（発売はエイベックス）に続く、小室哲哉と吉本芸人とのコラボなども積極的に行われた。林社長の2005年の逝去で後ろ盾を失ったことで、小室は吉本を離れることになるが、その後も同社は吉本興業所属のタレントのCDなどでセールス実績を作り、ここからNMB48がデビューすることになる。

かつて林裕章社長は吉本興業のビジネスモデルについて訊かれ、「欧米型のタレントエージェンシーは日本には吉本興業しかない」と語っていた。他の芸能事務所と違って、吉本では所属芸人のほとんどが契約書を交わしていない。自前で劇場を持つ吉本に所属していれば仕事にあぶれることはなく、労働条件について司法で争われたこともなかった。吉本はタレントと個人事業主として契約しているだけで、拘束力はなく、その雇用形態はＡＫＳとＡＫＢ48メンバーの関係に近いものだった。トップタレントになると、明石家さんまの「オフィス事務所」、島田紳助の「オフィス百三十アール」のように、吉本興業とタレントが設立した法人会社が契約を結ぶかたちで、節税に努めるなどのやり方が行われてきた歴史もある。

現在マネジメントはよしもとクリエイティブ・エージェンシーに移管されているが、吉本興業時代からタレントへの支払いは原則、歩合制。収入ゼロでも芸人が働けるのは、大勢のタレントを抱える独特なコミュニティが機能しているからだろう。アイドルの場合、東京の芸能事務所のほとんどが給料制。ホリプロの和田アキ子ですら、デビューの経緯から今でも給料制を貫いているといわれる。

おそらくＮＭＢ48を始動させるにあたって、芸人のような歩合制ではなく、給料制に近い雇用形態をとるために、メンバーの受け入れ先として用意されたのがKYORAKU吉本.ホールディングスなのだろう。ホールディングスと名乗っているがここは持ち株会社ではなく、吉本興業と京楽産業.の2社の合弁で作られたテレビ制作会社だった。創業時の社長は、大崎のアシスタント役を長らく務めた、ダウンタウンのマネジャー出身の岡本昭彦。京楽産業.がスポンサードする『地元応援バラエティ このへん!!トラベラー』（テレビ東京、TOKYO MX他）など、吉本の若手芸人が出演するローカル番組を制作していた。制作会社がタレントのマネジメントを引き受けるケースは決して珍しくはなく、『ニュースステーション』（テレビ朝日系）の制作会社、オフィス・トゥー・ワンに所属する久米宏、イーストの系列に所属する福澤朗、眞鍋かをりなどの例がある。

同社は資本移動の際に岡本が代表を離れて、京楽の持ち株が8割となって京楽の子会社に。KYORAKU吉本・ホールディングスは制作会社から、NMB48のマネジメントおよび版権事業がメインになった。しかし、2017年にNMB48の運営ライセンスが吉本側に譲渡されることとなり、全メンバーが吉本の完全子会社であるShowtitleに移籍して、現在はそこの所属になっている。

NMB48の所属先は移ったが、運営スタッフは結成時から基本変わっていない。秋元に代わって指揮権を持つ釼持嘉一は、もともとエイベックス・エンタテインメントで映画制作をやっていたプロデューサー。吉本興業に移籍し、映画事業の手腕を大崎に買われて、吉本が主催している年一回のイベント、沖縄国際映画祭のプロデューサーとして働いた。前田敦子主演作『クロユリ団地』をここでプレミア上映するなど、AKB48とも関わりを持っていた。NMB48も沖縄国際映画祭では毎年ステージに立っており、レッドカーペットの他、ミニコンサートなども恒例行事となっている。プロデューサーが映画業界出身者ということから、『NMB48げいにん!THE MOVIE お笑い青春ガールズ!』（2013年）を始めとして、NMB48メンバーは映画出演作が多い。彼のパートナーとしてマネジメントを手掛けるのが、チーフマネジャーの関根清隆。もともと高校でヒロミの同級生だったことからB21スペシャルのマネジャーとなり、彼らが所属するビーカンパニーのマネジャーに。後に独立して吉本傘下で事務所、ノータイトルを設立する。岡村靖幸のマネジメントなどを通して音楽業界に通じていたことから、NMB48のチーフマネジャーに専任された。

もともと吉本が不動産事業をやっていた関係で、AKB48、SKE48と違い、NMB48はいきなり自社ビルに専用劇場を構えた。中央区の難波千日前、なんばグランド花月向かいのYES・

NAMBAビルにNMB48劇場をオープン。もともと若手お笑いグループの自主公演を行っていた「baseよしもと」のフロア跡地に作られたもの。キャパシティは240席。なんばグランド花月の900席、ルミネtheよしもとの458席、よしもと漫才劇場（旧・5upよしもと）の313席よりは小さく、東京のよしもと∞ホールの218席とほぼ同等になる。

もともとここの劇場を管轄していたのが、現在のNMB48劇場支配人の金子剛だった。20代のころ『笑っていいとも！』のADとして、プリティー金子の名前で画面にも登場していた元はテレビディレクター。タモリから「ポスター貼って」をやらされていた一人と言えば思い出すだろう。2007年に大阪のよしもとクリエイティブ・エージェンシーに移り、「baseよしもと」で収録される若手グループの番組プロデューサーとなって、ジャルジャル、モンスターエンジン、天竺鼠、藤崎マーケット、かまいたちらを世に送り出した。金子は今でもよしもとクリエイティブ・エージェンシーの社員だが、NMB48劇場のマネジメント、スタッフは、彼女らが所属するKYORAKU吉本.ホールディングスではなく、劇場運営ノウハウを持つよしもとクリエイティブ・エージェンシーの出向社員によって行われている。

48グループのレギュレーションをまとめた、劇場作品、プログラム、チーム編成の事業アイデアを販売する「フォーマットセール」については次章で詳述するが、48グループ3つ目となったNMBには、他の姉妹グループとは違う資本構造があった。名古屋のSKE48は京楽産業.のお膝元で、AKB48と同じ資本で運営されているのに対して、NMB48は吉本側がAKSに対して楽曲、衣装、フォーマット使用を包括した年間契約料を支払う、AKSにとって初めての本格的フランチャイズグループであった。フランチャイズとはコンビニエンスストアなど、母体のフランチャイザーが提供した屋号、事業ノウハウ、商品、流通などを、契約した個人事業主が使用料を払って活用する、パッケージビジネスのこと。48グループはアイドル界で初めて、本格的なフランチャイズ展開を採用したグループなのだ。その後に結成されるHKT48（福岡）、NGT48（新潟）、STU48（瀬戸内）はAKSがマネジメントしているいわば直営店で、48グループ内で運営元が異なるのはNMB48のみ。グループ内で活発に行われているメンバー、スタッフの移籍がNMB48において少ないのは、事務所間の問題と言われている。

また、よしもとクリエイティブ・エージェンシーが音楽事業者協会に加盟している関係で、子会社にも準じる条件があるようで、NMB48の卒業者のついては音事協系プロダクションと同等の契約拘束があり、AKSに所属する姉妹グループとは違って、別事務所に移って芸能活動をする場合には、NMB48のみ2年のブランクが必要と言われている。

NMB48結成

48グループ3つ目となったNMB48は、2010年に大阪で結成された。専用劇場「NMB48劇場」の置かれた中央区と浪速区を繋ぐ、繁華街ミナミにある地域名称、難波からグループ名を命名。ヘボン式ローマ字の「b」、「p」、「m」の後にくる「ん」はローマ字で「m」と表記するルールに基づいて、明石家さんまが英文表記に使っている「SAMMA」同様に「NMB」となった。大阪パフォーマンスドールに倣って「自宅から通える芸能界」をコンセプトに、大阪を中心に関西圏でメンバーを募集。オーディションで選ばれた1期生26名で歴史をスタートさせた。発足当時は平均年齢が14・7歳と、もっとも若いグループに。また1期生が正規メンバーとして活動を開始したAKB48、SKE48と違って、NMB48では全員が研究生からスタート。そこから正規メンバーに昇格するまでのスパルタぶりは、テレビでドキュメンタリー映像が毎週紹介されて一躍有名になった。後に1期生中心にチームN、2期生中心にチームM、3期生中心にチームBIIが結成され、この3つと研究生チーム（現在はチームカトレアとして活動）の4グループで構成されている。

ＮＭＢ48が特筆すべき点は、48グループで初めてデビュー曲がオリコン1位になったことだろう。劇場で実績を積みあげてブレイクした先輩グループと違って、ＮＭＢ48はバラエティ番組のリアリティショーから歴史が始まったグループだった。２０１０年にスタートした『スター姫さがし太郎』（テレビ東京系）というオーディション番組内で、司会のブラックマヨネーズのアシスタント役だったＳＫＥ48の妹グループの募集企画から生まれた。デビュー前のオーディションから応募者が紹介され、選ばれたメンバーで結成されたのがＮＭＢ48となった。ちなみに同番組の制作会社が、後にＮＭＢ48が所属することになるKYORAKU吉本.ホールディングスである。

赤地に白文字のテロップの出し方など、吉本系列のワイズビジョンが制作していた『ASAYAN』のデザインコンセプトをまるまる踏襲。まるで『ASAYAN』が帰ってきたような強烈な印象を抱かせた。デビュー後も毎週ＮＭＢ48メンバーに試練が与えられ、それを克服していくプロセスに視聴者は熱狂する。『ASAYAN』からブレイクしたモーニング娘。同様、ＮＭＢ48はテレビが生んだアイドルグループであった。こうしてお茶の間人気を獲得し、２０１１年7月発売のデビュー曲「絶滅黒髪少女」は、48グループでは初のデビュー曲オリコンシングルチャート第1位に輝いた。

多くのアイドルが爽やかなアイドル調でデビューする中で、ＮＭＢ48は「絶滅黒髪少女」という、まるで山咲トオルのマンガ『戦慄!!タコ少女』のようなインパクトのあるタイトル曲でデビュー。もともと大阪は茶髪率が他県より高く、オーディション時に茶髪メンバーが多かったことから、秋元はこの曲のアイデアを思いつき、曲名にあやかってＮＭＢ48は全員黒髪にしてスタート。レコード会社は、兄弟会社のよしもとアール・アンド・シー（現・よしもとミュージックエンタテインメント）が選ばれた。NMB48のデビューにあたって「オール吉本」体制が組まれ、現在も同社からCD、DVDをリリースしている。秋元の提供する歌詞も他のグループでは見られないインパクトのあるものが多く、「なんでやねん、アイドル」、「てっぺんとったんで！」などの大阪弁ソングが全面的に展開された。

とにかく「絶滅黒髪少女」のインパクトは凄かった。映画監督の行定勲が手掛けたMVは、クエンティン・タランティーノ監督『キル・ビル』のパロディ風。マッシヴなダンスサウンド、ラリー・グラハムのようなスラップ主体のベースラインは、かつて山下達郎「BOMBER」が大阪のディスコから火が点き、全国区にブレイクさせた神話を思い出させた。シャ乱Qのつんく♂がモーニング娘。に持ち込んだ、ダンスフロア向けアイドルポップを受け継ぐ、ハロプロの正しい継承者のようにも思えた。ファットなミックスは、スチャダラパー、電気グルーヴなどを手掛けるエンジニア、松本靖雄が手掛けた。

こうしたダンスミュージック路線が、その後もNMB48のひとつのカラーとなった。『ミュージックステーション』、紅白歌合戦への初出場曲になった「カモネギックス」（2013年）は、ヴォーギング・スタイルのダンスで踊る、インストゥルメンタル主体のクラブトラック。同曲は作曲家の井上ヨシマサが、2012年に石原慎太郎都知事が誘致していた、東京オリンピックでの歌唱を想定して作られた曲だった。おそらく同年のロンドン・オリンピックで音楽監督を務めた、アンダーワールドを意識したものだろう。「鴨が葱を背負って」というシュールな詞は、ファンを指した例えだろうが（カモネギ＝Come on Net Geeksという説もある）、そういう皮肉がいかにも秋元作品らしい。すでに冒険できなくなっていたAKB48に対して、NMB48はアイドルポップの可能性を広げる役割を果たした。

「高嶺の林檎」(2014年)、「ここにだって天使はいる」(2013年)で聴ける経過コード(ディミニッシュ)のジェフ・リン節が、ブリティッシュロック世代を親父ファンをときめかせる。「高嶺の林檎」のいかにもELO風アレンジは、秋元の詞とはまるで関連性はないものだが、曲調に呼応してMVにマザーシップまで登場してくるスタッフの悪ノリぶり。イタリアンツイスト風の「ヴァージニティー」は、おそらく松尾清憲の創作パートナーだった秋元が、同名のムーンライダーズの曲名から連想したのだろう。NMB48の曲にはそんな、随所にロックファンを刺激する仕掛けがある。

劇場作品も、当初はAKB48の流用作品からスタートしたが、2014年にはNMB48初のオリジナル作品が書かれ、『ここにだって天使はいる』として上演された。しかし現在まで、NMB48に書き下ろされたのはこれ1作品のみ。SKE48には3作のオリジナル劇場作品が存在するが、2013年に入ってからHKT48なども加わって秋元の多忙期に突入。AKB48の同年夏の東京ドーム公演で、NMB48の次作の劇場公演の予定がサプライズ発表されたものの、それに続くHKT48ら姉妹グループの公演予定も含めて、その計画はすべて反故にされた。『ここ天』とて、前作にあたるSKE48『ラムネの飲み方』公演から実に2年ぶりの新作。次に発表された『M.T.に捧ぐ』(AKB48チームA)に至っては、2016年2月上演と2年のインターバルを要しており、これが結果、48グループ最後のオリジナル劇場作品となった。以降は乃木坂46、欅坂46などの本格始動の多忙もあって、48グループの新作劇場公演は一切書かれていない。

アイドルと笑い

48グループには、指定されたタイポグラフィ（ITC Avant Garde Gothic Std Extra Light）を使ったロゴが各グループに存在する。文字が白く抜かれ、それぞれＡＫＢ48ならピンク、ＳＫＥ48ならオレンジ、ＨＫＴ48ならブラックの地色が使われているが、ＮＭＢ48はそれがヒョウ柄。大阪のおばちゃんがヒョウ柄の服を好んで着ることからの着想で、ロゴからも大阪のグループというカラーがハッキリ打ち出された。笑いの殿堂、吉本興業から誕生したグループということで、ＮＭＢ48は結成時から「アイドルと笑いの融合」がコンセプトとして持ち込まれた。

またＳＫＥ48の立ちあげ時、ハードなダンスでＡＫＢ48と差別化を狙い、ついてこられない研究生の多くが離反していったことの反省もあって、末っ子グループということで秋元は、「ＮＭＢ48は意識的になるべく放っておいています。好きにやりなさい、自由にやりなさい」と語った。劇場公演はＡＫＢ48の流用だが、ＭＣのパートでは関西弁のボケとツッコミが展開されるために印象も異なる。かなりドギツイ下ネタも、関西弁なら許せるようなムードがあった。唯一のオリジナル劇場公演『ここにだって天使はいる』には、劇場支配人の金子が毎回アンコール前に登場し、『笑っていいとも！』ＡＤ時代から披露していた頭髪ネタにひっかけた、即席ギャグを披露する単独コーナーもある。

笑いへの傾斜はもともと、太田プロに所属していた野呂佳代、指原莉乃らがＡＫＢ48に持ち込んだ文化であった。彼女らはそのキャラクターで新しいアイドル像を48グループ内で確立する。現代に求められるアイドル像が、いわば「笑い＋アイドルの融合」にあった。２０１２年にスタートしたＮＭＢ48初のレギュラー番組『ＮＭＢ48げいにん！』（日本テレビ系）は、メンバーが毎週漫才を披露するお笑い番組。私立なんば女学院にある「お笑い部」が、女子高生お笑い選手権（JK-1選手権）を目指すという吉本新喜劇のようなドラマをメインに、漫才、一発ギャグ、モノボケなどの課題をメンバーがどうクリアするかが毎週見所になった。

実際、番組を飛び越えて、メンバーの岸野里香、小笠原茉由ら5人がTBSのコント決勝戦『キングオブコント』に出場。渋谷凪咲はピン芸人コンクール『R-1ぐらんぷり』で、先輩の吉本芸人に混じって3回戦まで登り詰めた。劇場公演の休館日に、メンバーがスタンダップコミックを披露するイベントが行われるなど、他のグループにはない笑いを交えたオリジナル興行も行われている。毎回シングル初回盤に付属されるDVDには、NMB48メンバーが舞台女優として出演する「NMB48 feat.吉本新喜劇」がシリーズで収録されている。毎回収録にはファンが大挙してなんばグランド花月に押しかける、この新喜劇とのコラボ企画も、秋元のアイデアでスタートしたものだった。

AKB48で定着したドキュメンタリー映画は、姉妹グループでも作られており、2016年1月、NMB48『道頓堀よ、泣かせてくれ！ DOCUMENTARY of NMB48』、HKT48『尾崎支配人が泣いた夜 DOCUMENTARY of HKT48』が東宝系で同時公開された。いみじくも2つは「泣かせてくれ！」、「泣いた夜」と〝泣き〟をキーワードにしており、2作品はファンを交えて興行成績を争う盛りあがりを見せた。劇場支配人を兼務する指原莉乃が自ら監督も務めたHKT48のほうが、興業成績では一歩リード。HKT48のメンバーが試練の前に涙するところにファンは熱狂し、泣いたシーンの数をファン同士が競い合った。しかしNMB48のほうは、あらゆる困難を前にしてもリーダーの山本彩は凛として構え、涙ひとつ見せない。そんな彼女が、選抜総選挙に落ちた後輩メンバーのためにだけ涙を流す、その一箇所のシーンが心を打つ。タイトルの「泣かせてくれ！」

は、決して人前で涙を見せない山本の心の叫びを表したもの。「ドーランの下に涙の喜劇人」を地で行くようなアイドルがＮＭＢ48なのだ。

商売人の街、大阪で生まれたグループらしく、大手食品会社、江崎グリコなど地元企業とのタイアップでも、ＮＭＢ48は大阪の象徴的アイドルになった。48グループの大半がオーディション上限を18歳までとしている中で、ＮＭＢ48は22歳と高めにして、ＮＳＣの養成所を受けるような女性芸人世代にもアイドルへの門戸を開いている。劇場公演終演後、カーテンコールで行われるサプライズ速報で流される「ダダーン」という衝撃音もＮＭＢだけ。シングル発売週に金子支配人が毎日登場し、デイリーチャート1位に入ったかどうかを「たこやきやけた」で発表するイベントも定着した。また、48グループ全体で行われているリクエストアワーも、現在、ＮＭＢだけグループ単独で行われている。

ＮＭＢ48が他の姉妹グループに比べて恵まれているのは、もともと吉本が取り組んできた地域ラジオ、インターネット放送局が、メンバーが実績を積む場所になっていること。地上波のカウンター的存在となった、インターネットのストリーミング放送も、ＡＫＳ所属の他のグループはその都度ベンチャー企業と事業提携し、YouTube、SHOWROOMなどのインフラを使用している。ＮＭＢ48の場合は、吉本興業がネット配信会社、ＣＳ放送局などを系列に持っているため、多チャンネルで中堅メンバーが活躍している。ニコニコ動画、ニコニコ生放送を運営するドワンゴも吉本が主要株主。よしもとクリエイティブ・エージェンシーが運営する動画サイト、ＹＮＮのインフラを流用した「YNN NMB48 CHANNEL」という、全番組ＮＭＢ48メンバーが出演する48グループで唯一のペイチャンネルも存在している。

地上波の番組制作も行っている吉本グループにはプロ用の撮影設備が揃っており、ウェブカムなどでアマチュアレベルの配信を行っていたAKB48に比べて、映像品質が高いのも特徴。２０１４年には、吉本興業、ソニー、電通、ドワンゴ（現・KADOKAWA）他6社の合弁でMCIPホールディングスという新会社が設立され、ここが運営するスカパー！のアイドル総合局「KawaiianTV」では、NMB48がメインパーソナリティ的存在となっている。DMM.comの過去の劇場公演のアーカイヴ供給を受けて、CS放送で劇場公演を放送しているのもNMB48だけ。他、吉本出資の地域ラジオYES-fmでは、選抜常連ではないメンバーにも複数のレギュラー番組を与えて、メンバーのトーク力を鍛える育成の場となっている。

ロック界からアイドルに転身した山本彩

NMB48のリーダー格で、シングルでもリードヴォーカルを務めているのが山本彩。センターとキャプテンを一人で兼任しているのは48グループで唯一だが、そのカリスマ性は高校時代に生徒会長をやっていた実力によるものだろう。彼女がNMB48に加入するまでの経緯は、他のメンバーに比べ少々変わっている。NMB48に加入する前に一度、ロックバンドのギタリストとしてデビューしているのだ。

大阪の芸能スクール「リトルキャット」に所属してダンスを学ぶ傍ら、ギターを弾く父親の勧めで小学生時代に3人組のロックバンドを結成。山下達郎の事務所、スマイルカンパニーのサポートを受け、MAD CATZのグループ名で２００８年にソニー系列のSMEレコードからデビューしている。「スーパー女子中学生バンド」として話題を呼び、アニメ主題歌などにもタイアップ起用された。当時の山本はギタリストだったが、作詞作曲を始めるのはこのころからと年期が入っている。後にコロムビアミュージックエンタテインメントに移籍してアルバムをリリースするも、メンバー脱退で２００９年にグループは解散。若くして山本は音楽業界の挫折を経験した。そんな彼女が芸能界を一度離れ、高校で生徒会長をやっていた時期に、卒業式でＡＫＢ48「桜の花びらたち」を使いたいと提案したことから、アイドルに興味を抱き始める。こうして、翌年募集が始まったＮＭＢ48第一期生オーディションに応募し、無事選ばれてＮＭＢ48のメンバーとなった。

浜崎あゆみ、華原朋美、持田香織など、アイドルとしてデビュー後にアーティストに鞍替えして成功したタレントは数多くいる。椎名林檎もホリプロタレントスカウトキャラバンの最終審査に落ち、後にミュージシャンに転じて成功した。アイドルシーンにはアーティストを育む肥沃な土壌があると、評論家の中森明夫も語っている。そんな中で山本はルックスに恵まれながら、先にアーティストデビューするという逆の道を経てアイドルになった。アーティストを目指して卒業するメンバーは48グループにも大勢いるが、山本には昔、ロックバンド時代に経験した挫折があった。彼女にとってそこはただの憧れだけの場所ではない。アイドルとアーティストの２つの人生選択において、世間とは違う見え方が彼女にはある。

秋元に作曲活動を勧められ、２０１６年にＮＭＢ48に在籍したまま、山本はソロアーティストとしての活動を開始する。椎名林檎、ＪＵＪＵのプロデューサー、亀田誠治の薫陶の下、半数を自作曲で占める『Rainbow』で48グループ初のアルバムソロデビューを果たした。秋元と犬猿の仲ともいわれ、ほとんどＡＫＢ48とコラボレーションのない大里洋吉のアミューズの福山雅治まで山本を絶賛し、バラエティ番組『ウタフクヤマ』（２０１６年）にも呼ばれている。この番組の即興作曲のコーナーに参加して、山本の作曲熱が再燃。共演した小室哲哉から励まされて、その交流が山本のソロアルバム制作のきっかけとなった。

２０１４年にＡＫＢ48チームＫ兼任となり、東京と大阪を往復する二重生活に。ＡＫＢ48のシングルの常連となったが、山本はＡＫＢ48に溶け込めないとこぼし、自らの希望で２０１６年に兼任解除となる。「借り猫」と呼ばれるほど、ＡＫＢ48のステージでは大人しいが、２０１５年にはＮＨＫ朝の連続テレビ小説『あさが来た』の主題歌、「３６５日の紙飛行機」のリードヴォーカルに大抜擢。高橋みなみのセンター曲「唇にBe My Baby」のカップリングとしてリリースされながら、ドラマ人気の後押しでこちらの曲のほうが人気を集め、表題曲を差し置いて有線放送、カラオケランキングでランキング入りを果たした。音楽配信ではこの曲で、ダブルプラチナ（50万ダウンロード）というＡＫＢ48最高記録を打ち立てている。２０１７年、紅白歌合戦の一企画として行われた、視聴者投票で選抜メンバーを決める「ＡＫＢ48 夢の紅白選抜」では、総選挙1位常連の指原莉乃を押さえて、見事1位に。「君はメロディー」をセンターポジションで歌い、ＡＫＢ48メンバーとの歌唱力の違いを見せつけた。

ソロアルバム発表後にはバックバンドを従えて全国ツアーも展開。打ち込み中心のＮＭＢ48の曲をバンドアレンジで歌う趣向もあり、改めて曲のよさに気づかされたというファンも多かった。ＮＭＢ48のコンサートでも山本がギターを弾くコーナーは見せ場になっており、彼女のギタートレーナーを、元ナンバーガールの田渕ひさ子が務めている。

一方、初期ＮＭＢ48でダブルセンターとして山本と人気を二分していたのがみるきーこと渡辺美優紀で、「絶滅黒髪少女」では山本を従えて彼女がセンターヴォーカルでデビュー。山本が「月」、渡辺が「太陽」のような関係で、ＮＭＢ48の2軸となってグループを支えた。「やさしくするよりキスをして」（２０１４年）でソロデビューしたのも山本より先。アイドル的ルックスで早くから人気を集め、握手会での釣りテクニックから小悪魔的な魅力を捉えた「わるきー」という嬉しくない愛称も。面白がった秋元から、同名のソロ曲も提供されている。アイドルプロデュースの隠れた才能も知られるところで、そんな彼女が第1回ドラフト会議のスカウトの席で、強く推したのが須藤凜々花であった。

哲学者、パンク少女、YouTuberと個性入り乱れ

2013年、48グループすべてを参加対象に全国から募った即戦力のオーディション通過者を、各グループのメンバーがスカウトマンとして指名する「AKB48グループドラフト会議」が初めて開催された。このとき30人の候補者から大阪のNMB48にスカウトされたのが、東京出身の須藤凜々花だった。「将来の夢は哲学者になること」と自らのプレゼンし、もっとも尊敬する人物はニーチェだと語る。哲学者になる手段として、アイドルの世界に飛び込んだという異端児だった。さまざまな過激発言でNMBの爆弾娘として知られることになるが、それは厳格なクリスチャンだった祖母の「想いや疑いを言葉にしろ」という教育のたまものだった。後に明かされたところによれば、裕福な実業家の家庭に生まれながら、両親の離婚をきっかけに四畳半のどん底生活に。そのときAKB48を知って、華やかなアイドルの世界に憧れたという。偏差値67の高校に通っていたがリベン少女が、大学進学を蹴ってアイドルになったのには、そんな彼女の生育環境が大きく影響していた。「哲学者を志す少女」という、まるで早瀬優香子「サルトルで眠れない」を地で行く新人の登場に、秋元は運命を感じたに違いない。なにしろ彼女の名前「りりか」は、秋元康原作のアニメ『ナースエンジェルりりか』(95年)のファンだった母親が、その主人公から付けた名前なのだ。そんなつながりから秋元も寵愛は隠さず、やっかんだファンから「まくらたん」(枕営業の意)と

非難される存在になる。

ダンスはからっきしで劇場公演デビューは遅れたほどだが、ユニークな言動で注目されるまではあっという間で、NMB加入2年目でシングル「Don't look back!」(2015年)で選抜入り。次作シングル「ドリアン少年」では、いきなりセンターポジションに選ばれる。哲学に通じると麻雀を始めたエピソードを聞いたテレビ局のプロデューサーの発案で、『NMB48須藤凜々花の麻雀ガチバトル！ りりぽんのトップ目とったんで！』(TBSチャンネル1)という冠番組もスタート。翌年には秋元の勧めで、ニーチェ思想の影響を受けた著書『人生を危険にさらせ！』(幻冬舎、堀内進之介との共著)を上梓し、日本で最初の哲学書を出したアイドルになった。

ジェットコースターのような人生を送る須藤だが、2017年の選抜総選挙で20位に選ばれた際に、壇上の受賞スピーチで自らが結婚すると宣言。ファンや中継関係者はおろか、それをインターネット経由で観ていた山本彩さえ驚ろきを隠せなかった。恋愛経験ゼロで、SNSで「処女です」と公言していた須藤の突然の結婚宣言には、さすがの秋元も驚いただろう。

あくまでこれはifだが、もし彼女が望むままAKB48に加入していたら、彼女の人生はもう少し違ったものになったかもしれない。複数の事務所メンバーが入り混じり、もう少し殺伐としたAKB48に比べると、メンバーが同じ事務所に所属するNMB48は、須藤曰く「勉強できない子ばかりだけど、愛に満ちているグループ」だった。インテリ少女はそんな環境の中で、理屈ではない愛情のなんたるかを知る。結婚に憧れる同年代など顧みなかった、アイドルサイボーグのようだった彼女に、結婚という道を進ませるきっかけとなった。脱退後に受けたスポーツ誌の取材で「アイドルになって恋愛ができるようになったというか、アイドルやってなかったら一生結婚できてないと思う」と答えている。

ＮＭＢ48の異端児と言えばもう一人。テレビ出演時で唯一、色髪で目立つ存在の元メンバー、木下百花がいる。「絶滅黒髪少女」でデビューしたＮＭＢ48から、48グループ一個性的な色髪メンバーが登場するとは皮肉なもの。世の中にアジテートするかのように、その色も赤、青、アッシュと観る度に変わっていく。もともと児童劇団に入っており、子役として東映京都撮影所で時代劇に出演した経験も。どこか醒めた、大人びた視点はそのキャリアからで、第1期生としてＮＭＢ48に加入しながら、スタッフへの反発で干され続けた。当初はアイドル風だったルックスも、耳や舌にピアスを入れて、スタッフに無許可で髪の毛を切り、血だらけのセーラー服姿をＳＮＳにアップ。そんな個性が買われて、ＮＨＫの震災ドラマ『LIVE! LOVE! SING! 生きて愛して歌うこと』（２０１５年）で、反抗期の少女役で赤髪に染めて出演を果たす。ドラマ出演のために髪の着色が例外的に認められたのを契機に、スタッフの制止も振り切って、彼女の髪の毛はさまざまな色に変異していった。ファッション誌のモデル起用をきっかけに、そのボーイッシュで反抗的な態度が女性ファンの注目を集める。２０１７年には男装の麗人〝皇輝音翔（すめらぎきねと）〟に扮して、ＮＭＢ48のカップリング曲「プライオリティー」でソロデビュー。イベントは7、8割が女性で占められる異常事態となった。木下百花の生誕祭では劇場の女性トイレが足りなくなり、男性トイレの一部を女子用に切り替えたというほど。

彼女もまた須藤同様、サブカルチャーへの造詣が深く、好きな音楽は日本のパンクバンド、ＪＯＪＯ広重率いる非常階段や日本のラップと語る。自らが脚本を書いた「百合劇場」という舞台は、彼女の創作によるアヴァンギャルド演劇で、「ＮＭＢ48 ｆｅａｔ・吉本新喜劇」と並行して定期的に行われた。こうしたメンバーの自発的行動に対して、ＮＭＢ48運営はある程度、放任主義をとっており、「カネになるなら何やってもいい」という大らかさがいかにも吉本流。同期の吉田朱里は化粧のノウハウを武器に、「女子力動画」という公式チャンネルをYouTubeに立ちあげ、スタッフの手助けなしでセルフ撮影、セルフ動画編集による動画投稿を開始。アイドルに興味のない女性ファンまで支持層を広げ、今ではトップYouTuberの仲間入りを果たした。50万人（２０１８年3月現在）というフォロアー数は、ＮＭＢ含む姉妹グループの公式チャンネルのフォロアー数を遥かにしのぐ。彼女も２０１６年の紅白歌合戦の「夢の紅白選抜」で全グループ6位に選ばれ、その後、ＡＫＢ48の選抜メンバー入りも果たした。

そんなＮＭＢ48だが、選抜総選挙ではもっぱら第一党＝ＳＫＥ48、第二党＝ＡＫＢ48に票数で差を付けられ、ランキング入りメンバー数は万年最下位を更新している「48グループ最弱」の存在。一人一票のＮＨＫ紅白歌合戦だとブッチぎりのＮＭＢ48が、有料イベントとなると途端に渋くなるのは、さすが商売人の街大阪のグループらしい。秋元が語ったＡＫＢ48の原点である『がんばれ！ベアーズ』のようなダメチームが勝ちあがっていく物語は、現在はＮＭＢ48に受け継がれていると言ってもいい。そんな負け続けの彼女らを、阪神タイガースを応援する〝トラキチ〟のように地元大阪のファンが支えているのだ。

独立愚連隊、ＮＭＢ48の行方

プロデューサーの剱持嘉一はＮＭＢ48に関わる傍ら、妻で元フジテレビアナウンサーだった内田恭子が所属するハーデスエンタテインメントという事務所の代表も務める。あやまんＪＡＰＡＮ、熊切あさ美らがここの在籍タレント。吉本に所属するお笑い以外のタレント、アイドル、アーティストを預かり先としてShowtitleという事務所も経営しており、ＮＭＢ48の卒業メンバー、山田菜々、三秋里歩（旧・小谷里歩）、門脇佳奈子、木下百花、須藤凜々花らはそこに籍を置いている。

ＮＭＢ48がデビュー以来所属していたKYORAKU吉本・ホールディングスは、当初半々だった持ち株比率がＡＫＳ＝8割となり、吉本興業は決裁権を失う。一時は山本彩を欲しがったＡＫＳへの移籍もあるかと噂されたが、しかし一転して２０１６年、ＮＭＢ48はShowtitleにグループごと移籍。劔持が経営する吉本興業の持ち株１００％の会社の所属タレントとして、ＮＭＢ48は完全に吉本グループの一員となった。

大阪にはかつてＮＭＢ48のグッズを扱うＮＭＢショップと、ＡＫＢ48のグッズを扱うＡＫＢ48カフェ＆ショップが並行して存在していた。後者ではＮＭＢ48関連グッズは扱われておらず、経営会社も別。他の姉妹グループの商標がすべて©ＡＫＳなのに対して、ＮＭＢのみ©ＮＭＢ、移籍後は©Showtitleになっており、関連グッズの売り上げは吉本側に流れるしくみとなっている。音楽業界で有名な英デッカ、米デッカが、もともとは系列会社だったものが、長い歴史の中で別資本で再建されたように、同じ48グループではあるが©ＡＫＳと©ＮＭＢは完全に独立する存在なのだ。ＮＭＢメンバーの出演も多いものの、ＡＫＢ48の看板番組『AKBINGO!』（日本テレビ系）、『有吉ＡＫＢ共和国』（ＴＢＳ系）も大阪では放送されていない。全国区のＡＫＢ48も大阪での人気は芳しくなく、難波にあったＡＫＢ48カフェ＆ショップも撤退を余儀なくされた。

２０１５年にはＣＤ、ＤＶＤの流通会社がソニーマーケティングに移り、48グループのチケット販売、「劇場盤」販売を行っているキャラアニ・ｃｏｍからＮＭＢ48のみ独立して、現在はソニー系列のフォーチュンミュージックが窓口になった。近年、ＡＫＢ48の人気を追い抜いて、公式ライバルだった乃木坂46、欅坂46らソニー勢が台頭。よしもとミュージックエンタテインメント所属のＮＭＢ48と同じように、彼女らも所属事務所、音楽出版社、原盤制作会社、メーカーがソニー系列のワンストップ体制になっており、勢いにのる坂道シリーズとＮＭＢ48は近しい経営構造になった。こうした組織変更からファンの間で、ＮＭＢ48は48グループから離脱し、坂道シリーズに鞍替えするのではという噂もたびたび話題に上るほど。２０１６年に4年ぶりに行われたＮＭＢ48第5期オーディションには、遂に秋元は顔を見せず、ＮＭＢ48主導で行われた。２０１６年にテレビの情報番組で行われた「原宿にいた10代女子の好きなアイドル」というアンケートで、1位・乃木坂46、2位・欅坂46に次いで、3位にＮＭＢ48が48グループ唯一ランクイン。ボーイッシュで女性ファンの多い山本彩、YouTuberとして鉄壁の人気を誇る吉田朱里など、10代女性ファンの支持が集まったことが結果となって現れた。

２０１４年5月、吉本興業主導で「日本女子博覧会―JAPAN GIRLS EXPO 2014―」（インテックス大阪）が開催された。プロデュースを務めたのが、２００５年より開催されているファッションイベント「東京ガールズコレクション」（ＴＧＣ）をゼロから立ちあげた発起人であり、よしもとクリエイティブ・エージェンシーに移籍した永谷亜矢子だった。２００８年のウーマン・オブ・ザ・イヤー（日経ウーマン主催）に選ばれた彼女は、鳴り物入りで吉本興業に入社。若年女性市場開拓を命ぜられ、広報およびファッション担当として籍を置いている。２０１２年に、吉本興業創業１００周年事業として「よしもとNEW GIRLS PROJECT」を発足。沖縄国際映画祭で併催されるファッションショーや、２０１２年に台湾・台北で行われた台湾版ガールズコレクション「SUPER GIRLS FESTA 最強美少女盛典」などのイベントを成功させた。ライバル的存在になった古巣ＴＧＣの大阪版「大阪ガールズコレクション」にぶつけて、永谷は吉本グループ主導で「日本女子博覧会」を企画。こちらは単なるガールズイベントに止まらず、グルメ、ビューティー、占いからお笑いまでを網羅する、女性のための祭典として盛大に行われた。初回は3万人が来場し、

NMB48も大トリのステージでパフォーマンスを繰り広げた。

吉本グループの持ち株会社（ホールディングス）となった吉本興業は、2015年に資本金125億円から1億円に減資し、税制分類的には中小企業の扱いとなった。同年3月期決算で、子会社株の評価額で特別損失を計上したことから、純損益がマイナス140億円の赤字に転落したことがきっかけだったが、資本金を取り崩した分は中長期的な投資に回し、財務体質の改善を図るとアナウンスされた。これも実際は百貨店経営などの別部門の業績不振を被ったに過ぎず、エンタテインメント事業は基本は大幅黒字。NMB48の完全吉本グループ入り、女性向け事業の強化は、そんな社内体制の移行と同時に行われた。

新生よしもとが手掛けた事業のひとつに、アメリカの映像配信サービス、Netflixとの提携がある。所属芸人ピースの又吉直樹が書いた小説『火花』（文藝春秋）が芥川賞に選ばれ、映像化権を求める問い合わせがテレビ局、映画会社から寄せられた。しかし吉本はこのドラマ化を自社で制作し、NetflixとNHKで流すという新しい選択を選ぶ。かねてより東京のテレビ局と仕事をしてきた吉本興業社長、大崎洋は、テレビ局がほとんどのライツを独占し、制作会社を育てないことに疑問を呈していた。放送局や代理店がメディアを支配する東京のテレビ文化に反旗を翻し、黒船と呼ばれたNetflixという米ニューメディアと手を組んだ。一話あたり、日本のドラマとほぼ同等の1500万円を投じて作られた映像版『火花』は現在、世界190か国で視聴されている。ここにも秋元と同じく、「カルピスの原液を作って売れ」という哲学が貫かれている。

またキングコングの西野亮廣が絵本を出すために、クラウドファンディングを利用した話を聞きつけ、今後、吉本が芸人のプロジェクトを支援するベンチャー投資ファンドを設立する心の準備があると大崎は語る。芸人がDJ、音楽、アートなどの余暇活動に進出することを、事務所的に歓迎すると表明した。そのために「株主のための経営」をやめ、今後吉本は実験性のある、ニーズに則した試みに積極的に取り組んでいくとして、放送局、ＩＴ事業者などと手を組んだ未来型の会社へと歩を進めた。そのために吉本興業拡大の中核事業だった不動産業からも撤退。ＮＭＢ48劇場が入っていたYES・NAMBAビルも他社に売却され、現在はテナント貸しを受けるかたちで、ＮＭＢ48の劇場公演は引き続き行われている。

ケータリングひとつとっても、万年赤字と言われながら豪勢なＡＫＢ48のメニューに比べ、カップ麺が積まれているとネタにされるＮＭＢ48。代わりに、たこ焼きや焼肉などのコーナーを用意して倹約に務めるような、大阪商人的なケチぶりもＮＭＢ48の運営らしい。結成当初こそ秋元の威光を借りて、東京中心に活動していた時期もあったが、吉本１００％出資の現・事務所に移籍した２０１７年からは、日本女子博覧会、京都国際映画祭などの自社イベントに駆り出される、よしもとの宣伝部隊的存在になった。

大阪の専用劇場で毎日公演する、大阪民にとっての身近なアイドルの誕生。それはＮＨＫ連続テレビ小説『ふたりっ子』（96年）に登場していた、河合美智子演ずる通天閣のアイドル、オーロラ輝子が現実化したようなグループだった。ファンとの接触を避けるため「原則、秋葉原での通行禁止」のルールが敷かれているＡＫＢ48と違って、ＮＭＢ48のメンバーには難波に出没禁止のようなお達しはない。近所の商店街でもお馴染みの存在になっている。そんな「48グループ最弱」と言われるＮＭＢ48が、今ではよしもとミュージックエンタテインメント、Kawaiian TVの筆頭グループとなった。

ＮＭＢ48結成直後に、シンガポール公演（２０１１年）で手応えを掴んだよしもとは、アジア進出計画においても、現地法人がオーディションで結成させた、少女コンプレックス（インドネシア／２０１６年結成）、SWEAT16!（タイ／２０１７年結成）らをデビューさせている。「大阪で成功した初めてのアイドルグループ」は、ひょっとしてＡＫＢ48よりも長く、吉本の看板アイドルとして活動を続けるかもしれない。

第13章

姉妹グループ展開と海外進出

Ｋ-ＰＯＰブームと、黒歴史となった「ＳＤＮ48」

時間の針を再び、ＡＫＢ48が結成されたばかりの２００５年に戻したい。郵政民営化を巡って自民党が２つに割れ、「抵抗勢力」を打ち破って第3次小泉内閣が発足したゼロ年代中ごろ。韓流ブームという黒船の到来によって、日本のエンタテインメント業界にも激震が走った。

90年代に中国、台湾で起こった、韓国製ドラマ＝通称〝韓流ドラマ〟人気をきっかけに、「韓流ブーム」はアジア周辺国にも飛び火。日本でも２００４年にＮＨＫで連続ドラマ『冬のソナタ』が放送され、主婦層を中心に大ヒットする。主題歌を収めたオリジナルサウンドトラック盤が異例のヒットとなり、韓国エンタテインメントが大きくクローズアップされた。マーケティング的に分析された、ドンデン返しが続く韓流ドラマ特有のストーリーに視聴者が熱狂。1時間のドラマが週2回放送という韓国独特のフォーマットと、スピード撮影による量産体制で、韓国のテレビ局は海外をターゲットにコンテンツ輸出で成功する。

そのブームはやがて映像だけでなく、Ｋ-ＰＯＰという韓国産ポップスのブームに波及していく。２００９年に男性アイドルグループ東方神起が、5万人の客を集めて初の東京ドーム公演を成功させた。２０１５～２０１６年には全4都市18公演を行って、海外アーティスト史上最多となる91万人を動員。BIGBANG、SUPER JUNIORら韓国の男性グループがそれに続いた。ＣＤはそれほどセールスしていないにも関わらず、1万円のチケットでもスタジアムを満杯にできる動員力。ライヴの興行収入が核となる韓国流の音楽エンタテインメントを底力を伺わせた。２０１０年にはガールズグループＫＡＲＡ、少女時代が日本上陸し、日本語で歌ったシングルで国内市場にアピール。翌年の紅白歌合戦には、ＫＡＲＡ、少女時代、東方神起らK-ＰＯＰ系アーティストが勢揃いし、『冬のソナタ』に始まる韓流フィーバーがピークを迎えた。

日本のK-ＰＯＰブームには、秋元も縁の深い協力会社のバックアップがあった。電通とフジテレビである。電通元会長の故・成田豊は韓国生まれで、２００５年に発足した「日韓友情年２００５年実行委員会」の副委員長も務めていた。日韓ワールドカップの放送権を取得し、ＮＨＫ、ＣＳ放送、民放などに供給。日本テレビ系でオンエアされていた韓流ドラマも、ほとんどが電通が紹介した作品だった。

一方のフジテレビと韓国の関係は、88年のソウルオリンピックにまで遡る。プロデューサーの石田弘、港浩一らが主導して『ソウルソウル（SEOUL SOUL）』という韓国広報番組を立ちあげ、『オールナイトフジ』にその司会者だった韓国の歌手イ・ヘスク（李恵淑）をレギュラーに加えた。石田の薫陶を受けた、プロデューサーのきくち伸が携わる音楽番組『HEY!HEY!HEY! MUSIC CHAMP』では、出演アーティストの大半がK-ＰＯＰアイドルという回が続いた。フジテレビは韓流ドラマの大量オンエアで、右翼団体によるスポンサー不買運動にまで発展する。

海外進出で成功しているK-ＰＯＰグループの8割がダンスアイドル。ダンスグループに特化する韓流エンタテインメントの戦略が、K-ＰＯＰが日本でウケた大きな要因だった。ＡＫＢ48が結成されたのは、その少し前のこと。「彼らはプロフェッショナルなアーティストだからＡＫＢ48とは違う」と、秋元はその存在をまったく別次元で捉えていた。しかし、高度なダンスパフォーマンスが人々の心を掴むことも十分理解していたのだろう。お遊戯会と揶揄されたＡＫＢ48に対し、ＳＫＥ48結成時には沖縄アクターズスクール出身の牧野アンナを指導者に付け、以降、48グループのダンスパフォーマンスを強化していったことにもその影響が伺える。

K-POP系アーティストの完成度の高いステージは、韓国の芸能プロダクションの育成システムに理由があった。事務所は多くの練習生と呼ばれるアーティストの卵を抱えており、学生は下校後に練習所に直行し、毎日ハードなレッスンを積む。費用はすべて事務所持ちで、デビューまでの下積み期間は、平均5年近くに及ぶという。他事務所のようにレッスン料を取らないAKSの方針には、いくばくかK-POPの育成方針の影響も伺える。AKBの場合はその下積み期間をファンに公開して、アマチュアからプロに成長していく過程に重きを置いた。

長きにわたる軍事政権下の影響から、韓国のエンタテインメント産業は他国のような歴史を持たなかった。日本のようなシングル盤というものも流通せず、韓国のオーディエンスはネットで音楽を聴くのがスタンダード。地上波のサイマル放送で、テレビ番組もそのままネットで見れるようになっており、それを見たファンがライヴ会場に足を運ぶことで、コンサート興行で儲けるというのが韓国の音楽産業のコアなビジネスモデルになっている。

K-POPブームがピークを迎えた2009年、AKB48のスピンアウトグループとして生まれたのが、今はなき「SDN48」だった。グループ名は地名ではなく、土曜日の夜のみ公演するというコンセプトから「SaturDay Night」の頭文字を取って命名された。もともとはAKB48が使っていない時間帯の劇場を活用し、夜10時から公演が始まるグループとして構想されたもの。オーディションのメンバー参加資格は深夜に稼働できる20歳以上限定とされ、芸能事務所所属組でも応募が可能。恋愛も公式に認められており、最終的にメンバーには既婚者も含まれた。

SDN48は、いわゆる「アダルト版AKB48」のようなシニアグループとして同年8月に結成された。正規メンバーは18人、アンダーという控え要員3人でスタートし、AKB48からも5人の年長メンバーが兼任として加わった。途中行われた48グループの組閣で、AKB48の人気メンバーだった野呂佳代がSDN48専任となり、解散までキャプテンとしてグループを引っ張る存在となった。メンバーのみならず、観客も18歳以上限定。劇場公演の冒頭の「overture」も、SDN48の公演ではあえぎ声を交えたものが作られた。歌詞にもセックスを連想させる直裁的な描写が多用され、レスビアンをイメージした演出も取り入れられた。

フジテレビのバックアップを受けたアイドリング!!!の登場を契機に、AKB48はテレビ進出を本格化する。SDN48もまた、2008年にセクシー女優を中心にテレビのバラエティ番組で結成された、恵比寿マスカッツへの対抗措置として作られたようなグループだった。しかしそのコンセプトは、「ショーパブをプロがやったらどうなるか」という、AKB48のもともとのオリジナルなアイデアに近いもの。実際、秋元はグループ立ちあげ時の構想を聞かれて、フランスのリド、クレージーホースなどの老舗キャバレーのような、大人が楽しめるエンタテインメントを提供したいと語っている。日本のエンタテインメントは労働基準法に照らし合わせ、ホールの警備員が電車で帰宅できる時間から逆算して、6時開場というスタイルが定着している。しかしラスベガスのショーや海外の劇場、映画館は、務め人が帰宅してから外出しても間に合う、ゆったりと楽しめる夜9時スタートが珍しくない。そんな海外ではごく当たり前の成熟したエンタテインメントを、日本に根付かせようという狙いがあったのだ。

SDN48のサウンドは、かなりダイレクトなK-POPを意識したダンスミュージックだった。セクシーな衣装、ステージ上でのメンバーの絡みには、AKB48にはできないタブーを孕んだ実験性があった。音楽性は高く評価され、SDN48の4枚のシングルはすべてオリコン3位内にチャートイン。『誘惑のガーター』というオリジナルの劇場公演も作られ、AKB48同様に、チケットが入手困難な人気グループとなった。惜しまれつつも最後になったラストアルバム『NEXT

ENCORE』（2012年）は、アルバムチャートの1位に輝いた。

AKB48のシニアメンバーが活躍できる救済の場としても、SDN48は永久に続くかと思われた。しかし、運営からの一方的な通告で、2012年に「全員卒業」という名目でSDN48は強制解散となる。ファンからすれば、それは突然の発表だったという。秋元を含めスタッフにとって、SDN48はプロジェクトとしては失敗に終わったというのが共通見解だった。そもそも48グループは夢を実現するための通過点。そこから旅立つという前提で作られていた。しかし恋愛禁止条項もなく既婚者もいたSDN48は、年配者が多いことから卒業する者が現れなかった。また主婦メンバーなど家庭の事情で、突然公演に出られなくなるなどのマネジメント上の障害も発生していた。SDN48は48グループのアイデンティティとの齟齬を抱えたまま、強制解散というかたちでピリオドが打たれる。この顛末はしかし、「あくまで通過点である」という48グループの性質を、より明確化するきっかけにもなった。

同年、AKB48は8期生として多くの研究生を迎えたが、新しく加入してきた世代にとっては「AKB48のメンバーになることが夢」。そこがスタート地点であると同時に、彼女たちにとっての終着点でもあった。最終的にこの期生からは正規メンバーに昇格する者は一人もおらず、全員が研究生のままグループを卒業することになった。佐野友里子（現・愛乙女★DOLL）、西川七海（元・乃木坂46）、園子温監督の映画『アンチポルノ』に主演した女優の冨手麻妙らが、当時の8期生出身。こうして8期生がAKB48の黒歴史となったように、SDN48もその歴史から排除されていった。

AKSの直営店、福岡のHKT48結成

70年代に日本でアイドルという概念が誕生したばかりのころ、本土復帰する前の沖縄から南沙織というアイドルがデビューする。日に焼けた小麦色のエキゾティックな風貌で、それまでのお嬢さんアイドルにはない野性的な魅力をアピールしていた。沖縄が本土復帰した72年には、続いてフィンガー5がデビュー。米軍基地周辺のアメリカナイズされた環境で育った彼らは一様に音楽性が高く、「日本のジャクソン5」（マイケル・ジャクソンが所属していた兄弟グループ）とも呼ばれた。

80年代に入って、東映京都撮影所のスタッフだったマキノ正幸（父は映画監督のマキノ雅弘）が沖縄に渡り、実業家として芸能学校、沖縄アクターズスクールを設立。同校から、実娘の牧野アンナ（母親は宝塚歌劇団出身の映画女優、轟夕起子）、早坂好恵、里中茶美（DA PUMPのメンバー、ISSAの姉）らをアイドルデビューさせる。洋楽のようなダンスミュージックと高度なダンスパフォーマンスは、中央のメディアからも注目を受け、SUPER MONKEY'Sを筆頭に、そこから分裂した安室奈美恵やSPEED、知念里奈ら沖縄出身のシンガーがいずれもブレイクを果たした。エキゾティックな風貌と日本人離れしたダンスパフォーマンス力を有する、沖縄アクターズスクール勢の活躍は、本土のアイドルファン、アイドルに憧れるティーンたちに眩しく映った。

アメリカ、イギリスなどの諸外国では、地方都市それぞれに歴史に裏付けされた土着の音楽文化があった。そこを拠点に活躍するのはアーティストだけではなく、地元のレコード会社、放送局、批評家らが加わって独自の商圏を作ってきた。一方で日本の音楽ビジネスは経済圏同様、ずっと東京が中心にあった。もちろん過去にも、ビートルズ時代のイギリスをモデルに、日本でもロンドン×リバプール×マンチェスターのような地域文化との競合が図られたことがあった。しかし、松下幸之助がパトロンとなって発足した奈良のテイチク（現・テイチクエンタテインメント）、横浜にできたソニー第4のレーベル、トレフォート（後のキューンレコード）などのローカルの個性派レーベルも、メディアが一極集中しているためにプロモーターがその都度東京に足を運ばねばならず、ビジネス的なハンディから本社機能を東京に移した。大阪文化の発信基地、吉本興業も現在は東京新宿に本社を構えている。

ＮＨＫの番組などを通してキャンペーンソングを作詞し、地域活性化に取り組んでいた秋元は、名古屋、大阪といった地方都市に、ＳＫＥ48、ＮＭＢ48という姉妹グループを結成させた。ゆるキャラブームなどを相まって地方発信文化が注目される中、48グループは地方自治体、ローカル局や民間企業とのコラボレーションをいっそう強化していく。自治体や文部科学省などのバックアップを取り付けるための政治家との交流も仕事のひとつ。東京オリンピック組織委員会の理事なども務め、政治家に覚えめでたい存在であることが秋元の強い武器となった。

こうして２０１１年10月、ＡＫＢ48にとって第４の姉妹グループとなるＨＫＴ48が福岡で結成される。グループ名は福岡の都市部を指す地域名称、博多からとったもの。福岡市内の地、行浜にあるホークスタウンモール内に、収容人数グループ最大となる３００名を擁するＨＫＴ48劇場を、同年11月にオープンさせた。

先の名古屋、大阪と違って、博多にはすでに地元アイドル文化と呼べるものが存在した。福岡はもともと松田聖子、チェッカーズ、椎名林檎、田中麗奈、家入レオなど、これまでも多くのアーティストを輩出してきたタレントの産地である。老舗のアイドルグループ、Rev. from DVLは２００３年に結成され、福岡のテレビ局などをベースに活動していた。メンバーの一人、橋本環奈を撮影したスナップがたまたまインターネット上で話題になり、「１０００年に一人の美少女」のキャッチフレーズとともに、全国メディアでも取りあげられた。福岡―東京間にはほとんど情報格差はなかったが、アイドルに対してはそんな地方都市特有のエキゾティックな美少女幻想が残っていた。福岡の古参アイドルグループ、ＬｉｎＱも２０１１年に産声をあげた。

２０１１年、週刊誌に報じられたスキャンダルを巡って、ＡＫＢ48の指原莉乃が『オールナイトニッポン』で謝罪した際、共演者の秋元から直々に、事実上の「左遷」扱いでＨＫＴ48送りとなる。しかし、もともとアイドル好きだった指原は、ＨＫＴ48メンバー育成において、プロデュース能力を発揮することになった。指原が発起人となって他事務所と連携し、私立恵比寿中学、乃木坂46、ぱすぽ☆、ももいろクローバーＺ、SUPER☆GiRLS、Buono!、アイドリング!!!らが一同に介する「指原莉乃プロデュース　第一回ゆび祭り～アイドル臨時総会～」を、２０１２年に日本武道館で開催。そのリーダーシップを買われて、翌年にはメンバーでありながらＨＫＴ48劇場支配人を兼任することとなった。ＡＫＢ48のシングル選抜メンバーも兼ねていた指原は、彼女の全国的知名度を武器に、ＨＫＴ48を全国的に広めていく。メジャーデビュー曲「スキ！スキ！スキップ！」（２０１３年／ユニバーサルミュージック）は、いきなりオリコン1位の快挙に。ＳＫＥ48、ＮＭＢ48のようなリーダー格がセンターを務めるのではなく、ほとんど実績のなかった2期生の田島芽瑠が大抜擢されたことが、ＡＫＢ48結成時の前田敦子神話を彷彿とさせた。その後、センターとしてＨＫＴ48を引っ張っていく存在となるのが1期生の宮脇咲良。現在は指原とともに、ＡＫＢ48の選抜メンバーに選ばれる常連となった。ＨＫＴ48の初の単独コンサートも東京・日本武道館で開催され、その勢いには先輩の姉妹グループも驚かされた。

残念ながら２０１６年にホークスタウンモールがビル改築にともなう閉鎖で、ＨＫＴ48劇場は第一章の歴史を終える。劇場公演は場所を移して、天神の西鉄ホールとフランチャイズ契約して、劇場をシェアするかたちで現在も公演が行われている。専用劇場を持たないスタイルは、ライバルの乃木坂46、欅坂46と同じものであり、48グループの新しい活動形態を模索していくことになった。

テレビのレギュラー番組も、『HKT48のおでかけ!』(TBS系)、『HaKaTa百貨店3号館』(日本テレビ系)、『HKT48の離島へGO!』(フジテレビ系)など全国ネット出演を重視。専用劇場を失ったハンディに屈することなく、地方行脚のコンサートに力を入れていく。HKT48のライヴでは、アイドル全般好きの指原らしくセットリストにモーニング娘。や乃木坂46などのライバルグループの楽曲まで披露されており、「アイドルファンのためのアイドルグループ」として人気を集めている。

北陸のブランクポケット、新潟で誕生したNGT48

2015年、次は札幌、沖縄進出かと囁かれていた中で、続く国内5つ目のグループが新潟から登場したときは、48グループのファンからも驚きの声があがった。人口100万人にも満たない地方都市(新潟市の人口は80万人)での結成は初めて。活動をバックアップするプロダクションもなく、県外から新潟入りした未成年メンバーを受け入れてくれる芸能クラスを持つ高校もない中での立ちあげ。その無謀さがいかにも秋元らしいと思ったが、実際には運営主導で秘密裏に進められ、NGT48結成の話を聞かされたときは秋元康当人もビックリしたという。AKB48の姉妹グループ誘致を主導したのが、現在NGT48劇場が入居するビル、ラブラ2を運営する三井不動産と、バスなどの運営を手掛ける新潟交通の2社。人口減が進む新潟で、若い客を呼ぶ施策として、物産に代わる「体験型」活性案として浮上したのが、AKB48の姉妹グループを新潟に招聘するというアイデアだった。これがもともと秋元が構想していた「日本海側にも48グループを」の思惑と一致したのだ。国内で新グループが結成されるのはHKT48以来4年ぶりとなる。HKT48に途中加入してグループをブレイクに導いた、指原の貢献を鑑みて、NGT48では最初から経験豊かな柏木由紀、北原里英らがメンバー入り。北原は専任メンバーとして、NGT48における指原的働きを務めた。

新潟と言えば、すでにNegiccoという地元のアイドルグループが全国的に知られており、ゆるキャラ的な人気を集めていた。元は地元特産の「やわ肌ねぎ」のプロモーションのために、JA全農にいがたが期間限定で結成したアイドル。ファンからのラブコールでキャンペーン終了後も継続することになるが、運営元のタレント養成スクールが倒産。ファンがまわりに声をかけて、スタッフや曲を提供してくれるクリエイターらが手を差し伸べるかたちで、プロデューサーをconnieが務める現在のスタイルができあがった。connieがリスペクトするピチカート・ファイヴの小西康陽が楽曲を提供するなど、地方グループでありながらサウンドは洋楽の影響を強く受けており、広島から登場したPerfumeのような先端のサウンドが、全国のファンに支持されている。もちろんここに至るまでは茨の道で、千葉県船橋市の非公認キャラクターからスターになったふなっしーのように、2013年3月ににいがた観光大使に任命されるまで、10年を擁した苦労人のグループでもある。他にも新潟にはRYUTistというグループが人気を集めており、「新潟には可愛い子が多い」という噂は浸透していた。そんな中でのNGT48結成であり、当然メディアの期待が集まった。

デビュー公演でセンター役として舞台にあがり、スラリとした立ち姿で新体操の前転を華麗に披露した、加藤美南が登場したときのインパクトは大きかった。結成前にはAKB48グループ総監督、高橋みなみ直々に、新潟県庁、新潟市役所などに挨拶回りをして、地域密着を強く印象付けた。NGT48オープニングセレモニーには、当時の新潟市長・篠田昭も列席。48グループのブランド力を武器に、結成から1年経たずに新潟市、地元企業の広告、キャンペーンに起用される、新潟のアイドルシーンの顔的存在になった。

新潟市には関越自動車道、上越新幹線が通じており、東京から車で2時間。首都圏からの交通網が整備されているために、名古屋に行くよりも移動距離的には近かった。そのおかげでNegiccoは、頻繁に東京でライヴをやって知名度を得ることができた。同年に「選抜総選挙」が新潟市のHARD OFF ECOスタジアム新潟で行われたのは、ご祝儀的意味もあるのだろう。東京のＡＫＢ48ファンが大挙して新潟入りし、観光都市として新潟が大きくクローズアップされた。

そんなＮＧＴ48が結成わずか2年で48グループを轟かす存在になろうとは、スタッフ誰も予想できなかったかもしれない。２０１７年に行われた48グループ合同のリクエストアワーで、ＡＫＢ48のカップリング曲だった「Ｍａｘとき３１５号」が第1位に。同年に沖縄で開催された「選抜総選挙」では、いきなりＮＧＴ48メンバー10名がランクインし、「SHOWROOM」での物怖じしない発言でファンを沸かしていた、中井りかが23位、荻野由佳が5位という大躍進を果たした。翌年のリクエストアワーでは遂に、上位１００曲中１／４がＮＧＴ48の曲で占拠されるという異常事態を巻き起こした。

ＡＫＢ48の海外進出

ゼロ年代に韓流エンタテインメントが、日本のみならずアジア、西洋諸国でも人気を集め始めた背景には、韓国の外貨獲得というお家事情があった。人口５０００万人の韓国では内需による経済的繁栄には限界があり、工業製品の輸出を筆頭に、早くから海外に目を向けて文化輸出に取り組んできた。これが内需拡大路線を続ける、ガラパゴスと呼ばれる日本との大きな違いだ。韓流映画がハリウッド的と言われるのは、ハリウッドなど海外セールスを視野に入れた国際戦略があったため。『羅生門』、『七人の侍』（ともにベネチア国際映画祭）、『隠し砦の三悪人』（ベルリン国際映画祭）、『生きものの記録』、『影武者』（ともにカンヌ国際映画祭）など、海外の映画祭で喝采を浴びた黒澤明作品のようなパワーを、韓国映画のほうが継承しているという皮肉な現実がある。

音楽もまたしかり。K-POPも同じように国際マーケットを想定して作られていた。ジャスティン・ティンバーレイク、アリアナ・グランデ、ケイティ・ペリーなどの海外の流行音楽を研究し、世界の最先端シーンと渡り合った。コミカルなMVがYouTubeで高い再生回数を誇り、ビルボードHot 100でも取りあげられたPSY「江南スタイル」も、EDM（エレクトロニック・ダンス・ミュージック）という先端のクラブシーンの動きを取り入れたものだ。

こうした動きは、韓国が国を挙げて取り組んだ国策事業でもあった。K-POPブームピーク時の韓国の文化振興予算は１１６９億円（２００８年度）と、日本の１０１８億円より大きく、国家予算比では日本の7倍近くの開発費がそこに投入されていた。ちなみに日本の音楽市場のマーケットサイズは韓国の約30倍であり、K-POP勢にとって格好のターゲットだった。韓国語と日本語は文法的にも近く、儒教思想なども共通している。多くのアーティストが日本語でシングルを吹き込んでいたのは、K-POPにとって日本市場は最良のマーケットだったからだ。

東南アジアでは若者の間で、韓国製品のCMのカッコイイイメージから、韓国の化粧品ブランドやLG電子、サムスンなどの韓国製オーディオ、パソコンを求めるという動きが起こった。日本製品を韓国ブランドが追い抜いてトップシェアに踊り出たのは、「ソフトの力でハードを売る」という戦略の勝利だった。スペックにこだわるばかりの、ハードウエア信仰が強い日本。ポータブルオーディオ市場で、ウォークマンがあっという間にｉＰｏｄに追い抜かれてしまったように、こうしたソフト侵攻戦略は日本がもっとも不得手なものだった。

K-POPの最大の魅力はまた、シンガーやダンサーのカリスマ性にもあった。修行期間を経てプロデビューする韓国の男性歌手は、大半が兵役経験者で体格もがっちりしており、女性もダイエットや整形手術で見た目を変化させるなど、徹底的にプロフェッショナルを極める。少女時代のメンバーもみな揃って身長が高く、ルックスも典型的なモデル風。身につけるファッションも有名ブランドとタイアップしており、髪型もモード誌から抜け出したようだった。『冬のソナタ』のチェ・ジウですら身長が174cmもあり、ペ・ヨンジュンも服を脱げばムキムキの筋肉体質である。また韓国には児童福祉法がないため、学生も深夜にわたって鍛錬を積みプロフェッショナルとなる。秋元が「K-POPには勝てない」と言ったのも無理はないだろう。

そんな時代状況の中で、AKB48の海外進出の第一歩として、アジア進出が開始された。最初のターゲットに選ばれたのは、人口13億人の巨大商圏、中国。北京の中国芸術研究院が主催する「日中文化人懇談会2007」から招聘を受けて、AKB48は初の海外公演を行った。同イベントの主旨は日本と中国の文化交流。中国では日本製アニメが大人気で、日本文化に対するリスペクトが生まれていたのだ。AKB48としてはまだ本格ブレイク前の時期だが、すでに中国には大勢のAKB48ファンがいたことにスタッフも驚いた。もちろん日本に行ったことがあるファンなど少数。YouTubeにアップされた動画を通して、中国国民はAKB48を身近なアイドルとして受け入れていたのだ。海外進出と言っても従来のように、膨大な予算を投下したり、輸出国の商慣習に合わせたりするような、そんな時代ではもはやなかった。

2011年12月にAKB48メンバーのGoogle+がスタートするが、同社スタッフによってメンバーの書き込みは、英語、中国後、韓国語、タイ語、インドネシア語に翻訳して同時配信された。香港、シンガポール、台湾、上海に、ＡＫＢ48オフィシャルショップを作り、そこが現地ファンの交流の場となった。

続いてＡＫＢ48はアメリカ、ヨーロッパへの侵攻を進めていく。欧州進出の最初の国には、日本文化への理解が深いフランスがターゲットに選ばれた。フランス・パリで行われた「JAPAN EXPO 2009」に出演。これは２０００年に歴史が始まった、フランスの企画会社JTS Groupが主催する日本文化紹介イベントで、マンガ、アニメ、ゲーム、音楽などの日本のポップカルチャーを紹介する目的で始まった。１００人余のオーディエンスの前で、ＡＫＢ48はミニコンサートを披露したが、地元客からの「kawaii!」コールが鳴り止まなかったという。

もともと日本とフランス文化を繋いだのがマンガ文化だった。日本のコミックスとフランス版のマンガ＝バンド・デシネ（エルジェ『タンタンの冒険』を代表とする続き物）には、似たような歴史があることは知られている。78年に東映動画（現・東映アニメーション）が制作したアニメ『UFOロボ グレンダイザー』が輸出され、『Goldorak』のタイトルでオンエアされたときは、視聴率75％の爆発的人気番組に。同アニメは有名なフランスの大衆誌『パリ・マッチ』の表紙も飾った。そもそも日本のアイドルのルーツを辿ると、フランスのシルヴィ・ヴァルタン、イギリスのルルなどに行き着くと言われており、フレンチロリータの発祥国フランスには、日本のようなロリコン文化を受け入れる素地もあった。おそらくここで掴んだ手応えから、プロフェッショナル志向のK-POPと違うやり方で、ＡＫＢ48にも海外進出の可能性があると踏んだに違いない。

「JAPAN EXPO」には日本政府、外務省、経済産業省、官公庁なども協力しており、アニメに限らず日本のソフトパワーを、フランスを起点に欧米に発信するための拠点となっていた。このとき経産省が提唱したのが「クールジャパン」というキーワード。K-POPが韓国政府のバックアップを受けたのと同じように、AKB48も「クールジャパン」戦略を追い風に、政府のバックアップを取り付けて本格的に海外進出を開始するのだ。

アメリカ公演で掴んだ海外進出の手応え

次にAKB48はエンタテインメントの本場、アメリカに駒を進める。2009年9月、ニューヨークのジャコブ・ジャビッツ・コンベンション・センターで開催された「NEW YORK ANIME FESTIVAL（NYAF）」に、特別音楽ゲストとして招待されたのだ。プレカンファレンスでは記者団の質疑応答にメンバーが答え、特設ステージで行われたミニライヴには、開演前に1000人を超すファンが殺到した。日本から帯同したファン350人が含まれるものの、現地はファンの異常な熱狂に包まれた。

翌9月27日には、ニューヨークの老舗クラブ、ウェブスター・ホールをブッキングして、初となる海外単独ライヴを行う。ここはイーストヴィレッジにある、マドンナら錚々たるアーティストがパフォーマンスを行ってきた場所。スタンディングで1500名を収容する、クラブミュージックを主体とするライヴハウスだった。AKB48劇場のエントランスにあったアメリカのコンサート劇場の外観を模した「JAPAN'S MOST SOPHISTICATED SHOW」、「PRESENTED BY THE AKB48 & 48 GIRLS」のサインボードが、まさにこのとき現実となった。

800人のオーディエンスを前に、2曲の英語詞を交えて行われたコンサートは2時間に及んだ。「君らより歌やダンスがうまい存在はアメリカにいっぱいいる。日本のアイドルは凄いという姿勢を見せてくれ」と秋元はメンバーにエールを送った。ほとんど丸腰で臨むスタイルは、慶應大学教授の中村伊知哉が、かつて学生時代にプロデューサーとしてアメリカに送り込んだ日本のガールズロックバンド、少年ナイフと変わらなかった。大阪の辺境のヘタウマロックバンドに過ぎなかった少年ナイフは、「日本にしかないロック」としての固有性が注目され、ニルヴァーナのカート・コバーンに誘われて海外ツアー。ソニック・ユース、レッド・クロスらが参加するトリビュートアルバムも作られた。

現地のファンも日本語で合唱するほどの熱狂ぶりだったが、そこにも日本のアニメ文化振興の影響があった。現地のインタビューに答えたある女性ファンは、幼少期からアニメ主題歌を通じて日本の音楽に親しみ、インターネットを通してＡＫＢ48を知ったのだという。アメリカのセレブリティはみな傲慢だが、日本のアイドルはファン交流に積極的。「会いに行けるアイドル」なんてアメリカにはいないと、その存在を高く評価していた。

押井守監督の劇場アニメ『GHOST IN THE SHELL／攻殻機動隊』（95年）のＤＶＤが海外販売され、96年、アメリカのビルボード誌のビデオウィークリーチャートの1位を記録する。全世界で１００万本を売り、これが日本製アニメが海外で評価されるきっかけとなった。ウォルト・ディズニー・カンパニーが初めて出資したジブリ作品、『もののけ姫』（96年）は邦画興行収入過去1位になり、２００1年には『千と千尋の神隠し』がその記録を更新。『千と千尋の神隠し』は翌年、米アカデミー賞長編アニメーション賞にも選ばれた。ジブリ上陸に続き、98年には『劇場版ポケモン　ミュウツーの逆襲』が公開され、これが日本映画として初めて、全米興行ランキング初登場1位になった。

一足先にアメリカ進出を果たしていた大貫亜美と吉村由美の2人組、ＰＵＦＦＹもまた、アニメ人気から火が点いた。2人をモデルにしたアニメーション『ハイ！ハイ！パフィー・アミユミ』（Hi

Hi Puffy AmiYumi）が、アニメ専門局カートゥーンネットワークで制作され、開局以来の最高視聴率を記録する。同作品は110か国に輸出されるヒット作品となった。

しかし、この成功は日本のエンタテインメント業界にひとつの教訓を残すものになった。もともとヒーローものの『ティーン・タイタンズ』の主題歌を歌っていたユニークな2人組として注目され、アメリカ側からの提案でPUFFYのアニメ化が実現する。このとき制作会社は契約条件として、2人のキャラクターの肖像権を、日本の所属事務所、ソニー・ミュージックアーティスツに放棄させているのだ。主題歌のセールス以外、メンバーやソニーは番組のヒットに応じて報酬を得ることができない。こうした前例が日本の文化輸出において、知的財産権を整備することが急務であると感じさせた。

ライバルグループ、モーニング娘。も一足先に海外進出を進めていた。そもそも所属事務所アップフロントエージェンシーは、前身のヤングジャパン時代からいち早くアジア進出に着手してきた。アジア人気を誇っていたアリスが中国進出し、81年に北京・工人体育館で日中共同コンサート「ハンド・イン・ハンド北京」を開催。中国におけるロック・ポップス単独公演の第一歩をアリスが記した（公演自体は80年10月「第一回中日友好音楽祭」に出演したゴダイゴが第1号）。解散前に行われた「アリス・ファイナル」ツアーでは、香港、バンコクで大歓待で迎えられた。その後、谷村新司は親友の韓国歌手、チョー・ヨンピル、香港のアラン・タムとともに、アジアのミュージシャンを連携したイベント「PAX MUSICA」を企画。84年に後楽園球場でコンサートが行われて以降も、年一回のペースでアジア各地で開催されている。谷村は2004年にその功績が認められて、中国・上海音楽学院の教授に就任した。

UFAはモーニング娘。人気ピーク時に、海外でブームとなっていたKARAOKE需要を見越して、『カバー・モーニング娘。！～Various Artist Covers MORNING MUSUME。』（２００１年）をリリースしていた。ヴァネッサ・ウィリアムス、ジェームス・マクミラン、アン・ヴォーグのシンディ・ヘロン・ブラッグスなどの大物歌手、イギリスのフュージョンバンド、シャカタクらを招いたこれも、同社の国際戦略のひとつだった。

プロデューサーのつんく♂はその前年にも、初のソロアルバムとなるビートルズのカヴァー集『A HARD DAYS NIGHT つんくが完コピーやっちゃったヤァ！ヤァ！ヤァ！ＶＯＬ・１』を、ビートルズがレコーディングで使っていたロンドンのアビーロード（ＥＭＩスタジオ）で録音。瓢箪から駒で実現したアイデアらしいが、昔からつんく♂には海外進出の夢があったという。「日本の音楽は素晴らしいのに、なぜ世界的に評価されないのか」。日本の技術は世界的に類を見ないもので、ホテルマンも航空会社のＣＡもサービス内容は世界でもずば抜けている。そんな日本人の盲点があるとすれば、リズムに対する理解力ではないかと考えたつんく♂は、10歳から子供のリズム感を養うために遊んで学べる知育ツールとして、任天堂のゲームボーイアドバンス用ソフト『リズム天国』（２００６年）を企画。ニンテンドーＤＳ版と合わせて１５０万本を超えるヒットとなり、文化庁メディア芸術祭エンターテインメント部門優秀賞に選ばれた。

モーニング娘のアジアに向けた海外戦略も、早期に着手された。２００６年に中国北京でオーディションを開催。留学生としてジュンジュン、リンリンをモーニング娘。の正式メンバーに加入させた。２００８年には、初の海外公演となる台湾でのコンサートを成功させ、２人は中国圏出身メンバーとして、モーニング娘。の紹介役を自国で務めることになった。

続けてハロー！プロジェクトとして、海外ツアーを展開を本格化する。２００９年にはロサンゼルス・コンベンション・センターで毎年行われているアメリカ最大のアニメの祭典「ANIME

EXPO」に参加。特設会場で行われたモーニング娘。のアメリカ初公演には、7500人のファンを集めた。台湾にはUFA現地法人が作られ、台湾の姉妹グループ「アイスクリー娘。」が始動している。Berryz工房、Buono!、℃-uteら姉妹グループと入れ替わりながら、タイ、アメリカ、フランス、メキシコでの海外ツアーを成功させた。2014年にはモーニング娘。がニューヨークで初の単独公演も果たすなど、着々と海外進出の駒を進めた。

ブロードウェイに最初の現地法人を作ってから、秋元の目標の中には常に海外市場があったという。過去にも数多くのアイドルが海外を目指した歴史があった。秋元もプロデュース的に関わっていた3人組、少女隊は海外デビューにあたってビルボード誌に広告を打ち、10数億円を投じたものの回収には至らず。岡田奈々、大場久美子、松本伊代、本田美奈子らを擁した事務所、ボンド企画は倒産の憂き目にあった。

モーニング娘。の海外での成功を思えば隔世の感がある。しかしハロプロがやっているのはあくまで旧来のやり方だった。彼女らの肉体性を武器に、グループが海外市場に赴いてコンサート実績を積みあげていくという戦術だった。しかし秋元はAKB48の海外進出に際し、メンバーを稼働させるのとは別の手法を取る。それは48グループのビジネスモデルを海外販売するという、「フォーマットセール」というやり方だった。

「ビジネスモデルを売る」というアイデア

かつて日本の松下電機が、ハリウッドのユニバーサル・ピクチャーズを傘下に持つMCAを買収したのが90年。円高ドル安を背景に、日本企業が次々とアメリカのエンタテインメント産業を支配下に置いていった。秋元もアメリカの4大エージェントのひとつ、クリエイティヴ・アーティスツ・エージェンシーの招聘で、映画を作る目的でハリウッドに赴いた。しかしアメリカでは日本人からの企画など求めておらず、プロジェクトにいくらカネを出せるかに話は終始したという。

元近鉄バファローズの投手、野茂英雄がロサンゼルス・ドジャースに移籍し、トルネード投法で大リーグを沸かせたのはその後のこと。日本人が大リーグ選手として活躍する時代が来るとは、少年時代の秋元には想像もできなかったという。日本人初の大リーグオールスターにも選出され、野茂はナショナルリーグの新人王に選ばれる。続いて、イチロー、松井秀喜が大リーグ入りを果たし、日本人野球選手の国際的評価は一気に高まった。

秋元が志半ばで撤退した映画業界においても、ジブリアニメ、ポケモンがそれに続いてアメリカ市場に本格進出。俳優の渡辺謙がハリウッド映画『ラストサムライ』、『バッドマン ビギンズ』に出演し、海外の大物俳優と渡り合った。後輩の放送作家、小山薫堂が企画・脚本を手掛けた滝田洋二郎監督『おくりびと』（２００８年）は、米アカデミー賞外国語映画賞に選ばれる快挙となった。

秋元が原作を手掛けたホラー映画『着信アリ』（２００３年）は、日本でもシリーズ化される大ヒットとなった。このアイデアをアメリカの映画会社が買いたいと申し出て、２００８年に『ワン・ミス・コール』としてハリウッドでリメイク。ワーナー・ブラザース系列で全米公開され、まずまずの成績を収めることができた。こうして一度は諦めた米映画業界で、秋元はリベンジを果たすことができた。この映画はもともと深夜に携帯電話のバイブレーションが鳴ったときに、秋元が恐怖を感じた体験から発想したもの。そんな日常から生まれたアイデアが、海外では「Ｊホラー」と呼ばれる人気ジャンルになったのだ。

ＡＫＢ48の事業アイデアを売るという「フォーマットセール」という言葉が初めて登場したの

は2009年のこと、フランスのカンヌで行われた国際テレビ番組見本市「MIPCOM」に、秋元がパネラーとして参加したときだった。世界のテレビ映像関係者が一堂に会する、世界最大の映像コンテンツの祭典に秋元はメインゲストとして呼ばれ、日本のＡＫＢ48を海外に向けてプレゼンテーションしたのだ。とにかくライヴの熱狂を伝えないとわからない。実際にライヴをぜひ見て欲しいと、このときは派遣費用すべてを秋元が自腹で用意した。

すでに中国ではＡＫＢ48のクローングループが勝手に作られ、あろうことか先にヨーロッパ進出を進めていた。日本の新幹線技術を参考にした中国高速鉄道が、あっという間に国外で覇権を築いたように。エンタテインメントにおいてもパテントを確立しないと、途上国と関係が逆転してしまう。アイドル業界でまだ誰も手を付けたことがなかった、「フォーマットセール」というビジネスアイデアが突然浮上したのには、そうした背景があった。

劇場でのライヴと、オーディションというテレビ番組の要素を併せ持つＡＫＢ48のフォーマット。これをレコード会社でも放送局でもない、コンテンツ会社が主体となって運営する。定員16名のチーム○、○、○の3チームを基本に、その下に研究生を置くというピラミッド構造。昇格、卒業などのイベントを用意してサバイバル競争を行う。名前を「○○○48」とし、制服を着用し、楽曲はすべて秋元康がプロデュースするものを使用する。こうした「無形の商品」をフォーマットと呼び、ＡＫＢ48の海外進出の基本のひとつとして構えた。

グループ名、ロゴ、キャラクター図案など、オリジナリティは商標だけにあるのではない。インターネット時代に浮上した、ワンクリック特許、ワンスポーク特許など、ビジネスのアイデア自体にも著作権があるとする「ビジネスモデル特許」は、90年代にインターネットベンチャーの間で普及した。アメリカではレーガン政権時代に、特許保護政策が多大な富をもたらした歴史があった。

テレビ番組の世界ではフォーマットセールはすでに行われており、イギリスの民放局ＩＴＶのクイズ番組『Who Wants to Be a Millionaire?』のライセンスを取得したフジテレビが、みのもんた司会でスタートさせた『クイズ＄ミリオネア』が有名に。スタジオ美術から音楽、「ファイナルアンサー？」という司会者の問いかけを含め、すべてがフォーマットとしてマニュアル化されていた。世界１００か国でフォーマット番組が作られ、その権利料だけで売り上げは１００億円を超えたと言われている。

かつてのＴＢＳの長寿クイズ番組『クイズ１００人に聞きました』も、海外番組のフォーマットをＴＢＳが購入したもの。ＴＢＳはいち早く自社の番組の海外セールスにも取り組み、「フォーマットバイブル」と呼ばれるマニュアルが作られた。番組制作に必要な人数、期間、スタジオセットの図面、小道具の詳細、出演者のオーディション方法などが書き込まれ、これがあれば誰でもまったく同じ番組が作れるとして、海外のテレビ見本市にも出品された。ビートたけし主演のバラエティ『痛快なりゆき番組 風雲！たけし城』（86～89年）は、その成功例のひとつ。フォーマットが売れたタイ、サウジアラビアで、現地版のキャストで作られた。フジテレビの人気番組『料理の鉄人』もアメリカのケーブル局にフォーマットが売れて、『アイアン・シェフ・アメリカ』のタイトルでオンエアされて人気を博した。

音楽業界でもこれ以前から、フォーマットセールに近い手法が行われていた。64～67年に活動していた、ビートルズ曲を日本語で歌う5人組、東京ビートルズはそのはしり。ビートルズと音楽出版契約を結んでいた新興楽譜出版（現・シンコーミュージック）が、楽曲のプロモーションのために結成に手を貸したグループである。海の向こうリバプールのグループが日本に来るのは容易ではない。そのためにビートルズ曲の販促の一貫として、ビートルズ曲を生演奏するグループとして結成された経緯があった。東芝音楽工業のビートルズ担当にとっては日本語カヴァーなどまがい物だろうが、音楽出版社は楽曲が使われることで利益を得る。ヨーロッパ最大の音楽商圏であるドイツ（当時・西ドイツ）では、デヴィッド・ボウイ、ピーター・ガブリエルなど英語圏の大物アーティストでも、ドイツ語で吹き込んだレコードを作らせるなど、音楽出版社の権限は大きかった。それほど昔は、海外の音楽シーンは遠く離れていたのだ。アメリカの人気グループ、モンキーズも、ビートルズが米国で活動できないハンディを狙って、クローン的存在からアメリカの大衆グループとして支持を得たグループだった。それはかつてセガの大川功から学んだ、「カルピスの原液を作って売れ」の教えと同じ。カルピスの濃縮原液だけ作って売れば、各自が生活様式に合わせて、水で割ったりソーダで割ったりして楽しんでくれるのだ。

しかしこれはマーケティング的思惑で発想された、絶対法則ではない。むしろ正反対のギャンブルの血が秋元を焚き付けた。「フォーマット販売なんてたぶん90％うまくいかないと思ってる。けど、もしかしたら10％は可能性があるかもしれない」と秋元は言う。「自分の学生時代に、メジャーリーグの打率王が日本人から出てくるなんて思わなかった」と、秋元はイチローの成功を引き合いに出して、なれるのならば最初の成功者になりたいと抱負を語った。

「ローカライズしない」という戦略

最初にフランス、アメリカで上演した際には、一般客の間でＡＫＢ48への拒絶反応があったという。ブロードウエイを象徴とするショービジネスのプロから見れば、彼女らはあり得ないアマチュアだった。しかし、4、5曲と歌っていくうちに、確実に風の流れが変わっていくのがわかった。「何か得体のしれないエネルギーを感じた」、「歌やダンスが下手なのに、なぜこんなに楽しそうに汗をかいて頑張っているのだろう」というのが現地の声。プロフェッショナリズムだけが人を感動させるのではない。下手でも頑張る姿に、人は心を打たれるのだと秋元は考えた。海外の音楽やファッションを模倣するのではない、ＡＫＢ48はアメリカにもフランスにもない日本のオリジナルなアートなのだと。それを秋元は、日本のソウルフードであり今では海外の大型スーパーでも買えるようになった、「納豆」のようなものだと例えて見せた。

先にアメリカ進出していたＰＵＦＦＹは、従来の日本人アーティストと同じような条件下で、自曲を英詞で歌ってオーディションを受けた。しかし時代状況は少しずつ変わりつつあった。同じくソニーレコードに所属していた〝しょこたん〟こと中川翔子は、２００８年からＬＡで開催されている「ANIME EXPO」などで知られた存在で、彼女は日本語の歌だけで米ソニーとの契約を取り付けるのだ。昔は日本製アニメが海外に輸出される際、必ず主題歌はそれぞれの国の言葉、曲に変えられてきた。しかしYouTubeのおかげで、日本で放送されたオリジナル曲を、海の向こうのファンも観られるようになった。日本文化に精通する海外ファンは、これまでのようなローカライズに拒絶を示し、コンサートでは日本語のオリジナル歌詞で合唱する。日本語によるポップス／ロックが生まれて半世紀。日本製のメロディーは日本語のリズムと分かちがたく結び付いているのを、海外のＪ-ＰＯＰファンは熟知しているのだ。

海外進出のために「大声ダイヤモンド」が英詞に翻訳され、英語が得意な秋元才加が海外公演でメインヴォーカルを務めた。しかしニューヨークでもフランスでも北京でも、その国の言葉で歌うと逆にウケなかった。こうして秋元は、ＡＫＢ48の海外戦略において「ローカライズはしない」を方針として打ち出す。これまで日本人が海外で成功できなかったのは、輸出国に合わせてきたせいだと。この国じゃこういうものは当たらない、そういうマーケティング的発想がバイアスとなって、せっかくの日本文化をスポイルさせてきたと秋元は言う。

「翼をください」の作曲家で、実業家としてアルファレコードを成功させた村井邦彦は、YMOことイエロー・マジック・オーケストラのエグゼクティヴ・プロデューサーとして、日本の音楽の世界発信にいち早く取り組んだ一人。カーペンターズを擁する大手レコード会社、米A&Mと販売ライセンス契約を組んだ村井の夢は、日本の音楽をA&Mを通して世界に紹介することだった。副社長のトミー・リピューマを招待してコンベンションを行った際、当初は「日本のエリック・クラプトン」ことギタリストの大村憲司を売り出そうと考えていたのだという。しかしA&Mはアルファレコードのカタログの中から、もっとも奇妙で可能性を感じるYMOを選んだ。ホンダ、ソニーを生んだテクノロジー先進国、日本から登場した電子音楽は、いかにもアメリカ人好みのエキゾティックな存在だった。こうしてA&Mの世界的バックアップを受けて、日本人アーティストとして初めて、YMOは2度の海外ツアーを成功させた。

ソニー・ミュージックエンタテインメントも、88年に米コロンビアを傘下に引き入れて以降、3億人を抱える音楽市場を狙って、日本人アーティストの米国進出に取り組んでいた。同じ年、久保田利伸とピチカート・ファイヴが米CBSのオーディションを受けたエピソードがある。R&Bスタイルで歌い前評判の高かった久保田利伸ではなく、このときはキッチュなピチカート・ファイヴを推す声も多かったといわれる。しかし、1年のうち数カ月アメリカに住んで税金を落とす必要条件があり、子育て中だったメンバーはそれを蹴って、ピチカート・ファイヴは自由度の高いインディーズのマタドールと契約する。一方の久保田利伸はその後アメリカに移住して、じっくり時間をかけて現地のショービジネス界の仲間を増やし、アメリカのブラック・コンテンポラリーの住人となって米CBSからデビューを果たした。冨田勲ですら取れなかったグラミー賞を、ニューエイジの喜多郎は2度に渡って受賞しているが、欧米人が感じる東洋固有のエキゾティズムこそが、日本人をリスペクトする要因なのだろう。

フランスでAKB48が「ひこうき雲」を歌ったとき、サビのところで青い目の現地ファンがスカーフを回して、エールを贈ってくれたことにメンバーは感動した。彼らはインターネットを通して、日本の劇場公演の作法を身につけていたのだ。ニュース番組でAKB48海外公演の映像を観ると、「デブ」、「眼鏡」と呼ばれる、日本のオタクとまったく変わらない異国ファンが大勢いることに気付かされる。文化は違ってもオタクの容姿は変わらない。サブカルチャー、オタク文化は国境を越えて、すでに国際共通文化となっていたのだ。

丸山茂雄と、Zeppグループの海外進出

四半期決算で売り上げの収支が問われるレコード会社、視聴率が1クールごとにシビアに編成会議にかけられる放送メディアには、もはや長期的にアイドルを育てることが難しい。ライツ、マネジメントを自社で管理するAKB48には、育成にじっくり時間をかけることで、国ぐるみで取り組むK-POPに対抗できるかもしれないという希望があった。K-POPの世界戦略を見て、長期戦でやらないと定着しないと、秋元は早い時期からそう語っていた。

いち早く東京パフォーマンスドールの姉妹グループ、上海パフォーマンスドールを結成させ、フランチャイズの可能性を示した元エピック・ソニーの丸山茂雄もまた、日本人アーティストの海外進出の可能性を、インフラの側から捉えてきた。現在、国内に6箇所あるライヴハウス

Ｚｅｐｐは、丸山と海外アーティスト招聘などを手掛ける興行会社Ｈ.Ｉ.Ｐ.(Hayashi International Promotion) が作ったもの。エピックの中堅アーティストがライヴするのに適した場所がないことから、２０００人を収容するオールスタンディングのライヴハウスとして、ソニーグループとエイベックスが共同出資して作られた（現在はソニー・ミュージックエンタテインメントの子会社、Ｚｅｐｐホールネットワークが運営）。

コンサートを行う場合、舞台制作、音響、ＰＡ、照明などの機材、スタッフはその都度、アーティスト側が雇うかたちでスタッフが固められる。そのギャランティは集客の多寡に限らず、客の入りが悪くても、スタッフには決められた対価が支払われる。アーティスト側ばかりがリスクを負い、サポート技術会社が儲かるだけ構造はいかがなものかと考えた丸山は、音響、照明機材、スタッフなどをライヴハウス側で用意し、楽器だけ持ち込めばコンサートができるライヴハウスとして、最初のZepp Sapporoを98年にお台場にオープンさせるのだ。最大２７０９人を収容するZepp Tokyoは、3つめの系列館として99年にお台場にオープン。ヒントとなったのは、ＴＢＳが不動産事業の一環として作ったライヴハウス、赤坂ＢＬＩＴＺだったという。テレビの歌番組収録にも使えるよう、撮影、収録、配信まで行える設備を持っていた同所をモデルに作られたのがＺｅｐｐだった。

国内6箇所にあるＺｅｐｐは、ステージ幅、音響、照明などの機材が統一されており、ＰＣデータを持って行くだけでどの会場でも同じセッティングでライヴを行うことができた。国内縦断ツアーをＺｅｐｐがすべて取り仕切る、新しいライヴの在り方を提案するために社内に企画セクションを設立。こうしたやり方でツアーに同行するテックの人件費を減らせれば、アーティストにより多くのギャランティを還元できる上、チケット価格も安くできるメリットもあった。

もともと外タレ招聘を行っていたＨ.Ｉ.Ｐ.が関わっていことが、おそらくＺｅｐｐが海外進出に目を向けるきっかけになったのだろう。日本のような２０００人収容規模のライヴハウスはアジア地域にはほとんどなかった。これまでアジアに進出したアイドルグループのコンサートのほとんどが、コンベンションセンターなどを借りて、その都度、照明、音響設備を設営して行われていたのだ。

そこでＺｅｐｐは、日本のライヴハウスというインフラを輸出するという、新しいヴィジョンに着手する。そのとっかかりとして、Zepp New Taipei（台湾）、Zepp @ BIGBOX Singapore（シンガポール）などを立ちあげることを発表。２０２０年のオープンを目指して、水面下で準備が進められている。インフラを整備すれば、日本のアーティストの海外進出も活発化するだろうというのが同社の狙い。知的所有権の整備を目指すＡＫＢ48とともに、Ｚｅｐｐグループは日本人グループの海外進出のためのインフラ整備に努め、アジアナンバー1のプロモーター会社にすると鼻息が荒い。

ソニーのＺｅｐｐグループに続き、ポニーキャニオンも２０１９年に池袋にライヴハウス設立を公表したばかり。劇場のネーミングライツをニコニコ動画を運営するドワンゴが取得し、「ニコファーレ池袋」と命名された。こちらもただの貸しホール事業ではなく、ネット中継などのカメラ設備を常設し、企画から関わる専任スタッフを置くＺｅｐｐ型のライヴハウスになると思われる。レコード会社自らがリアルなメディアを持つことが、新しいトレンドになりつつある。

初の海外グループ、インドネシアのＪＫＴ48誕生

カンヌで行われた国際テレビ番組見本市「MIPCOM」で、秋元は世界の放送関係のバイヤーと

の商談に臨んだが、アイドルをフォーマットセールするという新しい概念を理解させるのには苦労したという。しかし、それから数カ月経って、海外の制作会社、テレビ局など7、8つの会社からフォーマット購入の打診が寄せられた。早かったのは台湾とタイ、次がロシアとインドネシアだったという。その中から、特に熱心に働きかけてくれたインドネシアとの商談がまとまり、ジャカルタを中心に活動するＪＫＴ48のプロジェクトがまず始動する。

インドネシアの首都ジャカルタの都市人口は１０００万人。近郊を含む都市圏人口は３０００万人に及ぶ。インドのムンバイ、韓国のソウル、中国の上海、日本の東京に続く、巨大な商圏を抱えている。インドネシアは人口2億５０００万人を抱える、東南アジア最大の人口規模。また人口の70％が40歳以下というエネルギッシュな若者の国だった。

インドネシアは世界有数の親日国でもあり、すでに多くの商社、日本企業が進出していることでも知られていた。現在ＪＫＴ48の運営に関わる電通ジャカルタもそのひとつ。48グループの海外進出について訊かれた電通の藤田浩幸は、「企画書を詰めるより、実際に成功モデルを作ったほうが近道」と、あくまでビジネスはそれに付いてくるものだと語った。

ＪＫＴ48の第1期オーディションには１２００人が応募が集まり、審査プロセスは地上波テレビＲＣＴＩでオーディション番組として流された。２０１１年11月に第1期メンバーが決定。翌月より握手会、パフォーマンスなどでファン交流が始まり、『パジャマドライブ』のインドネシア語ヴァージョンが仮設劇場で上演された。これが軌道に乗り、翌２０１２年9月に３３０名を収容する専用劇場ＪＫＴ48劇場をオープンさせた。

２０１２年にジャカルタで行われた日本文化紹介イベント「Ｊ-ＰＯＰ コンサート」にはＡＫＢ48も参加して、姉妹グループの交流をアピール。翌年、ＡＫＢ48楽曲をインドネシア語でカヴァーしたＪＫＴ48のデビューアルバム『Heavy Rotation』がリリースされる。同年5月のデビューシングルには、アジアでもよく知られる「ＲＩＶＥＲ」が選ばれた。現在、劇場チケットの倍率は約3～8倍と言われ、結成からの劇場鑑賞のべ人数は25万人近くに及ぶ。ＪＫＴ48劇場はすでにジャカルタの人気スポットとして、同国では知られる存在になった。

またメンバーの引率者として、２０１５年にＡＫＢ48の仲川遥香が移籍し、ＪＫＴ48のキャプテンに就任。彼女はインドネシア語をマスターし、他のメンバーと変わらないファンにとって身近な存在となった。ＡＫＢ時代は選抜に入ったこともなかった彼女は、新天地でインドネシアの国民的アイドルと呼ばれるほどの人気を集める。グループを卒業した現在もインドネシアに残り、外国人タレントとして勢力的に活躍している。秋元は仲川の努力を讃え、彼女の自伝『ガパパ！～ＡＫＢ48でパッとしなかった私が海を渡りインドネシアでもっとも有名な日本人になるまで』（ミライカナイ）の帯に、「陽が当たらないと嘆くより、陽が当たる場所へ動け！」という帯文を送り、後続にハッパをかけた。

インドネシアのファンはＪＫＴ48を自国のアイドルと認識しており、秋元のフォーマットセールの狙いは見事に実を結んだ。「選抜総選挙」も２０１４年からＪＫＴ48オリジナルで行われており、テレビ局ＡＮＴＶで生中継された開票イベントは、総投票数20万票を超えたという。同年に、インドネシア最大の音楽賞AMI AWARDSで「ベストパフォーマンスアーティスト」、「ベストプロデューサー」の2冠を達成。ジャカルタ州政府観光文化局からは、ジャカルタ観光大使にも任命された。

未成熟な少女をファンが支援するという日本人のアイドル信仰は、インドネシア人のメンタリティに近いものがあると言われる。しかしインドネシアは、イスラム教を中心とした信仰心の厚い国。ムスリムの女性たちはヒジャブという布で顔を覆い、肌や髪の毛の露出さえ禁じられている。パンツが見えるだけで糾弾される宗教立国に、「スカート、ひらり」を歌うＡＫＢ48を輸出するというのは大胆不敵なプロジェクトだった。

２０１２年、アメリカのシンガー、レディ・ガガはアジアツアーのハイライトとしてジャカルタ公演を発表しながら、セクシーな扮装で歌う彼女を「悪魔」と呼ぶイスラム過激派の要請に屈して、開催許可が降りなかったという騒動もあった。ヨーロッパでも一部の国では、ＡＫＢ48をポルノまがいと糾弾する団体がおり、文化障壁はどの国にも存在している。そんな中でＡＫＢ48はフォーマット輸出の最初の国として、もっとも戒律の厳しい国を選んだのだ。しかしそんなＪＫＴ48劇場が、今ではムスリムの女性たちが観客として訪れる場所となり、将来アイドルを目指すインドネシアの女性たちのシンボルになった。

秋元はしばしば「マーケティングを信じない」と語っており、ファンの言う「運営はありえない」という選択を、ＡＫＢ48は進んで選択してきたようなところがある。評論家の宇野常寛はそのヒストリーを総括して、ゼロ年代らしい決断主義があると讃えた。文化的障壁の多いインドネシアを最初の48グループの海外進出に選ぶことにも動じないばかりか、騒動に対しても冷ややかで、秋元にはどこかニヒリストなところがある。ＪＫＴ48に着手したのは、プロジェクトの成否の可能性からではないのだろう。彼は「アイドル文化をジャカルタに持ち込んだ男」として、インドネシアのエンタテインメント史に名前が刻まれる道を選んだのだ。

「著作権」、「総選挙」のない国、中国のＳＮＨ48

ＡＫＢ48の２つ目の海外姉妹グループとなったのが、人口２４００万人と北京をしのぐ中国最大の経済商圏、上海。「Shanghai」という英語表記から取って、グループ名はＳＮＨ48と名付けられた。先にプレス発表されていた台湾・台北の「ＴＰＥ48」は実現しないまま、これが中国圏最初のグループとなった。

ＡＫＢ48が初めて中国でパフォーマンスした「日中文化人懇談会２００７」の後も、ネットを通じて新しいファンは増え続けた。香港、台湾、上海にオープンしたＡＫＢ48ショップは、中国のＡＫＢ48ファンが集まる交流サロンとなった。公式イベントも頻繁に行われたが、そんな中、２０１２年に上海のＡＫＢ48のファンミーティングの席でＳＮＨ48結成が発表された。

中国はあらゆる意味で可能性を秘めた、人口13億人を誇る巨大な商圏。先に韓国が韓流映画、Ｋ-ＰＯＰを中国に輸出し、数千万人とも言われる支持者を巻き込んで、「韓流ブーム」が起こったのも中国からだった。中国も韓国同様、成熟したプロフェッショナリズムを求める文化意識が強く、日本やインドネシアのファンとは異なるだろうと予測された。しかし一方で、香港のＡＫＢショップに訪れる7割の客が女性。きゃりーぱみゅぱみゅに代表される、原宿を起点にした「Kawaii」文化のスポットとして人気を集めていた。原宿・渋谷への対抗文化として秋葉原から登場したＡＫＢ48が、「Kawaii」のシンボルとして受容されるという現象が起こっていたのだ。

中国市場への進出で懸念されていたのは、著作権が整備されていないこと。ＡＫＢ48がフランスの国際テレビ番組見本市「MIPCOM」に出品したのには、中国製のクローングループが先に海外進出していたことが理由にあった。そのひとつが、中国民族の数「56」を名前に付けた「56輪の花」。各民族から16〜23歳のアイドル志望者を集め、中国国家、毛沢東の映像をバックにミニスカート姿で歌う映像がニュースでよく取りあげられた。日本のコンビニから、アップル製品、ディズニーランドまで、あらゆるコピー製品で溢れる中国。かつて海賊盤で溢れかえっていた香港に、ソニーの丸山茂雄が乗り込んでブートレグを一掃したように、秋元らは日本のアイドルという特許ビジネスを、違法商品溢れる中国に持ち込んだのだ。

正式なグループ発足に際し、ＡＫＢ48から鈴木まりや、宮澤佐江という人気メンバーのＳＮＨ48移籍を発表。２０１２年10月にオーディション選考でメンバー26人が確定し、翌年1月にＳＮＨ48お披露目公演が行われた。同年6月のデビューシングルには、中国語カヴァーによる「無尽旋転（ヘビーローテーション）」が選ばれた。しかし鈴木、宮澤の就労ビザがなかなか下りず、初めて劇場に立ったのはほぼ1年後と、のっけから嵐の中での船出となった。

２０１４年7月には「ＳＮＨ48 1st選抜総選挙」が開催される。これは定例イベントとなり、翌年の第2回には69万票を集める規模となった。共産党一党独裁で普通選挙のない中国で、民意による投票が初めて行われたのだ。

しかし日本から参加した鈴木まりや、宮澤佐江は、この選挙にはエントリーしていなかった。ＳＮＳを発信ツールとして成功したＡＫＢ48と、インターネットに制限がある中国では、もともと連動するのに無理があったのだろう。結成時にも領土問題で日本バッシングが起こっていたため、ＳＮＨ48のお披露目会見も中国限定で行われたという経緯もあった。当初から「ＡＫＢ48との関係よりも、中国のユニットであることを強調していく」という方針を掲げて船出したＳＮＨ48は、ＡＫＢ48が構想していたフォーマットセールという考え方から、もともと逸脱する存在だった。

２０１６年4月、ＳＮＨ48の姉妹グループ、ＢＥＪ48（北京＝Beijin）、ＧＮＺ48（広州＝Guangzhou）結成の結成が発表されるが、それは日本のＡＫＳに無断で行われたものだったという。これをきっかけに「ＳＮＨ48の運営サイドによる契約違反があった」として、ＡＫＢ48のオフィシャルサイトから、ＳＮＨ48に関するすべてのバナー広告が削除された。現在、発表されているだけでも、中国には北京、広州、瀋陽、成都の４つの姉妹グループがある。ＳＮＨ48運営に対してＡＫＳは、なすすべがない状況だと言われている。

２０１６年3月、横浜スタジアムのＡＫＢ48コンサートで、台湾・台北の「ＴＰＥ48」、フィリピン・マニラの「ＭＮＬ48」、タイ・バンコクの「ＢＮＫ48」の結成が一度に発表されたのは、そんなＳＮＨ48運営を牽制したものだろう。２０１８年にはインド進出も発表され、ムンバイを拠点にした「ＭＵＭ48」の結成が発表されている。

そんな中でも目玉は、ＡＫＢ48の正式な姉妹グループが、中国・上海で新たに結成されたことだろう。２０１７年末に第1期メンバー募集が行われ、現在「ＡＫＢ48 ＣＨＩＮＡ」のプロジェクトネームで準備が進められている。秋元の手を離れた元祖「ＳＮＨ48」と、本家ＡＫＢ48が公認する上海の新グループ間で新たな緊張関係は生まれており、アジアにおける48グループの進出には、まだまだ課題が残されている。

第14章

ポストAKB48のライバルたち

ももいろクローバーZ

ＡＫＢ48のブレイクをきっかけに、グループアイドルが次々と結成されて今や花盛り。昔は十把一絡げ的に捉えられ、大人数グループは決してよい印象を持たれなかった。しかし、価値観の多様化によってアイドルにも多面的な魅力が求められる現在。一人のカリスマではなく、誰もがハンディを抱えたメンバーが一丸となって、目標に向かっていく姿が人々の心を捉えるのだ。日本の多神教的な感性にマッチしたのかもしれない。ハリウッドも、いつしか『アベンジャーズ』のような、複数ヒーローが手を携えて戦う物語が主流となっていた。

モーニング娘。がメンバーを入れ替えて継続していく、今日的グループアイドルのフォーマットを確立し、ＡＫＢ48がそこに「選抜総選挙」などのゲームルールを持ち込んで、理論的に補強した。ＩＴベンチャー的な発想で運営される新しいアイドルが登場すると、ビジネス誌などでもそれが取りあげられるようになっていく。「ポストつんく♂」、「ポスト秋元」を狙う、野心的プロデューサーが次々と現れた。

その中のひとつに、ももいろクローバーＺがいた。人気俳優を数多く抱えるスターダストプロモーションに所属。通称〝ももクロ〟は同社が手掛ける初めてのアイドルグループとして、２００８年に結成された。現在、ＡＫＢ48と同じキングレコードの別レーベルに属しているが、ももいろクローバーからももいろクローバーＺに改名してからの快進撃は、ＡＫＢ48の独壇場だった平成アイドルシーンで、初めての驚異的なライバルの登場として鮮烈に映った。

スターダストプロモーションの創業は79年。オスカープロモーションのマネジャーだった細野義朗が独立して興した俳優事務所で、野々村真、山口もえ、SHELLYら人気タレントを擁してきた。モデル事務所を出自とするオスカー同様、ここも音事協に非加盟のプロダクション。よってももクロもほとんどテレビの歌番組に出演する機会がないまま、今日の人気を獲得したグループである。ＡＫＢ48と違って雑誌の水着グラビアも解禁しておらず、テレビの音楽番組にも出ないことから、「日本で一番売れてる地下アイドル」という称号をいただいたこともある。

同社もまったくの傍流から音楽事業に参入した。所属タレントの歌手活動のために傘下にスターダスト音楽出版を設立。蒲池幸子（後のＺＡＲＤ、坂井泉水）、宇徳敬子、KEY WEST CLUBなどのサウンドプロデュースをビーイングに依頼していた縁から、同社はフォーク／ロック系事務所で構成される日本音楽制作者連盟（音制連）のほうに加盟する。坂井泉水、宇徳敬子、MANISHらがビーイングに正式に移籍したことで、一度関係性は解消されるが、２０００年ごろからソニー、ユニバーサル、トイズファクトリー、フライングドッグら既存レーベルに制作を依頼するかたちで、スターダスト音楽出版が自社制作を本格化。そこからシンガーソングライターのＹＵＩがブレイクした。ソニー時代に丸山茂雄の元で小室哲哉プロジェクトなどを率いていた、音楽プロデューサーの宮井晶が取締役として２００５年に入社し、男性グループの超特急などをブレイクさせている。

連続ドラマの主演俳優の事務所が、役を引き受ける代わりに主題歌のタイアップのキャスティング権を持つというような、ある種のバーターがテレビの世界には存在する。江口洋介、松たか子らの所属事務所、パパドゥはもともとキティ・レコードの流れを持つ会社で、所属俳優が主演するドラマでは関わりの深いミュージシャンがタイアップに起用されてきた。研音やジャニーズ事務所でも、主演俳優のドラマの主題歌は、当人または自社の別アーティストが選ばれている。スターダストプロモーションもそんなタイアップ時代に、音楽事業で一大勢力を築いてきた。柴咲コウ主演『ガリレオ』では、KOH＋名義で本人が主題歌を歌唱。北川景子主演ドラマ『家売るオンナ』の主題歌、GReeeeN「beautiful days」も、傘下のスターダスト音楽出版が制作している。このようにドラマの世界では俳優と主題歌はセットになっており、スターダストの俳優が主役を務めるドラマの主題歌、サウンドトラック制作は、自社でコントロールを行ってきた。俳優事務所でありながらスターダストが、ORANGE RANGE、GReeeeN、mihimaruGTなどの他事務所の音楽グループと業務提携を結んでいるはそのためである。

ももいろクローバーもまた、スターダストプロモーションの中では完全な傍流から登場した。竹内結子、常盤貴子、松雪泰子、椎名桔平、渡部篤朗、山田孝之、内野聖陽らが所属する「芸能一部」、SHELLY、豊田エリー、山口もえらが所属する「芸能二部」に続く、「芸能三部」というセクションに所属していた若手女優予備群のメンバーで結成された。「芸能三部」は音楽に縁があるセクションで、所属している柴崎コウ、滝本美織もバンドを率いて音楽活動をやっている。現在はアイドル部門となり、ももクロや姉妹グループもすべてここの所属となっている。

グループ結成は、あくまで新人レッスンの一貫として、自主的に音楽を取り入れたことから始まった。メンバーも初期は6人、最大9人と流動的で、ももいろクローバーのグループ名もメンバーの母親が命名したもの。自作詞を書かせるなど、最初はおままごとのノリから始まった。スターダストプロモーションには新人アイドルを売り出すノウハウはまだなく、音楽制作のスターダスト音楽出版のスタッフも、そのころはほとんど制作実績はないという、初期AKSのような素人集団だった。だからこそ先入観を持たない、恐れを知らない強みがももクロにはあった。メンバーもほとんどが子役出身ゆえ、順応性が高いことから数多のハードルをくぐり抜けてきた。

グループ結成にAKB48の影響があったことは、プロデューサー兼マネジャーの川上アキラも認めている。「今、会えるアイドル　週末ヒロイン」のコピーは、「会いに行けるアイドル」の触れ込みでデビューしながら、すでに気軽に会えない存在となっていたＡＫＢ48に当てつけたものだった。スタッフ全員でＡＫＢ48劇場を敵陣視察に行ったこともあり、そこでのファンの熱狂ぶりに焚き付けられ、それがももクロが秋葉原に進出するきっかけとなった。公式のライバル、乃木坂46が登場するまでは、ＡＫＢにとって最大のライバルと目されていた存在でもあった。

結成直後から代々木公園のけやき通りで路上ライヴを開始。ここがＮＨＫホールに隣接していたため、コンサートもＣＤもまったく白紙だったこのころから「紅白歌合戦への出場」を目標に掲げた。２００９年に「ももいろパンチ」でインディーズデビュー。アイドル活動の最大の問題は公演場所の確保だが、代々木公園がその後に閉鎖の憂き目に。ライヴハウスを借りる予算もなかったために、全国のヤマダ電機の店先を借りるかたちで、ワゴンで車中泊しながら無料ライヴで全国行脚する下積み生活を送った。

ブレイクの兆候は、２０１０年のメジャーデビュー曲「行くぜっ！怪盗少女」（ユニバーサルＪ）のヒットだった。運動神経抜群のメンバーの側転、バレエ、海老反りジャンプなどのパフォーマンスでファンを大いに沸かせ、オリコンデイリー1位に。しかし外資系レコード会社のリリースノルマと対立し、わずか1枚でユニバーサルＪから離れた。日本の商慣習に則した自由な創作のために、条件の合う国産レーベルの中から、ＡＫＢ48と同じキングレコードを新天地として選ぶ。所属レーベルはアニメ／特撮専科のスターチャイルド。学芸部傘下のレーベルゆえ社内ではあくまで傍流だったが、『新世紀エヴァンゲリオン』の音楽制作など、ここは積極的にアニメタイアップを仕掛けていた強みがあった。担当ディレクターの宮本純乃介もアイドルプロパーではなく、『輪るピングドラム』（２０１１年）で相対性理論のやくしまるえつこを起用するなど、ロック畑に精通する制作マン。初のシングルとなった「ピンキージョーンズ」では、筋肉少女帯の大槻ケンヂのサイドプロジェクト、特撮のメンバーであるNARASAKIをアイドルポップスに起用した。ここからももクロは、オルタナティヴ、プログレ路線を突っ走ることになる。

2011年に初期メンバー、早見あかりの脱退を機に、ももいろクローバーからももいろクローバーZに改名したのも宮本の発案。アニメ歌手で有名な水木一郎がZポーズを指導し、その襲名がワイドショー番組などで取りあげられた。戦隊ヒーローもののコスプレの扮装が、スターチャイルドを支持するアニメ特撮ファンにも大ウケ。ロック路線のサウンドで、今までアイドルに興味がなかった層を取り込んだ。

千手観音が出てくる舞台美術、アメリカのプロレス団体WWEのような派手なステージングは、大のプロレス好きという川上アキラのアイデア。グループ改名もメンバーに知らされないままコンサートで発表されるなど、サプライズ的な演出が毎回コンサートの見所になった。武藤敬司、角田信朗との共演に始まり、本人たちを覆面レスラーとして登場させるノリがいかにもプロレス的。氣志團と対バンしたり、アウェイなロックフェスに出演するなど他流試合に積極的に参加し、アイドルがロックフェスに頻繁にキャスティングされる、その道筋をももクロが作った。国際的なハードロック・フェス『Ozzfest Japan 2013』にも出演。レディー・ガガの日本公演のオープニングアクトも務め、ハードロック界の大御所、キッスとのコラボレーションシングル「夢の浮世に咲いてみな」(ももいろクローバーZ vs KISS/2013年)などもリリースしている。

さまざまなコラボレーションにはアイドルファンの間で賛否両論も起こったが、これも他のジャンルからファンを巻き込む、テレビに出られないアイドルが話題を継続し続けるための苦肉の策だった。ひたすらライヴで実績を作っていくスタイルは、「テレビに出ないアイドル」と呼ばれた初期ＡＫＢ48の続きを見るよう。推しメンバーが劇場公演に出なくなったＡＫＢ48から、ももクロファンに鞍替えした人が多いのもむべなるかな。２０１０年の日本青年館の初のコンサートもチケットは早期に完売。中野サンプラザ、さいたまスーパーアリーナ（ともに２０１１年）を一瞬で満杯にし、２０１４年には女性グループで初めてとなる、国立競技場でのライヴを成功させた。結成5年目には目標だった紅白歌合戦に出場も果たしている。しかし、２０１５年の紅白落選を受けて「紅白卒業宣言」するなど、テレビを恐れぬバトルスタイル。これも音事協系事務所から独立したまま、我がアイドル道を行くという宣言のようなものだった。

ももクロの登場をきっかけに、数々の新人グループがインディーズから登場し、ポストＡＫＢ48的グループが入り乱れる「アイドル戦国時代」が到来する。ファンは自らを「武士」に見立てて、熱心なファンを〝モノノフ〟と呼ぶようになった。その連帯には著名タレント、お笑い芸人などの顔ぶれも加わっていく。

草の根的に支持者を集めた中には、熱心なレコード店のバイヤーもいた。今はなきＨＭＶ渋谷店の副店長だった佐藤守道もその一人。ＮＨＫ『MUSIC JAPAN』のアイドル特集でももクロの存在を知り、同店ではデビューシングルがわずか1枚しか入荷されなかった彼女たちをプッシュすべく、副店長権限で大大的に店頭展開。ＨＭＶ渋谷店のディスプレイで、ももいろクローバーＺの存在を知ったファンも多く、後のドキュメンタリー番組ではこの一件が、ももクロブレイクのひとつのきっかけとなったと紹介された。

ＨＭＶ渋谷店はかつて、ORIGINAL LOVE、コーネリアス、小沢健二ら都市型のアーティスト群を、店員のレコメンドで全国区に広めていった「渋谷系」の総本山であった。あの「渋谷系」ブームも、洋楽通の入荷担当者が自分の裁量で、ＣＤを大量入荷してセールス実績を作ったことから始まったもの。ＣＤが「再販価格維持商品」として返品が認められる日本と違って、海外ではほとんど買い切り。在庫を残さないためには、売れる商品を見抜く入荷担当者の音楽知識がものを言う。もともと外資系の輸入ＣＤ店から始まったＨＭＶ渋谷には、そんな目利き店員が数多くいた。90年に邦楽を扱うようになった初期には、問屋を通さずメーカーと直接やりとりする掟破りな手法で、それまで日本に蔓延していた「いい音楽は売れない」というテーゼをひっくり返してしまった。

ライバルのタワーレコード渋谷店も同手法で、デビュー以来ずっと鳴かず飛ばずだったウルフルズを、店長のプッシュでブレイクさせた。一ファンがショップバイヤーとなり、送り手に回ってシーンを形成していくロック神話を、彼はアイドルの世界に持ち込んだのだ。ＨＭＶ渋谷は残念ながら事業撤退で閉店の憂き目にあうが、佐藤はその後スターダスト音楽出版に入社し、現在はももいろクローバーＺのディレクターになった。

ももいろクローバーＺの転機となった「行くぜっ！怪盗少女」を作曲したのが、〝ヒャダイン〟こと前山田健一。初期ももクロの曲提供者の一人で、バラエティにも登場するアイドル通の作曲家。作詞家の松井五郎のアシスタントからキャリアを開始するが、独立後も持ち込みがなかなか採用されない日々を送っていた。そのころニコニコ動画で盛りあがっていた初音ミク（ボーカロイド）に感銘を受け、〝ヒャダイン〟名義でボカロ曲投稿も開始。作品のクオリティの高さから、素人ばかりの中で評判になるのはあっという間で、本名での作曲活動が軌道に乗ったところで、ヒャダインの正体が自分であることを明かした。彼もまた、ボカロＰブームとともに注目された、新しい世代の作曲家だった。ピチカート・ファイヴの小西康陽、小室哲哉らに影響を受けたと公言しており、Ｊ-ＰＯＰの薫陶を受けた30代、40代のモノノフ世代の好みは熟知していた。もともとモーニング娘。を筆頭とするハロー！プロジェクトの大ファンでもある。ソングライターとして、「となりのバナナ」、「初恋よこんにちは」など、ＡＫＢ48の劇場作品やメンバーソロ楽曲も手掛けている。

京大卒のインテリらしく、ももクロメンバーの勉強を指導するなどの教育者の一面も。現在はマネジメント窓口としてスターダスト音楽出版に籍を置きながら、ももクロの妹分、私立恵比寿中学の音楽プロデューサーも務めている。私立恵比寿中学は２００９年に結成され、ＡＫＢ48の離籍と入れ替わりにデフスターレコーズと契約した若手グループ。地名の恵比寿は東京の渋谷区の地名から取られたもので、乃木坂46、欅坂46のように東京のグループをアイデンティティに、首都圏を中心にライヴ活動を行っている。

また、48グループの全国フランチャイズ同様に、チームしゃちほこ（名古屋）、たこやきレインボー（大阪）、ばってん少女隊（九州）など、スターダストプロモーション芸能三部は、ももクロの姉妹グループによる全国展開も行っている。

さくら学院とBABYMETAL

同じく音制連に加盟する事務所アミューズが発足させたのが、Perfumeの妹分にあたる、さくら学院である。子役が所属するアミューズのキッズ事業部から選抜された、女子小中学生で結成されたグループアイドル。名前のような「架空の学校」という設定で、義務教育が終了する中学3年生でグループを卒業するというのがルール。定期的に行われるライヴ活動も、「転入式」、「学院祭」、「卒業式」など、学校行事になぞらえている。ここから最初にソロデビューしたのが、アミューズ初の本格ソロアイドルとなった武藤彩未。デビューにあたって音楽性の高さを打ち出し、ポルノグラフィティ、いきものがかりのプロデューサーで有名な本間昭光らをスタッフに迎えた。

77年に設立されたアミューズは、渡辺プロダクションでキャンディーズのマネジャーを担当していた大里洋吉が設立。第一号アーティストが、キャンディーズのバックバンドだったMMPを前身に持つスペクトラムで、芸能とロック、2つのハイブリッドが創業以来の同社の文化であった。マネジメントより先に音楽出版、音楽制作、プロダクション業務から歴史が始まった経緯もあり、近田春夫＝ジューシィ・フルーツ、林立夫＝マナ、今野多久郎＝サザンオールスターズ、本間昭光＝ポルノグラフィティのように、プロデューサーとアーティストのチーム編成で、パフォーマンスとプロダクションの親和性を図ってきた。今やアミューズの稼ぎ頭となったPerfumeと、中田ヤスタカの関係もその延長線上にある。楽曲制作の中田ヤスタカ、振り付け担当のMIKIKO、プロジェクションマッピング演出などをサポートする映像作家・真鍋大度とライゾマティックスのチームが、パーマネントにアーティスト活動を支え、Perfumeの3人はパフォーマンス、シンガーに徹する。同じく中田が音楽プロデュースを手掛けるきゃりーぱみゅぱみゅも、アートディレクターの増田セバスチャンら固定メンバーが、あの世界観を作りあげている。生身の姿をそのままファンにさらけ出し、SNSで自由に発言させ、進退も自らが決めるAKB48とは、正反対の存在と言えるかもしれない。

Perfumeに求められるのもプロフェッショナリズムで、2012年のアジア、2013年のヨーロッパ、2014年のアメリカを巡るワールドツアーでも実力を示した。そんなアミューズの海外アイドル戦略でもっとも成功したのが、元さくら学院のメンバー3人で結成されたBABYMETALである。

のべ30人以上のメンバーを抱えるさくら学院には、個別に活動するユニットがあり、それらは「部活動」と呼ばれていた。BABYMETALはその中の「重音部」のメンバーで結成されたグループ。

テクノとアイドルの異種交配に成功したPerfumeの成功法則に倣い、大のメタルファンだったプロデューサーの小林啓(現・KOBAMETAL)が、「メタルとアイドルの融合」をテーマに結成。メンバーは中学卒業のタイミングでさくら学院から卒業し、BABYMETALとして本格的な活動を開始した。SU-METAL、YUIMETAL、MOAMETALというメンバー3人のネーミングを始め、スタッフ全員が～ＭＥＴＡＬと名乗るステージネームは、ニューヨークパンクの創始であり、メンバー全員がラモーン姓を名乗るラモーンズをもじったもの。

２０１2年よりスタジオミュージシャンをバックに配してコンサート活動を開始し、２０１３年にメジャーデビュー。山下達郎のバックで有名なセッションドラマー青山純の子息、青山英樹らベテランのプレイヤーが高い音楽性に貢献した。ヘヴィメタルのパブリックイメージに合わせて「世界征服」を目標に掲げ、10代女子が悪魔風メイクで歌うパフォーマンスが大いにウケた。往時には音楽専門誌が30万部を超えたというほど、日本でヘヴィメタルは人気ジャンル。あっという間にその噂は音楽業界を超えて、海外にも広がっていく。

Perfumeの海外進出を追うように行われた、２０１２年に初の海外単独公演となったシンガポールでのコンサートも大反響。海外でデジタル配信されたファーストアルバム『BABYMETAL』は、世界7か国のロックチャートでベストテン入りを果たした。２０１４年にはヨーロッパ、アメリカを横断する初のワールドツアーを決行。映像で彼女らを知ったレディー・ガガが絶賛し、北米ツアーのオープニングアクトに呼ばれる栄誉を得た。２０１６年に全世界でＣＤ同時発売されたアルバム『METAL RESISTANCE』は、ビルボードアルバムチャート38位という好成績を記録する。日本人のアルバムチャート入りは、坂本九『スキヤキ・アンド・アザー・ジャパニーズ・ヒッツ』が14位になって以来、実に53年ぶりのトップ40入りの快挙となった。彼女らが短期間でブレイクしたのは、とにかくワンアンドオンリーの存在だったこと。ヘヴィメタルというジャンルすら飲み込む、アイドルポップスの実験性と、日本流ハイブリッド文化で、世界展開の可能性の扉を開けて見せた。

アミューズのアイドル専用シアターへの進出

またアミューズは、２０１４年7月に浅草にユニークなミニシアターをオープンしたことでも話題になった。台東区浅草にあるドン・キホーテ7階に作られた「アミューズカフェシアター」。ＡＫＢ48の肖像権を巡って対立したドン・キホーテ内でオープンしたことに加え、こちらの運営元であるＴＯＫＹＯ六区ＣＩＴＹは、シアター事業会社としてアミューズの他に娯楽産業のマルハンが出資しており、マルハン×アミューズが、京楽産業.×ＡＫＳと真っ向から対決するかたちになった。同劇場は２００５年に開通したつくばエキスプレスが通る浅草駅の出口すぐにあり、その誕生の経緯もＡＫＢ48劇場に極めてよく似ていた。

第1部の歌謡ショー、第2部がパントマイム、ダンス、アクロバットなどを交えたレビューで構成される約2時間の公演は、より宝塚演劇を踏襲したもの。夜7時からほぼ毎日行われており、すでにスタートから3年が経過して、浅草の新名所となりつつある。出演するのはアミューズに所属する12名のユニット「虎姫一座」。もともとアミューズに所属していた、チーム織り姫、織り姫Z、トラトラトラッドという3つのグループが合体してできたもの。チーム織り姫はかつてPerfumeとともに行動していた、BEE-HIVEというアイドル集団の中の1グループで、その後ＢＵＺＺに再編され、Perfumeのフロントアクトなどを務めていた。織り姫Zは「ＺＩＮＧ」というストリートパフォーマンス集団を前身に結成されたグループで、劇場でもももクロばりのアクロバットを披露している。トラトラトラッドは和太鼓集団、鼓童出身メンバーも含む和楽器ユニットで、全員女性の中に2人だけ男性メンバーも含まれる。

彼女らは『ねるとん紅鯨団』（フジテレビ系）、『天才・たけしの元気が出るテレビ!!』（日本テレビ系）の収録が行われていたスタジオ、浅草ROX4階のSTUDIO ROX（現・浅草六区ゆめまち劇場）をベースにロングラン興業を行っていたが、テナントとの契約が切れ、場所を移して現在のカフェシアターでの興業をスタートさせた。もともと浅草ROXのあった場所は、エノケン一座、松竹歌劇団などが公演を行っていた浅草松竹座の跡地。日本の軽演劇のメッカで再びエンタテインメントを復興させようという狙いで、ザ・ピーナッツ、笠置シヅ子などの昭和歌謡などを交えた創作ミュージカルが行われていた。秋元も影響を受けたモータウンを題材にした『ドリームガールズ』、アバの名曲で構成する『マンマ・ミーア!』など、楽曲をモチーフにしたブロードウエイ風興行を日本発信で行うことを目標としており、2014年のアミューズカフェシアターもこけら落とし公演も、アバの楽曲で構成する創作レビュー『Thank You For The Music ～We Are Dancing Queens!～』が選ばれた。

総合演出はアミューズ創業者で名誉会長の大里洋吉自身。毎回ナレーションは同社所属劇団のスーパー・エキセントリック・シアターの人気俳優、小倉久寛が務めている。ステージの振り付けには、Perfumeやリオオリンピック閉会式などを担当したMIKIKO、映画『座頭市』（2003年）のエンディングを演出した火口秀幸（HIDEBOH）がタップダンスの指導などを行っている。もともと映画少年だった大里だが、渡辺プロダクションでキャンディーズのマネジャーを担当したことから音楽の道に。キャンディーズのライヴの方針を巡って対立したことから、ナベプロを辞めてアミューズを設立する。大里にとってライヴシアターでのエンタテインメントは宿願だったのだろう。エノケン、笠置シヅ子などのナンバーで構成された『ＶＩＶＡ！昭和歌謡カーニバル!!』の他、自身が育てたキャンディーズの曲を中心とした『70年代の奇跡「微笑がえし」』という演目もある。

アミューズと浅草の縁は、２００９年にオープンした私立美術館、アミューズミュージアムがはじまり。ここの6階でも和楽器などのライヴ演奏が定期的に行われており、チーム織り姫のメンバーは当時からここでデモンストレーションなどを行っていた。２０１１年に竣工された東京スカイツリー周辺の商業施設、隅田川周辺の活性化プロジェクトから要請を受け、マルハン、松竹、アミューズらが組んで、事業会社「ＴＯＫＹＯ六区ＣＩＴＹ」を設立。可処分所得が多く目の肥えたシニア層をターゲットに、本格エンタテインメントの育成目的でこの事業会社を興した。マルハン代表取締役の韓俊が代表を務め、大里はゼネラル・プロデューサーのポストに就任。当初２０１４年開業を掲げていた大型エンタテインメントビル「マルハン松竹六区タワー」は延期されてしまったが、それに代わって3つ目のプロジェクトだったアミューズカフェシアターが２０１４年7月に先にオープン。同年1月まで浅草ＲＯＸの専用シアター（アスカシアター）で興業を行っていた「虎姫一座」にとって、ここが新しいホームグラウンドとなった。

韓国に出自を持つマルハンとアミューズの関係は古く、配給を手掛けた映画『シュリ』（99年）の大ヒットなどで、アミューズが韓国エンタテインメントの紹介者として大きくクローズアップされたことに始まる。２０１３年に鳴り物入りで六本木にオープンした韓国ミュージカル専用劇場、アミューズ・ミュージカルシアターもその流れにあった。しかし韓流ブームの退潮の影響で、９０１席を埋めるのが難しく、わずか1年で契約更改前に撤収。「虎姫一座」も臨時で公演していたここに代わって、浅草に初めてのアミューズ直営シアターが誕生したのだ。

それらに比べると、アミューズカフェシアターは慎ましいもので、キャパシティは80席と小劇場クラス。チケット代も5400円とAKB48劇場の倍近くに設定され、これに飲食料金が別につくというかたちになっている。それまで舞台公演でのみ観客と接していた「虎姫一座」のメンバーが、ここでは受付やホール担当などの接客も務めるという、メイド喫茶のような業態をとっているのが同シアターの特徴。チケット代はやや高めだが、実質はこれがミニシアターの相場に近く、観客の8割が可処分所得の多いシニア層。節度のあるシニア層をターゲットにしたことが、こうしたオープンなサービスが成立している理由かもしれない。「会えなくなったアイドル」と言われるAKB48に代わって、AKB48劇場が誕生したばかりのころのムードが味わえると評判を呼んでいる。

原宿駅前パーティーズ

AKB48がテレビアイドルへと活動の場を移して以降、それと入れ替わりにAKB48初期の劇場公演の熱狂を追体験できるような場として、ストリートに新しい動きが起こっていた。場所は、かつてAKB48が選んだ秋葉原にとって「仮想敵」とも言える、ファッショナブルな若者の街、原宿。芸能事務所ライジングプロダクションが、本社ビルで2015年から公演を行っている原宿駅前パーティーズ。安室奈美恵、MAX、SPEEDに続くダンスグループ養成を目的に発足された、複数のグループによるアイドルの集合体である。

演歌歌手のマネジャーだった平哲夫が85年に設立した同社は、荻野目洋子「ダンシング・ヒーロー（Eat You Up）」でユーロビートサウンドを取り入れてヒット。大手事務所の仲間入りを果たす。観月ありさのプロデュースを小室哲哉に預け、アイドル×ダンス路線で一時代を築いた。92年より沖縄アクターズスクールと提携し、同校から送り込まれたSUPER MONKEY'Sがデビュー。後にここから安室奈美恵、MAXの2つに分かれ、いずれもヒットチャートの常連に成長する。SPEED、DA PUMP、知念里奈、Folder（三浦大知、女優の満島ひかりが在籍）ら沖縄勢は、いずれもライジング出身のアーティスト。沖縄アクターズスクールと関係を解消した現在も沖縄と縁が深く、三浦大知、平愛梨などのマネジメントを行っている。モデル、女優、歌手として人気を博した元所属タレントの西内まりやも、地元福岡のアイドル、Rev. from DVL（当時・DVL）に所属していた姉・西内ひろの影響でこの世界に入った、いわばアイドル予備軍だった。

2015年の安室奈美恵独立と前後して、本社を置く原宿駅前ビル6階をイベントスペースとして借り、専用劇場として「原宿駅前ステージ」をオープン。同ビルは、WEGO、LIPPSなどのブランドショップ、テレビ朝日系列のネット放送局「AbemaTV」の専用スタジオなどがある原宿のメインスポットで、ここを活動拠点に、ふわふわ、原宿乙女、原駅ステージA、ピンクダイヤモンドの4つのグループが毎週、ダンスを交えた持ち歌を披露している。指導者は初期SUPER MONKEY'Sのメンバーとしてこの業界に入り、AKB48、SKE48に振り付けで関わっていた牧野アンナ。ここではグループ結成から携わり、メンバー育成、演出まですべてに関わっている。牧野によれば、歌のパート、フォーメーションの決定権を持てることが、48グループに関わっていたこととの大きな違いと語っている。

音楽制作はエイベックスが行っており、三浦大知、谷村奈南、西内まりやらが所属するライジング系列のレーベル、SONIC GROOVEに所属。SPEEDのプロデューサーを務めた伊秩弘将を筆頭に、傘下の音楽出版社ライジングパブリッシャーズに籍を置くshungo.らがコンポーザーとして曲提供している。クリスティーナ・アギレラ、P!NKなどと仕事をしているTRACKLACERS（Jon Keep/Steve Daly）ら、海外で活躍するトラックメーカーも音作りで参加。リリース攻勢もさすがエイベックスらしくAKB48商法を受け継いで、原宿駅前パーティーズ名義のデビューシングル「Rockstar／フワフワSugar Love」は、ジャケット違い29種類を同時リリースし、オリコンチャート5位で初登場。ふわふわ「恋のレッスン」は21種類、「晴天HOLIDAY／Oh!-Ma-Tsu-Ri!」は23種類をリリースし、東京のローカルグループでありながら、いずれもオリコン20位内に送り込んだ。コンプリートするファンには頭が下がるばかりだが、米英盤蒐集だけでは満足できず、欧州や南米のレーベル違い、ジャケット違いのレコードにまで触手を伸ばす泡沫的ロックコレクターもいる現在、アイドルばかりを責めるわけにはいかないだろう。

手法こそAKB48の必勝法則をなぞってはいるが、ベタな歌謡曲の枠で大衆支持に向かったAKB48を反面教師に、ダンスミュージック路線を追求。プロフェッショナルを育て、マネジメントしていくという方針は揺るぎない。事実、初期の体験よもう一度と、劇場公演が観られなくなったAKB48から、原宿駅前パーティーズのファンに鞍替えしたアイドル好きも多いと言われている。

公式ライバルという存在の意味

現在、AKB48のライバルとして、もっとも驚異的存在になっているのが、通称「坂道シリーズ」と呼ばれる、乃木坂46、欅坂46である。いずれもソニーグループが運営、マネジメント、音楽制作、リリースすべてに関わっているグループ。そもそもの結成のきっかけは、かつてAKB48が所属していたデフスターレコーズとの遺恨から始まった。

2008年、それまで鳴かず飛ばずだったAKB48が、キングレコード移籍直後の「大声ダイヤモンド」をきっかけにブレイク。あっという間にミリオンアーティストの仲間入りを果たした。初期楽曲の原盤および、劇場公演の半分の音楽出版権を持つソニーグループは、これに便乗してデフスター時代の曲を収めたミュージック・ビデオ集の発売を企画。秋元康にも了解を取り、秋元提案によるジョーク混じりのタイトルをつけたDVD『逃した魚たち～シングル・ビデオコレクション～』が2010年にリリースされた。キングレコードにとっては眉をしかめる面もあるだろうが、デフスター時代に大幅な赤字をソニーに肩代わりしてもらった恩から、秋元が認めたもの。このDVDが好調にセールスしたことを踏まえ、2011年にソニー・ミュージックエンタテインメントと共同で、秋元康プロデュースの新しい女性グループを結成するプロジェクトが動き出す。募集告知には大々的に、ソニーの全面的バックアップの下、テレビのレギュラー番組出演、CDデビューを約束する「今世紀最大のアイドルオーディション」が謳われた。こうして同年6月に結成されたのが、「AKB48の公式ライバル」である乃木坂46である。

オリジナルグループのプロデューサーが公式ライバルを結成させてぶつけるという、因果なストーリー。『巨人の星』で星飛雄馬を育てた父、星一徹が中日ドラゴンズのコーチとして、ライバルのオズマを飛雄馬にぶつけるような倒錯があった。洋楽好きなら、ザ・ビーチ・ボーイズのマネジャーをクビになったウィルソン兄弟の父、マーレー・ウィルソンが結成したライバルグループ、サンレイズを思い出させる。同門から出た2つが後にライバルとしてしのぎを削るのは、エンタテインメント界に昔から存在する、ある種の神話なのだ。

筆者が編集者時代に聞いた、あるエピソードを紹介する。椎名林檎が所属するレコード会社で、別レーベルから新人がデビューすることになった。矢井田瞳である。シングル候補曲だった「My Sweet Darlin'」の曲調、歌い方が、あまりに椎名林檎に似過ぎているのではないかと指摘を受け、これが社内で問題となった。このようにして後輩のデビュー話が立ち消えになるパターンは、過去にも数多く存在している。だが、同社の宇多田ヒカルがブレイクした際に、似た手法で別レコード会社から洋楽育ちの倉木麻衣がデビューした一件が、ひとつの教訓になった。「柳の下にドジョウが2匹」の論理でライバルが現れても、模倣品は売れないだろうと高をくくっていたら見事にブレイク。似たようなものでも受け入れてしまうのは日本人の大らかさか。あるいは2つは別物であり、細かな差異を見出す審美眼を備えている国民なのか。似たようなものでも出せば売れるのであれば、発売すべきであるというA＆R的判断で、矢井田瞳は既定路線でリリース。予測通り曲は大ヒットとなった。

同じころ、日本テレビのバラエティ番組『ウッチャンナンチャンのウリナリ!!』から、レギュラーの内村光良、千秋、ウド鈴木の3人組によるポケットビスケッツというグループが誕生する。仕掛け人は『電波少年』でおなじみプロデューサーの土屋敏夫。もともとは番組内の芸能事務所コントで、レギュラー出演者から選ばれたアイドルグループを結成し、実際にデビューさせるというコーナー企画から始まった。しかしそれはポケビではなく、スターダストプロモーションの高山理衣をセンターに据えた3人組、ＭｃＫｅｅの話。番組内オーディションが行われ、しのぎを削ったものの最終的にメンバーからあぶれたのが千秋だった。彼女はもともと、『ゴールド・ラッシュ!!』（フジテレビ系）というオーディション番組から出てきた歌手志望。そのときの激しい号泣は視聴者も同情するもので、心打たれたスタッフは、敵役という設定で彼女をセンターに別グループを結成させる。それがポケットビスケッツだった。ドラマ設定と、彼らが実際にレコードデビューするドキュメンタリーを交えた土屋手法で、2組は東芝EMIから実際にシングルをリリースし、番組内でその売り上げ枚数を競わせた。こうして最終的にオリコンで勝利したのが、「Rapturous Blue」で25位入りした、当初敵役だったポケットビスケッツである。同曲は最終的に最高位20位を記録し、30万枚をセールス。続く「YELLOW YELLOW HAPPY」、「Red Angel」はいずれも、100万枚以上の大ヒットとなった。ちなみに音楽プロデューサーは、『電波少年』のイメージソング「Runner」を大ヒットさせた爆風スランプのギタリスト、パッパラー河合に依頼され、彼はこれでヒットメーカーの仲間入りを果たした。

見事に主役の座を掴んだポケットビスケッツだが、番組では毎週試練が与えられ、「売れなかったら即解散」がお約束に。それをメンバーがクリアしていく光景に視聴者は固唾を呑んだ。最終的には日本武道館でのライヴを実現させ、日本版リアリティーショーのひとつの成功例となった。しかし話はそこで終わらない。ポケビの公式ライバルとして、今度はウッチャンナンチャンの片割れ、南原清隆、ビビアン・スー、天野ひろゆきの3人でブラックビスケッツを結成。タイムボカンシリーズの3悪人のように、ポケビに邪魔をする敵役で毎週出演することになる。善玉ポケットビスケッツを罠に仕掛ける、卑怯な手口に視聴者からの非難殺到。ところが、時代はピカレスクな彼らに味方した。R&Bサウンドでダンスユニット色を打ち出したブラックビスケッツは、その黒光りする悪の魅力でポケットビスケッツをしのぐ人気を集め、シングル「Timing」は200万枚のダブルミリオンを記録する。

かつては民放局のバラエティ番組出身のグループは出場できないという不文律があったNHK紅白歌合戦に、ポケビ、ブラビの2組は98年、初出場を果たす。民放系列の音楽出版社が管理するタイアップ曲を嫌う傾向があった、紅白歌合戦の流れを大きく塗り替え、現在ではそのほとんどがタイアップ曲という時代になった。

『スター・ウォーズ　エピソード1／ファントム・メナス』（99年）に始まる3部作で、かつての敵役だったダースベーダー（＝アナキン・スカイウォーカー）の「善の時代」が描かれたように、正義と悪は容易に逆転する。湾岸戦争のころ筆者が見たニュース番組で、ガンダム世代をおぼしき小学生がインタビューに答え、あたかもジオン軍の立場に立ってイラク側の視点で語っていた映像が強い印象として残っている。そんな価値相対主義時代に育った、いわゆる「ガンダム第一世代」が、48グループを応援するシニア層。公式ライバルグループである乃木坂46がＡＫＢ48を脅かす存在になるのは、既定路線だったのかもしれない。

改良型ＡＫＢ、乃木坂46の無敵

２０１１年6月、「ＡＫＢ48の公式ライバル」の名目で、ソニー・ミュージックエンタテインメント主催の乃木坂46のオーディションが開始。3万８９３４人の応募の中から36人が合格し、8月に1期生としてメンバーが披露された。ちなみに乃木坂46は、48グループのような専用劇場を持っていない。ＡＫＢ48のアイデンティティでもあった専用劇場は、いまやグループにとって赤字の元凶になってしまった。物理拠点を持たないことが、乃木坂46を別の道へと進ませる。ファンとの交流は「メンバーお見立て会」と題され、第1回はレコード会社が当時あったＳＭＥ乃木坂ビル内スタジオで開催。以降は新木場STUDIO COAST、Zepp Tokyoなどに場所を変えて行われた。そこでは48グループと趣向を変え、ファンの似顔絵を描く「似顔絵会」、録音デバイスを持参すれば好きな言葉を吹き込んでもらえる「生音録音会」、メンバーの出し物を披露する「乃木坂46コンベンション」など、ファン感謝祭的な内容が盛り込まれた。

乃木坂46は一応「劇団」としてメンバーが公募された経緯があり、秋元がＡＫＢ48を結成する前に持っていたアイデアのひとつが実ったものだった。いわば秋元にとっての原点回帰。デビューまでの宣伝活動期間は、かつてのＡＫＢ48一期生のように、メンバー自らがティッシュ配りをするところからスタートした。

いわゆる劇場公演に相当するものは、劇場、ライヴスペースを借りて行われている。第1回公演『16人のプリンシパル』（ＰＡＲＣＯ劇場）は２０１２年9月に1週間ほど興行。第2部のキャスティングは「選抜総選挙」のようにファン投票によって行われた。以降、選抜発表はレギュラー番組『乃木坂って、どこ?』（テレビ東京系）の番組内で行われるスタイルが定例化する。残酷ショーのような演出は、ＡＫＢ48に負けないための強いインパクトを狙ったものだったが、ファンの反応は賛否両論。ファンからお通夜と揶揄された、30分まるまるリアリティショーの形式で行われていた選抜発表は、やがて縮小化を余儀なくされた。劇場公演も徹底的に48グループと差別化が図られ、コール、うちわ、サイリウムなどは、乃木坂コンサートには持ち込まない不文律が生まれた。

乃木坂46はソニーと秋元のスタッフとのジョイントベンチャーとして立ちあがったもので、運営会社はソニー・ミュージックレーベルズ内に本籍が置かれた乃木坂46合同会社が行っている。その内訳は、乃木坂にオフィスを置くソニー・ミュージックレーベルズと、48グループの映像制作会社ノース・リバー。ノース・リバーは京楽産業.が資本参加する以前、ＡＫＳの筆頭株主だった窪田康志の会社、ケーアールケープロデュース１００％出資の映像制作会社。いわば資本構造的にも乃木坂46とＡＫＢ48は、窪田対京楽産業.というライバル関係にあった。

ノース・リバーが立ちあげに深く関わったのは、ＡＫＢ48以上に映像事業を中核にしていく狙いがあったからだろう。ノース・リバーは映像制作のみならず、乃木坂46では音楽出版、原盤などを持ち、映像＝主、音楽＝従という関係を48グループ以上に匂わせた。デビュー曲「ぐるぐるカーテン」（２０１２年）では、メンバー33人に33人の映像クリエイターをカップリングしてショートムービーを作成。三木聡、青山裕企、堤幸彦、手塚眞ら最前線のディレクターがそこに参加した。選抜メンバーの発表も番組オンエアで発表されるなど、乃木坂46にとっての世界はすべて「映像」の中にあった。

「ＡＫＢ48の公式ライバル」という設定は、デビュー時にハッキリと打ち出された。秋元の采配だから実現できたのだろう。「ぐるぐるカーテン」のカップリング曲「会いたかったかもしれない」のＭＶには、ＡＫＢ48の前田敦子がカメオ出演し、センターの生駒里奈にエールを送る場面が演出に取り入れられた。同曲はＡＫＢ48「会いたかった」を歌詞そのままにメロディーを入れ替えて、ロックアレンジしたもの。ＭＶもオリジナルのロケーション、振付、カット割りを意識して作られた。

続くセカンドシングル「おいでシャンプー」は、指原莉乃のソロデビュー曲「それでも好きだよ」と同日に発売。過去に秋元プロデュースの姉妹グループの発売日がバッティングしたことはなく、これは秋元によってセッティングされた対決企画だった。発売日からデイリーチャートで、11万枚と指原の売り上げ5・7万枚に大きく差を付け、最終的に乃木坂46対ＡＫＢ48の対決は、乃木坂46の勝利で終わる。これが坂道シリーズと48グループ対決の始まりだった。

ともに２０１１年に結成された、指原のいるＨＫＴ48との因縁関係はその後も続いた。シングルはコンスタントに50万枚売り上げていたものの、２０１４年の紅白歌合戦はＨＫＴ48が選ばれ、こちらは落選。その雪辱を果たし、翌年「サヨナラの意味」が初のミリオンセラーを記録する。

ＡＫＢ48以外のアーティストの１００万枚超えは、秋川雅史「千の風になって」以来9年ぶりだった。同年のオリコン年間チャートでは遂に、トータルセールスではＡＫＢ48を押さえて3位となる。ＨＫＴ48が落選した２０１６年、入れ替わりに乃木坂46は念願の紅白歌合戦の出場を果たした。

ソニーのアイデンティティ

乃木坂46のネーミングは、ソニー・ミュージックエンタテインメントが所有するオフィス、スタジオのあるＳＭＥ乃木坂ビルから命名された。地名を付けるアイデアから、当初ソニーは本社の所在地である「六番町」をスタッフは推したが、秋元が語感から「乃木坂」を選んで、その名前に決まった。後に結成される姉妹グループ「欅坂46」、「けやき坂46」らを総称して、ファンには「坂道シリーズ」と呼ばれている。もともと川、谷なども多い東京。第二次大戦の空襲で焦土となった後、武蔵野台地の高低差そのままに復興計画が行われた影響で坂が多い。アイドルと坂道にはもともと妙縁があり、アイドルがただ坂道を走るだけの『全力坂』（テレビ朝日系）という、２００５年から始まる長寿番組もある。いわば「坂道シリーズ」が坂を名乗るのは東京のグループというアイデンティティから。これがもし大阪で姉妹グループが結成されたら、さしずめ「川シリーズ」といったところか。

坂道シリーズに共通する「46」という数字は、48グループより2人少なくても勝てるようにという野心を込めたもの。ちなみにカバラ数秘術で「46」を調べると、4には「近くに天使たちがいる」、6には「物質的な所有を手放せ」という、専用劇場を持たない坂道シリーズの存在が暗示されているかのよう。乃木坂46合同会社には実体はなく、ＡＫＢ48におけるＡＫＳのように実務を行うのは、ソニー・ミュージックエンタテインメント。結成時からプロジェクトを主導してきた今野義雄は、伊藤由奈、黒木メイサのプロデュースの他、ＹＵＩ主演の映画『タイヨウのうた』の映像音楽プロデュースを行ってきた人物である。今野とともに坂道シリーズを支えているのは、現在はソニー・ミュージックレーベルズの代表取締役である村松俊亮。クラブミュージックなどの隆盛で多様化が進み、２００１年に8つのレーベルに制作・宣伝が一度分裂したソニーだが、２０１４年にソニー・ミュージックレーベルズに統合。再び、ソニーのアイデンティティに立ち返ることになった。レーベルのボスが運営に関わることが、販売宣伝のみキングレコードが受け持つＡＫＢ48と異なる、乃木坂46の最大の武器となった。

ソニーグループは大きく分けて、市ヶ谷時代のＣＢＳ・ソニーの文化を受け継ぐ「六番町」と、エピックレコーズジャパン、キューンミュージックを前身とする「乃木坂」の2つの拠点に分かれている。乃木坂はいわば丸山茂雄や北川直樹（ノース・リバーの北川謙二の実父）らエピックの血筋を継いだ存在。JUDY AND MARY、Hysteric Blueなどをプロデュースし、エピックの黄金期を築いた音楽プロデューサー、佐久間正英（四人囃子）の姪に当たる生田絵梨花が、乃木坂46のメンバーにいるというのも運命的。乃木坂46を統括する今野義雄は、佐久間がビビアン・スー、土屋昌巳（一風堂）、屋敷豪太（MUTE BEAT）、ミック・カーン（ジャパン）と結成したThe d.e.pのディレクターだったが、姪の生田のグループを担当することになったのはまったくの偶然だという。80年代ソニーグループが築いてきたガールポップの歴史の延長上に、乃木坂46は存在する。デビューからしばらくは、既存のアイドルポップスと差別化を図るために、シングルはフレンチポップの影響強いお洒落なサウンドを路線に選んだ。アイドル×フレンチポップの折衷に、懐かしさを感じる30代、40代のガールポップ世代も多いはず。

それはかつておニャン子クラブの後続として、フジテレビのバラエティ番組『パラダイスGoGo!!』のアシスタント、乙女塾のメンバーで結成された3人組、Q1air（クレア）を連想させた。三浦理恵子がいたCoCo、永作博美がらいたribbonらポニーキャニオン勢に対して、エピック・ソニーと契約した彼女らは、徹底してアンチアイドル的な路線で活動。グループ名はイギリスのシンガーソングライター、ギルバート・オサリバン「クレア」から命名したもので、ライヴのオープニングには毎回同曲が使われていた。ディレクターはエピックで初めての社外ディレクター・篠崎恵子。アルファレコード在籍時に戸川純のマネジャー兼ディレクターを担当し、フランソワーズ・アルディ「さよならを教えて」のカヴァーなどを制作。初めて買ったレコードがアストラッド・ジルベルトという早熟した洋楽少女だったという。アルファ時代にはユーミンのディレクター、有賀恒夫のアシスタントとして、サーカス、ハイ・ファイ・セットなどのシティポップ黎明期を体験。アイドルを手掛けるのはQ1airが初めてであり、寄宿舎をイメージさせるヴィジュアル、ルイス・キャロルのような可愛さとグロテスクさを併せ持った、いかにも秋元が好きそうなアートワークは彼女が提案したものだった。Q1air解散後、アコースティックなサウンドによる森ガール的なイメージは、担当していた鈴木祥子に受け継がれる。Q1airでも、山川恵津子、門倉聡、佐橋佳幸、小倉博和、片寄明人ら、ニューミュージック人脈を起用して洋楽風サウンドを展開。ジャケットも予算をかけ、撮影はニュージーランドで行われた。

「フランス領にある女学校の生徒」をコンセプトにした、乃木坂46の初期の衣装は、Q1airの再来と言ってもよかった。88年からのニューヨーク移住のために、秋元は乙女塾に直接関わることはなかったが、もし秋元プロデュースでデビューしていたら、彼女らもまた違った別の展開を見せたかもしれない。

しかし、おニャン子クラブのような個性派の集まりとは反対に、美形メンバーを集めた乙女塾は、「顔がみな同じ」、「個性がない」と揶揄されて、人気を集めるにいたらなかった。それはバブルに向かう、日本が好景気だった時代のこと。「不景気な時代にはアイドルが流行る」というテーゼがある通り、保守的な清楚さが求められる現代だからこそ、Ｑｌａｉｒの復刻盤が再評価され、乃木坂46が人気を集めているのだろう。「ブームの後は必ず反動的なものが成功する」と秋元。彼はライバルグループを自らが手掛けることで、48グループに引き続き、ヒットプロデューサーのキャリアを更新することができた。

ＡＫＢ48ではほとんどキャリアのなかった茅野しのぶが衣装を担当したが、乃木坂46では『ａｎ・ａｎ』などファッション系スタイリストとして著名な堀越絹衣が起用された。結成時のメンバーにはモデルの伊藤万理華や深川麻衣らがおり、清楚なイメージは美形メンバーが揃ったグループからの連想から導かれたのだろう。オーディションの段階から、主催がソニー・ミュージックエンタテインメントということで、応募する顔ぶれはＡＫＢ48とはまったく違っていたと秋元は語っている。センター的人気を誇っている白石麻衣がファッション誌『Ｒａｙ』の専属モデルに選ばれたのを皮切りに、現在、乃木坂46のメンバー10人以上がファッション誌のモデルを務めている。２０１７年上半期には、アイドル写真集の売り上げで1位から7位までを、乃木坂46のメンバーが独占。白石麻衣の写真集『パスポート』は30万部を突破し、「21世紀でもっとも売れた写真集」に。「顔面偏差値Ｎｏ.１」と呼ばれる、ヴィジュアル系グループとしての面目躍如となった。そして同年にはＡＫＢ48人気を押さえて、「インフルエンサー」で遂に日本レコード大賞に選ばれる栄誉を受けた。

乃木坂の曲が感じさせる一貫した文学性。こうしたイメージは秋元がもともと持っていたもので、秋元の趣味性は80年代から一貫して変わっていない。清楚なイメージだった高井麻巳子と結婚した彼が、坂道シリーズに傾倒しているのも大いに頷けるところ。本来はまったく違うタイプである、高橋みなみ、指原莉乃のようなタイプをＡＫＢ48で重用しているのは、２００５年の立ちあげから不遇期をともに過ごした者にしかわからない信頼関係があるのだろう。

乃木坂の姉妹グループ、欅坂46

ソニーと秋元が組んだＡＫＢ48のデフスター時代の雪辱は、乃木坂46のミリオンセラーとしてリベンジが果たされた。それに続いて追撃を開始したのが、乃木坂の姉妹グループとして２０１５年8月に結成された欅坂46である。当初は2組目の坂道シリーズとして「鳥居坂46（仮）」としてメンバー募集が開始されたが、お披露目時にグループ名は「欅坂46」に変更された。厳密には欅坂という坂は実在しておらず、乃木坂、鳥居坂と同じ港区にある六本木ヒルズの中央に位置する「六本木けやき坂通り」からそのネーミングを拝借したもの。さすがに「欅」の文字はほとんどのスタッフ、ファンも読めなかったそうだが、それにあやかって初のレギュラー番組のタイトルは『欅って、書けない？』（２０１５年／テレビ東京系）となった。

欅坂46は乃木坂46の妹グループにあたるが、資本的にこちらはＡＫＢ48の流れを一切汲んではいない。秋元と弟の秋元伸介が代表を務める、Y&N Brothersとソニーの合資会社として、ソニー六番町ビル内に新たに設立したDog House（現・Seed & Flower）が運営元となった。すでにＡＫＳの役員を降りていた秋元が、欅坂46では実業家として関わっている点が、他のグループと大きく違う。作詞家、プロデューサーでありながら、秋元がトラブルメーカー的にグループをひっ

役であり、Y&N Brothersの役員でもある磯野久美子がアドバイザー的に関わった。
となった。マネジメントについては、前田敦子、指原莉乃らが所属する太田プロダクションの取締
かき回す存在でもあった48グループと違い、本来のプロデューサーが担う売り上げ責任も負う立場

となった。マネジメントについては、前田敦子、指原莉乃らが所属する太田プロダクションの取締役であり、Y&N Brothersの役員でもある磯野久美子がアドバイザー的に関わった。

２０１６年４月に「サイレントマジョリティー」（ソニーレコーズ）でデビュー。初期ＡＫＢ48に見られた〝青春の痛み〟をテーマにした同曲は、作詞家秋元の本領発揮であった。ベトナム戦争時のニクソン大統領のスピーチ引用や、軍服風のコスチュームも相まって、ラディカルなラインダンスが衝撃を与えた。YouTubeで公開されたＭＶはパワープレイされ、再生数は４０００万回超え。そのプロモーション効果によって、乃木坂46に達成できなかったデビュー曲オリコンチャート１位を獲得する。「サイレントマジョリティー」は発売から１年間、２００位圏内ランクインを続け、累計37万枚の大ヒットとなった。演劇的なパフォーマンスは、ルイ・ヴィトン、ラルフ・ローレンなどのファッションショーの演出も手掛け、マドンナのＭＶで振り付けを担当したキャリアも持つTAKAHIRO（上野隆博）が手掛けており、引き続きシングル曲の振り付けを担当した。

現在、欅坂46のセンターを務めるのが、加入時に１期生最年少だった平手友梨奈。中学生時代バスケット部に青春を捧げたスポーツ少女で、アンチアイドル的なプロフィールを秋元が推した。鋭い目力はまさに、「サイレントマジョリティー」を歌うために生まれてきたかのよう。媚びない姿勢から「笑わないアイドル」とも呼ばれた。しかしそうした平手のイメージは、決して狙って生まれたものではないと秋元は言う。人見知りが激しく、握手会でも愛想笑いできない島崎遥香が、〝塩対応〟と呼ばれてカリスマ的に人気を集めたように、アイドルへの憧れもないままアイドルになった平手友梨奈は、その不安定な表情、言動から、秋元曰く「深読みされるアイドル」となった。

「サイレントマジョリティー」に続き、欅坂46は「世界には愛しかない」、「二人セゾン」、「不協和音」

とデビューからシングル4作連続首位という、女性アーティスト史上最長記録を更新。デビュー8カ月で『NHK紅白歌合戦』に出場するという、48グループ、坂道シリーズでもっとも勢いのある存在となった。2018年には、乃木坂46の独走状態だった写真集市場においても、新加入メンバーだった長濱ねる『ここから』が、初版12万部スタート、現在18万部を売り上げる勢いを見せている。

AKB48にはいつしか国民的アイドルとしての品行方正さが求められるようになり、入れ替わりに登場した坂道シリーズが、ハラハラするような激しい情動を歌に託してぶつける。ある種の攻撃性は、しかし保守層を大いに刺激した。乃木坂46「おいでシャンプー」のMVは、元じゃがたらのダンサー南流石が担当。『おしりかじり虫』などでも発揮された下品ギリギリを行くのが南の持ち味だったが、スカートたくしあげるキャバレー風のラインダンスがうるさ型の非難を受けたため、発表されたものは後に変更された。また欅坂46の全体主義のパスティーシュのように用いられた軍服風コスチュームが、ナチス・ドイツをイメージさせるとしてアメリカのユダヤ人団体から抗議を受け、これも後に撤回された。宣伝相ゲッペルスが戦意高揚のため、ココ・シャネルなどの一流デザイナーに軍服をデザインさせた経緯もあるナチスは、ファッションに敏感なデザイナー志望者にとって、常に参照されてきた歴史がある。それを常識知らずと批判するのは短絡的過ぎるだろう。

最終的に責任者秋元がスタッフを叱るかたちで落着するが、欅坂46が今後も牙を抜かれた存在でいるわけはないだろう。わかっていながらあえて禁忌を犯し、アイドルの可能性の境界を少しずつ広げてきた。怒られれば舌をペロっと出して撤退するというスタンスで、その度にトラブルを知恵を絞って克服していく。秋元プロデュースはトライ&エラーによって、これまで歩んできた歴史があるのだ。

これからのＡＫＢ48

結成から12年。ＡＫＢ48は国民的グループとなり、シングルのほとんどがミリオンセラーを更新している状況は、依然変わっていない。初期ＡＫＢ48を牽引してきたメンバーも大手事務所入りを果たして、卒業後もタレント、歌手、女優として第一線の仕事に呼ばれる存在になった。アイドル特需の時代、「ポストＡＫＢ48」と呼ばれる一群が公式非公式入り乱れて登場し、現在「地下アイドル」と呼ばれる存在は、約1万人いると言われている。

しかし、アイドルが歌手としてスターになれた時代は今や昔。歌番組がレコード会社のＣＭとバーターでキャスティングされる、出演料ゼロの状況は変わってはいない。アイドルがギャラを稼げるのは、やはりクイズ番組、バラエティ、ニュース番組のアシスタントのほうで、求められるのは「テレビ世界の住人」。しばらくはＡＫＢ48のバラエティの女王、指原天下の時代は揺るがないだろう。

全グループの作詞すべてを秋元が書くという、48グループおよびライバルである坂道シリーズの小宇宙。量産の雛形になったのは、ハロー！プロジェクト全体を統括するプロデューサーつんく♂で、いわば彼に挑戦状を叩きつけるように、おニャン子時代になしえなかった膨大な作品を世に送り出した。しかしハロプロもすでに、つんく♂は楽曲制作を後輩に譲って、新しい世代がその伝統を受け継いでいる。秋元にとっての不幸は、彼のプロデュースワークを引き継げるスタッフ、作家が現れないということ。ＨＫＴ48や瀬戸内海をベースに結成されたＳＴＵ48の指導者に指原を任命したように、いずれ48グループのトータルプロデュースは誰かに託されるだろうとも囁かれている。

ＡＫＢ48の歴史を振り返って、ごく初期に3カ月ごとにフルアルバムに相当する16曲で構成される劇場作品を書きあげてきた離れ業は、秋元にしかなしえなかったのではと改めて敬服する。『M.T.に捧ぐ』（２０１６年）を最後に、48グループに劇場公演の新作を書いていないのは、心がすでに離れているということだろう。「乃木坂、欅坂のほうにいい曲を渡している」という48グループファンのやっかみもごもっとも。一方、欅坂48に提供する楽曲にほとばしる、ＡＫＢ48が立ちあがったころの世間に物申すスタイルが、今年60歳の還暦を迎えた作家でありながら、未だに秋元の現役ぶりを証明しているのが頼もしい。

第15章

エピローグ〜アイドルをとりまく日本の音楽産業のこれから

ヴァーチャルアイドル「初音ミク」

ＡＫＢ48が起こしたアイドル文化の隆盛は、カルチャー全体に影響を及ぼした。アニメのヒロインに密かに憧れる二次元愛好家は昔から存在したが、それでもストーリーを隠れ蓑にした一部好事家だけの趣味だった。『超時空要塞マクロス』（82〜83年）のヒロイン、リン・ミンメイのころですら、アイドル支持は物語の中だけのフィクションで、声優を務めるシンガーソングライターの飯島真理のコンサートで、アニメの話をするのは御法度なムードがあった。しかし秋葉原を起点に始まったＡＫＢ48は、オタクの眠れる萌え魂を焚き付けることになった。それは三次元と二次元の壁を突き破って、アニメのヒロインが現実のアイドルを凌駕する人気を集めることになる。その中でも象徴的存在がヴァーチャルアイドル「初音ミク」だろう。札幌の音響ソフトメーカー、クリプトン・フューチャー・メディアが売り出したボーカロイドという商品のキャラクター。このパッケージに書かれた緑色の髪の少女が、その後ネットカルチャーにおけるミューズとして崇められる存在になるのだ。

「ボーカロイド」とは、ヤマハが開発した人声合成技術のこと。ＭＩＤＩでコントロールする専用シーケンサー上にメロディーと言葉をはめていくことで、人間の声で歌うことを可能にしたヴォーカル・インストゥルメンツである。２０００年にヤマハで開発に着手された技術だが、それは自社で製品化されるのではなく、ＯＥＭでライセンシーに提供するというかたちが取られた。これも「カルピスの原液を作って売れ」の思想に則ったものだった。

人間の声をシンセサイズしたいという欲望は、日本でシンセサイザーを普及させたパイオニア、冨田勲の時代から受け継がれるもの。しかし商品化は茨の道で、できたプロトタイプも楽器業界からは玩具同然の扱いを受けた。発売は海外が先行するかたちになり、2004年にイギリスのZERO-Gから『LEON』（男声）、『LOLA』（女声）が発売。しかし、いかにも機械が歌っているような人工声はヴォーカルの代用品にはならず、バックコーラスやガイドメロに使われるだけの日陰の技術のように扱われた。日本初の商品化となったのが『MEIKO』（女声／2005年）と『KAITO』（男声／2006年）。これらに改良が重ねられ、DVDのようなトールケースに入れて発売されたのが『キャラクター・ボーカル・シリーズ01　初音ミク』（2007年）である。

機械に歌を歌わせる技術の歴史は古く、50年代のアメリカ、ベル研究所の研究がルーツにあたる。聴覚障害者向けのバリアフリー技術として、コンピュータ黎明期から盛んに研究が行われ、人間の声を機械で再現する物理モデリングという方式が生み出された。ヤマハのボーカロイドはこれら先達の技術を踏まえつつ、現代のサンプリング技術によって、音素をモーフィングのように繋いで人間のように歌わせることを可能にしたもの。物理モデリング時代には1年がかりで行われていたボイスの開発も、呪文のような発音表を4時間×4日かけて収録することで、ライブラリを追加していくことがボーカロイドで可能になった。もともと大型パッケージで売られていた高価だったボイス・インストゥルメンツが、誰でも買える1万円台で商品化できたのは制作コスト低減のおかげ。アディエマスのミリアム・ストックリーの声を商品化した『MIRIAM』など、海外でもユニークなボーカロイド商品が発売されたが、これをアイドル声優ブームに絡めて、実在の声優・藤田咲の声を素材に用い、アニメ絵を付けて販売したのが『初音ミク』が成功した要因だった。

3000本も売れれば大ヒットといわれるこの種のソフトで、発売2カ月で2万本が売れる大ヒット。楽器店では異端の商品として売られていた『初音ミク』はその後、カメラ量販店などに販路を広げて、新規ユーザー層を開拓していった。同年には第2弾『キャラクター・ボーカル・シリーズ02 鏡音リン・レン』がリリース。大阪のインターネットという会社からは、歌手のＧａｃｋｔの声を素材にした『がくっぽいど』が２００８年に発売されて、ボカロシーンは一気に広がった。

『初音ミク』がヒットした要因のひとつに、そのころ急成長していたニコニコ動画という動画プラットフォームの存在があった。ミクに歌を歌わせる動画投稿がポツポツと現れるが、当初は既成曲を歌わせるカヴァーに始まって、やがてオペラのような超絶歌唱で歌わせる「調教」がブーム化。いつしかカヴァーからオリジナル楽曲の投稿者に主役が移り、ニコニコ生放送ではボカロ投稿だけを対象にしたランキング番組なども作られた。彼ら投稿者はキャラクターのプロデューサー的立場から、「ボカロＰ」と呼ばれるようになった。「ヒャダイン」こと前山田健一、「ハチ」こと米津玄師らは、ここから人気を集めて商業作家としてデビューした一群である。現在、ボカロ作品は14万曲近くあると言われ、それにイラスト、動画などを加えた二次創作映像は、65万タイトルが投稿されていると言われている。大半はアマチュアレベルの作品だったが、「これなら自分にもできる」というＤＩＹ精神を刺激して、これをきっかけに音楽を始めた作家が多いのは、パンクロックの生起と似ていた。

ボカロシーンがマニアックなＤＴＭ（デスクトップ・ミュージック）の範疇を超えて盛りあがったのは、パッケージに描かれたイラストのおかげだった。描いたのはメーカーのお膝元、北海道千歳市在住のイラストレーターのＫＥＩ。楽器ソフトにはこれまでなかった、ケースに添えられたアニメ風の美少女イラストに、名前、簡単なプロフィールが添えられていた。実体なきこの存在にネット民が引き寄せられて、バックグラウンドを肉付けしていくというMAD文化（二次創作の総称）が、初音ミクをあたかも実体のあるヒロインのように魅力的なキャラへと育てていく。初音ミクが葱を持つという設定は、メーカーのレギュレーションにはなく、ユーザーのコミュニティで生まれた設定が定着したもの。発売元のクリプトンは当初このキャラクターを厳密な著作物として囲わず、公序良俗に反しない限り、プロでなければ自由に二次創作は可能であるとして、投稿文化に理解を示した。こうして初音ミクはネットの共有財産として、所属事務所もなく固定したプロデューサーもいない、いわば誰のものでもないヴァーチャルアイドルとなったのだ。こうしてファンが知恵を出し合いながら、運営をサポートしてアイドルを育てていく行為は、まさにAKB48が切り開いてきた道の延長上にあった。

初音ミクが実在しない「イラスト」だったことも重要だった。タイアップなどの展開において、実在のアイドルの肖像と事務所との契約期間は有限となる。モーニング娘。のミニモニ。のキャラクターとして、リリー・フランキーが描いた「ミニモちゃん」のように、商品化のプリントにタレントを戯画化したイラストがよく使われるのはそのため。その権利はメーカーに帰属され、商品化は自由にハンドリングできる。今世紀初頭に起こったゆるキャラブームも、いわゆる実在のタレントのような縛りがない創作キャラクターだったから、予算のない自治体がこぞって名乗りをあげ一大ブームとなったのだ。

THE IDOLM@STER（アイドルマスター）と、プロデュース欲求

初音ミクブームに続いて、個人のスターから集団アイドルへ。現実の流行を追うように、アニメ

絵のヒロインがグループとなって登場する『THE IDOLM@STER（以下、アイドルマスター）』は、2005年に誕生した。これはナムコ（現・バンダイナムコエンターテインメント）がアーケードゲーム用に開発した「アイドルプロデュース体験ゲーム」の総称。プレイヤーがプロデューサーとなり、さまざまな困難をクリアしながら、自らが結成したアイドルグループを成長させていくストーリーが骨子となる。劇中に流される、ゲーム用のオリジナル曲が書かれ、ゲーム内でヒットチャートを競わせるなどのイベントも用意された。音楽制作・CD発売はアイドルポップスの老舗、日本コロムビア（当時・コロムビアミュージックエンタテインメント）。続編『2』からは、SKE48がデビューしたランティスからもCDがリリースされた。

劇中に登場するアイドルの声には、アニメ界の人気声優がキャスティングされた。歌も歌手の吹き替えではなく、そのキャストの声優が歌った。新キャラクターが投入されると、その声を誰が演じるのかの話題でネットはもちきりになった。

複数の新人声優がエントリーして、ファン投票でキャストを決める「選抜総選挙」的なイベントも行われた。その中に現役アイドルだった元AKB48のメンバー、佐藤亜美菜の姿もあった。「アイドルマスター　シンデレラガールズ　ボイス争奪総選挙」と題した投票イベントが行われ、彼女は見事、橘ありすという役を射止める。しかしこれがファンからの猛バッシングを受けることになった。「アイマス界一生の汚点」、「キャラクター本体まで大嫌いになった」という声まで聞かれた。同じ秋葉原を起点に広がっていった2つだが、ゲーム＆アニメ文化とAKB48には、実際は水と油の関係のような隔たりがあった。2次元の美少女を信奉する人々にとって、3次元の実在するアイドルは忌むべき存在なのだ。

佐藤の声優志望の想いはAKB48加入前に遡る。高校生だった彼女の将来の夢は、アイドルか声優になることだった。秋元が言ったように、ＡＫＢ48は芸能界に入る方法がわからない子たちの登竜門として誕生した。歌手、女優、声優など将来の目標を問わず門戸を開いており、佐藤は迷わずＡＫＢ48オーディションを受けて、修行の場としてアイドルになることを選んだ。ＡＫＢ48では選抜常連ではなかったが、劇場公演での努力は多くのファンが認めており、第1回「選抜総選挙」では大方の予想を裏切って8位となり、見事次回シングルの選抜メンバーに選ばれる。しかし「言い訳ｍａｙｂｅ」のＭＶに彼女が映ったのはわずか1秒にも満たず。以降も3回選抜入りを果たしながら、冷遇される日々が続いた。そんな折り、ＡＫＢ48をモデルにしたアニメーション『AKB0048』（２０１２〜２０１３年）が作られることになり、48グループ内で声優オーディションを開催。そして佐藤はメインキャストの一条友歌の役を掴んだ。こうした経験を通して声の演技に開眼し、「声優を目指す」という理由でＡＫＢ48から卒業。その後、声優専科の大沢事務所に所属してプロ声優の仲間入りを果たした。そんな不遇だった彼女がアイマスオーディションで、初めて1位となったのだ。

佐藤亜美菜は２０１５年11月、橘ありすのキャラクターソングでＣＤソロデビュー。同年秋のライヴ『シンデレラの舞踏会』でコンサートの舞台に立つことになり、バラード曲「in fact」をソロで歌う大役が任された。ここで見せた圧倒的な歌唱力は、後にコンサートのベストアクトに選ばれたほど。終了後、それまでの批判意見はほぼ絶賛一色に変わっていた。アイドルとして下積みの日々を送っていた彼女が見せた底力。そこには「3次元嫌い」のアニメ、ゲームオタクを心変わりさせるようなエネルギーがあった。声優事務所は音事協系の事務所のようにアイドルを守ってはくれない。個人の力でアンチを味方につけて這いあがっていくバイタリティを、佐藤はＡＫＢ48時代に学んでいた。

実際にアイドルをプロデュースし、育てていくということは、ゲームやアニメの絵空事のようにはいかない。『前田敦子はキリストを超えた』（２０１２年）の書著もある社会学者の濱野智史は、あたかもアイドルマスターの一プレーヤーのように、現実にＰＩＰ（Platonics Idol Platform）というアイドルグループを結成してデビューさせた。ＡＫＢ48に対する批評として誕生させたアイドルグループは、その成功で理論が証明されるはずだった。絶対法則のように見えた学者のプロデュースアイドルはしかし、成功のチャンスを掴む前に、わずか1年でメンバー全員脱退という末路を辿る。実際のアイドル運営とは泥臭い世界であり、決して理論だけでできるものではないのだ。脱退メンバー本人からＳＮＳで運営の舞台裏が暴露され、生身のアイドルという存在に復讐されて終わった。ＡＫＢ48劇場の支配人だった戸賀崎智信のような、水商売という女の園で女性集団の酸いも甘いも体験してきたようなバイタリティがあったからこそ、秋元プロデュースが花開いたのだと実感させた。

「ラブライブ!」、「22／7」と、アニメアイドルの可能性

２０１０年、今度はゲームではなく出版社が主導するかたちで、アニメ絵のキャラクターによる集団アイドルのプロジェクトがスタートする。『ラブライブ! School idol project』（ラブライブスクールアイドルプロジェクト）は、学校を舞台に架空のアイドルグループの成長譚を描くメディアミックス作品。出版社のアスキー・メディアワークス、レコード会社のランティス、『機動戦士ガンダム』で有名なアニメ制作会社のサンライズの3社の共同事業として始まった。美少女総合エンタテインメントマガジン『電撃G's magazine』（メディアワークス）の読者参加企画としてスター

ト。劇中のアイドルが歌うCDのリリース、原作のテレビ／劇場アニメ化、声優キャストが出演するコンサート、スマホなどのゲーム化に広げて、協賛企業を巻き込んでメディアミックスが展開された。サンライズが制作するアニメMVをDVDに収録した、声優キャストが歌うデビューシングルが同年8月リリース。現実のアイドルグループと互角に争うヒット曲となった。彼女らを支援するファンは「ラブライバー」と呼ばれるようになり、２０１５年の新語・流行語大賞の50選にも選ばれた。『ラブライブ！』が支持を受けたのは、単なる萌えアニメだったからではない。アイドル活動を通してぶつかる障害を克服し、メンバー同士が絆を深めていくスポ根ドラマのような要素が、特にアイドルに憧れる女性ファンの心を掴んだのだ。

おしっこもしない、スキャンダルも起こさない、藤崎詩織、伊達杏子の時代から続くヴァーチャルアイドルの歴史。そうした理想のキャラクターが、束になってAKB48のようなグループアイドルを結成する。個々のキャラクターの内面を掘るのではなく、描かれるのは複数キャラクターの関係性。そこで生まれるライバルとの対比やワチャワチャした関係にファンが魅せられるという、まさにAKB48的手法がそこにはあった。しかも彼女たちはグチもこぼさず、給料を払う必要もない無敵の存在である。こうして『ラブライブ！』は、AKB48にとっても手強いライバルになった。

２０１３年にはテレビアニメ化され、これをきっかけに人気沸騰。さいたまスーパーアリーナで行われた、2日間におよぶキャストのコンサートはのべ7万人の観客を集めた。その中のグループのひとつ「μ's」は、実在しないアイドルながら同年の『NHK紅白歌合戦』に初出場も果たす。現在まで、ピザハット、トヨタ、ローソン、ココスジャパンなどの大手企業と提携し、ねぶた祭の神輿に登場するなど、メディアタイアップを繰り広げて不動の人気を誇っている。ちなみに『ラブライブ！』のシングル曲の振り付けは、ももいろクローバーZの指導者である石川ゆみが担当。

他、東映アニメーションの劇場版『キラキラ☆プリキュアアラモード　パリッと！思い出のミルフィーユ！』では、「恋ダンス」やリオオリンピック閉会式を演出したことで有名な、Perfume担当のMIKIKOがダンスシーンの振り付けを手掛けた。

ＡＫＢ48を秋葉原で旗揚げし、クールジャパン構想を追い風にして世界進出の駒を進めた秋元だが、さすが悪徳プロデューサーと言われるだけあって機を見るに敏で、次はまるまるそのやり方を踏襲する、アニメのアイドルグループをプロデュースする。それがソニー・ミュージックレーベルズ、アニプレックスが組んでデビューさせた〝デジタルアイドル〟こと「22／7（ナナブンノニジュウニ）」。映画『君の名は。』のキャラデザインを担当した田中将賀、『けいおん！』の堀口悠紀子など、トップアニメーター8人が一人ずつキャラクターを提供。その声優オーディションが行われ、1万人の応募者から新人8名のキャストが決定した。

膨大な時間、制作費、優秀なスタッフの確保が必要なアニメーションは、分野外の人間には手を出せない素人無用の世界なのだが、近年は『テニスの王子様』や先の『ラブライブ！』のコンサートのような、アニメを原作に現実の役者がキャラクターを演じる「2・5次元アイドル」が注目されている。そこに着目して、アニメの固定ファンを掴みつつ、実在のメンバー声優をコンサート稼働させるスタイルで、秋元は『ラブライブ！』の手法を自家薬籠中のものにした。ときを同じくして、２０１６年4月にアニメーター養成専門学校の老舗、代々木アニメーション学院の名誉学院長、総合プロデューサーに秋元康が就任。水と油と言われたアニメとアイドルの文化を融合させるために、さまざまな施策が展開するだろうと期待されている。

「22／7」にアニメーション制作で参加しているアニプレックスは、ソニーグループのアニメ部門。もともとはソニーが89年に買収した米コロンビア映画(現・ソニーピクチャーズ)の子会社を母体に、映像制作部門として生まれ、２００3年にアニプレックスの現商号に。設立時には太田裕美のプロデューサーとして知られる白川隆三が会長を務めた、歴としたソニーの血を継ぐ会社である。アニメ進出はバンダイビジュアルなどに比べれば後発であり、当初は不採算部門としてソニーグループ内では島流しと言われたが、アニメ制作、アプリ制作などで現在は売り上げ高１０００億円を超える、ソニー・ミュージックエンタテインメントの中核を担う会社のひとつになった。ASIAN KUNG-FU GENERATION、サンボマスターなどの自社グループの担当が、アニプレックス作品の主題歌を求めて日参するような、メディアタイアップを主導する立場となる。

かつて小室哲哉のマネジャー時代に海外進出の陣頭指揮を執った丸山茂雄は、ソニーの海外進出は80年のＹＭＯの世界進出に大いに影響を受けたと語った。「それがアニメだったら自分はノラなかったと思う」というのが、男くさいロックレーベルとしてエピック・ソニーを立ちあげた丸山らしい。そんなアニメがいつしか日本のコンテンツの海外進出の成功例を作り、今や無視できない存在になった。日本人アーティストによる音楽、日本人俳優の出る映画は、白人社会においては、民族性の壁がいつも障害となって道を阻む。そんな中でアニメの登場人物たちは国籍を持たず、それぞれの国で自国のキャラクターのように国民に愛されていた。

JASRACが公表している２０１5年に海外の事業者から日本の著作物に支払われた金額のうち、上位5タイトルを占めたのが『キテレツ大百科』、『忍たま乱太郎』、『ドラゴンボールＺ』、『NARUTO―ナルト―疾風伝』、『ポケットモンスター』と、いずれもテレビアニメの劇音楽。こうした時代の趨勢を睨み、ソニーグループはこれを世界戦略の中核に据えて、２０１7年4月にはアニメに特化した音楽レーベル「SACRA MUSIC（サクラミュージック）」を発足させた。アニメタイアップ隆盛時代、傘下の複数レーベルに散らばっていたアニメ主題歌や関連グループを、ひとつのレーベルにまとめるための受け皿として作られたもの。「ＳＡＣＲＡ」は、日本の国花、菊と桜から取られており、その名の通り、日本のコンテンツを海外に輸出する狙いから作られたレーベルである。かつて丸山茂雄が日本のコンテンツを世界に発信するために、Ａ＆Ｒという海外の音楽制作のやり方を確立すべく構想した「さくらレコード（仮）」（後のアンティノス）とレーベル名がかぶったのは、スタッフによれば偶然なのだという。

ＳＡＣＲＡレーベルが進出を伺うアニメ音楽シーンで、最大のライバルと言えばＪＶＣケンウッド・ビクターエンタテインメント（旧・ビクター音楽産業）のアニメレーベル、フライングドッグだろう。もともとは『ニューミュージック・マガジン』（現・『ミュージック・マガジン』）編集長だった平田国二郎が70年代に設立した、ビクター初のロックレーベル。80年代にそこからのれん分けした、サザンオールスターズ、スペクトラム、アナーキーを擁するインビテーションレーベル（後のスピードスター）とともに、ビクターのロック路線を両輪で支えた。PANTA & HAL、ハルメンズ、渡辺勝、山岸潤史などを世に送ったレーベルが、後にアニメレーベルの屋号となり、グループを引っ張っていく存在になるとは誰が予想しえようか。『機動戦士ガンダムＳＥＥＤ』、『ケロロ軍曹』、『カウボーイビバップ』、『マクロスＦ』、『創聖のアクエリオン』、『コードギアス 反逆のルルーシュ』などの音楽を制作し、作曲家、編曲家として菅野よう子を大きくクローズアップした。

また同社が主体となって、２０１７年にソニー以外のアニメ系レーベルに声がけし、世界初のアニソンに特化した定額制配信サービスとしてスタートしたのが「ANiUTa（アニュータ）」。フライングドッグの代表であるディレクター出身の佐々木史朗が、同社代表となって新しいネットビジネスに参入したのだ。

定額制配信サービスとは、ブロードバンド時代にラジオのように音楽が楽しめる、月額固定の音楽プラットフォームとして生まれたもの。２００８年にスウェーデンで創業されたSpotifyが代表格で、２０１１年のアメリカ進出以降、日本も含む14か国でサービスが提供されている。人気を集めた理由は、あらゆるレーベルのカタログを旧譜から取り揃えた上に、大半のアーティストの新曲が発売日にフルサイズで聴けること。カタログ量で他社の音楽サービスを大きく引き離しており、膨大なライセンス料の支払いによって運営されている。しかしＣＤビジネスが堅調な日本では、曲提供が進まないまま２０１６年に遅れてサービスイン。欧米ほどのユーザー数を獲得するには至っていない。

そんな中で「ANiUTa（アニュータ）」は、ジャンル特化型定額配信として、アニメ音楽が巨大な市場を抱えていることが最大の武器になっている。もともと音楽出版を映像制作会社の系列で管理し、文芸部社員や脚本家が主題歌の作詞を手掛けることも多かったアニメの世界。それぞれが中小出版社のため横の繋がりも取りやすく、それが束になってソニーのような大手に挑んでいくということで期待されている。こちらも目指すのは北米、南米、ヨーロッパへの進出。月額料を5ドル（日本円で６００円）と抑えたのも、海外進出を見据えたものだった。

ＭＴＶからYouTubeへ。ネットがスターの登竜門に

ＡＫＢ48が早くから映像を主にアーティストイメージを固めてきたのは正解だった。新曲の発表の場は、かつてはテレビやラジオが主だったが、今ではYouTubeの公式ページにその役割は移った。「ヘビーローテーション」のＭＶは1億回以上再生され、アジアナンバーワンのコンテンツに。「恋するフォーチュンクッキー」は、ファンからの投稿動画と相乗効果で支持者を広げた。

もともと動画ファイル共有サービスとして誕生したが、ユーザーの違法アップロードがしばしば問題視されながら、会員数を集めてきたYouTube。「巨大な試聴機」としてのプロモーション効果は絶大で、レコード業界も無視できない存在になった。現在は著作権も整備され、JASRACやレーベルと包括契約を結んで協業関係を築いている。しかしそんな、宣伝媒体としてのYouTubeと楽曲を提供するレーベルの関係は、今終わりを迎えつつあると言われている。

YouTubeの始まりに時間を遡ってみよう。それは81年に開局した世界初の音楽専門ケーブルチャンネル「MTV」と大きな関わりがあった。24時間音楽ビデオのみを流す放送局の登場は、それまでヒットチャートの雌雄を担ってきたアメリカのラジオの権威を奪った。MTVは有料会員の視聴料と広告料金で運営。そこでパワープレイしたMVから次々とヒット曲が誕生する。レコード売り上げに繋がるため、レコード会社はこぞって自社制作のMVを無償で提供した。地上波局が映画、ドラマの制作会社に払うような著作権料を払わなくて済む、見事なビジネスモデルだった。そんなMTVが輩出した初期のスターとして知られているのがイギリスのバンド、デュラン・デュラン。目の肥えたMTVの視聴者に応えるため、ラッセル・マルケイが監督した「ワイルド・ボーイズ」では、わずか4分のMVに映画1本分の制作費が投入されたと言われている。のちにラッセル・マルケイは『レイザーバック』（84年）で映画監督デビュー。MTVは映画作家の登竜門となり、スパイク・ジョーンズ、ミシェル・ゴンドリーらがここから登場した。日本でも岩井俊二がサザンオールスターズのMV監督から映画監督としてブレイク。音楽と映像を巧みに交えたスタイルは、ハリウッドなどの映画撮影所からは出てこない才能だった。

MTVの最盛期は90年代初頭。ニルヴァーナ「スメルズ・ライク・ティーン・スピリット」（91年）のヒットがグランジシーンを切り開き、以降ロックの王道はイギリスからアメリカへと移った。しかし、これを頂点にＭＴＶは失速していく。80年代半ば、高騰化するＭＶ制作費に業を煮やしたレコード会社は、それまで無償だった音楽ビデオに対し、映画会社と同じ使用料を払うべきと方向転換を求める。それまで無償で済んだＭＶ調達のため、ＭＴＶは広告料を支える視聴率至上主義へと傾斜していく。しかし現実は裏腹に、90年代初頭にＭＴＶの全米視聴率は平均０・３％というジリ貧になっていた。こうしてコストがかかる音楽ビデオから距離を置くようになり、ＭＴＶは素人参加番組に新しい光明を見出す。素人の日常をドキュメンタリータッチで捉えた『リアル・ワールド』（92年）のヒットは、世界的なリアリティーショーブームを巻き起こした。

こうしてＭＴＶは現在、ほとんどＭＶの流れない放送局となった。ＭＶを観たいという視聴者の心の渇きを癒やしてくれたのが、２００５年に誕生した映像共有サービス、YouTubeだった。テレビで流れたＭＶ、ライヴをユーザーが無許可でアップロードし、オススメのミュージシャン、ＭＶを支持する声は草の根的に広がっていく。本来、ＭＶのネット配信は送信可能権を持つレーベルしか行えないが、YouTubeはサーバにあるストリームデータをみんなで共有するという概念のため、送信には該当しない。不特定多数への「送信」ではなく、ユーザー同士の「映像共有」というエクスキューズが、著作権取り締まりの障壁となった。

そもそもYouTubeの誕生そのものが、ＭＴＶで起こったある事件がきっかけだった。２００４年、ＣＢＳで放送されたスーパーボウルのハーフタイムショーで、演出の一貫でジャネット・ジャクソンの乳首がポロリと見える騒動があった。視聴者からクレームが殺到し、その枠をプロデュースしていたＭＴＶはスーパーボウルから追放されてしまう。YouTubeの設立者の一人、ジョード・カリムはたまたまその放送を見ておらず、ネットを検索したが映像は見つからない。音楽や写真共有のサービスはすでにあったが、映像を共有できるサービスはまだ存在してなかったのだ。そこで中央のサーバに各自が映像データをアップし、それをストリームでストレスなく再生できるしくみとして、カリムと仲間たちはYouTubeを誕生させた。ちなみに騒動を起こしたジャネット・ジャクソンの新作『Damita Jo』（２００４年）は、責任を取らされるかたちでMTVでは一切オンエアされなかったといわれる。その代わりにインターネットがMTVに代わって新しいプロモーションツールとなり、売り上げ３００万枚を超えるベストセラーとなった。もはやテレビの力は借りなくとも、ネットの口コミがそれを凌駕する時代が訪れていたのだ。

アメリカでは故意・過失いずれであっても罰せられるほど、著作権侵害に厳格な国。そのためにインターネット普及当初、プロバイダはエンタテインメント業者の進出に警戒した。そうした状況を鑑み、勃興期のIT産業を保護と発展のために、権利者から削除要請があってから一定期間内に削除すれば、プロバイダはそれ以上の責任を負わずに済む、「ノーティス・アンド・テイクダウン制」を98年に制定。２０００年から施行されたため、デジタル・ミレニアム著作権法とも呼ばれている。この「プロバイダ責任制限法」のおかげで、アメリカのインターネットは急成長する。と同時に、違法な写真、楽曲がアップされる、ネット上に巨大なライブラリーが完成されるのはあっという間だった。動画共有サイトとして生まれたYouTubeも、当初は違法アップロードが大半を占め、それに応じた会員数の伸長率は、違法ファイル共有で世間を騒がせたナップスター以来と言われたほど。違法のパワーは時代の常識すら変えていくのだ。

YouTubeはスタートからわずか1年で５０００万人の会員数を集め、世界第5位のトラフィックを誇るサイトとなる。当初は当時流行していたブログ日記にあやかって、素人の映像日記を投稿するブログサービスを狙って始まったが、巨大なMVのアーカイヴになるのは時間の問題だった。現在検索ワードの6割が音楽関連に及び、MVこそがYouTube最大のキラーコンテンツとなる。現在もYouTubeの人気トップ１００映像のうち、97が音楽ビデオで占められているという。YouTubeはまた、新人クリエイターの登竜門としても見逃せないものになった。日本ではニコニコ動画でおなじみの素人投稿「歌ってみた」、「踊ってみた」の発祥もYouTube。カナダの歌手ジャスティン・ビーバーは12歳のとき、母親がYouTubeに投稿した映像をきっかけにＳＮＳで各国でリツイートされ、世界的スターとなった。

音楽ビデオがメディアとなるタイアップ手法

音楽がサービスを支える人気コンテンツであることを見過ごすことはできず、そのための権利処理がYouTubeにとって急務となった。違法アップロードから歴史は始まったが、レコード会社もYouTubeの絶大な広告効果は無視できない。こうして、映像にスポット広告を入れ、その売り上げをYouTubeとレーベルが折半する、YouTubeにおける広告モデルが作られていく。

「歌ってみた」、「踊ってみた」で使われる音源の原盤権侵害についても、一度アメリカレコード協会（ＲＩＡＡ）からの申し出で一斉削除されたものの、そうした投稿文化自体を根絶やしすることは避けたい。そのためにコンテンツＩＤで投稿内容を管理し、定額制音楽配信やネットラジオのように、１曲再生されるごとに決められた使用料を権利者に還元するしくみを提供した。作詞、作曲については、日本のJASRACに相当する著作権管理団体、ＡＳＣＡＰ、ＢＭＩと包括契約。音楽原盤、肖像権に関する使用料は、ＲＩＡＡと契約関係を結んだ。日本、ヨーロッパのように演奏家権限が強く、早くから原盤権使用料に関する取り決めがあった国と違い、ベルヌ条約にも加盟していないアメリカは、このとき初めて後者に関する権利を、著作隣接権、著作人格権ではなく著作権として認めることになった。

今ではYouTuberなる投稿界のスターを生み出し、閲覧数に乗じて払われる広告料だけで数千万円近くの年収を得ている素人も少なくない。レコード会社も公式ページをYouTube内に設け、そこにアップロードしたMVからも、再生回数に応じて正規の支払いを受ける立場となった。初期のMTVのように宣伝のためにMVを無償で提供するのではなく、YouTube投稿がレコード会社の収入源となった。

その後、iPhoneなどのモバイルが普及した2014年を境に、YouTubeを観てCDを購入するという行動様式がパッタリ収まる。モバイルで音楽を楽しむ新しい世代にとっては、YouTubeを見る行為が音楽消費とイコールとなったのだ。こうしてCDのプロモーションのためではなく、YouTubeを発表メディアとして捉える新しい世代が登場してくる。その代表がシカゴのロックバンド、OK Goだろう。YouTubeに投稿した、ワンカメで撮影したメンバーがウォーキングマシンを走る「ヒア・イット・ゴーズ・アゲイン」(2006年)のMVで、一躍注目される存在となる。同ビデオはグラミー賞を受賞し、YouTubeビデオアワーズ作品にも選ばれた。しかしYouTubeのページビュー増加に貢献した彼らに、所属レーベルのEMIはYouTubeから入った使用料をほとんど分配しなかったといわれる。OK GoはこうしてEMIから独立。活動の舞台をYouTubeに据え、CDリリースのみEMI配給というアーティストとして新しい道を選ぶことになった。

2012年に発表された新曲「ニーディング/ゲッティング」のシボレーに乗って歌うMVは、自動車メーカーGMとのタイアップ作品。レコード会社、放送局とではなく、クライアントとバンドが直接契約するという新しい時代の幕を開けた。Perfumeがカメオ出演し、ドローンを使って日本で撮影された「アイ・ウォント・レット・ユー・ダウン」のMVも、ホンダとのタイアップ作品で、電動一輪車UNI-CUB β（ユニカブ ベータ）がMVに登場する。自社製品を劇中に登場させてそれに広告料を払う、プロダクト・プレイスメントという手法は、スティーヴン・スピルバーグ監督『マイノリティ・リポート』、『ターミナル』などに導入された、新しい広告手法だった。

音楽業界はこれまで、作品を広告媒体として捉えることに消極的で、せいぜいLPレコードの帯裏に、オーディオや書籍の広告を入れる程度だった。イギリスのバンド、ジグ・ジグ・スパトニックがアルバム『ラヴ・ミサイル』（86年）の音声トラックに自社CMを入れたことがあるが、これとて話題作りに止まった。そんな中、テレビ、ラジオなどのメディアに代わって、アーティストそのものをメディアとして提供する流れが起こる。その最初のひとつが、実はAKB48だった。結成時より電通のスタッフをブレインに抱え、AKB48劇場をテレビ、ラジオに代わるメディアとして、そこで開催されるイベントやオーディションに企業タイアップを付けた。制作予算のサポートを受けながら企業イメージアップに貢献するというスタイルは、世界の先端を行くものだった。

CDが売れなくなってレコード業界が弱体する中、アーティストの音楽活動に手を差し伸べたのが、こうした異業種であった。ポール・マッカートニーが長年籍を置いたEMIから離れ、2001年にコーヒーチェーン店スターバックスとコンコード・ミュージック・グループが設立した、ヒア・ミュージックに移籍したのは象徴的な出来事になった。スターバックスの本社があるシアトルは、ジミ・ヘンドリックスの出生地でもあり、90年代にブームになったグランジロックの発祥地。Amazon、マイクロソフトなどのIT事業が本社を置く地としても知られており、有名なロックミュージアム（EMPミュージアム）も、マイクロソフトの共同創業者ポール・アレンがパトロンとなって2002年に誕生したものだ。過去にもスターバックスは自社レーベルからレイ・チャールズのアルバムを発売し、全世界で550万枚をセールス。グラミー賞に選ばれた実績があった。ポールは同社契約第1弾アーティストとなり、2年ぶりの新作『追憶の彼方に〜メモリー・オールモスト・フル』をここからリリース。アメリカでは減少しつつあったCD専門店に代わって、スターバックスの店頭販売でヒット記録を作りあげた（唯一、CD販売が機能している日本では、ユニバーサルミュージックから配給された）。

同年、ワーナーミュージックから独立したマドンナも、新しい契約先として選んだのはレコード会社ではなく、興業会社ライヴネーション。10年で1億2000万ドル（140億円）の契約を結び、以降は同社からCDをリリースすることになった。こうした流れは、音楽がCD販売からライヴ収益に移行していることを実感させた。翌年にはU2が同社と契約。CD販売と音楽制作のみユニバーサルミュージックとの契約を残し、主たる収入源であるライヴ運営をそちらに任せた。

異業種参入はアメリカだけではない。日本でもさだまさしが通信教育教材の通販大手、ユーキャンのレーベル、ユーキャン・エンタテインメントと契約。もともと、日本音楽教育センターとしてオムニバスCDの制作を行ってきた同社は、細野晴臣、小室哲哉のアンビエント・ミュージックのコンピレーションなど、一般のマーケットに乗りにくい作品をリリースしてきた実績があった。中島みゆき、泉谷しげる、甲斐バンド、佐野元春などのマニアックなBOX制作で、レコード会社以上にファンの気持ちに則した商品を手掛けてきた。2007年にユーキャン・エンタテインメントとして本格始動し、現在はアニソン歌手の井上あずみ、ニューエイジの宗次郎らを抱える中堅レーベルに成長している。

音楽の価値をアーティスト側が決める時代

ＯＫ Ｇｏバンドが自らをメディアとして、企業とのタイアップの道を選んだのには理由がある。それはYouTubeの音楽使用料の低さに原因があった。１曲再生するごとに支払われる額は、Spotifyなどの定額制配信のほぼ１／30と言われている。もともとYouTubeは、ユーザーへの安価なサービスを目的として設立された動画共有サービス。「儲けない事業」として会員数を獲得してきた。通販大手のAmazonも同様に、儲けないことを至上としてユーザーを拡大してきた。従業員の給料、配送業者への支払いが低いのはそのためだ。アーティストへの著作権使用料を抑えてきたからこそ、YouTubeは安い広告料でクライアント人気を集め、ユーザー数を拡大してきたのだ。レーベルを外してバンドが直接YouTubeと契約を結び、広告料が規定の50％のレベニューシェアになったとしても、元の広告料が安いのだからYouTubeから入る収益はわずかなもの。そこでＯＫ ＧｏはYouTubeを発表の場として借りながら、ＭＶを広告媒体として企業にタイアップを呼びかけ、クライアントから出資を受けるやり方に切り替えた。

ＭＴＶ時代もYouTubeになっても、音楽ビデオの価値を決めてきたのは利用するサービス業者の側だった。こうした流れに抗うように、レコード会社側が起こした新しい映像ビジネスのひとつがＶｅｖｏである。ユニバーサルミュージック、米ソニーミュージック、Google（YouTube）が立ちあげたこの新しいベンチャーは、系列のメジャー系レーベルに所属するアーティストのＭＶの配信独占契約を持つ映像代理店。レコード会社に代わってＶｅｖｏが、アーティストのＭＶの総合窓口となった。創業者のダグ・モリスはもともとソニー、ユニバーサルのＣＥＯとして音楽業界を渡り歩いてきた大物。かつてＭＴＶ時代に、１本数百万ドルかけて制作したＭＶを、プロモーション目的とはいえ無償で貸し出すことに違和感を感じていたという。そこで映画会社がテレビ局から放送収入を得るのと同じように、ＭＶを配給して収益を得る代理店としてＶｅｖｏが設立されたのだ。メジャーの大半を占める2大グループの所属アーティストのMVを使いたければ、Ｖｅｖｏと契約を結ばない限りオンエアできないという一大勢力に。事業内容は自らが運営するVevo.comでのMV紹介と、YouTubeのＶｅｖｏ公式アーティストチャンネルへの配給事業。MVのストリーミング映像に広告を入れ、その収入をアーティスト、原盤会社と分配する事業モデルを作りあげた。Vevo.comで1回再生されるごとに支払われる額は、定額制配信のSpotify、Apple Musicより高いと言われている。薄利多売のYouTubeに迎合せず、広告営業を強化することで、音楽ビデオの価値をコンテンツを送り出す側が決めるという、新しいスタイルを提案した。こうしてナップスター、iTunesらがユーザー本位で決めてきた楽曲の値段を、アーティスト側に立って「適正化」する流れが生まれた。

またＶｅｖｏは配給だけではなく、アーティストインタビューなどの番組も自社制作しており、ＭＴＶやそこに番組を提供していた制作会社のような存在になった。ビデオのみで活動するアーティストにとっては、レコード会社が担ってきたA＆R的な役割をそのまま担う立場になる。「宣伝費がないからMVが作れない」と嘆く日本のメジャー会社の新人がいる一方、海外では有望なアーティストに対し、代理店がビデオ制作に手を貸すという新しい動きが芽吹きつつある。ユニバーサル、ソニー、ＥＭＩのカタログを一手に引き受けるVevo.comは、映像配信サービスとしてはYouTubeに次ぐ第2位に長らく君臨している。

レコード会社側も、異業種参入にただ黙っているわけではない。配信事業に関しては、ＣＤ時代の流通コスト、営業活動の人権費はすでに不要になっている。であればアーティストに支払う印税を見直すべきだと、４ＡＤ、マタドール、ラフ・トレードなどの老舗レーベルを抱えるイギリスのベガーズ・グループ（旧・ベガーズ・バンケット）は、ＣＤ時代は15％だった原盤印税を、配信事業については新たに再契約し、デジタル印税を50％に引きあげた。同社はアデル、レディオヘッド、ベックらを擁する一大勢力に。現在では同社の収益の40％を、Spotifyなどの定額制配信から得ていると言われている。海外ではCDに代わって、MV配信、音楽配信がアーティストの主たる収益源になっているのだ。

こうした音楽の価値を巡って、放送局やITベンチャーとレコード会社は戦ってきた歴史がある。しかしアーティストはずっと権利保護に対してアクションを起こすことに消極的だった。99年にアメリカでファイル共有サービスとして創業したナップスターは、ユーザーがCDからリッピングした音楽ファイルを共有し、個人から個人へと無限に複製して、CDビジネスに大打撃を与えた。最終的にアメリカレコード協会（RIAA）からの訴えで事業停止に追い込まれるが、ほとんどのミュージシャンはレコード会社の訴えを商業主義的だと批判し、ナップスターを「ネット時代の新しいラジオ」だと支援。エリック・クラプトン、エルヴィス・コステロなどの著名アーティストは、無償で音源やプロモーション映像をナップスターに公開し、それが実際にCD売り上げのプロモーションになることを実証して見せた。

そんな中で「音楽は有料であるべき」と真っ向から反対したのは、メタリカのラーズ・ウルリッヒとヒップホップの帝王、ドクター・ドレーだけだった。彼らは権利保護のためにアーティストが連帯すべきとロビー活動を続けたが、「カネの亡者」、「レコード会社の操り人形」と非難され、ユーザー、同業者から白眼視された。こうしてアーティスト側が理解を示したために、ネット上の音楽の価値は安いまま放置された。一方のYouTubeやAmazonらIT事業者は、いかにコンテンツを安く調達できるかにしか関心がなかった。

それから15年後、「音楽は有料であるべき」と訴えたのが、アメリカのカントリー歌手、テイラー・

スウィフトだった。定額制配信の2大ブランドのひとつ、Apple Musicに楽曲を提供した際、お試し期間の印税を「宣伝だから」と払わないアップルの姿勢に反論。「無料で音楽を供給しろとミュージシャンに言わないで」という公開書簡をＳＮＳにアップし、彼女の投稿は一般リスナーを含む10万人以上にリツイートされた。「音楽配信は宣伝」、「無料こそ善」という公式を、消費者ですら信じない時代になっていたのだ。

コンテンツは有料であるべきという庶民の高いリテラシーも、有料ケーブルテレビが発達してきたアメリカらしい。『ウォール・ストリート・ジャーナル』に寄稿した、テイラーの「アルバムの値段はアーティスト側が決めるべき」の意見に、ポール・マッカートニー、ビリー・ジョエル、Ｕ2、ケイティ・ペリー、レディ・ガガらが賛同。音楽使用料を適正化すべしというメッセージは、アップルやAmazonのようなＩＴ事業者ではなく、デジタル・ミレニアム著作権を制定した、連邦政府の著作権局に向けられた。

かつてメタリカやドクター・ドレーらが権利侵害を訴えながら、仲間のアーティストから非難されたような動きは、ここ日本でも起こった。レコード会社が違法コピー撲滅のために導入したＣＣＣＤ（コピーコントロールＣＤ）や、違法ダウンロード厳格化の法制定に対して、多くのアーティストがレコード会社に味方するのではなく、ユーザー側に立って導入に反発したのだ。「ＣＣＣＤのコピーガードは音質を犠牲にしている」という反対派の主張に対し、「私たちが売っているのは音質ではなく音楽です」と反発した吉田美奈子のように、権利者側として音楽を守れと訴えたアーティストは少数派だった。こうして音楽メディアは前時代のＣＤに戻り、リッピングが自由にできることで、ｉＰｏｄなどのポータブル・オーディオ普及を手助けすることになる。違法行為の助長に、アーティスト本人たちが荷担することになったのも皮肉なもの。

しかし近年、スガシカオや佐久間正英のように、そうしたネット時代の安くて当たり前という常識に、異論を唱えるアーティストも現れた。現在、世界で唯一CDビジネスが成立している日本だが、それは未だミリオンセラーを更新し続けるAKB48らのおかげ。そんな彼女らが音楽配信時代の流れを変えてくれるかもしれない、そんな期待が筆者にはある。

音楽配信モデルを作ったのは日本のソニーだった

今でもCDは全世界的に作られてはいるものの、かつてのタワーレコード、HMVのような専門店は姿を消し、海外ではウォルマート、ベスト・バイを代表とするスーパーマーケットがCDの主たる流通先となり、売り上げは年々下降を続けている。それに代わってネットの音楽販売手段として、iTunesストアのようなダウンロード販売、Spotifyのような定額制配信サービスが世界的にすっかり定着している。こうした未来の音楽消費のかたちを最初に提示して見せたのは、実はアップルではなく日本のメーカー、ソニーであった。

第二次大戦直後、46年にソニーの前身、東京通信工業が創業された。連合国軍最高司令官総司令部GHQ本部にあったテープレコーダーに目を付け、50年に国産初のテープレコーダーを発表して注目される。しかし日本はまだ貧しく、その商品化は早すぎたため、東京通信工業は海外販売に活路を見出した。現地法人を作って海外進出した際に、アメリカのベル研究所で生まれたトランジスタの存在を知り、商品化のアテもなかったこの新技術を自社製品に組み込んで、世界初のトランジスタラジオをソニーブランドでリリースする。これがすべての始まりだった。真空管式の従来のラジオに比べて、小さなトランジスタに機能を集約させたソニーのラジオはポケットに入るほど小型で、競合商品の半値で発売して爆発的に普及。それに最初に飛びついたのはアメリカのティーンエイジャーで、50年代から始まるロックンロールの発展とともに、ソニー製品は浸透していく。

「技術の小型化」で知名度をあげたソニーが、再び注目されるきっかけとなったのが79年のウォークマンの発売である。再生のみの電池駆動式の軽量カセットプレーヤーは、日本のみならず全世界でヒット商品となった。その小型、軽量なボディに驚いたのはライバル会社の開発者。小さな筐体に詰め込むために、部品もすべてオリジナルで設計されていた。ポータブルカセットプレーヤーの総称が〝ウォークマン〟と呼ばれるほど、これがソニーの看板商品となっていく。

しかしウォークマンは単なる技術の結晶だけではなかった。ヘッドホンを付けて音楽に耽溺するリスナーの内向化を予見して、1号機にはヘッドフォン端子を2つ付けて、カップルが音楽を聴きながら会話するための、音量を下げるトークスイッチを付けた。また記者会見では媒体関係者をバスに乗せて代々木公園で降ろし、ヘッドフォンをつけながらローラースケートする光景を見せて、新しい音楽消費のスタイルを提案して見せた。

そんなソニー製品に魅せられた一人が、アップル（当時・アップルコンピュータ）のスティーブ・ジョブズだった。初代マッキントッシュ（84年）にフロッピードライブを搭載するため、3・5インチのフロッピーディスクを開発したソニーに商談に訪れた際、ジョブズはウォークマンの存在に衝撃を受ける。工場見学で見たソニー社員のジャンパーを見て、それをデザインした三宅一生の存在を知り、ジョブズの黒いタートルネックスタイルが誕生したのも有名な話。後にアップルの社是となる「Think different」も、ソニー創業者の井深大の有名な格言から取られた。初代ｉＰｏｄ発売の記者会見で、ジョブスが「ｉＰｏｄは21世紀のウォークマンだ」と語ったのには、ソニーへの多大なリスペクトがあった。記者向けカンファレンスでは、日本のユーザーに向けてサザンオールスターズ「忘れられたBig Wave」（『Southern All Stars』）が流されたと言われている。

そんなｉＰｏｄがウォークマンの国際ブランドを脅かし、やがてシェアが逆転してポータブルオーディオの代名詞となる時代が来るとは、誰も思ってなかったに違いない。ｉＰｏｄブレイクの決め手は、単なる再生プレーヤーだけでなく、iTunesストアという音楽ファイルのダウンロード販売と併せて普及させたことが大きい。インターネットを繋げば、自宅にいながらにしてiTunesストアで楽曲をダウンロード購入でき、パソコンにｉＰｏｄを接続するだけで、瞬間に音声ファイルが転送される利便性が、ライバルと大きく溝を開けた。しかし、ｉＰｏｄとiTunesストアは、最初からセットで構想されたものではない。ほかならぬジョブズは音楽配信には懐疑的で、ｉＰｏｄはあくまで５ＧＢの大容量ハードディスクに大量のＣＤをリッピングして収める、ライブラリアンというのが当初の発想だった。

iTunesストアの始まりは、それ以前にアメリカで普及していたファイル交換ソフト、ナップスターと深く関わっていた。ユーザー同士でファイル交換して音楽や映像を楽しむファイル交換ソフトは、98年にアメリカの大学生、ショーン・ファニングが開発したもの。知り合いの家でテレビ録画を観たり、気に入ったレコードをテープに録音して貸し借りするような気軽さで、ネット経由で見知らぬもの同士が、ＣＤからリッピングしたｍｐ３ファイルをやり取りする。そこが違法ファイルの交換の温床となるのはあっという間だった。「AmazonやGoogleを知らないネット音痴でもナップスターは知っている」というぐらい、カジュアルなツールとして全米に普及する。しかしそうした違法行為はのちに権利侵害として訴えられ、ナップスターは裁判に敗訴。２００３年にサービス中止に追い込まれ、違法ファイル交換の歴史は楔を打たれた。

彼らがナップスターから入手したｍｐ３ファイルを入れて、ウォークマンのように外に持ち歩いて楽しめるプレーヤーとして普及したのが、著作権の未整備な韓国で製造されたオーディオプレーヤーＲｉｏだった。ｉＰｏｄが登場したときはまだiTunesストアの計画は発表されておらず、ＰＣでＣＤをリッピングして転送する再生オーディオのみ。おそらくアップルのｍｐ３プレーヤーの最初の商品化は、巨大なナップスターユーザー市場を睨んでいたことは否めないだろう。ジョブスが音楽配信に懐疑的だったのは、便利さと洗練されたシステムを持つナップスターに代わるような、合法的な音楽配信サービスをアップルが整備するには、膨大な時間と労力がかかると考えたためだった。

ナップスターなき後、アメリカではネットで音楽を聴くユーザーを取り込むために、レコード会社自らが音楽配信に進出。ソニー、ユニバーサル陣営のPress Play、ワーナー、ＢＭＧ、ＥＭＩ陣営のMusic Netの2つが、定額制のストリーミング配信を開始した。曲ごとのファイル販売を選ばなかったのは、既存のＣＤマーケットとの競合を避けるためだったのだろう。しかし日本や韓国に比べて、アメリカではブロードバンド普及率は低く、音はプチプチと途切れ、楽曲検索もまともにできない有料サービスが普及するわけがなかった。各々が主体となって設立された2大グループは、会員数獲得のためにキラーコンテンツをライバルに提供することを嫌い、カタログが統合されることがなかったことが、世界の音楽が揃っているナップスターのユーザーに見向きもされない理由だった。またＣＤ市場に配慮して、まだ新曲はほどんと含まれなかった。

ネット時代のユーザーの意識とかけ離れ、迷走するこうしたレコード業界に対して、より洗練されたスマートな音楽配信システムを確立し、2つの陣営のカタログをひとつのサービスで提供できるものとして、アップルが作りあげたのが、ダウンロード方式のiTunesストア（当時はiTunesミュージックストア）である。このとき、かつてビートルズの音楽出版社アップルに権利侵害として訴えられた際に結んだ「音楽事業に参入しないこと」という禁を解き、アップルは本格的な音楽事業者としてその世界に飛び込んだ。音楽の新しい楽しみ方への提案は、かつてソニーがウォークマンで実現して見せたビジョンの再来だった。

68年にCBS・ソニー設立でレコード業界に参入し、ソニーの音楽事業を育ててきたのが大賀典雄だった。大賀は東京音楽学校（現・東京藝術大学）を主席で卒業した著名なオペラ歌手で、将来を嘱望されたアーティストが企業のトップに就任したことが、ビジネス誌などでも大々的に紹介された。大賀は今日、CDのフォーマットを策定した「コンパクト・ディスクの父」として知られている。アドバイザーとして招いた指揮者のカラヤンが「ベートーヴェンの第九交響曲やオペラの一幕物を収録できる長さにせよ」と言ったことで、CDの収録時間が74分に決まったというエピソードは有名。こうして共同開発者だったオランダのフィリップスが推した直径11・5cm＝60分を蹴って、ソニーが提案した直径12cm＝74分が正式にCDのフォーマットとして採用された。

戦後の焼け野原に町工場が建ち並び、日本を立て直してきたハードウエア信仰の強いこの国で、ハードウエアとソフトウェアはともに発展すべきと説いていたソニーは珍しい存在だった。大賀典雄はその後、親会社ソニーの社長に就任。88年の円高時にハリウッドの老舗映画会社コロンビア映画を買収し、同社はソニーピクチャーズとして生まれ変わった。『スパイダーマン2』がDVD化された際には、これとDVD再生機能を持たせたプレイステーション2のセット販売が売れに売れた。優れたソフトウエアがハードウエアの売り上げを牽引することが証明された。

95年、大賀に代わってソニー代表に就任したのが出井伸之で、7兆6000万円というソニー最高収益を記録する経営手腕を発揮した。その出井が提唱したのが「デジタル・ドリーム・キッズ」という、パソコンを中核とした新しいソニーのグループ事業モデル。95年にプロバイダ事業に進出し、『PostPet』で一世を風靡したソネット（ソニーコミュニケーションネットワーク）を立ちあげる。翌96年にはＶＡＩＯブランドで、それまでＮＥＣ、シャープなどの独壇場だったＰＣ事業に本格参入。ネット経由で音楽ファイルを購入する音楽配信サービスbitmusicと、それをＰＣ経由で転送して音楽を外に持ち出せる、不揮発性メモリ搭載のメモリースティックウォークマン（後のネットワークウォークマン）が99年に発表されたのは、そんなソニーのデジタル戦略の一環だった。２００１年のｉＰｏｄ発売、２００３年のiTunesストア開始より、ソニーは2年も先にその未来図を描いていた。日本の老舗音楽配信サービス、bitmusicは99年に創業。ＭＤのためにソニーが開発した圧縮技術ＡＴＲＡＣ３による軽量な音楽ファイルを提供し、国内メジャーで初めて、家にいながらにしてネット経由で音楽を購入できるシステムを提供した。その際に、他のＰＣでは再生できないようにコピーガードを施した、マジックゲートというＤＲＭ（デジタル著作権管理）技術が初めて採用された。

　bitmusicはこうしたサービスの総称で、売られていた楽曲の価格はレーベルごとにバラバラ。専門店でＣＤを買うときのように、横断的に検索できるしくみもまだなかった。その反省からソニーが幹事会社となり、国内のレコード10社が出資する新会社レーベルゲートを立ちあげ、ひとつのポータルでほとんどの音源が買えて、かつ価格帯を揃えることを目的としたサービスとして、２００３年にｍｏｒａが誕生する。ネーミングは「網羅」から付けられたもの。全カタログを揃えるというコンセプトは、アメリカのiTunesストアのオープンにわずか数カ月だが先駆けるものだった。

著作権を巡るソニーの失策

違法コピーを制限するDRMは最初のbitmusic時代から採用されていた。ソニーとフィリップスが開発したCDはデータの完全複製が可能であり、リッピング横行に荷担してしまったことへの反省があったからだ。CDが登場した82年はまだパソコンはほどんと普及しておらず、PCで容易にリッピングやCD-R複製される時代が来ることなど、性善説に基づく開発者らは予測していなかった。初期のパソコンソフトにしても、ほとんどコピーガードは施されていなかったため、メーカーが信じた性善説は、違法コピー蔓延ということで理想は打ち砕かれた。そもそもレンタルレコード、CDというコピービジネスの発祥国も日本。レンタルCD店ではレジ横に堂々と、複製用のブランクCD-Rが積まれているのだから、ユーザーにコピーするなというのは酷というもの。こうして導入されたDRMによる厳格な著作権管理は、その後のソニーの運命を左右することになる。

CDより小さなカートリッジメディアに、まるまるCD1枚を録音できるメディアとして、91年にMD（ミニディスク）がリリースされる。これも開発したのはソニーだった。直径8cmのシングルCDよりさらに小さい、6・4cmの光ディスクに長時間記録するために、mp3、wma（ウィンドウズ・メディア・オーディオ）、AACに先駆ける、ATRAC（ATRAC3）という圧縮技術をソニーは自社で開発。一時はカセットテープに代わって、ウォークマン、ラジカセなどの標準メディアに採用されるほど、日本ではMDが爆発的に普及した。光ファイバーケーブルを繋ぐことでデジタルコピーが可能だったが、CDからMDへのコピーは1回に限られ、MDから別のMDにはデジタルコピーはできない。初めての著作権保護のためのプロテクト技術が盛り込まれたものだった。

これに続いたのが、２００２年から各レコード会社が採用し始めるＣＣＤ（コピーコントロールＣＤ）である。ＣＤと同じ12cmの光学ディスクに、ＰＣでリッピングできないようにする複製回避技術を盛り込んだイスラエル発の技術。専用のＣＤプレーヤーなら再生に問題はないが、ＰＣ用のディスクドライブでは動作不良を起こすエラー信号が埋め込まれており、中華製のＰＣ用ドライブをＯＥＭで組み込んだ廉価なＣＤプレーヤーだと、再生エラーを誘発。ユーザーおよびミュージシャンから導入反対意見が噴出し、新聞にはＣＣＣＤ撤退を訴えた意見広告まで掲載された。

この時期、ソニーもＣＤの記録面を二層にしてＡＴＲＡＣ３の圧縮データを収めた、レーベルゲートＣＤという新世代ＣＣＣＤを開発。ＰＣでリッピングする場合は、ユーザー認証でｍｐ３ファイルの記録面にアクセスする必要があり、そのためにインターネットにつなぐことをリスナーに強いるものだった。ＣＣＣＤの導入をメーカーが推進したのは、決して企業のエゴだけではない。アーティストの権利保護をメーカーが代わって行う、共存共栄のために避けられない選択だったのだ。しかし、こうした過度な著作権保護はユーザーの利便性を奪う結果となった。最終的にこれが、オーディエンスのＣＤ離れという最悪の状況を生み出すことになる。

レーベルゲートＣＤや音楽配信サービスｍｏｒａなどの音楽事業において、ＤＲＭ戦略の陣頭指揮を執っていたのが、本体のソニーではなく、ソニー・ミュージックエンタテインメントの丸山茂雄であった。盛田昭夫の子息で、ソニーのオーディオ部門、携帯電話などの通信事業を統括するカンパニー部門の執行役員だった盛田昌夫から、丸山は直々にその命を受ける。盛田はＣＤ開発にも携わった一人で、レコード会社の大半が「レコードが売れなくなるから」とＣＤ導入に消極的だった時代からＣＤメディア普及に尽力してきた。日本では前例のない音楽配信への進出にも、それらを実現させてきたイノベーション意識が盛田昌夫にはあった。こうして丸山が作ったエピック・ソニーの佐野元春が、日本のメジャー音楽配信の第1号アーティストになった。

丸山が設立したときはソニーグループの傍流だった、ソニー・コンピュータエンタテインメントのプレイステーションも、現在はゲームのみならず、ネット、DVD、Blu-ray Discなども再生できるマルチメディアプラットフォームとなった。後継機であるPlayStation4、PlayStation Vitaは、発売元が親会社のソニーに移り、ソニーグループにとっての中核事業になった。自社で開発した圧縮技術ATRACの採用を推し進めたのも丸山であり、ウォークマンがカセットメディアから、MDウォークマン、データウォークマンに進化する際にも、子会社のソニー・ミュージックエンタテインメントの丸山が、フォーマット採択に関する権限を持った。ウォークマン戦略とATRACによるデジタル著作権管理は、ほぼ同時に普及が進められた。ゲームハードを安く売って、ソフトウエアの大量販売で儲ける。自社製品であるメモリースティックを記憶媒体に採用して、半導体事業でも売り上げを上げる。こうしたソニーの「囲い込み戦略」によって、出井時代にソニーは最高益を記録する。

しかしそれが、ウォークマン事業においてアダとなった。ファイル形式に拘らないアップルのiPodに比べ、mp3を再生できないウォークマンのマジックゲートによるファイル管理は、ユーザーに手間を強いた。MDウォークマン時代から長時間再生はソニーの技術のウリで、小型ハードディスクを搭載したHDウォークマンの時代には、30、40時間の連続再生を可能にしていた。それが10時間程度しかもたないiPodに、利便性という点で圧倒的な差を付けられてしまうのだ。アップルのiPodの中身は、東芝、三菱などのOEMパーツの寄せ集め。かつてBOSEのスピーカー以外は99％自社技術だったと言われたアップルは、赤字の元凶だった自社工場を手放し、ハードからソフト戦略に切り替えて再建を果たした。こうしてウォークマン対ｉＰｏｄの一騎打ちは、ハードウエア技術がソフトウエア戦略に敗退するという結果で終わる。「もしウォークマンでｍｐ３が使えたら、ｉＰｏｄとの技術格差で圧倒的優位に立てたかもしれない」と語る、ソニーのＤＲＭ戦略を批判するＩＴジャーナリストも多い。

２００３年にアメリカで鳴り物入りでスタートしたiTunesストアは、ほぼ同時に世界展開を開始するが、日本は最後発となり、サービスインするのは２００５年になってから。世界第２位の音楽消費国でありながらスタートが遅れたのは、最大手のソニーグループが参加を拒否したためだった。ソニーはすでに国内最大のライバルサービス、ｍｏｒａを始動しており、そこでは１曲３５０円、アルバムはＣＤと同等価格で販売していた。交渉の座についたものの、1曲99セント（約１００円）を基準としていたiTunesストアには、ソニーが要求する価格は受け入れがたいものだった。アップルが安価でスタートしたのは、タダで音楽ファイルを入手して楽しんでいたナップスターユーザーを振り向かせるため。ナップスターに慣れた音楽ファンは、それぐらい安くないとお金を払わないという、ジョブズの主張に基づいて価格が決められた。

こうして日本のiTunesストアは、ソニーグループの膨大なカタログを欠いたかたちでスタートする。担当者だった盛田昌夫は、ＣＤ時代と変わらない収益をアーティストが音楽配信から得るには、逆算して1曲３５０円にする必要があったと当時を振り返る。アップルと違って、ソニーはレコード会社を運営するコンテンツ会社だったからだ。しかしその後、ｉＰｏｄ＋iTunesストアが、ｍｏｒａ＋ウォークマンのシェアを奪うのはあっという間だった。遂に２０１２年、ソニーはiTunesストアへの楽曲提供を発表。まずは洋楽から、続いて邦楽曲がリストアップされ、日本のiTunesストアでも、メジャーレーベルのほとんどの楽曲が手に入るようになった。

ＣＤが売れない時代にアーティストが収入を得る方法

メジャーレーベルのカタログを横断して扱う、最初の成功例になったiTunesストアは、ナップスターユーザーを引き込むために、安価で楽曲を提供した。これが以降の音楽配信の雛形となり、音楽の価値はＣＤ時代よりぐっと下がった。一部のミリオンセラーアーティストを除けば、昔のような潤沢な予算でレコーディングし、音楽だけでアーティストが生活していくことが困難な時代になった。国際レコード産業連盟（ＩＦＰＩ）によると、２０１４年に音楽配信（デジタル販売）の総額が68億５０００万ドル（約８１７０億円）となり、ＣＤやレコードの68億２０００万ドルと遂に逆転した。しかし、この急成長を支えたのはiTunesのようなダウンロード販売ではない。それと入れ替わりにシェアを拡大した、ネット常時接続で音楽をストリーム再生して楽しめる、定額制配信という新しいサービスだった。その代表格が、スウェーデン発祥のSpotifyである。

定額制配信の歴史は、実はiTunesより古い。２００１年のナップスター閉鎖を受けて、最初に始まったポストナップスター的なサービスが、Press Play、Music Netなどのラジオ型のストリーム再生サービスだった。しかし手続きが面倒で、なおかつ音が途切れるなど、ナップスターユーザーを振り返らせるには至らなかった。ブロードバンドが普及していなかったアメリカで、それに代わってナローバンドにも対応する、ダウンロード販売方式を選択したiTunesストアが、２００３年にスタートするという流れがあるのだ。

Spotifyは遠く北欧スウェーデンから登場したサービス。福祉政策の一貫でメールアカウントが国から配られ、幼児期からＰＣが支給されているスウェーデンのＰＣリテラシーは高い。ナップスターが上陸するとあっという間に普及し、同国ではすでに音楽は無料で聴かれるものになっていた。Spotifyの開発者であるダニエル・エクもナップスターの愛好者。ナップスターの素晴らしさは、単に無料で音楽を入手できるだけでなく、未知の音楽との出会いがそこにあると讃えた。彼はナップスターを通して、メタリカ、レッド・ツェッペリン、キング・クリムゾンなどの過去の音楽遺産を知る。「もしナップスターがなければ自分はクラシックロック愛好家にならなかった」と語っている。イギリスのロックバンド、レディオヘッドのトム・ヨークはそれをセレンディピティ（偶然の出合い）と呼び、失われた音楽の情熱をナップスターが復活させたと語った。ナップスター閉鎖を残念がったダニエルは、それに代わるものとして、すべてのレコード会社のカタログを網羅し、しかも新曲を取り揃え、音楽を廉価で楽しめるサービスとして定額制配信に着目。こうして2008年に、本国でSpotifyをスタートさせるのだ。

Spotifyでは、PCなら毎月10時間まで無料ですべての曲が聴け、サービスを気に入ったら有料会員になればその制限が解かれる。会員になればモバイルで楽しむことも可能に。その圧倒的な利便性と、iTunesのようにダウンロードしなくても、ネットに繋いでおけば巨大なデータベースにアクセスできるモバイル向けの仕様から、あっという間にシェアを拡大。ナップスターが蔓延していたスウェーデンでは、Spotifyの普及で違法ダウンロードは15％にまで減り、2010年には低迷していた国内のCD売り上げを18・7％押しあげるという、プロモーションにも有効な巨大な試聴機となった。

スウェーデンで誕生したSpotifyは、福祉国家政策的思想を背景に生まれながら、現在はアメリカ、ヨーロッパ各国でユーザーを集める、インターネット時代の標準的音楽プラットフォームに成長した。現在、有料会員数は全ユーザーの25％を占め、その数は世界で6000万人に上る。それに追随してスタートしたアップルの定額制配信Apple Musicの会員数2700万人に比べれば、倍近くのユーザーが利用している。新曲の網羅率も、ビルボードチャート上位50位をほぼ取り揃えているほど（テイラー・スウィフトなど不参加を表明しているアーティストを除く）。日本でも2016年にサービスが開始され、980円／月で有料サービスを提供している。

アルバム3枚分のレンタルCD料金と同じ値段で、ほぼすべての楽曲が高音質のフルサイズで聴ける。お財布に優しい定額制配信サービスは、かつてのｉモードのようなモバイル売り上げを牽引するものとして期待されていて、ｄヒッツ（ＮＴＴドコモ）、うたパス（ａｕ）、Google Play Music（グーグル）、LINE MUSIC（ＬＩＮＥ、ソニー、エイベックス）、ＡＷＡ（エイベックス、サイバーエージェント）など、通信キャリア、ＩＴ事業者が先導して類似サービスを展開している。無料でフルスペックでサービスを体験し、気に入ったら有料会員になるフリーミアムは、ニコニコ動画、モバゲー、グリーといったソーシャルゲームが採用してきたもので、日本人に馴染みやすいビジネスモデルと言われている。

現在、Spotifyは年間10億ドル（約1000億円）の収益をあげており、そこから著作権者に支払われるのは総額5億ドル（約500億円）以上とも。同社がアーティストに支払う金額は、iTunesのような1曲から手数料を差し引いていくらではなく、1回再生されるごとにいくらという内訳になる。メジャー、インディーズとも支払い条件は一律。ケースバイケースだが、1回再生あたりミニマム・ギャランティと、有料会員の会費と広告収入をSpotifyとレーベルが折半するという内訳に支払われる楽曲使用料はYouTubeの4、5倍と言われる。iTunesストアと違うのは収益を広告モデルに負っていることで、これによって実質的にＣＤセールスよりも、Spotifyのほうが収益が高いというアーティストも数多く登場しているという。こうして違法（無料）だったナップスター、音楽を安価で普及させたiTunesの時代に代わって、Spotifyはアーティストに支払われるべき著作権料を適正化に努めた。「CD全盛期ほどは稼げないが、現状のCDセールスよりは音楽配信のほうが儲かる」という時代がすでに目の前に到来している。

またSpotifyの優れているところは、ストリーミング配信という技術によって、ユーザーが何の曲を何秒聴いたかのオンラインデータが、サーバにビッグデータとして記録されるところにある。こうした楽曲データの一元管理によって、パーソナライゼーションという新しい技術が注目を集めた。その端緒となったのが、アメリカでパーソナライズド・ラジオとして一時シェアを拡大した、Pandraの「ミュージック・ゲノム・プロジェクト」。聴き手の音楽の好みを解析して、未知の音楽を紹介することで、まるで自身が選曲したような、好みのプレイリストができあがる。かつてナップスターがユーザーに提供した「セレンディピティ」を、ＡＩ技術によって実現するというモデルである。

Amazonなどで買物をしたときに、その買物傾向から別の商品を推奨するレコメンド・エンジンという技術がある。これはゼロックス・パロアルト研究所で生まれた、協調フィルタリングという技術をベースにしたもの。しかしこのデータ解析は過去データの集積に基づくために、精度をあげるほど買物の質が保守的になり、かつ大衆の好みに迎合しやすい。精度の低いレコメンド・エンジンを採用しているYouTubeは、特定の人気動画の寡占状態となるモンスターヘッドを生む要因となってきた。

「ミュージック・ゲノム・プロジェクト」はコンテンツベースのエンジンと、１００人のミュージシャンがコンテンツ解析に関わる、いわば音楽のキュレーターがスタッフとして働いており、医者が処方箋を書くように未知のオススメ楽曲を紐付けていく。こうして、かつて米『ワイヤード』

編集長だったクリス・アンダーソンが提唱した「ロングテール」の理想を復活させた。Pandraではメジャーアーティストの曲は3割しか再生されておらず、いい曲であればアーティストの知名度に左右されず、まんべんなく聴かれている状況があるという。年間5万ドル（約590万円）の収益を得る、音楽だけで生活できる中堅ミュージシャンが、アメリカには800人以上いると言われている。

こうしたレコメンド・エンジンの高精度化が、音楽配信事業の切り札となった。Spotifyに遅れて2015年にスタートしたアップルのApple Musicでは、再生した曲やハートを付けた曲を学習し、ユーザーの趣向に合わせた音楽を表示する「For You」、似ている曲を流し続ける「ステーション」などの機能を持たせた。Google Play Musicを提供しているGoogleは、音楽キュレーション会社Songzaを3900万ドル（約46億円）で買収。「Instant Mix」というレコメンド・エンジンを定額配信サービスに実装しており、ライブラリに登録した曲、アーティストに基づいて自動選曲する「ラジオ」機能などを実現させた。

JASRAC独占から自社管理の時代に

海外と違い、独占禁止法の縛りの弱い日本では、著作権管理業務はJASRAC（日本著作権協会）がほぼ独占的に行ってきた。その歴史は主に演奏家から著作権料を回収していた戦前に遡る。その後、第二次世界大戦後になってからレコードなどの複製物からの回収を始め、それはやがて巨大な売り上げを誇るまでになった。テレビ／ラジオなどの放送でのレコード紹介に付随する著作権料も、71年から徴収が開始される。電話、書面による調査から始まったこれも、テレビ局とJASRACがネットワークで繋がれた現在はビッグデータとして記録され、放送における二次使用曲も厳密なリスト管理が行われている。

しかし、回収した著作権料を分配するしくみは、古い時代のまま。権利団体が互いに譲らず、決着を見ないまま不透明な状態が続いている。こうしたJASRACの姿勢を問題視し、キャンディーズを手掛けたヒットメーカーで作曲家の穂口雄右のように、JASRACを退会し、代表曲「春一番」、「夏が来た！」などの曲をJASRAC管理から引きあげて自主管理するという、ゲーム業界のような非信託の流れも生まれている。

JASRACの不透明性が野放しにされてきたのは、一社独占によってシビアな競争ルールがさらされなかったことも理由にあった。そこに現れたのが、イーライセンス、ＪＲＣ（ジャパン・ライツ・クリアランス）などの、JASRACの競合となる新しい著作権管理団体だった。イーライセンスを設立した三野明洋はもともと日本コロムビアのヒットディレクターで、中村雅俊、榊原郁恵、高見知佳らを手掛けてきた。独立して興したシックスティレコード時代には、秋元康が詞を手掛けた早瀬優香子「サルトルで眠れない」をヒットさせている。制作現場を知るものが発足させた、新しい著作権管理会社に注目が集まった。

インターネットがブロードバンド時代に突入し、音楽著作権回収も新たなフェイズに入った。YouTube、ニコニコ動画といった動画配信、動画ストリームサービスはいずれも、テレビ／ラジオ放送に準じて、全売り上げの数パーセントを著作権使用料としてJASRACなどの著作権管理会社に支払う、ブランケット方式で契約を結んでいる。しかし一方で、原盤に関する使用料は正しく回収されているとは言い難い。原盤権使用料に関してはJASRACのような包括的な委任団体が存在していないため、許諾は個別に行うのが大原則。JASRACへの申請手続きで許諾を得られるのはアカペラもしくは生演奏によるカヴァーまでで、レコードCD音源の使用は管轄外。それがネットに溢れている現状は、グレーというより完全にブラックなのだ。「実際に聴いてCDを買ってくれれば」という性善説に則って、原盤権利者のお目こぼしに預かっているという状態は続いている。実際には著作権および原盤権（著作隣接権、著作人格権）侵害には、個人であっても10年以下の懲役または1000万円以下の罰金という、極めて重い罰則規定がある。それを問題視した音制連が主導して、ニコニコ動画におけるアミューズ他の加盟社のCD音源の違法使用を警告し、2009年に動画削除をキャンペーン的に展開したこともあったが、ユーザーからの猛反撃を受けて啓蒙活動は裏目に出た。

イーライセンスに次いで発足したJRCは、新しい著作権団体として作家、音楽出版社と契約する際、作詞、作曲の著作権と合わせて、原盤権もまとめて管理を預かるビジネスモデルを提案した。しかし、原盤を著作権のように管理するのには複雑な手続きが必要で、JRCの原盤管理楽曲も、打ち込み系クリエイターらのダンスミュージック、アンビエントを基本としたものに止まった。

巨大な放送メディアにおいては、JASRACと放送局が締結しているブランケット契約に阻まれ、曲ごとに決済するイーライセンス、JRCなどの新しい著作権管理会社は、その牙城に分け入ることはできなかった。イーライセンスはエイベックスと一時的に包括的な契約を結ぶに至り、JASRAC独占に風穴を開ける新しい時代が来たと思われたが、それを境にテレビ／ラジオから、エイベックス楽曲が締め出されるという事態を生んだ。こうした新しい動きに常に理解を示してきたエイベックスは、ニコニコ動画などにも出資して事業支援。エイベックスの管理楽曲の原盤使用を、ニコニコユーザーに開放するという破格の振る舞いで、これを新しいCDプロモーションとして考えるという柔軟性を見せた。

その後、目的を共にするイーライセンスとＪＲＣは合併し、NexToneという新しい会社に生まれ変わる。それを機にイーライセンスを離れた三野明洋は、『やらまいか魂　デジタル時代の著作権20年戦争』（２０１５年／文藝春秋）という自伝に、ライバル団体らとの戦いの日々を綴った。三野によれば著作権管理の流れは、全世界的な変革期を迎えているという。アメリカでは、ニューヨークの放送関係者が作ったＢＭＩ、ハリウッドの映画関係者が作ったＡＳＣＡＰという、２つの著作権管理団体が知られているが、ここから楽曲を引きあげて、約7割のレコード会社、原盤管理会社が自社管理に移行している状況があると言う。２０１５年、レコード会社のエイベックスが音楽出版管理会社NexToneを子会社化したのには、その先にエイベックスが自社で著作権を管理するという、おそらく同様の狙いがあるのだろう。JASRACなどの著作権団体への信託なしで、ネット事業者とレーベルが直接取引する時代が到来したのだ。

新しい時代の、音楽のフリーモデルの在り方

ソニーの丸山茂雄は著作権問題に取り組んでいたのと同じころ、ソニー・コンピュータエンタテインメントを立ちあげ、プレイステーションというゲーム機を世に送り出した。すぎやまこういちが作曲した『ドラゴンクエスト』の劇伴に高い賛辞が贈られたことも刺激になったのだろう。レコード会社が作ったゲームプラットフォームの使命として、ゲーム音楽の作家性を確立し、そのために著作権保護に取り組むべきと考えた。『ガボールスクリーン』に小室哲哉、『パラッパラッパー』に松浦雅也（ＰＳＹ・Ｓ）など、ソニーグループのアーティストを積極的に起用したのもその一環。アーティスト性を表現できるゲーム音楽という新しいジャンルに注目が集まり、多くの著名ミュー

ジシャンが続いてこの業界に参入してきた。そこには『ウルティマ 恐怖のエクソダス』(87年)でゲーム音楽を初めて手掛けた、秋元康×後藤次利もいた。

しかしゲーム音楽はそれまで、メーカーにとって、あくまでプレイのための背景音楽にすぎないものだった。『パックマン』、『ゼビウス』などのヒット作の音楽は、ほとんどが社員作曲家が作ったものかもしくは楽曲買い取り。売り上げに乗じて作曲家が報酬を得るというしくみはなかった。

このとき、ゲーム音楽も音楽であり、著作権を管理すべきと提唱したのがJASRACだった。同時に預かったゲーム音楽の著作権使用料を、それを使用しているゲームメーカーに払うべきだと要請した。同じ会社でも、著作権管理部は楽曲使用料を受け取る部門。ゲーム開発チームは楽曲を使用すれば、使用料を払う立場になる。音楽が使われた分の使用料をJASRACが回収し、そこから手数料を抜いて著作権使用料をゲーム音楽の音楽出版社に分配するというしくみである。このときJASRACは、ゲームの使用時間(再生時間)も考慮に入れるべきと厳しい条件を突きつけた。ゲームの背景音楽は小さなROMに収めるためにほとんど短いループでできており、それをエンドレスで再生していた。あくまでそれは、BGMとして再生されるときの音素のひとつに過ぎない。レコード、CDのような絶対時間を持たない、ゲーム音楽から著作権料を回収するのには、新しい法整備が必要だった。

結果、各ゲーム会社はそれを突っぱね、ゲーム音楽の著作権をJASRACに預けずに、自社系列の音楽出版社で著作権管理まで行う「JASRAC非信託」という流れを選択する。これがやがて、ゲーム業界に敷衍していくのだ。ロールプレイングゲームなど24時間ぶっ通しでプレイするユーザーもざらにおり、JASRACの算出方法で割り出すと使用料は膨大なものとなる。このときゲーム業界を敵に回したことで、JASRACは著作権収入の1/3を取り損じたといわれている。それほどゲーム音楽は巨大な市場になっていた。それを誰よりも苦々しく思っていた一人が、ソニーの丸山茂雄だった。

そんな丸山はソニーを離れ、当時の著作権管理が行きすぎであったと振り返る立場にいる。日本は中国、韓国などと同じく、もともとは著作権については大らかな国だった。終戦後に日本に著作権ビジネスを持ち込んだのは連合国軍最高司令官総司令部（ＧＨＱ）。彼らが日本で著作権管理の整備を進めたのには、海外楽曲を日本でセールスして儲けるというアメリカの音楽業界の思惑があった。こうして日本は、アジアでもっとも著作権に厳格な国になった。

韓流ブームが短期間で世界的成功を掴んだのも、韓国の著作権の大らかさが普及を手助けしていた。韓国ドラマは、原作、キャスト、音楽などすべてオールライツとなっており、個別に権利処理をする必要がない。そのおかげで韓国エンタテインメントに、日本のテレビ局、衛星放送局、ケーブル局などが一斉に飛びついたのだ。コンテンツ輸出において韓流文化に対抗するには、著作権についても柔軟性が必要だと、現在の丸山茂雄は理解を示す発言をしている。

音楽配信の世界でも２０１２年、クラウドで管理するデータサービスへ移行するタイミングで、iTunesストアはコピーガードのためのＤＲＭを解除。こうしてiTunesストアで購入した楽曲を、複数のモバイルなどに自由に転送して楽しめるようになった。日本のメジャーレーベル楽曲を揃えていたｍｏｒａも、同年ＤＲＭフリーに移行。そこに至るまでにソニーには、ウォークマンの売り上げ不振、レーベルゲートＣＤでバッシングを受けたこととの反省があった。２社とも違法コピー問題を、プロテクト技術からユーザーの道徳心に任せる方針へと大きく舵を切った。こうして音楽を犠牲にしてきたコピープロテクトとプロテクト外しという、技術戦争のいたちごっこにさよならを告げた。

丸山の友人であるアミューズ会長、大里洋吉と、東方神起や少女時代らが所属するＳＭエンターテインメントのライヴに行ったときのエピソードがある。大里は広いステージにダンサーは大勢いるが、バンドがいないことに驚いた。３時間１００曲といった過剰なサービスができるのは、「バンドが演奏すべき」という考え方を取り払うことから実現したもの。いみじくもアミューズのPerfumeは、パフォーマンス力と光の演出で、これまでのアイドルグループのように、口パクだと非難されることはなくなった。またＫ-ＰＯＰ戦略に対する対抗措置として、Perfumeと真逆に生演奏に立ち返り、プロミュージシャンによる生バンドを帯同させるBABYMETALを世界に送り出し、日本のアイドルここにありと見せつけた。

日本がアジア諸国に比べ、バンド立国になったのはヤマハのおかげだった。19世紀末に浜松で日本楽器として創業したヤマハは、今ではピアノ、アコースティック・ギターでも世界に名だたるブランドになった。高温多湿な日本できれいに音が鳴ることを主眼に開発されたヤマハの楽器は、技術的に世界一とも言われる。また、モーグ、アープといった海外ではベンチャー会社が発明したシンセサイザーを、ピアノを製造するような歴史的メーカーが作っているのもヤマハだけ。先のボーカロイドも、ヤマハがバーチャル・グランドピアノを開発する過程で、高度なサンプリング技術とパテント開発から生まれてきたものだ。

84年にヤマハが発売したシンセサイザーＤＸ-７は、セミプロ向け価格帯の楽器ながら、それまで1億円で売られていた海外製のワークステーション、シンクラヴィアに搭載されていたＦＭ音源（マイケル・ジャクソン「今夜はビート・イット」のイントロの鐘の音が有名）を採用。日本経済新聞の長者番付に初めて楽器として記されるほどのベストセラー機となった。シンセサイザーの多重録音によるレコーディングを普及させ、これまでオーケストラやバンドで録音されていた歌謡曲のサウンドを変えてしまった。

ヤマハはまた、ヤマハ音楽振興会を設立し、全国にピアノ／エレクトーン教室を展開して、演奏者育成に努めてきた歴史があった。ポピュラー音楽にも理解を示し、バークリー音楽学院から帰国した渡辺貞夫を迎えて、60年代からはジャズ理論を日本で普及させた。70年代にはヤマハポピュラーミュージックコンテスト、ライトミュージックコンテストから多くのフォーク／ロックグループを世に送り出す。その歴史はバンドエクスプロージョン、ティーンズ・ミュージック・フェスティバル、ミュージック・レボリューションなどに受け継がれた。80年代からはそれを追って、ソニーSDオーディションがアーティストの登竜門としての役割を引き継いだ。

韓国にはヤマハのような文化がなかった。楽器メーカーがなかった代わりに、廉価で作れるコンピュータ技術が韓国の武器であり、サムスン、LGなどがメーカーが海外大手ブランドの発注を受け、OEM部品を製造してきた歴史があった。後進国のハンディに屈せず、韓国のエンタテインメントはお家芸の打ち込み音楽を駆使した、ダンスミュージックで世界を制覇する。

韓国のエンタテインメント産業は、世界マーケットを狙いながら、少数精鋭スタッフがそれを握っていた。日本のレコード会社のような大会議を不要とし、ITベンチャーのような即決主義と、マーケティング戦略で世界的に成功した。丸山茂雄は過去を振り返り、日本にとっての音楽の思春期は終わったと語る。1000人の社員を抱えるレコード会社の存続は、すでに幻想であるのだとも。著作権管理の厳格化を訴えてきた丸山が、現在は著作権フリーの在り方にも理解を示し、「裏切り者」のそしりを受けることもあるという。それほど時代は大きな変革期を迎えている。

そんな世界的な変革の状況下で、日本はAKB48がもたらしたアイドル特需によって、CDなどのフィジカルメディアが普通に販売され、巨大な市場を形成している唯一の国になった。しかし、そんな時代がいつまでも続くわけではない。インターネットによる情報公開にはずっと慎重で、アーティスト写真の使用はおろか音楽配信にも不参加を貫いてきたジャニーズ事務所も、将来的には配信を視野に入れ、CDリリースを取り止める意向があることを伝えている。そして遂に2018年4月には、ネットでの自社アイドルの写真使用が一部解禁された。

長らく籍を置いたSMAPが解散し、ジャニーズ事務所と袂を分かった稲垣吾郎、草彅剛、香取慎吾の3人が、これまで禁じられていたインスタグラム、YouTube、ブログなどを活動の第一歩として選んだのが象徴的。サイバーエージェントが運営し、テレビ朝日が制作するライヴストリーミング放送局「AbemaTV」の72時間特番に出演。ジャニーズの未来を予見させるような動きを見せた。AKS、ジャニーズ事務所とも音事協に加盟せず、テレビ局、レコード産業に代わる新しいエンタテインメントのコアを生み出そうとしている。そんな彼らには、将来的に日本の文化の主導者的な立場が期待されている。

ロックとアイドルの境界線の消失

今世紀の到来を境に、BUMP OF CHICKEN、MONGOL800、ロードオブメジャー、ガガガSP、ORANGE RANGE、175R、FLOWら新世代バンドが10代、20代に支持者を集め、「第4次バンドブーム」と呼ばれる流れが起こった。Hi-STANDARDがミリオンセラー記録を作り、MONGOL800、ORANGE RANGEらが200万枚超えで、メジャー／インディーズを越えたヒット記録を更新。いわゆるインターネット普及を挟んで、確実に音楽人口が増えたことを物語っていた。そうしたバンド特需が、フジロックフェスティバル、ライジング・サン、サマーソニック、

ROCK IN JAPAN、COUNTDOWN JAPANといった大型ロックフェスの集客動員に結びついた。Hi-STANDARD、MONGOL800らはインディーズに所属したまま、１００万枚セールスが可能であることを証明した。いわゆるメロコアと呼ばれるハードコアパンクのサブジャンルが、辺境からマス支持に移行したことを実感させた。

彼ら世代には、これまでのロックミュージシャンのような芸能界への憎悪はない。プライベートではロックと並行してＡＫＢ48を聴くようなあっけらかんとした態度が見られた。また、ライヴの物販スペースで特典付きＣＤ、ツアーＴシャツなどを販売する、アイドルのようなノベルティ手法で、メジャー資本に頼らなくとも、アーティストとして活動できる自由を手に入れた。チャットモンチー、SCANDALらが先行したガールズバンドも、赤い公園、ねごと、ＦＬｉＰ、LoVendoЯ、SHISHAMO、tricot、Silent Siren、Cyntiaなどが続き、ルックス、人気においても、アイドルグループに負けない存在も現れた。

スマホの普及により、プロモーション媒体もテレビの歌番組や『歌う天気予報』のようなフィラー番組から、YouTubeやTwitterなどのネット動画が主流になった。かつての外資系大型ＣＤ店のようなサロンは、ＬＩＮＥなどのヴァーチャル空間に移っていった。アートの意識も様変わりし、今ではジャケットだけでは、そのＣＤがアイドルのものなのかロックバンドのものなのかも判別がつかない時代になった。言い換えれば、今のリスナーにとって、それがアイドルなのかロックバンドなのかの境界すら意味を持たなくなった。

こうした意識変革は、送り手であるミュージシャンの側でも起こっていた。元メガデスのギタリストだったマーティ・フリードマンは、日本固有の芸能であるアイドルポップスを、音楽的側面から評価する一人。ガラパゴス的に進化した極東の奇形のポップス＝アイドルは、アメリカ、ヨーロッパなどの影響が見えないから面白いのだとマーティは主張する。ＡＫＢ48の大勢によるユニゾン歌唱という、アメリカのエンタテインメント界ではあまり見られないヴォーカルスタイルにも、得も言えぬ快感があると一定の評価を与えている。

Mr.Childrenの桜井和寿は、日本武道館で行われたBank Bandのチャリティライヴにおいて、乃木坂46のアルバム曲「きっかけ」（『それぞれの椅子』）を歌ってファンを驚かせた。純粋に楽曲として優れていると評価する桜井は、バンドサウンドでそれを再現することで、打ち込みによる原曲では見えにくい、アイドル曲のメロディー、歌詞のよさを一般のロックファンに伝えた。Mr.Childrenに影響を受けてミュージシャンになったという同曲の作曲家、杉山勝彦にとっても、それは感慨深い体験になったに違いない。

90年代に日本のクラブシーンの先導者として成功したピチカート・ファイヴは、小西康陽らがブリル・ビルディング（アルドン・ミュージックなどの音楽出版社が密集していた建物の名称からついた、その種の音楽制作スタイル）のような作家集団を目指して集まったのが発端。小泉今日子をヴォーカリストとしてイメージしたバンド構想が、ピチカート・ファイヴというグループに結実する。後に小泉本人に曲提供する機会にも恵まれた彼らだが、海外で先に人気の火が点き、ワールドワイドでの評価を獲得したのも、日本固有のキッチュなポップ感覚が評価されたためだ。

アイドルに曲を提供することは恥ずかしくはない。むしろ自らのバンドでできないポップ表現を、アイドルという枠組みで求道できると考える、小西康陽らに続く新世代のクリエイターも登場してきた。Base Ball Bearのリーダー、小出祐介も洋楽とアイドルを分け隔てなく聴いてきた世代。もともとハロー！プロジェクトに造詣が深く、２０１４年にはオムニバス『ハロー！プロジェクトの全曲から集めちゃいました！ Ｖｏｌ．４』の選曲も担当している。Base Ball Bearのアルバム

『(WHAT IS THE) LOVE & POP?』のテレビCMには、他社所属アイドルである、Berryz工房の熊井友理奈を登場させたほど。ソニーグループに所属するアイドル、アイドルネッサンス結成時にもアドバイザーとして参加しており、「交感ノート」(2017年)などオリジナル曲も提供している。

小出も絶賛する富士山のローカルアイドル、3776のプロデューサー、石田彰もルーツはピチカート・ファイヴ、キング・クリムゾンなどのロック体験。「天野ソラヲ」名義でのボカロ投稿などを経て、プロのコンポーザーになった。実際に熱心にAKB48劇場に通い、ライヴを体験する中でアイドルシーンに合流してきた世代である。3776の前身グループは「team MII」というのだが、木下百花ら個性派を輩出した48グループ最弱と呼ばれる、NMB48のチームMの名前をもじったその意気やよし、である。

いとうせいこうもメンバーとして名を連ねる□□□(クチロロ)の元メンバーで、現在はアイドル評論家として活動する南波一海も、2つのシーンを結びつける役割を果たした。バンド生活を離れた後、『ミュージック・マガジン』などの媒体で硬派なロック記事を書きながら、アイドル文化に深い理解を示す。2012年にタワーレコード社長でアイドル好きとしても知られる嶺脇育夫と、ネット番組「南波一海のアイドル三十六房」をスタート。『Japan Idol File』(2013年)、『ハロー!プロジェクトの全曲から集めちゃいました!』などのオムニバスの選曲も務めている。アイドルに楽曲提供する、職業作家にフォーカスしたインタビュー集『ヒロインたちのうた』(音楽出版社)は、筒美京平以降の日本のアイドル作家の素顔を捉えた一冊となった。

アウェイなロックフェスへの参加も、ももいろクローバーZ、Perfumeらは挫けぬバイタリティでオーディエンスの支持を集め、現在ではロックフェスにとってアイドルは欠かせない存在になった。それは主催団体がアイドルブームに便乗したわけではない。いかに盛りあげるかという点において、ライヴ空間ではロックバンドとアイドルは並列に存在する、ライバル的存在になったのだ。

こうしたロックフェスにおけるアイドルの盛りあがりを受けて２０１０年に誕生したのが、アイドルだけの初めてのフェスティバル「TOKYO IDOL FESTIVAL（ＴＩＦ）」である。フジテレビの協賛を受け、お台場の青梅特設劇場を会場に、現在では１００組以上のアイドルが一堂に結集する盛大なイベントに成長。その後、48グループも合流し、最新のアイドルシーンを定点観測できる恰好の場所になった。

「ＴＩＦ」の発案者は、フジテレビ『アイドリング!!!』のプロデューサーから、イベントの総合プロデューサーに就任した門澤清太。アイドリング!!!の日比谷野外音楽堂ライヴが成功し、野外でのライヴの実現を模索していたところ、品川プリンスホテル関係者から2日間の空きができたので何かやらないかと誘いを受け、であれば他のアイドルグループも交えてということで始まったのが、「ＴＩＦ」だった。「日本最大級のアイドル見本市を目指す」をスローガンに、ライヴ、トークショー、試写会、握手会などのイベントが敷地内で同時多発的に開催される。イベント内容はネットのストリーミング配信、総集編のＣＳ放送などのかたちで、フジテレビのコンテンツのひとつとして続けられている。こうして「ＴＩＦ」は、毎年夏に開催される恒例イベントとなった。

「アイドルが好きでやってるわけではない」とスタッフは語り、むしろフジロックを意識した自律的なフェスを目指した。テレビ局の事業部のように収益追求にならないよう、TOKYO IDOL FESTIVAL実行委員会として独立。営利目的ではなく、さまざまなアイドルを知ってもらうための見本市を基本ルールとし、出演者は基本ノーギャラで交通費も参加者持ち。その代わりに物販スペースを設けて、そこでの売り上げをギャラに充ててもらい、対価となる費用を受け取らない方針を取った。それでもチケット販売、ステージの設営、ガードマンの手配など出費は大きく、シリーズ続行が危ぶまれた時期もあったが、現在は企業スポンサードを得て、唯一のアイドルフェスとして毎年規模を拡大している。

当初ホスト役を務めたアイドリング!!!は、2015年にグループが解散。現在「TIF」は新たなフェイズに入った。おそらくHKT48劇場支配人の尾崎充のフジテレビAD時代の繋がりもあるのだろう。近年は指原莉乃らHKT48が3年連続で出場しており、2017年にはAKB48チーム8も参戦。『笑っていいとも!』の元ディレクター、菊竹龍が2017年にプロデューサーに就任してからは、指原をチェアマンのポストに迎えた。こうしてTIFは現在、48グループファンと他の地下アイドルファンとの貴重な出会いの場となっている。

会員制ビジネスという新しい鉱脈

インターネット黎明期、基本無料ですべてが提供されてきたカオス期を経て、Spotifyなどの定額制音楽配信サービスの登場で、音楽の新しい価値が定まりつつある。ジャンルを問わず、大物アーティストの新譜が発売日から聴ける利便性は、リスナー人口を拡大化に寄与した。エンタテインメントが多様化、コモディティ化する中で、「LINE」などのSNSなどがヴァーチャルな情報サロンとなって、辺境にいるファン同士を繋ぎ、マニアックな音楽好きという人種の連帯のかたちが見えてきた。SNS普及において音楽が有力なコミュニケーションツールとなる――。かつてMTVがソーシャルネットにいち早く注目し、Facebookを買収してMTVと融合させようとしていた夢が今、現実になろうとしている。

かつて筆者が週刊誌の編集者だった時代のこと。ナップスター普及による違法ファイル交換で、音楽業界は大打撃を受けた。しかし日本の音楽産業は奇跡的に復興を遂げ、今ではCDが従来通りの規模で流通している先進国は日本だけになった。そのころ取材したある高校生は、ピアツーピアによる違法なファイル交換で音楽を聴いている、彼らの兄貴世代への軽蔑を口にしていた。ハンバーガー店などで働いて得た、決して多くはないバイト料で彼らはCDを買い、いい音楽には正しい対価を払うことは厭わないと語っていた。

J-POP寡占状態だった時代に、とあるレコード会社の洋楽レーベル担当者は、10代の将来の洋楽ファンに向けて、海外アーティストの新譜CDを輸入盤に限りなく近い2000円でリリース。こうしてジェイソン・ムラーズのようなニューカマーが日本で注目された。

プロモーション用としてラジオ、雑誌向けに作られるサンプル盤を、レコード会社から預かって、全国の私立中学、高校の放送部に配布する宣伝代理店も登場した。放送局の社員、雑誌編集者のように、新曲を誰よりも早く聴けることを誇らしく思い、放送部員たちは熱心にプロモーションに協力してくれたという。また洋楽部が売り出し中の新人アーティストを、私立高校、大学の学園祭にブッキングするような新しい試みも行われた。生徒の手作りによるステージセットで行われた学園祭ライヴは、プロのコンサート業者にはとても太刀打ちできないだろうが、それでもそのコンサート実現に参加した学生たちの間で、そのバンドとの交流は一生忘れ難い思い出になった。

ニコニコ動画の発展に寄与したボカロ投稿も、現在ではインディーズCD販売で生計を立てるセミプロアーティストが続出。人気アーティストはメジャーレーベルと契約を果たすまでになった。インディーズ作品の販売と交流の場所として、毎年ビッグサイトで行われているコミックマーケットにおいても、CD物販コーナーに多くの客が集まるなど、インディーズの販路も広がっている。

コンサート以外の場所で、セミプロ音楽家の物販スペースに列を成すようなシーンが見えるかたちになったのは、音楽史において初めてかもしれない。現在そこには、作詞家のサエキけんぞう（パール兄弟）のような著名ミュージシャンも名を連ねている。ファン交流を通してインタラクティヴにロックの進化させてきた、トッド・ラングレンを信奉してきたサエキらしい。前山田健一、米津玄師といったボカロ投稿から注目されたニューカマーも増え、フランスのＭＩＤＥＭ（ミデム）の小型版のような、次世代アーティスト市場がビッグサイトのコミケ会場の一角から生まれつつある。

かつてフォーク／ロックがまだビジネスではなかった60年代。コンサートは民音などの政治団体の援助を受けてきた。岡林信康、はっぴいえんどらＵＲＣのアーティストは、ごく初期は月額会員制でレコードを届けるところから始まった。制約を受けない自由な創作のために、大物ミュージシャンもクラウドファンディングというファン投資サービスを利用して、アドバンス（前金）を受けてアルバムを制作するケースも増えてきた。こうした流れはＵＲＣの時代の会員制の流れを汲むもので、クラシック時代のパトロン文化への回帰にも思えた。

クラシック時代には王侯貴族が芸術家を支援することが盛んに行われ、貴族階級がパトロンとなって画家、作曲家の生活を支えた。ルネサンス期のイタリアではトスカーナ大公がレオナルド・ダ・ヴィンチを、英国王ジョージ1世がヘンデルを、ローマ皇帝ヨーゼフ2世がモーツァルトを、末弟ルドルフ大公がベートーヴェンを支援したことが知られている。現在も地方のクラシック楽団、オペラ団体、コンサートホールなどは、企業パトロネージュによる協賛金によって運営されているところが多い。

アイドルにおいては、ファンクラブがずっとその役割を務めてきた。ＡＫＢ48、ジャニーズ事務所では、会員向けにコンサート優先席のチケット販売が行われており、積極的にアイドルを支援する方法として定着した。エンタテインメントがライヴへと軸足を移していく時代には、このような固定ファンとの結びつきは一層強固なものになっていくだろう。

ファンクラブ運営はこれまで性善説に基づいて行われてきたが、会員が優先的に購入できるチケットを大量買いし、オークションなどで高価で売りさばく「チケット転売問題」が、新たな問題として浮上してきた。80年代のコンサート会場の名物だったダフ屋、違法グッズ商法は、音制連らの努力によってすっかり消えたが、それに代わって「ネットダフ屋」と呼ばれる新商売が台頭。一般ファンを装ってファンクラブに入会し、まとめ買いしたチケットを高額で転売して、それらの一部が暴力団の資金源になるという状況を生んでいる。

そのために２０１７年、音事協、音制連などのコンサート4団体が結託し、チケットを適正価格でトレードできるしくみとして、チケット販売のぴあ運営による「チケトレ」を開始。急な用事で行けなくなったチケット購入者への救済と、転売による利ざやが闇資金に流れないようにするために、ユーザー登録を厳格化して、不届きな業者を市場から追い出すことに努めている。

また２０１７年9月には、サカナクションのコンサートの電子チケットを転売目的で取得したことが詐欺罪に当たるとして、神戸地裁で懲役2年6月、執行猶予4年の有罪判決が下された。これまで各都道府県の迷惑行為防止条例でダフ屋行為は摘発されてきたものの、インターネット上の高額転売は野放し状態。それが電子商取引において詐欺罪と認められたことで、この判例が一定の抑止力になるものと期待されている。

コンサートチケットの転売問題は、ライヴツアーが売り上げの核となるエンタテインメントの本場、アメリカでも喫緊な課題に。ブルース・スプリングスティーン、テイラー・スウィフトらもチケット転売を防ぐために、ファンに個人情報を事前に登録させる、ＡＫＢ48やジャニーズ事務所のファンクラブシステムのようなやり方を導入した。ファンから「儲け主義」という声も上がったが、これが転売減少に一定の成果をあげて評価を受けているという。

ユーザー参加型ビジネスの歴史は実は浅く、アメリカンエキスプレスがメンバーシップ特典として、さまざまな優良品販売を行った例がルーツにあたる。会員制サービスは、優良な消費者の動向を探れるという、マーケティングの好材料となった。日本でこうした会員制メディアに最初に踏み込んだ一人が、ニッポン放送、フジテレビ、キャニオンレコード、フジパシフィック音楽出版の歴代代表を務めてきた石田達郎。例えば出版業界では流通が支配してきた歴史があり、出版社はさまざまな制限を受けてきた。業界外から現れた石田は、それなら流通を通さず雑誌を販売すればよいと、日本初の会員制直販雑誌として『ＥＳＳＥ』（リビングマガジン／現・扶桑社）を創刊。書店に並ばない雑誌でありながら、ピーク時に80万部近くの部数を誇った。日経ＢＰ社もそれに続き、『日経ビジネス』などの自社媒体の主たる販路を、経済に関心の強いビジネスマンの定期購読者に絞って成功した。注文数に合わせて生産すれば、発売日には即ユーザーの手元に渡るため、在庫リスクを抱える必要がなくなった。

音楽業界でも昨今、一度プレスリリースで販売が告知されながら、一定の注文数が集まらないタイトルには、不良在庫を出さないために商品化が断念されるケースも増えた。そんな中でマニアックなユーザーを救済すべく、ソニーのポータルサイトでは「オーダーメイドファクトリー」という、事前予約制でノルマ数を超えたら販売するという、商品リクエストサービスも行われている。レコード店員からのヒアリングではわからない、マイナーなアニメのサントラなどが短期間で予約数超えを果たして驚かされたが、商品価値をもっともよく知っているのはユーザーなのだ。これまでも「たのみこむ」などのリクエストサービスで、ＣＤ復刻嘆願は数多く寄せられてきたが、ほとんど実現しなかったのは、音楽業界の権利処理が他のグッズなどに比べてずっと複雑なため。レコード会社が立ちあげた復刻サービスは、開始からわずか数年でレア盤の復刻を次々と実現させた。

近年はソニー自社での旧譜復刻はメジャータイトルにとどめ、別の通販業者などから百枚単位での受注を受け、サブライセンス商品としてソニーの過去作品の復刻を他社に任せる、アメリカのライノグループのようなやり方も定着してきた。大手メジャーの自社採算分岐に基づくチープな復刻よりも、紙ジャケットや帯まで忠実に再現するサブライセンシーによる復刻は、料金が少々高めであっても、コレクターには喜ばれている。アメリカには音質がよいと謳われる重量レコードを、各社からライセンスして製造するオーディオ・フェディリティというメーカーが存在する。その後同社は、18K加工で音質を極めたゴールドCDなどを発売し、高額でも買うコレクターを相手に成功した。今日PCオーディオを再生環境とした、24bit／192kHzでの高音質音楽配信はこの流れにある。今後もネットによる音声ファイル販売、Spotifyのような定額配信サービスは普及していくだろうが、一方でサブライセンシー企業との連携で、日本ではコレクター向けにフィジカルは生き残っていくだろうと予測されている。

参考資料／書籍

田原総一朗、秋元康『ＡＫＢ48の戦略！秋元康の仕事術』（アスコム）
『涙は句読点（ＡＫＢ48公式10年史）』（日刊スポーツ出版社）
朝日新聞編集部・編『ＡＫＢ48あなたがいてくれたから』（朝日新聞出版）
小林よしのり、中森明夫、宇野常寛、濱野智史『ＡＫＢ48白熱論争』（幻冬舎）
ＢＵＢＫＡ編集部・編『ＡＫＢ48裏ヒストリー　ファン公式教本』（白夜書房）
田中秀臣『ＡＫＢ48の経済学』（朝日新聞出版）
北川昌弘『山口百恵→ＡＫＢ48ア・イ・ド・ル論』（宝島社）
週刊プレイボーイ編集部・編『ＡＫＢ48ヒストリー〜研究生公式教本』（集英社）
仲谷明香『非選抜アイドル』（小学館）
坂倉昇平『ＡＫＢ48とブラック企業』（イースト・プレス）
田中秀臣『ご当地アイドルの経済学』（イースト・プレス）
『48現象』（ワニブックス）
さやわか『ＡＫＢ商法とは何だったのか』（大洋図書）
宇野常寛『リトル・ピープルの時代』（幻冬舎）
東浩紀『動物化するポストモダン　オタクから見た日本社会』（講談社）
濱野智史『前田敦子はキリストを超えた―〈宗教〉としてのＡＫＢ48』（筑摩書房）
秋元康『企画脳』（ＰＨＰ研究所）
秋元康『さらば、メルセデス』（マガジンハウス）

ＳＷＩＴＣＨ編『秋元康大全97％』（エイティーワン・エンタテインメント）
井上ヨシマサ『神曲ができるまで』（双葉社）
乃木坂46、篠本６３４『乃木坂46物語』（集英社）
山本彩『山本彩ファーストエッセイ集すべての理由』（幻冬舎）
須藤凜々花、堀内進之介『人生を危険にさらせ！』（幻冬舎）
森下信雄『元・宝塚総支配人が語る「タカラヅカ」の経営戦略』（KADOKAWA／角川書店）
藤岡藤巻『よろけた拍子に立ち上がれ！—島耕作になりそこなったオヤジのための人生論』（ソニー・マガジンズ）
『NMB48 COMPLETE BOOK 2012』（光文社）
『日本における音楽出版社の歩み—ＭＰＡの三十年・インタビュー集』（日本音楽出版社協会）
『音制連20年史』（音楽制作者連盟）
『日本のレコード産業』（日本レコード協会）
河端茂『レコード産業界』（教育社）
『基礎調査報告書』（コンサートプロモーターズ協会）
『ライブ・エンタテインメント白書』（ぴあ総研）
森川嘉一郎『趣都の誕生—萌える都市アキハバラ』（幻冬舎）
妹尾堅一郎『アキバをプロデュース 再開発プロジェクト5年間の軌跡』（アスキー）
星野陽平『増補新版　芸能人はなぜ干されるのか？』（鹿砦社）
軍司貞則『ナベプロ帝国の興亡—Star Dust』（文藝春秋）
南波一海『ヒロインたちのうた～アイドル・ソング作家23組のインタビュー集～』（音楽出版社）

宮澤綾「日本でのK-POPの人気の研究」
(http://www.bus.kindai.ac.jp/kawamura/11semi/semi3/miyazawa/miyazawafinalreport.docx)
三野明洋『やらまいか魂　デジタル時代の著作権20年戦争』(文藝春秋)
阿久悠『夢を食った男たち―「スター誕生」と歌謡曲黄金の70年代』(文藝春秋)
近田春夫『考えるヒット』(文藝春秋)
大塚英志『物語消費論―「ビックリマン」の神話学』(新曜社)
大塚英志『物語消滅論―キャラクター化する「私」、イデオロギー化する「物語」』(KADOKAWA/角川書店)
山田修爾『ザ・ベストテン』(ソニーマガジンズ)
児島由美『タレントまであと一歩』(JICC出版局)
鳥賀陽弘道『「Jポップ」は死んだ』(扶桑社)
『石田達郎の想い出』(フジサンケイグループ)
朝妻一郎『ヒットこそすべて〜オール・アバウト・ミュージック・ビジネス』(白夜書房)
小室哲哉『告白は踊る』(角川書店)
大森望『50代からのアイドル入門』(本の雑誌社)
山本コウタロー『誰も知らなかった吉田拓郎』(八曜社)
富澤一誠『夢のあがり―ニューミュージックの仕掛人たち』(音楽之友社)
丸山茂雄『往生際――〝いい加減な人生〟との折り合いのつけ方』(ダイヤモンド社)
榎本幹朗『未来は音楽が連れてくる』(エムオン・エンタテインメント)
『秋元流　市ヶ谷編』(ソニー・ミュージックハウス)
『秋元流　虎ノ門編』(ポニーキャニオン)

『コンフィデンス年鑑』『オリコン年鑑』『ORICONエンタメ・マーケット白書』
（オリジナルコンフィデンス、オリコン・エンタテインメント）
『クィック・ジャパン』（太田出版）
『月刊カドカワ』（KADOKAWA／角川書店）
『別冊カドカワ　総力特集』（KADOKAWA／角川書店）
『別冊カドカワDirect』（KADOKAWA／角川書店）
『ＢＯＭＢ！』（学習研究社、学研プラス）
『ＢＵＢＫＡ』（白夜書房）
『週刊東洋経済』（東洋経済新報社）
『週刊ダイヤモンド』（ダイヤモンド社）
『月刊ＡＫＢ48グループ新聞』（日刊スポーツ新聞社）
『日経エンタテインメント！』（日経ＢＰ社）
『音楽主義』（日本音楽制作者連盟）
『ＣＩＲＣＵＳ』（ＫＫベストセラーズ）
『サンデー毎日』（毎日新聞社、毎日新聞出版）
『別冊宝島　音楽誌が書かないＪポップ批評』（宝島社）

参考資料／ウェブ

https://ameblo.jp/akihabara48/
http://www.musicman-net.com/
http://ja.wikipedia.org/
http://48pedia.org/
http://www.gentosha.jp
http://blogos.com
http://kansai-tcm.jp/
http://entertainmentstation.jp
http://article.wn.com/
http://www.nikkei.com/
http://www.acpc.or.jp
http://www.jasrac.or.jp
http://www.joysound.com/
http://corporate.pia.jp/index.html
http://www.m-on-music.jp
http://5ch.net/

謝辞／奥村靫正、近田春夫、サエキけんぞう、田渕浩久（DU BOOKS）、竹内修（Wilsonic）、ほか匿名を条件に複数の業界関係者の方々に取材し、多くのインスピレーションをいただきました。多謝。

あとがき

本書は著者にとって初めての、アイドルを対象とした本になる。辺境のロックや実験音楽を探究してきた著者にとって、それはまったくの門外漢。しかしプロデューサーを生業とする者にとって、華やかなアイドル産業は常に気になるジャンルだった。

本書の主人公・秋元康氏とは89年ごろ、女性向け就職情報誌で恋愛をテーマにしたインタビュー連載で、一度お会いしたことがある。初めて告白するが、おニャン子クラブについて音から入った珍しい存在である著者が、唯一、メンバーとして気になる存在だったのが、現在の秋元氏の妻君、高井麻巳子だった。2人の結婚は自分の中で高井の評価をあげた。本書の取材の過程で当時の日記を引っぱり出してきたが、しかし秋元氏の初対面の印象はすこぶる悪いものだったらしい。

それでも常に気になるものとして、90年代以降も秋元氏の動向をいつも追っていた。著者が週刊誌に編集者として所属していた２００５年、ＡＫＢ48が誕生する。手書きの挨拶文がファクスで編集部に送られてきたが、流行していた「アキハバラ」に着目したことが目を引いた。それは静かな船出だったと記憶する。しばらくしてライブドア騒動の渦中で秋元氏の名前があがり、フジサンケイグループの出版社にいた著者は、敵対する側から彼の動向を眺めていた。

ブラウン管を通しての再会は、２０１２年の「ＡＫＢ48選抜総選挙」だった。そのとき感じたことは本書に書いた通り。視聴率的にジリ貧だったフジテレビで放送され、視聴率18％の好成績を記録する。そこからのＡＫＢ48の快進撃は見事なものだった。やがて関心の対象となり、いつもの調べグセが働いて20冊は関連書を買って読んだが、「なぜＡＫＢ48は成功したのか？」について、著者を納得させるような疑問に答えてくれるものはなかった。いつしかミイラ取りがミイラになったように、DMM.comに入会して劇場公演をチェックするなど、ファン目線から書き手に回って、その13年の歴史を検証する立ち場となった。

それまで日本のレコード産業史について、少なからず通じていた著者にとって、AKB48がもっともユニークだったのは、著作権に対する考え方だった。その前段を説明するような、著作権、原盤権などの変遷について書かれた日本のロックに関する研究本がないことから、その作業はゼロからとなり、最終的に700ページを越えるものとなった。取材にあたり匿名を条件に何人かの関係者の方にご協力いただいたことで、本書を実りあるものにできた。

また、はからずも秋元氏の評伝を通して、普段スポットライトが当たることが少ない「ディレクター」という役職の仕事について、改めて考える一冊となった。「編曲家」、「スタジオミュージシャン」などに比べ、その貢献は音を通して感じにくい。唯一レコード会社から社員として現場に送られるこの要職は、近年、レコード産業の崩壊とともに「ディレクター不要論」も取りざたされる存在である。秋元氏が作詞家でなく実質ディレクターとして、AKB48を支えていることには大いに学べるものがあった。

「選抜総選挙」などでCDを1000枚購入して、推しメンバーに投票する酔狂は、南米プログレや実験音楽のレア盤に大金を奮発する、すれっからしのロックファンと行動様式はかわらない。実際、AKB48を支えているのはそんな、可処分所得の多い30〜50代のかつてのロックファンが多い。そんな彼らがアイドルに夢中になっている現状について、インタビューでマイクを向けると一様に後めたさを滲ませる。しかし彼らは「日本のロック」の名の下で今の時代に流通している音楽に満たされないからこそ、アイドルへと辿り着いたのではあるまいか。

過去のロック体験の先にＡＫＢ48がある。そんなロック親父たちの音楽遍歴を肯定するために、本書は書かれた。冒頭から客が総立ちになり、ラストのアンコール曲もおきまりのナンバーで締めくくられる形式的なロックコンサートに飽きて、著者もライヴから足が遠退いていた。たまたま取材中に彼女らのコンサートを体験させていただくことができたが、聞けばツアー全日でセットリストを変えるという。もはやボブ・ディランのノリではないか。

第10回世界選抜総選挙に向けた本書の校正作業の最中も、ジャカルタの断食（ラマダン）明けの祝日に会期が重なったため、ＪＫＴ48が参加できないというニュースを聞くなど、続きのストーリーが現実に起こっている。5月9日付けのバンコクのiTunesチャートでは、アジア進出第2弾の一組、ＢＮＫ48（バンコク）の曲が1〜5位を占拠する「事件」も起こった。脱稿後もそのたびに改訂作業が行われたが、本書ではその続きを追うことは諦めた。

また音楽ビジネスが劇的に変化していく中で、少しでも前向きな読後感を得られるようにと心がけた。なお、最終章において、榎本幹朗氏が書かれたネットの音楽配信にまつわるレポートに、多大なインスピレーションをいただいたことを、感謝にかえて特別に記しておきたい。

田中雄二

田中雄二（たなか・ゆうじ）

週刊誌副編集長、書籍編集者を経て、現在は広告制作会社の映像プロデューサー。大野松雄、TM NETWORKドキュメンタリーなどの構成他、『電子音楽 in ＪＡＰＡＮ』、『電子音楽 in the (lost)world』、『YELLOW MAGIC ORCHESTRA』、『吹替洋画事典』、『昭和のテレビ童謡クロニクル』、『エレベーター・ミュージック・イン・ジャパン　日本のＢＧＭの歴史』などの執筆業も。ＣＤ復刻プロデュース他、細野晴臣、坂本龍一、冨田勲追悼公演のパンフレットなど、オフィシャル出版物などにも寄稿している。

AKB48とニッポンのロック
～秋元康アイドルビジネス論

発行日　2018年6月8日　第1刷発行

著者　田中雄二

企画・編集　アヴァンデザイン研究所
編集　中村孝司（スモールライト）
ブックデザイン　堀競（堀図案室）
本文DTP　室井順子（スモールライト）
営業　藤井敏之（スモールライト）

発行者　中村孝司
発行所　スモール出版
〒164-0003　東京都中野区東中野1-57-8　辻沢ビル地下1階
株式会社スモールライト
電話　03-5338-2360
FAX　03-5338-2361
e-mail　books@small-light.com
URL　http://www.small-light.com/books/
振替　00120-3-392156

印刷・製本　中央精版印刷株式会社

定価はカバーに表示してあります。
乱丁・落丁（本の頁の抜け落ちや順序の間違い）の場合は、小社販売宛にお送りください。送料は小社負担でお取り替えいたします。

Printed in Japan
ISBN978-4-905158-57-8